사용자를 끌어들이는 UX/UI의 비밀

Designing Interfaces

Designing Interfaces
by Jenifer Tidwell, Charles Brewer, and Aynne Valencia

사용자를 끌어들이는 UX/UI의 비밀

MAU는 높이고 이탈률은 낮추는 UX/UI 실무 패턴 80

초판 1쇄 발행 2021년 5월 18일 **2쇄 발행** 2021년 11월 29일 **지은이** 제니퍼 티드웰, 찰스 브루어, 아인 발렌시아 **옮긴이** 박재현 **감수** 한상택 **펴낸이** 한기성 **펴낸곳** (주)도서출판인사이트 **편집** 김지희 **제작·관리** 이유현, 박미경 **용지** 월드페이퍼 **출력·인쇄** 에스제이피앤비 **후가공** 에이스코팅 **제본** 서정바인텍 **등록번호** 제2002-000049호 **등록일자** 2002년 2월 19일 **주소** 서울특별시 마포구 연남로5길 19-5 **전화** 02-322-5143 **팩스** 02-3143-5579 **블로그** http://blog.insightbook.co.kr **이메일** insight@insightbook.co.kr **ISBN** 978-89-6626-299-1 책값은 뒤표지에 있습니다. 잘못 만들어진 책은 바꾸어 드립니다. 이 책의 정오표는 http://blog.insightbook.co.kr에서 확인하실 수 있습니다.

사용자를 끌어들이는

UX/UI의 비밀

MAU는 높이고 이탈률은 낮추는

UX/UI 실무 패턴 80

제니퍼 티드웰 · 찰스 브루어 · 아인 발렌시아 지음
박재현 옮김 | 한상택 감수

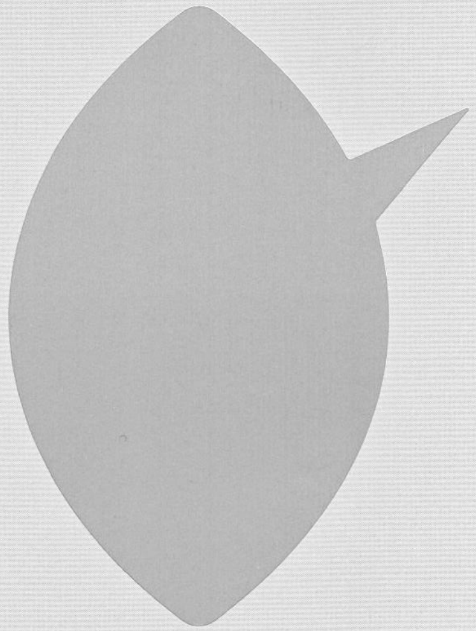

UX insight

인사이트

차례

10장 사용자에게 입력값 받기: 폼과 컨트롤 459

11장 사용자 인터페이스 시스템과 아토믹 디자인 515

12장 화면의 이면 그리고 화면을 넘어서 539

제3판 서문

인터페이스는 삶을 더 쉽게 만들어야 한다

"많은 변화가 일어나더라도, 결국 그 본질은 같다."

이 책이 처음 세상에 나온 지 15년이 되어 간다. 책의 제2판도 출간된 지 10년이 지났다. 그동안 세상이 어떻게 변했고 변하지 않는 본질은 무엇이며 이런 변화가 인터페이스 디자인과 소프트웨어를 사용하는 사람들에게 어떤 의미인지 다시 살펴볼 때가 된 것이다.

제2판을 발행한 후로 기술과 소프트웨어는 비약적으로 발전했고 널리 퍼져 나갔다. 이런 추세는 계속될 것이다. 오늘날 우리는 소프트웨어가 없는 일상을 상상하기 어려운 세상에 살고 있다. 일하고, 놀고, 대화하고, 쇼핑하고, 새로운 걸 배우는 모든 일에 소프트웨어를 사용한다. 자동차와 스마트 스피커, 텔레비전, 장난감과 시계, 심지어 집에 이르기까지 수많은 기기들이 소프트웨어를 통해 인터넷에 연결된다. 화면의 크기도, 종류도 다양하다. 제스처나 음성이 주요 인터페이스인 제품도 크게 증가했다. 전 세계 인구의 절반 이상이 인터넷을 사용하고 있다. 소프트웨어는 더 강력하게, 더 뛰어난 분석력, 예측력, 통찰력을 발휘하며, 보다 독립적으로 작동하게끔 진화하고 있다. 한마디로 소프트웨어는 우리를 닮아 가고 있다.

인터페이스 디자인 역시 시대의 변화에 발맞춰 달라진다. 점점 복잡해지는 세상에 존재할 수 있는 모든 인터페이스를 다루는 종합적인 디자인 가이드북을 이번 제3판의 목표로 삼았다면, 분량도 엄청날 뿐만 아니라 책을 영원히 완성할 수 없었을 것이다.

시대가 변하더라도 유효한 인터랙션 디자인의 원천

이 책의 제3판을 펴낼 기회가 오자 우리는 많은 이유에서 설렘을 느꼈다. 우선 우리는 이 책이 오랜 세월 동료들의 책상과 책장에 든든한 지원군으로 함께했다는 점에 깊이 감명받았다. 의심의 여지 없이 많은 디자이너들이 15년간 지속적으로 이 책을 통해 정보와 영감을 얻었다. 교과서적인 책을 개정하는 작업에 참여할 수 있다는 건 큰 영광이다.

시기도 잘 맞아떨어졌다. 기술이 발전하고 디지털 생활이 변화하는 속도가 급격히 빨라졌다. 디자인도 여기 발맞춰 변화했기 때문에 이 책도 개정이 필요했다. 책의 독창성을 두드러지게 하면서도 책에서 전달하려는 내용을 날카롭게 가다듬고 시대에 맞춰 새롭게 할 기회였다.

우리가 동의한 비전은 다음과 같다. 우선 소프트웨어 디자인이 맞이하는 새로운 시대의 항로를 열어 줄 가이드북이 필요하다고 느꼈다. 우리는 대중적으로 읽히면서 디자이너를 비롯한 다양한 팀의 실무자들, 즉 신입부터 경력자까지 옆에 두고 볼 수 있는 책을 쓰고 싶었다. 새롭게 등장하는 모든 디지털 채널과 특화 영역에 맞아떨어지는 단 하나의 가이드북을 작성하는 건 불가능에 가깝다. 하지만 우리가 쓰는 가이드북이 시대가 변하더라도 유효한 인터랙션 디자인의 '원천'을 다루기를 바란다. 그래서 이번 제3판은 웹과 모바일 채널의 화면 기반 인터랙션 디자인에 중점을 두기로 했다. 책에서 제외한 내용은 잠시 뒤에 소개하겠다.

마지막으로 독창적인 관점을 제시하는 가이드북을 쓰고 싶었다. 디자인 패턴이야말로 이 책을 오늘날까지 의미 있게 만들어 주는 특별한 요소다. 특히 디자인 작업에 영향을 주는 인간의 인지와 행위에 관해 우리가 정의한 패턴을 1장에 추가했다. 이 책이 새로운 독자에게 디자인 패턴을 전하는 가이드북이 되기를 소망한다.

디자인 패턴은 여전히 의미 있다

우리는 스스로에게 질문을 던졌다. "디자인과 이 책은 어떻게 연결되어 있을까?" 정답은 바로 디자인 패턴이었다. 디자인 패턴은 사람들이 소프트웨어를 인식하고 사용하는 방식에서부터 도출되었다. 인간의 감각과 심리는 변하지 않으며, 디자인 패턴은 인간의 감각과 심리에 반하는 방향이 아니라 같은 방향으로 움직인다. 디자인 패턴은 사람들이 소프트웨어로 수행하는 크고 작은 태스크를 기준으로 정의되었기 때문에 의미가 변하지 않는다. 사람들은 언제나 검색을 하고, 데이터를 입력하고, 디지털 제품을 만들고 제어하고 처리하고, 계좌를 관리하고 돈을 지불하고, 정보나 메시지, 파일을 다른 이들과 주고받기 위해 화면을 사용할 것이다. 디자인 패턴은 모든 화면의 UIUser Interface, 사용자 인터페이스를 위한 구성 요소다. 더 나아가, 패턴 단위로 생각을 하고 새로운 패턴을 찾아내는 것은 오늘날 소프트웨어와 인터랙션 디자인 작업을 하는 방식과 일치한다.

소프트웨어는 이제 시스템이다

디자이너, 창업가, 개발자 그리고 기업은 좋은 소프트웨어를 효과적으로 만들고 디자인할 수 있는 툴셋을 그 어느 때보다 많이 가지고 있다. 디자인과 소프트웨어 업계는 시스템, 컴포넌트, 모듈 기반의 접근법으로 진화해 왔다. 처음부터 새롭게 디자인하거나 코딩하는 것은 이제 일반적이지 않다. 다양한 화면 크기에 반응하는 화면 기반 인터페이스를 손쉽게 만들어 주는 사용자 인터페이스 툴킷과 프레임워크가 수없이 많다. 컴포넌트 라이브러리는 탄탄한 기반을 빠르게 다지는 도구로 취급되어야 한다. 컴포넌트 라이브러리는 디자인 혁신의 지향점이 아니라 혁신의 토대이다.

소프트웨어를 돌아가게 하는 서비스와 미들웨어는 점차 개별적으로 개발되고 운영되는 시스템으로 구성되고 있다. 구글Google, 페이스북Facebook 등의 ID로 서비스에 가입할 수 있는데 왜 굳이 새로운 가입 시스템을 개발하는가? 강력한 비즈니스 인텔리전스 플랫폼을 맞춤형으로 조합해 쓸 수 있는데 왜 굳이 새로운 분석과 리포팅 소프트웨어를 개발하는가? 아마존 웹 서비스가 있는데 왜 모바일 플랫폼을 직접 호스팅하는가? 마찬가지로 여러분 회사의 인사관리 체계와 IT 인프라에도 이와 동일한 논리를 적용할 수 있다. 처음부터 새로 만들기보다는 조합해 사용하는 게 대세다.

스크린은 오히려 늘어날 것이다

이 책은 현재 가장 널리 사용되고 있는, 웹과 모바일 기기를 위한 스크린 기반 디자인을 중점적으로 다루고 있다. 스크린은 사라지지 않고, 오히려 늘어날 것이다. 실제로 화면에 표시해야 하는 정보는 더욱 복잡해지고 있다. 이런 복잡성은 디자이너와 개발자의 스킬을 시험대에 올린다. 복잡한 인터페이스를 디자인하려면 걸맞은 전문 인력이 계속 필요하다.

훌륭한 디자인의 원동력이 되는 기초 이론과 실무에 초점을 맞추어 비주얼 및 인터랙션 디자인 장을 손보았다. 책의 나머지 부분에서는 디자인 패턴을 설명하고 실제 적용법을 다뤘다. 디자인 패턴과 예시를 개정하고, 오늘날 이러한 디자인 패턴이 어떤 의미를 가지는지 설명했다.

새롭게 떠오르고 지금도 부상하고 있는 영역은 일부러 다루지 않았다. 중요하지 않기 때문이 아니라, 그 분야만의 진화하는 패턴이 있고 특별한 디자인 과제를 제시하기 때문이다. 이는 이미 디자인의 특수 영역이 되고 있다. 독창적인 새로운 분야에 대한 디자인 책들이 많이 출간됐다. 이런 영역을 깊이 파고들고 싶다면, 다음에 소개하는 특정 도메인에 특화된 디자인 서적을 찾으면 된다.

음성

소프트웨어가 우리가 원하는 대로 움직이게 하기 위해 사람들은 휴대폰, 자동차, 집에 있는 스마트 스피커에 대고 이야기한다. 즉, 우리는 기계와 대화한다. 대화형 디자인에 대해 더 알아보고 싶다면, 《음성 사용자 인터페이스 디자인: VUI 디자인의 핵심 개념과 활용*Designing Voice User Interfaces: Principles of Conversational Experiences*》을 추천한다.

소셜 미디어

소셜 미디어는 단순히 친구나 가족과 소통하는 수단 이상으로 진화했다. 소셜 미디어는 거의 모든 소프트웨어에서 찾아볼 수 있는 의사소통, 토론, 인터랙션의 요소가 되었으며, 일적인 의사소통과 생산성을 혁신했다. 여기에 대해 더 찾아보고 싶다면, 《소셜 인터페이스 디자인: 사용자 경험을 향상시키는 패턴과 원리*Designing Social Interfaces: Principles, Patterns, and Practices for Improving the User Experience*》를 보면 된다.

스트리밍 TV

우리는 이제 원하는 스크린이나 기기에서 재미를 위해 디지털 비디오를 스트리밍하는 것을 텔레비전이라고 부른다. 이를 위한 인터페이스는 검색과 탐색을 넘어서 진화하는 중이다. 이제 TV는 핸드폰이나 외부 기기에 담긴 기능을 활용할 수 있는 앱이다. 이에 대한 자세한 내용은 《다중 장치 환경 설계: 에코시스템 관점에서 다중 기기 사용자 경험 디자인하기*Designing Multi-Device Experiences: An Ecosystem Approach to User Experiences Across Devices*》를 참조하라.

증강 현실(AR) / 가상 현실(VR) / 혼합 현실(MR)

인터페이스와 소프트웨어는 실제 세계 위에 레이어처럼 덧입혀지거나, 그 자체로 완전히 몰입할 수 있는 세계가 되고 있다. 고글, 안경 및 다른 장치를 쓰면 디지털 세계를 우리 앞에 보이는 세상에 접목할 수 있다. 자세한 내용은 《증강 현실 및 가상 현실 생성: 차세대 공간 컴퓨팅 이론 및 실습*Creating Augmented and Virtual Realities: Theory and Practice for Next-Generation Spatial Computing*》을 참조하라.

챗봇 및 대화형 디자인

사람처럼 보이는 소프트웨어 비서들은 이제 음성, 메시징, 채팅을 통해 우리에게 매일 말을 건다. 챗봇은 아주 자연스러운 방식으로 대화를 이해하고 응답한다. 데이터와 음성 패턴을 인식해서, 학습하고 개선하는 소프트웨어로 구동되는 챗봇은 단순 정보 요청에서부터 거의 모든 비즈니스나 상황에 필요한 기본적인 태스크를 수행한다. 이를 가능하게 하려면, 디자이너는 챗봇을 학습하고 유용하게 만드는 소스 데이터 도메인, 대화 프레임워크와 시나리오를 만들어야 한다. 챗봇과 대화를 디자인하는 것에 관심이 있다면, 《봇 설계는 이렇게 한다: 다양한 봇으로 알아보는 대화형 서비스 만들기*Designing Bots: Creating Conversational Experiences*》를 참조하라.

내추럴 유저 인터페이스

터치를 넘어서는 제스처 기반 인터페이스를 말한다. 이 진화하는 디자인 영역은 기술과의 상호작용에서 몸을 사용하는 데 중점을 둔다. 만지고, 잡고, 꽉 쥐고, 손을 흔들 수 있는 인터페이스, 손과 발이나 공간을 움직임으로써 시작할 수 있는 경험이다.

우리는 기존 독자뿐 아니라 새로운 독자에게도 닿고 싶었다. 여러 다양한 사람들에게 흥미를 일으키고 가치를 주는 책이 되게끔 노력했다. 《사용자를 끌어들이는 UX/UI의 비밀》은 신입 디자이너, 중상급 실무자와 매니저, 숙련된 전문가, 임원 모두를 위한 책이다. 새로운 걸 배우고 싶어 하고, 재충전하면서 영감을 얻고, 다른 관점을 취하고 싶은 사람들을 위한 책이기도 하다. 이 책은 인터랙션 디자이너, 정보 설계자, 제품 디자이너, UX/UI 디자이너, 제품 관리자, 개발자, QA 엔지니어, 전략가, 관리자, 리더, 컨설턴트, 선생님, 학생, 소프트웨어를 더 잘 디자인하고 싶은 사람들을 겨냥했다.

책은 12개 장이다. 일부는 새롭고, 일부는 상당히 개정한 내용이다. 각 장은 대부분 두 부분으로 구성돼 있다. 각 장의 전반부는 주제를 소개하고 확장하는 데 중점을 둔다. 여기에는 주제와 관련된 디자인 이론 및 실습에 대한 논의가 들어 있다. 디자인 원칙, 지침, 모범 사례를 검토하는 부분이다. 여기서 각 장 후반부에 설명할 맥락을 얘기한다. 뒷부분인 패턴에서는 소프트웨어를 보다 유용하고 사용하기 쉽게 만드는 데 도움이 되는 구체적인 구성 요소와 기능을 나열했다. 각 장의 후반부는 해당 소프트웨어 디자인 패턴에 내용을 할애한다. 여기서 설명하는 내용이 모든 패턴을 포괄하는 건 아니다. 책에서 제시하는 것 이외에도 더 많은 패턴이 있다. 각 패턴은 다음 구조로 나누어 설명한다.

WHAT 정의하기

해당 디자인 패턴의 의미를 정의한다.

WHEN 언제 사용하면 좋을까?

사용 가능한 시나리오를 다룬다. 패턴을 사용하는 맥락을 설명하고, 특별히 고려해야 하거나 예외적인 사항을 적어 두었다.

WHY 어떤 효과가 있을까?

디자인 패턴의 목적과 장점을 분석했다. 누구에게 유용하며, 어떤 효과를 의도하거나 기대할 수 있는지 다뤘다.

HOW **어떻게 활용할까?**

패턴 디자인 자체와 이를 구현하는 방법에 대해 가장 자세히 설명했다. 패턴을 잘 사용하려면 무엇을 해야 하고, 언제 패턴을 사용해야 효과적인지 이야기한다.

EXAMPLES **예시**

마지막 부분은 해당 패턴을 보여 주는 여러 웹과 모바일 화면을 담은 스크린샷이다. 각 예시를 설명하고 분석했다.

어느 때보다 많은 사람이 소프트웨어를 디자인하고, 만들고 있다고 믿는다. 툴도 많다. 이러한 소프트웨어 디자인의 새로운 시대를 위한 책, 이해하고 실행하기 쉬운 가이드북을 만들고 싶었다. 우리 스스로 책상에 두고 보고 싶고, 커리어를 시작한 디자이너에게 길잡이 역할을 하고, 프로덕트 매니저, 개발자, 경영진을 위한 참고서가 될 수 있는 책 말이다. 이 책이 인터페이스 디자인을 위한 공통 언어를 제시해 주는 유용한 안내서가 되길 바란다. 이제 소프트웨어 경험은 우리 삶에 항상 존재한다. 우리는 그 어느 때보다 많은 시간을 소프트웨어 인터페이스와 함께 보낸다. 인터페이스는 삶을 더 어렵게 말고 더 쉽게 만들어야 한다.

새로운 모드, 기기, 형식이 빠르게 등장하고 있지만 화면은 현재는 물론 앞으로도 오랜 시간 우리와 함께할 것이다. 우리는 작업을 완료하고 즐거움을 찾고 검색하고 구매하고 배우기 위해 스크린에 글자를 입력하고 스크린을 손가락으로 누르고 조작할 것이다. 이 책에 담긴 원칙과 예시가 여러분에게 이러한 검증된 패턴을 사용하여 좋은 제품과 서비스, 좋은 디자인, 모두에게 좋은 경험을 만들어 낼 수 있는 지식과 자신감을 주길 바란다.

감사의 글

책을 기술적으로 검토해 준 에린 멀론, 케이트 루터, 프란시스 클로스, 크리스티 에니스 클루트, 매튜 러셀, 조지 에이브러햄에게 감사를 전한다. 좋은 기회를 만들어 준 크리스천 크럼리시에게도 고맙다.

오라일리 출판사의 안젤라 루피노와 제니퍼 폴록에게도 큰 감사를 표한다.

아인 발렌시아: IxD@CCA의 뛰어난 교수진과 샌프란시스코 주립대학, 캘리포니아 컬리지 오브 아트, 제네럴 어셈블리에서 만난 학생들에게 감사를 전한다. 여러분은 나에게 끝없는 영감의 원천이었으며, 미래를 희망적으로 볼 수 있게 해줬다. 나의 남편인 돈 브룩에게도 여행의 동반자로, 언제나 나를 지지해 줘서 고맙다고 말하고 싶다.

찰스 브루어: 새로운 일을 전문적으로 시도할 기회를 준 오라일리 사람들에게 고맙다. 스페이스 IQ의 제품 팀은 일정을 유연하게 조정해 주어 고맙다. 무엇보다도 그동안 나에게 힘을 실어 준 가족과 친구에게 특히 감사함을 전한다.

※ **일러두기**

책에서 다루는 UX/UI 패턴 명은 본문에 진하게 표시했다. 해당 패턴을 다루는 절에서는 이를 생략했다.

1장
문제를 정확히 파악하고 제대로 해결하는 디자인

이 책은 주로 애플리케이션, 웹 앱, 인터랙티브 기기의 표현과 동작에 대한 내용을 담고 있다. 하지만 이번 장은 예외다. 1장에는 스크린 샷, 레이아웃, 내비게이션, 다이어그램, 비주얼 관련 내용을 전혀 넣지 않았다.

여러분은 아마 이러한 지식을 얻고 싶어 이 책을 선택했을 텐데 왜 처음부터 관련 내용을 다루지 않는지 궁금할 것이다. 1장에서는 사람들이 소프트웨어를 어떻게 사용하는지 이해하는 것이 왜 중요하고, 이를 알게 되면 어떤 성과를 얻을 수 있는지 알아보겠다. 이번 장을 읽고 나면 웹사이트, 애플리케이션, 인터페이스를 디자인할 때 사용자에게 중요한 게 무엇인지, 아래와 같은 내용을 이해할 수 있을 것이다.

- 웹사이트나 애플리케이션의 사용 목적
- 목적 달성을 위해 거치는 상세 태스크
- 특정 주제나 도메인에 대한 사용자의 의견
- 인터페이스에 관해 사용자가 생각하고 사용하는 언어
- 작업 숙련도에 따른 사용자가 취하는 태도

좋은 인터페이스 디자인은 화면을 그리는 데서 시작하지 않는다. 먼저 사용자를 이해해야 좋은 인터페이스를 디자인할 수 있다. 소프트웨어를 쓰는 사용자가 어떤 사람이고, 왜 이 소프트웨어를 사용하려 하며, 어떻게 사용하는지를 알아야 한다. 사용자를 더 많이 이해하고 공감할수록, 그들에게 실질적으로 도움이 되는 디자인을 할 수 있다. 결국 소프트웨어는 사용자에게 목적을 달성하는 수단일 뿐이다. 여러분이 그 목적을 더 잘 충족시킬수록 사용자는 더 행복해질 것이다.

사용자를 위한 디자인 프레임워크는 다음과 같다. 크게 4가지 영역으로 구성되어 있는데, 꼭 지켜야만 하는 엄격한 규정이나 요구사항은 아니다. 하지만 팀원들과 각 영역에서 어떻게 정보를 공유할지 구체적인 계획을 세우면 디자인 작업에 자신감이 붙을 수 있다. 타깃 고객이 현실에서 맞닥뜨리는 문제에 관한 통찰에 기반해 작업을 하고 있다는 확신을 가질 수 있기 때문이다.

우선 여러분의 프로젝트나 회사 상황을 고려했을 때 여기에 얼마나 많은 시간과 노력을 들일 수 있는지 결정하라. 이 프레임워크를 주기적으로 되새기면, 핵심적인 통찰을 우선순위에 두고 작업할 수 있다. 특히 UI 설계에서 사용자를 위한 최상의 결과를 만들어 내는 방향으로 모두의 노력을 집중할 수 있다.

사람을 위한 디자인 프레임워크를 구성하는 4가지 영역

컨텍스트

사용자는 누구인가?

목표

사용자는 무엇을 하고자 하는가?

리서치

사용자의 전후 사정과 목표를 이해하는 방법

패턴

인터페이스 디자인과 관련된 사용자 인식과 행동

사용자를 둘러싼 컨텍스트 파악하기

디자인하는 의도에 상응하는 컨텍스트를 파악하는 게 사용자를 위한 디자인으로 가는 가장 중요한 첫 걸음이다. 소프트웨어를 사용하는 사용자를 정의하고 이해하는 것이 인터랙션 디자인Interaction Design의 시작점이다. 특히 디자인에서 의사결정을 내릴 때 사용자의 의도나 기대사항, 관련 주제에 대한 지식 수준, 소프트웨어 사용 숙련도가 인터랙션에 어떤 영향을 미치는지 면밀히 살펴야 한다.

당신은 사용자가 아니다

인터페이스 디자인 분야에서 유명한 격언이 있다. "당신은 사용자가 아니다." 그리하여, 1장은 사용자에 관한 내용이다. 도입부에서 몇 가지 기본적인 개념을 소개하고, 이어서 패턴을 다룬다. 1장의 패턴은 이 책의 다른 장에 나와 있는 디자인 패턴과는 조금 차이가 있는데, 다른 장처럼 시스템 구조 패턴이 아니라 사람의 행동 패턴을 다루기 때문이다. 여러분이 디자인하는 소프트웨어가 사람의 행동 패턴을 잘 지원하면 사용자는 자기 목적을 쉽게 달성할 것이다.

인터랙션은 대화처럼

사용자는 애플리케이션과 디지털 기기를 쓸 때마다 기계와 대화를 나눈다. 이는 명령어를 입력하거나 휴대폰 메뉴를 누르는 식으로 진행되는 문자 그대로의 대화일 수 있다. 또는 화가가 물감으로 화폭에 그리는 대화, 즉 장인과 창작물 사이에 오가는 암묵적인 대화일 수도 있다. 두 경우 모두 사용자 인터페이스는 대화를 중재하며 사용자가 마음에 두고 있는 목적을 달성하도록 돕는다.

요점은 다음과 같다.

- 사용자와 소프트웨어, 두 주체가 대화에 참여한다.
- 두 주체는 계속해서 정보를 주고받는다.
- 정보 교환은 일련의 사용자 요청, 명령어 입력, 데이터 수신, 데이터 처리, 응답으로 진행된다.
- 사용자는 인터페이스와 대화하면서 지속적인 피드백을 받을 필요가 있다. 모든 게 정상적으로 작동하고 있고, 입력값이 잘 처리되어서, 그 순간의 목표를 향해 순조롭게 나아가고 있음을 확인받고 싶은 것이다.

- (최소한 아직까지) 소프트웨어는 사람처럼 자율적으로 판단하여 상황에 빠르게 반응하지 못한다. 따라서 인터페이스와 사용자가 피드백을 자연스럽게 주고받으려면, 사람이 대화하는 방식을 모방하도록 소프트웨어를 디자인해야 한다. 기본적으로 상대가 이해하기 쉽게 이야기해야 하고, 활성 상태(듣고 있음)라는 신호를 보내야 하고, 응답 중이라는 상태도 분명히 표시해야 한다. 사려 깊은 사람이 대화하는 상대방을 배려하는 것처럼, 다음에 해야 할 일이나 조언을 제시해 줄 수도 있다.

UI 디자이너는 이러한 대화의 각본을 쓰거나 최소한 대화에 사용되는 용어를 정의한다. 각본을 쓸 때는 사용자 입장을 면밀히 이해해야 한다. 사용자가 애플리케이션을 쓰는 동기와 의도는 무엇인가? 사용자가 쓸 것 같은 단어, 아이콘, 제스처를 표현하는 어휘는 무엇일까? 사용자의 기대치를 적절하게 설정하려면 어떻게 하는 게 좋을까? 사용자와 기계가 의미 있는 대화를 나누려면 어떻게 해야 할까?

콘텐츠와 기능을 사용자에게 맞춰라

디자인 프로세스를 시작하기 전에 본인의 전반적인 접근 방식을 점검해 보자. 여러분이 디자인하는 인터페이스에 전체적으로 어떤 인터랙션 스타일을 적용하고, 어떤 개성을 부여할 것인가?

우리는 누군가와 대화할 때 상대방을 파악한 후 무슨 이야기를 어떻게 할지 결정한다. 상대방이 이 주제에 얼마나 예민한지, 배경 지식은 어느 정도인지, 열린 마음을 가지고 있는지, 애초에 대화에 관심이 있는지도 고려한다. 상대에 대해 하나라도 잘못 파악하면 문제가 생기는데, 의도치 않게 기분을 상하게 할 수 있다. 무시하거나, 무관심하거나, 재촉하는 것처럼 느끼게 해 상대를 당황스럽게 만드는 것이다.

이렇게 대화를 나누는 상황에 비춰 보면 디자인에 적용할 수 있는 확실한 교훈을 얻을 수 있다. 예를 들면 사용자가 특정 분야에 갖고 있는 지식 수준에 맞춰 인터페이스에서 사용하는 단어를 다르게 선택해야 한다. 일부 사용자가 인터페이스에서 쓰는 단어에 익숙하지 않다면, 새로운 용어를 배울 기회를 제공하라. 컴퓨터 사용법을 잘 모르는 사용자가 있다면, 복잡한 위젯이나 다른 데서 보기 힘든 인터페이스 디자인을 사용하지 마라. 사용자가 해당 주제에 관심이 없다면, 이를 감안해 사용자 입장에서 보상이 거의 없는 일을 요청하지 마라.

앞서 말한 고려 사항들은 미묘한 방식으로 인터페이스 디자인 전체에 영향을 미친다. 예를 들어, 사용자가 특정 주제에 대해 짧고, 집중된 방식으로 정보를 교환하고자 하는가? 아니면 자유롭게 탐색하듯이 인터페이스와 대화하고자 하는가? 즉, 인터페이스에 얼마나 자유도가 있는가? 인터페이스에 자유도가 거의 없으면 사용자는 갇혀 있는 것 같은 답답함을 느낄 것이다. 자유도가 지나치게 높으면, 무엇을 해야 할지 모르는 상태로 멍하게 있을 수 있다. 사용자가 자유도가 높은 인터랙션에 준비되어 있지 않은 것이다.

따라서 사용자에게 얼마나 많은 자유를 허용할 것인지 선택해야 한다. 자유도를 기준으로 아주 낮은 쪽에는 소프트웨어 설치 마법사가 있다. 사용자는 '다음', '이전', '취소' 버튼 이외에 다른 선택지가 없는 상태로 설치를 진행한다. 이 경우 사용자의 선택 범위가 좁고 명확하다. 소프트웨어 설치 마법사가 빠르게 잘 작동하면 사용자는 효율적이고 만족스러운 경험을 누릴 것이다.

자유도가 높은 인터페이스의 예로는 마이크로소프트 엑셀Microsoft Excel이 있다. 엑셀은 한군데서 수많은 기능을 지원하는 열린 평면open floor plan[1] 형태의 인터페이스로, 사용자는 어떤 시점에도 수백 가지 액션을 취할 수 있다. 숙련된 사용자는 열린 인터페이스에서 주도적으로 많은 작업을 수행할 수 있으므로, 소프트웨어 설치 마법사와 정반대 이유로 이는 사용자에게 만족스러운 경험을 제공한다.

숙련도에 따라 달라지는 것들

여러분의 소프트웨어를 쓰는 사용자는 지금 인터페이스를 얼마나 잘 쓸 수 있는가? 사용법을 배우기 위해서 얼마나 많은 노력을 기울이고 있는가?

일부 사용자는 업무를 할 때 소프트웨어를 매일 사용한다. 이들은 분명 시간

1 (옮긴이) 열린 평면(open floor plan)은 공간 구조 방식의 하나로, 벽이나 파티션이 없는 열린 공간을 뜻한다. 벽과 파티션이 기능에 따라 구역을 나누는 역할을 한다는 점에서, 저자가 이야기하는 '열린 평면' 형태의 인터페이스는 개방 공간에서 많은 기능을 자유롭게 수행하도록 하는 형태를 뜻한다. 화면이나 영역별로 수행할 수 있는 기능에 제한을 두지 않는 것이다.

이 지나면 숙련된 사용자가 될 것이다. 이런 사용자는 작은 것에 크게 실망할 수 있다. 어떤 사용자는 가끔 소프트웨어를 사용하면서 간신히 만족할 만큼만 배운다. 이런 경우 사용성 문제에 더 관대할 것이다. 또는 평생 딱 한 번만 소프트웨어를 사용할 수도 있다. 솔직하게 말해 보자. 대부분의 사용자가 중급 또는 전문가일 것이라고 기대하는가, 아니면 영원히 초급 사용자일 것이라고 생각하는가?

중급 또는 고급 사용자를 위해 디자인된 소프트웨어

- 어도비 포토샵Adobe Photoshop
- 엑셀
- 코드 개발 환경
- 웹 서버 시스템 관리자 툴

가끔 쓰는 사용자를 위한 소프트웨어

- 관광객 안내소나 박물관에 있는 키오스크
- 윈도우나 맥 OS의 배경화면 설정 기능
- 온라인 쇼핑몰의 구매 페이지
- 설치 마법사
- 현금 자동 입출금기ATM

두 그룹 간 차이는 극명하다. 사용자의 툴 관련 지식 수준을 어떻게 가정하는지에 따라 인터페이스가 달라진다. 화면 공간 사용이나 레이블, 위젯의 복잡도, 도움말의 위치 등이 달라지는 것이다.

중고급 사용자를 위한 애플리케이션에는 복잡한 기능이 많다. 그렇지만 사용자에게 하나하나 그 단계를 설명해 주지는 않는다. 이러한 앱은 사용자가 이미 무엇을 해야 할지 알고 있다고 가정한다. 따라서 학습을 용이하게 하기보다는 작업을 효율적으로 수행하도록 최적화한다. 이런 소프트웨어는 문서 또는 리스트 위주로 구성된다. 몇몇은 명령어 위주 애플리케이션이다. 종종 이런 애플리케이션 사용법을 설명해 주는 책과 강의가 있는데 학습 곡선이 가파르다.

반면에 가끔 쓰는 사용자를 위한 애플리케이션은 딱 그 반대다. 기능은 제한적이지만 설명은 친절하다. 문서나 리스트 중심의 애플리케이션(메뉴바, 다중 선택 등) 관련 지식이 없다고 가정하고 단순한 인터페이스를 제시한다. **마법사** 패턴이 자주 나타나서 사용자가 주의를 집중하지 않아도 작업을 진행할 수 있게 도와준다. 중요한 점은 사용자에게는 이런 애플리케이션 사용법을 배울 동기가 거의 없다는 것이다. 일반적으로 노력을 들여 학습할 만한 가치가 없다.

지금까지 양 극단의 사례를 살펴봤다. 이제 중간에 위치한 애플리케이션 사례를 알아보자.

- 마이크로소프트 파워포인트Microsoft PowerPoint
- 이메일
- 페이스북
- 블로그 작성 툴

사실 대부분의 애플리케이션은 중간 그룹에 속한다. 양 극단의 사용자를 적절히 보조해야 한다. 새로운 사용자가 툴을 쉽게 배우고 즉각적인 만족을 얻을 수 있도록 도와주는 동시에 자주 사용하는 중급 이상 사용자가 작업을 원활하게 마칠 수 있게 해야 한다. 사람들이 이메일 보내는 법을 배우려고 3일짜리 강좌를 듣지 않으리라는 건 명백하다. 하지만 인터페이스는 자주 사용하는 사람도 잘 보조해야 한다. 사람들은 기초를 빠르게 습득하고, 본인 스스로 흡족할 만큼 능숙해진 다음에는 특별한 목적이 있기 전까지 추가로 굳이 학습하려고 하지 않는다.

언젠가는 극단의 사용자 사이에서 갈등하는 자신을 발견할 것이다. 당연히 사람들이 제품을 보자마자 손쉽게 사용하게 만들고 싶지만, 동시에 자주 사용하는 사용자, 즉 전문가들을 최대한 보조해 주고 싶을 것이다. 상황에 맞게 균형을 잡아야 한다. 2장의 **도움말 시스템**과 같은 조직적 패턴은 양쪽 끝에 있는 사용자를 모두 만족시켜 줄 것이다.

인터페이스는 목표를 달성하는 수단일 뿐

사람들이 소프트웨어 같은 툴을 사용하는 데는 이유가 있다. 그 이유가 바로 사용자의 목표다. 목표는 보통 다음과 같다.

- 발견
- 배움
- 거래
- 제어나 관찰
- 만들기
- 대화
- 즐거움

잘 알려진 용어나 사용자 행동과 디자인 패턴으로 이런 추상적인 목표를 보조할 수 있다. UXUser Experience, 사용자 경험 디자이너는 방대한 양의 온라인 정보 속에서 사람들이 검색을 잘 하도록 돕는 방법을 배운다. 하나씩 태스크를 수행하는 작업을 어떻게 쉽게 제시할지 고민한다. 이제 UX 디자이너의 역할은 문서 작성, 일러스트레이션, 코드 개발을 보조하는 데까지 확장하고 있다.

'왜?'라고 묻고 또 묻기

인터페이스를 디자인하는 첫 단추는 사용자가 무엇을 완료하려고 하는지 아는 것이다. 예를 들어 폼을 작성하는 일은 그 자체가 목표일 리 없다. 온라인에서 구매를 하기 위해, 운전 면허증을 갱신하기 위해, 소프트웨어를 설치하기 위해 폼을 작성하는 것이다. 사용자는 일종의 거래를 하고 있다.

좋은 질문을 던지면 사용자의 목표와 디자인 프로세스를 연결할 수 있다. 사용자와 클라이언트는 일반적으로 원하는 기능과 해결책을 말하지, 사용자의 니즈나 근원적 문제를 이야기하지 않는다. 사용자나 클라이언트가 특정 기능을 요구하면, 왜 그 기능이 필요한지 이유를 물어보고 단기 목표가 무엇인지 판단해라. 그리고 응답한 이유에 대해서 '왜?'를 한 번 더 묻고, 이 과정을 반복해라. 눈앞에 닥친 디자인 문제를 넘어서는 범위까지 이 질문을 반복하자.[2]

2 이는 근본 원인 분석(Root Cause Analysis)이라고 불리는 유명한 기술과 같은 원리다. 근본 원인 분석은 조직의 실패를 해결하는 도구다. 여기서는 일상적인 사용자 행동과 기능적 요구사항을 이해하기 위해 '5 Why' 접근법을 이용한다.

문제를 정확히 파악하고 제대로 해결하기

요구사항이 분명할 때에도 왜 이런 질문을 던져야 할까? 디자인을 좋아한다면, 재미난 인터페이스 디자인 문제에 쉽게 매몰되기 때문이다. 여러분은 적절한 정보를 요구하는 폼을 알맞은 컨트롤로 보기 좋게 만드는 데 능숙할지도 모른다. 하지만 인터페이스 디자인의 아름다움은 진짜 문제를 해결하는 것, 즉 사용자가 목표를 달성하도록 도와주는 데에 있다.

따라서 입력 폼을 디자인하는 데 집착하지 말자. 사용자가 폼을 작성하지 않고도 거래를 마칠 수 있는 방법이 있다면, 입력 폼을 없애라. 이를 통해 사용자는 목표에 더 빨리 도달하고 시간과 노력을 절약할 수 있다.

'Why' 접근법으로 일반적인 디자인 사례를 더 깊이 살펴보겠다.

- 중간 관리자는 왜 이메일을 사용할까? 당연히 메일을 읽으려고 쓰겠지만, 애초에 왜 이메일을 주고받는 걸까? 다른 사람과 대화하기 위해서다. 물론, 같은 목적을 달성하는 다른 수단도 있다. 통화를 할 수도 있고, 복도에서 대화를 할 수도, 공식 문서를 주고받을 수도 있다. 하지만 분명히 이메일은 다른 수단으로 채우지 못하는 니즈를 충족시켜 준다.

  이메일은 무엇이고, 관리자에게 왜 중요할까? 본인이 편한 시간에 응답할 수 있어서? 사생활 보호 때문에? 대화를 보관할 수 있으므로? 아니면 사회적 통념? 또 어떤 이유가 있을까?

- 아버지가 여행 관련 웹사이트에 들어가서, 가족과 여름 휴가를 보낼 도시를 입력하고, 여러 날짜에 해당하는 항공권 가격을 비교해 보려 한다. 검색 결과를 통해 정보를 얻기도 하지만, 그의 목표는 단순히 여러 옵션을 보려는 게 아니다. 그가 왜 이 행동을 하는 것인지 질문해라. 그의 목표는 거래하는 것, 즉 항공권을 구매하는 것이다.

  다시 이야기하지만, 그는 다른 웹사이트에서 항공권을 예약하거나, 여행사에 전화를 걸어서 항공권을 구매할 수도 있었다. 이 웹사이트는 다른 선택지보다 어떤 면에서 더 나을까? 빠른가? 친절한가? 저렴한 가격의 항공권을 찾을 가능성이 높은가?

- 가끔 목표 분석으로 충분하지 않을 때가 있다. 예를 들어 스노보드 웹사이

트는 정보(배움)를 제공할 수도 있고, 온라인 쇼핑(거래)을 하거나, 비디오(재미)를 나열할 수도 있다. 스노보드를 사려고 웹사이트를 방문했는데, 스노보드 기술에 대한 정보를 보다가 곁길로 빠지는 경우도 있다. 거래를 완료하는 데서 탐색하고 학습하는 것으로 사용자의 목표가 바뀐 것이다. 다시 무언가를 구매하러 '뒤로 가기'를 누를 수도 있고, 아닐 수도 있다.

스노보드 웹사이트의 라이프스타일과 엔터테인먼트 콘텐츠는 12세와 35세 고객을 동시에 만족시킬 수 있을까? 35세 사용자는 웹사이트가 마음에 들지 않으면 새 보드를 사기 위해 다른 곳으로 갈까, 아니면 신경 쓰지 않을까? 소비자 구매주기를 이해하고, 이를 사용자 목표 프레임워크에 포함시키는 것이 좋다. 스노보드 웹사이트 고객들은 구매주기상 각자의 단계에서 다른 목표를 지니고 있을 것이다. 여러분은 브랜드와 고객이 장기적으로 신뢰 관계를 쌓도록 디자인하고 싶을 것이다. 이는 적절한 콘텐츠와 기능을 통해 브랜드 정체성을 확립하고, 커뮤니티를 형성하고, 지향하는 라이프스타일을 내세우면서 달성할 수 있다.

모델링할 때 사용자를 한 가지 태스크 중심의 목표를 염두에 두고 몇 가지 단순한 유스케이스use case를 수행하는, 하나의 얼굴 없는 '사용자'로 여기기 쉽다. 하지만 그것은 사용자들의 현실을 충분히 반영하지 못한다.

디자인을 잘 하려면 사용자의 기대, 본능적 반응, 선호도, 사회적 맥락, 신념과 가치 같은 여러 '미묘한' 요소를 고려해야 한다. 이런 모든 요소가 애플리케이션이나 웹사이트 디자인에 영향을 미친다. 이 가운데 여러분의 애플리케이션을 더 매력적이고 성공하게 만드는 디자인 요소나 필수적인 기능을 찾을 수 있다.

그러므로 호기심을 가져라. 실제 사용자들이 어떤 사람인지, 어떻게 생각하고 느끼는지 발견하는 데에 집중하라.

사용자를 있는 그대로 이해하는 법

리서치는 사람을 이해하는 디자인의 출발점이다. 이런 정보를 얻는 유일한 좋은 방법은 경험을 통해 발견하는 것이다. 일대일 인터뷰와 같은 정성조사는 사용자의 기대치나 평소 사용하는 단어를 파악하고 목표에 대해 어떻게 생각하는지, 자신의 일을 어떻게 구조화하는지 이해하는 토대가 된다. 인터뷰에서 얻는 정보에서 패턴을 파악할 수도 있다. 이는 디자인을 안내하는 표지판 역할을 한다. 설문조사와 같은 정량조사는 수치를 검증하거나 가설을 기각하게 해준다.

디자인을 시작하려면 앞서 언급한 미묘한 요소를 포함해 디자인을 사용하는 사람들의 특성을 정의해야 한다. 가장 좋은 방법은 사용자를 만나는 것이다.

물론 각 사용자 그룹은 모두 다르다. 예를 들어 개발 관련 소프트웨어와 새로운 스마트폰 앱의 타깃 사용자는 완전히 다를 것이다. 같은 사람이 두 소프트웨어를 사용하더라도, 각 소프트웨어에 기대하는 수준은 다르다. 개발 관련 소프트웨어를 쓰는 연구원은 전문적인 기능이라면 인터페이스 완성도가 떨어져도 참지만, 모바일 앱은 며칠 동안 사용하다 인터페이스가 불편하면 삭제할 수 있다.

각 사용자 역시 모두 다르다. 한 사람이 어려워하는 것을 다른 사람은 쉽다고 한다. 따라서 일반적인 사용자가 어떻게 행동하는지를 이해해야 한다. 개별 사용자에 대해 충분한 데이터를 수집해서, 일반적인 행동 패턴과 특이 케이스를 구분할 수 있어야 한다.

특히 사용자에 관해 다음 사항을 알아야 한다.

- 소프트웨어나 웹사이트를 사용하는 목표
- 목표를 달성하기 위해 수행하는 특정 태스크
- 무엇을 하고 있는지 묘사하는 데 쓰는 언어와 단어
- 기존의 유사한 소프트웨어를 사용하는 스킬
- 기존의 유사한 소프트웨어에 대한 태도와 디자인이 그러한 태도에 미치는 영향

여러분의 잠재 고객이 어떤 사람인지 나는 알 수 없다. 사용자가 소프트웨어나 웹사이트에서 무엇을 하기를 원하는지, 이것이 사용자의 삶에서 어떤 역할을 하는지 알아내야 한다. 어렵겠지만 잠재 사용자에게 여러분의 소프트웨어를 어떻게 사용할 것인지, 또 왜 사용하려고 하는지 질문해라. 상이한 답변을 듣게 된다 해도 괜찮다.

각 답변은 다양한 사용자 그룹을 대표할 것이다. “사용자가 누군지 모르겠어.” 하며 그냥 포기하거나 “모든 사람이 잠재 사용자야.”라고 백기를 들고 싶을지도 모른다. 하지만 이런 태도는 디자인에 집중하는 데 아무런 도움이 되지 않는다. 잠재 사용자에 대한 구체적이고 솔직한 설명이 없다면 여러분의 디자인은 현실에 발을 딛지 못한 상태로 진행될 것이다.

사용자 발견 단계는 디자인 프로세스 초반에 시간과 자원을 잡아먹을 것이다. 사용자가 누구인지, 왜 이 소프트웨어를 사용하는지 전혀 파악하지 못하고 있는 경우에 특히 그렇다. 사용자를 발견하는 일은 투자다. 이를 통해 여러분과 팀원이 얻는 지식은 장기적으로 더 나은 디자인, 즉 올바른 문제를 해결하고, 목적에 부합하는 디자인으로 돌아온다.

다행히도 시중에 나온 많은 책과 강의, 방법론을 통해 도움을 받을 수 있다. 비록 이 책에서는 사용자 조사를 다루지 않지만, 다음과 같은 방법과 주제를 고려해 볼 만하다.

직접 관찰

인터뷰와 현장방문 조사는 여러분을 즉각 사용자의 세계로 들어보내 준다. 사용자에게 목표가 무엇이고 어떤 태스크를 주로 수행하는지 물어볼 수 있다. 보통 직장이나 집과 같이 사용자들이 실제로 소프트웨어를 사용할 만한 공간에서 리서치를 실행한다. 미리 정의한 일련의 질문들로 구조화된 인터뷰를 할 수도 있고, 특정 주제가 나오면 그것을 따라가는 자유로운 형태로 진행하는 방법도 있다.

인터뷰는 유연하게 수행 가능하다. 대상자가 많거나 적거나, 길게 하거나 짧게 하거나, 격식을 갖추거나 편안하게 진행하거나, 전화로 또는 직접 만나서도 할 수 있다. 모르는 것을 알 수 있는 최고의 기회다. 이유를 물어보고, 반복해서 질문해라.

케이스 스터디

케이스 스터디는 몇몇 대표 사용자나 사용자 그룹에 관해 깊고 상세한 관점을 제공한다. 특히나 기존 소프트웨어를 개선하는 프로젝트인 경우, 소프트웨어 기능의 범위를 확장하는 극단적 사용자extreme users를 탐구할 수 있는 기회다. 몇 개월이나 몇 년에 걸쳐 사용 맥락을 탐색하는 종단 연구로 활용할 수도 있다. 만약 단일 사용자나 웹사이트를 위한 맞춤형 소프트웨어를 디자인하고 있다면, 실제 사용 맥락에 대해 최대한 많이 알고 싶을 것이다.

설문조사

설문조사를 통해 여러 사용자에게 정보를 수집할 수 있다. 통계적으로 유의미한 숫자의 응답자를 모집한다. 다만 직접 사람을 만나는 것이 아니기 때문에, 추가적인 정보를 놓칠 수 있다. 설문조사에서는 질문을 넣지 않으면 해당 사항에 대해 알 수 없다. 하지만 타깃 고객의 특정 측면에 대한 아주 명확한 그림을 얻는 게 가능하다. 설문은 반드시 섬세하게 설계해야 한다. 사용자에 대한 정성적인 '느낌' 대신 신뢰할 만한 숫자를 원한다면, 질문을 제대로 작성하고 설문 응답자를 올바르게 선택하고, 응답을 제대로 분석해야 한다. 그게 바로 설문의 과학이다.

효과적인 설문조사 질문을 작성하는 가이드라인은 아래 웹사이트에서 더 찾아보길 바란다.

- 좋은 설문 질문 작성하기(*https://oreil.ly/P5o1n*)
- 질문지 디자인 팁 시트(*https://oreil.ly/7vbqD*)

퍼소나(personas)

퍼소나는 데이터를 수집하는 방법은 아니지만, 데이터를 확보한 이후 분석에 대한 이정표가 되어 준다. 퍼소나는 타깃 고객을 모델링하는 디자인 기법이다. 각 주요 사용자 집단에서, 그 집단에 대한 가장 중요한 특성을 보여 주는 가상의 인물 또는 프로토퍼소나Proto-personas[3]를 만들어 낸다. 퍼소나에는 어떤 작업을 수행하려 하는지, 최종 목표는 무엇인지, 도메인 경험과 일반적인 컴퓨터 사용 수준은 어느 정도인지 등의 정보를 담는다. 퍼소나는 여러분이 디자인

3 (옮긴이) 프로토퍼소나(Proto-personas)는 필드 리서치를 하기 전에 내부 이해관계자의 직관을 기반으로 대략적으로 잡아 보는 초기 퍼소나를 뜻한다. 프로토타입(Prototype)이 실제 제품을 출시하기 전에 검증을 거치는 용도로 만드는 초기 모델인 것과 비슷하다.

에 집중하도록 해준다. 디자인을 진행하며 다음과 같은 질문을 던질 수 있다. "퍼소나가 이런 태스크를 할까? 하지 않는다면 어떤 작업을 할까?"

디자인 리서치는 마케팅 리서치가 아니다

인터뷰나 설문조사라고 하니 마케팅 실무처럼 들릴 수도 있겠다. 사실 디자인과 마케팅은 관련이 깊다. 예를 들어 포커스 그룹은 유용하지만, 조심스럽게 사용해야 한다. 여러 사람이 모여도 모두가 이야기하지는 않기에 한두 명이 토론을 주도하면서 편향된 결과가 나올 수 있기 때문이다. 시장 세분화라는 강력한 마케팅 도구가 있다. 디자인에서 이야기하는 타깃 고객과 유사하지만, 시장 세분화는 인구통계학, 심리통계학 및 기타 특징으로 고객을 정의한다. 반면 UI 디자인 관점에서 보는 타깃 고객은 태스크 목표와 행동으로 정의한다.

타깃 고객을 정의하고 시장 세분화를 하는 목표는 둘 다 사용자를 최대한 잘 파악하는 데에 있다. 디자이너는 소프트웨어를 쓰는 사람을 이해하려 하고, 마케팅 전문가는 소비자를 이해하려고 한다는 차이가 있지만 말이다.

시스템 안에서 사용자의 인터랙션에 깔려 있는 실제 문제를 이해하기란 쉽지 않다. 목표를 달성하기 위해 정말로 필요한 것이 무엇인지 설명하는 언어나 자기성찰적 기술을 사용자가 항상 가지고 있지는 않기 때문이다. 자기보고 형식의 관찰은 미묘하게 편향되는 경우가 많기 때문에 사용자가 이야기하는 내용에서 유용한 디자인 콘셉트를 찾아내는 것은 여러분의 몫이다.

리서치 기술 중 어떤 것은 굉장히 정형적이고, 일부는 그렇지 않다. 일정한 형식을 따르고 정량적인 방법은 과학적이기에 가치가 있다. 제대로 사용한다면 여러분이 생각하는 대로가 아니라 세상을 있는 그대로 이해하도록 도와준다. 하지만 아무렇게나 사용자 조사를 수행하고, 사용자가 스스로 선택하는 데서 생기는 편향을 고려하지 않는다면, 실제 타깃 고객을 반영하지 않는 데이터만 남을지 모른다. 장기적으로 그런 편향은 디자인에 악영향을 미친다.

공식적인 방법을 실행할 시간이 부족하다면, 비공식적으로라도 몇몇 사용자를 만나는 것이 아무것도 하지 않는 것보다는 낫다. 사용자와 이야기하는 것은 디자이너의 정신건강에 좋다. 사용자와 공감할 수 있고, 그들이 실제로 여러분의 디자인을 쓰고 있다고 상상한다면, 훨씬 나은 결과물을 만들 수 있을 것이다.

인터페이스에서 사람들은 무슨 생각을 하고 어떻게 행동할까?

이제부터 소개할 패턴은 사람들이 소프트웨어 인터페이스를 사용할 때 생각하고 행동하는 가장 일반적인 방법들 중 일부이다. 개개인은 각기 다르지만, 일반적으로 사람들은 예측 가능하게 행동한다. 디자이너들은 수년간 현장을 방문하고 사용자를 관찰해 왔다. 인지과학자를 비롯한 연구자들은 사람들이 어떻게 일하고 그들이 하는 일에 대해 어떻게 생각하는지 오랜 시간 연구했다.

따라서 여러분의 소프트웨어를 사용하는 사람이나 유사한 서비스를 쓰는 사람을 관찰할 때 그들이 특정 행동을 할 것이라고 예측할 수 있다. 뒤이어 소개하는 행동 패턴은 사용자를 관찰할 때 자주 발견된다. 이 패턴들을 주의 깊게 살펴본다면, 동일한 행동 패턴이 눈에 보이기 시작할 것이다.

참고사항

패턴을 열광적으로 지지하는 사람들에게: 여기서 다루는 패턴은 다른 장에서 소개하는 패턴과 다르다. 사람의 행동을 묘사하는 패턴이지, 인터페이스 디자인 요소가 아니다. 다른 장처럼 디자인을 규정하는 성격이 아니다. 다른 장의 패턴처럼 디자인을 구조화해서 제시하기보다는, 짤막한 글로 표현한다.

다시 말하지만, 인터페이스가 여기에 나오는 패턴을 잘 지원할수록 사용자 목표를 더 효과적으로 달성할 수 있을 것이다. 이 패턴은 인터페이스에 대한 것만도 아니다. 인터페이스와 그 뼈대를 이루는 구조, 기능, 문서화를 포함한 총체적 패키지가 이런 행동 패턴을 염두에 두고 디자인되어야 한다. 특히, 인터페이스 또는 인터랙션 디자이너로서 여러분은 다른 팀보다 아래 패턴을 잘 염두에 두고 있어야 한다. 여러분이 어느 누구보다 사용자를 옹호하기 좋은 위치에 있기 때문이다.

- 안전한 탐색Safe Exploration
- 즉각적 만족Instant Gratification
- 만족화Satisficing
- 중도에 바꾸기Changes in Midstream
- 선택 미루기Deferred Choices
- 점진적 창조Incremental Construction

- 습관화Habituation
- 짬시간 활용Microbreaks
- 공간 기억Spatial Memory
- 미래 계획 기억Prospective Memory
- 능률적 반복Streamlined Repetition
- 키보드만 사용하기Keyboard Only
- 소셜 미디어Social Media, 소셜 프루프Social Proof, 협업Collaboration

안전한 탐색(Safe Exploration)

"길을 잃거나 곤경에 빠지지 않고 탐험할 수 있게 해줘."

인터페이스를 탐험하면서 실수하더라도 최악의 상황을 겪지는 않을 것이라는 믿음만 있으면 사용자는 더 많이 배우고 더 긍정적으로 경험한다. 좋은 소프트웨어는 사람들로 하여금 익숙하지 않은 새로운 기능을 시도해 보도록 만든다. 잘 되지 않더라도 스트레스 받지 않고 쉽게 되돌려 또 다른 시도를 할 수 있기 때문이다.

엄청나게 나쁜 경험이 아니어도 시도 자체를 하지 않는 '심각한 결과'를 낳을 수 있다. 조그만 성가심도 사용자의 자발적인 시도를 그만두게 만들기 충분하다. 팝업 창을 끄고, 실수로 지운 데이터를 다시 입력하고, 웹사이트에서 갑자기 시끄러운 음악이 재생될 때 음소거하는 일은 전부 기운 빠진다. 소프트웨어 인터페이스를 디자인할 때는 사용자가 비용을 들이지 않고 도전할 수 있는 다양한 탐색 방법을 많이 만들어야 한다.

이 패턴은 아래에 나와 있는, 사용성 전문가 제이콥 닐슨Jakob Nielsen이 리서치를 바탕으로 발견한 효과적인 사용성 원칙[4] 몇 가지를 아우른다.

- 시스템 상황을 보여 준다.
- 시스템과 현실 세계를 일치시킨다.
- 사용자에게 통제권과 자유를 부여한다.

4 Nielsen, Jakob, "10 Usability Heuristics for User Interface Design", *Nielsen Norman Group*, 24 Apr, 1994, *www.nngroup.com/articles/ten-usability-heuristics*.

안전한 탐색이 무엇인지 알려 주는 몇 가지 예를 살펴보자.

- 사진가가 이미지 처리 애플리케이션에서 몇 가지 필터를 써본다. 필터 적용 결과가 마음에 안 들면, '작업 취소'를 몇 번 클릭해 처음 상태로 되돌아간다. 연이어 또 다른 필터를 시도해 보고 원할 때마다 매번 처음 상태로 돌아간다(다단계 실행 취소 패턴은 8장에서 소개하겠다).
- 회사 홈페이지를 새로 방문하는 사람은 내용을 살펴보려고 여러 링크를 클릭한다. 사용자는 보통 '뒤로 가기' 버튼을 클릭하면 항상 홈 화면으로 돌아갈 것이라 예상한다. 이상적인 경우, 추가 창이나 팝업이 열리지 않고 '뒤로 가기' 버튼도 예상대로 작동할 것이다. 하지만 만약 웹 앱이 '뒤로 가기' 버튼에 다르게 반응하거나, 애플리케이션에서 '뒤로 가기'라고 생각한 버튼을 눌렀는데 이전 화면으로 돌아가지 않는다면 사용자는 혼란스러울 것이다. 이럴 때 사용자는 탐색 도중에 길을 잃고, 앱 자체를 삭제할 수도 있다.

즉각적 만족(Instant gratification)

"나중에 말고 바로 지금, 이걸 하고 싶어."

사람들은 행동을 하면 어떤 결과가 나타나는지 바로 보고 싶어 한다. 이는 인간의 본성이다. 만약 사용자가 애플리케이션을 쓰기 시작한 지 몇 초 만에 '성공'을 경험한다면, 얼마나 만족스럽겠는가! 그들은 계속해서 애플리케이션을 사용하고, 심지어 나중에 어려움을 겪어도 계속 쓸 가능성이 높다. 애플리케이션 사용법을 이해하는 데 오래 걸릴 때보다 앱을 자신 있게 사용할 것이다.

사용자를 즉각적으로 만족시켜야 한다는 요구는 여러 디자인 분야에 파장을 몰고 왔다. 신규 사용자가 앱을 켜자마자 무슨 작업을 시작할지 예상할 수 있는가? 그렇다면 바로 그 첫 작업을 순식간에 마칠 수 있도록 UI를 디자인해야 한다. 만약 사용자의 목표가 무언가를 만드는 것, 예를 들어 새로운 캔버스를 만드는 것이라면, 캔버스 생성을 유도하는 콜투액션Call To Action[5] 버튼을 눈에 띄는

5 (옮긴이) 콜투액션(Call To Action)이란 사용자의 반응을 유도하는 행위 또는 UI 요소로, 방문자를 고객으로 전환하는 데 핵심이 된다. 주로 버튼, 링크 형태로 사용자의 호기심을 유발하는 문구를 사용한다. 가령 쇼핑몰 페이지에는 '구매하기', '결제하기', '무료배송 받기' 버튼이 있다.

곳에 두고 그 옆에 팔레트를 배치한다. 만약 사용자 목표가 특정 태스크를 완료하는 것이라면, 태스크를 시작하는 일반적인 지점으로 안내해라.

사용자를 즉각적으로 만족시키려면 서두 격인 기능을 사용자가 신경 써서 읽거나 기다려야 하는 작업, 즉 회원가입, 끝없이 긴 사용 매뉴얼, 로딩이 느린 화면, 광고 등 그 어떤 작업 뒤로도 숨겨서는 안 된다. 사용자 입장에서는 즉시 완료해야 하는 태스크를 빠르게 수행하지 못하게 하면 맥이 빠지기 마련이다.

요약하자면 사용자의 니즈를 예측하고 분명한 시작점을 제공해라. 사용자의 노력(이메일 주소, 상품 구매)을 요구하기 전에 먼저 사용자에게 가치를 제공하라.

만족화(Satisficing)

"이 정도면 충분해. 더 잘하는 법을 배우는 데 시간을 쓰고 싶지 않아."

사람들은 새로운 인터페이스를 하나씩 체계적으로 살펴보지 않는다. '음. 이 버튼이 내가 원하는 것을 가져다 줄 가능성이 가장 높군.' 하고 심사숙고해서 버튼을 누르지 않는다. 오히려 사용자는 재빠르게 인터페이스를 슥 훑어보고, 시선을 끄는 것을 일단 선택하고 볼 것이다. 그 선택이 틀렸더라도 말이다.

만족화Satisficing라는 용어는 '만족스러운Satisfying'과 '충분한Sufficing'의 합성어이다. 사회과학자 허버트 사이먼Herbert Simon이 1957년에 고안했다. 그는 다양한 사회경제적 상황에서 사람들의 행동을 묘사하는 데 이 말을 사용했다. 다른 대안을 배우는 데 시간이나 노력이 든다면 사람들은 굳이 '최선'을 택하기보다 '충분히 좋은' 선택을 받아들인다.

이는 사실 합리적인 행동이다. 왜냐하면 복잡한 인터페이스를 '뜯어보는' 데에는 정신노동이 필요하기 때문이다. 스티브 크룩Steve Krug이 《(사용자를) 생각하게 하지 마! *Don't Make Me Think*》에서 강조하듯, 사람들은 필요 이상으로 고민하기를 꺼린다. 생각하는 자체만으로 정신적 에너지가 필요하기 때문이다. 하지만 고민할 필요 없이 분명한 옵션 한두 개만 인터페이스가 곧바로 보여 준다면, 사용자는 그것을 눌러 볼 것이다. 이 경우 원하는 결과를 얻을 가능성이 높고, 틀렸어도 쉽게 되돌려 다른 옵션을 시도해 볼 수 있다(인터페이스가 안전한 탐색을 지원한다고 가정하자).

이는 디자이너에게 여러 교훈을 던져 준다.

- 인터페이스에서 '콜투액션'을 사용해라. 먼저 무엇을 할지 지침을 제시하라. 문자를 이곳에 입력하고, 이미지를 이곳에 드래그하고, 시작하려면 이곳을 탭하라는 지시가 분명해야 한다.
- 레이블을 이해하기 쉽도록 짧고 간결하게 작성해라. 레이블이란 사용자가 텍스트로 인식하는 메뉴, 버튼, 링크 모두를 뜻한다. 사람들은 레이블을 훑어보고 의미를 추측할 것이다. 사용자가 추측하는 의미가 정답이 되도록 레이블을 작성하라. 여러 번 의미를 잘못 추측하게 되면 사용자는 실망할 것이고, 여러분과 사용자 모두 첫 단추를 잘못 꿰게 된다.
- 인터페이스 레이아웃을 활용하여 의미를 잘 전달하라. 4장에서 그 방법을 상세하게 설명할 예정이다. 사용자는 보이는 색상과 입력 폼을 '분석'한다. 그들에겐 레이블을 읽는 것보다 색상과 입력 폼의 단서를 눈여겨보는 게 더 효율적이다.
- 인터페이스 안에서 쉽게 움직일 수 있게 하라. 성급하게 선택해서 실수한 경우 다시 되돌아갈 수 있도록 하라. 특히 3장에서 언급하는 **탈출구** 패턴을 활용하라. 일반적인 웹사이트에서 '뒤로 가기' 버튼을 누르는 것은 쉽다. 그러므로 웹 앱이나 설치해서 쓰는 애플리케이션, 모바일 기기에서도 '앞으로 가기', '뒤로 가기' 탐색을 쉽게 디자인하는 게 특히 중요하다.
- 복잡한 인터페이스는 신규 사용자에게 인지적 부담을 지운다는 사실을 기억하라. 시각적 복잡성은 종종 비전문가들을 적당히 만족하도록 유혹한다. 작동할 것처럼 보이는 요소를 일단 찾고 보는 것이다.

많은 사용자는 시스템을 일정 기간 사용하고 나면 특이한 습관을 갖게 되는데, 이는 만족화 현상 때문이다. 오래전 한 사용자가 어떤 일을 하기 위해 A 방법을 배웠다. 이 사용자는 추후에 시스템에서 더 좋은 대안인 B 방법을 제시하더라도 새로 배우려 하지 않는다. 학습에는 노력이 따르고, 결국 사용자는 비효율적인 A 방법을 고수한다. 이것이 꼭 비합리적인 선택은 아니다. 오랜 습관을 깨고 새로 학습하는 것은 에너지를 필요로 하고, 사용자에게 미미한 개선은 비용을 치를 만큼 중요하지 않다.

중도에 바꾸기(Changes in Midstream)

"하다가 중간에 마음이 바뀌었어."

종종 사람들은 어떤 일을 하는 도중에 마음을 바꾼다. 누군가는 두고 간 방 열쇠를 찾으려고 가던 도중에 신문을 발견해 읽기 시작한다. 아니면 제품 리뷰를 찾으려고 아마존Amazon 웹사이트에 접속했다가 책을 사기도 한다. 의식하지 못한 사이 단순히 샛길로 빠질 수도, 의도적으로 마음을 바꿀 수도 있다. 어떤 경우든 여러분이 설계한 인터페이스를 사용하는 동안 사용자의 목표는 바뀌게 마련이다.

이 말은 디자이너는 사용자가 마음을 바꿀 수 있는 기회를 제공해야 한다는 의미다. 선택 가능성을 열어 둬라. 이유 없이 사용자가 다른 페이지나 기능에 접근하지 못하도록 선택권을 박탈하지 말라. 제한해야 할 이유가 있을 때도 있다. 그런 예시가 궁금하면 2장 **마법사** 패턴과 3장 **모달 패널** 패턴을 보라.

사용자가 시작하고 중간에 멈춘 프로세스를 나중에 돌아와 중단했던 지점에서 다시 손쉽게 시작하게 할 수도 있다. 이런 속성을 재진입reentrance이라고 부른다. 예를 들어, 변호사가 아이패드로 폼을 입력하고 있는데 의뢰인이 방에 들어선다. 그러면 기기에서 하던 일을 그만두고, 폼 작성은 나중에 완료해야 한다. 이때 입력한 정보가 사라지면 안 된다.

재진입을 지원하려면, 다이얼로그와 웹 폼에서 입력한 값을 기억하게 만들어야 한다. 반드시 모달modal[6]일 필요는 없는데, 모달이 아니라면 폼 창을 나중에 쓰기 위해 화면 구석에 드래그해 놓을 수 있다. 제작 및 편집용 애플리케이션인 텍스트 편집기, 코드 개발 환경, 페인트 프로그램은 사용자가 동시에 여러 프로젝트를 실행할 수 있게 함으로써, 다른 작업을 할 때 나머지 프로젝트

6 (옮긴이) 모달(modal)은 집중해야 하는 화면을 기존 화면 위에 레이어를 덮어 새로운 창처럼 보여 주는 방식이다. 모달 화면을 사라지게 하려면 반드시 특정 선택을 해야 한다. 모달 창은 기존 메인 창을 비활성화하며, 사용자의 작업흐름을 방해하기 때문에 반드시 주의를 기울여야 하는 상황에 드물게 사용하는 것이 좋다.

를 구석에 둘 수 있게 해준다. 정보가 더 필요하다면 2장의 작업 공간 나누기 패턴을 보라.

선택 미루기(Deferred Choices)

"지금은 응답하고 싶지 않아, 일단 이걸 완료하게 해줘."

즉각적 만족 패턴에 이어지는 이야기다. 태스크에 집중한 사람에게 중간에 불필요한 질문을 던지면, 사용자는 질문을 건너뛰고 나중에 답하고 싶어 한다.

예를 들어, 웹 기반 게시판에 회원가입을 하는데 과정이 복잡하고 길다고 해보자. 닉네임, 이메일 주소, 개인정보 수집 동의, 프로필 사진, 자기소개 등 작성할 내용이 끝이 없다. 사용자는 사실 그냥 소소한 게시물 하나만 올리고 싶은데 말이다. 그렇다면 꼭 필요한 항목만 작성하게 하고 나머지는 넘길 수 있게 하면 되지 않을까? 사용자가 원한다면 나중에 나머지 항목을 채워 넣게 할 수도 있다. 그렇지 않으면 사용자는 주관식 질문에 답하고 프로필 사진을 찾느라 30분 동안 시간을 허비해야 한다.

동영상 편집 프로그램에서 새로운 프로젝트를 만든다고 하자. 물론 프로젝트 명처럼 시작할 때 정해야 하는 것이 있다. 하지만 어떤 서버에 업로드를 할지는 프로젝트를 마칠 때까지 모르는 일이다. 이런 선택은 나중으로 미뤄도 된다.

가끔 사용자가 단순히 질문에 답하기 싫을지도 모른다. 아니면 사용자 입장에서 답할 정보가 충분하지 못해서 응답을 못할 수도 있다. 작곡 소프트웨어에서 곡을 쓰기도 전에 새로운 곡의 제목, 음계, 박자를 물어본다면 당황스러울 것이다(이 분야에서 '좋은' 디자인이 궁금하다면 애플Apple의 개러지밴드GarageBand 앱을 보라).

인터페이스 디자인은 이해하기 쉽지만 그렇다고 구현하기도 항상 쉬운 것은 아니다.

- 처음부터 사용자에게 너무 많은 선택지를 제시해서 겁먹게 하지 말라.
- 꼭 사용자가 작성해야 하는 폼이라면 필수 항목과 선택 항목을 분명히 구분

하라. 필수 항목을 지나치게 많이 지정하지 말라. 선택 항목을 작성하지 않아도 넘어갈 수 있게 해라.

- 질문과 선택지에서 중요한 것과 덜 중요한 것을 분리할 수도 있다. 간략한 리스트를 노출하고, 긴 리스트는 숨겨라.
- 가능하다면 10장의 **적절한 기본값** 패턴을 사용해, 합리적인 기본값에서 시작하게 해라. 사용자가 기본으로 들어간 값을 눈여겨보고 필요하면 수정해야 하는 약간의 비용은 발생할 수 있다.
- 사용자들이 비워 둔 입력란으로 다시 돌아올 수 있도록 눈에 띄는 곳에서 접근할 수 있게 하라. 예를 들어, 다이얼로그 박스에서 "프로젝트 편집 버튼을 클릭해서 나중에 입력값을 수정할 수 있습니다."라고 간략하게 안내할 수 있다. 몇몇 웹사이트는 사용자가 폼에 입력하고 있던 값이나 다른 영구적인 데이터를 저장한다. 장바구니에 담아 놓고 구매하지 않은 물건 목록과 같은 정보 말이다.
- 웹사이트에서 회원가입이 필요하다면, 우선 사용자가 웹사이트를 둘러보고 매력을 느낀 뒤에 회원가입을 하도록 요청하면 성공 가능성이 높을 것이다. 별도 회원가입 없이 구매를 완료한 뒤, 구매 과정에서 입력한 개인정보로 로그인 계정을 빠르게 만들지 않겠냐고 제안하는 웹사이트도 있다.

점진적 창조(Incremental Construction)

"이 코드 좀 바꿀래. 약간 이상해 보이는데, 다시 바꿀게. 이제 괜찮군!"

뭔가를 만들 때 정확한 순서를 밟아 가면서 작업하는 사람은 거의 없다. 전문가조차도 완전히 순차적으로 한 단계, 한 단계씩 진행해 마지막을 완벽한 결과로 마무리하는 경우는 무척 드물다.

현실은 그 반대에 가깝다. 오히려 작은 조각에서 시작해 작업하다 한 걸음 물러서서 살펴보기도 하고, 코드처럼 '작동하는' 것이라면 테스트해 보고, 오류를 수정하고, 나머지 부분을 만든다. 마음에 들지 않으면 아예 처음부터 다시 시작하는 경우도 있다. 창조는 되는 듯 마는 듯 진행된다. 진행된 만큼 뒤로 가기도 하고, 큰 변화보다는 일련의 작은 변화를 통해 점진적으로 완성된다. 가끔은 상향식으로, 가끔은 하향식으로 흘러간다.

제작 및 편집용 인터페이스에서는 이런 작업 방식을 지원해야 한다. 사용자가 작은 부분부터 쉽게 만들 수 있도록 해라. 인터페이스에서 수정사항을 빠르게 인식하고 저장할 수 있어야 한다. 피드백이 매우 중요하다. 작업하는 동안 전체 결과물이 어떻게 보이고 바뀌고 있는지 계속 보여 줘라. 만약 사용자가 코드나, 시뮬레이션 등 작동하는 결과물을 만든다면, 변환 과정을 최대한 짧게 해서, 피드백을 즉각 제공하라. 사용자가 작업을 수정한 결과를 곧바로 확인할 수 있어야 한다.

창조 활동을 좋은 도구로 보조해 주면, 사용자는 몰입 상태에 빠진다. 몰입은 활동에 완전히 집중하여, 시간이 왜곡되게 느껴지고 방해하는 요소가 사라지는, 시간 가는 줄 모르고 집중하는 상태이다. 몰입 상태에서는 작업하는 즐거움 자체가 보상이다. 예술가, 운동선수, 개발자 모두 몰입이 뭔지 알고 있다.

반면에 좋지 않은 도구는 분명히 사용자의 집중을 방해할 것이다. 사용자가 사소한 수정을 하고 결과를 보기까지 30초나 기다려야 한다면, 집중력은 깨져 버린다. 작업흐름Workflow이 방해받는 것이다.

몰입에 대해 더 알고 싶다면, 미하이 칙센트미하이Mihaly Csikszentmihalyi의 《몰입 Flow: 미치도록 행복한 나를 만난다*Flow: The Psychology of Optimal Experience*》를 추천한다.

습관화(Habituation)

"다른 곳에서는 다 작동하는 제스처가 여기서는 왜 안 돼?"

인터페이스를 반복해 쓰다 보면, 무의식중에 특정한 물리적 행동을 하게 된다. 문서를 저장하기 위해 Ctrl+S를 누르거나, 웹페이지를 나가려고 '뒤로 가기' 버튼을 클릭하고, 모달 다이얼로그modal dialog 박스를 닫을 때 엔터 키를 치고, 웹페이지 창을 열고 닫기 위해 제스처를 쓰고, 심지어 차의 브레이크를 밟는 것도 마찬가지다. 이런 행동은 이제 의식하지 않고 실행할 만큼 습관이 되었다.

수백만의 사람들이 마이크로소프트 워드Microsoft Word 또는 다른 워드 프로세서를 쓰면서 다음 키보드 단축키에 익숙해졌다.

Ctrl+X

선택한 것을 자르기

Ctrl+V

선택한 것을 붙여 넣기

Ctrl+S

문서 저장하기

이런 습관으로 인해 사람들은 툴 전문가가 되고, 작업에 몰입한다. 습관화는 여러분이 예상하는 것처럼, 눈에 띄게 작업 효율을 높이기도 한다. 그러나 사용자에게 덫이 될 수도 있다. 만약 습관이 된 제스처가 작동이 안 되는 상황에서 사용자가 이를 시도하거나, 최악의 경우 제스처로 작업물이 망가지면, 사용자는 난처해진다. '지금 내가 무슨 짓을 했지?' '원래 하려던 걸 하려면 뭘 눌러야 하지?' 갑자기 툴에 대하여 다시 생각해야 하고 제스처로 엉망이 된 작업물을 원상복구해야 한다.

이런 단축키는 누구나 다 안다. 소프트웨어 디자인을 할 때 여러 애플리케이션을 일관성 있게 설계하는 것도 좋다. 하지만 그만큼 중요한 것이 애플리케이션 내의 일관성이다. 특정 제스처가 액션 X를 실행하는 것처럼 생각하게 만들어 놓고, 갑자기 특수한 모드에서 해당 제스처로 액션 Y를 실행시키는 애플리케이션은 몹시 위험하다. 절대로 그렇게 하지 말라. 사용자는 분명히 실수할 것이고 경험이 많고, 습관이 많이 쌓였을수록, 그런 실수를 할 가능성이 높다.

모바일 기기를 위한 제스처 기반 인터페이스를 개발하고 있다면 습관화를 섬세하게 고려하라. 사용자는 모바일 기기를 어떻게 사용하는지 충분히 학습하고 익숙해지면, 전체 애플리케이션에서 기본 제스처가 일관적으로 적용될 것이라 믿는다. 제스처를 취했을 때 예상되는 액션이 일관적으로 실행된다는 것을 확인시켜 줘라.

이런 습관화 때문에 확인 다이얼로그 박스는 종종 사용자의 실수를 막지 못한다. 모달 다이얼로그 창이 뜨면, 사용자는 '확인'이나 '뒤로 가기' 버튼을 눌러서 창을 쉽게 닫을 수 있다. 사용자가 파일을 삭제하는 것처럼 의도적인 액션을 할 때, 만약 '확인' 버튼이 기본값이라면 '확인'을 누르는 것이 습관이 되어 버린다. 즉, 사용자가 무의식적으로 확인을 누르기 때문에, 사용자로 하여금 액션을 다시 한번 확인하게 하는 다이얼로그 박스가 실제로 효과가 없어지는 것이다.

참고 사항

확인 다이얼로그 박스에서 '확인' 버튼, '뒤로 가기' 버튼을 매번 임의로 배치하는 애플리케이션을 최소 하나 이상 본 적이 있다. 이럴 경우 무엇을 클릭할지 정하려면 실제로 버튼을 읽어 봐야 한다. 물론 이것이 확인 다이얼로그 박스를 디자인하는 최선의 방법은 아니다. 사실 대부분은 박스 없이 해결하는 게 좋다. 그럼에도 창의적으로 습관화 문제를 피해 갔다는 점에서 언급하고 싶다.

짬시간 활용(Microbreaks)

"지금 지하철을 기다리고 있어. 2분 동안 쓸모 있는 일을 하고 싶어."

종종 여유 시간이 몇 분 생길 때가 있다. 일 하다가 잠시 휴식이 필요할 수도 있고, 가게에서 줄을 서거나 운전 중 길이 꽉 막힐 때도 그렇다. 이 경우 사용자는 지루하거나 어서 이 시간이 지나가길 기다리는 상태다. 건설적이거나 즐거운 일로 시간을 보내고 싶지만 무언가에 깊이 참여할 만한 여유는 없다.

이 패턴은 특히 모바일 기기를 디자인할 때 적용 가능한데, 사람들은 이런 어중간한 시간에 주로 모바일 기기를 꺼내기 때문이다. 소셜 미디어 산업은 대부분 이런 상황을 잘 이용해서 크게 성공했다. 소셜 및 캐주얼 게임, 페이스북, 인스타그램Instagram, 스냅Snap 전부 짬시간 활용에 사용된다.

짧게 쉴 때 하는 일반적인 활동

- 이메일 확인
- 페이스북이나 트위터Twitter 같은 **스트림과 피드** 읽기(2장 참조)
- 뉴스 읽기
- 짧은 비디오 시청

- 웹에서 간단한 것 검색하기
- 전자책 읽기
- 단순한 게임

짬시간 활용을 잘 지원하려면 접근하기 쉽고 빠른 활동을 제공해야 한다. 기기를 켜서 애플리케이션 또는 웹사이트를 선택하는 만큼 단순해야 한다. 복잡한 설치를 요구하지 말라. 로딩이 한참 걸리면 안 된다. 만약 사용자가 로그인해야 한다면, 매번 로그인할 필요가 없도록 기존 로그인 정보를 기억해라.

스트림과 피드 서비스라면 가능한 빨리 최신 콘텐츠를 사용자가 보는 첫 화면에 띄워라. 게임, 비디오, 전자책과 같은 서비스는 사용자가 종료하기 전 마지막 시점을 기억해서, 별도의 확인 없이 앱이나 웹사이트를 그 시점으로 복구해야 한다. 이렇게 재방문을 지원하는 것이다.

만약 여러분이 이메일 애플리케이션처럼 사용자가 정리를 해야만 관리가 되는 소프트웨어를 디자인한다면, 항목을 효율적으로 분류할 수 있는 방법을 제시하라. 즉, 항목별로 충분한 데이터를 보여 줘서 알아볼 수 있게 하라. 예를 들면, 리스트상에서 메시지의 내용과 발신자를 확인할 수 있도록 하는 것이다. '별' 표시로 관심 항목을 구분하고, 항목을 삭제하거나, 짧게 답장을 쓰고 업데이트하는 게 간편하고 빨라야 한다.

긴 로딩 시간을 피하는 것은 다시 강조할 만큼 중요하다. 콘텐츠를 로딩하는데 시간이 너무 오래 걸리면 앱 사용을 포기한다. 특히나 짬시간을 활용할 때라면 더더욱 그렇다. 페이지가 읽기 편하고, 유용한 콘텐츠를 로딩 시간 거의 없이 보여 주도록 잘 개발되었는지 확인해라.

공간 기억(Spatial Memory)

"분명 그 버튼이 1분 전에는 여기 있었는데, 어디 갔지?"

사람들은 기존에 편집하던 작업물이나 문서를 찾을 때, 이름이 아니라 위치로 기억한다. 윈도우, 맥, 리눅스의 바탕 화면을 예로 들어 보자. 많은 사람들이 바탕 화면에 자주 쓰는 파일이나 애플리케이션을 꺼내 놓는다. 사람들은 바탕 화면에서 원하는 걸 찾을 때 공간 기억을 효과적으로 활용한다. 자기만의 범주화 방법을 고안하기도 하는데, '이 파일은 이런 폴더 바로 오른쪽 위에 있었어.'라고 기억하는 식이다. 이는 실제 현실 세계를 잘 반영한 것이기도 하다. '어지럽지만 질서 정연한' 책상은 흔히 볼 수 있다. 남들에게는 지저분해 보이지만, 책상 주인은 순식간에 원하는 것을 찾아낸다. 하지만 누군가 주인 대신 책상을 정리해야 하는 일이 없기를 바란다.

많은 애플리케이션은 '확인', '취소'와 같은 다이얼로그 버튼을 사용자가 예상하는 위치에 둔다. 왜냐하면 다이얼로그 버튼에 대한 공간 기억이 너무 강렬하기 때문이다. 또한 복잡한 애플리케이션을 쓸 때 사람들은 툴바의 툴이나 시각적 계층 구조 안의 개체를 상대적인 위치로 기억한다. 그러므로 4장에 나오는 반응형 활성화와 같은 디자인은 조심스럽게 사용해야 한다. 인터페이스의 빈 공간에 항목을 추가하는 것은 큰 문제를 일으키지 않는다. 하지만 이미 익숙한 컨트롤의 위치를 바꾸면 사용자의 공간 기억 능력을 저해하고, 사용자가 원하는 기능을 찾기 더 어렵게 만들 수 있다. 상황별로 다르겠지만, 확신할 수 없다면 사용자에게 한번 시험해 보라.

모바일 애플리케이션과 게임 대부분이 몇 개의 화면만으로 이뤄진다. 사용자가 홈 화면에서 모든 걸 해결할 수 있게 디자인하는 경우도 있다. 마치 내비게이션이 없는 것처럼 말이다. 하지만 사용자들은 화면을 좌우상하로 밀어서 다른 화면(메시지 또는 설정 화면)으로 이동하는 법을 배운다. 다른 화면들은 존재하긴 하지만, 옆에 숨겨져 있다. 스냅은 사람들의 공간 기억을 잘 활용한 모바일 앱이다.

공간 기억은 **습관화**와 긴밀하게 관련돼 있다. 사람들은 유사한 기능은 비슷한 위치에 있을 거라고 예상한다. 그래서 애플리케이션 간에 그리고 애플리케이션 내에서 일관성을 지키는 게 중요하다. 관련 사례가 궁금하면 3장의 로그인 툴 패턴을 보라.

앞에 언급한 컴퓨터 바탕 화면 사례처럼, 사람들은 공간을 기반으로 기억하기 때문에 사용자에게 스스로 문서와 파일을 정리할 공간을 제공하는 게 좋다. 특히 객체 수가 많다면 이런 정리 공간이 꼭 실용적이지는 않지만, 수가 많지 않다면 꽤 효과가 좋다. 객체를 스스로 배치하면, 어디에 두었는지 기억할 가능성이 높다. 제발 사용자가 요청한 게 아니면 파일을 재정렬하지 말라! 4장의 **이동식 패널** 패턴은 이를 위해 특수한 방법을 제시한다.

또한 공간 기억 때문에 오히려 동적으로 변화하는 메뉴는 종종 역효과를 낸다. 사람들은 메뉴 상단과 하단에서 특정 항목을 보는 데 익숙해졌다. 사용자를 '돕기 위해' 메뉴 항목을 재구성하고 간소화하는 것은 익숙함을 무너뜨리고 사용자 오류를 초래할 수 있다. 웹페이지에서 내비게이션 메뉴를 바꾸는 것도 마찬가지다. 따라서 웹사이트의 모든 서브 페이지에서 메뉴 항목이 최대한 동일한 위치와 순서로 보이도록 해라.

리스트와 메뉴의 상단과 하단은 인지적으로 특별한 위치다. 사람들은 리스트 중간에 있는 항목보다 상단 및 하단에 있는 내용을 잘 인식하고 기억한다. 리스트의 첫 번째와 마지막 항목은 눈에 먼저 띈다. 따라서 한두 개 항목에 시선을 집중시키려면, 리스트의 처음이나 마지막에 해당 항목을 배치해라. 중간에 있는 항목은 인식하거나 기억하지 못할 확률이 높다.

미래 계획 기억(Prospective Memory)

"일단 여기에 메모해 두고 나중에 처리하려고."

미래 계획 기억은 심리학에서 잘 알려진 현상인데, 인터페이스 디자인에서는 아직 조명을 받지 못했다. 하지만 디자인적으로도 이에 주목할 필요가 있다.

미래 계획 기억이란 미래에 계획을 세우는 것과 관련되는데, 우리는 각자의 방식으로 미래에 할 일을 기억한다. 내일 회사에 책을 가져가야 한다면 오늘 밤 현관 옆 눈에 띄는 곳에 책을 두고 잠드는 방법이 있다. 몇 분 뒤에 이메일로 답장을 보내야 할 때는, 이메일을 스크린에 띄워 두고 스스로에게 상기시킬 수 있다. 회의를 깜빡하는 경향이 있다면, 회의 시작 5분 전 스마트폰이나 마이크로소프트 아웃룩Microsoft Outlook에서 알림이 울리게 설정할 수 있다.

이는 기본적으로 거의 모든 사람들이 하는 행동이다. 우리가 복잡하고 바쁘고 멀티태스킹을 하는 삶에 대처하는 방식이기도 하다. 즉, 우리는 불완전한 기억을 보완하기 위해 생활 속 지식을 활용하는데, 이걸 잘할 수 있어야 한다.

우리의 미래 계획 기억을 보조해 주는 소프트웨어도 있다. 아웃룩과 대부분의 모바일 플랫폼에는 캘린더와 알림 기능이 있어, 직접적이거나 능동적인 방식으로 기억을 보조해 준다. 카드로 구성된 칸반 보드kanban board[7]인 트렐로Trello도 좋은 예다. 사람들은 기억을 보완하기 위해 다음과 같은 도구를 이용한다.

- 자신에게 남기는 메모(예: 바탕 화면에 스티커 노트 남기기)
- 컴퓨터 화면에 띄워 놓은 창
- 문서에 곧바로 입력한 주석(예: 완성할 것!)
- 나중에 볼 웹사이트를 브라우저 북마크에 추가하기
- 폴더 안이 아니라 바탕 화면에 저장한 파일
- 수신함에 보관하고 별표 표시 해둔 이메일

사람들은 수많은 흔적을 남겨서 필요한 일을 기억하려 한다. 하지만 위의 리스트에 있는 도구들 전부 이를 염두에 두고 디자인된 건 아니다. 오히려 이러한 기능들은 사용자가 원하는 대로 정리할 수 있도록 유연하게 설계되었다. 좋은 이메일 시스템은 사용자가 하고 싶은 대로 폴더 명을 지을 수 있고, 수신함에서 이메일로 무엇을 하든 상관하지 않는다.

텍스트 편집기는 사용자가 무엇을 입력하든지, 글씨가 붉은색이거나, 볼드체거나, 크거나 해도 아무 상관하지 않는다. 코드 편집기도 메서드 헤더method header에 '마무리하기!' 라고 댓글을 남겨도 신경 쓰지 않는다. 웹브라우저도 사용자가 북마크를 지정하는 이유에 별 관심이 없다. 사람들에게는 특히 이렇게 관대한 유연성이 필요하다. 사람들이 각자에 맞는 알림 시스템을 만들도록 도구를 제공하라. 그 자체로 지나치게 똑똑한 시스템을 만들려고 하지 마라.

예를 들어, 윈도우 창이 장기간 비활성화 상태라고 해서 아무도 쓰지 않으니 이 창을 닫아야 한다고 가정하지 마라. 사용자를 '완전하게 돕기' 위해 유용하지 않다고 판단되는 파일이나 객체를 임의로 삭제하지 마라. 사용자는 분명 이유가 있어서 파일을 남겨 두었을 것이다. 사용자가 시스템에 요청한 게 아니면 자동으로 파일을 정리하거나 정렬하지 마라.

7 (옮긴이) 칸반 보드(kanban board)란 팀원들이 작업 현황을 한눈에 파악할 수 있게 작업흐름을 시각화해 주는 도구다. 가상의 게시판 형태로, '대기', '진행 중', '완료', '보류' 범주로 업무를 분류하며 하나의 업무를 하나의 카드로 표시한다.

디자이너로서 사용자의 미래 계획 기억을 보조하기 위해 할 수 있는 일이 또 무엇이 있을까? 누군가 입력 폼을 중간까지 입력하고 잠시 닫으면, 다음 진행을 위해 데이터를 보존할 수 있다. 이렇게 하면 어디까지 작성했는지 사용자가 떠올릴 수 있다(1장 **선택 미루기** 패턴을 보라).

비슷한 예로 많은 애플리케이션에서 사용자가 마지막으로 편집한 몇 개의 객체나 문서를 저장한다. 과거와 미래의 '관심 항목' 리스트를 사용자에게 북마크 형태로 제시하거나, 북마크 리스트를 확인하고 편집하기 쉽게 만들기도 한다. 2장의 **작업 공간 나누기** 패턴을 활용해 사용자가 다른 작업을 하는 동안 미완성된 페이지를 열어 두게 하면 어떨까.

더 큰 도전 과제도 있다. 사용자가 작업을 시작하고 완료하지 않고 나가면, 창을 열어 놓는 방법 말고 작업이 미완료 상태라는 것을 어떻게 보여 줄 수 있을까? 또 다른 문제는 사용자가 여러 소스(이메일, 문서, 캘린더)에서 기억해야 할 내용을 어떻게 한군데에서 보기 쉽게 할까?

능률적 반복(Streamlined Repetition)

"이걸 얼마나 반복해야 하지?"

여러 종류의 애플리케이션을 쓸 때, 사용자들은 종종 했던 작업을 반복해서 수행해야 한다. 반복 작업은 쉬울수록 좋다. 반복 작업을 단축키 한 번이나 클릭 한 번으로 해결할 수 있다면 좋다. 또는 모든 반복 작업을 키를 연속해서 누르거나 연속 클릭해서 한번에 끝낼 수 있다면 더욱 좋다. 이런 패턴은 사용자의 지루함을 덜어 준다.

텍스트 편집기(워드, 이메일 작성 등)에 있는 찾기 및 바꾸기 다이얼로그 박스는 이런 행동 패턴의 좋은 예다. 찾기 및 바꾸기 기능으로 사용자는 기존 문구를 검색해 본인이 입력한 새로운 문구로 대체한다. 바꾸기를 한 번 할 때마다 바꾸기 버튼을 한 번 클릭하면 된다. 만약 모든 해당 문구를 대체하겠다는 확신이 있다면, 전부 바꾸기 버튼을 누르면 클릭 한 번으로 모든 문구를 교체할 수 있다.

좀 더 일반적인 예시를 들어 보자. 포토샵에서는 순차적인 액션을 클릭 한 번으로 실행하고 싶을 때, 일련의 액션을 기록할 수 있다. 20개의 이미지를 열어서, 사이즈를 수정하고, 자르고, 밝기를 조정하고, 저장하려 한다고 해보자. 처음 연 이미지에서 이 4가지 작업을 순차적으로 실행하는 액션을 기록한다. 그런 다음 액션의 플레이 버튼을 클릭하면 나머지 19개 이미지에 같은 작업을 수행할 수 있다. 이와 관련해서는 8장의 **매크로** 패턴을 참조하라.

스크립트 작성 환경은 더 범용적이다. 유닉스 및 유닉스 호환 운영체제에서는 셸에 입력하는 것은 무엇이든 스크립트 소프트웨어로 만들 수 있다. 방금 실행한 명령어가 아주 길어도 Ctrl+P와 엔터 키만으로 불러내 실행할 수 있다. 실행해야 할 명령어가 여러 개라면 for 반복문에 넣어 한 번에 실행한다. 아니면 셸 스크립트(또는 셸 스크립트의 for 반복문)에 넣어서 하나의 명령으로 실행하는 방법도 있다. 스크립트 작성은 반복 작업에 매우 강하고, 복잡해질수록 본격적인 프로그래밍이라 할 수 있다.

복사와 붙여넣기 기능은 같은 내용을 수만 번 반복해 입력하지 않도록 해준다. 운영체제에서 사용자 정의 단축키로 애플리케이션을 열면 파일 시스템에서 해당 애플리케이션 위치를 매번 찾을 필요가 없다. 브라우저 북마크는 사용자가 URL을 다시 입력하지 않아도 되도록 도와준다. 키보드 단축키도 반복 작업을 지원하는 예시다.

사용자를 직접 관찰하면 어떤 종류의 반복 작업을 지원해야 하는지 결정하는 데 도움이 된다. 사용자는 대놓고 이야기하지 않을 것이다. 심지어 적당한 도구로 간소화할 수 있는 반복 작업을 불편하게 하고 있다는 걸 스스로 인지하지 못할지도 모른다. 너무 오랫동안 그렇게 반복 작업을 해서 별다른 생각 없이 작업을 수행하는 것이다. 사용자가 작업하는 것을 관찰하면 사용자 스스로는 알지 못하는 점을 발견할 수 있다.

어떤 경우든지 반복 작업을 간소화하는 방법을 사용자에게 제공하는 게 중요하다. 왜냐하면 반복 작업은 시간이 오래 걸리고, 지루하고, 오류에 취약하기 때문이다. 더 많은 정보를 보려면 8장의 **매크로** 패턴을 참조하라.

키보드만 사용하기(Keyboard Only)

"마우스를 쓰지 않게 해줘."

마우스 사용을 힘들어 하는 사람도 있다. 키보드와 바꿔 가며 쓰는 데에 시간과 노력이 들어서 마우스를 싫어하는 사람도 있다. 이런 사용자는 차라리 계속 키보드만 사용하는 쪽을 선호한다. 장애로 인해 화면을 볼 수 없는 사람도 있는데 그들을 위한 보조 기술은 키보드 API만을 사용해 소프트웨어에 접근한다.

키보드만 쓰는 사용자들을 위해, 몇몇 애플리케이션은 키보드만으로 작동할 수 있게 디자인되었다. 마우스로도 가능하지만, 키보드만 쓸 수 있는 사용자가 특정 기능에서 배제되지 않도록 꼭 마우스를 써서 완료해야 하는 작업은 없게 설계됐다.

키보드만 쓰는 사용자를 보조하는 표준 기술

- 애플리케이션 메뉴에서 바로 하는 작업들. 예를 들어 저장할 때 Ctrl+S를 누르는 것처럼 키보드 단축키, 바로 가기, 니모닉mnemonics[8]을 정의해서 쉽게 접근할 수 있다. 플랫폼 스타일 가이드에 있는 일반적인 단축키 정의를 참고하라.
- 리스트의 영역 선택. 다중 영역 선택이라도 화살표 키를 시프트 키와 같은 보조키와 결합해서 선택할 수 있다. 물론 어떤 컴포넌트 셋이냐에 따라 달라진다.
- 탭 키는 보통 키보드 포커스를 움직인다. 키보드 초점은 그 순간에 키보드 입력값에서 신호를 받는 컨트롤이다. 한 컨트롤에서 다음 것으로 이동할 때 탭 키를 사용하고, 거꾸로 움직일 때 Shift+Tab 키를 사용한다. 이를 종종 탭 횡단tab traversal이라고 부르기도 한다. 많은 사용자가 폼 인터페이스를 작성할 때 이 기능을 기대한다.

8 (옮긴이) 니모닉(mnemonics)은 윈도우 메뉴 명에 밑줄이 쳐 있는 글자를 가리킨다. Alt 키를 같이 누르면 바로 실행할 수 있는 기능이다.

- 대부분의 표준 컨트롤. 라디오 버튼radio button과 콤보 박스combo box는 화살표나 엔터 키 또는 스페이스 바를 사용해서 키보드만으로 값을 바꿀 수 있다.
- 다이얼로그 박스와 웹페이지에는 디폴트 버튼이 있다. 작업 완료 액션을 표현하는 버튼이다. 웹페이지에서는 '보내기' 또는 '완료'라고 표현하고, 다이얼로그 박스에서는 '확인' 또는 '취소'라고 나온다. 사용자가 페이지나 다이얼로그 박스에서 엔터 키를 누르면, 발생하는 바로 그 결과다. 그 후에 사용자를 다음 페이지로 이동시키거나 이전 창으로 보내 준다.

이외에도 더 많은 기술이 있다. 폼, 컨트롤 패널control panel, 일반 웹페이지는 비교적 키보드로 사용하기 쉽다. 그래픽 편집기를 비롯하여, 화면에서 편집하는 소프트웨어는 불가능하지는 않지만 훨씬 어렵다.

키보드만 사용하는 것은 데이터 입력 애플리케이션에서 특히 중요하다. 데이터를 입력하는 속도가 대단히 중요하고, 사용자는 한 입력 필드에서 다른 필드, 한 페이지에서 다른 페이지로 이동할 때 매번 키보드에서 마우스로 손을 옮길 여력이 없다. 많은 데이터 입력 폼에서 사용자는 탭 키를 눌러서 다음 컨트롤로 이동할 필요 없이 자동으로 다음 입력 필드로 갈 수 있다.

소셜 미디어(Social Media), 소셜 프루프(Social Proof), 협업(Collaboration)

"다른 사람은 어떻게 생각할까?"

인간은 사회적 동물이다. 본인의 의견을 강하게 주장할 때도 있지만 주변 사람들이 이야기하고 행동하는 것에 영향받기 마련이다. 사람들은 다른 사람에게 인정받고 집단에 소속되는 것에 강하게 끌린다. 우리는 소셜 미디어에서도 정체성을 유지하려 노력한다. 내가 소중히 여기는 그룹과 사람들에게 도움이 되고자 한다.

동료의 직간접적인 조언은 사람들이 의사결정을 내리는 데 영향을 미친다. 온라인에서 물건을 검색하고, 거래하고(이걸 사야 할까?), 게임을 하고(다른 사용자는 여기서 어떻게 했지?), 심지어 뭔가를 만들 때도 다른 사람의 도움으로 훨씬 효과적으로 임무를 완수한다. 혹시 효과적이지 않더라도, 적어도 그 결과를 더 만족스러워한다.

지인이 추천했거나, 그가 과거에 사용했거나 지금 쓰고 있는 서비스라는 걸 알면 행동에 나설 확률이 훨씬 높다. 시청하고, 읽고, 구매하고, 가입하고, 공유하고, 코멘트하는 모든 행위가 여기에 포함된다. 이를 소셜 프루프라 부른다.

소셜 컴퓨팅social computing이 이만한 규모로 성공할 수 있던 밑바탕에는 실제 생활에서의 이런 역학 관계가 있다. 오늘날 대부분의 소프트웨어에는 사회적 측면이 포함되어 있다. 소프트웨어에서 사회적 역학 관계를 일으키면 참여율이 올라가고, 입소문이 퍼지고, 커뮤니티가 형성되고, 성장률이 높아진다.

이러한 사회적 기능을 보여 주는 예시는 다음과 같다.

사용자가 생성한 리뷰와 댓글

개별 사용자가 군중의 지혜를 엿볼 수 있는 기능이다. 리뷰가 얼마나 도움이 되는지 평가할 수 있고, 좋은 리뷰를 많이 남기는 사용자라면 유명세를 얻거나 다른 보상을 받을 수 있다.

모든 게 사회적인 물체다

게시물, 이미지, 비디오, 체크인을 비롯해 사용자들이 소셜 미디어에서 만드는 모든 것은 사람들이 가상으로 모여들 수 있는 대상이 된다. 어떤 것이라도 공유하고, 평가하고, 스레드에서 논의하는 등의 활동을 할 수 있다.

협업

비즈니스 생산성과 커뮤니케이션 시스템은 서로 다른 시공간에 존재하는 사람들을 함께할 수 있게 돕는 소프트웨어로 인해 변화했다. 토론 스레드, 문서 리뷰, 화상 회의, 상태 확인, 실시간 및 순차적 커뮤니케이션을 비롯한 여러 기능으로 협업이 용이해졌다.

소셜 프루프는 사람들이 행동하도록 동기를 부여한다. 사회적 집단 정체성, 사회적 참여와 인정은 사람들에게 강력한 보상이 된다. 인터페이스에 이런 사회적 기능을 추가하여 사용자의 참여, 보상, 성장을 유도하는 동력을 만들어 낼 수 있다.

이 책의 패턴 중에 2장의 **도움말 시스템**이 소셜 프루프를 가장 직접적으로 다룬다. 온라인 지원 커뮤니티는 여러 애플리케이션에서 도움말 시스템을 완성하는 데 중요하다. 소셜 미디어 디자인을 더 깊이 알고 싶다면, 크리스천 크럼리시Christian Crumlish와 에린 멀론Erin Malone이 집필한 《소셜 인터페이스 디자인: 사용자 경험을 향상시키는 패턴과 원리》를 참조하라.

성공적인 인터랙션 디자인을 위한 필수 요소

이번 장에서는 성공적인 인터랙션 디자인을 위해 꼭 알아야 하는 소프트웨어 사용자에 대한 이해를 간단히 소개했다. 이는 목적에 적합하고 쉽게 이해할 수 있는 디자인의 토대가 된다. 1장에서 소개한, 사람을 위한 디자인 프레임워크를 구성하는 4가지 영역에서 디자인 프로세스를 시작해라.

우선, 컨텍스트를 이해한다. 이는 여러분이 어떤 사람들을 위해, 어떤 주제나 작업 도메인에서 디자인하고 있는지, 그들의 현재 기술 수준은 어느 정도인지 더 명확히 이해하는 것을 의미한다.

두 번째로, 사용자의 목표를 이해하는 게 중요하다. 여러분이 디자인하는 작업흐름, 태스크, 결과물의 프레임워크가 된다.

셋째로, 사용자 조사는 사용자와 목표를 이해하는 데 도움이 되는 가치 있는 활동 및 기술이다. 여러분이 사용할 수 있는 여러 리서치 방법을 간략히 제시했다.

마지막으로, 인터페이스 디자인과 연관된 인간의 행동, 지각 및 사고의 여러 패턴을 설명했다. 이 4가지 요소가 디자인 프로세스의 토대가 된다. 2장에서는 소프트웨어나 앱에서 조직적으로 뼈대를 구성하는 법을 살펴볼 것이다.

2장
콘텐츠 구성하기: 정보 설계와 애플리케이션 구조

1장에서는 디자인 인터페이스의 토대를 쌓는 데 필요한 기초 개념을 알아보았다. 이제 소프트웨어나 앱에서 정보 구축이 어떻게 이루어지는지 살펴보자. 이는 사용자가 이해하기 쉽게 데이터, 콘텐츠, 기능을 구성해 정보 구조Information Architecture, IA를 디자인하는 것이다. 특히 이번 장에서는 다음 주제를 다루려 한다.

- 정보 구조의 정의
- 사용자가 쉽게 이해하고 목적지로 잘 찾아가도록 정보와 태스크 공간을 디자인하는 법
- 사용 콘텐츠와 데이터를 구성하는 다양한 방법
- 효율적인 작업을 위한 도구와 기능 구성하기
- 반복 가능한 프레임워크와 화면 유형 개발하기
- 콘텐츠 및 기능을 보여 주고, 접근하거나 탐색하게 하는 패턴

이쯤됐을 때 여러분은 사용자의 기대사항을 충분히 이해하고 있을 것이다. 사용자가 목적 달성을 위해 애플리케이션에서 상위 메뉴를 사용하는 방식을 시나리오로 작성했을지도 모른다. 애플리케이션이 사용자에게 어떤 가치를 제공하는지도 명확히 파악하고 있을 것이다.

현재 단계에서 색상, 타이포그래피, 용어, 레이아웃을 조합하면서 곧바로 인터페이스 화면과 컴포넌트를 디자인하려는 유혹에 빠지기 쉽다. 여러분이 시각적으로 사고하는 사람이고, 자유롭게 스케치하면서 디자인 방향을 정해 가는 편이라면 그렇게 해도 좋다.

하지만 고객 인사이트를 최대한 활용해서 성공 가능성을 극대화하려면, 먼저 파악한 내용을 정보 구조에 반영해야 한다. 아직 구체적인 인터페이스 디자인 틀에 갇히지 말라. 대신 한 걸음 뒤로 물러나라. 소프트웨어의 전반적인 구조와 프레임워크를 어떻게 디자인해야 사용자가 이해하기 쉬울지 고민하라. 여러 정보, 작업흐름, 웹사이트나 애플리케이션에서 사용하는 언어를 찬찬히 살펴본 뒤에, 사용자가 학습하고 사용하기 쉽게 구성하라.

이게 바로 '정보 구조'다. 이제 정보 구조 디자인의 장점과 정보 구조 디자인이 다루는 범위를 살펴보자.

사용에 방해되지 않는 정보 구조 만들기

정보 구조의 목적은 프레임워크를 만드는 데 있다. 잘 설계된 프레임워크는 디지털 제품, 서비스, 웹사이트나 애플리케이션의 성공을 돕는다. 여기서 말하는 성공이란, 사용자가 혼란을 겪지 않고 제품을 쉽게 이해하고, 배우고, 사용할 수 있다는 의미다. 인터랙티브 경험에서는 인터페이스가 사용에 방해되지 않는 게 가장 중요하다.

정보 구조의 아이러니한 점은 잘못 설계됐을 때만 고객들이 알아차린다는 것이다. 말도 안 되는 정보 구조를 설계했다고 가정하자. 인터페이스는 혼란스럽고 화면도 최악이다. 사용자는 화면에 보이는 용어를 전혀 이해할 수 없다. 찾고자 하는 대상도 찾을 수 없다. 기본적으로 인터페이스가 걸림돌이 되고 있다.

반대로 정보 구조를 제대로 설계하면, 디자인은 눈에 보이지 않는다. 사용자는 잘 설계된 정보 구조를 인식하지 못한다. 지금 디지털 경험이 물 흐르듯 자연스럽고, 효율적이고, 즐겁다고만 인지한다.

실제 서비스에서는 이게 무슨 의미일까? 자칫 특정 작업을 하려는 사람이라야만 컨텍스트를 알 수 있다고 생각할 수 있다. 정보를 찾고, 비디오를 시청하고, 구매하고, 회원가입을 하는 사람 말이다. 즉, 사용자에게는 해야 할 일이 있다. 하지만 디지털 제품을 만드는 사람은 사용자 상황을 옆에서 직접 지켜볼 수 없다. 여러분의 앱이 일 잘하는 고객 서비스 담당자가 할 법한 일을 하도록 아래와 같이 디자인해야 한다.

- 사용자의 니즈를 예측한다.
- 사용자 입장에서 정보를 구조화하고 이야기한다.
- 정보를 명확하고, 간단하게 표현한다.
- 사용자가 이해하기 쉬운 단어를 사용한다.
- 다음 단계를 명확하게 제시한다.
- 현재 위치와 진행상황을 분명히 보여 준다.
- 태스크를 성공적으로 완료했는지 확인한다.

정보 구조란?

정보 구조는 정보를 구성하고 레이블링하는 기술로, 사용자가 정보 공간을 쉽게 이해하고 사용할 수 있도록 한다. 특히 사용자에 대한 이해를 바탕으로 다음을 디자인한다.

- 콘텐츠와 기능을 구성하는 구조나 카테고리
- 탐색을 돕는 다양한 방법
- 태스크를 빠르게 완료할 수 있는 직관적인 작업흐름이나 프로세스
- 콘텐츠를 설명하는 레이블과 용어
- 사용자가 찾는 것을 발견하도록 도와주는 검색, 브라우징, 필터링 툴
- 일관된 정보 표현과 높은 사용성을 위한 화면 유형, 템플릿, 레이아웃 표준화 체계

정보 설계가 포괄하는 범위는 넓다. 보여 주기, 검색하기, 브라우징, 레이블링, 카테고라이징, 정렬, 조작하기, 전략적으로 정보 숨기기 등을 포함한다. 특히 새로운 제품을 작업하고 있다면, 정보 구조부터 설계해야 한다. 사용자가 정보 구조를 쉽게 이해하여, 웹사이트와 앱을 잘 사용할 수 있게 하고 싶다면 말이다.

사용자를 위한 정보 공간

건축가가 실제 집을 짓기 전에 설계 도면을 그리는 것처럼, 정보 설계자information architects 역할을 하는 디자이너도 정보 구조를 미리 설계한다. 정보 공간을 어떻게 펼쳐 놓을지 고민하며 사용자가 이 공간에서 움직이고 업무를 수행하는 모습을 상상해 본다. 실제 디지털 공간 구축에 앞서 사람들이 공간을 사용하는 방식을 고민하면 효율적으로 디자인할 수 있다.

접근법

정보 구조를 설계할 때는 애플리케이션을 구성하는 데이터와 태스크를 기준으로 생각하면 쉽다. 구체적인 비주얼 스타일을 고민하기에 앞서 개념적으로 접근하라. 아래 질문을 고려해 추상적으로 고민해 보라.

- 사용자에게 어떤 정보와 도구를 보여 줘야 하는가?
- 사용자의 기대사항과 상황을 고려했을 때 각 화면을 어느 시점에 보여 주는 게 좋은가?
- 정보와 기능을 어떻게 분류하고 정렬해야 할까?
- 사용자는 제공받은 정보와 기능으로 무슨 일을 하는가?
- 대상과 태스크를 보여 주는 방식은 다양한가? 여러 방식이 필요할지도 모른다.
- 어떻게 하면 사용하기 쉽게 만들까?

정보와 정보의 표현을 분리하라

정보 구조를 비주얼 디자인과 분리해서 생각하는 것은 아주 중요하다. 이렇게 단계별로 분리해 접근하면 실제 디자인할 때 부담을 덜 수 있다. 인터페이스 디자인을 레이어를 하나씩 쌓아 올리는 과정으로 생각해 보자.

소프트웨어 개발자들은 애플리케이션을 3개의 레이어로 분리해 사고한다. 소프트웨어 개발에서 3가지 레이어는 (1)데이터베이스, (2)툴과 쿼리, (3)리포트, 결과, 응답이다. 인터페이스 디자인도 마찬가지로 3개의 레이어로 나누어 볼 수 있다.

그림 2-1은 3개 레이어 접근법을 도식화한 것이다. 가장 하단에 있는 레이어가 소프트웨어의 기반이 되는 정보 구조다. 실제 빌딩과 마찬가지로 기본 골격은 눈에 보이지 않는데, 그렇더라도 그 위에 설계되는 모든 요소에 중대한 영향을 미친다. 우리는 디지털 공간에서 개념, 레이블, 관계, 카테고리를 적절하게 담을 수 있는 정보 구조를 만들고자 한다. 정보 구조라는 청사진을 바탕으로 사용자는 경험의 상위 레이어에서 정보를 찾고, 검색하고, 조작하게 된다.

중간 레이어는 웹사이트나 앱의 기능과 정보를 전달하는 층이다. 즉, 사용자가 실제 둘러보거나 검색하고 읽는 화면, 페이지, 스토리, 목록, 카드를 지칭한다. 여기에 검색, 필터링, 상태 확인, 분석, 대화, 창작 툴을 넣을 수 있다.

최상단은 표현층presentation layer이다. 정보를 보여 주고 렌더링rendering[1]하는 시각 디자인 및 편집 시스템이다. 표현층은 컬러, 타이포그래피, 레이아웃, 그래픽을 포함한다. 표현의 완성도가 높으면 디자인에 집중이 잘되고, 흐름이 부드러우며, 의미가 명료해진다.

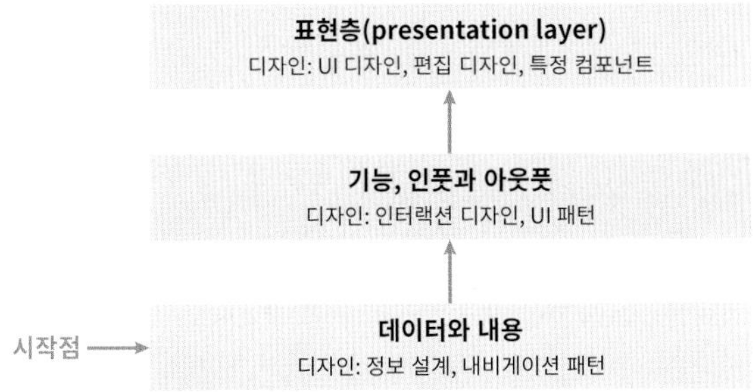

그림 2-1 디자인 레이어. 데이터와 내용 층에서 시작해 표현층으로 확장된다(제시 제임스 개럿(Jesse James Garrett)이 《사용자 경험의 요소: 변하지 않는 UX 디자인 원리*The Elements of User Experience: User-Centered Design for the Web and Beyond*》에서 제시한 개념을 기반으로 함).

상호 배타적이면서 전체를 포괄하기

무엇보다 사용자가 이해하기 쉽게 콘텐츠와 도구를 구성해야 한다. 데이터와 콘텐츠를 큰 카테고리나 영역으로 구조화할 때 고려해 볼 만한 유용한 법칙이

1 (옮긴이) 렌더링(rendering)의 기본 의미는 대상을 지금과 다른 상태로 만든다는 뜻이다. 여기서는 중간 레이어인 정보나 기능을 형태, 색상, 음영을 고려하여 최종적으로 사용자에게 보이는 모습으로 배치하고 표현하는 시각화 단계를 의미한다.

있다. 상호 배타적이면서 전체를 포괄하기Mutually Exclusive, Collectively Exhaustive, MECE 이다.

첫째, 카테고리는 중복되지 않으면서 서로 명료하게 구분되어야 한다. 둘째 '전체를 포괄'한다는 것은 전체를 종합하면 정보의 스키마schema[2]가 완성된다는 의미다. 이는 웹사이트나 애플리케이션이 다루어야 하는 모든 정보와 설계하고 있는 모든 상황 및 유스케이스를 포함해야 한다. 모든 것을 발견할 수 있고, 새로운 것은 무엇이든 추가할 수 있는 공간이 되어야 한다. 프로세스 후반에 정보 구조를 망가뜨리지 않으면서도, 새로운 데이터를 수용할 수 있게 확장성이 있어야 한다.

카테고리는 내비게이션 시스템의 토대가 되는데, 3장에서 더 자세하게 다룰 예정이다. 정보 구조 설계를 문서화하고 설명하기 위해 사이트 맵site maps이나 콘텐츠 개요contents outlines와 같은 도구가 개발됐다.

콘텐츠를 구성하고 분류하는 방법

웹사이트나 앱의 정보를 구조화하고, 분류하기 위해 잘 알려진 조직화 기술을 사용해 본 적이 있는가? 그중 6가지 방법을 소개하려 한다. 도표에서 많은 양의 구조화된 데이터를 보여 줄 때 유용하다. 또한 검색과 탐색, 정보 필터링과 정렬, 세분화된 검색 결과를 계획할 때도 중요하다. 6가지 방법은 리처드 솔 워먼Richard Saul Wurman이 정보 구조에 관해 작성한 《정보 불안 2*Information Anxiety 2*》, 애비 코버트Abbey Covert와 니콜 펜튼Nicole Fenton이 쓴 《엉망인 상황을 이해하는 법*How to Make Sense of Any Mess*》을 참고해서 선정했다.

워먼은 주요 조직화 방법을 쉽게 기억할 수 있게 'LATCH'라는 줄임말을 고안했다. 'LATCH'는 각각 위치Location, 알파벳Alphabet, 시간Time, 카테고리Category, 위계Hierarchy를 지칭한다. 하나씩 상세하게 살펴보자.

위치(Location)

지리나 공간상 위치를 기반으로 정보를 정리하는 것을 의미한다. 위도와 경도

2 (옮긴이) 스키마(Schema)란 데이터와 콘텐츠의 구조와 제약 조건에 관한 전반적인 스펙을 기술한 전체적인 논리 구조다. 조직 입장에서 웹사이트나 애플리케이션을 관리하는 데 필요한 모든 데이터를 종합해 보여 준다.

같은 것으로 지리적 위치를 지정하는 시스템이 다수다. 지리적 카테고리에는 하위집합 또는 위계가 있을 때가 많다. 예를 들어 국가라는 상위개념이 도를 포함하고, 도 안에 시군구가 있는 식이다(뒤에 나오는 '위계' 항목을 보라). 위치는 한 지점에서 다른 지점까지의 거리도 될 수 있다. 이는 거리에 기반을 두고 정보를 정렬한다. 디지털 시스템에서는 사용자가 정보 공간에서 자기 위치를 알 수 있게 해야 한다. 전체적인 위치와 개별 화면에서의 위치 모두 해당된다.

가나다순(Alphabetical)

목록이든 이름이든, 레이블이 붙은 항목이라면 무엇이든 가나다순으로 정리할 수 있다. ㄱ부터 ㅎ까지 오름차순으로 또는 ㅎ부터 ㄱ까지 내림차순으로 정렬한다. 레이블에 숫자가 포함되어 있다면 숫자에도 가나다순을 적용할 수 있다. 숫자와 문자가 섞여 있으면 0부터 오름차순으로 정렬하고, 숫자를 문자보다 우선한다. 가나다순은 어떤 목록, 메뉴에서도 보편적으로 사용할 수 있는 좋은 정렬 방식이다.

시간(Time)

콘텐츠를 정리할 때 시간도 쓸모 있는 정렬 방법이다. 소셜 미디어 피드에서 흔하게 사용되는데, 역시간 순으로 정렬하는 경우가 많다. 최근 게시물이 먼저 뜨고, 오래된 게시물은 아래로 밀려나는 식이다. 정보도 날짜, 시간, 기간, 빈도에 따라 오름차순 또는 내림차순으로 정리할 수 있다. 프로세스상에서 단계별로 먼저 발생했거나 우선해야 하는 순으로 배열한다. 태스크 역시 일련의 순서로 구분할 수 있다.

카테고리(Category) 또는 다면 필터(Facet)

정보 구조에서는 콘텐츠를 레이블링하여 카테고리나 주제로 묶을 수 있다. 카테고리는 여러 항목의 공통 특성을 추출한 것이다. 카테고리 정렬 방식은 정보를 유연하게 정리할 수 있다는 장점이 있다. 카테고리에 스펙트럼이나 정도degree의 의미가 함축되었을 때는 스펙트럼상에서 항목을 정렬한다. 간단한 예로 색상표를 생각해 볼 수 있다.

고도화된 정렬 방식은 필터를 사용한다. 필터링 시스템은 여러 특성이나 카테고리를 지정하고, 각 필터에 범위를 부여한다. 아마존이 필터 기반 분류를 잘 활용하고 있다. 아마존 고객은 가격, 재고, 평점과 같은 다양한 필터를 사용해 제품검색 범위를 좁힌다.

위계(Hierarchy)

데이터를 컨테이너container[3] 또는 부모 자식 관계로 보여 주는 게 최선인 때가 있다. 큰 개념이 작은 개념을 포함하는 형태로 말이다. 예를 들면, 국가는 주를 포함하고, 연도는 월을 포함하고, 거래 목록은 구매한 항목을 포함한다.

숫자(Number)

숫자를 정렬하는 방법은 다양하다. 첫 번째로 정수로 정렬할 수 있다. 항목이나 숫자 자체를 숫자 순서에 따라 오름차 또는 내림차 순서로 정렬한다. 두 번째로 서수 위치에 따라 정렬할 수 있다. 첫 번째, 두 번째, 세 번째로 정렬한다. 세 번째는 값이나 합계를 기준으로 한다. 금액, 할인율, 크기, 등급, 우선순위, 변화율을 큰 값에서 작은 값으로, 또는 그 반대로 정렬할 수 있다. 도표 형식의 데이터에서 이 패턴을 자주 사용한다.

태스크와 작업흐름 위주의 앱 디자인하기

정보 구조는 태스크 설계와 작업흐름도 포함한다. 보통 이를 문서화해서 사용자 스토리user story[4]와 플로 다이어그램flow diagram[5]으로 만든다.

자주 사용하는 항목을 눈에 띄게 하라

경험상 태스크나 워크플로를 디자인할 때 가장 중요한 원칙은 사용 빈도다. 자

3 (옮긴이) 컨테이너(container)는 화면의 다른 구성 요소를 감쌀 수 있도록 만든 직사각형의 UI 요소를 뜻한다. 하나의 컨테이너는 다른 컨테이너에 포함될 수 있다.

4 (옮긴이) 사용자 스토리(user story)란 소프트웨어 사용자에게 가치를 줄 수 있는 기능을 간략히 서술하는 것이다. 주로 카드에 스토리를 고객 입장에서 서술 형태로 기록하고, 대화를 통해 세부사항을 구체화한다. 고객이 이를 읽고 가치 평가를 할 수 있도록 작성한다.

5 (옮긴이) 플로 다이어그램(flow diagram)은 플로 차트(flow chart), 서비스 흐름도와 같은 의미다. 프로세스를 수행하기 위해 필요한 일련의 단계와 결정을 도형과 화살표를 이용해 시각적으로 표현한 자료이다.

주 반복되거나 자주 사용하는 태스크, 컨트롤, 명령어, 주제는 사용자가 검색하거나 탐색하지 않아도 곧바로 보여야 한다. 반면 사용 빈도가 낮은 컨트롤과 정보는 숨기거나 사용자가 찾을 때만 접근할 수 있게 하라. 좋은 예로, 사용자 설정과 도움말은 평소에는 보이지 않다가 필요할 때 접근할 수 있는 기능이다.

일련의 단계로 작업 '쪼개기'

정보 설계에서 태스크나 워크플로를 구성하는 두 번째 원칙은 순서대로 배열하기다. 거대한 태스크나 프로세스에서 순서대로 단계를 나누면 사용자는 각 단계를 덜 부담스럽게 느낀다. 복잡한 태스크를 진행하는 설치 마법사나 단계가 많은 작업에서 자주 사용하는 방식이다. 이 과정에서 사용자 본인이 어떤 단계에 있는지 알 수 있게 하라.

초보자와 숙련자 모두를 위한 디자인

태스크를 나눌 때, 사용자의 학습이나 기술 수준, 숙련도가 다르다는 점을 고려해라. 처음 사용하는 사람이 익숙해지려면 컴퓨터 게임처럼 인터페이스가 단순해야 하고 특별한 추가 도움말이 필요할 수도 있다. 도움말은 추가 안내 문구, 오버레이 화면 또는 복잡한 프로세스를 진행하는 마법사와 같은 형태가 될 수 있다.

많은 애플리케이션과 웹사이트가 학습성을 높이고 고객을 유치하기 위해 신규 사용자 경험 또는 온보딩 디자인에 자원을 투자한다. 특히 여러분의 앱이나 웹사이트에 익숙하지 않은 사람들은 이러한 접근 방식을 높이 평가할 것이다.

반대로 숙련된 사용자는 밀도 높은 정보와 선택 장치로 구성된 복잡한 인터페이스를 쉽고 빠르게 조작할 수 있다. 단축키와 맞춤형 인터페이스 같은 가속기를 제공하여 숙련자의 작업 효율성을 높여라. 키보드만으로 탐색과 입력이 가능하게 하는 것도 여기에 해당된다.

다양한 채널과 화면 크기는 우리가 직면해야 하는 현실

오늘날 소비자와 비즈니스 사용자는 정보, 웹사이트, 애플리케이션을 데스크톱, 모바일처럼 다양한 화면 크기와 기기에서 여러 채널로 접속하는 것을 당연하게 여긴다. 음성 기반 서비스 인터페이스에는 화면이 아예 없다. 정보 구조를 설계할 때, 어떤 채널이나 모드, 기기에서 웹사이트나 애플리케이션을 구동해야 하는지 고려하라. 이런 사항이 정보를 정리하거나 분리하고 순차적으로 구성하는 방식을 좌우할 것이다.

정보를 카드 형태로 보여 줘라

공통적으로 **카드** 패턴에 의존하는 사례가 많다. 오늘날에는 대부분 모바일 기기로 디지털 인터랙티브 경험을 한다. 카드는 모바일 같은 작은 화면에 적합해서 경험의 주요 구성 요소로 활용된다. 정보, 사진 등의 데이터를 담는 작은 컨테이너는 개별적으로 작동할 수도 있고, 큰 화면에서 그리드나 목록 위에 배치될 수도 있다. 핵심은 화면 크기를 작거나 크게 했을 때도 어떻게 정보와 기능에 대한 동일한 접근과 제어 경험을 제공할지 설계하는 것이다.

화면 유형의 시스템 디자인

앞서 이야기한 것처럼 정보 구조는 화면 유형의 시스템도 다룬다. 각 화면 유형은 차별화된 기능을 수행한다. 따라서 주제나 필터 같은 선택값에 따라 화면에 담긴 콘텐츠가 바뀐다 하더라도, 화면에서 무엇을 해야 할지 사용자가 쉽게 학습할 수 있다.

테레사 닐Theresa Neil은 화면 유형에 관한 유용한 프레임워크를 개발했다. 리치 인터넷 애플리케이션Rich Internet Application, RIAs에서 애플리케이션 구조에 관한 개념을 발전시켰는데, 사용자의 핵심 목표인 정보, 처리, 창작에 따라 3가지 유형의 구조로 정의했다.[6]

이 3가지 분류 방식이 앞으로 나오는 표현법과 패턴을 구성하는 프레임워크가 될 것이다. 이제 한 화면에서 하나의 주요 기능만 수행하는 페이지를 살펴보겠다. 애플리케이션에서는 메인 화면이나 주요 인터랙티브 툴이 이러한 페이지가 된다. 인터랙션이 활발한 웹사이트에서는 지메일Gmail의 메인 화면처럼 하나의 페이지가 주요 기능 하나만 수행할 수 있고, 정적인 웹사이트에서는 하나의 프로세스나 기능을 구성하는 페이지 그룹이 작동할 수도 있다.

6 "Rich Internet Screen Design" in *UX Magazine*(*https://oreil.ly/wQzGF*).

이런 페이지는 다음 중 하나의 주요 기능을 수행한다.

개요 보기

목록과 일련의 항목을 보여 준다.

집중하기

지도, 책, 비디오, 게임처럼 하나의 대상을 집중해 보여 준다.

만들기

무언가를 창조할 수 있게 도구를 제공한다.

수행하기

하나의 태스크를 효과적으로 완료하도록 한다.

물론 앱과 웹사이트 대부분은 이 4가지 기능을 복합적으로 수행한다. 그럼에도 화면 유형 시스템을 고려하면 각 화면이 일관된 구성 원칙에 따라 움직이게 할 수 있다.

개요 보기: 목록이나 그리드 위에서 항목과 옵션 보여 주기

많은 홈페이지, 시작 화면, 콘텐츠 웹사이트에서 볼 수 있는 유형이다. 여러분은 기존 디지털 환경에서 목록을 보여 주는 아래와 같은 방식에 익숙할 것이다.

- 간단한 텍스트 목록
- 메뉴
- 카드나 이미지 그리드
- 목록이나 그리드 형태의 검색 결과
- 이메일처럼 다른 사람과 주고받은 메시지 목록
- 데이터 테이블
- 트리, 패널, 아코디언

개요 화면에서는 어떻게 정보를 구조화할지 고민해야 한다. 디자인할 때 다음을 고려해 보라.

- 데이터 분량은 어느 정도이며, 목록은 얼마나 긴가?

- 데이터를 보여 줄 공간은 충분한가?
- 정보에 위계가 있는가? 있다면 어떤 종류인가?
- 정보가 어떻게 정렬되었는가? 사용자가 정렬 방식을 바꿀 수 있는가?
- 사용자는 정보를 어떻게 검색하고, 필터링하고, 정렬하는가?
- 각 항목과 관련된 정보나 작업이 있는가? 있다면, 언제 어떻게 보여 주는 게 좋을까?

디자인할 때 목록과 그리드를 자주 사용하기 때문에 목록이나 그리드를 표현하는 다양한 방식을 제대로 습득하면 큰 도움이 된다. 목록 관련 인터페이스를 디자인하는 패턴 일부를 이번 장에서 설명하려 한다(나머지는 7장에서 볼 수 있다).

여기에 나온 패턴 중 하나를 중심으로 앱이나 웹사이트를 통으로 만들 수도 있고, 거대한 구조의 작은 일부분을 만들 수도 있다. 이 패턴들은 다른 표현 기법(텍스트 목록, 섬네일 목록)을 끼워 넣을 수 있는 구조를 마련한다. 다른 상위단계의 구성 방식(캘린더, 전체 페이지 메뉴, 검색 결과 등)은 여기서는 다루지 않는다.

- 추천, 검색, 탐색. 제품과 기사를 소개하는 수많은 웹사이트에서 사용하는 패턴이다. 사용자는 관심 항목을 찾을 때 검색과 탐색이라는 두 가지 방법을 쓸 수 있다. 반면에 첫 페이지에서는 관심을 집중시키기 위해 하나의 콘텐츠만을 강조해 추천한다.
- 스트림과 피드. 블로그, 이메일, 뉴스 웹사이트, 트위터 같은 소셜 웹사이트 모두 뉴스 스트림이나 소셜 스트림 패턴으로 콘텐츠를 보여 준다. 최신 업데이트 글을 위에 배치해서 화면을 스크롤해 내리며 목록을 보는 형태다.
- 그리드. 스토리나 액션, 카드, 선택 기능을 이해하기 쉽게 표현할 수 있는 인터페이스다. 사진이나 이미지 형태의 문서를 다룰 때도 사용한다. 그리드로 할 수 있는 게 많다. 정보 구조의 뎁스depth[7]가 깊거나 폭이 넓은 목록 모두

7 (옮긴이) 정보 구조의 깊이를 뎁스(depth)라고 부른다. 정보 구조에서 계층 단계의 숫자를 의미한다. 쉽게 말하면 메뉴를 타고 들어가는 서브 메뉴 단계를 의미하는데, 뎁스가 깊을수록 원하는 정보를 얻기 위해 클릭해야 하는 수가 많아진다. 정보 구조의 폭(width)은 사용자가 최상위 페이지에서 선택할 수 있는 옵션의 개수다. 폭이 넓고 뎁스가 얕으면 사용자는 많은 옵션으로 인해 혼란을 느낄 수 있다.

표현할 수 있고, 그리드 위에 항목을 정렬하거나 순서를 바꾸는 툴을 넣기도 한다. 그리드에서 앱을 실행하거나 세부 페이지로 진입할 수도 있다.

우선 인터페이스에 적용할 전반적인 디자인을 선택하고 나서, 목록을 표현하는 다른 세밀한 패턴과 기술을 살펴보자. 상세한 이야기는 7장을 참고하라.

집중하기: 한 번에 하나만 표시하기

이런 화면 유형은 하나의 콘텐츠나 기능(기사, 지도, 비디오 등)을 보여 주고 재생하려는 용도로 사용한다. 콘텐츠 주변에 스크롤러scroller, 슬라이더slider, 로그인 박스sign-in box, 글로벌 내비게이션global navigation[8], 헤더header[9], 푸터footer[10] 같은 부가적인 요소를 배치할 수 있지만, 크게 중요하지는 않다. 해당 디자인은 다음 중 하나의 형태를 띌 것이다.

- 긴 세로 페이지에서 스크롤을 내려가며 읽는 텍스트(기사나 책과 같은 장문의 콘텐츠).
- 지도, 이미지, 인포그래픽처럼 거대하면서도 디테일이 살아 있는 대상을 확대해서 볼 수 있는 인터페이스. 구글 지도Google Maps와 같은 지도 웹사이트가 대표적이다.
- 비디오나 오디오 플레이어를 포함한 미디어 플레이어.

'집중하기' 인터페이스를 디자인할 때, 다음 패턴과 기술을 고려해 보라.

- 모바일 다이렉트 액세스: 사용자가 앱의 주요 기능으로 즉시 이동할 수 있다. 사용자가 직접 입력하지 않아도 종종 위치나 시간 데이터를 기반으로 가치 있는 정보를 생성한다.

8 (옮긴이) 글로벌 내비게이션(global navigation)은 프라이머리 내비게이션(primary navigation), 메인 내비게이션(main navigation), 퍼시스턴트 내비게이션(persistent navigation)이라고도 부른다. 웹사이트 구조에서 가장 윗 단계에 있는 메뉴로 구성되어 있으며, 페이지를 이동해도 항상 고정된 위치에 존재하는 내비게이션이다. 메뉴바 형태인 경우가 많으며, 이럴 때는 GNB(Global Navigation Bar)라고 부른다. 로컬 내비게이션(local navigation)은 주어진 페이지에서 세부 페이지로 이동할 수 있게 하는 내비게이션이다. 서브 내비게이션(sub navigation)이라고도 부른다.
9 (옮긴이) 헤더(header)는 페이지의 제일 상단 영역을 뜻한다. 헤더에는 주로 브랜드 아이덴티티(로고 등), 주요 내비게이션, 검색 필드가 들어간다.
10 (옮긴이) 푸터(footer)는 페이지에서 주요 콘텐츠 하단에 위치한 영역을 뜻한다. 주로 사이트맵, 저작권 표기, 회사 정보를 넣는다.

- 다양한 보기 모드: 콘텐츠를 여러 방식으로 보여 준다.
- 작업 공간 나누기: 여러 장소, 상태, 문서를 동시에 볼 수 있다.
- 딥링크: 사용자가 나중에 돌아와서 작업하거나, 다른 사람에게 URL을 보낼 수 있도록 콘텐츠에서 특정 장소나 상태를 저장한다.
- 모바일 기기에서 콘텐츠를 전달하는 경우 6장 모바일 인터페이스를 활용하라.

만들기: 창작을 위한 툴 제공하기

디지털 개체를 만들고 업데이트하는 데 쓰이는 화면 종류다. 사람들은 대부분 텍스트 편집기, 코드 편집기, 이미지 편집기, 벡터 그래픽 편집기, 스프레드 시트에서 사용하는 인터랙션 방식에 익숙하다.

애플리케이션 구조 또는 정보 설계 차원에서 다음 패턴을 종종 발견할 수 있다.

- 캔버스와 팔레트: 대부분 창작 애플리케이션이 사용하는 구조다. 비주얼 에디터를 쓸 때 쉽게 인지할 수 있고, 전통적인 패턴이라 사용자 기대에 강하게 부합한다.
- 작업 공간 나누기: 이 역시 창작 애플리케이션에서 자주 쓰인다. 문서 여러 개를 개별 창으로 띄워 놓고 동시에 여러 문서에서 작업할 수 있다.

수행하기: 하나의 태스크를 효과적으로 완료하기

화면의 목적이 목록을 보여 주거나 개체를 창작하는 게 아니라 특정 작업 하나를 완료하는 것일 수도 있다. 로그인, 회원가입, 게시물 작성, 프린트, 업로드, 구매, 설정 등의 작업이 여기 속한다.

입력 폼은 태스크 완료에 중요한 역할을 한다. 10장에서 입력 폼을 자세히 설명하고, 폼을 효과적으로 활용하기 위해 필요한 컨트롤과 패턴을 다룬다. 8장에서는 이와 관련된 동작 위주의 유용한 패턴을 정의한다.

로그인 박스처럼 사용자가 작고 한정된 공간에서 필요한 작업을 다 할 수 있다면, 정보 구조에 신경 쓸 부분이 많지 않다. 하지만 태스크가 복잡하고 길고, 세부 케이스가 정의되고, 다양한 경우의 수가 생긴다면 태스크를 어떻게 구조화할지 고민해야 한다. 다음 패턴을 참고하라.

- 마법사: 큰 태스크를 작은 단계나 단계의 묶음으로 나누고 싶을 것이다. 이러한 경우 태스크를 하나씩 단계별로 익히도록 하는 패턴이 유용하다.
- 설정 편집기: 애플리케이션, 문서, 제품 등에서 사용자가 설정이나 선호 값을 바꿀 때 자주 사용하는 인터페이스다. 마법사처럼 단계별로 수행하는 태스크가 아니다. 여러분의 역할은 사용자가 다양한 선택지를 갖고, 스위치에 접근할 수 있도록 옵션을 열어 주는 것이다. 사용자가 원할 때 그들이 필요한 사항을 바꾸게 한다.

개요 보기, 집중하기, 창작하기, 수행하기라는 4가지 화면 유형은 소프트웨어를 설계하면서 여러분이 스스로 정의하는 화면 종류 시스템에 어떠한 형태로든 등장할 것이다.

패턴

지금까지 정보 구조를 개괄적으로 살펴보았다. 이제 정보 구조를 표현하는 데 필요한 디자인 패턴을 자세히 살펴보자.

- 추천Feature, 검색Search, 탐색Browse
- 모바일 다이렉트 액세스Mobile Direct Access
- 스트림Streams과 피드Feeds
- 미디어 브라우저Media Browser
- 대시보드Dashboard
- 캔버스Canvas와 팔레트Palette
- 마법사Wizard
- 설정 편집기Settings Editor
- 다양한 보기 모드Alternative Views
- 작업 공간 나누기Many Workspaces
- 도움말 시스템Help Systems
- 태그Tags

01 추천(Feature), 검색(Search), 탐색(Browse)

WHAT 정의하기

웹사이트나 앱 메인 화면에서 다음 세 요소가 조합된 것을 말한다.

- 추천하는 항목, 글, 또는 제품
- 기본값으로 펼쳐 있거나 접혀 있는 검색 상자
- 둘러볼 만한 항목이나 카테고리 리스트

WHEN 언제 사용하면 좋을까?

사용자에게 다양한 목록의 글, 제품, 비디오를 제공하는데, 둘러보기나 검색이 가능할 때 쓸 수 있다. 재밌는 글이나 비디오를 즉시 추천해서 신규 사용자를 사로잡고 싶을 때 사용한다.

검색이나 거래 웹사이트에서도 활용할 수 있다. 이 경우 검색이 화면에서 가장 지배적 요소가 되며, 추천 콘텐츠나 탐색의 중요도는 낮아진다.

WHY 어떤 효과가 있을까?

추천, 검색, 탐색을 동시에 제공하는 웹사이트가 많다. 원하는 항목을 찾을 때는 검색과 탐색을 동시에 활용한다. 목적이 명확하다면 검색 상자를 사용한다. 나머지 사용자는 웹사이트에서 제공하는 목록이나 카테고리를 통해서 웹사이트를 자유롭게 탐색할 것이다.

추천 콘텐츠는 사용자의 시선을 끈다. 매력적인 이미지와 제목을 잘 활용하면, 추천 콘텐츠가 카테고리 목록이나 검색 상자보다 흥미롭게 느껴진다. 사용자 입장에서 보면 페이지에 들어오자마자 추가적인 액션 없이 읽고 탐험할 대상이 생기는 것이다. 사용자의 원래 목적보다 추천 콘텐츠에 더 관심이 갈 수도 있다.

HOW 어떻게 활용할까?

검색 상자를 눈에 띄는 곳, 예를 들면 상단 코너나 상단 중앙 배너 안에 배치하라. 웹사이트의 다른 요소와 잘 구분되도록 한다. 검색 상자 주변에 여백을 두고, 필요하다면 배경색은 다른 색상을 선택해서 박스와 차이를 뚜렷하게 하라.

다른 방법으로, 검색 상자를 접혀 있거나 간결한 형태로 보여 줄 수 있다. 접혀 있는 상태에서도 검색 기능을 쉽게 발견할 수 있어야 한다. 검색 아이콘이나 '검색'이라는 레이블을 사용하고, 이를 선택하면 전체 검색 필드가 열리게 하라. 이런 방식으로 작은 화면에서 공간을 절약할 수 있다.

4장에 나오는 **센터 스테이지** 패턴에 추천 글, 제품, 비디오를 배치할 공간을 남겨 두어라. 근처 화면 상단에 공간을 만들어 웹사이트의 나머지 콘텐츠를 둘러볼 수 있게 하라. 목록 형태로 스토리, 카드, 주제, 제품 카테고리를 보여 주는 웹사이트가 많다. 이는 카테고리 페이지로 가는 링크가 되기도 한다.

카테고리 레이블을 눌러 하위 카테고리가 나타나면, 목록은 계층이 있는 트리처럼 작동한다. 아마존을 포함한 일부 웹사이트는 카테고리 레이블을 메뉴로 사용한다. 마우스 포인터를 레이블 위에 두면 하위 카테고리 메뉴가 나타난다.

추천 내용을 잘 선정하라. 아이템을 팔고, 특별한 제품을 홍보하고, 뉴스 속보로 관심을 유도하는 데 추천 서비스를 활용할 수 있다. 하지만 추천 내용은 웹사이트의 대문 역할을 하기도 하고, 페이지의 인상을 결정한다. 사용자가 알고 싶어 하는 건 무엇일까? 무엇이 사용자의 관심을 끌고 계속 웹사이트에 머무르도록 할까?

사용자가 상하위 카테고리를 둘러볼 때, 3장에 나오는 **브레드크럼** 패턴으로 본인이 어디 있는지 알 수 있게 하라.

EXAMPLES 예시

콘텐츠 위주의 웹사이트 다음 세 가지 사례에서 추천, 검색, 탐색의 고전적인 패턴을 볼 수 있다. 웹엠디WebMD(그림 2-2), 야후Yahoo!(그림 2-3), 쉬노우즈Sheknows(그림 2-4)는 뉴스와 콘텐츠 위주 웹사이트다. 웹엠디와 야후 화면 최상단에서 가장 중요하게 강조되는 것은 검색 기능이다. 쉬노우즈는 패턴을 변주하여, 두 가지 추천 영역을 검색 입력창 위에 배치했다.

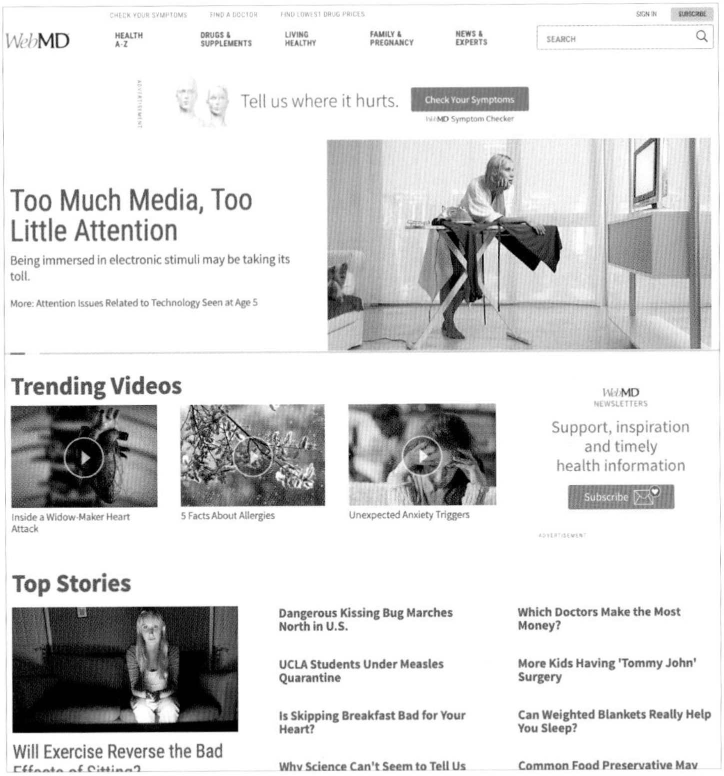

그림 2-2
웹엠디

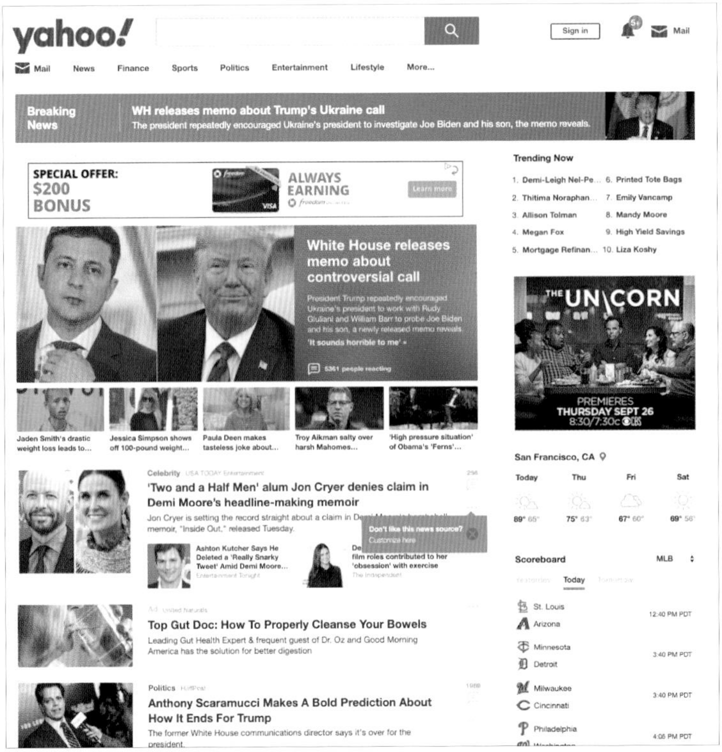

yahoo!
Sign in
Mail
Mail
News
Finance
Sports
Politics
Entertainment
Lifestyle
More...
Breaking News
WH releases memo about Trump's Ukraine call
The president repeatedly encouraged Ukraine's president to investigate Joe Biden and his son, the memo reveals.
SPECIAL OFFER:
$200 BONUS
ALWAYS EARNING
Learn more
White House releases memo about controversial call
'It sounds horrible to me' »
5361 people reacting
Jaden Smith's drastic weight loss leads to...
Jessica Simpson shows off 100-pound weight...
Paula Deen makes tasteless joke about...
Troy Aikman salty over harsh Mahomes...
'High pressure situation' of Obama's 'Ferns'...
Trending Now
1. Demi-Leigh Nel-Pe...
2. Thitima Noraphan...
3. Allison Tolman
4. Megan Fox
5. Mortgage Refinan...
6. Printed Tote Bags
7. Emily Vancamp
8. Mandy Moore
9. High Yield Savings
10. Liza Koshy
THE UNICORN
PREMIERES THURSDAY SEPT 26 8:30/7:30c
Celebrity
'Two and a Half Men' alum Jon Cryer denies claim in Demi Moore's headline-making memoir
Jon Cryer is setting the record straight about a claim in Demi Moore's memoir, "Inside Out," released Tuesday.
Don't like this news source?
Ashton Kutcher Says He Deleted a 'Really Snarky Tweet' Amid Demi Moore...
film roles contributed to her 'obsession' with exercise
San Francisco, CA
Today
Thu
Fri
Sat
Top Gut Doc: How To Properly Cleanse Your Bowels
Leading Gut Health Expert & frequent guest of Dr. Oz and Good Morning America has the solution for better digestion
Scoreboard
MLB
Today
St. Louis
Arizona
12:40 PM PDT
Minnesota
Detroit
3:40 PM PDT
Milwaukee
Cincinnati
3:40 PM PDT
Philadelphia
4:05 PM PDT
Politics
Anthony Scaramucci Makes A Bold Prediction About How It Ends For Trump
The former White House communications director says it's over for the president.

그림 2-3
야후

그림 2-4
쉬노우즈

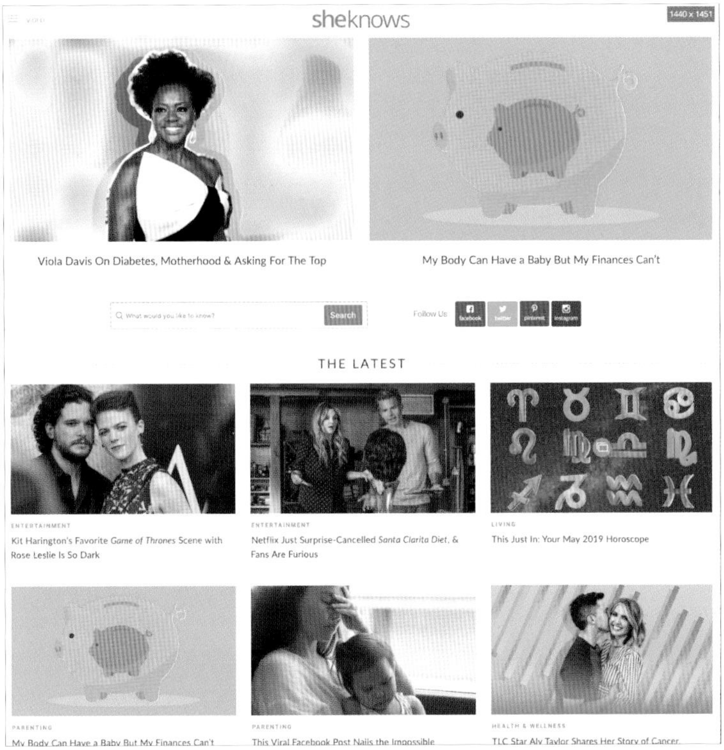
sheknows
1440 x 1451
Viola Davis On Diabetes, Motherhood & Asking For The Top
My Body Can Have a Baby But My Finances Can't
Search
Follow Us
THE LATEST
ENTERTAINMENT
Kit Harington's Favorite Game of Thrones Scene with Rose Leslie Is So Dark
ENTERTAINMENT
Netflix Just Surprise-Cancelled Santa Clarita Diet, & Fans Are Furious
LIVING
This Just In: Your May 2019 Horoscope
PARENTING
PARENTING
HEALTH & WELLNESS

커머스 위주 웹사이트 타깃Target(그림 2-5), 에이스 하드웨어Ace Hardware(그림 2-6) 같은 거대 유통 웹사이트들은 동일한 패턴을 사용한다. 검색을 상단에, 할인 및 프로모션 같은 추천 영역을 하단에 둔다. 모두 카드 그리드를 활용해 사용자가 편리하게 둘러보도록 한다.

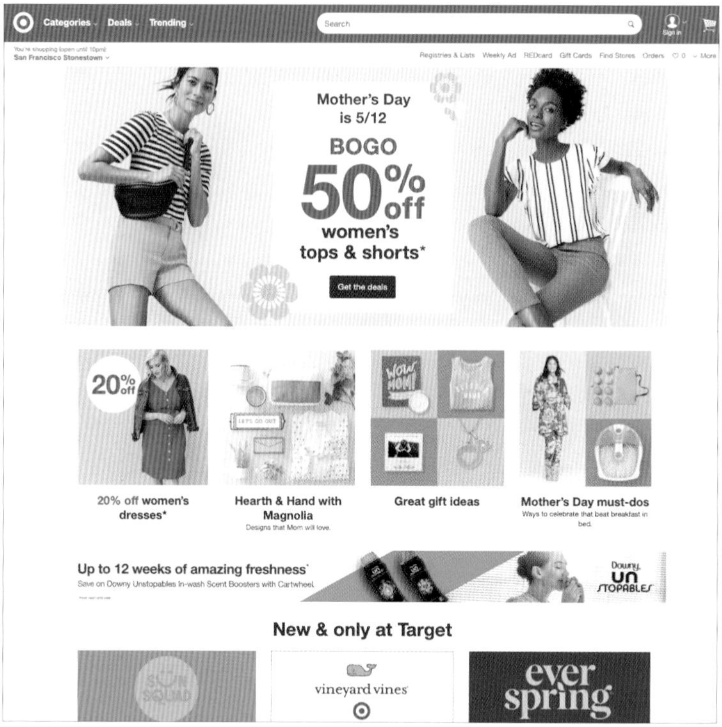

그림 2-5
타깃

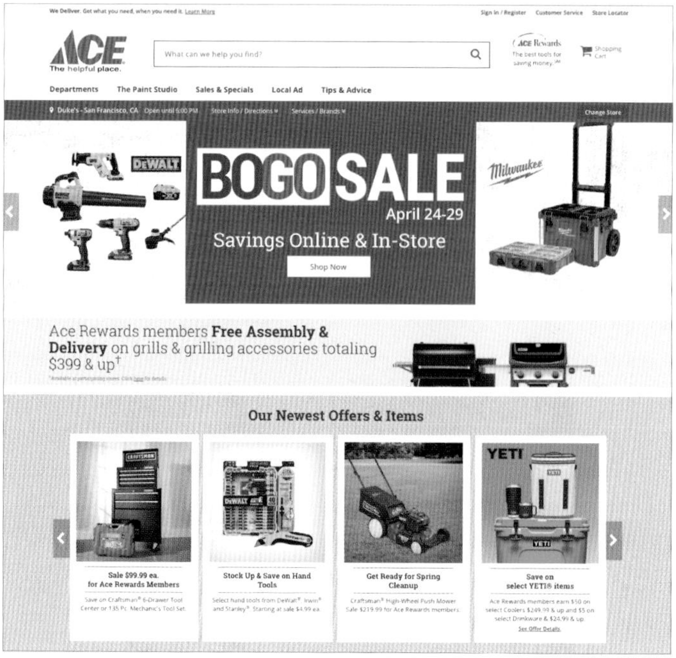

그림 2-6
에이스 하드웨어

태스크 위주 웹사이트 다음 사례는 사용자가 태스크(검색)를 수행하는 게 우선순위인 상황에서 추천, 검색, 탐색 패턴이 어떻게 바뀌는지를 보여 준다. 영국항공British Airways(그림 2-7) 웹사이트에서는 화면 정면에 거대한 항공권 검색 모듈이 보인다. 스크롤해 화면을 내리면, 추천 글과 탐색을 돕는 카드 3개로 최소한의 콘텐츠만 보여 준다.

그림 2-7
영국항공

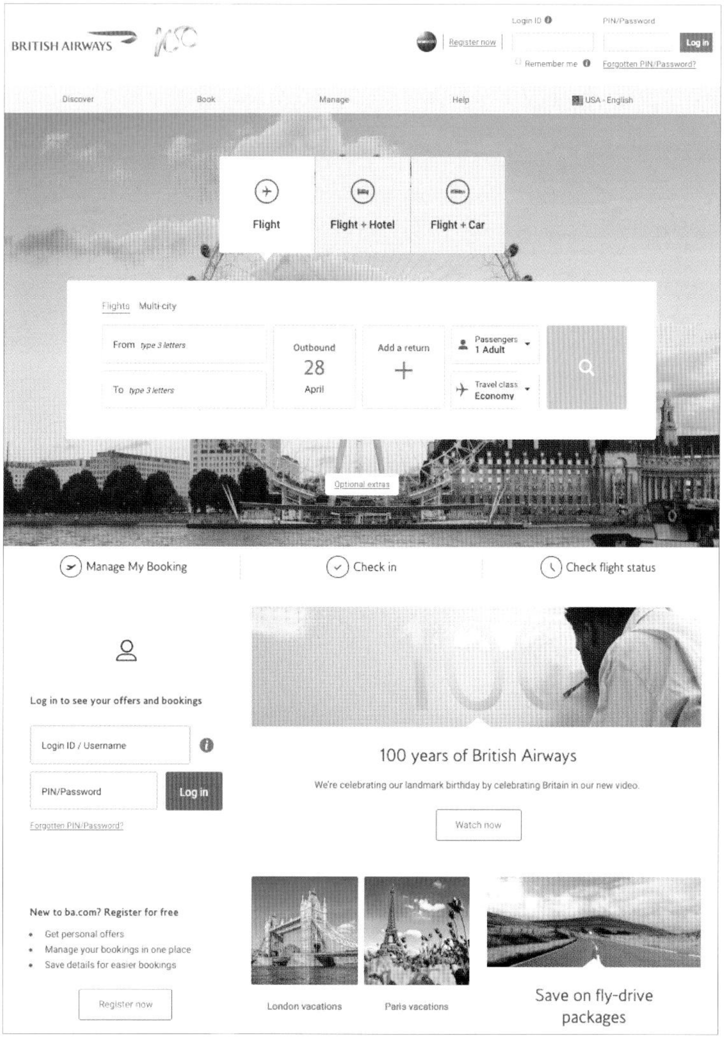

에피큐리어스Epicurious(그림 2-8)도 마찬가지로 검색이 우선순위다. 페이지 상단을 보면 검색 기능이 화면 너비의 패널을 차지하고 있다. 하지만 검색 바로 밑에 추천 콘텐츠와 카드 탐색이 시작된다. 거대하고 시선을 끄는 사진과 제목으로 인해 검색과 거의 동일한 시각적 비중을 차지한다. 고객의 필요에 따라 우선순위가 중요한지, 균형이 중요한지를 상황에 맞게 택해 인터페이스를 디자인하면 된다.

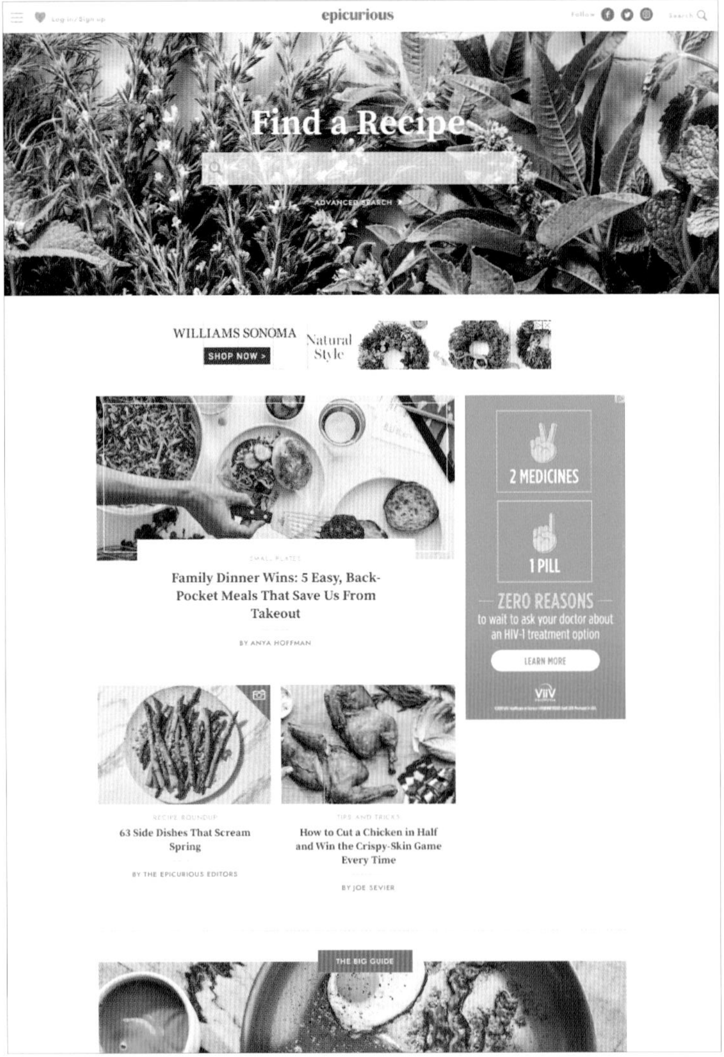

epicurious
Find a Recipe
ADVANCED SEARCH
WILLIAMS SONOMA
SHOP NOW >
Natural Style
Family Dinner Wins: 5 Easy, Back-Pocket Meals That Save Us From Takeout
2 MEDICINES
1 PILL
ZERO REASONS
to wait to ask your doctor about an HIV-1 treatment option
LEARN MORE
63 Side Dishes That Scream Spring
How to Cut a Chicken in Half and Win the Crispy-Skin Game Every Time
THE BIG GUIDE

그림 2-8
에피큐리어스

다면 검색 다중 카테고리, 또는 필터facets를 쓰면 거대한 데이터에서 사용자가 원하는 정보를 찾을 수 있다. 각 필터에서 범위를 지정하고, 여러 필터를 조합하면 방대한 데이터에서 정교한 검색이 가능하다.

크런치베이스Crunchbase(그림 2-9)는 검색할 때 필터링을 적극 장려한다는 특징이 있다. 사용자에게 검색할 때 필터를 사용하면 딱 맞는 결과를 얻을 수 있다는 힌트를 준다. 추천 콘텐츠는 바로 아래에 위치한다.

에피큐리어스(그림 2-10)와 에어비앤비Airbnb(그림 2-11)는 비교적 전통적인 방식을 쓴다. 검색 결과 화면에 필터를 배치하는 것이다. 두 예시에서 눈여겨볼 점은 검색 결과 화면에 모바일 친화적인 카드 그리드를 쓴 것이다. 주제를 기반으로 검색 결과를 좁혀 나갈 때는 필터가 가장 유용하다.

그림 2-9
크런치베이스

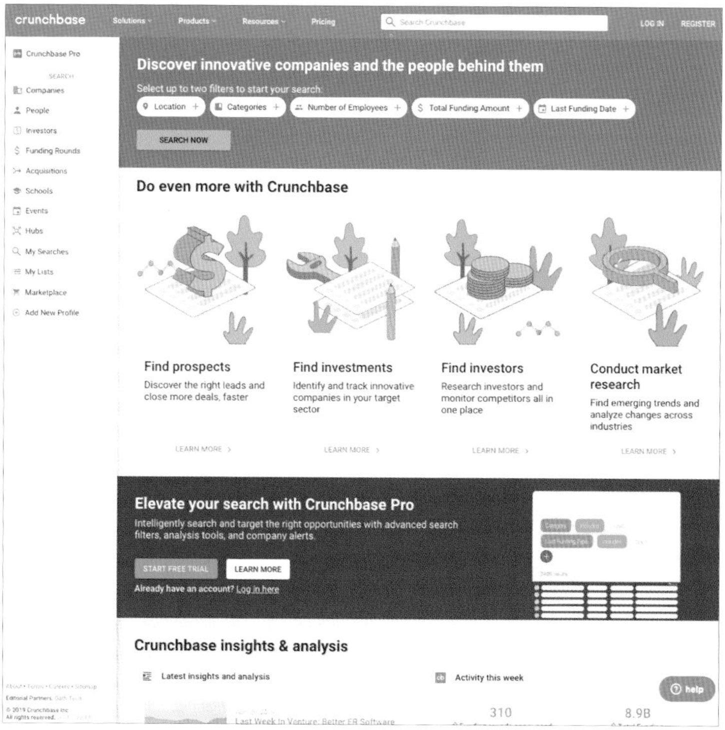

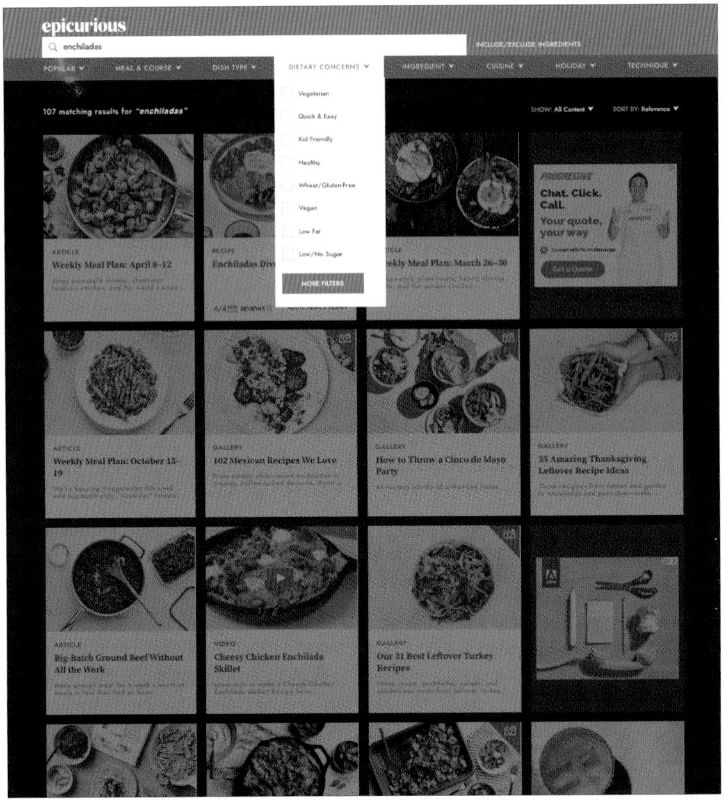

그림 2-10
에피큐리어스의
검색 필터

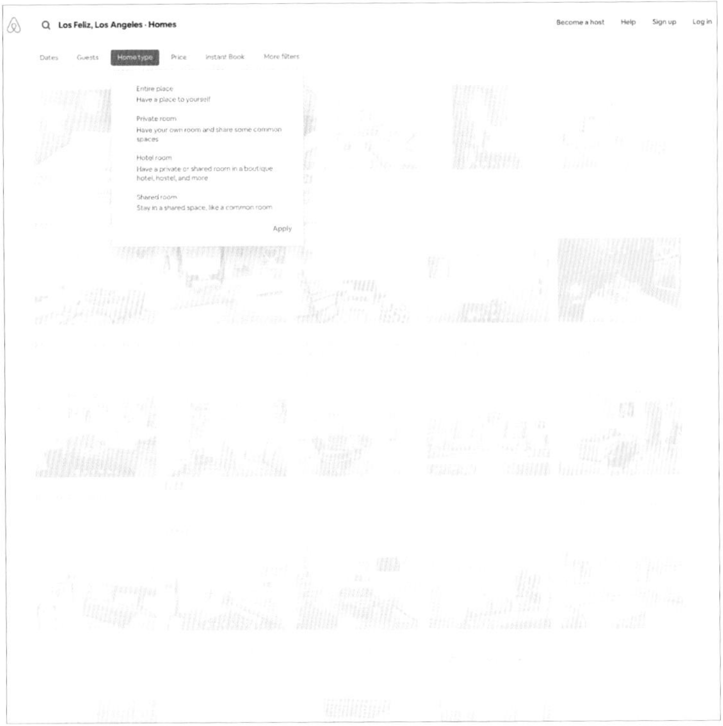

그림 2-11
에어비앤비의
검색 필터

02 모바일 다이렉트 액세스(Mobile Direct Access)

WHAT 정의하기

사용자가 입력을 시작하거나 액션을 취하지 않아도 첫 화면에서 곧바로 행동 가능한 정보를 보여 준다. 앱에서 기본 기능과 관련된 위치, 시간 같은 값을 토대로 즉시 응답할 수 있도록 결과물을 표시한다. 사용자가 앱을 켜서 취하는 행동을 무엇으로 가정하는지에 따라 초기 화면에서 보여 주는 내용이 달라진다.

WHEN 언제 사용하면 좋을까?

모바일 앱이 하나의 작업을 제대로 수행함으로써 가치를 창출하거나, 한 가지 주요 기능으로 알려지거나 사용되고 있을 때 적합하다.

WHY 어떤 효과가 있을까?

즉시 실행할 수 있는 모드, 선택, 화면에서 앱을 시작하면 즉각적인 가치를 제공하며 바로 사용자의 관심을 끌 수 있다. 다만 검색을 하거나 옵션, 환경 설정을 바꾸지 못한다는 한계가 있다. 그럼에도 디바이스와 핵심 유스케이스에서 얻은 유용한 정보를 이용하면 첫 실행 화면을 예측해 매우 가치 있게 만들 수 있다.

HOW 어떻게 활용할까?

사용자의 모바일 기기에서 실시간으로 데이터를 가져 와라(사용자가 권한을 허용한 경우에 해당한다). 위치와 시간 데이터를 주의 깊게 살펴서 랜딩 화면을 사용자에게 의미 있게 디자인해라. 사용자가 앱으로 무엇을 할 것인지 가정하고, 최소한의 입력으로 이를 완료할 수 있게 하라.

EXAMPLES 예시

여기서는 모바일 사례만 보여 주고 있지만, 이는 데스크톱 환경에서도 유용하다. 첫 번째 예시인 스냅(그림 2-12 왼쪽)은 사진 중심의 소셜 미디어 및 카메라 회사다. 앱을 켜면, 사용자를 보는 전면 카메라가 자동으로 셀카 모드를 준비한다. 다음 세 개의 앱은 위치와 시간 데이터를 끌어와 사용자가 직접 입력하지 않아도 의미 있는 결과를 내놓는다. 인릭스 파크미INRIX ParkMe(그림 2-12 오른쪽), 이벤트브라이트Eventbrite(그림 2-13 왼쪽), 웨더버그WeatherBug(그림 2-13 오른쪽)는 이런 방식으로 유용한 결과물을 만들어 낸다. 인릭스 파크미는 보통 주차를 1시간 정도 할 것이라는 합리적 가정에 따라 미리 주차 시간을 입력하여 예상 주차 요금을 바로 보여 준다.

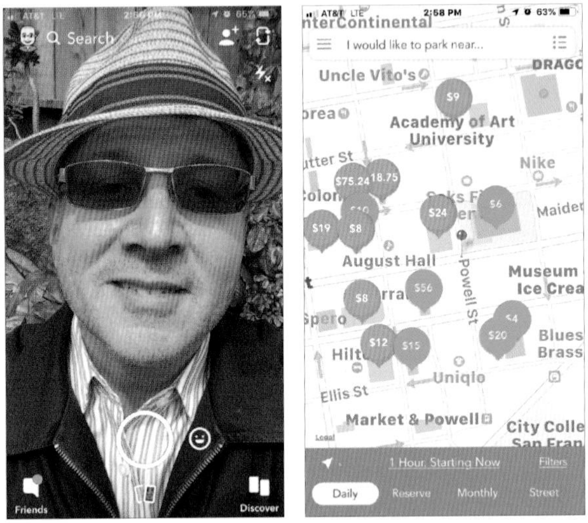

그림 2-12
스냅, 인릭스 파크미 첫 화면

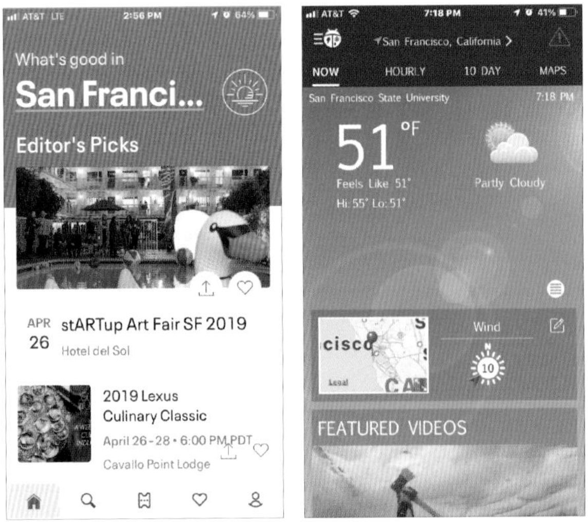

그림 2-13
이벤트브라이트, 웨더버그 첫 화면

03 스트림(Streams)과 피드(Feeds)

WHAT 정의하기

수직 또는 가끔 수평의 흐름으로 계속 업데이트되는 콘텐츠(사진, 뉴스 기사, 댓글)를 스크롤하며 볼 수 있게 한다. 피드에 있는 항목은 주로 카드 형태다. 카드 컨테이너 안에는 글 관련 사진, 제목, 소개글, 출처와 링크를 넣을 수 있다.

뉴스/콘텐츠 스트림 콘텐츠는 제작자가 직접 발행할 수도 있고, 제3자가 제작한 것을 모아서 볼 수도 있다. 뉴스 스트림 방식은 소셜 미디어에서 영감을 받았으며, 콘텐츠 발행자가 자주 사용하는 모바일 친화적 패턴이다. 타임스탬프가 찍힌 항목을 시간 역순으로 목록에 나열하며, 콘텐츠는 동적으로 업데이트된다.

소셜 스트림 사용자에게 보이는 콘텐츠는 팔로우하는 다른 사용자가 발행한 것이다(편집자가 특정 게시물을 강조하거나, 광고 콘텐츠를 중간에 끼워 넣을 수 있다). 마찬가지로 콘텐츠는 동적으로 업데이트되며 시간 역순으로 나열된다.

비즈니스 협력 온라인 협업과 소셜 미디어는 떼려야 뗄 수 없게 되었다. 회사에서 협업할 때 우리는 다양한 온라인 도구를 사용한다. 직원들이나 팀이 세계 어느 곳에 있든 온라인으로 토론하고 피드백을 주고받는다. 요즘 가장 흔한 패턴 중 하나가 소셜 미디어 스타일의 댓글 피드다. 다만, 소셜 미디어와 댓글은 표시 방식에 중대한 차이점이 있다. 협업 툴과 메시지 기반 앱에서는 기본적으로 가장 최근의 메시지나 게시물을 활동 피드 아래쪽으로 보여 준다. 새 메시지와 게시물이 아래에 나타나면서 옛날 댓글은 위로 밀려 올라간다. 슬랙Slack의 채널이 좋은 사례다.

WHEN 언제 사용하면 좋을까?

사이트나 앱 콘텐츠가 빈번하게 업데이트되고, 사용자가 자주(하루 최대 몇십 번) 피드를 확인할 때 사용해라. 프로젝트에 공동 작업자가 여러 명이고, 동시다발적인 댓글과 피드백을 제대로 파악해야 할 때 활용하라. 피드백은 종종 비동기적으로 발생한다. 여러 사람이 각기 다른 시점에 피드백을 준다는 의미이다. 지리적으로 분산된 팀이나 원격으로 일하는 팀에서 흔히 일어나는 일이다.

뉴스 발행자이거나 뉴스를 종합하는 사람이라면, 복수의 정보(자체 제작 콘텐츠, 블로그, 주요 뉴스 웹사이트, 다른 소셜 웹사이트 업데이트, 콘텐츠 파트너 등)를 다방면으로 활용해 사용자에게 콘텐츠를 시기적절하게 전달하라.

순수한 소셜 스트림과 피드도 사용자가 '소유하는' 개인적인 형태가 될 수 있다. 트위터나 페이스북 친구 목록 같은 소셜 미디어 웹사이트에서처럼 말이다.

비즈니스 협력 소프트웨어라면 이 패턴을 활용해서 사람들이 문서를 보고 댓글을 달고 편집할 수 있도록 해라. 문서와 댓글은 동시에 보여야 한다. 팀원들은 댓글 피드를 훑어보고 토론이 어떻게 진행되었는지 확인할 수 있다.

WHY 어떤 효과가 있을까?

새로운 콘텐츠가 사용자 피드에 있는 리스트 항목 중에서 가장 먼저 나타나게 하라. 이렇게 하면 사용자가 방문할 때마다 새로운 것을 발견하고 스크롤하는 보상이 주어진다. 사람들은 뉴스 스트림에 올라오는 내용을 쉽게 파악하는데, 리스트에서 최신 항목이 확실하게 먼저 나타나기 때문이다. 이는 사용자가 반복적으로 피드를 확인하는 습관을 만들어 주고, 콘텐츠를 읽고, 다른 사람을 팔로우하고, 상호작용하는 데 시간을 많이 투자하게 한다.

사람들은 친구들 활동을 보고, 대화에 참여하고, 관심 있는 주제나 블로그를 팔로우하려고 매일 많은 웹사이트나 앱을 방문한다. 여러 뉴스 정보를 한군데서 모아 볼 수 있다면, 전체 흐름을 파악하기 쉬울 것이다.

뉴스 웹사이트와 같은 발행자 입장에서, 사용자가 본인 콘텐츠를 피드나 스트림 형태로 발행하게 하면 참여율, 재방문율, 인터랙션을 높일 수 있다. 비즈니스 측면에서는 협업 소프트웨어에 활용하면 직원들이 보다 효율적으로 일하고 시간을 절약하게 할 수 있다. 원격으로 일하는 직원들, 다른 위치와 시간대에서 일하는 직원들이 각자 가능한 시간에 모여서 작업을 완료하기 때문이다.

이 패턴은 1장에서 소개한 짬시간 활용 행동 패턴과 일맥상통한다. 스트림과 피드를 흘깃 훑어보면서, 사용자는 거의 노력을 들이지 않고 유용한 정보나 즐거움을 얻을 수 있다.

HOW 어떻게 활용할까?

이 패턴은 소셜 미디어 혁신과 함께 태동했다. 방대한 콘텐츠를 발행하거나 모아서 보여 주는 회사나 앱, 웹사이트, 소셜 미디어, 비즈니스 협업 소프트웨어에서 흔히 사용한다. 뒤에 나오는 내용은 스트림과 피드를 시간 순서로 정렬하는 것을 가정하고 설명을 이어 가는데, 이는 여러 방식 중 하나일 뿐이다.

단적으로 요즘 스트림 순서는 참여율, 클릭수, 고객 관심도 또는 다른 지표에 최적화될 수 있는 알고리즘에 의해 결정된다. 따라서 더욱 개인화되고 상황에 맞는 경험을 만들 수 있다는 점을 염두에 둬라.

피드에 올라오는 항목을 시간 역순으로 보여 줘라. 사용자가 업데이트를 요청하지 않더라도, 최신 항목을 리스트 초반에 노출하라. 오래된 항목은 새로운 댓글이나 기존 내용에 밀려나게 만들어라. 사용자가 즉각 업데이트하거나 새로 고침할 수 있는 방법을 제공하라. 오래되거나 보지 못한 항목으로 가기 위해 목록을 스크롤하거나 검토할 수 있어야 한다.

사용자 개인의 소셜 스트림에 발행자가 큐레이팅한 스트림을 추가로 제공하라. 고급 사용자가 주제 기반 또는 다른 멤버의 큐레이션 리스트를 바탕으로 맞춤형 스트림을 만들 수 있게 하라. 트윗덱TweetDeck과 같은 앱은 **작업 공간 나누기** 패턴을 사용해 업데이트되는 콘텐츠를 다중 병렬 패널로 보여 준다.

항목별로는 다음과 같은 정보를 포함할 수 있다.

무엇을

간결하고 짧은 업데이트라면 전체 내용을 다 보여 줘라. 보다 긴 내용이라면 제목을 우선 노출하고, 내용을 두세 단어나 문장으로 요약해 짐작할 수 있게 한다. 가능하면 섬네일 이미지도 사용하라.

누가

게시물이 올라온 블로그, 업데이트를 작성한 사람, 언급된 게시물의 작성자, 이메일 발신자, 댓글을 달거나 문서를 올린 동료가 될 수도 있다. 작성자의 실제 이름을 사용하면 인터페이스가 친근하게 느껴진다. 하지만 친근함과 권위 사이에 균형을 잘 유지하라. 뉴스 출처나 글이 실린 블로그, 회사의 이름도 신뢰도에 중요하다. 둘 다 사용해도 무방하다면 모두 표시하라.

언제

날짜나 타임스탬프를 표시하라. 시간을 상대적으로 표현하면 이해하기 편하다. 예를 들어 '어제', '11분 전'과 같이 표현하라. 오래된 게시물은 기존 방식으로 날짜나 타임스탬프로 표기하라.

어디서

만약 게시물을 타 웹사이트에서 가져 왔다면, 해당 웹사이트로 가는 링크를 제공하라. 만약 여러분 회사 블로그에서 가져 온 내용이면, 해당 링크를 제공하라.

하나의 항목에 해당하는 정보가 많아서 목록에서 쉽게 보여 주기 어렵다면 '더 보기' 링크나 버튼을 사용하라. '더 보기'는 긴 댓글을 노출하기에 좋은 패턴이다. 뉴스나 스토리 카드를 쓸 때, 카드를 클릭하면 전체 내용을 새로운 화면으로 볼 수 있게 하라. 요약된 게시물이 확장된 전체 내용을 뉴스 스트림 창 안에서 전달하게 디자인할 수도 있다.

뉴스 스트림은 리스트이므로, 7장에서 다루는 **2분할 패널**, **단일 화면 상세 진입**, **포괄 목록** 패턴 중에서 고를 수 있다. 각 모델을 사용한 사례는 풍부하다.

사용자가 새로 올라오는 게시물에 즉시 반응할 수 있도록 하라. 일부 시스템은 '별표', '좋아요', '즐겨찾기' 기능을 활용한다. 이는 사용자 입장에서 그리 귀찮지 않으면서, 길게 댓글을 쓸 시간이 없는 사람들끼리 소통할 수 있게 해준다. 그렇지만 장문의 댓글도 쓸 수 있게 해야 한다. 게시물 바로 주변에 컨트롤과 텍스트 필드를 배치해서, 사람들이 응답하고 서로 소통하도록 장려하는 것이다. 이렇게 하면 소셜 시스템에도 큰 도움이 된다.

모바일 기기용 스트림과 피드 디자인은 꽤나 간단하다. 대부분 전체 화면을 하나의 리스트로 쓰는데, 주로 6장의 **무한 리스트** 패턴에서 서식이 지정된 텍스트 형태로 표현한다. 사용자는 리스트에서 게시물을 탭 또는 클릭해서 자세히 살펴볼 수 있다.

트위터와 페이스북을 포함한 많은 스트림과 피드 서비스는 모바일과 데스크톱에서 **무한 리스트**를 사용한다. 이 패턴은 사용자로 하여금 가장 최신 업데이트가 올라온 한두 페이지를 보게 하는데, 원한다면 '시간을 거슬러' 더 많은 게시물을 확인할 수 있다.

활동 히스토리

일부 자료는 다음과 비슷한 개념을 활동 스트림activity stream이라고 지칭한다. 개인, 시스템, 회사와 같은 개별 주체가 수행한 시간 순서의 활동(주로 사회적 행위) 말이다. 이는 주로 그들의 행동에 대한 기록이다. 활동 스트림은 유용한 개념이며, 스트림이나 피드 패턴과 모순되지 않는다. 스트림과 피드는 개인 또는 사용자 그룹이 관심 있어 하는 활동에 관한 것이지, 그들이 직접 수행한 것은 아니기 때문이다. 또한 뉴스 스트림은 주로 다양한 소스로 구성된다.

EXAMPLES 예시

뉴스/콘텐츠 스트림 테크크런치TechCrunch(그림 2-14, 그림 2-15)는 스트림과 피드 발행자의 좋은 예다. 대표 모바일 앱과 웹사이트는 스토리를 스크롤해서 보는 스트림 형태이다. 리스트는 최신 순으로 나열한다. 리스트상에서 독자는 사진, 제목, 약간의 소개글 등 주제를 이해하는 데 필요한 정보만을 볼 수 있다. 사용자가 하나의 스토리를 선택하면, 전체 화면으로 확장되면서 큰 이미지와 텍스트 전체를 읽을 수 있다. 상세 페이지에 공유하는 기능이 있어, 독자가 소셜 네트워크에서 내용을 퍼뜨릴 수 있도록 한다.

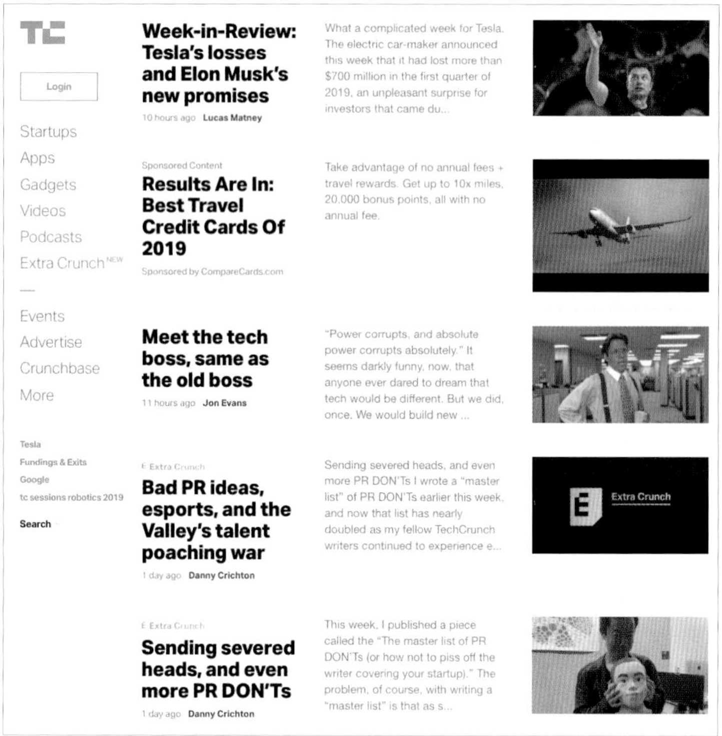
Login
Startups
Apps
Gadgets
Videos
Podcasts
Extra Crunch NEW
Events
Advertise
Crunchbase
More
Tesla
Fundings & Exits
Google
tc sessions robotics 2019
Search
Week-in-Review: Tesla's losses and Elon Musk's new promises
10 hours ago Lucas Matney
What a complicated week for Tesla. The electric car-maker announced this week that it had lost more than $700 million in the first quarter of 2019, an unpleasant surprise for investors that came du...
Sponsored Content
Results Are In: Best Travel Credit Cards Of 2019
Sponsored by CompareCards.com
Take advantage of no annual fees + travel rewards. Get up to 10x miles, 20,000 bonus points, all with no annual fee.
Meet the tech boss, same as the old boss
11 hours ago Jon Evans
"Power corrupts, and absolute power corrupts absolutely." It seems darkly funny, now, that anyone ever dared to dream that tech would be different. But we did, once. We would build new ...
Extra Crunch
Bad PR ideas, esports, and the Valley's talent poaching war
1 day ago Danny Crichton
Sending severed heads, and even more PR DON'Ts I wrote a "master list" of PR DON'Ts earlier this week, and now that list has nearly doubled as my fellow TechCrunch writers continued to experience e...
Extra Crunch
Extra Crunch
Sending severed heads, and even more PR DON'Ts
1 day ago Danny Crichton
This week, I published a piece called the "The master list of PR DON'Ts (or how not to piss off the writer covering your startup)." The problem, of course, with writing a "master list" is that as s...

그림 2-14
테크크런치
리스트 화면

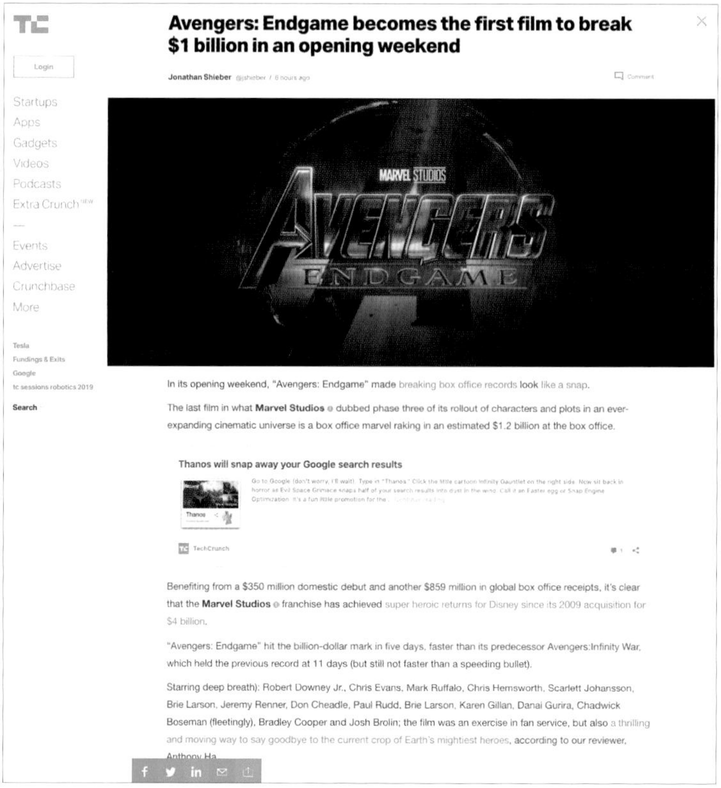
Login
Startups
Apps
Gadgets
Videos
Podcasts
Extra Crunch NEW
Events
Advertise
Crunchbase
More
Tesla
Fundings & Exits
Google
tc sessions robotics 2019
Search
Avengers: Endgame becomes the first film to break $1 billion in an opening weekend
Jonathan Shieber
MARVEL STUDIOS
AVENGERS
ENDGAME
In its opening weekend, "Avengers: Endgame" made breaking box office records look like a snap.
The last film in what Marvel Studios dubbed phase three of its rollout of characters and plots in an ever-expanding cinematic universe is a box office marvel raking in an estimated $1.2 billion at the box office.
Thanos will snap away your Google search results
TechCrunch
Benefiting from a $350 million domestic debut and another $859 million in global box office receipts, it's clear that the Marvel Studios franchise has achieved super heroic returns for Disney since its 2009 acquisition for $4 billion.
"Avengers: Endgame" hit the billion-dollar mark in five days, faster than its predecessor Avengers:Infinity War, which held the previous record at 11 days (but still not faster than a speeding bullet).
Starring deep breath): Robert Downey Jr., Chris Evans, Mark Ruffalo, Chris Hemsworth, Scarlett Johansson, Brie Larson, Jeremy Renner, Don Cheadle, Paul Rudd, Brie Larson, Karen Gillan, Danai Gurira, Chadwick Boseman (fleetingly), Bradley Cooper and Josh Brolin; the film was an exercise in fan service, but also a thrilling and moving way to say goodbye to the current crop of Earth's mightiest heroes, according to our reviewer, Anthony Ha.

그림 2-15
테크크런치
상세/개별
기사 화면

버즈피드BuzzFeed(그림 2-16, 그림 2-17) 뉴스도 정확히 동일한 패턴이다. 회사 이름에 '피드'라는 단어가 들어간 점을 눈여겨보라. 스트림과 피드 패턴이 회사의 정체성과 목적에 얼마나 큰 비중을 차지하겠는가. 테크크런치 사례와 마찬가지로, 스크롤해서 볼 수 있는 스토리 스트림이 있으며, 최신 스토리가 리스트에 먼저 등장한다. 버즈피드에서는 매력적인 제목과 독자의 호기심을 자극하는 질문에서 편집자의 목소리를 느낄 수 있다. 스토리를 선택하면 상세 화면이 나오고, 전체 내용, 퀴즈, 이미지 갤러리를 볼 수 있다. 소셜 공유 위젯을 더욱 강조했다.

그림 2-16
버즈피드 뉴스 리스트 화면

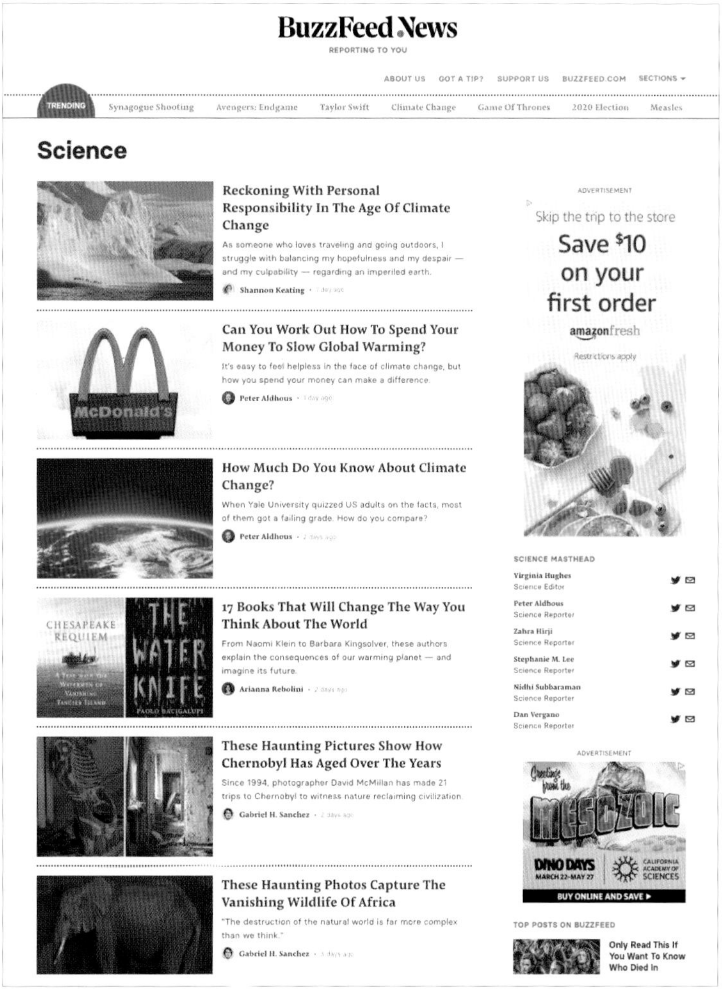

BuzzFeed News
REPORTING TO YOU
ABOUT US
GOT A TIP?
SUPPORT US
BUZZFEED.COM
SECTIONS
TRENDING
Synagogue Shooting
Avengers: Endgame
Taylor Swift
Climate Change
Game Of Thrones
2020 Election
Measles
Science
Reckoning With Personal Responsibility In The Age Of Climate Change
As someone who loves traveling and going outdoors, I struggle with balancing my hopefulness and my despair — and my culpability — regarding an imperiled earth.
Shannon Keating
Can You Work Out How To Spend Your Money To Slow Global Warming?
It's easy to feel helpless in the face of climate change, but how you spend your money can make a difference.
Peter Aldhous
How Much Do You Know About Climate Change?
When Yale University quizzed US adults on the facts, most of them got a failing grade. How do you compare?
Peter Aldhous
17 Books That Will Change The Way You Think About The World
From Naomi Klein to Barbara Kingsolver, these authors explain the consequences of our warming planet — and imagine its future.
Arianna Rebolini
These Haunting Pictures Show How Chernobyl Has Aged Over The Years
Since 1994, photographer David McMillan has made 21 trips to Chernobyl to witness nature reclaiming civilization.
Gabriel H. Sanchez
These Haunting Photos Capture The Vanishing Wildlife Of Africa
"The destruction of the natural world is far more complex than we think."
Gabriel H. Sanchez
ADVERTISEMENT
Skip the trip to the store
Save $10 on your first order
amazonfresh
Restrictions apply
SCIENCE MASTHEAD
Virginia Hughes
Science Editor
Peter Aldhous
Science Reporter
Zahra Hirji
Science Reporter
Stephanie M. Lee
Science Reporter
Nidhi Subbaraman
Science Reporter
Dan Vergano
Science Reporter
ADVERTISEMENT
DINO DAYS
MARCH 22-MAY 27
CALIFORNIA ACADEMY OF SCIENCES
BUY ONLINE AND SAVE
TOP POSTS ON BUZZFEED
Only Read This If You Want To Know Who Died In

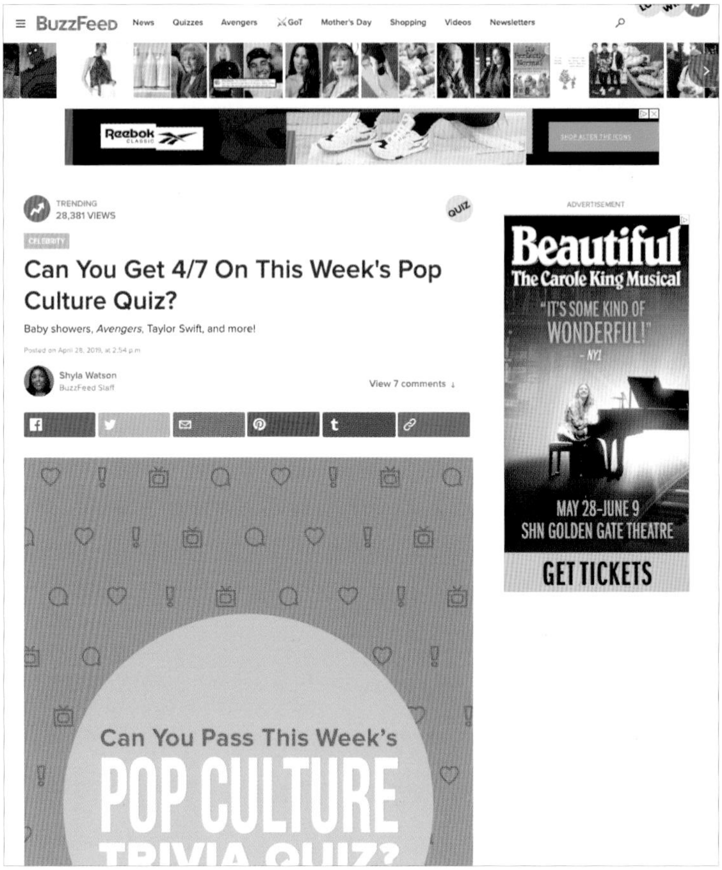

그림 2-17
버즈피드 뉴스 상세/개별 기사 화면

리얼클리어RealClear 패밀리 웹사이트는 기본적으로 다른 웹사이트에서 발행된 스토리를 모아서 보여 주는 데 기반을 둔다. 리얼클리어폴리틱스RealClearPolitics(그림 2-18)가 가장 활성화된 웹사이트다. 위키나 백과사전에서 볼 수 있는 단순하고 평범한 리스트처럼 보이지만, 피드 패턴을 사용했다. 여기서 링크는 하루에도 몇 번씩 발행된다. 종이 신문에서 영감을 받아 이런 잦은 업데이트에 조간신문Morning Edition과 석간신문Afternoon Edition이란 이름을 붙였다.

리얼클리어폴리틱스는 '조간신문'에서는 기존 기사 링크를 큐레이팅해 발행하고, '석간신문'에서는 새로운 기사를 추가하여 종이 신문을 따라하는데 그 방식이 흥미롭다. 이전 날짜에 발행된 링크를 보려면 스크롤하거나, 메뉴를 선

그림 2-18 리얼클리어 폴리틱스 링크 큐레이션

RealClear Politics
Square Online Store
Professional. Fast. Free.
START FOR FREE
Polls Election 2020 Video Writers Articles Newsletters Multimedia Cartoons Links Events Speakers
Policy Markets World Defense Cyber Energy Health Science Religion Education Sports History Books Investigations Life
Trump Administration
Trump Revs Up Pitch on Jobs, Economy to Key Wisconsin Voters
Replay: Rally in Green Bay, WI
On Infrastructure, Trump and Dems May See Common Ground
Trump Debates Waiving Jones Act to Ship Natural Gas to NE, Puerto Rico
Charles Barkley Sneaked Into White House by Kushner for Meeting
Washington
Barr Warns House Democrats He Might Not Appear at Hearing
WHCD Focuses on Press Freedom and History, Not Stars and Comedy
Video Highlights
Trump on Border Crossings: "It's Like Disneyland...It's a Disaster"
Chernow Praises Media for "Noble Work" at Correspondents Dinner
Moore Apologizes for Bad Jokes, Says Smear Campaign Should Stop
Maher: Should Those Who Don't Go to College Pay for Those Who Do?
2020 Democratic Nomination
Democratic Candidates Seek Union Support at Workers' Forum
Why the Biden-Union Bond May Slacken in the Age of Trump
How Biden, Obama's "Odd Couple" Relationship Aged Into Family Ties
Can a Woman Win in 2020? Some Democrats Wonder If It's Risky
U.S. Economy
Overcoming Doubts, Economy Finds Way Forward With Strong Growth
GDP Data Illustrate Both the Good and Bad of Trump's Trade Battles
Political Landscape
FL Gov. DeSantis Defies Republican Orthodoxy w/Drug Importation Plan
NY Attorney General Investigates the NRA's Tax-Exempt Status
Oliver North Steps Down as NRA President After Leadership Dispute
Media & Politics
NY Times Apologizes for Cartoon Depicting Anti-Semitic Tropes
Trump: Fox's Napolitano Wanted High Court Appt., Pardon for Friend
REAL CLEAR POLITICS FOR IPAD
Sunday, April 28
Saturday, April 27
Friday, April 26
Thursday, April 25
Wednesday, April 24
Tuesday, April 23
Monday, April 22
Sunday, April 21
Sunday Panels:
RCP Afternoon Edition
20 Dems Are Vying for 2020. Can One Beat Trump? Amy Sorkin, The New Yorker
Will Barr Keep His Promise to Investigate Spying? Michael Goodwin, New York Post
Mueller Proved Comey Told the Truth About Trump William Saletan, Slate
What I Saw at Middlebury College Dominic Aiello, Quillette
Democrats Hunt for an Economic Argument to Counter Trump David Siders, Politico
Will Biden's History Lift Him Up or Weigh Him Down? Evan Osnos, The New Yorker
Biden's Big Lie About Charlottesville Will Backfire Jeffrey Lord, The American Spectator
A Long Talk With Cory Booker Gabriel DeBenedetti, New York Magazine
China, the U.S. and Trade in a Dog-Eat-Dog World Edward Luce, Financial Times
Obsession With 'Whiz Kids' Is Harming U.S. Teens Eric Spitznagel, New York Post
Just Don't Call Them UFOs Marina Koren, The Atlantic
RCP Morning Edition
Trump Will Relish His Fight With the Democratic House Rich Lowry, New York Post
Trump Should Be Indicted for Obstructing Russia Probe Rocah & Mariotti, Daily Beast
Collusion Conspiracy Theory Was an Attack on Democracy Aaron Mate, The Nation
Families Need Defending--Conservative Women Must Step Up Helen Andrews, NYT
Will Trump and Supreme Court Tear the Country Apart? E.J. Dionne, Washington Post
A Democratic Party Obsessed With Skin Color Karin McQuillan, American Greatness
Why Biden Will Be Tough to Beat in the Dem Primary Josh Kraushaar, National Journal
Democrats Would Be Mad to Nominate Biden in 2020 Mehdi Hasan, The Intercept
Mick Mulvaney on the White House, 2020 and Mueller Plott & Nicholas, The Atlantic
Want to Fix the Universities? Here Are 2 Options Roger Kimball, American Greatness
We're Standing Up to Gun Lobby and the NRA Is Losing Rep. Eric Swalwell, USA Today
Black Conservatives Debate Black Liberals on Trump, Democrats Lee Adams, Vice
Trump Made the Right Call on How to Win the 5G Race Mark Mills, New York Post
Au Revoir, Trump and Washington, D.C. Maureen Dowd, New York Times
Meet the Photographer Trump Can't Shut Up About Christopher Cadelago, Politico
Recommended
Politics
Biden-Union Bond May Slacken in the Age of Trump
Trump Cheers Economy, Criticizes Democrats at Wisconsin Rally
Chernow Praises Media for "Noble Work" at Correspondents Dinner
U.S. Economy Grew at Strong 3.2% Rate in First Quarter
The Free-Stuff Primary: What Democrats' Promises Will Cost
Presidential Job Approval
Cartoons of the Week
AdAge
ENJOY YOUR AD AGE SUBSCRIPTION BENEFITS TODAY, PERFECTLY PACKAGED TO GET YOU STARTED
Subscribe now
Favorability Ratings: U.S. Political Leaders
Favorable Unfavorable Spread
Donald Trump 41.3 53.6 -12.3
Nancy Pelosi 36.5 50.3 -13.8
Mitch McConnell 23.5 46.3 -22.8
Chuck Schumer 28.0 39.7 -11.7
Looking for a career shift or to expand your skill set?
Learn the language of FM with the

택하면 된다. 시간 기반의 스토리를 큐레이팅해서 보여 주는 무한한 피드 형태이다.

플립보드Flipboard(그림 2-19)는 잡지나 이미지 뷰어처럼 보이지만, 실제로는 피드 리더기다. 플립보드를 개인 소셜 미디어 계정에 연동하거나, 유명 발행인 피드에서 게시물을 가져올 수 있다. 또한 해시태그를 사용해 키워드에 맞는 게시물을 별개의 피드에서 볼 수 있다.

플립보드(그림 2-20)는 콘텐츠 카드를 다양한 크기로 만들어서, 책과 같은 페이지로 정리한 피드다. 사용자는 잡지를 훑어보는 것처럼 좌우로 페이지를 스와이프해서 본다.

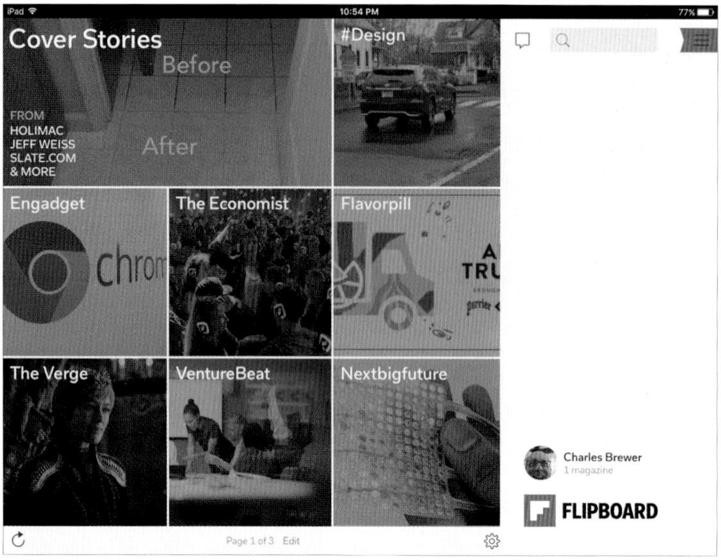
iPad
10:54 PM
77%
Cover Stories
Before
FROM
HOLIMAC
JEFF WEISS
SLATE.COM
& MORE
After
#Design
Engadget
The Economist
Flavorpill
The Verge
VentureBeat
Nextbigfuture
Charles Brewer
1 magazine
FLIPBOARD
Page 1 of 3 Edit

그림 2-19
플립보드
시작 화면

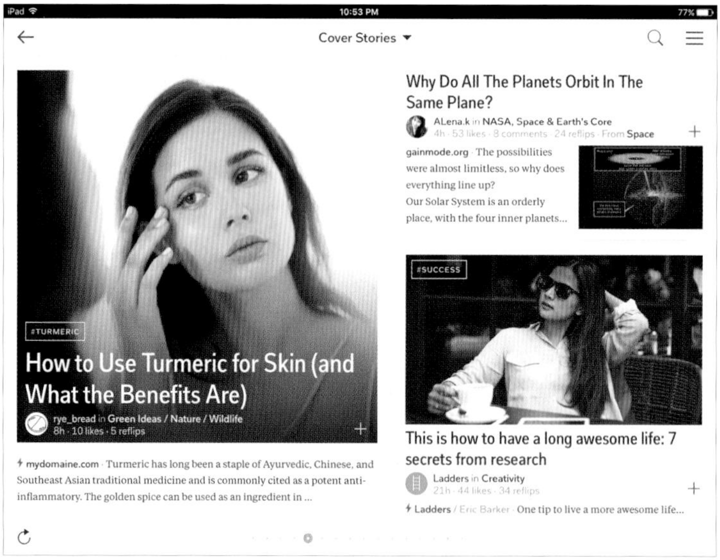
iPad
10:53 PM
77%
Cover Stories
Why Do All The Planets Orbit In The Same Plane?
ALena.k in NASA, Space & Earth's Core
4h · 53 likes · 8 comments · 24 reflips · From Space
gainmode.org · The possibilities were almost limitless, so why does everything line up?
Our Solar System is an orderly place, with the four inner planets...
#TURMERIC
How to Use Turmeric for Skin (and What the Benefits Are)
rye_bread in Green Ideas / Nature / Wildlife
8h · 10 likes · 5 reflips
mydomaine.com · Turmeric has long been a staple of Ayurvedic, Chinese, and Southeast Asian traditional medicine and is commonly cited as a potent anti-inflammatory. The golden spice can be used as an ingredient in ...
#SUCCESS
This is how to have a long awesome life: 7 secrets from research
Ladders in Creativity
21h · 44 likes · 34 reflips
Ladders / Eric Barker · One tip to live a more awesome life...

그림 2-20
플립보드
뉴스 스트림

소셜 스트림 소셜 스트림은 최근 인터넷 경험을 지배하고 있는데, 이런 추세는 금방 끝날 것 같지 않다. 스트림이 고객 참여율을 높이기 때문이다. 트위터(그림 2-21)나 인스타그램(그림 2-22)은 인기 있는 소셜 스트림 서비스다.

트위터는 비즈니스와 개인 네트워크에서 콘텐츠, 게시물, 카드를 가져올 수 있다. 아니면 인스타그램처럼 거의 순수하게 개인이 사용하는 소셜 피드로 구성할 수도 있다. 사용자는 피드로 콘텐츠를 소비한다. 피드에서 이미지를 보고, 댓글을 읽고, 소셜 피드백 기능을 사용해서 '좋아요', '공유하기'를 누르고, 댓글을 단다.

이와 관련된 스트림과 피드 사례는 소셜 네트워킹 서비스, 뉴스 포털 서비스, 이메일 같은 사적인 커뮤니케이션 채널에서 풍부하게 찾아볼 수 있다.

페이스북은 자동으로 또 예측 불가능하게 필터링된 탑 스토리 뷰와 전체를 보여 주는 최신글 뷰를 바꾸면서 노출한다. 페이스북은 즉각적 응답에 탁월하다. 페이스북 입력창에 짧은 댓글을 다는 것은 '댓글을 달아야지.' 하고 생각하는 것만큼 쉽다.

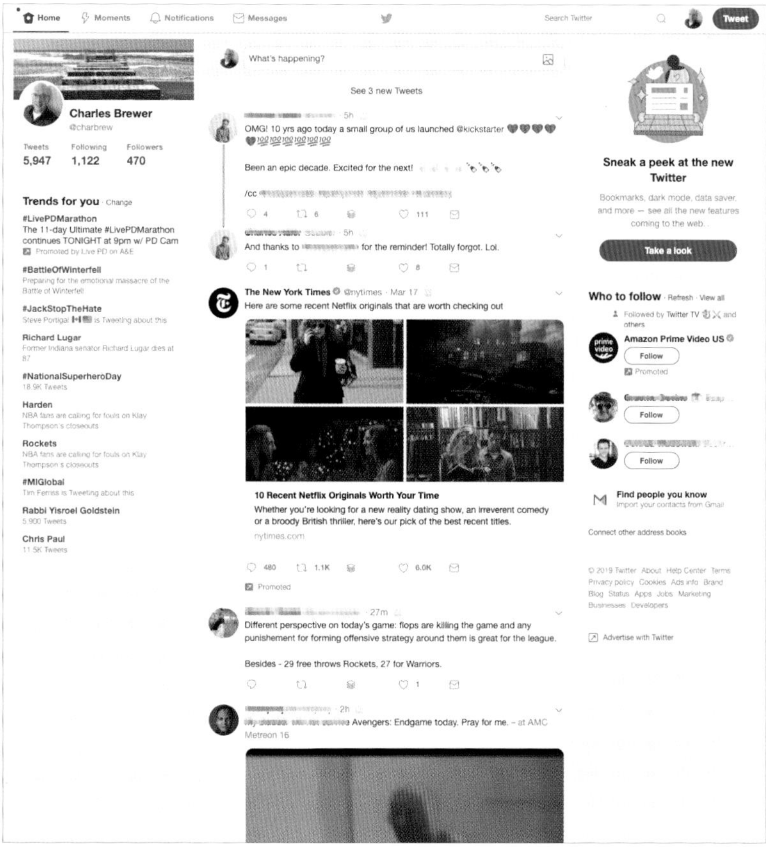

Home
Moments
Notifications
Messages
Search Twitter
Tweet
What's happening?
See 3 new Tweets
Charles Brewer
@charbrew
Tweets 5,947
Following 1,122
Followers 470
Trends for you
#LivePDMarathon
#BattleOfWinterfell
#JackStopTheHate
Richard Lugar
#NationalSuperheroDay
Harden
Rockets
#MIGlobal
Rabbi Yisroel Goldstein
Chris Paul
OMG! 10 yrs ago today a small group of us launched @kickstarter
Been an epic decade. Excited for the next!
The New York Times @nytimes · Mar 17
Here are some recent Netflix originals that are worth checking out
10 Recent Netflix Originals Worth Your Time
Whether you're looking for a new reality dating show, an irreverent comedy or a broody British thriller, here's our pick of the best recent titles.
nytimes.com
Promoted
Different perspective on today's game: flops are killing the game and any punishement for forming offensive strategy around them is great for the league.
Besides - 29 free throws Rockets, 27 for Warriors.
Avengers: Endgame today. Pray for me.
Sneak a peek at the new Twitter
Take a look
Who to follow
Amazon Prime Video US
Follow
Find people you know
Connect other address books
Advertise with Twitter

그림 2-21 트위터

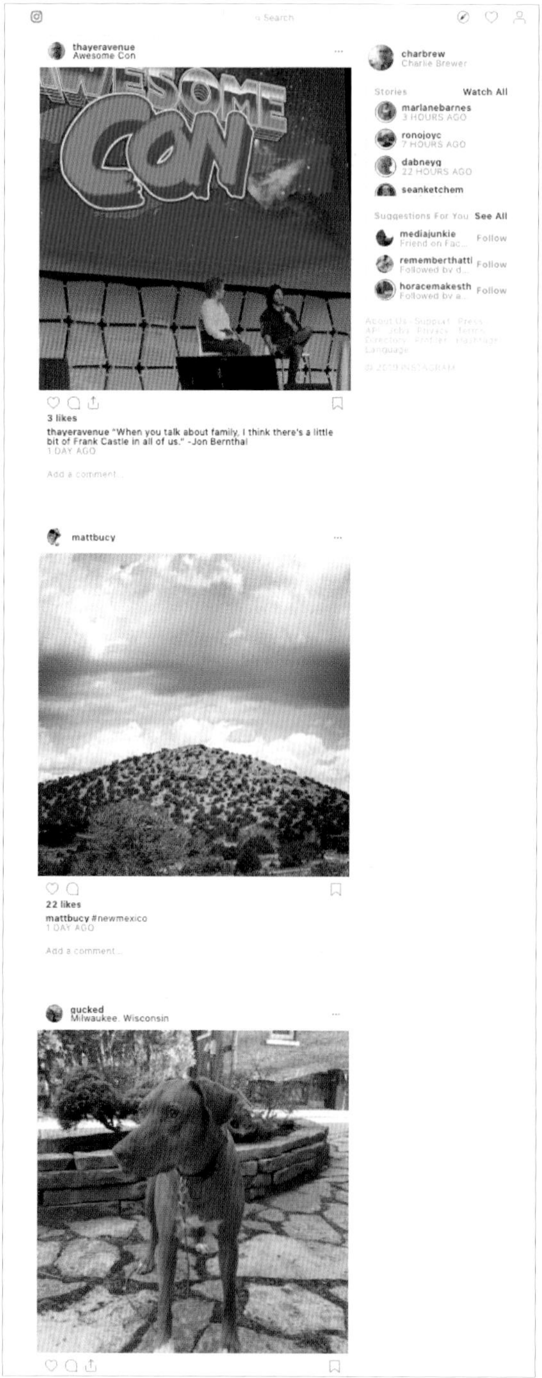
thayeravenue
Awesome Con
charbrew
Charlie Brewer
Stories
Watch All
marlanebarnes
3 HOURS AGO
ronojoyc
7 HOURS AGO
dabneyg
22 HOURS AGO
seanketchem
Suggestions For You
See All
mediajunkie
Follow
rememberthatti
Follow
horacemakesth
Follow
3 likes
thayeravenue "When you talk about family, I think there's a little bit of Frank Castle in all of us." -Jon Bernthal
1 DAY AGO
Add a comment...
mattbucy
22 likes
mattbucy #newmexico
1 DAY AGO
Add a comment...
gucked
Milwaukee, Wisconsin

그림 2-22
인스타그램

비즈니스 협업 소셜 피드와 스트림은 소비자 경험에서 비즈니스 경험으로까지 확장되었다. 이는 비대면으로 흩어져 일하는 것을 가능하게 하는 중요한 요소로 다양한 협업 방안을 제공한다.이제 사람들은 주제별로 정리된 스레드에서 토론을 시작하거나 추가한다. 공동으로 만든 디지털 문서에서 협업하기도 한다. 작업은 실시간으로 또는 비동기적으로 일어난다. 직원들은 같은 지역이나, 서로 시차가 있는 지역에서 일할 수 있다.

슬랙(그림 2-23)의 플랫폼 전체는 특정 토론 주제를 중심으로 만들어진다. 회사 공간인 워크스페이스Workspace 안에서, 직원들은 그룹 토론을 시작하거나 그룹에 참여할 수 있고, 한 명 또는 여러 동료와 쪽지를 주고받는다. 파일도 피드에서 즉시 공유한다. 큅Quip(그림 2-24)에서는 디지털 문서를 기반으로 여러 협업자가 동일한 문서에서 작업한다. 문서에 붙어 있는 소셜 피드와 댓글 피드가 문서 관련 토론 기록을 보여 준다. 이러한 접근법은 많은 비즈니스 애플리케이션에서 기본이 되었다.

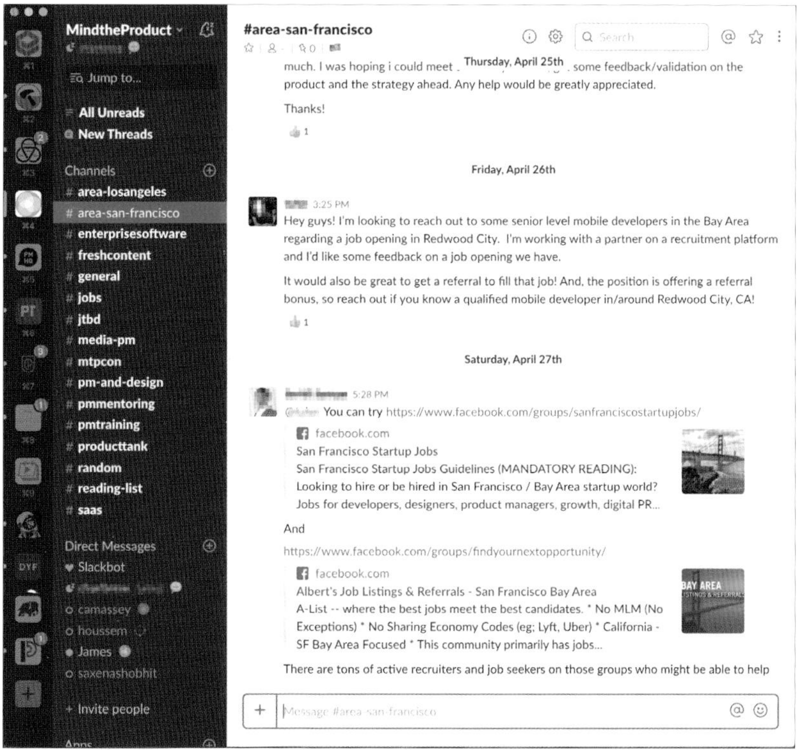
MindtheProduct
Jump to...
All Unreads
New Threads
Channels
area-losangeles
area-san-francisco
enterprisesoftware
freshcontent
general
jobs
jtbd
media-pm
mtpcon
pm-and-design
pmmentoring
pmtraining
producttank
random
reading-list
saas
Direct Messages
Slackbot
camassey
houssem
James
saxenashobhit
Invite people
#area-san-francisco
much. I was hoping i could meet . Thursday, April 25th . some feedback/validation on the product and the strategy ahead. Any help would be greatly appreciated.
Thanks!
Friday, April 26th
3:25 PM
Hey guys! I'm looking to reach out to some senior level mobile developers in the Bay Area regarding a job opening in Redwood City. I'm working with a partner on a recruitment platform and I'd like some feedback on a job opening we have.
It would also be great to get a referral to fill that job! And, the position is offering a referral bonus, so reach out if you know a qualified mobile developer in/around Redwood City, CA!
Saturday, April 27th
5:28 PM
You can try https://www.facebook.com/groups/sanfranciscostartupjobs/
facebook.com
San Francisco Startup Jobs
San Francisco Startup Jobs Guidelines (MANDATORY READING):
Looking to hire or be hired in San Francisco / Bay Area startup world?
Jobs for developers, designers, product managers, growth, digital PR...
And
https://www.facebook.com/groups/findyournextopportunity/
facebook.com
Albert's Job Listings & Referrals - San Francisco Bay Area
A-List -- where the best jobs meet the best candidates. * No MLM (No Exceptions) * No Sharing Economy Codes (eg: Lyft, Uber) * California - SF Bay Area Focused * This community primarily has jobs...
There are tons of active recruiters and job seekers on those groups who might be able to help
BAY AREA

그림 2-23
슬랙
워크스페이스
채널

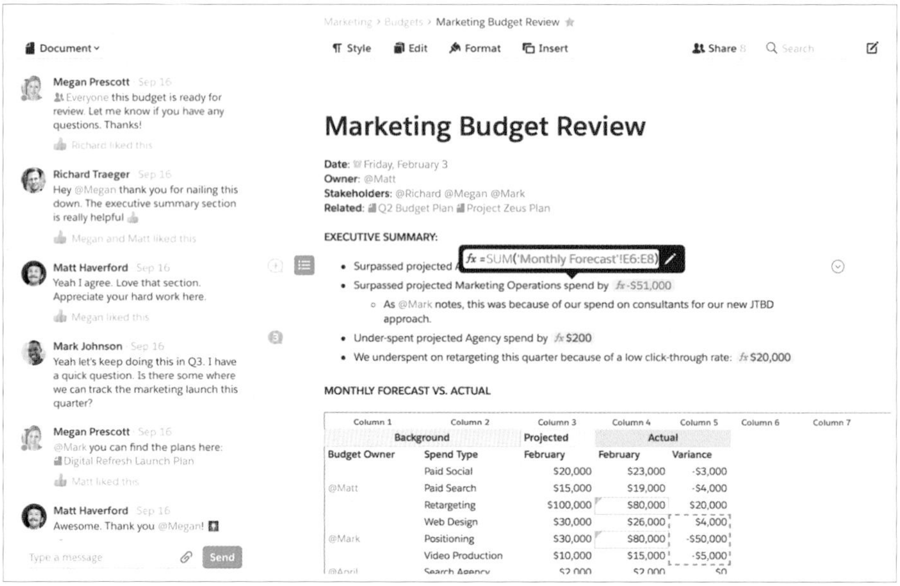
Marketing > Budgets > Marketing Budget Review
Document
Style
Edit
Format
Insert
Share
Search
Marketing Budget Review
Date: Friday, February 3
Owner: @Matt
Stakeholders: @Richard @Megan @Mark
Related: Q2 Budget Plan Project Zeus Plan
EXECUTIVE SUMMARY:
fx =SUM('Monthly Forecast'!E6:E8)
Surpassed projected Marketing Operations spend by fx -$51,000
As @Mark notes, this was because of our spend on consultants for our new JTBD approach.
Under-spent projected Agency spend by fx $200
We underspent on retargeting this quarter because of a low click-through rate: fx $20,000
MONTHLY FORECAST VS. ACTUAL
Megan Prescott
Everyone this budget is ready for review. Let me know if you have any questions. Thanks!
Richard Traeger
Hey @Megan thank you for nailing this down. The executive summary section is really helpful
Matt Haverford
Yeah I agree. Love that section. Appreciate your hard work here.
Mark Johnson
Yeah let's keep doing this in Q3. I have a quick question. Is there some where we can track the marketing launch this quarter?
Megan Prescott
@Mark you can find the plans here: Digital Refresh Launch Plan
Matt Haverford
Awesome. Thank you @Megan!
Type a message
Send

Column 1	Column 2	Column 3	Column 4	Column 5	Column 6	Column 7
Background		Projected	Actual			
Budget Owner	Spend Type	February	February	Variance		
	Paid Social	$20,000	$23,000	-$3,000		
@Matt	Paid Search	$15,000	$19,000	-$4,000		
	Retargeting	$100,000	$80,000	$20,000		
	Web Design	$30,000	$26,000	$4,000		
@Mark	Positioning	$30,000	$80,000	-$50,000		
	Video Production	$10,000	$15,000	-$5,000		
@April	Search Agency	$2,000	$2,000	$0		

그림 2-24 퀍

04 미디어 브라우저(Media Browser)

WHAT 정의하기

콘텐츠 중심 웹사이트나 애플리케이션에서는 미디어 브라우저로 파일, 스토리, 문서를 한눈에 볼 수 있다. 미디어를 관리하고 사진과 비디오를 편집하는 데에도 흔히 사용되는 패턴이다. 그리드 오브젝트grid of objects 구조는 오브젝트 그룹을 훑어보고 선택하는 데 편리하다. 행과 열로 이루어진 그리드 위에 오브젝트를 배치한다. 미디어 브라우저에서는 섬네일, 아이템 뷰, 스크롤되는 리스트 같은 인터페이스 요소를 사용한다.

WHY 어떤 효과가 있을까?

미디어 브라우저는 모바일과 데스크톱에서 흔히 사용되는데, 특징이 꽤나 뚜렷하다. 누구든 미디어 브라우저에서 이미지와 비디오 그리드를 보자마자 어떻게 사용하면 좋을지 머릿속에 그려질 것이다. 이미지와 비디오를 훑어보거나, 선택하고, 슬라이드 쇼나 재생 목록을 설정하는 데 쓸 수 있다.

책의 다른 부분에서 언급한 패턴과 컴포넌트 가운데 종종 미디어 브라우저를 사용하는 것은 다음과 같다.

- 균등한 그리드Grid of Equals
- 단일 화면 상세 진입One-Window Drilldown
- 2분할 패널Two-Panel Selector
- 피라미드Pyramid
- 모듈 탭Module Tabs과 접히는 패널Collapsible Panels
- 버튼 그룹Button Groups
- 트리Trees 또는 개요 Outlines
- 키보드만 사용하기Keyboard Only
- 검색 상자Search box
- 소셜 댓글Social comments과 토론 Discussion

HOW 어떻게 활용할까?

주요한 뷰 두 가지를 설정하라. 하나는 항목을 훑어볼 수 있는 그리드 레이아웃 뷰이고 다른 하나는 항목을 확대해서 보는 뷰다. 사용자는 두 가지를 왔다 갔다 하면서 사용할 것이다. 이렇게 브라우저 인터페이스를 디자인하고, 미디어 브라우저를 연결하면 사용자는 수많은 항목을 손쉽게 둘러볼 수 있다.

미디어 브라우저 이 패턴을 사용해 여러 항목을 차례로 보여 줘라. 많은 앱에서 항목을 탐색할 때 제목이나 작성자 같은 메타 데이터를 보여 준다. 하지만 이런 메타 데이터는 인터페이스를 어수선하게 만들기 때문에, 신경 써서 디자인해야 한다. 예를 들어, 섬네일 크기를 조절하는 기능을 넣을 수 있다. 날짜, 레이블, 평점 같은 다양한 기준으로 항목을 정렬하거나, 즐겨찾기한 항목만 필터링하는 기능도 있다.

사용자가 하나의 항목을 누르면 즉시 해당 항목을 확대해 보여 주는 뷰로 전환하라. 여러 애플리케이션에서 키보드로 그리드를 이동할 수 있다. 화살표 키와 스페이스 바로 항목을 이동하는 것이다(1장의 키보드만 사용하기 패턴을 보라).

사용자가 소유하고 있는 항목이라면 미디어 브라우저에서 항목을 이동하거나 정렬하고, 삭제할 수 있도록 하라. 이렇게 하려면 다중 선택 인터페이스가 필요하다. 예를 들어, Shift 키를 누르고 선택하는 기능이나 체크 박스 기능, 마우스 포인터로 라쏘lasso[11] 툴을 이용해 여러 항목을 선택할 수 있다. '자르기', '복사하기', '붙여넣기'도 지원해야 한다.

미디어 브라우저에서 슬라이드 쇼나 재생 목록 기능을 제공할 수도 있다.

브라우징 인터페이스 미디어 브라우저 콘텐츠를 브라우징 인터페이스로 움직여야 한다. 브라우징 인터페이스는 애플리케이션 성격에 따라 복잡하거나 단순한데, 거의 눈에 보이지 않을 수도 있다. 필요하다면 인터페이스에서 검색 상자를 제공해야 한다. 사용자 개인 항목 또는 전체 공개된 항목을 검색하는 용도다. 또는 둘 다 지원할 수 있다. 아니면은 스크롤할 수 있는 그리드만 제공하라.

유튜브YouTube나 비메오Vimeo 같은 전체 공개용 콘텐츠를 올릴 수 있는 웹사이트는 홈페이지 전체를 브라우징 인터페이스로 사용한다. 이런 웹사이트는 종종 개인용 콘텐츠와 전체 공개 및 기업 홍보용 콘텐츠를 균형 있게 볼 수 있는 인터페이스를 제공한다.

특히 애플 사진Apple Photos이나 아이무비iMovie와 같은 개인 사진과 비디오 관리용 인터페이스는 데스크톱 앱에서 다양한 위치에 저장된 사진을 파일 시스템으로 탐색할 수 있어야 한다. 사용자가 여러 항목을 앨범, 세트, 프로젝트, 컬렉션으로 모을 수 있다면, 브라우징 인터페이스에서도 이러한 기능을 사용할 수 있어야 한다. '좋아요' 또는 '별표' 표시 기능도 자주 활용한다.

어도비 브리지Adobe Bridge 브라우징 인터페이스에는 필터링 기능이 있다. 키워드, 수정 날짜, 카메라 종류, 감도 등 10개 이상의 속성 값으로 방대한 항목을 사용자가 원하는 대로 나눠 볼 수 있다.

단일 항목 뷰 여기서 문서나 이미지를 확대해 보여 준다. 전체 화면으로 사용자

11 (옮긴이) 라쏘(lasso)는 영어로 올가미 밧줄이라는 뜻으로, 원하는 부분만 올가미를 씌워 잡아 낸다는 의미로 쓰인다. 보통 포토샵에서 곡선 선택 툴 중의 하나를 가리키며, 마우스를 드래그한 채로 자유롭게 곡선을 그리면 해당되는 영역이 전부 선택된다.

가 내용을 읽고 수정하거나 댓글을 달고 공유할 수 있게 하라. 상세 화면 또는 전체 화면으로 만들거나, 선택한 이미지를 확대해 보여 줘라. 비디오라면 미디어 플레이어에서 재생하라. 창이 크다면, 미디어 브라우저 그리드 옆에 배치하거나 그리드로 사용한 영역을 대체할 수도 있다. 항목에 관한 정보, 즉 메타데이터를 옆에서 보여 줘라. 실제로 적용할 때는 **2분할 패널**과 **단일 화면 상세 진입** 가운데 선택한다. 목록에 관련된 패턴은 7장을 참고하라.

만약 인터페이스가 웹사이트이거나 웹과 연결 가능하다면, 이 단계에서 소셜 기능인 댓글, '좋아요', '공유하기'를 제공할 수 있다. 이와 비슷하게 사용자는 사적으로나 공적으로 항목에 태그나 레이블을 달 수 있다. '좋아할 만한 항목'을 노출하는 기능은 웹 기반 공개 컬렉션에서 흔히 보이는 기능이다.

개별 항목을 편집하는 기능도 여기에 둔다. 예를 들어 사진 관리에서 사진 자르기, 색상과 밝기 조절, 적목 현상 감소 같은 간단한 기능을 제공할 수 있다. 메타 데이터 속성 편집도 여기 속한다. 만약 전체 편집 기능을 이 단계에서 보여 주기 복잡하다면, 사용자가 전체 버전 편집기를 실행할 수 있는 방법을 제공하라. 예를 들어, 어도비 브리지는 사용자가 사진 단일 뷰에서 포토샵을 실행하도록 해준다. **버튼 그룹**을 사용해서 기능 세트를 이해하기 쉽게 시각적으로 묶어라.

특히 **단일 화면 상세 진입**으로 단일 항목 뷰를 보여 줄 때 '이전'과 '다음' 버튼을 제공해서 항목들을 이전과 다음 항목으로 연결하라. 관련해서 3장의 **피라미드** 내비게이션 패턴을 보라.

EXAMPLES 예시

오브젝트 컬렉션 훑어보기 이미지를 사용하면 대량의 정보를 빠르게 전달할 수 있다는 강점이 있다. 그래서 오브젝트를 이미지로 표현해서 컬렉션을 쉽게 훑어보고 선택하게 할 때가 많다. 이미지 그리드에는 텍스트 설명을 추가할 수도 있다. 이미지 그리드를 이용하면 사용자는 많은 항목 가운데 원하는 내용을 효율적으로 선택할 수 있다.

모바일과 데스크톱에서 애플 TVApple TV에 이르기까지 다양한 크기의 화면에서 보편적으로 이 패턴을 활용한다. 미디어 브라우저에서 하나의 항목을 선택하면 즉시 콘텐츠를 볼 수 있도록 설명이 적힌 상세 화면이 실행된다. 킨들Kindle(그림 2-25)에서 브라우저는 단순히 책표지 모음집에 불과하다.

인스타그램(그림 2-26) 사용자 프로필에서 얻을 수 있는 메타 데이터는 거의 없다. 계정의 이미지 그리드가 훨씬 강조되기 때문이다. 대신 인스타그램에서는 피드를 구성하는 이미지로 정체성을 드러낸다.

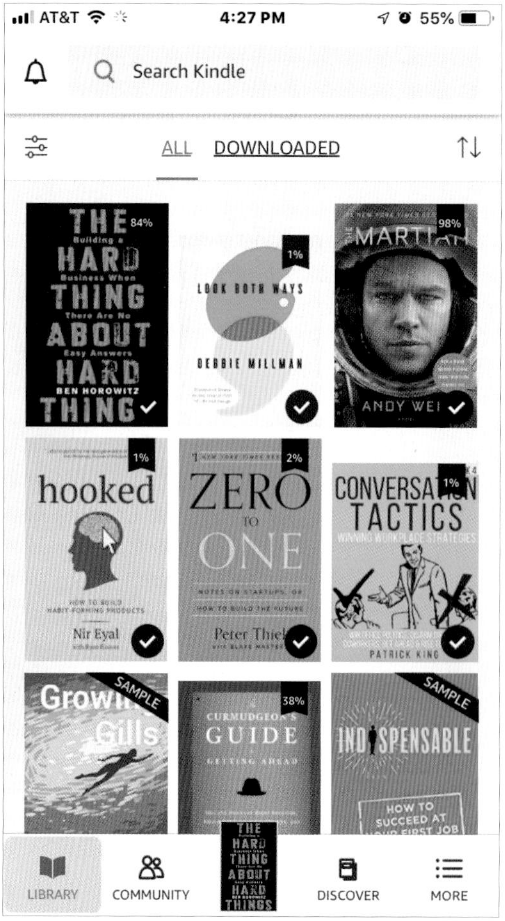

그림 2-25
킨들 iOS 앱
브라우징 인터페이스

그림 2-26
인스타그램
프로필 화면

유튜브(그림 2-27), 애플 TV(그림 2-28), 링크드인 러닝LinkedIn Learning(그림 2-29)에서는 전체 화면 브라우저로 수많은 비디오 목록을 쉽게 살펴볼 수 있다. 세 가지 모두 정사각형 그리드 레이아웃을 변형한 '행 고정 좌우 스크롤 방식'을 쓰고 있다. 각 행이 고정된 상태에서 좌우로 스크롤해서 콘텐츠를 넘겨 보는 것이다. 항목 숫자가 방대하기 때문에, 사용자가 쉽게 이해할 수 있도록 세 가지 앱 모두 이미지를 카테고리로 분류해서 보여 준다. 애플 TV는 부가 정보를 덜어 내 가장 심플한 접근 방식을 취한다.

유튜브는 가장 많은 정보를 제공한다. 각 항목을 '카드' 형식으로 노출하는데, 카드 안에 이미지, 제목, 작성자, 인기도를 보여 준다(유튜브가 소셜 미디어를 동력으로 성장했기 때문에 놀랄 일은 아니다).

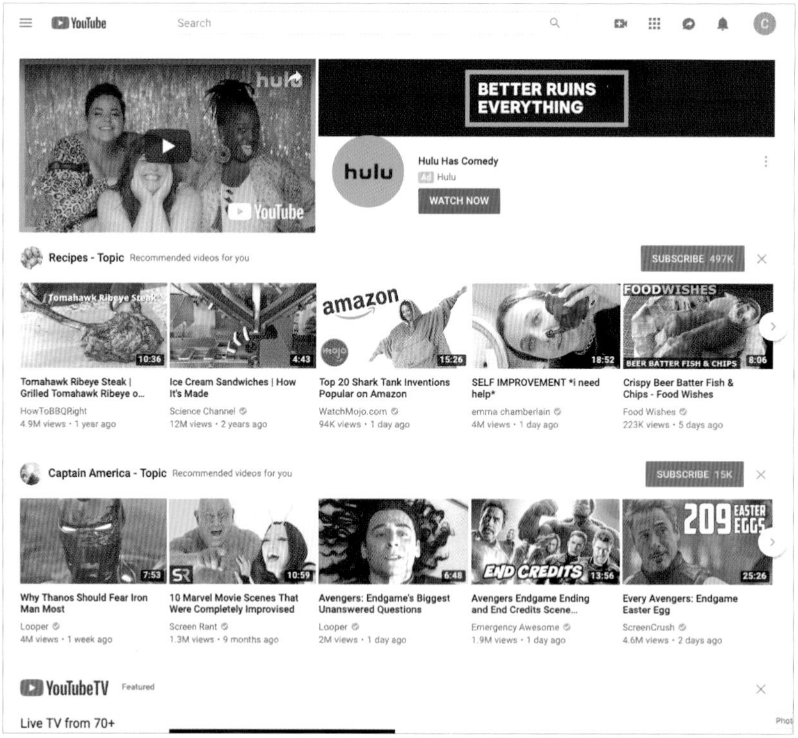

그림 2-27 유튜브

그림 2-28 애플 TV

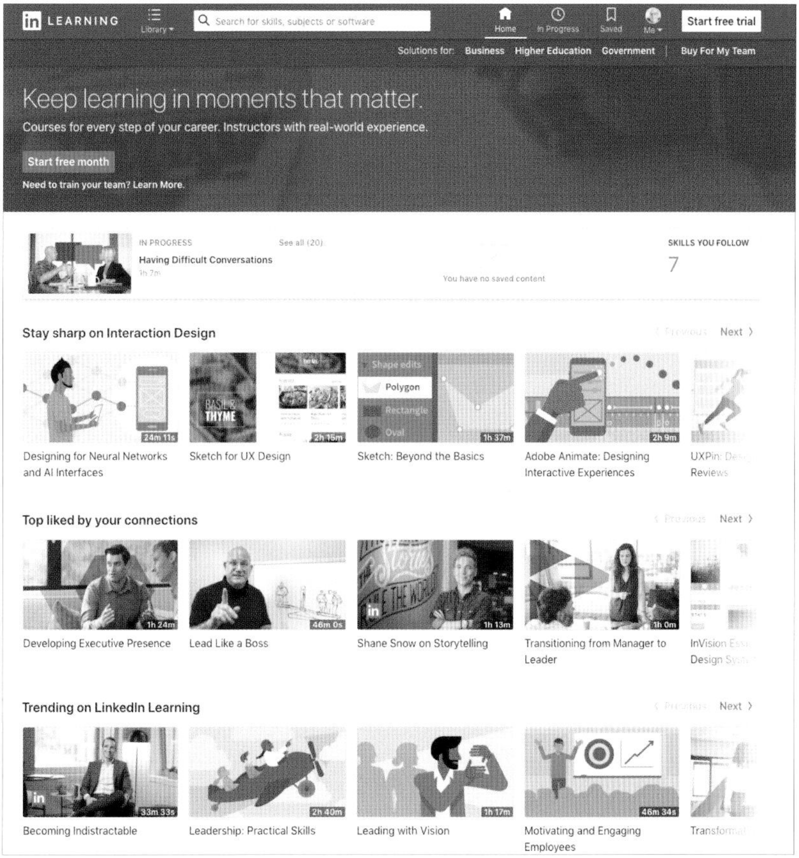

그림 2-29 링크드인 러닝

여러분은 다른 사람의 유튜브 채널을 미디어 브라우저나 기본값으로 비디오 플레이어 옆에 있는 목록인 단일 비디오 뷰에서 볼 수 있다. 섬네일을 클릭하면 해당 비디오 페이지로 이동하는데, 거기서 세부 정보와 댓글 창을 확인한다. 방문자들은 재생 목록, 마지막으로 추가된 비디오, 많이 시청한 비디오, 평점이 높은 비디오를 보면서 브라우징할 수 있다. 어디서나 검색 상자가 제공된다.

미디어 자산을 관리하고 편집하기 미디어와 문서를 제작하는 도구는 미디어 브라우저 레이아웃을 사용해서 현재 만들거나 처리하고 있는 디지털 자산을 관리할 수 있게 한다. 애플 사진(그림 2-30), 어도비 브릿지(그림 2-31), 애플 아이무비(그림 2-32)는 개인 사진을 관리하는 데스크톱 애플리케이션이다. 전부 **2분할 패널**을 브라우징 인터페이스로 사용하고 있다. 다만 복잡한 정도에 차이가 있다.

애플 사진은 가장 심플하고, 어도비 브릿지는 수많은 패널과 필터를 사용한다. 애플 사진은 **단일 화면 상세 진입**을 사용해서 단일 항목 뷰까지 도달한다. 반면에 아이무비는 3가지 뷰를 한 페이지에 배치했다. 앞서 말했듯이 정사각형 그리드 레이아웃에서 흔히 사용되는 변형은 행을 고정하고 좌우로 스크롤하는 방식이다.

아이무비의 경우 타임라인에서 그 방식을 사용한다. 타임라인은 비디오처럼 시간 기반의 미디어를 만드는 데 주요한 작업 팔레트다.

어도비 애크러뱃Adobe Acrobat(그림 2-33)은 PDF 문서 형식을 읽고 편집할 수 있는 프로그램으로, 문서 페이지를 그리드로 볼 수 있다. 이는 편집 모드에서 사용하는 인터페이스다. 페이지를 빠르게 재구성하거나 특정 페이지를 삭제하고, 화면을 삽입할 지점을 선택하는 데 유용하다.

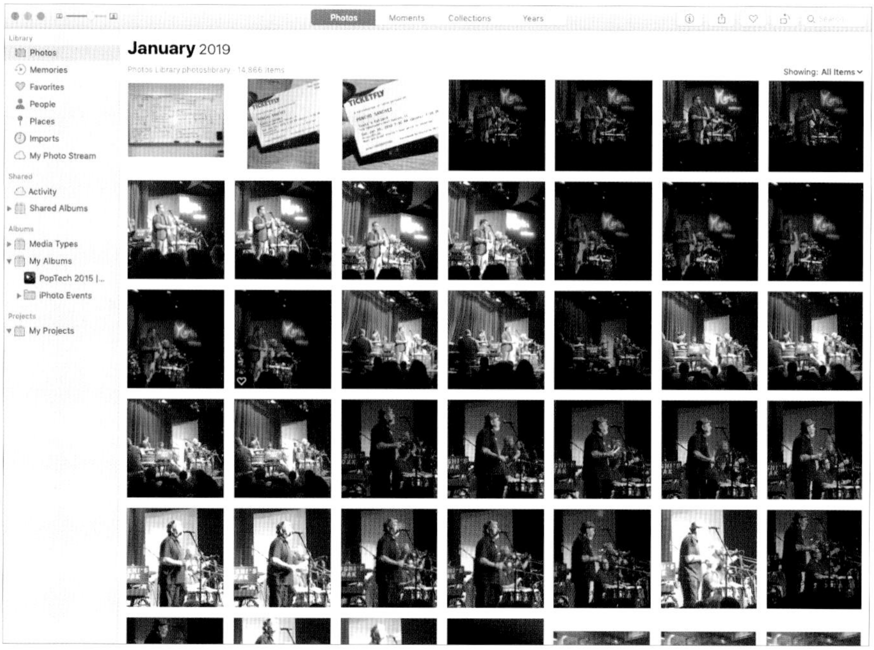

그림 2-30 애플 사진의 브라우징 인터페이스

그림 2-31 어도비 브릿지의 브라우징 인터페이스

그림 2-32 애플 아이무비의 타임라인

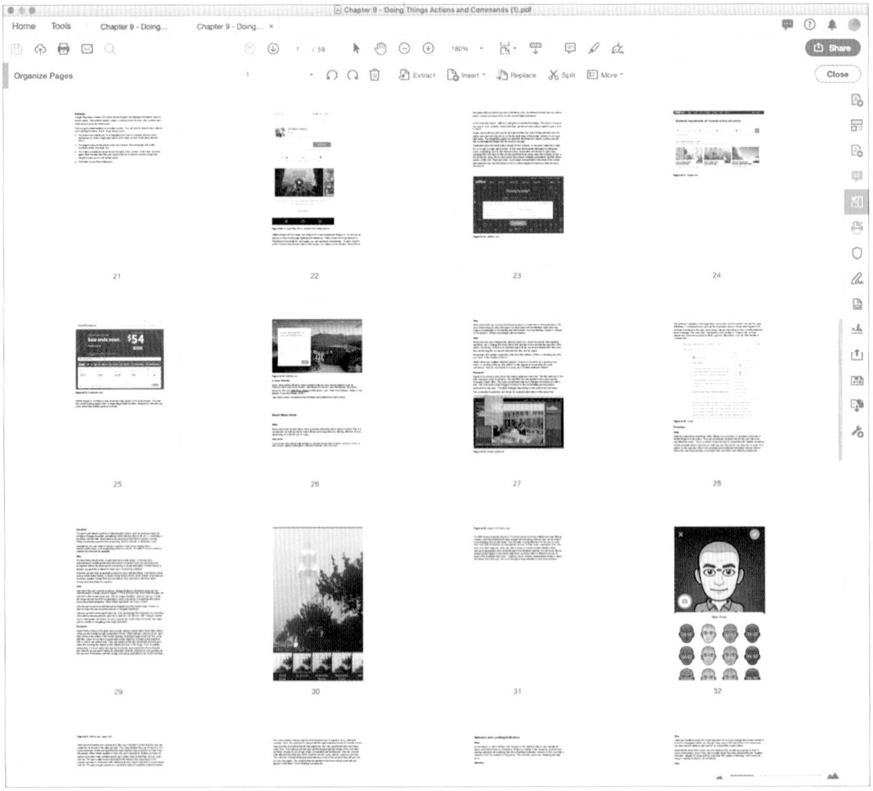

그림 2-33 어도비 애크러뱃의 브라우징 인터페이스

05 대시보드(Dashboard)

WHAT 정의하기

대시보드는 고객이 B2C나 B2B 플랫폼에 로그인했을 때 보는 첫 화면으로, 비즈니스 분석 소프트웨어에서 흔하게 사용하는 패턴이다. 대시보드는 정기적으로 업데이트되는 밀도 높은 정보를 분석하여, 주목할 만한 데이터 포인트를 한 페이지로 짚어 준다. 사용자에게 유용하고, 행동하는 데 도움이 될 만한 정보와 차트, 그래프를 시각화하여 보여 준다. 또한 비즈니스에 중요한 성과 지표나 워크플로와 연관된 중요한 메시지, 링크, 버튼도 나타낸다.

대시보드는 현재 상황이나 주목해야 할 정보, 마쳐야 하는 일을 빠르게 업데이트해서 사용자의 니즈를 충족시킨다. 웹 서버 데이터, SNS에서의 대화, 뉴스, 항공편, 비즈니스 분석 자료, 금융 정보 등을 업데이트해 준다. 사용자는 해당 내용을 지속적으로 모니터링하여 도움을 얻는다.

WHY 어떤 효과가 있을까?

대시보드는 우리에게 친숙하고 직관적인 페이지 스타일이다. 온오프라인에서 오랜 기간 쓰였기 때문에, 사람들이 대시보드에 기대하는 바는 거의 정해져 있다. 즉, 사용자는 대시보드가 유용한 정보를 보여 주고, 자동으로 업데이트되며, 데이터를 시각화해 줄 것이라고 기대한다.

대시보드에서는 여러 패턴과 컴포넌트가 맞물려서 쓰인다. 많은 온라인 대시보드는 다음 패턴들을 함께 사용한다.

- 제목을 붙인 섹션Titled Sections
- 탭Tabs과 접히는 패널Collapsible Panels
- 이동식 패널Movable Panels
- 단일 화면 상세 진입One-Window Drilldown
- 인포그래픽Information Graphics
- 데이터팁 Datatips
- 다양한 종류의 목록과 표

HOW 어떻게 활용할까?

먼저 사용자에게 필요한 정보, 사용자가 보고 싶어 하는 정보, 최신으로 업데이트해야 하는 정보를 결정하라. 말처럼 단순하지는 않다. 헷갈리거나 중요도가 낮은 데이터를 솎아 내는 연구자나 편집자의 안목이 필요하다. 그렇지 않으면 사람들은 정작 중요한 데이터에 집중하지 못할 것이다. 사용자에게 유용하지 않은 정보는 제거하거나, 최소한 시각적인 중요도를 낮춰라. 가장 중요한 정보나 다음 단계를 강조해라.

4장에서 다루는 시각적 위계를 잘 활용해서 페이지의 리스트와 표, 인포그래픽을 구성하라. 주요 정보를 스크롤 없이 한 페이지에 담아서, 전체를 한눈에 볼 수 있도록 해라. 서로 관련된 정보는 제목을 붙인 섹션으로 묶어라. 각 데이터를 동시에 볼 필요가 없다고 확신할 수 있을 때만 탭으로 정보를 분리하라.

단일 화면 상세 진입으로 사용자가 데이터에 관한 세부 사항을 볼 수 있게 하라. 링크나 그래픽을 클릭해서 '더 보기'를 할 수 있어야 한다. **데이터팁**은 포인터가 인포그래픽 위에 롤오버될 때 개별 데이터 포인트를 보여주는 데 효과적이다.

제공하는 데이터에 걸맞은 인포그래픽을 골라라. 정보를 비교해서 보여 준다면 게이지나 다이얼 차트, 파이 차트, 3D 막대 차트는 적절하지 않다. 시간 기반 데이터를 표현할 때는 단순한 라인과 막대 차트를 사용하는 게 더 효과적이다. 숫자와 텍스트가 그래픽보다 중요하다면 리스트와 테이블을 활용하라. 데이터 테이블에서는 행에 색을 번갈아 적용하는 기법을 자주 사용한다.

사람들은 각 요소를 주의 깊게 살피지 않은 채 대시보드를 대충 훑어보면서 실행 가능한 정보만 찾을 것이다. 그러므로 텍스트를 보여 줄 때는 키워드와 숫자가 주변 텍스트보다 눈에 띌 수 있도록 강조해라.

대시보드 표현 방식을 개인화하는 기능을 제공해야 할까? 많은 대시보드가 개인화 기능을 제공하기 때문에, 사용자는 충분히 그렇게 기대할 수 있다. 대시보드를 개인화하는 하나의 방법은 섹션을 사용자가 다시 정렬할 수 있게 하는 것이다. 세일즈포스Salesforce에서 사용자는 대시보드에서 보고 싶은 가젯을 선택할 수 있으며, **이동식 패널**을 이용해 자신에게 맞게 레이아웃을 조정한다.

EXAMPLES 예시

큰 기업이든 작은 기업이든, 전체 비즈니스 프로세스를 추적하고 관리하려는 니즈가 있다. 세일즈포스(그림 2-34)는 이런 요구를 포착하여 거대한 사업을 일구었다. 개별 클라이언트에게 맞춤형으로 제공되는 대시보드는 이러한 전략의 핵심이다. 특정한 목적 달성을 위해 만들어진 대시보드를 몇 개 살펴보자. 사용자는 필요에 맞게 모듈을 만들거나 개별적으로 설정할 수 있다. 또한 표준 모듈을 그리드에 맞춰 정리하고, 저장하고, 다른 직원들과 공유할 수 있다.

그림 2-34 세일즈포스 대시보드

스페이스IQSpaceIQ(그림 2-35)는 로그인할 때부터 대시보드를 보여 준다. 이 스타트업은 고전적인 디자인 패턴을 활용한다. 핵심성과지표KPI를 강조하고, 실시간 지표나 주목해야 할 항목을 개괄적으로 보여 준다. 또한 플랫폼의 다른 주요 부분으로 이동하는 진입점도 제공한다.

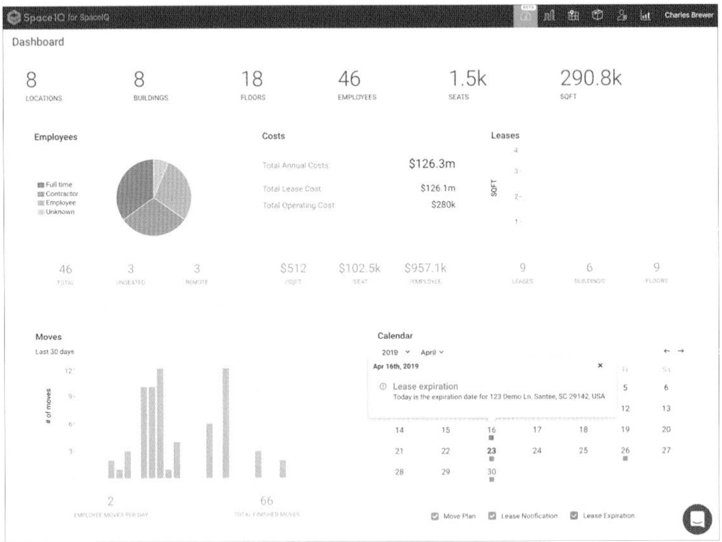

그림 2-35
스페이스IQ
대시보드

마지막으로 이 주제에 더 깊게 알고 싶다면 정보 대시보드에 관한 스티븐 퓨Stephen Few의 《인포메이션 대시보드 디자인: 한눈에 들어오는 데이터 시각화 *Information Dashboard Design: Displaying Data for At-a-Glance Monitoring*》를 추천한다.

06 캔버스(Canvas)와 팔레트(Palette)

WHAT 정의하기

중심이 되는 작업 공간과 이를 둘러싸고 있는 도구로 정의되는 패턴이다. 사용자는 넓은 빈 영역, 캔버스 위에서 디지털 오브젝트를 만들고 편집한다. 넓은 영역 주변 양옆이나 위아래에 그리드 형태로 도구를 배치하고, 이를 팔레트라고 부른다. 도구는 아이콘으로 표현한다. 사용자는 팔레트 버튼을 눌러서 캔버스에 새로 오브젝트를 만들거나, 도구를 선택해 오브젝트를 수정할 수 있다. 디지털 작업대 또는 가상의 이젤처럼 느껴지는 효과가 있다. 사용자는 도구를 하나씩 선택해 주요 오브젝트에 적용한다.

WHEN 언제 사용하면 좋을까?

어떠한 종류든 그래픽 에디터를 디자인하고 있다면 사용해야 할 패턴이다. 일반적인 유스케이스는 새로운 오브젝트를 만들고 가상의 공간에 오브젝트를 배열하는 방식이다.

WHY 어떤 효과가 있을까?

두 가지 패널, 즉 오브젝트를 생성하는 팔레트와 생성한 오브젝트를 배치하는 캔버스는 데스크톱 소프트웨어를 쓰는 사용자라면 누구라도 본 적 있을 만큼 흔하다. 이는 우리에게 익숙한 물리적 세계를 디지털 공간으로 자연스럽게 가져온 것이다. '페인트 브러시', '손바닥', '돋보기'처럼 익숙한 아이콘을 여러 애플리케이션에서 사용하며, 같은 모양의 아이콘은 동일한 기능을 수행해 시각적 인지를 돕는다.

HOW 어떻게 활용할까?

사용자가 넓은 빈 공간을 캔버스로 쓸 수 있도록 하라. 캔버스는 포토샵처럼 개별 창으로 띄울 수도 있고 다른 도구와 함께 한 페이지에 담을 수도 있다. 사용자가 캔버스와 팔레트를 한 화면에서 나란히 볼 수 있게 하는 게 중요하다. 추가적인 도구인 속성 패널이나 컬러스와치 등은 작은 팔레트 윈도우나 패널 형태로 캔버스의 우측이나 하단에 배치하라.

팔레트 자체는 아이콘이 있는 버튼을 배열한 그리드이다. 아이콘만 보고 이해하기 어려우면 텍스트를 같이 넣을 수 있다. 예를 들어 일부 GUIGraphical User Interface 편집기에서는 GUI 컴포넌트 이름을 아이콘 옆에 둔다.

팔레트를 캔버스의 좌측이나 상단에 배치하라. 팔레트는 하위 그룹으로 나눌 수 있고, 모듈 탭이나 접히는 패널을 통해 하위 그룹을 보여 줄 수도 있다.

대부분의 팔레트 버튼은 캔버스에 놓을 오브젝트를 생성하는 데 쓰인다. 그럼에도 많은 제작 및 편집용 애플리케이션은 확대 모드나 올가미 툴 등을 성공적으로 팔레트에 결합했다.

캔버스에 오브젝트를 만드는 제스처는 애플리케이션마다 다르다. 일부는 드래그 앤 드롭drag-and-drop만 사용하고, 어떤 앱에서는 팔레트를 한 번 클릭하고 캔버스에서 한 번 클릭하면 된다. 디지털 펜을 쓰거나 터치 화면에서 손가락 힘을 조정하는 것처럼 섬세한 압력을 활용하는 앱도 있다. 사용성 평가가 여기서 특히 중요한데, 사용자 입장에서 도구가 작동하는 방식이 명확하지 않거나 학습하기 어려울지도 모르기 때문이다.

EXAMPLES 예시

다음에 나오는 사례를 통해 다양한 캔버스와 팔레트 패턴을 볼 수 있다. 포토샵(그림 2-36)이 가장 고전적 패턴이다. 이미지를 작업하는 데 사용하는 팔레트, 패널, 명령어를 앱 화면의 네 모서리에 배치했다.

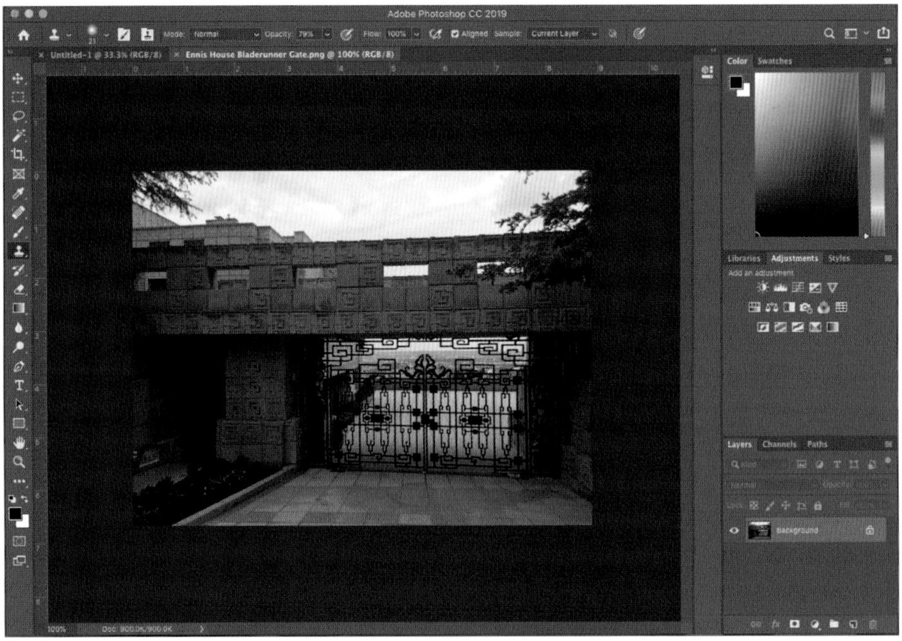

그림 2-36 포토샵

액슈어 RP 프로Axure RP Pro(그림 2-37)는 사용자가 중앙 캔버스에서 소프트웨어 프로토타입을 위한 와이어프레임을 만들 수 있게 했다. 팔레트는 캔버스 좌우에 배치했다.

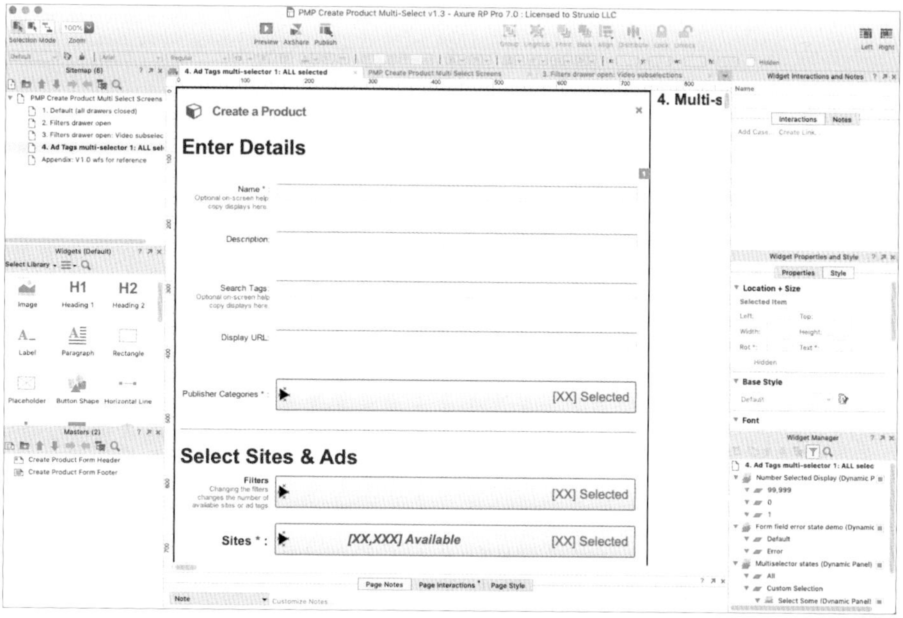

그림 2-37 액슈어 RP 프로

옴니그래플OmniGraffle(그림 2-38)은 맥 OS에서 벡터를 그리는 애플리케이션이다. 여기서는 도구 팔레트를 오른쪽에 두었다. 데스크톱뿐 아니라 모바일 앱에서 도구나 선택지가 많을 때 이 패턴을 유용하게 활용할 수 있다. iOS 사진 앱(그림 2-39)에서는 사용자가 편집하는 이미지가 중앙 캔버스에 나타난다. 하단에는 3가지 도구 팔레트가 있고, 열고 닫을 수 있다. 각 패널에 진입하면 여러 편집 기능을 사용할 수 있다.

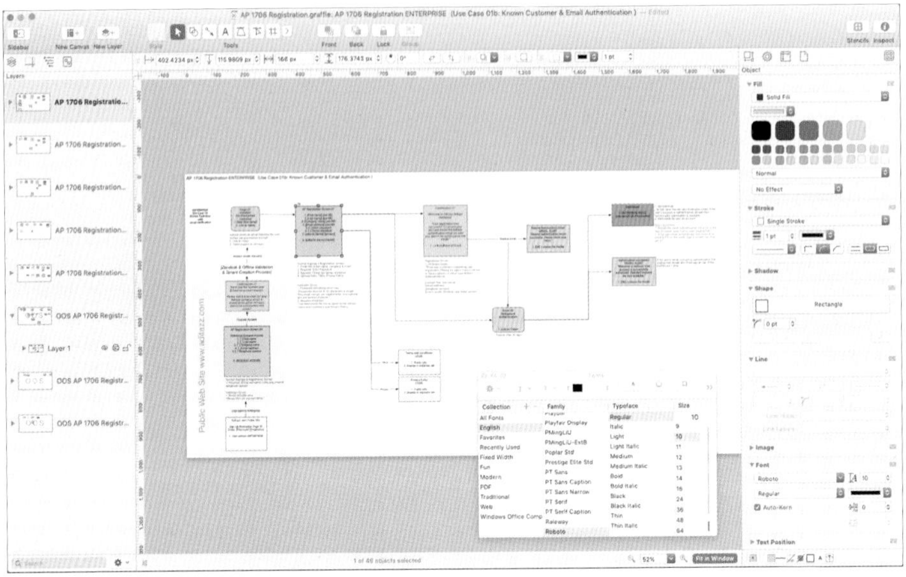

그림 2-38 옴니그래플

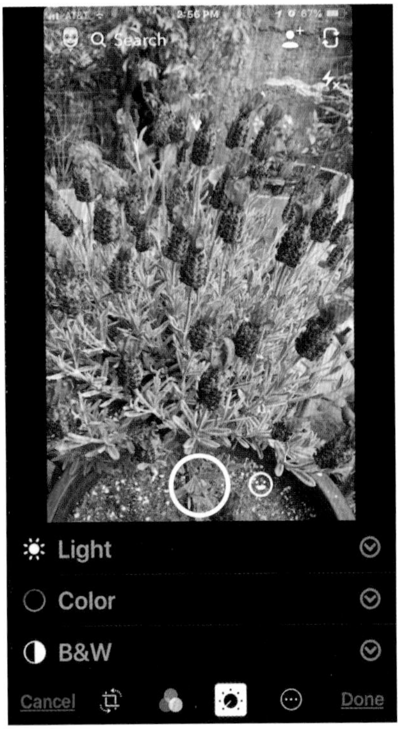

그림 2-39
iOS 사진 앱

07 마법사(Wizard)

WHAT 정의하기

미리 정해진 순서에 따라 단계별로 태스크를 진행하도록 사용자를 안내하는 기능 또는 컴포넌트다.

WHEN 언제 사용하면 좋을까?

소프트웨어 패키지를 설치하는 것처럼 길고 복잡하고, 사용자에게 익숙하지 않은 태스크, 즉 자주 수행하지 않고 굳이 세부적으로 제어할 필요 없는 인터페이스를 디자인할 때 사용하라. UI 디자이너가 사용자보다 태스크를 완료하는 방법을 잘 아는 게 확실할 때 활용한다. 이런 접근 방식은 다양한 선택지가 발생하는 작업에 알맞다. 사용자가 내리는 결정이 후속 선택지에 영향을 주거나 길고 지루한 태스크에 잘 맞는다.

여기서 사용자가 주도권을 넘길 용의가 있어야 한다는 점에 주목하라. 작업의 종류와 시기에 대한 결정권 말이다. 많은 경우 이는 전혀 문제가 되지 않는다. 결정을 한다는 것은 작업을 수행하는 사람에게 마음의 짐이 되기 때문이다. 사용자들은 '고민하게 하지 말고 다음 단계에서 뭘 해야 할지 말해 줘.'라고 생각한다. 처음 간 공항에서 헤맨 경험을 떠올려 보라. 공항의 전체 구조를 파악하는 것보다 표지판을 차례로 따라가는 게 더 쉽다. 표지판만 따라가서는 공항의 전체 설계를 파악할 수는 없겠지만, 이를 몰라도 별 상관없다.

이와 반대로 다른 맥락에서 역효과를 낼 수도 있다. 숙련된 사용자에게 마법사는 종종 융통성 없고 제한이 많게 느껴진다. 특히 글쓰기, 예술 창작, 코딩처럼 창조적인 작업을 지원하는 소프트웨어일 경우 더욱 그렇다. 또한 실제로 소프트웨어를 제대로 배우고 싶어 하는 사용자들도 불만을 느낄 수 있다. 마법사는 사용자의 액션으로 앱에서 어떤 일이 일어나고, 사용자가 선택했을 때 애플리케이션에서 어떤 상태가 변화하는 것인지 설명해 주지 않는다. 어떤 사용자는 이런 상황에 무척 화를 내기도 한다.

WHY 어떤 효과가 있을까?

분할해서 정복한다. 태스크를 여러 덩어리로 나누면, 사용자는 각 덩어리를 개별적인 '정신 공간'에서 처리할 수 있다. 태스크를 단순화하는 것이다. 마법사는 태스크를 따라가는 표지판을 미리 만들어 사용자의 수고를 덜어 준다. 사용자는 전체 구조를 이해할 필요 없이, 지시사항에 따라 매 단계를 차례로 처리한다.

그러나 마법사가 필요하다는 것 자체만으로 그 태스크는 이미 너무 복잡하다는 것을 뜻한다. 짧은 폼이나 버튼 몇 개로 완료할 정도로 작업을 단순화할 수 있다면, 그게 더 나은 해결책이다. 마법사는 사용자를 가르치려 드는 것처럼 느껴질 수 있다는 점에 유의하라.

HOW 어떻게 활용할까?

태스크를 덩어리로 쪼개기 태스크를 이루는 작업을 일련의 덩어리 또는 하위 그룹으로 나누어라. 하위 그룹을 정해진 순서에 따라 보여 줘야 하는 경우도 있고 그렇지 않을 때도 있다. 태스크를 작은 단계로 쪼개면 편리할 때가 많다.

온라인 구매 태스크는 제품을 선택하는 화면, 지불 정보, 배송 주소 등을 입력하는 화면으로 쪼갤 수 있다. 보여 주는 순서는 크게 중요하지 않다. 후속 선택지가 처음에 사용자가 선택한 값에 영향을 받지 않기 때문이다. 연관 선택지를 옆에 두면 폼을 작성하는 과정이 더욱 간편해진다.

태스크를 선택 분기점에서 쪼개서, 사용자가 선택하는 값에 따라 이어지는 단계가 바뀌게 만들 수도 있다. 예를 들어, 소프트웨어 설치 마법사에서 사용자는 사용자 정의 패키지를 선택해서 여러 옵션을 스스로 선택할 수 있다. 그렇지 않으면, 기본 패키지를 설치하여 선택하는 단계를 건너뛸 수도 있다. 동적인 UI는 이처럼 분기점이 있는 태스크에 적합하다. 사용자는 본인 선택과 무관한 것을 볼 필요가 전혀 없기 때문이다.

어떤 경우든지, 이런 종류의 UI를 설계할 때 가장 어려운 점은 덩어리의 크기와 개수 사이에서 균형을 맞추는 것이다. 극단적으로 마법사가 2단계만 있으면 수준이 낮아 보이고, 반대로 15단계나 밟아야 하면 지루하다. 또한 각 덩어리가 지나치게 커지면 안 된다. 그렇게 되면 마법사 패턴의 장점을 잃기 때문이다.

물리적 구조 마법사는 한 페이지에서 하나의 단계만 보여 준다. '뒤로 가기' 버튼, '다음' 버튼으로 이동하는데, 이 패턴에서 가장 흔히 사용하는 명확한 내비게이션 방식이다. 하지만 이게 언제나 정답은 아니다. 각 단계가 전체 맥락을 볼 수 없는 고립된 UI 공간이 되기 때문이다. 사용자는 이전에 무엇이 있었고 다음에 무엇이 올지 볼 수 없다. 그럼에도 마법사 패턴의 강점은 한 페이지를 하나의 단계에 온전히 투자할 수 있다는 것이다. 삽화나 설명을 넣기도 한다.

마법사를 쓴다면 사용자가 태스크를 수행할 때 앞뒤로 이동할 수 있게 해라. 사용자가 전 단계로 가거나, 이전 선택을 수정할 수 있는 수단을 제공해라. 추가로 많은 인터페이스에서 **2분할 패널**을 활용해서 선택 가능한 지도 또는 전체 단계 리스트를 보여 준다. 사용자가 임의로 단계를 선택할 수 있는 **2분할 패널** 패턴에 반해, 마법사는 비록 단순한 제안이라 할지라도, 미리 정해진 순서를 제공한다.

만약 전체 단계를 하나의 페이지에서 보여 주기로 했다면, 4장에 있는 다양한 패턴 중 하나를 활용할 수 있다.

- 숫자 타이틀을 강조한 **제목을 붙인 섹션**: 경로가 복잡하게 갈라지지 않는 태스크에 유용한데, 모든 단계를 한눈에 볼 수 있기 때문이다.
- 반응형 활성화: 모든 단계는 한 페이지에 존재하지만, 사용자가 이전 단계를 완료해야 다음 단계가 활성화된다.
- 단계적 정보 공개: 사용자는 이전 단계를 완료해야 다음 단계를 볼 수 있다. 짧은 마법사를 가장 우아하게 실현하는 방법이다. 동적이고, 심플하고, 사용하기 편리하다.

적절한 기본값과 지능형 사전 입력(10장)은 단계를 어떤 방식으로 구성하든지 유용하다. 사용자가 기꺼이 여러분에게 주도권을 넘기고자 한다면, 본인이 신경 쓰지 않는 결정사항에 대해서는 합리적인 디폴트값을 선호할 가능성이 높다. 소프트웨어를 설치하는 위치처럼 말이다.

EXAMPLES 예시

마이크로소프트 오피스Microsoft Office의 디자이너들은 마법사를 많이 없앴지만, 합리적인 이유로 남겨 둔 것도 일부 있다. 엑셀에서 데이터를 불러오는 일은

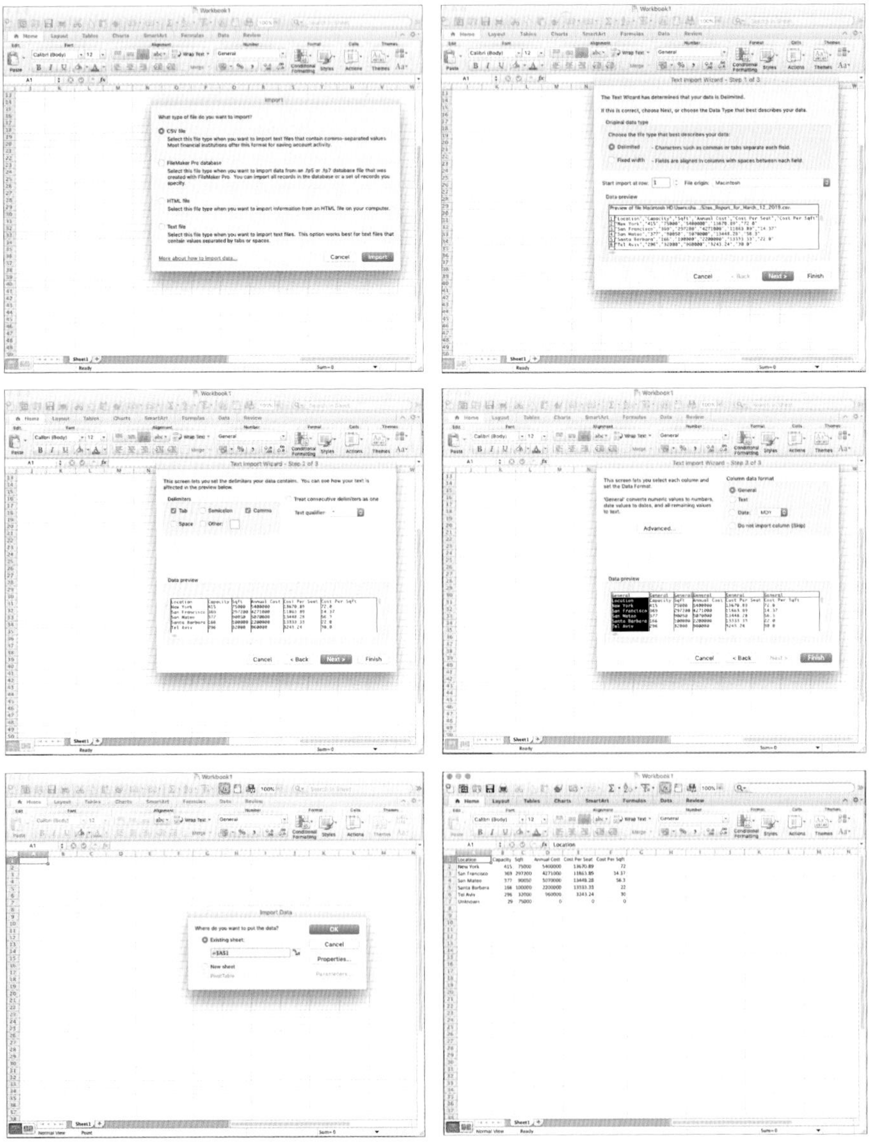

그림 2-40 마이크로소프트 엑셀의 불러오기 마법사

일반적인 사용자에게 생소한 태스크다. 불러오기 마법사(그림 2-40)는 사용자에게 불러오기 과정을 단계별로 안내하는 구식의 전통적인 애플리케이션 마법사다. '뒤로 가기'와 '다음' 버튼을 사용하고, 사용자의 선택에 따라 결과가 달라지는데, 전체를 보여 주는 지도는 없지만 잘 작동한다. 사용자는 다음 화면에 무엇이 나올지 걱정하지 않고, 당장 눈앞의 단계에 집중할 수 있다.

08 설정 편집기(Settings Editor)

WHAT 정의하기

사용자가 쉽게 찾아가 설정과 속성을 변경할 수 있는 독립된 페이지 또는 창이다. 설정 항목이 많다면, 별도의 탭이나 페이지로 분리하라.

WHEN 언제 사용하면 좋을까?

다음 애플리케이션이나 도구를 디자인할 때 활용하면 좋다.

- 전체 환경 설정이 있는 애플리케이션
- 시스템 전반에 적용되는 설정이 있는 운영체제, 모바일 기기 또는 플랫폼
- 로그인해서 쓰는 웹사이트나 앱에서 사용자가 계정과 프로필을 편집해야 하는 경우
- 문서나 다른 복잡한 제품을 만드는 개방형 툴에서 문서의 속성이나 문서 내 오브젝트 또는 다른 항목을 바꿔야 할 때
- 온라인에서 원하는 대로 제품을 구현해 볼 수 있는 컨피규레이터

WHY 어떤 효과가 있을까?

설정 편집기와 마법사, 둘 다 폼을 사용한다는 공통점이 있다. 하지만 설정 편집기에는 특별한 요구사항이 있다. 사용자가 정해진 단계를 강요받지 않고 필요한 속성을 찾거나 편집할 수 있어야 한다는 점이다. 따라서 사용자가 원하면 언제라도 설정 편집기를 실행할 수 있어야 한다.

직관적으로 이해할 수 있는 카테고리로 속성 항목을 묶고, 적절한 레이블을 붙여라. 그렇게 해야 사용자가 원하는 속성을 찾기 쉽다.

설정 편집기를 디자인할 때 잊지 말아야 할 점은 사람들이 설정을 바꿀 때만

이를 쓰는 게 아니라 현재 상태를 확인하는 용도로도 쓴다는 점이다. 그러므로 현재 설정값이 한눈에 들어와야 한다.

숙련된 사용자가 예상하는 설정 편집기, 계정 설정, 사용자 프로필의 위치와 작동 방식이 있다. 이를 깨는 것은 위험하다.

HOW 어떻게 활용할까?

먼저, 발견하기 쉬워야 한다. 모바일이든, 데스크톱이든, 전체 환경 설정이 있을 법한 일반적인 위치가 있다. 널리 사용되는 관행을 따르고, 지나치게 꾀를 부리지 말라. 로그인을 거치는 웹사이트에서 계정 설정과 프로필로 이동하는 링크는 주로 우측 또는 좌측 상단에 있다.

두 번째, 여러 속성을 페이지로 묶고, 해당 페이지 내용을 예측할 수 있게 제목을 붙여라(모든 속성 및 설정을 한 페이지에 넣을 수 있는 경우도 있지만, 자주 있는 일은 아니다). 실제 타깃 사용자 대상으로 카드 소팅card-sorting[12]을 해서, 카테고리와 카테고리 명을 고안할 수도 있다. 속성이 너무 많으면 3, 4단계의 위계가 생길 수도 있지만, 자주 쓰는 속성을 설정하려고 53번이나 클릭해야 하는 일이 없도록 조심하라.

세 번째, 페이지를 어떻게 보여 줄지 결정해라. 설정 편집기를 디자인할 때 가장 흔한 레이아웃은 탭, **2분할 패널**, **단일 화면 상세 진입**을 쓰고 상단에 광범위한 페이지 '메뉴'를 달아 놓은 형태다. 폼 디자인은 내용이 많아 하나의 장을 할애해야 한다. 10장에서 폼을 활용하는 패턴과 기법을 자세히 다룬다.

마지막으로, 사용자가 바꾼 설정을 묻지 않고 즉시 적용해야 할까? 수정사항을 저장하거나 취소하는 버튼을 제공해야 할까? 이는 어떤 설정인지에 따라 달라진다. 플랫폼 전반에 적용되는 설정은 사용자가 바꾸면 곧바로 실행되는 게 좋다. 웹사이트 설정은 대부분 저장 버튼을 사용하는데, 애플리케이션 설정은 둘 다 가능하다. 이는 중대한 사용성 문제를 야기하는 이슈는 아니다. 따라

12 (옮긴이) 카드 소팅(card-sorting)이란 사용자가 제품의 정보 구조를 어떻게 인식하는지, 사용자에게 준비된 카드를 그룹으로 묶어 표현하도록 하는 조사 방법을 뜻한다. 사용자는 비슷한 카드를 묶어 해당 그룹을 대표하는 이름을 붙인다. 이를 통해 제품에 관한 사용자의 멘탈 모델을 알 수 있다. 카드 소팅에는 참가자가 그룹 이름을 직접 붙이는 열린 카드 소팅과 미리 그룹 이름을 만들어 두고 참가자가 적절한 그룹에 배치하도록 하는 닫힌 카드 소팅이 있다.

서 관례가 있다면 그것을 따르거나, 기반 기술에 적합한 방식을 고민하라. 여전히 결정이 어렵다면 사용자에게 테스트해라.

EXAMPLES 예시

구글(그림 2-41)과 페이스북(그림 2-42), 둘 다 계정 편집 페이지를 탭으로 보여 준다. 아마존은 계정과 관련된 모든 정보를 '나의 계정'이라는 하나의 링크로 관리한다. 나의 계정 메뉴 페이지에 주문 정보, 신용카드 관리, 디지털 콘텐츠, 심지어 커뮤니티와 위시 리스트까지 들어 있다. 페이지는 깨끗하고 잘 정돈되어 있다. 사용자는 아마존과 관련된 내 정보가 궁금하면 나의 계정 페이지로 가서 찾아볼 것이다.

구글, 페이스북, 아마존 모두 서비스와 관련된 설정, 선호도, 구성 관리 이슈가 많다. 고객은 가끔 반드시 설정에 들어가서 설정 값을 검토하거나 수정해야 한다. 세 회사 전부 설정과 선호도를 카테고리로 구분하는 강력한 조직화 시스템을 선택했다. 구글과 페이스북은 탭을 사용해서 설정을 주요 카테고리로 구

그림 2-41
구글

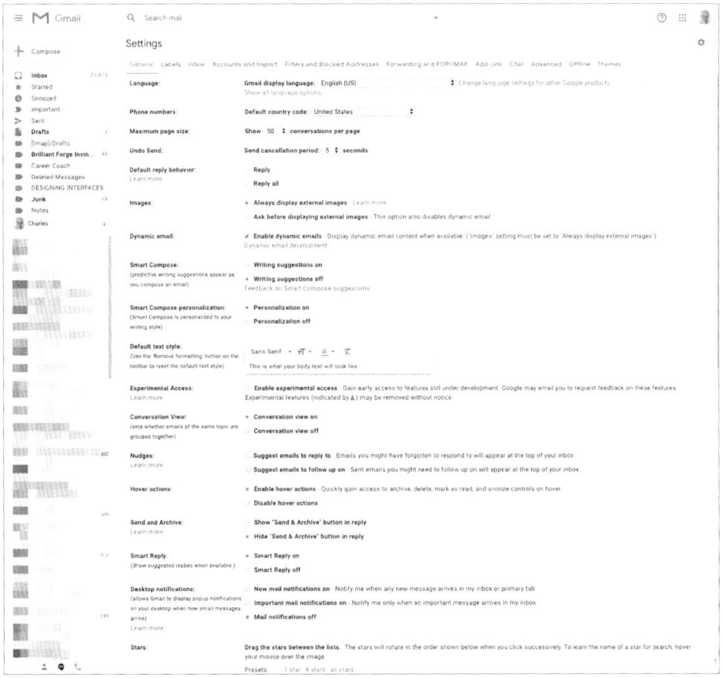

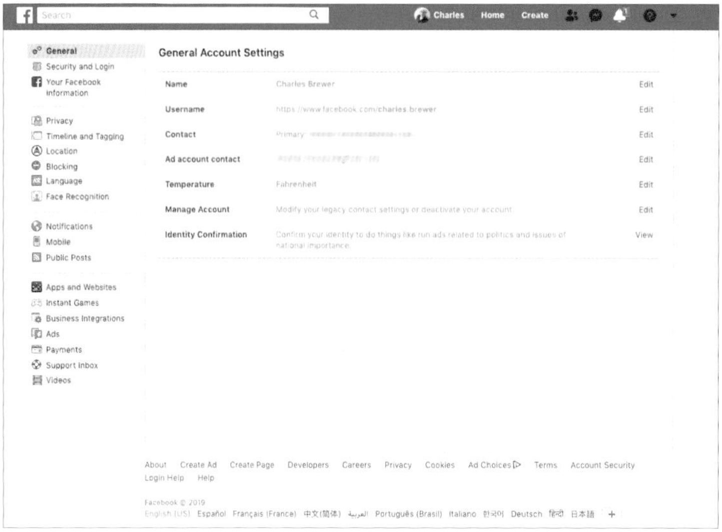

그림 2-42
페이스북

분하고, 각 화면은 차례대로 제목과 컨트롤 그룹으로 구성했는데, 직관적으로 이해되며 쉽게 접근할 수 있다.

아마존은 자주 사용하는 설정과 구성 관리를 설정 화면 상단에 배치하고, 거대한 버튼으로 눈에 띄게 만들었다. 하나를 선택하면 사용자는 해당 설정 카테고리로 들어갈 수 있다. 하단에 카드 그리드가 있는데, 각각은 설정의 카테고리 명으로 레이블링되어 있고, 하위 카테고리로 가는 링크 목록을 보여 준다.

세 회사 모두 강력한 정보 구조와 내비게이션을 사용해서 플랫폼의 복잡한 부분을 이해할 수 있는 구조를 설계했다. 비록 쉬운 일은 아니지만 사용자는 궁극적으로 자신이 찾던 설정을 발견하고 변경할 수 있다.

아마존(그림 2-43)은 엄청나게 많은 수의 속성을 제공해 페이지 위계가 깊다. 그럼에도 디자이너들은 이로 인해 발생하는 문제를 일부 완화했다. 예를 들면 상위 위계의 페이지에서 바로 가기 목록을 보여 준다. 아마 사용자들이 자주 찾는 항목일 것이다. 또한 검색 상자를 상단에 두었으며, 사용자가 찾는 항목이 어떤 카테고리에 속하는지 알려 주는 리스트를 사용한다.

애플의 모바일 운영체제인 iOS에는 설정 항목이 많다(그림 2-44). 일부는 전체 디바이스용이고, 일부는 아이폰에 다운받은 개별 앱용이다. 애플은 한방향으로 스크롤하는 리스트를 선택했다. 목록 제일 윗부분에 가장 중요하고 자주 사용하는 설정이 있다. 내용을 찾고 선택을 돕기 위해 항목을 그룹핑했다.

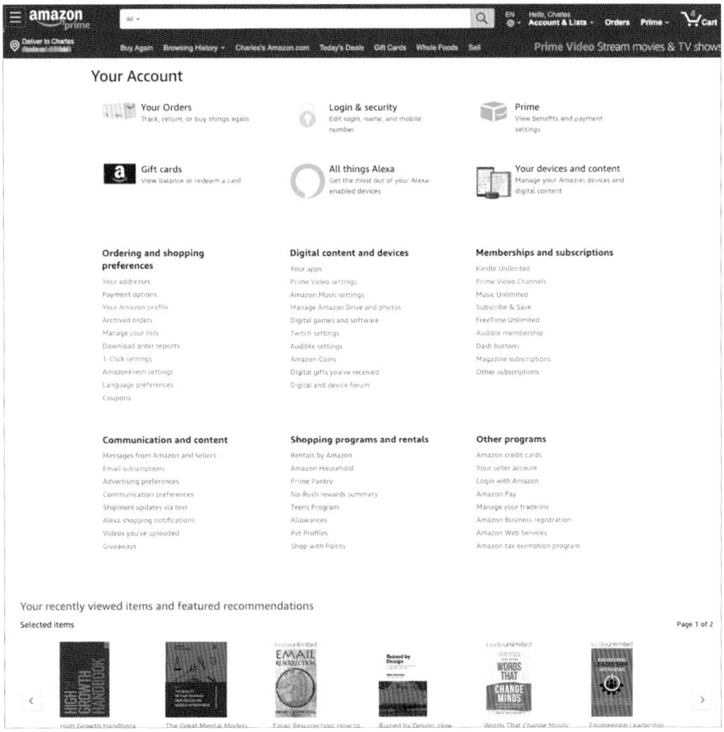

그림 2-43 아마존

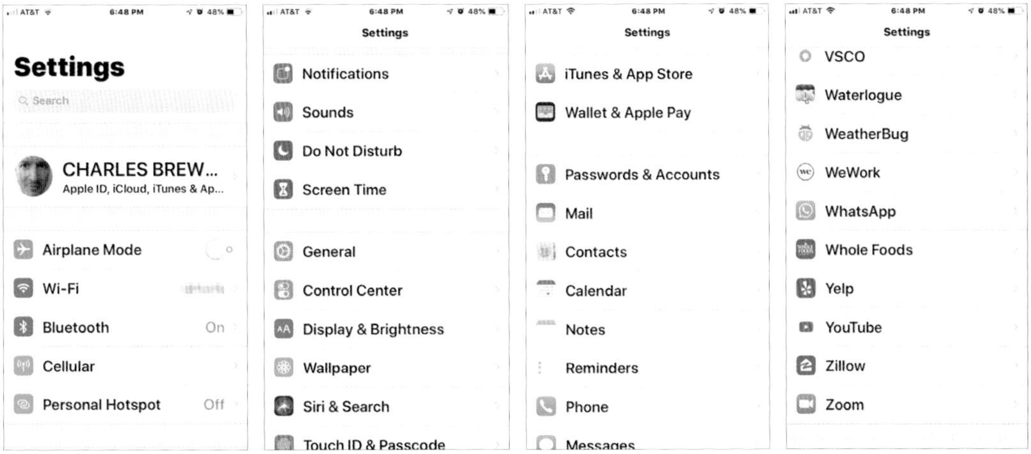

그림 2-44 iOS 설정 항목

애플의 데스크톱 운영체제인 맥 OS의 경우, 시스템 설정에 카테고리 패널 방식을 택했다(그림 2-45). 영역을 구분하고, 아이콘과 레이블을 사용했다. 사용자는 직관적으로 카테고리를 이해하고, 원하는 설정을 선택할 수 있다.

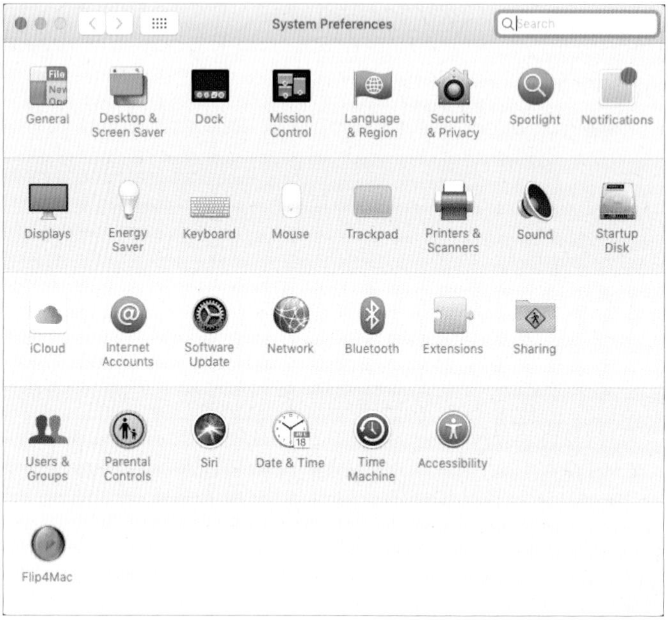

그림 2-45
맥 OS 시스템 환경 설정

09 다양한 보기 모드(Alternative Views)

WHAT 정의하기

동일한 정보를 여러 방식으로 시각화하여 나타내는 두 가지 이상의 보기 모드를 말한다.

WHEN 언제 사용하면 좋을까?

문서, 리스트, 웹사이트, 지도 등 정보가 많은 콘텐츠를 보여 주거나 편집하는 도구에서 사용하라. 복잡한 콘텐츠라면 여러 디자인 요구사항이 서로 충돌할 수 있다. 예를 들어 A 기능 세트와 B 기능 세트를 동시에 노출할 수 없는 상황이라면 두 가지 방식을 개별적으로 디자인하여 사용자로 하여금 하나를 선택하도록 해야 한다.

WHY 어떤 효과가 있을까?

하나의 디자인에 모든 사용 시나리오를 담을 수 없는 경우가 있다. 웹사이트에서 프린트할 때를 생각해 보자. 웹사이트를 화면으로 볼 때와 프린트할 때 각각 필요한 정보 요구사항이 다르다. 가령 프린트할 때는 웹사이트에 있던 내비게이션과 인터랙티브 장치를 제거해야 하고, 남아 있는 콘텐츠를 프린트 종이 규격에 맞게 구성해야 한다.

다양한 보기 모드를 사용해야 하는 몇 가지 상황을 살펴보자.

- 사용자가 특수한 애플리케이션의 속도, 시각적 스타일, 특정 요소를 선호하는 경우
- 사용자가 통찰력을 얻기 위해 잠시 다른 관점으로 데이터를 봐야 하는 경우. 지도를 사용할 때 '길 찾기'와 '지형 정보 뷰'를 전환하며 보는 사람을 생각해 보라.
- 발표용 슬라이드나 웹사이트를 편집할 때는, 문서 편집용 뷰로 작업한다. 편집용 뷰에서는 편집을 도와주는 핸들handle[13], 투명한 콘텐츠를 표시하는 눈금, 레이아웃 안내선, 발표용 노트를 볼 수 있다. 하지만 작업 중간중간에 최종 결과물이 어떻게 보일지 확인하고 싶을 것이다.

HOW 어떻게 활용할까?

애플리케이션이나 웹사이트의 일반 보기 모드만으로 다룰 수 없는 사용 시나리오를 몇 가지 선정하라. 이를 위해 특수한 보기 모드를 디자인하고, 같은 창이나 화면에서 새로운 보기 모드를 대안으로 선택할 수 있게 하라.

새로운 뷰에서는 일부 정보를 가감할 수 있지만, 중심이 되는 콘텐츠는 거의 동일해야 한다. 뷰를 바꾸는 일반적인 방법은 목록 렌더링을 바꾸는 것이다. 예를 들면, 윈도우와 맥 운영체제, 둘 다 파일 탐색기에서 사용자가 목록 뷰, 섬네일 그리드 뷰, 트리 테이블 뷰, 캐러셀 뷰를 바꿔 가며 볼 수 있다.

13 (옮긴이) 핸들(handle)이란 이미지 같은 편집 대상을 선택했을 때 사이즈를 조절하거나 자를 수 있도록 각 모서리에 나타나는 표시점(주로 십자 표시)을 뜻한다. 조절 핸들을 마우스로 드래그하면 원하는 사이즈로 이미지를 편집할 수 있다.

만약 프린터나 스크린 리더기에서 사용하기 위해 인터페이스를 고쳐야 한다면, 부가적인 콘텐츠를 제거하거나, 이미지를 줄이고 없애거나, 기본을 제외한 내비게이션을 빼는 방안을 고려해 보라.

메인 인터페이스에 모드 전환을 위한 '스위치'를 두어라. 눈에 띌 필요는 없다. 파워포인트와 워드에서 모드 전환 버튼은 좌측 하단 구석에 있다. 잘 보이지 않는 위치다. 많은 애플리케이션은 아이콘으로 다른 뷰를 표현한다. 다시 디폴트 뷰로 쉽게 돌아올 수 있어야 한다.

사용자가 뷰를 전환할 때, 애플리케이션의 현재 상태를 모두 보존하라. 뷰를 전환했다고 해서 사용자가 선택했던 항목, 문서에서 사용자의 위치, 저장하지 않은 수정 항목, 취소하거나 다시 실행한 작업이 사라지면 사용자가 놀랄 것이기 때문이다.

애플리케이션은 종종 사용자를 '기억하여' 지난번에 선택한 뷰를 불러온다. 사용자가 앱을 쓰다가 다른 뷰로 전환하면, 애플리케이션은 해당 뷰를 다음번 구동 시 디폴트 뷰로 보여 줄 것이다. 웹사이트는 쿠키를 이용하고, 데스크톱 애플리케이션은 사용자별 선호를 저장한다. 모바일 앱은 사용자가 지난번에 어떤 뷰를 썼는지 간단히 기억할 수 있다. 웹페이지에는 다양한 보기 모드를 새로운 CSSCascading Style Sheets 페이지로 실행하는 옵션이 있다. 이 방식을 사용해서 일반 페이지와 인쇄용 페이지를 전환하는 웹사이트도 많다.

EXAMPLES 예시

서로 다른 '보기 모드' 또는 다른 데이터 뷰를 효과적으로 활용하는 다음 사례를 보자. 두 예시 모두 같은 패턴을 따른다. 첫 번째 뷰에서는 검색 결과를 지도에 표시하는데, 공간적이고 지형적인 표기법을 사용한다. 두 번째 뷰에서는 동일한 검색 결과를 목록으로 표현하는데, 정렬과 필터링이 더 쉽다는 장점이 있다. 첫 번째 뷰는 검색 결과 개요와 지역적 맥락(내 위치 기반)을 보여 주고, 두 번째 뷰는 개별 항목에 관한 세부정보를 다룬다.

지역 비즈니스 플랫폼, 옐프Yelp가 첫 번째 사례다. 옐프 iOS 앱(그림 2-46)은 앞에서 언급한 두 가지 뷰를 제공한다. 검색하는 사람은 작은 화면에서 토글toggle[14] 버튼으로 뷰를 전환해야 한다.

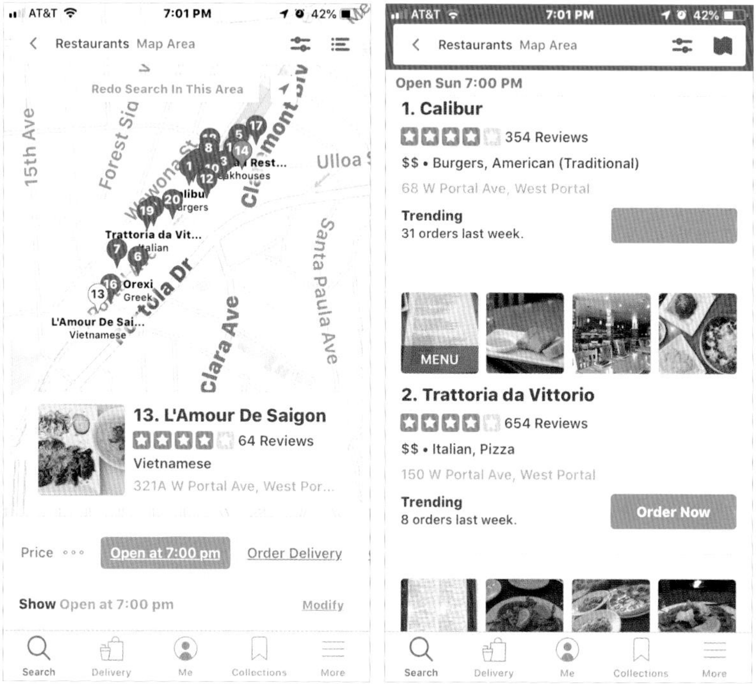

그림 2-46 옐프 iOS 앱 지도와 목록 화면

옐프 데스크톱 앱(그림 2-47)에는 지도와 리스트 뷰를 동시에 보여 줄 공간이 충분하다. 동시에 2가지 뷰를 제공하기 때문에 사용자는 더욱 활발하게 인터페이스를 탐험하고 인터랙션을 배울 수 있다. 가령 리스트와 지도에서 동일한 장소를 강조해 주는 것이다.

14 (옮긴이) 토글(toggle)은 두 가지 상태를 가지고 있는 버튼이다. 오로지 두 가지 선택지만 있는 상황에서 토글 버튼을 한 번 누르면 하나의 값이 되고, 다시 누르면 다른 값으로 설정된다. 저자가 언급한 옐프 앱에서는 기본값으로 지도 뷰가 설정되어 있는 상태에서 토글 버튼을 한 번 누르면 리스트 뷰로 전환되고, 다시 누르면 리스트 뷰가 해제되면서 지도 뷰로 바뀐다.

그림 2-47
옐프 데스크톱 앱. 지도와 목록이 결합된 화면

부동산 플랫폼인 질로우Zillow도 유사한 디자인이다. iOS에서 질로우(그림 2-48)는 검색 결과를 지도 뷰와 리스트 뷰, 2가지로 보여 준다. 사용자는 토글 버튼으로 뷰를 전환한다. 질로우 데스크톱 앱(그림 2-49)에서 집을 구하는 사람은 2가지 모드를 동시에 옆에 두고 볼 수 있다. 리스트 뷰에서 부동산의 사진을 보여 주는 점에 주목하라. 방대한 선택지를 빠르게 볼 수 있도록 함으로써 사용자가 가장 매력적이라고 생각되는 집을 찾도록 도와준다.

그림 2-48
질로우 iOS 앱 지도와
목록 화면

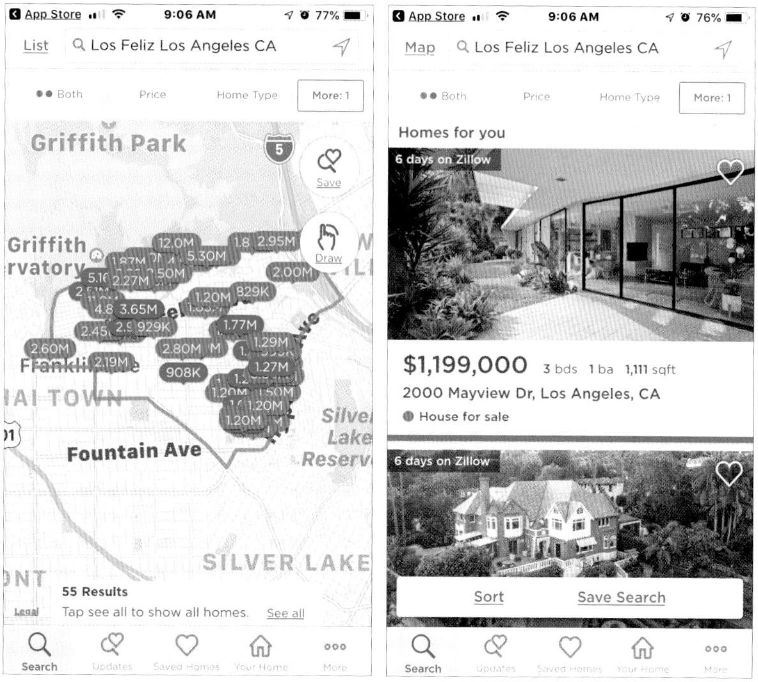

그림 2-49
질로우 데스크톱 앱.
지도와 목록이
결합된 화면

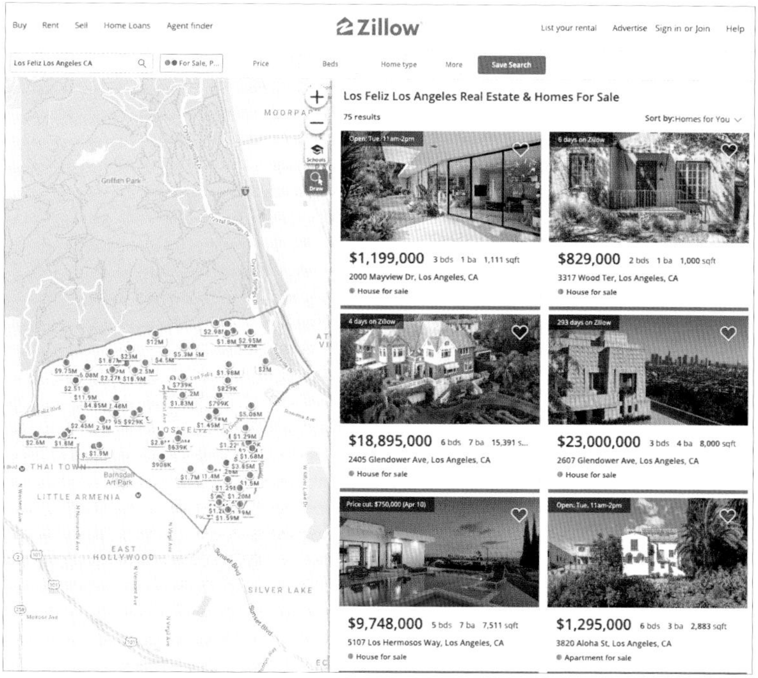

그래픽 편집기, 애플 키노트Apple Keynote(그림 2-50)와 어도비 일러스트레이터 Adobe Illustrator(그림 2-51)는 작업하는 대상을 여러 뷰로 보여 준다. 키노트 슬라이드 편집 뷰에서 사용자는 주로 한 번에 하나의 슬라이드를 편집하면서 슬라이드 노트를 동시에 본다. 하지만 가끔 모든 슬라이드를 늘어놓고 봐야 할 때도 있다. 세 번째 뷰는 여기 없는데, 키노트가 전체 화면으로 전환돼 실제 슬라이드 쇼를 재생해 주는 뷰이다.

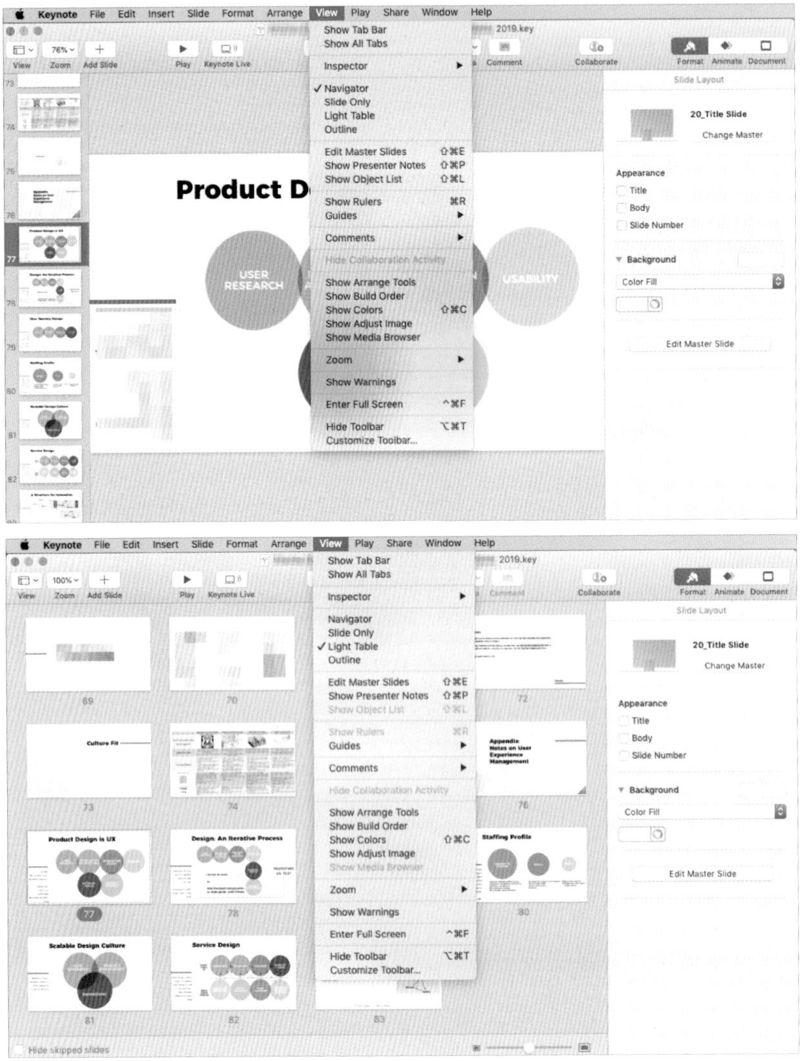

그림 2-50 키노트의 슬라이드 편집 뷰와 리스트 뷰

어도비 일러스트레이터는 문서에 있는 그래픽의 아웃라인outline 뷰를 보여 준다. 복잡하고 레이어가 많은 요소를 작업할 때 유용하다. 또 일반적인, 아트워크 전체를 렌더링한 뷰를 보여 준다. 이 모드는 분명 개발적 요인 때문에 존재한다. 개요 뷰는 컴퓨터 프로세서의 부담을 덜어 작동 속도를 상당히 빠르게 한다.

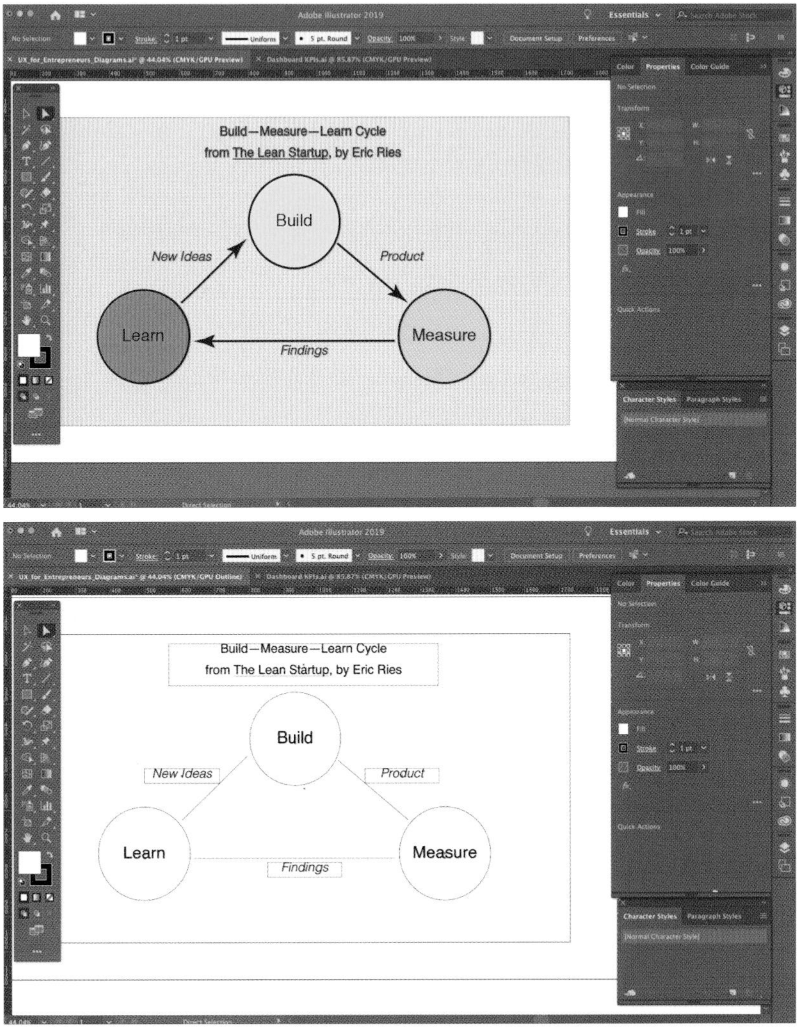

그림 2-51 일러스트레이터의 렌더링 뷰와 아웃라인 뷰

10 작업 공간 나누기(Many Workspaces)

WHAT 정의하기

사용자가 동시에 여러 페이지나 프로젝트, 파일, 상황을 볼 수 있게 해주는 인터페이스를 뜻한다. 이는 여러 상위 위계의 탭, 탭 그룹, 스트림과 피드, 패널, 창으로 구성될 수 있다. 사용자에게 여러 작업 공간을 나란히 두고 보는 옵션을 제공하기도 한다.

WHEN 언제 사용하면 좋을까?

콘텐츠를 보고 편집하는 애플리케이션을 만들 때 사용한다. 여기서 지칭하는 콘텐츠는 웹사이트, 문서, 이미지 또는 다수 파일이 포함된 프로젝트 전체를 의미한다. 서로 다른 뷰나 태스크 모드를 동시에 사용하고 싶을 때 이 패턴을 쓰는 경우가 많다. 예를 들어, 사람들은 웹 브라우저에 탭을 여러 개 열어 두고 다양한 웹사이트를 비교하면서 보고 싶어 한다. 애플리케이션 개발자나 미디어 창작자는 편집창에서 코드나 컨트롤을 조정하면서 동시에 결과가 제대로 나오는지 확인해야 한다. 그 결과물이 변환되서 실행되는 코드든, 렌더링한 미디어 개체든 간에 말이다.

평범한 웹사이트를 디자인한다면 보통 이 패턴을 고려할 필요가 없다. 주요 브라우저 대부분이 탭과 브라우저 창으로 이 패턴을 잘 실현하고 있기 때문이다. 마이크로소프트나 구글의 스프레드시트 애플리케이션은 작업 공간을 탭으로 구분해서 복잡한 워크북workbook을 개별 시트로 분리한다.

마찬가지로 개인 뉴스 스트림을 중심으로 하는 애플리케이션도 많은 작업 공간이 필요하지 않을 가능성이 높다. 이메일, 개인 페이스북 페이지 등은 계정 사용자에게만 의미 있는 하나의 뉴스 스트림을 보여 준다. 창이 많다고 편의성이 증가하지는 않는다. 그럼에도 이메일 웹사이트는 종종 사용자가 여러 이메일을 개별 창에서 열 수 있도록 한다. 일부 트위터 애플리케이션에서는 다르게 필터링된 스트림을 나란히 볼 수 있다. 예를 들면, 검색 기반의 피드, 맞춤형 리스트에서 만들어진 피드, 인기 있는 리트윗 피드를 각각 보여 준다(그림 2-52의 트윗덱 사례를 보라).

WHY 어떤 효과가 있을까?

가끔 하나의 프로젝트나 파일에서 서로 다른 태스크를 빠르게 전환해 가며 사용해야 하는 경우에 쓴다. 또는 수많은 실시간 피드에서 일어나는 활동을 모니터링해야 할 때 선택한다.

사람들은 보통 멀티 태스킹을 한다. 옆길로 새기도 하고, 꼬리를 물고 이어지는 생각을 중단하거나, A 작업을 하다 B 작업으로 바꾸기도 하고, 마지막에는 원래 하던 작업으로 돌아오기도 한다. 따라서 멀티태스킹을 위한 인터페이스를 디자인해 사용자를 보조해야 한다.

사람들은 2개 이상의 항목을 나란히 비교해 보면서, 통찰력을 얻고 학습할 수 있다. 한 가지 항목에서 다른 하나로 힘들게 바꿀 필요 없이 페이지나 문서 여럿을 나란히 두고 끌어서 볼 수 있도록 해라.

이 패턴은 1장의 패턴 일부를 직접 지원한다. **미래 계획 기억**(사용자는 완료하지 못한 작업을 스스로에게 상기시키기 위해 창을 열어 놓고 나갈 수 있다.) 그리고 **안전한 탐색**(기존 작업을 두고 새로 작업 공간을 여는 데 비용이 들지 않는다.) 말이다.

HOW 어떻게 활용할까?

다중 작업 공간을 보여 줄 수 있는 하나 이상의 방법을 찾아라. 대중적인 애플리케이션은 다음 방법을 자주 사용한다.

- 탭
- 개별 운영체제 창
- 창 안의 열이나 패널
- 창 분할(분할 선을 사용자가 조정할 수 있다)

여러분이 작업 공간에서 텍스트나 목록, **스트림과 피드** 같은 비교적 간단한 콘텐츠를 다룬다면, 창이나 패널 분할이 적합하다. 복잡한 콘텐츠는 사용자가 큰 영역을 한눈에 볼 수 있도록 전체 탭 페이지나 전체 창이 필요하다.

가장 까다로운 경우 중 하나는 코딩 프로젝트를 위한 개발 환경이다. 프로젝트를 열었을 때 사용자는 여러 코드 파일, 스타일 시트, 컴파일러와 다른 툴이 작동하는 명령어 창, 결과물이나 로그 파일, 비주얼 편집기를 보고 있을 것이다. 이는 수많은 창과 패널이 동시에 열린다는 의미다.

사용자가 크롬Chrome과 같은 웹 브라우저를 닫을 때, 작업 공간 세트(탭과 창에 열려 있던 모든 웹페이지)를 나중에 사용할 수 있게 자동 저장할 수 있다. 사용자가 브라우저를 다시 시작하면 전에 열었던 웹페이지의 전체 세트가 이전 상태로 복구된다. 이는 특히 브라우저나 디바이스가 오류로 멈췄을 때 유용하다. 사용자를 배려해서 이 기능을 넣는 것을 고려해 보라.

EXAMPLES 예시

트윗덱(그림 2-52)과 훗스위트Hootsuite(그림 2-53), 모두 멀티패널 또는 멀티스트림으로 소셜 미디어 피드를 관리한다.

트윗덱은 여러 스트림을 동시에 보여 주는 **스트림과 피드** 타입 애플리케이션이다. 여러 스트림이라 하면 필터링된 트위터 피드, 트위터 이외의 소스에서 오는 피드 등이다. 그림 2-52는 전형적인 트윗덱 열을 여럿 보여 준다. 이렇게 모든 업데이트를 한눈에 볼 수 있게 뉴스 스트림을 잘 활용하고 있다. 만약 이 열들이 다른 탭이나 창에 있었다면, 사용자는 한 화면에서 모든 업데이트 항목을 동시에 볼 수 없을 것이다.

트윗덱은 다중 스트림 방식을 기본으로 한다. 그림 2-52에서 사용자는 자신의 메인 피드, 알림, 메시지를 동시에 볼 수 있다. 다른 앱에서는 보통 각 항목이 여러 내비게이션 탭 안에 숨어 있어, 한 번에 한 개씩만 볼 수 있다. 네 번째 패널이 트위터가 큐레이팅한 인기 해시태그 목록을 표시한다는 점에 주목하라. 또한 여러 피드 패널을 동시에 열 수 있어 다른 트위터 계정을 함께 모니터링할 때 편리하다.

훗스위트는 소셜 미디어 게시물 관리 플랫폼이다. 다양한 소셜 미디어 계정을 한곳에서 관리하고 여러 소셜 미디어의 톤을 맞추려는 개인이나 기업, 발행자에게 쓸모 있다. 소셜 미디어 생태계에서 새로운 콘텐츠를 발행하고 팔로워 수를 늘리고, 구독자와 소통하는 데 유용하다. 예시에서 훗스위트 사용자는 트위터, 링크드인 계정을 플랫폼에 연결했다. 나란히 두는 피드 뷰에서 사용자는 두 계정(그 이상도 가능하다)에서의 활동을 볼 수 있다. 다중 패널 뷰에서 각

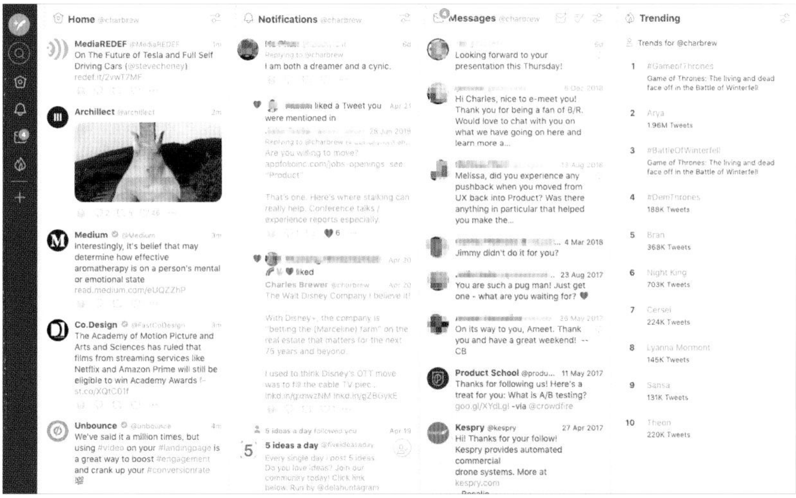
Home
MediaREDEF
On The Future of Tesla and Full Self Driving Cars (@stevecheney)
redef.it/2vwT7MF
Archillect
Medium
Interestingly, it's belief that may determine how effective aromatherapy is on a person's mental or emotional state
read.medium.com/eUQZZhP
Co.Design
The Academy of Motion Picture and Arts and Sciences has ruled that films from streaming services like Netflix and Amazon Prime will still be eligible to win Academy Awards
Unbounce
We've said it a million times, but using #video on your #landingpage is a great way to boost #engagement and crank up your #conversionrate
Notifications
I am both a dreamer and a cynic.
liked a Tweet you were mentioned in
liked
5 ideas a day
Messages
Looking forward to your presentation this Thursday!
Hi Charles, nice to e-meet you! Thank you for being a fan of B/R. Would love to chat with you on what we have going on here and learn more a...
Melissa, did you experience any pushback when you moved from UX back into Product? Was there anything in particular that helped you make the...
Jimmy didn't do it for you?
You are such a pug man! Just get one - what are you waiting for?
On its way to you, Ameet. Thank you and have a great weekend! -- CB
Product School
Thanks for following us! Here's a treat for you: What is A/B testing?
Kespry
Hi! Thanks for your follow! Kespry provides automated commercial drone systems. More at kespry.com
Trending
Trends for @charbrew
Game of Thrones: The living and dead face off in the Battle of Winterfell
1.96M Tweets
188K Tweets
368K Tweets
703K Tweets
224K Tweets
145K Tweets
131K Tweets
220K Tweets

그림 2-52 트윗덱의 메인 피드, 알림 메시지, 인기 패널(트위터 계정 연결)

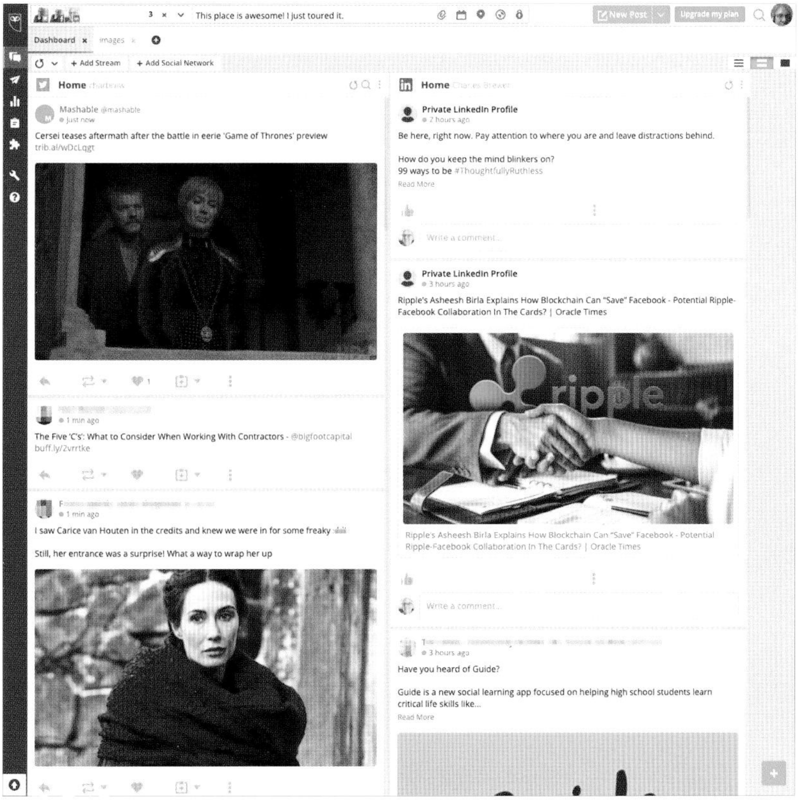
This place is awesome! I just toured it.
New Post
Upgrade my plan
Dashboard
Images
+ Add Stream
+ Add Social Network
Home
Mashable @mashable
Cersei teases aftermath after the battle in eerie 'Game of Thrones' preview
trib.al/wDcLqgt
The Five 'C's': What to Consider When Working With Contractors - @bigfootcapital
buff.ly/2vrrtke
I saw Carice van Houten in the credits and knew we were in for some freaky
Still, her entrance was a surprise! What a way to wrap her up
Home
Private LinkedIn Profile
Be here, right now. Pay attention to where you are and leave distractions behind.
How do you keep the mind blinkers on?
99 ways to be #ThoughtfullyRuthless
Read More
Write a comment...
Private LinkedIn Profile
Ripple's Asheesh Birla Explains How Blockchain Can "Save" Facebook - Potential Ripple-Facebook Collaboration In The Cards? | Oracle Times
Have you heard of Guide?
Guide is a new social learning app focused on helping high school students learn critical life skills like...
Read More

그림 2-53 훗스위트의 연동 피드(트위터와 링크드인 계정 연결)

계정에 게시물을 올리거나 답변도 달 수 있다.

시네마 4DCinema 4D(그림 2-54)는 3차원 오브젝트를 만들고, 렌더링하고, 애니메이팅하는 툴이다. 이 데스크톱 애플리케이션은 사용자가 여러 정보와 툴 공간을 동시에 볼 수 있도록 멀티패널 방식을 사용한다. 소스 파일과 현재 작업 파일 버전 등을 보여 준다. 중앙 패널에서는 현재 작업 중인 3D 오브젝트, 팔레트, 툴바, 작업에 필요한 모든 컨트롤을 담은 패널을 제시하고, 하단에는 3D 오브젝트의 애니메이션을 조정하는 타임라인 툴이 있다.

그림 2-54 시네마 4D의 중앙 패널, 컨트롤 패널, 타임라인 패널

11 도움말 시스템(Help Systems)

WHAT 정의하기

좋은 소프트웨어는 기본적으로 인터페이스 사용법을 설명해 준다. 도움이 필요할 때 지원하고, 사용자 질문에 답하고, 사용 방법을 교육한다. 사용자가 다양한 상황에서도 쉽게 접근할 수 있도록 다양한 형식을 취한다.

인라인(Inline) 또는 디스플레이 사용자에게 직접적으로 도움을 주고자 할 때 우선 화면에 디폴트로 문구를 띄울 수 있다. 인라인 문구를 통해 사용자가 화면에서 보고 있는 게 무엇인지, 화면에 보이는 섹션과 컴포넌트의 목적이 무엇인지를 설명한다. 또한 폼에 입력해야 하는 내용을 알려 주는 예시 텍스트를 제공하여 사용자가 잘못 입력하는 것을 방지한다.

다음 방법을 조합하는 것을 고려해 보라.

- 의미 있는 제목과 부제목
- 화면에 문구나 문장을 띄워 생소한 인터페이스를 이해할 수 있도록 돕기
- 입력 폼을 위한 레이블
- 입력에 필요한 힌트나 입력 내용 예시를 폼 내부나 옆에 배치하기

툴팁 툴팁은 화면의 각 컴포넌트를 간략하게 설명한다. 보통 데스크톱 웹 앱에서는 사용자가 인터페이스 컴포넌트 위에 마우스를 올리면 툴팁이 나타난다. 또 다른 방식은 컴포넌트 옆에 물음표나 다른 아이콘 또는 링크를 보여 주는 것이다. 아이콘을 탭하거나 클릭하면 짧은 설명이 나타난다.

전체 도움말 시스템 앱의 모든 주요 기능 및 특징을 설명하는 통합 사용자 가이드다. 데스크톱 애플리케이션에서 가장 흔하게 사용되는 방식이다. 도움말 시스템은 설명, 용어 사전, FAQ, 튜토리얼, 비디오 등을 포함한다. 특히 복잡한 앱인 경우, 종종 사용자 학습용 자료를 그대로 사용하거나 보강해서 도움말 시스템으로 쓴다. 전체 도움말 시스템은 앱 자체에 내장하거나, 별개의 웹사이트에 호스팅한다.

가이드 투어 애플리케이션 안에 단계별 가이드 투어를 넣거나 상세 도움말을 단계별로 제공하는 회사가 많아졌다. 가이드 투어는 주로 라이트 박스lightbox[15]나 추가 레이어 형태로 만든다. 일련의 팝업이나 포인터 형태로 제공해 사용자가 단계를 밟아 가면서 앱을 '투어'할 수 있게끔 한다. 이런 가이드 투어는 다양한 이벤트로 발생시킬 수 있다. 앱에 처음 접속할 때 나타날 수도 있고, 사용자가 '사용 방법'이라는 도움말 옵션을 선택했을 때, 또는 사용자 행동 데이터를 분석하여 적절한 시점에 가이드 투어를 보여 줄 수도 있다.

지식 데이터베이스 고객 성공customer success 관리[16] 소프트웨어 플랫폼 대다수가 네이버 지식인 스타일의 지식 데이터베이스를 갖고 있다. 이는 사용자가 오랜 시간에 걸쳐 쌓아 온 질문과 답변 데이터베이스로 구성된다. 고객 지원 팀만 접근 권한을 가질 수도 있지만, 요즘은 고객에게 이런 지식 데이터베이스를 공개하는 경우가 많다. 일반적인 작동 방식은 질문이나 주제를 입력하면, 기존 사용자가 한 질문과 답변 중에 관련성이 높은 것을 보여 주는 것이다. 지식 데이터베이스는 최신 앱 도움말 시스템의 핵심이며, 고객 지원 중에서도 고객이 스스로 문제를 해결할 수 있도록 하는 방법의 시초이다.

온라인 커뮤니티 대중적이거나 특화된 소프트웨어라면 사용자 기반이 충분히 두터울 가능성이 높다. 그런 경우에 사용자 온라인 커뮤니티를 활용한다. 이는 소프트웨어 사용자끼리 서로 돕고, 사용법을 알려 주고, 플랫폼을 성장시키는 문화를 만들어 장기적인 커뮤니티 구축을 목표로 하는 고도화된 기술이다. 때때로 링크드인, 페이스북, 레딧Reddit 같은 소셜 미디어 플랫폼이나 포럼에서 커뮤니티가 자체적으로 형성된다. 또는 토론의 질을 담보하기 위해 기업에서 자체적으로 사용자 커뮤니티를 호스팅하고 관리하기도 한다. 이 경우 소셜 미디어에 공식 그룹과 커뮤니티를 만들고 관리한다.

15 (옮긴이) 라이트 박스(lightbox)란 팝업이 뜨는 동시에 백그라운드 화면이 어두워지거나 밝아지게 만드는 것을 뜻한다. 라이트 박스 처리된 영역은 컨트롤할 수 없으며, 일종의 모달 다이얼로그라고 볼 수 있다. 일반적인 팝업과 다른 점은 박스를 해제하지 않고서 배경에 있는 요소와 상호작용할 수 없다는 점이다.

16 (옮긴이) 고객 성공(customer success) 관리란 고객 목표를 파악해, 그것을 달성하는 데 필요한 단계를 미리 관리하는 것을 뜻한다. 대표적인 소프트웨어 플랫폼으로 유저리스트(userlist), 게인사이트(gainsight) 등이 있다. 데이터를 기반으로 고객 유형을 구분하고, 개별 고객의 행태에 따라 맞춤형 메시지나 도움을 제공한다.

가볍거나 신중한 방식을 조합하여, 각기 다른 니즈를 가진 사용자들을 지원하라.

WHEN 언제 사용하면 좋을까?

좋은 웹사이트나 애플리케이션라면 어떤 형태든 사용자에게 도움을 제공해야 한다. 화면에 문구를 띄우고, 입력 폼에 프롬프트prompt(10장 **입력 프롬프트** 참조)를 보여 주고, 툴팁을 사용하는 것은 필수다. 초보자들이 숙련자가 될 수 있도록 어떻게 돕는 게 좋을까? 일부 사용자는 통합 도움말 시스템이 필요하겠지만, 대부분은 그것에 시간을 투자하지 않을 것이다. 애플리케이션이 복잡할수록, 사용법을 배우는 트레이닝과 도움말 문서를 필수로 제공해야 한다.

WHY 어떤 효과가 있을까?

사용자는 태스크를 완료하는 과정에서 다양한 수준의 도움을 요청한다. 난생 처음 또는 오랜만에 소프트웨어를 사용하는 사람과 자주 사용하는 사람에게 필요한 도움은 다르다. 똑같이 처음 사용하더라도, 시간을 투자할 용의와 학습 스타일에 따라서도 큰 차이가 발생한다. 사용 강좌 비디오를 보고 싶어 하는 이도 있고, 아닌 경우도 있다. 툴팁을 유용하게 활용하는 사람도 많지만, 귀찮게 여기는 사람도 있다.

일반적인 '도움말 시스템'처럼 보이지 않더라도, 도움말 텍스트는 한번에 다양한 수준으로 제공할 수 있어서 필요한 모든 사람에게 닿을 수 있다. 도움말을 잘 적용하려면 도움말 텍스트를 쉽게 접근할 수 있는 곳에 두되, 부담스러울 정도로 노출해 사용자를 짜증나게 해서는 안 된다. 또한 사용자에게 익숙한 방식을 써야 한다. 만약 사용자가 **접히는 패널**을 인지하지 못하거나 열지 않으면, 그 안에 있는 도움말도 보지 못할 것이다.

HOW 어떻게 활용할까?

간단한 도움말 제공 방식으로는 화면에 의미 있는 문구(구체적인 제목, 안내 텍스트)를 넣는 것이 있다. 컨트롤에 관한 도움말로 롤오버rollover[17] 툴팁을 제

17 (옮긴이) 롤오버(rollover)란 사용자가 웹페이지의 특정 부분을 마우스로 지나가면, 페이지의 구성 요소를 변화시키는 기술이다. 롤오버 툴팁은 사용자가 정해진 메뉴에 마우스를 갖다 대면 1~2초 뒤 해당 메뉴에 대한 설명이 말풍선 형태로 나타나는 것을 뜻한다.

공하는 것도 가벼운 접근 방식 중 하나다. 하지만 롤오버는 브라우저가 마우스 포인터 위치를 추적하여, 툴팁이 마우스 위치 기반으로 작동하는 데스크톱 앱에서만 유효하다. 모바일에서도 툴팁을 제공할 수는 있지만, 모바일 인터랙션에서는 호버 개념이 없기 때문에 탭으로 진입해야 한다. 이 말은 웹 앱에 도입한 호버 툴은 모바일에서는 전부 탭하는 액션이나 아이콘, 메뉴로 바꿔야 한다는 의미다.

사용자가 태스크 자체를 더 상세하게 공부하기를 원한다면, 사용자 가이드나 온라인 매뉴얼이 정답이다. 매뉴얼은 애플리케이션 자체에 내장하기도 하고, 분리된 웹사이트나 시스템으로 만들기도 한다. 만들어야 할 콘텐츠가 많기 때문에 비교적 투자가 많이 필요한 방식이다. 장점은 도움말 정보의 생애 주기가 길다는 점이다. 도움말 정보는 장기간 사용자에게 가치를 제공하고, 잦은 업데이트가 필요 없다. 사용자는 필요할 때 반복적으로 정보를 참고해 보고, 제공자는 정기적으로 업데이트하면 된다.

도움말 시스템은 다양한 수준으로 구체화할 수 있다. 일부 도움말은 사용자가 실행하는 태스크에 밀접하게 관련되어, 태스크를 완료하도록 하는 데 초점을 맞춘다. 사용자가 학습에 집중하기를 원할 때, 분리된 학습 경험과 환경을 제공하는 도움말도 있다.

다음 목록의 도움말 타입 몇 가지를 포함한 여러 수준의 도움말을 만들어라. 전부 다 만들 필요는 없다. 제시된 도움말 타입은 점점 상세해진다. 각각은 이전 타입보다 사용자의 노력을 더 요구하는 반면, 상세하고 미묘한 정보를 전달할 수 있다는 장점이 있다.

- 페이지에서 의미 있는 제목, 안내문, 예시, 도움말 텍스트 직접 보여 주기. 10장의 **입력 힌트**나 **입력 프롬프트** 패턴을 포함한다. 화면에 있는 텍스트 총량을 최소화해라.
- 입력 폼에 있는 프롬프트 텍스트
- 툴팁. 인터페이스 기능의 의미가 불분명하면 툴팁을 사용해서 1~2행으로 간략하게 설명해라. 기능을 아이콘으로만 넣을 때 툴팁이 특히 중요하다.

롤오버로 아이콘에 설명을 붙이면, 사용자는 다소 황당한 아이콘도 손쉽게 사용할 수 있다. 그렇다고 아이콘을 엉망으로 디자인하라는 말은 아니다. 툴팁의 단점은 이를 띄웠을 때 뒤에 있는 요소가 보이지 않는다는 점이다. 툴팁이 팝업으로 나타나는 것을 싫어하는 사용자도 있다. 이런 불만을 해결하려면 마우스 호버를 하고 1~2초 정도 지연시간을 둔 후에 팝업을 띄워라.

- 호버 툴(8장). 보다 긴 설명을 제공할 수 있으며, 사용자가 특정 인터페이스 요소를 선택하거나 롤오버할 때 역동적으로 나타난다. 조그만 툴팁을 사용하기보다는 페이지에 따로 영역을 할애해서 보여 준다.
- 접히는 패널 안에 있는 장문의 도움말 텍스트(4장)
- 안내 화면, 가이드 투어, 비디오 같은 안내용 자료. 사용자가 처음으로 애플리케이션이나 서비스를 시작하면, 도입용 자료가 즉시 시작점(1장 **즉각적 만족** 패턴)으로 이끈다. 사용자는 도움말 자료로 이동하는 링크에도 관심이 있다. 토글 스위치로 소개를 켜고 끌 수 있도록 해라. 사용자에게 도움이 필요 없어지는 순간이 올 것이다. 나중에 다시 읽고 싶어지면 도움말로 돌아갈 수 있게 장치를 마련하라.
- 주로 브라우저에서 HTML로 보이는 별도의 창에 있는 도움말. 가끔 도움말을 위한 데스크톱 앱인 윈도우 도움말WinHelp 또는 맥 도움말Mac Help에서 볼 수 있다. 도움말 자료는 거의 책 한 권 분량에 해당하는 온라인 매뉴얼이다. 도움말 메뉴의 상세 메뉴로 들어가거나, 다이얼로그 박스와 HTML 페이지에 있는 도움말 버튼으로 진입한다.
- 실시간 기술 지원. 주로 채팅, 이메일, 웹, 트위터, 전화로 진행한다.
- 온라인 커뮤니티 지원. 포토샵, 리눅스Linux, 맥 OS X, 매트랩MATLAB처럼 주로 대중적으로 사용되는 소프트웨어에 해당되지만, 사용자들은 온라인 커뮤니티를 매우 가치 있는 정보로 여긴다. 소프트웨어 커뮤니티를 직접 호스트할 수도 있고, 소셜 네트워크 자원이나 기존의 온라인 포럼을 활용한다.

EXAMPLES 예시

화면 내 도움말 소프트웨어 도움말의 기본은 레이블, 롤오버 하이라이트, 툴팁과 같이 사용 중 즉시 나타나는 도움말이다. 포토샵(그림 2-55)의 데스크톱 애플리케이션은 툴팁을 활용한다. 레이블이 없는 툴 아이콘에 마우스를 갖다 대면 배경색이 바뀌면서 선택한 툴의 역할을 설명하는 툴팁이 나타난다. 이렇게 사용자는 스스로 탐험하고 학습한다.

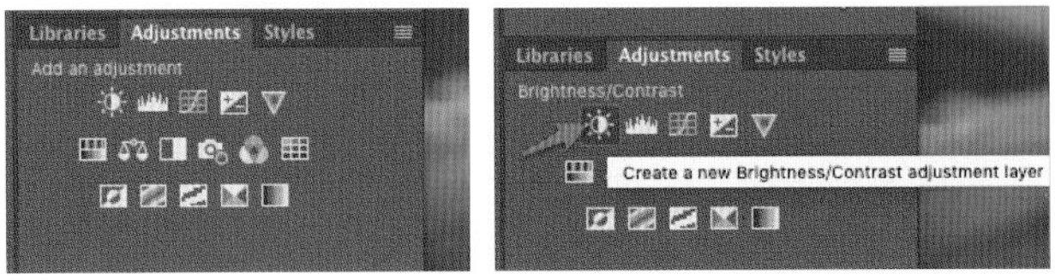

그림 2-55
포토샵, 호버 툴과 툴팁으로 움직이는 레이블

엑셀(그림 2-56)의 뷰 컨트롤은 고정 레이블을 가진다. 툴을 선택하면 선택했다는 게 시각적으로 보이고, 옆에 해당 툴 레이블이 보인다. 사용자가 선택하지 않은 뷰 버튼에 마우스를 갖다 대면, 레이블은 일시적으로 하이라이트된(선택되지는 않은) 툴 레이블을 보여 준다. 엑셀은 또한 그림 2-57에서처럼 일반적인 롤오버 툴팁을 광범위하게 사용하고 있다. 특히 디폴트 레이블이 없는 아이콘에서 많이 활용한다.

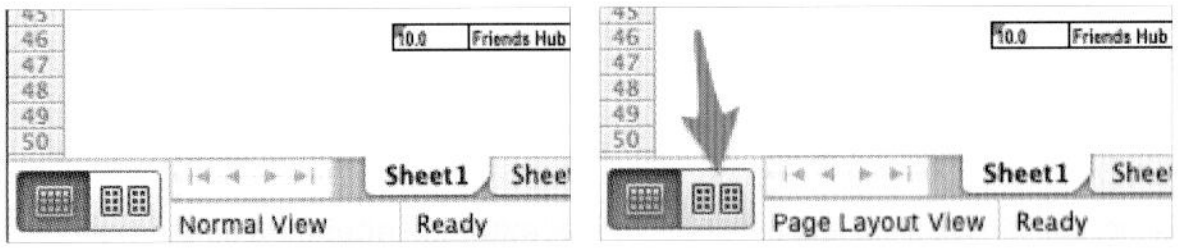

그림 2-56
엑셀, 호버 툴로 움직이는 레이블

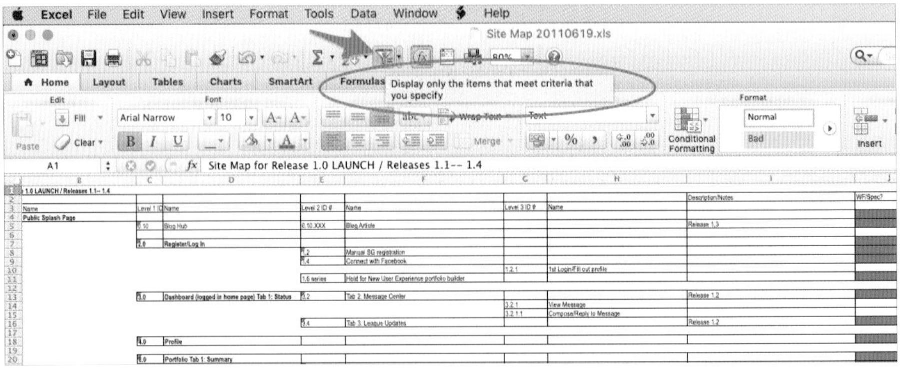

그림 2-57 엑셀, 툴팁

도움말 시스템 안내 또는 참고용 콘텐츠를 소프트웨어 플랫폼이나 애플리케이션에 게재하는 것은 오랫동안 사용성과 고객 성공을 보증하는 관행이었다. 도움말 시스템은 기본적으로 디지털 사용자 매뉴얼을 제공해서 사용자가 필요할 때 접근할 수 있게 한다. 이는 사용자에게 엄청난 가치를 전달한다. 고객센터에 요청할 필요 없이, 질문에 대한 해답을 스스로 찾아볼 수 있는 공간이 있기 때문이다. 사용자는 또한 진행 중이던 태스크에서 벗어나지 않고 나중에 다시 돌아갈 수 있다.

새로운 사용자는 도움말 시스템 자료로 학습한다. 애플리케이션(또는 소프트웨어 내에서 링크로 연결하는 웹사이트)에 도움말 시스템을 배포하면 유의미한 이득을 얻을 수 있다. 사용성과 고객 만족이 증가하고 고객센터 요청 감소로 비용을 절감할 수 있기 때문이다.

포토샵(그림 2-58)은 애플리케이션에서 바로 도움말과 튜토리얼을 보는 방식이다. 사용자는 포토샵 애플리케이션(그림 2-59)에서 도움말 웹사이트로 가는

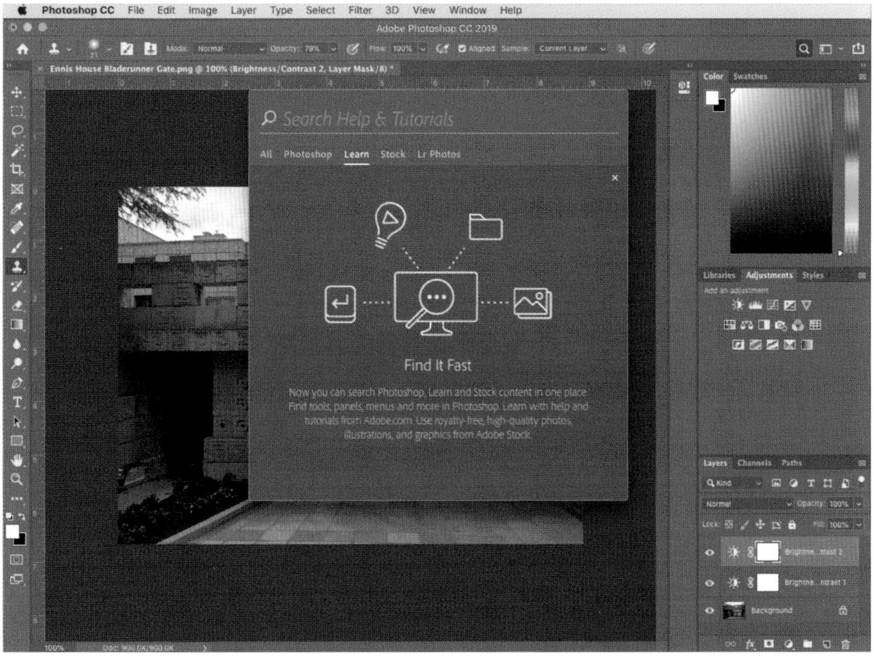

그림 2-58 포토샵, 검색과 도움말

링크를 발견할 수 있다. 엑셀(그림 2-60)은 별도의 애플리케이션 창에서 전체 도움말 시스템을 제공하여 앱을 사용하면서 동시에 도움말을 열어 볼 수 있다.

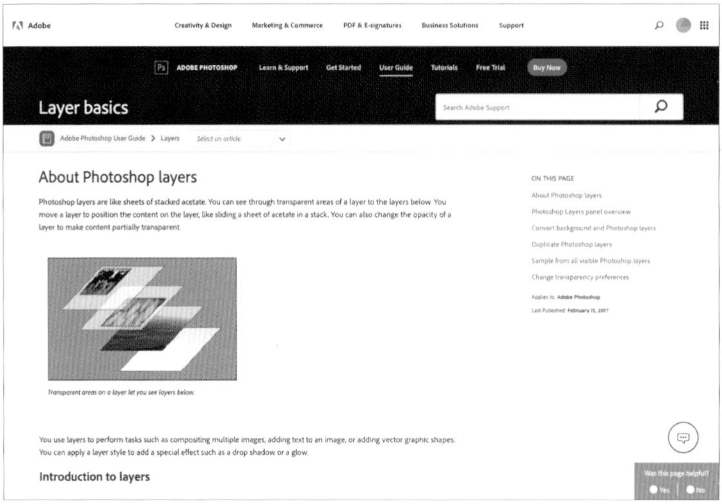

그림 2-59
포토샵, 도움말
(웹사이트)

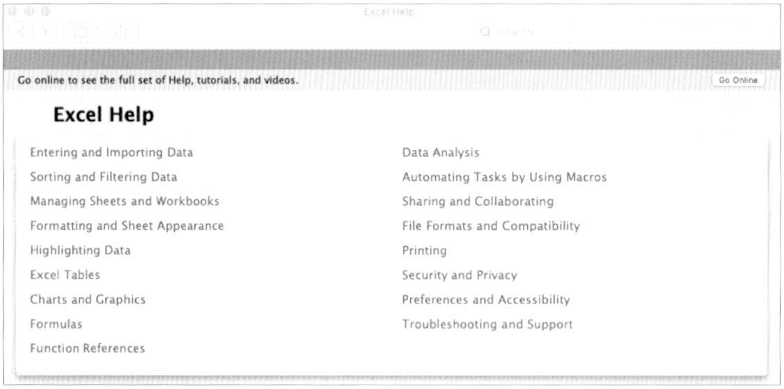

그림 2-60
엑셀, 도움말
(애플리케이션에 내장됨)

신규 사용자를 위한 가이드 형식의 안내 방문자나 신입직원에게 물건의 위치, 공간이나 캠퍼스 구조, 업무 방식을 설명하는 가장 자연스러운 방법은 무엇일까? 또는 기존 사용자에게 기억을 상기하고 반복 학습하는 재교육을 할 수 있는 최선의 방법은 무엇일까? 바로 경험이 많은 사람이 투어 가이드가 되는 것이다. 많은 소프트웨어 플랫폼이 새로운 사용자를 위한 온보딩 단계에서 선택하는 방식이다. 새 고객이나 직원에게 소프트웨어를 투어해 주거나, 특정 태스크 수행

방식을 설명하는 단계별 가이드를 만들고 실행한다.

이러한 경험은 종종 기본 인터페이스 위에 레이어를 덮은 형태나, 주요 화면 컴포넌트를 가리키는 일련의 팝업으로 디자인한다. 새로운 사용자 경험을 설계하고 개발하고 난 후 가이드를 활용하면 많은 사람이 사용할 수 있다.

유저레인Userlane(그림 2-61)은 사용자 가이드 작성 플랫폼을 제공하는 회사인데, 타사에서 유저레인 플랫폼을 자사 소프트웨어에 적용할 수 있다. 다음 예시는 위키피디아를 보여 주는데, 도움말 패널이 라이트박스 모드로 일반 위키피디아 인터페이스 위에 뜬다. 사용자가 한 번에 하나의 단계나 컴포넌트에 집중하도록 유도하여 학습을 돕는다. 다른 장점은 사용자가 자신의 속도에 맞추어 학습하면서도, 소프트웨어의 중요한 부분은 다 훑고 지나간다는 점이다.

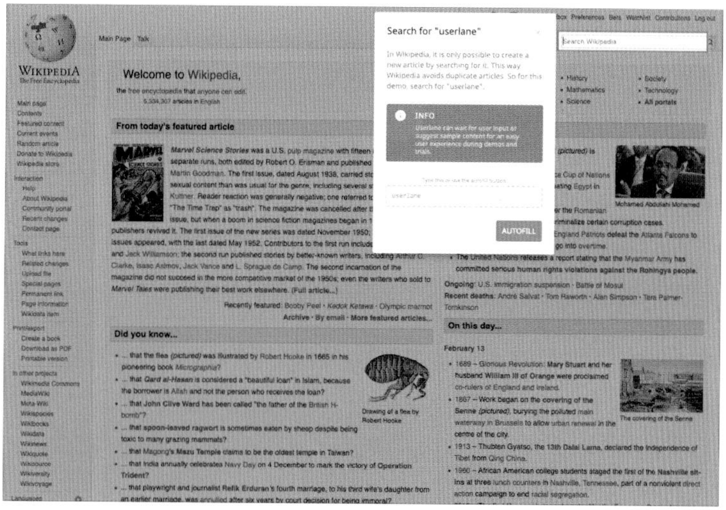

그림 2-61 위키피디아에서는 유저레인 플랫폼을 활용해 도움말 패널을 라이트 박스 모드로 제공한다.

비슷한 사례로 펜도Pendo(그림 2-62)는 고객 참여형 플랫폼의 일부 기능으로 팝업 형태의 사용자 가이드를 제공한다. 펜도의 고객은 주로 소프트웨어 회사인데, 앱 사용 방법에 대한 사용자 가이드를 만든다. 예시에서 사용자는 특정 태스크를 설명하는 중간 단계에 있다. 바로 다음 단계는 설정으로 가는 것인데 오버레이 상단에서 이를 강조한다.

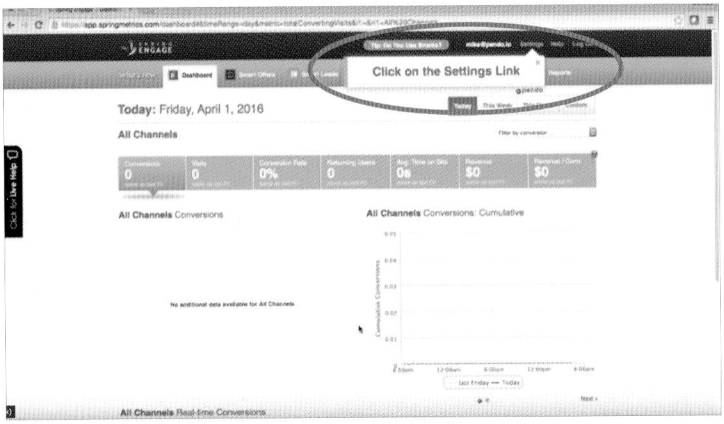

그림 2-62
펜도, UI 요소를 하나씩 알려 주는 팝업 (오버레이 모드)

온라인 커뮤니티 다른 도움말 리소스를 모두 써보고 나서, 조언을 얻으려고 더 큰 사용자 커뮤니티를 찾는 고객들이 있다. 여기부터는 이를테면 소프트웨어 디자인 영역을 넘어서는데, 그래도 여전히 제품 디자인에 속한다고 볼 수 있다. 단순히 컴퓨터에 설치된 파일 조각이 사용자 경험의 전부가 아니다. 사용자가 조직, 직원, 대표자, 웹사이트와 나누는 인터랙션을 전부 포함하는 게 사용자 경험이다.

스케치Sketch는 널리 사용되고 있는 UI 디자인 앱이다. 회사 입장에서 인기를 얻은 툴을 기반으로 커뮤니티를 형성하고 싶은 건 당연한 일이다. 스케치 사용자 커뮤니티(그림 2-63)에서 사용자는 커뮤니티를 통해 새로 정보를 얻고 학습한다.

이와 유사하게, 어도비 사용자 포럼(그림 2-64)은 디자이너를 비롯한 사용자들이 이슈를 논의할 공간을 제공한다. 이 커뮤니티는 어도비가 관리한다. 고객들은 토론, 질문과 답변, 조언 형태의 콘텐츠를 올린다. 이런 방식으로 커뮤니티 구성원 사이에 관련 지식이 더 용이하게 퍼진다.

이 정도 규모의 커뮤니티 형성은 사용자 관여도가 높은 제품에서만 일어나는데 매일 직장이나 집에서 제품을 사용하기 때문일 것이다. 하지만 어떤 형태의 서비스든 사용자 온라인 커뮤니티가 존재하는 경우가 많고, 사용자 커뮤니티는 제품에도 큰 이득이 된다. 그러므로 이러한 생태계를 조성하는 방법을 고민해 볼 가치가 있다.

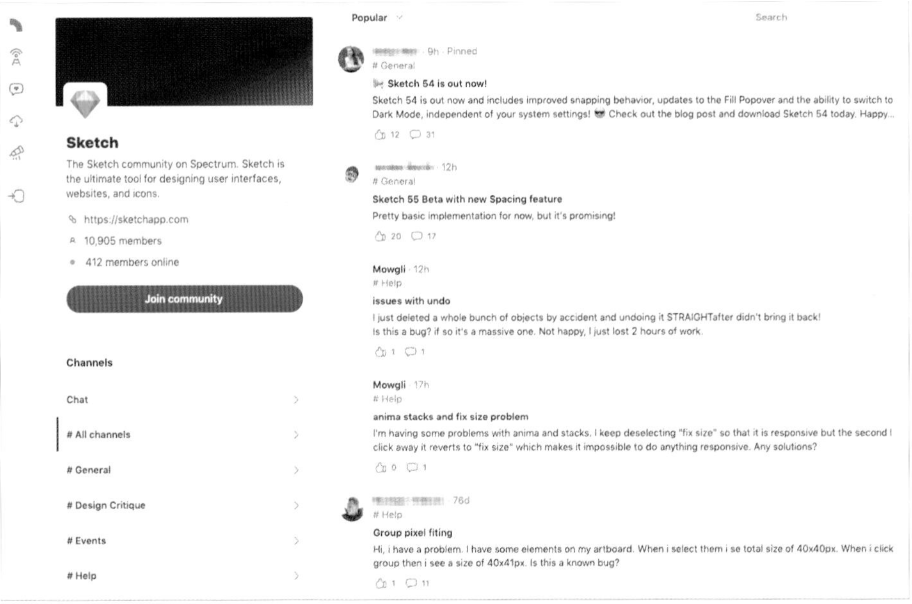

그림 2-63 스펙트럼에서 주도하는 스케치 커뮤니티. 학습 수단으로 쓰이는 사용자 커뮤니티로, 외부인이 주도한다.

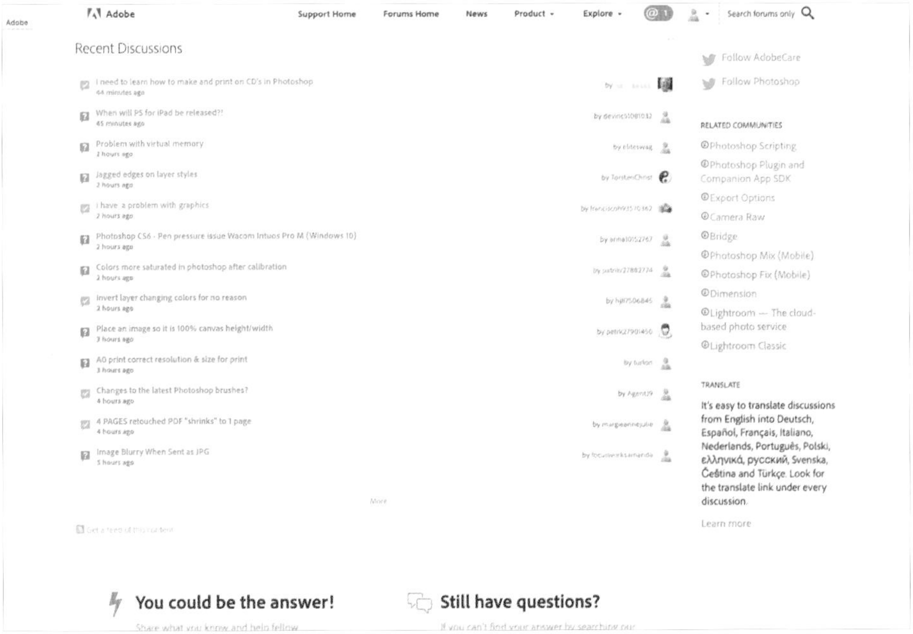

그림 2-64 어도비 사용자 포럼

12 태그(Tags)

WHAT 정의하기

태그란 정보에 레이블을 달아 카테고리로 분류하는 방식이다. 기사나 소셜 미디어 게시물 등의 정보에 설명적인 메타 데이터를 추가하는 것이다. 태그는 추가적인 분류 방식, 즉 주제 기반의 내비게이션 시스템을 형성한다. 태그를 만들어 붙이면, 사용자는 이를 사용해서 해당하는 태그 필터 또는 카테고리 분류로 콘텐츠를 검색하고 둘러볼 수 있다.

태그의 또 다른 측면은 독자나 소비자도 태그를 달 수 있다는 점이다. 태그 자체가 사용자 생성 콘텐츠가 된다. 태그는 사용자가 데이터를 관리하도록 돕는다. 콘텐츠 그룹핑, 검색, 브라우징, 공유, 저장에 태그를 쓸 수 있다. 하나의 게시물이나 글에 여러 태그를 추가하기도 한다. 콘텐츠에 태그가 충분히 생기면, 다른 사용자가 만든 태그로 콘텐츠나 온라인 활동을 둘러볼 수 있다. 이런 기능은 토론 게시판, 블로그, 소셜 기능이 있는 앱이나 웹사이트에서 흔히 보인다.

소셜 미디어는 해시 또는 파운드 기호 '#'를 표기할 단어 앞에 붙여 이를 태그라고 특별히 정의했다. 그리고 해시태그를 세계적인 기준으로 만들어 퍼트렸다. 서로 다른 사용자들이 올린 게시물이 동일한 해시태그를 통해 하나의 검색 결과 피드로 연결된다. 이는 정보가 빠르게 확산되는 강력한 방법이다.

WHEN 언제 사용하면 좋을까?

관심 주제와 관련된 콘텐츠를 분류하고, 둘러보고, 공유하고, 홍보하려는 사용자의 욕구를 극대화하고자 할 때 사용하라. 태그는 사용자가 만든 분류 체계다. 독자나 고객이 만든 태그에 외부인이 접근할 수 있으면 태그를 활용해 관심 콘텐츠를 발견하거나 찾는다.

뉴스나 소셜 미디어 웹사이트처럼 방대한 정보를 갖고 있는 앱이나 플랫폼은 콘텐츠에 발행인이 태그를 직접 추가하거나, 독자가 게시물에 태그를 붙이도록 허용한다. 태그를 통해 자체적으로 자라난 주제 기반 내비게이션과 발견 시스템은 콘텐츠와 함께 성장하면서, 기본 내비게이션과 정보 설계 전략을 보완해 줄 것이다.

WHY 어떤 효과가 있을까?

디자인 측면에서 태그의 목적은 두 가지다. 우선, 앱이나 웹사이트의 사용량 증가다. 태그를 통해 실시간 인기 키워드나 태그와 관련된 콘텐츠, 미디어, 기타 정보를 사용자가 쉽게 발견할 수 있기 때문이다. 덧붙이자면, 사용자가 자주 콘텐츠에 태그를 붙일수록 제품이나 플랫폼에 깊숙이 관여하게 된다. 왜냐하면 주로 소셜 미디어 공유용인 자신의 콘텐츠를 여러분의 제품이나 플랫폼을 이용해서 만들고 있기 때문이다. 이는 사용량과 재방문율을 높이는 데 도움을 준다.

앱이나 커뮤니티에 있는 콘텐츠를 직접 유기적으로 조직화하려면 시간과 비용이 많이 든다. 따라서 태그를 활용하는 두 번째 이유는 대중의 지혜를 활용해 주제를 쉽게 유기적으로 조직화하려는 데 있다. 그 대상은 해당 시점에 급상승한 인기 주제일 수도, 오랜 시간 꾸준히 입에 오르내리는 테마가 될 수도 있다. 시간이 흐르면서 점차 사용자 중심으로 구조와 질서가 세워진다. 사용자가 적극적으로 콘텐츠를 찾고, 읽고, 공유하고, 콘텐츠에 댓글을 달도록 유도하고 싶을 때 특히 유용하다. 원래 관심 있던 주제뿐 아니라 관련된 화제까지 자연스럽게 관심이 확장된다.

HOW 어떻게 활용할까?

게시물에 단어로 된 태그를 추가하는 소프트웨어를 만들거나 결합해라. 검색 기능에서도 태그를 고려해야 한다. 태그가 달린 콘텐츠를 검색할 수 있어야 한다. 특정 키워드에 태그된 모든 콘텐츠를 보여 줄 수 있는 인덱스나 결과 화면도 만들어야 한다. 또한 태그나 해시태그는 자동으로 링크로 지정돼야 한다. 태그를 누르면, 해당 용어로 태그된 다른 콘텐츠가 검색 결과 페이지에서 관련성이 높거나 최신 순서로 나열되게 한다.

EXAMPLES 예시

스택 오버플로Stack Overflow(그림 2-65, 그림 2-66)는 개발자가 프로그래밍에 대해 질문하고 답변을 받을 수 있는 소프트웨어 개발자를 위한 거대한 온라인 커뮤니티다. 사용자가 만든 콘텐츠가 스레드와 태그가 달린 그룹 토론 형태로 구성된다.

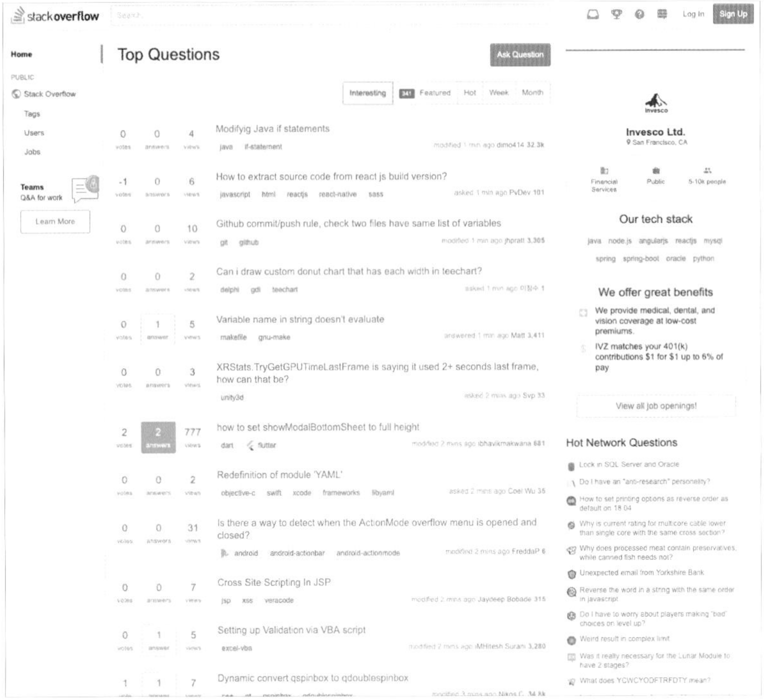

그림 2-65 스택 오버플로, 각 질문에 비슷한 태그가 달려 있다(각 태그는 주제 밑 둥근 사각형 안에 강조 표시).

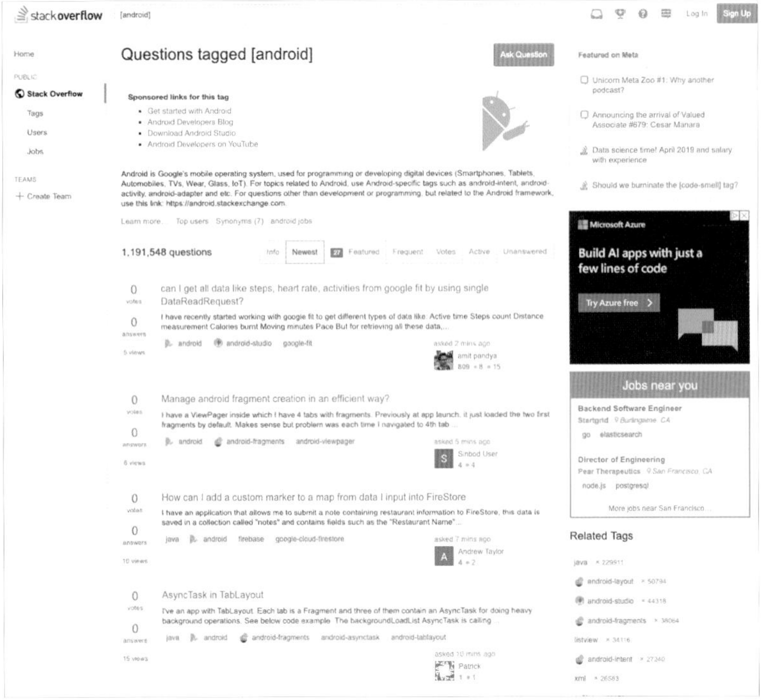

그림 2-66 스택 오버플로, 태그로 필터링한 화면

이것이 스택 오버플로 웹사이트를 구성하는 주 요소다. 웹사이트의 태그나 주제 시스템이 크라우드소싱으로 만들어졌기 때문에, 사용자는 정보를 더욱 깊이 있고 강력하게 탐색할 수 있게 된다. 독자는 가장 최근에 올라온 질문, 또는 가장 인기 있는 질문 목록을 훑어볼 수 있다. 각 게시물에 붙은 태그를 쓸 수도 있다. 커뮤니티에 참여하는 사람은 자신의 게시물을 자유롭게 태그한다.

이런 기능으로 사용자는 동일 주제나 연관된 주제에 태그된 토론 스레드를 발견한다. 관련된 태그를 추적하고 보여 줌으로써 풍성한 정보와 내비게이션 브라우징 생태계가 형성된다. 덩달아 읽는 사람이 자신의 관심사와 관련된 콘텐츠를 발견할 가능성도 높아진다.

《텍사스 먼슬리Texas Monthly》(그림 2-67)는 유명한 워드프레스Wordpress 콘텐츠 관리 시스템과 웹 퍼블리싱 플랫폼으로 온라인 잡지를 만든다. 워드프레스에서 눈에 띄는 것은 기사와 게시물을 게재할 때 태그를 추가하는 기능이다. 메인 기사와 추가된 태그가 함께 보이고, 워드프레스 시스템 내 다른 게시물과 링크되어 사용자가 클릭한 태그 기반의 페이지를 추가로 생성한다.

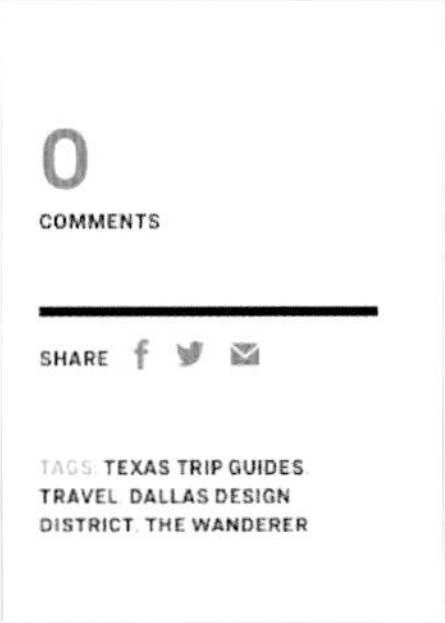

그림 2-67 《텍사스 먼슬리》 기사 태그(워드프레스로 작동한다)

《텍사스 먼슬리》를 보면, 기사 하단에 태그가 여러 개 보인다. 작성자가 해당 기사를 대표하는 많은 키워드를 선정한 것이다. 여기서 사용자가 '여행'이라는 태그를 누르면, 《텍사스 먼슬리》에서 발간한 다른 여행 기사 목록이 나온다. 이렇게 사용자가 웹사이트에서 머무는 시간을 늘리고, 콘텐츠를 활발하게 탐색하도록 하여 참여율을 높인다.

에버노트Evernote는 개인 노트나 웹 아카이빙 용도의 애플리케이션이다. 플랫폼은 모바일, 웹, 데스크톱에서 구동할 수 있다. 사용자는 기사나 파일, 프레젠테이션, 웹페이지를 애플리케이션의 중심인 에버노트 플랫폼에 저장한다. 에버노트(그림 2-68)는 사용자가 웹페이지를 '클립'할 때 태그를 입력하게 한다. 이렇게 하면 카테고리를 쉽게 분류하고, 나중에 아카이브에서 유사한 기사도 편하게 찾을 수 있다. 태그 인덱스 화면(그림 2-69)도 제공하여, 태그 목록과 각 태그에 얼마나 많은 기사와 클립이 있는지 볼 수 있다. 특정 태그를 선택하면

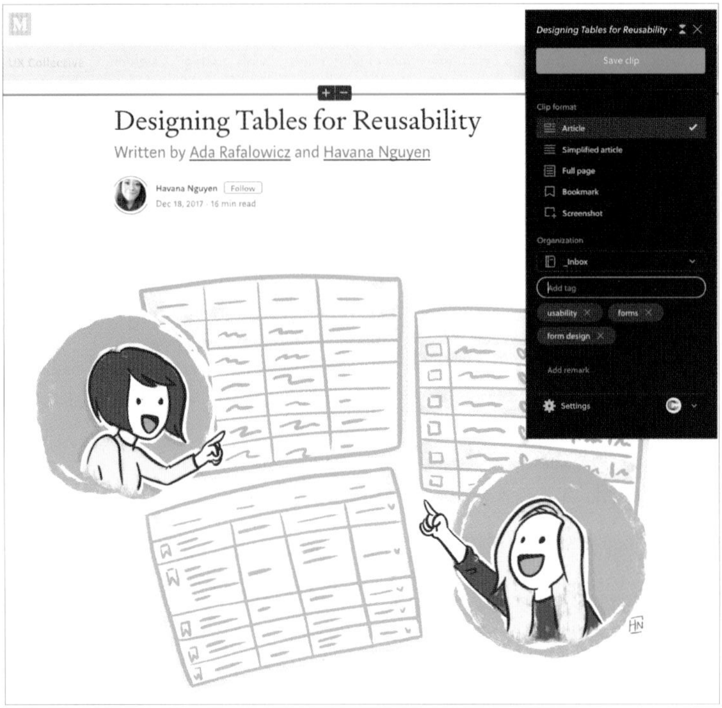

그림 2-68
에버노트는 클리퍼에서 태그를 추가하는 기능을 제공한다.

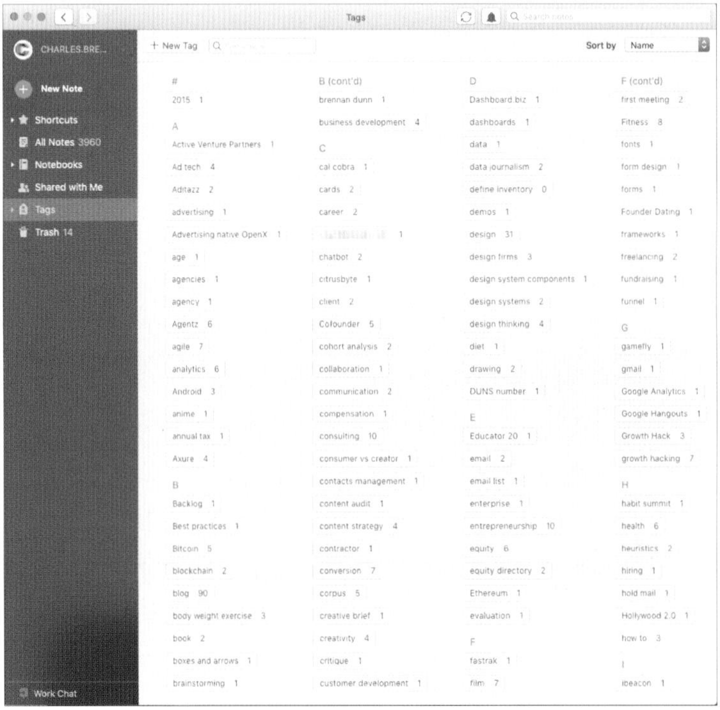

그림 2-69
에버노트 앱의 태그 브라우저

해당 태그가 붙은 클립 목록이 뜬다. 에버노트의 사용자 생성 태그 시스템은 자유로운 텍스트 검색은 물론 방대하고 이질적인 미디어와 정보를 쉽게 분류하고 관리하는 강력한 솔루션이다. 에버노트 앱(그림 2-70) 내에서도 태그로 검색할 수 있다.

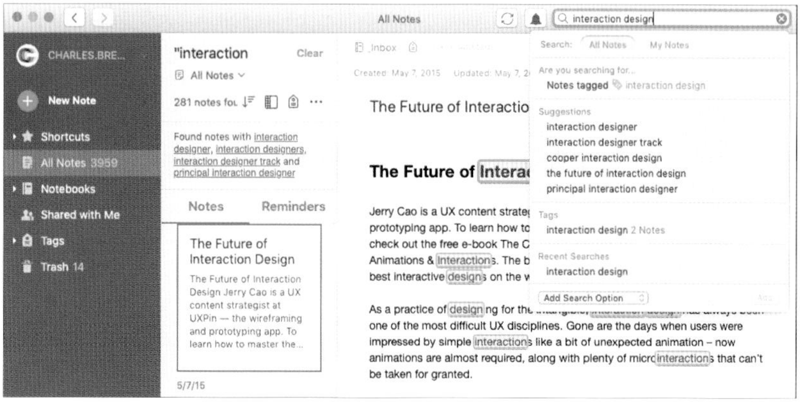

그림 2-70 에버노트 앱의 태그 검색 기능

유연하면서도 단단한 정보 구조를 만들자

소프트웨어를 디자인할 때 정보 구조 또는 IA는 어려운 부분이다. 왜냐하면 정보 구조가 추상적(조직화와 레이블링 구성)이면서 동시에 구체적(내비게이션과 태그)이기 때문이다. 정보 구조는 사용자가 일반적으로 사용하는 용어와 멘탈 모델에 기반을 두어야 한다는 점에 유의하라. 정보 구조는 새로운 콘텐츠와 데이터를 수용할 수 있도록 유연하면서도, 동시에 모든 요소를 단단하게 구조화해야 한다. 따라서 '변함없는' 정보 구조를 디자인해라.

이번 장에서 간략하게 설명한 프로세스를 따르면 그렇게 할 수 있을 것이다. 상호 배타적이고, 전체를 포괄하는 카테고리, 일반적으로 이해하기 쉬운 조직화 방법 사용하기, 콘텐츠를 덩어리로 나누기, 용도에 따른 화면 유형 시스템 개발하기에 관련된 내용을 기억하는가? 이번 장에서 언급한 패턴도 기억하라. 소프트웨어의 정보 구조를 눈에 보이지 않는 조직을 구성하는 스키마로, 인터랙션 디자인 패턴과 위젯을 정보 공간을 탐험하는 수단으로 생각해 보라. 검색, 브라우징, 내비게이션 시스템, 태그, 크로스 링크, 다양한 미디어 유형은 모두 정보 구조를 제대로 배우고 탐험하는 데 필수적이다.

뒤에 나오는 11장에서는 최근 UI 프레임워크와 아토믹 디자인 원칙이 어떻게 우리가 이러한 정보 구조 위젯을 규모에 맞게 신속하게 만들 수 있도록 도와주는지 살펴볼 것이다.

3장
이동하기: 표지판, 길 찾기, 내비게이션

이번 장에서 소개하는 패턴은 내비게이션과 관련된 다음 의문점을 해소한다. 사용자는 자신의 위치를 어떻게 알까? 사용자는 어디로 이동할 수 있고, 어디로 가야 할까? 이동한 다음에는 또 어디로 갈 수 있을까?

내비게이션에서 중요한 점은 다음과 같다.

- 사용자 경험UX에서 내비게이션의 목적
- 소프트웨어에서 길 찾기를 장려하는 방법
- 다양한 종류의 내비게이션
- 내비게이션 디자인하기
- 유용한 내비게이션 패턴

웹사이트나 애플리케이션에서 내비게이션은 출퇴근과 비슷하게 느껴진다. 목적지로 가기 위해 반드시 거쳐야 하는 과정이지만, 도달하기까지 지루하고 시간과 에너지를 낭비한다는 생각이 든다. 차라리 그 시간에 게임을 하거나 실제 업무를 처리할 수 있다면 좋을 텐데 말이다.

최고의 출퇴근길은 무엇일까? 출퇴근이 없는 것이다. 다른 장소로 이동하지 않아도 필요한 모든 게 손을 뻗으면 닿을 거리에 있으면 굳이 출퇴근할 필요가 없다. 이처럼 인터페이스에서도 필요한 툴이 '손 뻗으면 닿는 거리'에 있으면 특히 숙련된 사용자(툴의 위치를 전부 파악한 사람)에게 편리하다.

사용 빈도가 낮은 툴은 다른 화면으로 분리해서, 화면이 지저분해지지 않게 해야 할 때도 있다. 페이지별로 유사한 콘텐츠끼리 묶어서, 사용자가 인터페이스를 이해하기 쉽도록 해야 하는 경우도 있다. 사용자의 '이동 거리'를 최소화할 수 있는 방법을 고민하라. 즉, 이동 거리는 짧을수록 좋다.

정보와 태스크 공간 이해하기

사용자는 내비게이션을 통해 자신이 속한 정보 공간을 쉽게 인지하고, 본인이 수행할 수 있는 태스크가 무엇인지 이해한다. 그렇게 인터페이스 공간 안에서 이동하는 방법을 알게 된다. 사용자는 내비게이션을 통해 다음 내용을 파악한다.

- 주제와 범위 안에서 활용할 수 있는 정보와 툴
- 콘텐츠와 기능이 구조화된 방식
- 현재 위치
- 다음으로 이동할 수 있는 위치
- 지금까지의 이동 히스토리 및 뒤로 가거나 상위 위계로 이동하는 방법

여러분이 거대한 웹사이트나 애플리케이션을 섹션, 서브섹션, 특수한 도구, 페이지, 창, 마법사로 나누어 디자인했다고 해보자. 사용자의 내비게이션을 어떻게 지원할 수 있을까?

표지판

사용자는 표지판을 보고 주변 환경을 이해한다. 인터페이스에서 보통 표지판은 페이지, 타이틀, 브랜드 요소(웹페이지 로고), 탭, 선택 인디케이터로 구성된다. 3장에서는 이와 관련된 패턴과 기술을 설명하려 한다. 글로벌 및 로컬 내비게이션 링크, 프로그레스 인디케이터, 브레드크럼, 주석이 붙은 스크롤바 등의 패턴을 소개할 예정이다. 사용자는 표지판을 보고 현재 위치와 이동할 수 있는 곳을 이해하고, 헤매는 일 없이 다음 단계를 계획할 수 있다.

길 찾기

'길 찾기'는 사람들이 목적지를 찾아가는 과정에서 경로를 파악하고 판단하는 행동을 뜻한다. 길 찾기란 용어가 의미하는 바는 꽤 자명하지만, 사람들이 실제로 어떻게 길을 찾는지는 연구해 볼 만한 흥미로운 주제다. 이미 인지과학, 환경 디자인, 웹사이트 디자인 분야에서 관련 연구가 이루어져 왔다. 사용자의 길 찾기를 보조하기 위해 다음과 같은 장치를 이용할 수 있다.

좋은 안내판

명확한 레이블은 사용자가 무엇을 찾는지 미리 예상해 가야 할 방향을 제시한다. 표지판이 있으리라 예상하는 곳에 표지판이 있고, 결정을 내려야 하는 갈림길에서는 적시에 안내를 받는다. 여러분이 디자인하는 구조를 검토해보고, 모든 주요한 유스케이스의 경로를 그려 보면서 안내판이 잘 제공되고 있는지 검증해라. 사용자가 다음 단계를 결정해야 하는 시점에 표지판이 있는지, 레이블은 적절한지 확인하라. 또한 사용자가 만나게 될 첫 화면에서 강력한 '콜투액션'을 사용해라.

환경적 단서

길을 걷다가 화장실에 가고 싶으면 어떻게 하는가? 레스토랑이나 카페가 있는 건물로 들어갈 것이다. 도로에 울타리가 쳐진 곳에서 나가려고 한다면? 보행로와 울타리가 만나는 지점을 찾을 것이다. 인터페이스에서도 이와 비슷하게 사용자는 모달 다이얼로그 박스 우측 상단에 'X' 닫기 버튼이 있을 거라 예상하고, 웹페이지 좌측 상단 코너에서는 브랜드 로고를 찾으려 한다. 이런 환경적 단서는 문화적인 영향을 받는데, 해당 문화를 처음 접하는 사람, 즉 해당 운영체제를 처음 사용하는 사람은 환경적 단서를 이해할 수 없다는 점에 유의하라.

지도

가끔 사람들은 큰 틀에서 자신이 어디로 가는지 이해하지 못한 상태로, 한 지점에서 다른 지점으로, 링크에서 다른 링크로 이동하곤 한다. 처음 방문한 공항에서 게이트를 찾아간 적이 있다면, 그때를 떠올려 보라. 반면에 전체 공간을 머릿속에 지도처럼 그려 보는 걸 선호하는 사람도 있는데, 특정 공간을 자주 찾는 사람 중에 그런 경우가 많다. 또한 표지판이 제대로 붙어 있지 않거나, 도심 주거지처럼 밀도 높은 공간인 경우 지도에만 의존해서 길을 찾아야 할 때도 있다.

이번 장의 **명확한 진입점** 패턴은 좋은 안내판과 환경적 단서가 결합한 예다. 페이지에서 링크는 눈에 잘 띄게 강조해 디자인해야 한다. **프로그레스 인디케이터**는 확실한 지도 역할을 한다. **모달 패널**은 환경적 단서에 해당되는데, 모달 패널을 빠져나오면 사용자가 직전에 있던 지점으로 곧바로 돌아가기 때문이다.

지금까지 가상공간과 물리적 공간을 비교해 봤다. 하지만 가상공간에서 내비게이션은 물리적 공간과 다르게 '비장의 카드'를 쓸 수 있다. 바로 **탈출구**라는 패턴이다. 사용자가 인터페이스에서 어디로 이동하든, 특정 링크를 누르면 바로 자신에게 익숙한 페이지로 돌아온다. 휴대용 웜홀이나, 순간이동 초능력이 있는 것처럼 말이다.

내비게이션

디자이너와 사용자 모두에게 친숙할 법한 내비게이션 몇 가지를 살펴보자. 여기서는 크게 기능으로 구분했다. 이 목록이 전체를 포괄하는 것은 아니다. 각 내비게이션을 지칭하는 용어도 다양하지만, 가장 흔하게 통용되는 용어를 사용했다. 글로벌 내비게이션, 유틸리티 내비게이션, 연관 및 인라인 내비게이션, 관련 콘텐츠, 태그, 소셜이다.

글로벌 내비게이션(Global Navigation)

사이트나 앱 내비게이션으로, 모든 메인 화면에서 고정으로 보인다. 메뉴, 탭, 사이드바 형태로 표현된다. 사용자는 글로벌 내비게이션을 매개로 웹사이트의 공식적인 구조를 이해하고, 원하는 목적지로 이동한다. 이 책의 초판에서는 글로벌 내비게이션도 패턴으로 정의했으나, 이제는 너무 흔하고 잘 알려져 굳이 패턴으로 정의할 필요가 없게 되었다.

글로벌 내비게이션은 주로 웹페이지 상단이나 좌측에 배치한다. 상단과 좌측에 둘 다 있는 경우도 있는데, 이를 '뒤집힌 L모양' 내비게이션 레이아웃이라고 부른다. 우측에 있는 경우도 드물게 있지만, 그렇게 배치하면 페이지 크기와 가로 스크롤에 문제가 생긴다.

모바일 환경에서는 글로벌 내비게이션을 두 가지 방식으로 활용할 수 있다. 첫 번째는 화면 아래쪽에 내비게이션 바를 배치하는 것이다. 사용자가 다른 화면으로 이동하더라도 내비게이션은 하단에 고정된다. 내비게이션 메뉴가 많은 경우, 내비게이션 바 안에서 좌우 스크롤을 허용할 수도 있다. 두 번째는 '햄버거 메뉴', 즉 실선 두세 개로 된 아이콘으로 표현하는 것이다. 점 세 개를 세로로 쌓는 형태도 있다. 아이콘을 누르면 글로벌 내비게이션 메뉴 패널이 열린다.

유틸리티 내비게이션(Utility Navigation)

글로벌 내비게이션과 마찬가지로 유틸리티 내비게이션은 모든 메인 화면에 자리하면서, 웹사이트나 애플리케이션의 콘텐츠와는 관련 없는 링크나 툴을 보여 준다. 가령, 로그인, 도움말, 프린트, **설정 편집기**, 언어 변경 같은 메뉴 말이다.

사용자가 주로 로그인한 상태로 쓰는 웹사이트라면, 화면 오른쪽 상단에서 유틸리티 내비게이션 링크를 보여 줄 수 있다. 사람 아이콘이나, 사용자가 업로드한 프로필 사진 섬네일은 사용자 본인을 표현하면서, 개인 정보를 여기서 볼 수 있다고 힌트를 제시한다.

사용자는 아마 웹사이트에서 계정 설정, 사용자 프로필 등록, 로그아웃, 도움말과 같이 개인 정보와 관련된 툴을 찾을 때 여기를 방문할 것이다. 이 장에서 소개하는 **로그인** 툴 패턴을 보면 더 자세한 내용을 알 수 있다. 다양한 유틸리티 내비게이션 메뉴를 전부 늘어놓고 보여 주는 때도 있고, 아바타 아이콘 뒤에 숨겨서 사용자가 아이콘을 열면 메뉴가 보이는 경우도 있다.

연관 및 인라인 내비게이션(Associative and Inline Navigation)

콘텐츠 안에 포함되어 있거나, 콘텐츠 근처에 있는 링크다. 사용자가 웹사이트 콘텐츠를 읽거나 기능을 사용할 때, 즉시 도움이 될 만한 옵션을 보여 주는 링크다. 동시에 관련된 콘텐츠를 묶는 역할을 한다.

관련 콘텐츠(Related Content)

관련 글 섹션이나 패널은 연관 내비게이션의 일반적인 형태다. 뉴스 웹사이트와 블로그에서 자주 볼 수 있다. 사용자가 하나의 글을 읽으면 사이드 바나 푸터에서 비슷한 주제로 작성된 글이나 같은 작가가 쓴 다른 글이 노출된다.

태그(Tags)

태그는 사용자 또는 시스템에서 정의할 수 있으며, 연관 내비게이션과 관련 콘텐츠를 보조하는 역할을 한다. 특히 웹사이트에서 게시글의 수가 방대하고, 주제가 세밀하게 분류된 경우에 태그 클라우드를 활용하면 주제별로 원하는 내용을 쉽게 찾을 수 있다. 반면에 규모가 작은 웹사이트나 블로그에는 그다지 맞지 않는 방식이다. 글에 해당되는 태그를 마지막에 나열하는 식으로 활용하는데, 각 태그를 누르면 해당 태그를 포함하는 게시글 전체 목록을 볼 수 있다.

소셜(Social)

웹사이트를 소셜 미디어와 결합하면, 보다 다양한 내비게이션 옵션을 고려해 볼 수 있다. 다양한 형식으로 표현할 수 있는데, 친구들이 공유한 콘텐츠를 보여 주는 뉴스나 포스팅 모듈도 그 가운데 하나다. 순위표 또는 인기 검색어 컴포넌트를 넣어서, 소셜 네트워크에서 사람들이 가장 많이 공유하고 있는 스토리와 게시물로 연결할 수도 있다.

소셜 그래프를 디자인하는 방법이 궁금하다면, 《소셜 인터페이스 디자인: 사용자 경험을 향상시키는 패턴과 원리》를 참고하라.

디자인할 때 고려할 점

내비게이션은 우리가 디자인해야 하는 대상이다. 어떤 내비게이션 메뉴를 노출할지, 레이블은 어떻게 정할지, 내비게이션을 인터페이스에서 어떻게 표현할지 모두 디자인할 때 신경 써야 한다. 내비게이션을 효과적으로 디자인하기 위해 고려할 점을 간략하게 살펴보자.

내비게이션 디자인과 시각적 표현 분리하기

내비게이션 모델 디자인과 시각적 표현을 분리하는 것은 좋은 출발점이다. 내비게이션 메뉴가 몇 개 필요한지, 어떤 순서로 배치해야 하는지 따져 보라. 디폴트로 어떻게 보여야 할지도 생각해 보라. 사용자가 내비게이션 카테고리를 펼쳐서, 두 번째나 세 번째 깊이의 하위 메뉴까지 볼 수 있어야 할까?

이런 방식으로 생각해 보면 페이지도 더 유연하고 신중하게 디자인할 수 있다. 그 이후에 룩앤필look and feel을 고려하라. 내비게이션 기능을 시각적으로 배치할 때 따라야 하는 관행이 어느 정도 존재한다. 표준화된 관행과 다르게 디자인하고 싶은 유혹에 빠질 수 있지만, 통용되는 레이아웃 패턴을 따르는 게 훨씬 유리하다.

인지 부담

낯선 방에 처음 들어가면 주위를 한번 둘러볼 것이다. 순식간에 방을 훑어보면서 방의 형태, 가구, 조명, 출구 등 방과 연관된 힌트를 찾는다. 지금 들어온 방은 어떤 공간인지, 그것이 이 방에 들어온 목적과 어떻게 관련 있는지 빠르게 가설을 세운다. 그렇게 방을 파악하자마자 방에 들어온 목적에 해당하는 일을 시작한다. 그런데 어디서부터, 어떻게 시작해야 할까? 이런 질문에 즉시 답할 수 없을지도 모른다. 엉뚱하게 방에 있는 다른 흥미로운 물체에 반할 수도 있다.

웹페이지나 인터넷 창을 여는 것도 물리적인 방에 들어가는 일과 마찬가지로 인지 비용이 든다. 인터페이스에서도 새로운 공간을 파악하는 과정이 필요하다는 의미다. 형태와 레이아웃을 이해하고, 내용은 무엇인지, 출구는 어디인지, 목적을 달성하는 방법은 무엇인지 이해해야 한다. 에너지와 시간이 필요한 일이다. 인터페이스상에서 '컨텍스트가 전환'되면 어쩔 수 없이 사용자는 새로운 환경을 받아들이고 거기에 적응해야 한다.

비록 접속한 웹페이지가 익숙한 공간일지라도, 새로운 정보 공간을 인지하고, 생각하고, 주의를 다시 집중하는 데는 비용이 든다. 절대적인 비용이 크지 않더라도 쌓이면 큰 비용이 될 수 있다. 특히나 애플리케이션 창이 뜨는 시간, 웹페이지 로딩에 걸리는 시간을 감안한다면 말이다.

웹페이지, 애플리케이션 창, 다이얼로그 박스, 기기 화면 전부에 해당되는 이야기다. 사용자가 어디로 이동할지 결정을 내리는 방식은 유사하다. 어떤 맥락이든 레이블 텍스트를 읽고, 아이콘을 인지하고, 확실하지 않은 링크나 버튼을 아무렇게나 클릭할 것이다.

더욱이 로딩 시간은 사용자가 내리는 결정에 영향을 미친다. 로딩이 오래 걸리는 페이지를 클릭했거나 로딩에 실패하면 사용자는 실망해서 페이지에 들어온 목적을 달성하기 전에 창을 닫을 것이다(여러분의 사이드바 비디오 플레이어는 얼마나 많은 사용자를 이탈시켰을까?). 또한 웹페이지가 로딩되는 데 고통스러울 정도로 오래 걸린다면 사용자는 해당 웹사이트를 즐겁게 탐색하기 어렵다.

구글 같은 회사가 웹페이지 로딩 시간을 최소화하려고 노력하는 데는 이유가 있다. 지연시간은 사용자 이탈을 유발한다.

이동 거리 최소화하기

앞에서 사용자가 페이지를 이동할 때마다 인지 비용이 든다는 점을 설명했다. 따라서 페이지 이동 횟수를 최소화하는 게 중요하다. 즉, A 지점에서 B 지점으로 찾아가기까지 필요한 탭이나 클릭수를 줄이는 방법을 고민해야 한다. 내비게이션 디자인에서 사용자의 이동 거리를 최소화하는 몇 가지 방법을 소개하려 한다.

글로벌 내비게이션을 폭넓게 디자인하라

내비게이션과 애플리케이션을 디자인할 때, 최상위 레벨 내비게이션에서 선택지를 많이 제공하라. 웹사이트 구조를 최대한 수평적으로 만들어서 계층의 폭은 넓게, 계층의 단계는 적게 하라. 글로벌 내비게이션을 통해 많은 페이지로 즉시 이동할 수 있게 해라. 최상위 레벨 내비게이션 항목 수가 적다면, 사용자가 수많은 카테고리, 서브 카테고리에 들어가서 헤매는 일이 생길 수 있다.

자주 접근하는 항목은 글로벌 내비게이션에서 곧바로 보여 줘라

사용 빈도는 내비게이션 디자인에도 영향을 미친다. 사용 빈도수가 높은 액션은 사용자가 바로 접근할 수 있도록 내비게이션 구조에서 상위 레벨에 배치하라. 해당 액션이 웹사이트나 앱 구조에서 어떤 위치에 있든 상관없다.

사용 빈도가 낮은 툴이나 콘텐츠는 서브 메뉴를 타고 들어가야 볼 수 있게 웹사이트 깊숙이 배치할 수 있다. 웹사이트나 애플리케이션 단위에서만이 아니라 단일 툴이나 화면 안에서도 마찬가지다. 사용 빈도가 낮은 것은 숨길 수 있다. 사용자가 거의 쓰지 않는 설정이나 옵션은 접히는 아코디언 패널accordion panel[1]이나, 탭으로 나뉜 패널 같은 부가적인 '문' 뒤에 배치하는 것이다. 늘 그렇듯 여러 가지 디자인을 시도해 보고, 정답이 명확하지 않으면 사용성 평가로 검증하라.

단계를 묶어라

애플리케이션에서 일반적인 태스크는 하나의 화면에서 완료할 수 있도록 구조를 설계해야 효율성이 높아진다. 사용자에게 가장 짜증 나는 상황 중 하나는 간단하거나 반복적인 작업을 여러 수준의 하위 페이지, 다이얼로그 박스 등으로 이동해 각 위치에서 한 단계씩 수행해야 하는 것이다. 심지어 하나의 단계가 다른 단계에 영향을 미친다면 최악이다. 이는 시간과 에너지 낭비를 고려하지 않은 디자인이다.

가장 흔한 유스케이스 80%의 워크플로를 컨텍스트 전환 없이 한 페이지에서 완료하도록 디자인할 수 있을까?

일부 애플리케이션에서는 어려울 수도 있는데, 특정 툴이나 폼이 복잡할 수 있기 때문이다. 우선 단순화와 최소화에서 출발하라. 화면을 그룹핑하고 분류하라. 레이블은 간결하게 바꾸고, 단어는 이미지로 바꿔라. 공간을 절약할 수 있는 폼 컨트롤로 대체하고, 안내 문구는 툴팁과 팝업 패널에서 보여 줘라. 그러고 나서 점진적 노출을 사용해 첫 단계 또는 자주 사용하는 컨트롤만 처음에 보여 줘라. **모듈 탭**이나 **아코디언**을 사용해서 현재에 해당하지 않는 단계나 콘텐츠는 디폴트로 숨길 수 있다. 사용자가 툴을 쓰면서 자동으로 나타나게 하거

1 (옮긴이) 아코디언 패널(accordion panel)은 내용을 펼치고 접는 동작을 통해 좁은 화면에서 많은 정보를 효율적으로 볼 수 있게 한다. 패널을 클릭하면 아래로 하위 콘텐츠가 아코디언처럼 펼쳐지며, 한 번 더 클릭하면 패널이 접힌다.

나, 클릭하거나 탭을 해야만 나오는 옵션으로 만들 수도 있다.

두 번째 방법은 여러 단계를 거쳐야 하는 툴과 화면을 하나의 마법사 패턴으로 구성하는 것인데, 뒤에서 곧 설명하겠다.

내비게이션 모델

여러분이 디자인하는 웹사이트나 앱에 가장 적합한 내비게이션 모델은 무엇일까? 웹사이트나 앱에 있는 여러 화면(페이지나 공간)을 어떻게 서로 연결하고, 사용자는 그 안에서 어떻게 이동하게 하는 게 좋을까? 가장 일반적인 내비게이션 모델을 몇 가지 살펴보자.

허브 앤 스포크(Hub and Spoke)

주로 모바일에서 볼 수 있는 구조(그림 3-1)인데, 홈 화면 또는 허브Hub에 웹사이트나 앱의 주요 기능, 콘텐츠가 전부 나열된다. 사용자는 원하는 것을 클릭하거나 탭해서 필요한 작업을 하고, 다시 허브로 돌아와서 웹사이트나 앱의 다른 곳으로 이동한다. 스포크Spoke 화면은 사용자가 필요한 작업에 집중할 수 있도록 조심스럽게 정보 공간을 설계한다. 스포크 화면에는 다른 스포크 화면 리스트를 나열할 공간이 없을 것이다. 아이폰 홈 화면이 허브 앤 스포크 모델의 좋은 예다. 일부 웹사이트에서 보이는 메뉴 페이지 패턴과는 조금 다르다.

완전히 연결된(Fully Connected) 모델

많은 웹사이트나 모바일 애플리케이션에서 따르는 모델이다. 홈페이지나 홈 화면이 별도로 있지만, 모든 페이지가 상단 메뉴와 같은 글로벌 내비게이션으로 서로 연결된다. 글로벌 내비게이션은 페이지가 5개밖에 없는 그림 3-2처럼 위계가 하나일 수도 있고, 다중 위계로 된 깊고 복잡한 내비게이션일 수도 있다. 매 화면마다 완전한 내비게이션이 있어서, 사용자가 한 번의 클릭으로 다른 페이지로 이동할 수 있다면 완전히 연결된 모델이라 할 수 있다.

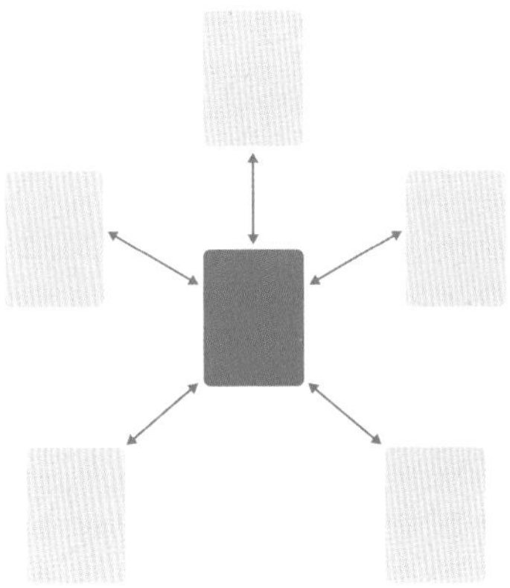

그림 3-1 허브 앤 스포크 모델

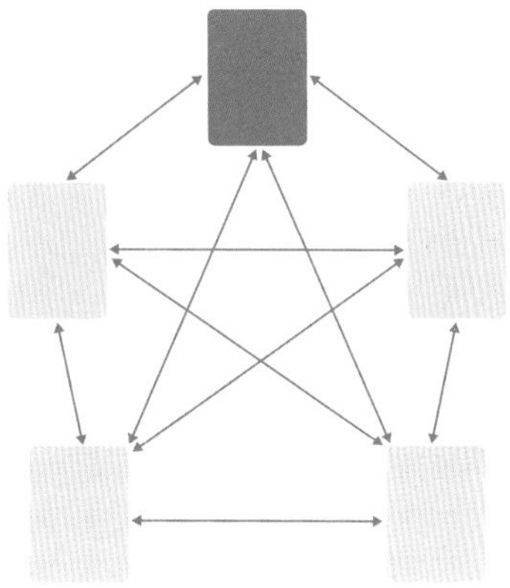

그림 3-2 완전히 연결된 모델

멀티레벨(Multilevel) 또는 트리(Tree)

역시 웹사이트에서 흔하게 사용하는 모델(그림 3-3)이다. 메인 페이지끼리는 서로 완전히 연결되어 있지만, 서브 페이지는 그 안에서만 연결된다. 주로 글로벌 내비게이션을 통해 다른 메인 페이지로 이동한다. 사이드바나 서브 탭을 사용해 서브 페이지를 나열한다.

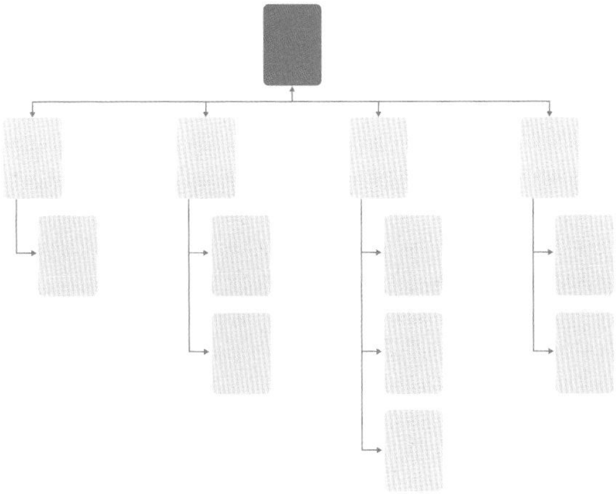

그림 3-3 멀티레벨 모델

메인 페이지나 카테고리에서 링크를 눌러야 나타나는 메뉴에서 서브 페이지를 선택할 수 있다. 하나의 서브 페이지에서 다른 카테고리의 서브 페이지로 이동하는 데는 2번 이상의 클릭이 필요하다. 드롭다운, 메가 메뉴, 사이트맵 푸터 패턴을 활용하면 완전히 연결된 모델로 바꿀 수 있으며, 가능하다면 완전히 연결된 모델이 더 낫다.

멀티레벨은 기업의 웹 소프트웨어에서도 발견된다. 웹 애플리케이션 여럿을 세트로 제공하는 회사는 종종 각 애플리케이션을 분리한다. 이유는 여러 앱을 단일 플랫폼으로 통합하는 것을 회사 입장에서 원하지 않거나, 단순히 통합이 불가능하거나, 최근 해당 앱을 인수했기 때문일 수 있다. 아니면 각 애플리케이션을 따로 판매하고 있어서 그럴 수 있다. 결과적으로 각 애플리케이션은 고유한 경험을 제공하는데, 그것을 묶어서 웹 애플리케이션 세트로 판매한다.

하지만 소프트웨어 공급자와 고객 모두 단일 지점에서 모든 기능에 접근할 수 있기를 원하고, 하나만 로그인해서 전체를 사용하고 싶어 한다. 그래서 여러 앱들을 상단 로그인 뒤에 모아 둔다. 거기서 사용자는 각 애플리케이션에 접근하고 계정 설정을 관리한다.

단계별 모델

슬라이드 쇼, 프로세스 플로, 마법사는 정해진 순서에 따라 사용자를 단계별로 이동하게 한다(그림 3-4). 화면에서는 '뒤로 가기'와 '다음' 버튼이 눈에 잘 보여야 한다. 검색을 누르면 검색 엔진 결과 페이지가 나오는 단순한 검색 인터페이스도 단계별 내비게이션을 적용한 예다. 이커머스 구매 플로도 단계별 내비게이션을 주로 사용한다. 상세 페이지, 장바구니, 결제(여러 화면이 될 수도 있다), 구매 확정까지 이어지는 흐름이다. 구독형 유통 업체(의류, 화장품, 다른 소비재)는 고객 온보딩 프로세스에서 단계별 내비게이션을 활용하는데, 맨 처음에 고객에게 질문지나 온라인 설문을 요청한다. 고객은 일련의 질문에 단계별로 답하면서, 선호하는 스타일, 예산, 사이즈, 브랜드, 원하는 배송 빈도를 알려 준다.

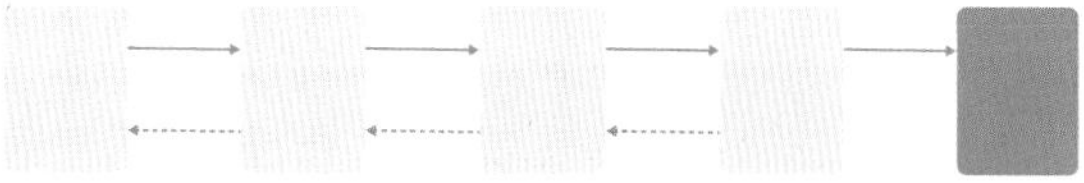

그림 3-4 단계별 모델

피라미드 모델

피라미드 모델은 앞의 단계별 모델을 변형한 형태다(그림 3-5). 허브나 메뉴 페이지와 같이 한 지점에서 전체 항목이나 서브 페이지 순서를 보여 준다. 사용자는 처음에 어떤 항목이든 골라서 들어가고, '뒤로 가기'나 '다음' 링크를 이용해서 순서대로 다른 항목으로 이동한다. 어디에 있더라도 허브 페이지로 다시 돌아갈 수 있다. 상세한 내용을 알고 싶다면 이번 장의 피라미드 패턴을 참고하라. 스토리를 사진 갤러리 형태로 발행하는 콘텐츠 웹사이트에서 흔히 사용한다.

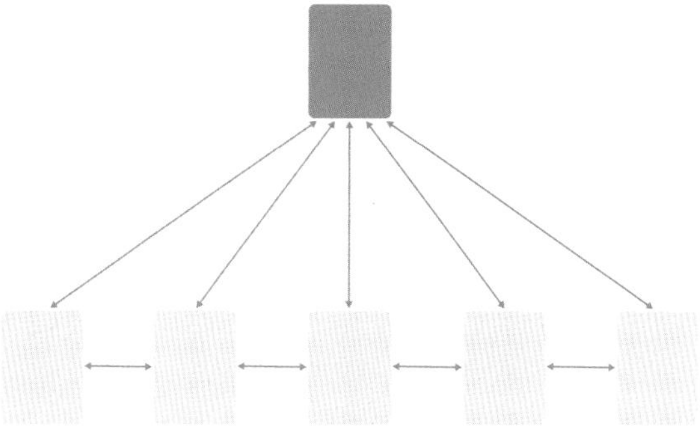

그림 3-5 피라미드 모델

어떤 정보는 잘게 쪼개진 여러 항목이 아니라 하나의 거대한 공간으로 표현하는 게 더 좋다. 지도, 큰 이미지, 긴 텍스트 문서, 인포그래픽, 시간 기반의 미디어(사운드나 비디오)가 그렇다. 패닝panning과 확대zooming 역시 내비게이션에 속한다. 따라서 패닝(수평 또는 수직 이동), 확대와 축소, 익숙한 위치와 상태로 재설정하는 기능을 제공하라.

그림 3-6은 패닝과 확대 사례인데, 지도 인터페이스에서 가장 흔하게 사용하는 내비게이션 방식이다.

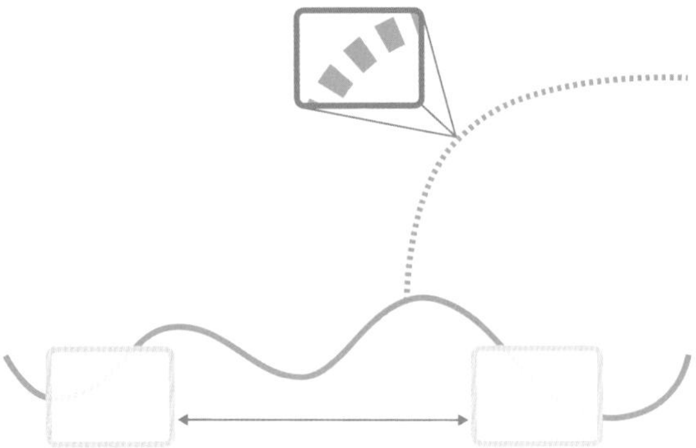

그림 3-6 패닝과 확대

넓고 얕은 내비게이션

일부 애플리케이션은 내비게이션이 거의 또는 전혀 필요가 없다. 포토샵이나 엑셀처럼 **캔버스와 팔레트** 애플리케이션을 생각해 보라. 수많은 툴과 기능에 메뉴, 툴바, 팔레트로 쉽게 접근할 수 있다. 작업에 즉시 사용하지 않는 툴은 **모달 패널**이나 단계별 진행으로 처리한다. 이런 애플리케이션은 앞에서 나열한 내비게이션 모델과는 성격이 전혀 다르다. 사용자는 언제나 자신의 위치를 알고 있지만, 한 번에 사용할 수 있는 기능이 너무 많기 때문에 원하는 툴을 빨리 찾지 못한다.

내비게이션 모델에 관해 세 가지를 염두에 두어야 한다. 첫째, 앱이나 웹사이트에서 여러 내비게이션 모델을 결합해야 할 때, 모델을 조합해 사용하라.

둘째, 일반적으로는 글로벌 내비게이션이 항상 보여서, 사용자의 동선이 짧은 게 좋다. 하지만 내비게이션 옵션이 없는 모드가 나을 때도 있다. 예를 들어 전체 화면으로 슬라이드 쇼를 할 때는 슬라이드 쇼 자체에 집중하고 싶지 복잡한 글로벌 내비게이션은 보고 싶지 않다. 여기서는 '뒤로 가기'와 '다음' 링크, **탈출구**만 있으면 된다. 완전한 글로벌 내비게이션을 모든 화면에 배치하는 데는 비용이 따른다. 공간을 차지하고, 화면도 복잡해지며, 사용자에게 인지 부담을 준다. 사용자에게 페이지를 떠나도 상관없다는 시그널을 줄 수도 있다.

셋째, 모든 메커니즘과 패턴은 각 화면에서 다른 방식으로 보일 수 있다. 복잡한 웹사이트나 앱에서는 각 페이지에서 글로벌 내비게이션을 보여 주기 위해 탭이나 메뉴, 사이드바 트리 뷰를 사용한다. 이를 화면 레이아웃을 디자인하기 전에 결정할 필요는 없다. 모달 패널은 라이트 박스로 대체할 수 있고, 실제 모달 다이얼로그로 디자인할 수도 있지만, 무엇이 모달이어야 하는지 파악하기 전까지 보이는 방식을 결정하지 않아도 된다.

시각 디자인은 디자인 과정 후반부에 정보 구조와 내비게이션 모델을 확정하고 나서 고민해도 괜찮다.

패턴

이번 장에서는 내비게이션과 관련된 다양한 주제를 다루고 있다. 전반적인 구조나 내비게이션 모델, 현재 위치 파악하기, 다음 목적지 결정하기, 목적지까지 효율적으로 도달하는 방법 등의 내용을 다뤘다.

이제부터 살펴볼 디자인 패턴에서 몇 가지 내비게이션 모델을 설명하겠다. 화면 레이아웃과는 다소 독립적인 모델이다.

- 명확한 진입점Clear Entry Points
- 메뉴 페이지Menu Page
- 피라미드Pyramid
- 모달 패널Modal Panel
- 딥링크Deep Links
- 탈출구Escape Hatch
- 메가 메뉴Fat Menus
- 사이트맵 푸터Sitemap Footer
- 로그인 툴Sign-In Tools

이어지는 몇 가지 패턴은 사용자의 현재 위치를 알려 주는 표지판 기능을 한다(잘 설계된 글로벌 내비게이션이 하는 역할이다).

- 프로그레스 인디케이터Progress Indicator
- 브레드크럼Breadcrumbs
- 주석이 붙은 스크롤바Annotated Scroll Bar

프로그레스 인디케이터, 브레드크럼, 주석이 붙은 스크롤바는 콘텐츠 안에서 지도 역할을 한다. **주석이 붙은 스크롤바**는 서로 연결된 여러 페이지보다 패닝과 확대 모델에 더 적합하다. 마지막으로 **전환 애니메이션**은 사용자가 이동할 때 방향성을 갖도록 돕는다. 시각적인 속임수일 뿐이지만, 현재 위치가 어디인지, 무슨 일이 일어나는 중인지 감을 잡는 데 매우 효과적이다. 이제 각 패턴을 하나씩 살펴보자.

13 명확한 진입점(Clear Entry Points)

WHAT 정의하기

사용자가 어디에서 시작해야 하는지 알 수 있도록 인터페이스에 주요 진입점 몇 개만 표시하라. 이는 인터페이스를 처음 쓰는 사람이나 거의 쓰지 않는 사람에게 웹사이트 학습 부담을 덜어 준다. 태스크 기반으로 진입점을 표시하거나, 특정 사용자 유형을 겨냥해서 만들어라. 명확한 콜투액션을 사용하라. 그림 3-7에 명확한 진입점의 개념이 나와 있다.

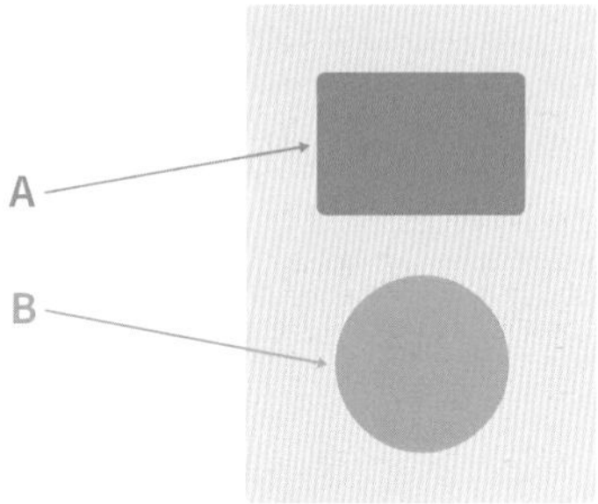

그림 3-7 명확한 진입점 도식

WHEN 언제 사용하면 좋을까?

처음 사용하거나 가끔 쓰는 사용자가 많은 웹사이트나 애플리케이션을 디자인하는 경우에 유용하다. 이런 사용자에게는 소개글에서 필요한 부분만 보여 주거나, 초기 태스크를 수행하게 하거나, 소수의 자주 사용하는 옵션을 선택하도록 하는 게 도움이 될 것이다.

단, 모든 사람에게 앱의 목적이 명확하고, 필요 이상의 내비게이션 단계가 추가될 시 대부분의 사용자가 짜증을 낼 것 같다면(숙련자 또는 고급 사용자를 위한 애플리케이션처럼) 최선의 선택은 아닐 수 있다.

WHY 어떤 효과가 있을까?

일부 애플리케이션과 웹사이트는 처음 열었을 때 수많은 타일 패널, 생소한 용어와 문구, 관련 없는 광고, 비활성화 상태의 툴바 등의 무질서한 정보와 구조를 사용자에게 보여 준다. 처음에 뭘 해야 할지 망설이는 사용자에게 어떤 안내도 명확하게 제시하지 않는다.

"그래, 여기 도착했어. 이제 뭘 해야 하지?" 이렇게 묻는 사용자를 위해 시작할 때 몇 가지 옵션을 나열해라. 제시된 옵션이 사용자 기대에 부합한다면, 사용자는 자신 있게 하나를 선택해서 작업을 시작할 것이며, 이는 **즉각적 만족**에 도움을 준다. 만일 그렇지 않더라도, 최소한 사용자에게 웹사이트나 앱의 역할을 알려 줄 수 있다. 왜냐하면 제일 중요한 태스크나 카테고리를 초반부터 정의하기 때문이다. 애플리케이션에 관해 추가적으로 설명하지 않아도 사용자가 충분히 이해할 수 있게 만든다.

HOW 어떻게 활용할까?

웹사이트를 방문하거나 애플리케이션을 시작할 때, 명확한 진입점을 주요 콘텐츠로 가는 '문'으로 활용하라. 사용자가 충분히 맥락을 이해해서 혼자 진행할 수 있을 때까지는 친절하면서도 분명하게 진입점으로 사용자를 안내해라.

진입점은 사용자가 애플리케이션이나 웹사이트에 들어온 이유 대부분을 포함해야 한다. 디자인에 따라 진입점이 한두 개일 수도, 여러 개가 있을 수도 있다. 다만, 신규 사용자도 이해할 수 있는 용어로 진입점을 작성해야 한다. 애플리케이션을 써본 사람만 알 수 있는 특수한 툴 이름을 쓰는 것은 적당하지 않다. 진입점은 중요도에 따라 시각적으로 강조해야 한다.

웹사이트는 대부분 홈페이지 또는 시작 페이지에서 글로벌 내비게이션, 유틸리티 내비게이션 등 추가 내비게이션 링크를 나열한다. 명확한 진입점보다 작고 눈에 덜 띄어야 하는 링크다. 왜냐하면 이는 진입점보다 더 전문적인 링크이고, 차고 문이 거실로 연결되지 않는 것처럼 웹사이트 핵심부로 연결되지 않기 때문이다. 명확한 진입점이 중요한 '대문' 역할을 해야 한다.

EXAMPLES 예시

애플의 아이패드iPad 메인 페이지(그림 3-8)는 몇 가지 역할만 수행한다. 아이패드가 무엇인지 설명하고, 아이패드를 매력적으로 보이게 만들고, 구매 페이지나 제품 상세 페이지로 진입하도록 유도하는 역할이다. 상단의 글로벌 내비게이션은 강력하게 규정된 진입점에 비해 시각적으로 중요도가 낮다.

다음으로 시선은 글로벌 내비게이션 밑에, 도식화된 아이콘을 모아 놓은 다음 줄에 집중된다. 여기에 다양한 아이패드 모델이나 액세서리로 가는 링크가 있다. 스크롤을 내리지 않고 제일 먼저 볼 수 있는 영역에서 사용자 시선은 '아이패드 프로'에 고정된다. 페이지에서 스크롤을 내리면 추가적인 진입점, 즉 다른 아이패드 모델 프로모션 이미지를 볼 수 있다.

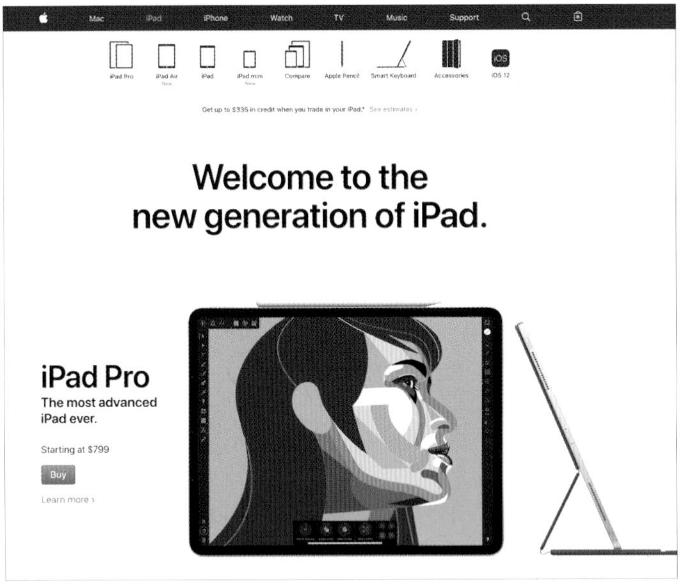

그림 3-8
애플의
아이패드 페이지

스포티파이Spotify(그림 3-9)는 웹사이트 랜딩 페이지에서 오로지 신규 사용자에 집중한다. 화면 중심에 단순 명료한 콜투액션을 배치했다.

어도비 일러스트레이터Adobe Illustrator 및 기타 애플리케이션은 앱을 실행할 때 시작 다이얼로그를 보여 준다(그림 3-10). 신규 사용자 또는 자주 들어오지 않는 사용자에게 수행할 수 있는 액션을 알려 주는 다이얼로그다. 주요 액션은

그림 3-9
스포티파이
랜딩 페이지

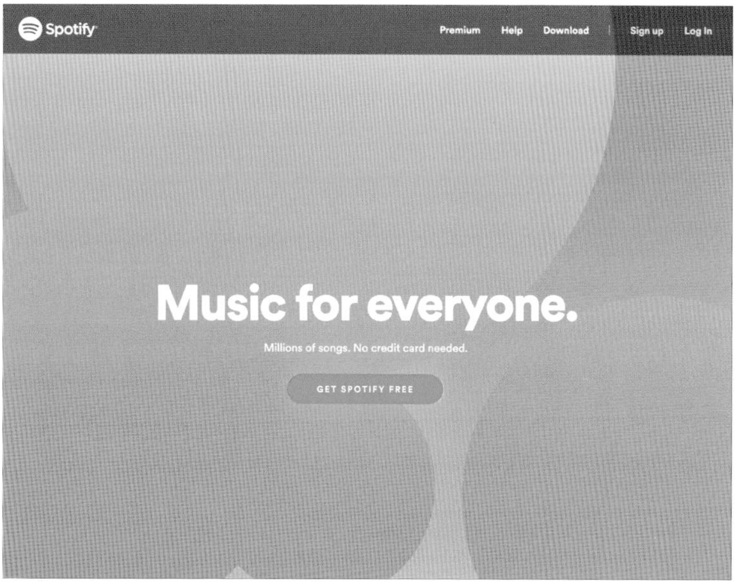

그림 3-10
어도비
일러스트레이터 CC
시작 다이얼로그

새 문서를 생성하거나 기존 문서를 여는 것이다. 각 액션을 다이얼로그 왼쪽과 오른쪽에서 두 번 반복해 보여 주고 있다. 왼쪽에는 숙련된 사용자 또는 곧바로 작업에 들어갈 준비가 된 사용자를 위해 볼드 처리된 '새로 만들기'와 '열기' 버튼이 있다. 버튼의 크기는 작지만 시각적으로 강조하여 눈에 띈다.

오른쪽에도 두 가지 동일한 옵션이 있지만, 내용을 풀어서 시각적으로 설명하고 크게 보여 준다. '빠르게 새로운 파일 만들기'에서 사용자가 선택할 법한 디바이스와 화면 크기 옵션을 몇 가지 제시한다. 각 옵션을 다이어그램으로 도식화하여 이해하기 쉽다. 하단에 '최근' 항목에서는 최근에 연 파일을 그리드로 보여 준다. 각 파일을 섬네일 이미지로 넣어서 사용자가 인지하고 떠올리기 쉽게 했다. 각기 다른 종류의 사용자에게 어필하기 위해 진입점을 다르게 디자인한 좋은 예시다.

프레지Prezi(그림 3-11)는 스포티파이처럼 웹사이트 진입점을 사용해 잠재 고객이 구매를 쉽게 진행할 수 있게 했다. 프레지의 경우 혁신적인 프레젠테이션 소프트웨어가 어떻게 작동하는지 설명해야 한다. 프레지 제품을 다른 경쟁 제품과 차별화하는 것이 가장 중요하기 때문인데, 프레지를 구매하려고 고민하고 있는 사람들이 가장 궁금해 하는 부분이기도 하다. 진입점은 '들어와서 어떻게 작동하는지 확인해 봐'라는 메시지를 던진다.

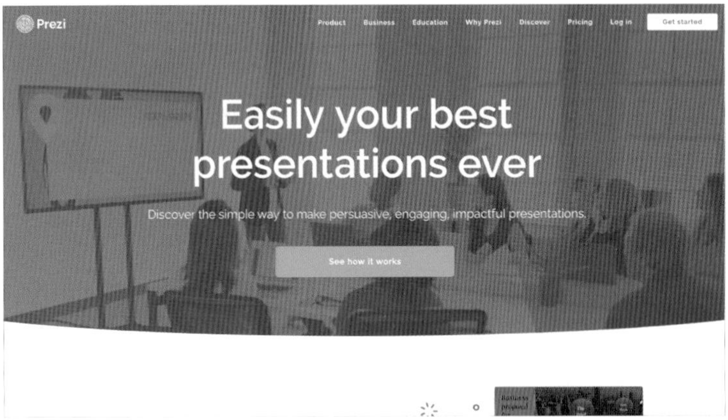

그림 3-11 프레지의 랜딩 페이지

테슬라Tesla(그림 3-12) 웹사이트에서는 세 대의 테슬라 차량 모델이 3가지 진입점을 각각 표현하고 있다. 첫 화면은 모델 3(인터페이스가 모델 3를 확대한 상태에서 시작하는데, 영리한 디자인이다.)에 시선이 집중된다. 모델 3에 초점이 맞추어진 상태에서 2개의 진입점이 보이는 '테슬라 맞춤 제작하기'와 '현재 구매할 수 있는 차량 찾아보기'다.

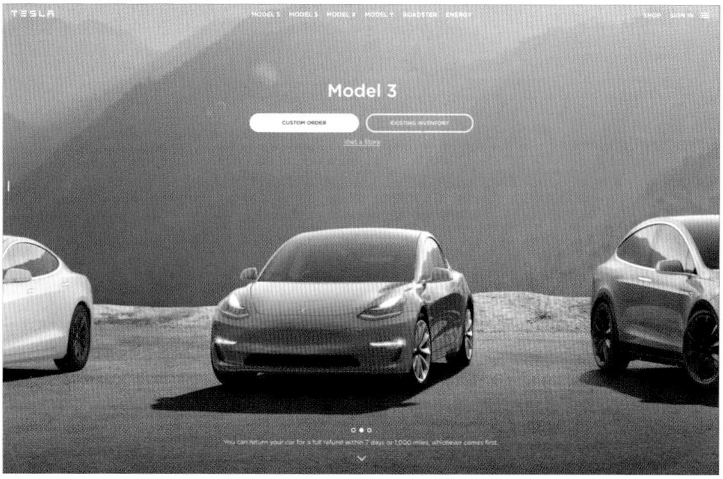

그림 3-12 테슬라의 랜딩 페이지

14 메뉴 페이지(Menu Page)

WHAT 정의하기

웹사이트나 앱의 페이지를 풍성한 콘텐츠가 담긴 페이지로 가는 링크 목록으로 채운 것이다. 사용자가 잘 선택할 수 있도록 각 링크에 관련된 충분한 정보를 표기한다. 페이지에 다른 중요한 내용은 표시하지 않는다. 크레이그리스트 Craigslist 홈페이지(그림 3-13)는 매우 성공적인 메뉴 페이지 사례다.

그림 3-13 크레이그리스트의 메뉴 페이지

WHEN 언제 사용하면 좋을까?

여러분은 홈페이지, 시작 화면, 목차 역할을 하는 화면을 디자인하고 있고, 사용자가 여기에서 어디로 이동할 수 있는지 보여 주려 한다. 그런데 추천 콘텐츠(글, 비디오, 할인 상품)를 넣을 공간이 없다. 또는 사용자가 원하는 링크를 자유롭게 선택하게 하고 싶다.

모바일 앱과 웹사이트에서는 많은 내비게이션 옵션을 보여 줘야 할 때 작은 화면을 최대한 활용하기 위해 종종 간결한 1열로 된 메뉴 페이지를 사용한다.

만약 웹사이트 방문자의 페이지 체류 시간을 늘려야 한다면, 페이지 일부는 추천 콘텐츠나 다른 흥미로운 콘텐츠를 보여 주는 공간으로 남겨 놓는 게 나을지도 모른다. 메뉴 페이지가 최고의 선택이 아닐 수도 있다. 이와 유사하게 방문자에게 웹사이트가 추구하는 가치와 목적을 설명해야 한다면 거기에 대신 페이지 공간을 할애해야 한다.

메뉴 페이지를 활용할 때는 용기가 필요한데, 다음 사항에 확신이 있어야 하기 때문이다.

- 방문자는 웹사이트나 앱이 무슨 내용을 담고 있는지 알고 있다.
- 방문자는 사용 목적이 무엇이고, 원하는 정보를 어떻게 찾을지 알고 있다.
- 방문자는 특정 주제나 목적지를 찾고 있고, 거기로 최대한 빠르게 이동하고 싶어 한다.
- 방문자는 뉴스, 업데이트, 추천 콘텐츠에 관심이 없다.
- 방문자는 메뉴 페이지 디자인의 밀도가 높아도 혼란스러워하거나 거부감을 느끼지 않을 것이다.

WHY 어떤 효과가 있을까?

사용자는 방해 요소 없이 이용 가능한 내비게이션 옵션에 온전히 집중할 수 있다. 링크를 정리하고 설명하고 보여 주는 데 화면 전체(또는 대부분)를 활용하므로 사용자를 니즈에 가장 부합하는 목적지로 안내한다.

모바일 화면을 만든다면 기능 위계가 복잡한 모바일 웹사이트나 앱을 디자인할 때 메뉴 페이지를 주로 활용할 것이다. 목록 레이블은 간결하게 작성하고, 터치 스크린에서 사용자가 탭하기 쉽도록 터치 영역을 충분히 크게 만들고, 메뉴의 정보 구조가 너무 깊지 않도록 하라.

주의사항이 있다. 사용자가 메뉴 페이지를 부담스럽게 느낄 수 있다는 점이다. 거의 진입하지 않는 화면, 예를 들어 '참고'나 '인덱스 페이지'에서만 사용하는 것을 고려하라. 메뉴 페이지가 어디에 있든, 더 쉽게 내용을 이해할 수 있도록 콘텐츠를 정렬하고, 그룹핑하고, 레이블을 붙여라.

뒤에 이어지는 내용은 일반적인 웹사이트와 앱에 해당된다. 우선 링크 레이블을 적절하게 붙이고 사용자가 어디로 이동할지 결정할 수 있도록 정보를 충분히 제공하라. 말처럼 쉽지는 않다. 방문자 입장에서 각 링크에 간단한 설명이나 맛보기가 있으면 도움이 되겠지만, 페이지 공간을 많이 차지할 것이다. 섬네일 이미지와 비슷하다. 넣으면 멋있어 보이지만, 얼마나 많은 가치를 더하는지 차지하는 공간에 대비해 따져봐야 한다.

그림 3-14의 샌프란시스코 주 정부 디렉터리 화면과 그림 3-15의 UC 버클리 University of California 디렉터리 화면을 보라. 샌프란시스코 주 정부 부서 페이지에 들어가면 단순히 알파벳 순서로 구성된 목록만 보인다.

UC 버클리 메뉴 페이지 방문자는 이미 링크의 의미가 학사 프로그램 이름이라는 것을 알고 있으므로 학교에 관한 일반적인 정보보다 제공하는 학위에 관한 부가 정보를 추가했다. 따라서 디자이너는 더 많은 링크를 화면 위로 밀어 넣었다. 결과적으로 정보가 풍부하고, 방문자에게 유용한 화면이 되었다.

반대로, AIGA 리소스 페이지(그림 3-16)는 텍스트와 이미지로 설명을 풍부하게 한다는 장점이 있다. 제목만으로 방문자 클릭을 유도하기에는 정보가 충분하지 않기 때문이다. 사용자는 링크를 클릭하고 도달한 페이지가 원했던 내용과 전혀 다르다면 급격히 실망할 것이다. 제일 먼저 설명이 정확하고 타당한지 확인해라.

둘째, 링크 목록을 시각적으로 잘 정리할 수 있도록 고민하라. 링크는 카테고리로 묶여 있는가, 아니면 2단계나 3단계 계층 구조로 구성되는가? 날짜 순서로 정렬했는가? 목록에서 링크 구조가 잘 보이도록 하라.

셋째, 검색 상자를 잊지 마라. 마지막으로, 해당 페이지에서 이야기하고 싶은 게 또 있는지 한번 더 고민해 보라. 홈페이지는 사용자를 끌어당기는 데 특히 유용한 공간이다. 페이지에 넣을 만한 흥미로운 맛보기 글이 있는가? 시각적인 요소가 있는가? 이런 요소를 배치하는 게 재미를 주기보다 짜증을 불러일으킬 것 같다면, 깔끔하게 메뉴 페이지를 디자인해라.

EXAMPLES **예시**

샌프란시스코 주 정부 웹사이트인 SF.gov는 포털식으로 디자인되어 있다(그림 3-14). 모든 서비스와 부서로 가는 링크를 한군데에 모아 두었다. 거대 정부기관 안의 특정 부서나 서비스를 검색하는 사람이 주요 유스케이스라는 것을 함의하고 있다.

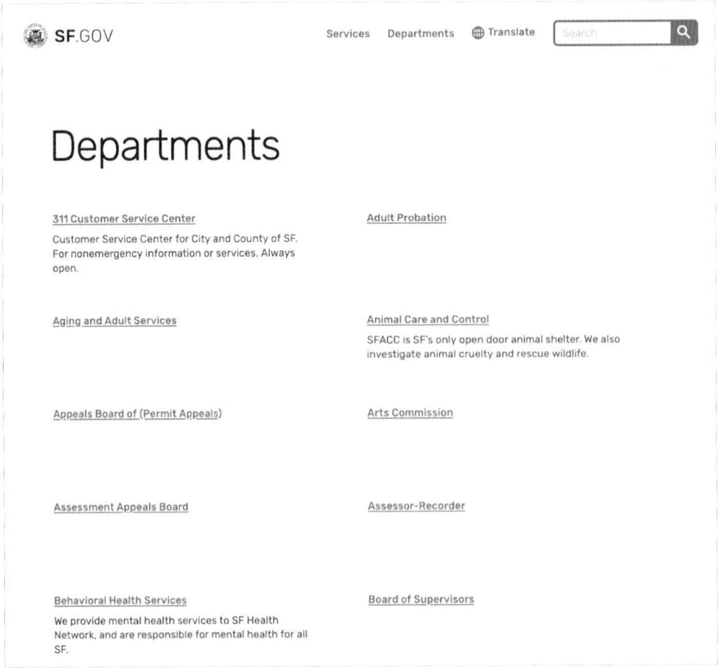

그림 3-14 샌프란시스코 주 정부 웹사이트(SF.gov)

UC 버클리 웹사이트(그림 3-15)에서 학위Academics 페이지를 누르면 다음과 같은 링크 목록이 나타난다. 사용자는 이 시점에 아마 특정 학과나 리소스를 찾고 있을 것이다. 가령 'UC 버클리'에 관한 설명을 찾고 있지는 않을 것이란 말이다. 잘 정의된 니즈에 응답하는 페이지로 방문자를 이동시키는 것이 메뉴 페이지의 요점이다.

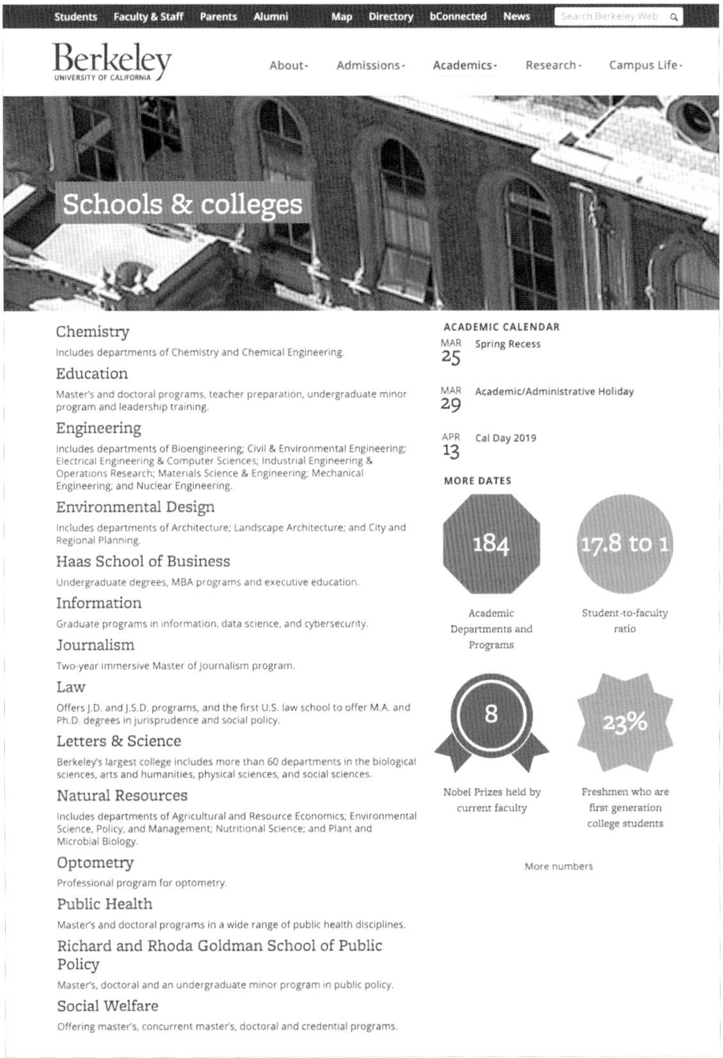

Students Faculty & Staff Parents Alumni Map Directory bConnected News
Search Berkeley Web
Berkeley
UNIVERSITY OF CALIFORNIA
About Admissions Academics Research Campus Life
Schools & colleges
Chemistry
Includes departments of Chemistry and Chemical Engineering.
Education
Master's and doctoral programs, teacher preparation, undergraduate minor program and leadership training.
Engineering
Includes departments of Bioengineering; Civil & Environmental Engineering; Electrical Engineering & Computer Sciences; Industrial Engineering & Operations Research; Materials Science & Engineering; Mechanical Engineering; and Nuclear Engineering.
Environmental Design
Includes departments of Architecture; Landscape Architecture; and City and Regional Planning.
Haas School of Business
Undergraduate degrees, MBA programs and executive education.
Information
Graduate programs in information, data science, and cybersecurity.
Journalism
Two-year immersive Master of Journalism program.
Law
Offers J.D. and J.S.D. programs, and the first U.S. law school to offer M.A. and Ph.D. degrees in jurisprudence and social policy.
Letters & Science
Berkeley's largest college includes more than 60 departments in the biological sciences, arts and humanities, physical sciences, and social sciences.
Natural Resources
Includes departments of Agricultural and Resource Economics; Environmental Science, Policy, and Management; Nutritional Science; and Plant and Microbial Biology.
Optometry
Professional program for optometry.
Public Health
Master's and doctoral programs in a wide range of public health disciplines.
Richard and Rhoda Goldman School of Public Policy
Master's, doctoral and an undergraduate minor program in public policy.
Social Welfare
Offering master's, concurrent master's, doctoral and credential programs.
ACADEMIC CALENDAR
MAR 25 Spring Recess
MAR 29 Academic/Administrative Holiday
APR 13 Cal Day 2019
MORE DATES
184
Academic Departments and Programs
17.8 to 1
Student-to-faculty ratio
8
Nobel Prizes held by current faculty
23%
Freshmen who are first generation college students
More numbers

그림 3-15
UC 버클리 스쿨과 컬리지 메뉴 페이지

AIGA 웹사이트에서는 디자인 전문가를 위한 많은 리소스를 찾을 수 있다. 웹사이트에서 리소스를 보여 주기 위해 글로벌 내비게이션에서처럼 여러 상위 레벨 카테고리를 사용하는데, 각 카테고리의 랜딩 페이지가 메뉴 페이지다(그림 3-16). 아티클로 가는 링크는 섬네일 이미지, 요약 글과 함께 표시된다. 이미지와 텍스트를 포함한 풍성한 형식으로 사용자에게 충분한 맥락을 제공하여 글을 읽을지 말지 결정하기 쉽게 해준다. 특정 콘텐츠를 추천하지 않고도 사용자를 끌어당길 만큼 매력적인 페이지이다.

마지막으로, 뉴욕현대미술관MoMA은 메뉴 페이지에서 거대한 이미지와 작은 텍스트를 쓰고 있다(그림 3-17).

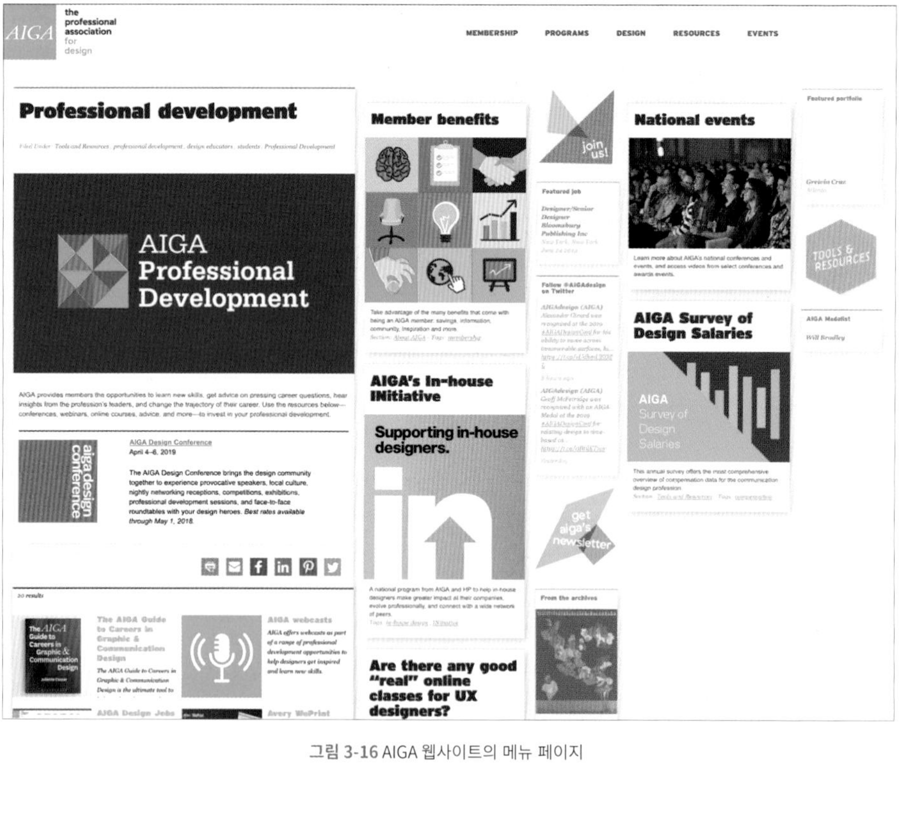

그림 3-16 AIGA 웹사이트의 메뉴 페이지

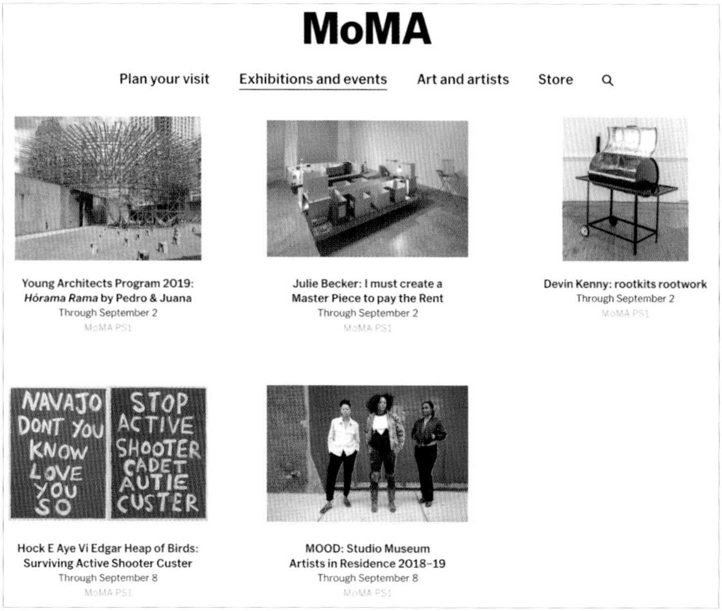

그림 3-17 뉴욕현대미술관 뉴욕 PS1 전시 메뉴 페이지

15 피라미드(Pyramid)

WHAT 정의하기

페이지를 순서대로 '뒤로 가기'와 '다음' 링크로 연결하는 패턴이다. 페이지 전체를 연결하는 상위 페이지를 만들고, 사용자가 순서대로, 또는 순서와 무관하게 페이지를 볼 수 있다. 그림 3-18는 피라미드 패턴을 도식화한 것이다.

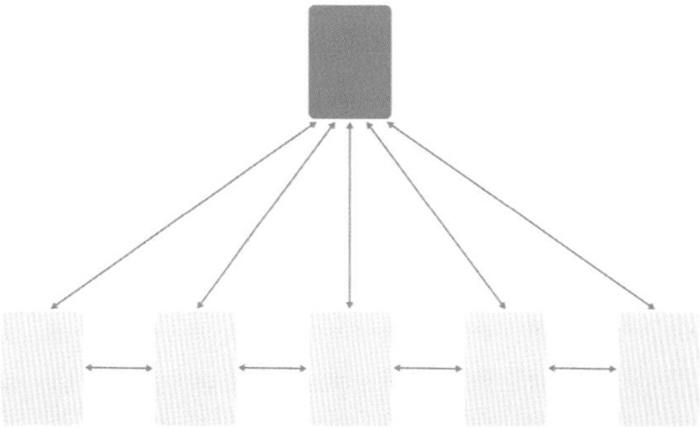

그림 3-18 피라미드 패턴

WHEN 언제 사용하면 좋을까?

웹사이트나 애플리케이션에서 슬라이드 쇼, 마법사, 책의 장, 제품 세트처럼 사용자가 차례로 볼 수 있는 내용을 노출할 때 사용한다. 하지만 일부 사용자는 한 번에 하나씩 정해진 순서와 무관하게 보는 것을 선호할 수 있으므로, 전체 목록에서 사용자가 원하는 항목을 선택할 수 있어야 한다.

WHY 어떤 효과가 있을까?

사용자가 이동하는 데 드는 클릭수를 줄이기 위해 쓴다. 피라미드 패턴은 내비게이션을 효율적으로 만들고, 페이지 간 연속적인 관계를 표현한다.

사람들은 '뒤로 가기', '다음' 링크나 버튼을 보고 뭘 해야 할지 안다. 그렇지만 정해진 페이지 순서에 갇혀 있는 것은 원하지 않는다. 7번째 페이지로 넘어온 후에, 시작점으로 다시 이동하려면 '뒤로 가기' 버튼을 6번 눌러야 한다면? 사용자는 주도권 부족으로 절망감을 느끼고 사용성은 낮아질 것이다.

연속된 페이지에 상위 페이지로 가는 링크를 배치하면 사용자의 선택지를 넓힐 수 있다. 이제 내비게이션 옵션은 '뒤로 가기', '다음', 2개가 아니라 '뒤로 가기', '다음', '위로 가기', 이렇게 3개다. 많이 복잡해진 건 아니지만, 부담 없이 탐색하는 사용자(또는 중도에 마음을 바꾼 사용자)가 원하는 곳으로 도달하기까지 클릭수는 적어진다. 사용자 입장에서 훨씬 편리하다.

비슷한 원리로 서로 연결되지 않은 페이지를 순차적으로 연결하면 전체 페이지를 보고 싶어 하는 사용자에게 유용하다. '뒤로 가기', '다음' 링크가 없다면 사용자는 상위 페이지로 계속 왔다 갔다 하면서 이동해야 하는데, 이럴 경우 탐색을 포기하고 웹사이트를 떠날지도 모른다.

HOW 어떻게 활용할까?

상위 페이지에 모든 항목 또는 페이지를 순서대로 나열하라. 어떤 내용인지에 따라 목록을 디자인하라(7장). 사진이라면 섬네일 그리드로, 글이라면 텍스트 목록으로 디자인한다. 사용자가 항목이나 링크를 클릭하면 해당 페이지로 이동한다.

각 페이지에 '뒤로 가기'와 '다음' 링크를 두어라. 많은 웹사이트가 다음 페이지 제목이나 섬네일을 작게 넣어서 미리 볼 수 있게 한다. '위로 가기' 또는 '취소' 링크를 추가하면 사용자가 상위 페이지로 돌아올 수 있다.

피라미드 패턴을 변형하여 마지막 페이지에서 상위 페이지로 돌아가지 않고, 첫 페이지로 다시 연결하면 페이지 배열을 정적인 선형에서 반복되는 형태로 바꿀 수 있다. 효과가 있을 수도 있지만, 사용자가 한 바퀴를 돌아서 처음 지점으로 왔다는 것을 인지할까? 사용자가 정해진 페이지 순서에서 첫 페이지가 무엇인지 알고 있을까? 반드시 그런 것은 아니다. 순서가 중요하다면, 마지막 페이지는 상위 페이지로 연결해야 한다. 이렇게 해야 사용자가 볼 수 있는 모든 항목을 확인했다는 것을 인지할 수 있다.

EXAMPLES 예시

페이스북의 사진 앨범 페이지는 전형적인 피라미드 패턴의 사례다. 페이지를 스크롤하면 앨범 전체를 볼 수 있다(그림 3-19). 여기서 이미지는 섬네일로 표시된다. 개별 사진을 선택하면 피라미드 패턴으로 구성된 슬라이드 쇼가 열린다(그림 3-20). '오른쪽으로 스크롤하기', '왼쪽으로 스크롤하기', '다시 그리드로 나가기'가 내비게이션 옵션이다.

그림 3-19 페이스북 사진 앨범

그림 3-20 페이스북 사진 앨범의 개별 페이지. 사진 근처에 '뒤로 가기', '다음', '닫기' 버튼이 있다.

16 모달 패널(Modal Panel)

WHAT 정의하기

모달 패널이란 메시지를 확인하고, 폼을 완료하고, 패널을 닫는 것 이외에 다른 내비게이션 옵션이 없는 화면을 의미한다. 모달은 현재 화면을 덮고 위에 나타나며, 주로 사용자 액션으로 인해 실행된다. 예를 들어 사용자가 특정 항목을 선택했거나 무언가를 자동으로 실행시키는 액션을 할 때 나타난다.

모달 패널은 보통 전체 화면이나 페이지 위에 라이트박스 형태로 표시된다. 뒤에 있는 화면은 보이기는 하지만 모달을 제외한 나머지 부분은 회색 레이어로 덮이고, 사용자가 접근할 수 없다. 모달 패널은 사용자가 주의해야 하는 작고 집중적인 태스크에 사용한다. 모달은 주로 사용자가 태스크를 완료할 때까지 다른 내비게이션 옵션이 없는 한 페이지로 구성된다. 그림 3-21은 모달 패널을 도식화한 것이다.

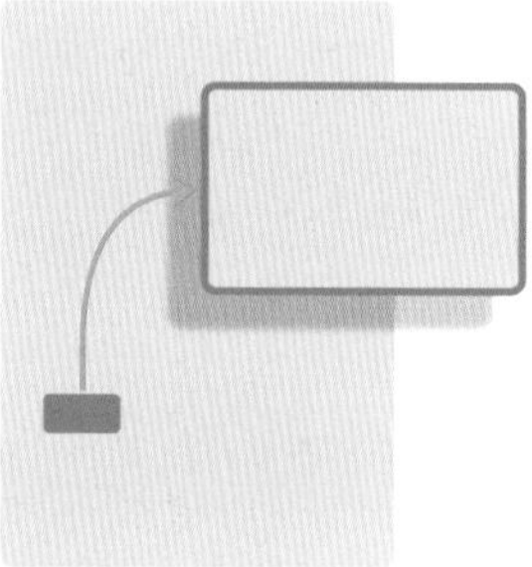

그림 3-21 모달 패널

WHEN 언제 사용하면 좋을까?

모달은 하나의 액션이나 프로세스에 집중하게 하는 데 매우 효과적이다. 또한 사용자가 작은 태스크를 처리하고 다시 주요 태스크로 돌아오기를 바랄 때, 주요 화면에서 작은 태스크를 수행하는 동안 컨텍스트를 잃지 않게 하는 데 유용하다. 앱이나 웹사이트가 사용자의 입력 없이 진행되서는 안 되거나 진행할 수 없는 상태일 때도 유용하다.

예를 들어 문서 중심 애플리케이션에서 '저장'을 하려면 파일명이 지정되지 않은 경우, 사용자가 파일 이름을 입력해야 한다. 또는 중요한 메시지를 보거나 태스크를 진행하려면 아이디와 비밀번호를 입력해 로그인해야 한다.

사용자가 단순히 사소한 액션을 시작했는데 추가 입력이 필요한 경우라면, 모달 패널 없이 입력 값을 요청하는 방법을 찾아보라. 버튼 바로 밑에 텍스트 필드를 표시하고 사용자가 다시 돌아올 때까지 그대로 둘 수도 있다. 값을 입력하기 전까지 전체 웹사이트나 앱을 멈출 필요는 없다. 사용자가 다른 작업을 하고 나중에 질문으로 돌아올 수 있게 하라.

WHY 어떤 효과가 있을까?

모달 패널은 사용자가 다른 내비게이션 옵션을 쓸 수 없게 한다. 사용자는 모달 패널을 무시하고 앱이나 웹사이트의 다른 위치로 이동할 수 없다. 지금 당장 모달 패널을 처리해야 한다. 사용자는 해당 작업을 완료한 뒤에야 원래 자신이 있었던 위치로 돌아간다. 비록 지난 몇 년간 애플리케이션에서 남용되기는 했지만, 모달 패널은 이해하기 편하고 프로그래밍하기 쉬운 모델이다.

모달 패널은 흐름을 방해한다. 사용자가 모달 패널이 묻는 모든 질문에 대답할 준비가 되어 있지 않다면 모달 패널은 작업흐름을 방해하고, 사용자가 신경쓰지 않는 주제에 대해 바로 결정을 내리도록 강요한다.

하지만 적절히 사용한다면, 모달 패널은 사용자가 결정해야 하는 내용에 주의를 집중하게 해준다. 사용자의 주의를 분산시킬 만한 다른 내비게이션 옵션은 없다.

HOW 어떻게 활용할까?

사용자가 집중하는 화면과 같은 공간에, 필요한 정보를 요청하는 패널이나 다이얼로그 박스 또는 페이지를 배치하라. 사용자가 해당 애플리케이션에서 다른 페이지를 띄우는 것을 방지해야 한다. 패널은 비교적 복잡하지 않아야 하고, 집중을 방해하는 요소를 최소화하여 사용자가 새로운 태스크에 집중할 수 있게 해야 한다.

모달 패널이 내비게이션과 관련된 패턴이라는 점을 기억하라. 사용자가 모달 패널에서 나가는 길을 표시해야 하지만, 표지판이 너무 많아서는 안 되고 1개에서 3개가 적당하다. 대부분의 경우 '저장하기' 또는 '저장하지 않음'처럼 간결한 동사형 레이블 버튼을 쓴다. '닫기' 또는 'X' 버튼은 주로 우측 상단에 있다. 버튼을 누르면 사용자는 모달 패널에 진입하기 전에 있던 페이지로 돌아간다.

라이트박스는 모달 패널을 보여 주는 매우 효과적인 시각적 표현이다. 화면 대부분을 어둡게 하여 밝은 모달 패널을 강조하고 시선을 집중시킨다. 라이트박스가 효과가 있으려면 모달 패널이 사용자가 쉽게 발견할 수 있을 만큼 충분히 커야 한다.

일부 웹사이트는 로그인과 회원가입에 모달을 사용한다. 진짜 필요한 경우에만 로그인과 회원가입을 유도하는(사용자를 방해하지 않으려고) 쇼핑몰 및 기타 웹사이트들이 일반적으로 쓰는 방식이다. 글로벌이나 로컬 내비게이션은 사라지고 로그인 작업을 하거나 빠져나가는 내비게이션만 남는다.

운영체제와 그래픽 사용자 인터페이스 플랫폼은 주로 운영체제의 모달 다이얼로그 박스를 사용한다. 전통적인 데스크톱 애플리케이션에서 자주 쓰는 방식이다. 웹사이트에서는 이를 피하고, 디자이너가 다루기 쉽고 사용자에게 덜 지장을 주는 가벼운 오버레이 기술을 사용해야 한다. 왜냐하면 운영체제의 모달 다이얼로그는 모달 창을 제외한 나머지 인터페이스를 정지시키기 때문이다.

EXAMPLES 예시

에어비앤비는 라이트박스를 사용해 로그인에 시선을 집중시킨다(그림 3-22). 이는 에어비앤비 웹사이트 랜딩 페이지에 바로 나타난다. 처리하는 방법은 3가지 밖에 없는데, 로그인하거나, 회원가입하거나, 왼쪽 상단에 있는 익숙한 'X' 버튼을 누르는 것이다. 라이트박스를 강조한 모달 패널의 전형적인 사례다. 에어비앤비가 사용자의 컴퓨터를 인식할 수 없다면(주로 사용자가 쿠키를 삭제했기 때문에), 모달 패널은 이중 인증 화면을 보여 준다.

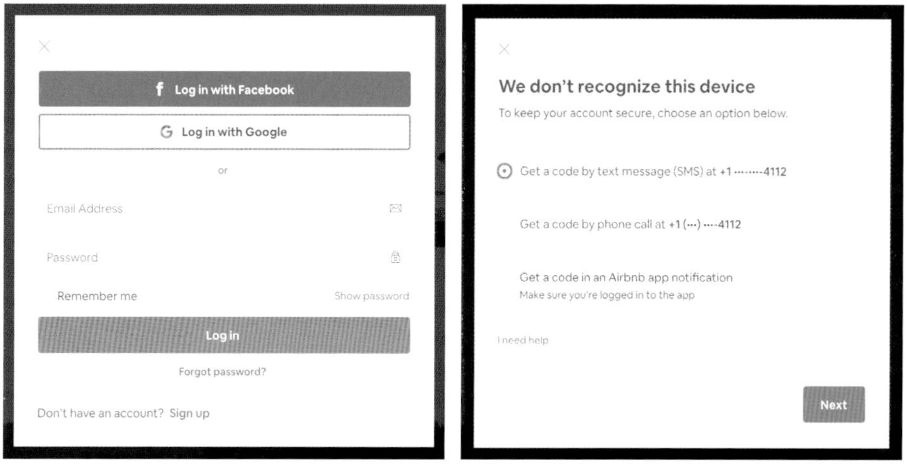

그림 3-22 에어비앤비의 로그인 모달 패널과 보안 확인 모달 패널

앞서 이야기한 것처럼 쇼핑 웹사이트는 종종 구매 프로세스를 최대한 방해하지 않으려고 마지막까지 로그인이나 회원가입을 미룬다. 사용자가 장바구니 페이지에 있다면, 로그인하라고 요청하는 게 합리적이다. 로그인한 사용자는 배송 및 결제 정보를 불러오려 할 것이고, 쇼핑몰은 신규 고객이 회원가입하기를 바랄 것이다. B&H 포토 비디오B&H Photo Video(그림 3-23)가 좋은 사례다.

메이시스Macy's는 모달 창을 쇼핑 프로세스 초반에 사용한다(그림 3-24). 쇼핑하는 사용자가 품목을 장바구니에 추가했을 때 이를 확인하는 용도다. 장바구니에 상품이 추가되었다는 것을 알리면서, 동시에 사용자가 관심을 가질 법한 추가 품목을 추천하는 전략을 쓴다.

프라이스라인Priceline은 모달을 사용해서 고객의 이탈 가능성에 영리하게 대응한다(그림 3-25). 고객이 비행기나 호텔을 검색했지만 검색 결과 페이지에서 작업을 더 진행하지 않는다면, 다른 태스크로 전환했거나 웹사이트를 옮겼을 가능성이 높다. 프라이스라인은 고객이 돌아오길 바라기 때문에, 짧은 시간이

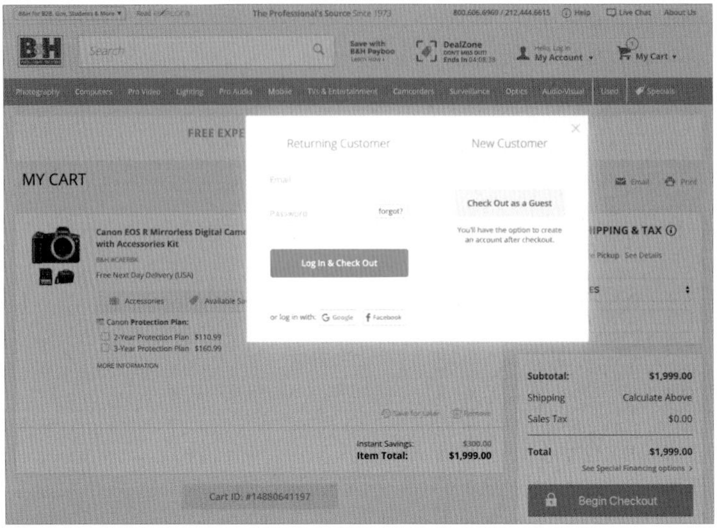

그림 3-23
B&H 포토 비디오의
체크아웃 로그인 모달

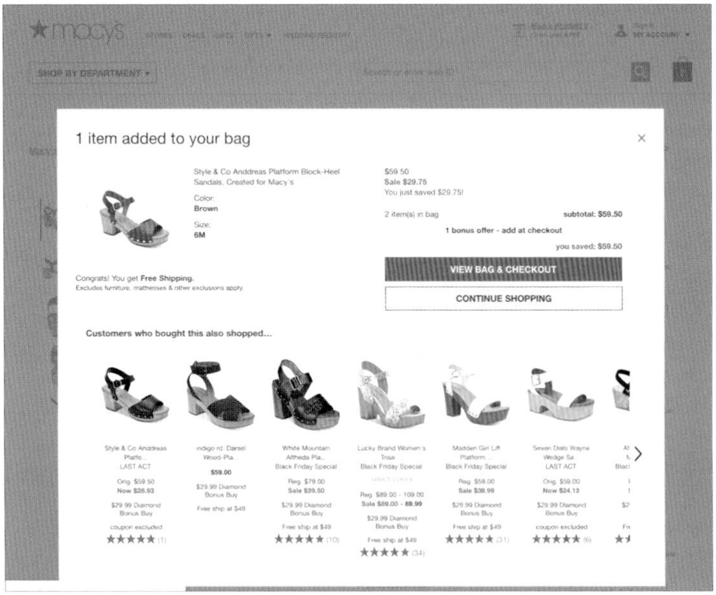

그림 3-24
메이시스의
'장바구니에 담김'
확인 모달

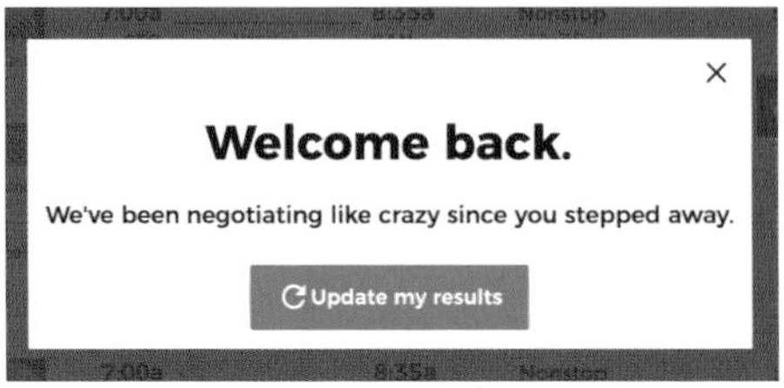

그림 3-25
프라이스라인의
시간 초과 및
고객 복귀 요청 모달

지나면 이 모달 창이 나타나 전보다 업데이트된 최신 검색 결과를 제공한다.

맥 OS 모달 다이얼로그 박스의 '그림자'는 창 제목 표시 줄에서 내려오면서(당연히 애니메이션 효과를 입혔다) 시선을 집중시킨다. 실제로 이러한 애플리케이션 수준의 모달 다이얼로그 박스는 사용자가 애플리케이션의 나머지 부분과 인터랙션하는 것을 방지한다. 따라서 사용자는 다른 작업을 하기 전에 모달 다이얼로그 작업을 완료하거나 닫아야 한다(그림 3-26).

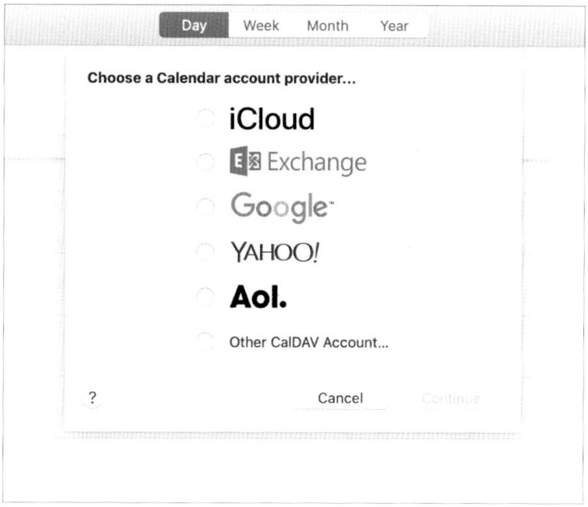

그림 3-26
맥 애플리케이션의 모달 패널

17 딥링크(Deep Link)

WHAT 정의하기

웹사이트나 앱의 상태를 포착해서 URL이나 링크로 저장하거나 다른 사람과 공유할 수 있도록 한다. 로딩이 완료되면 사용자가 앱에서 전에 보던 상태로 복원해 준다. 딥링크는 소프트웨어에서 위치뿐만 아니라 특정 상태에 진입하는 수단이 된다.

예를 들어 로그인한 상태로 가거나, 중단했던 프로세스를 이어 가거나, 기존에 입력했던 정보를 복원한다. 북마크, 퍼머링크permalink, 딥링크는 사용자가 어디에서 출발하든, 원하는 위치나 상태로 손쉽게 이동할 수 있게 도와준다. 원하는 페이지나 상태에 도달하기까지 여러 링크를 거칠 필요가 없다.

모바일 OS에서 딥링크는 정보를 잃어 버리거나 작업 맥락이 끊기는 일 없이 사용자가 앱과 앱 사이를 이동할 수 있도록 한다. 그림 3-27은 딥링크의 작동 방식을 도식화했다.

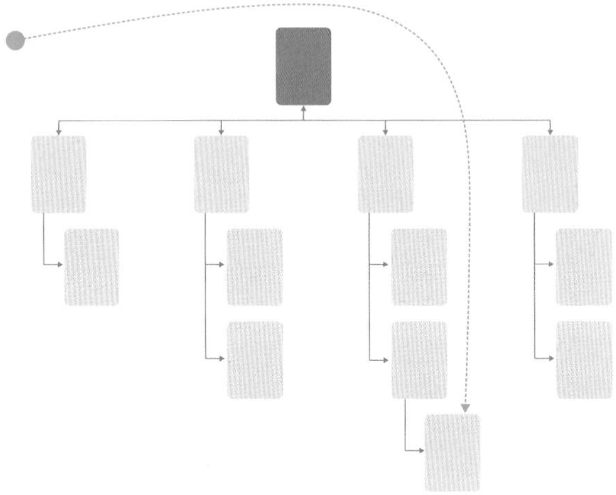

그림 3-27 딥링크 작동 방식

WHEN **언제 사용하면 좋을까?**

웹사이트나 앱에서 구체적이고 인터랙티브한 콘텐츠를 다룰 때 사용한다. 예를 들면 확대하거나 축소하면서 보는 지도, 책, 비디오 클립, 인포그래픽이 있다. 딥링크를 다른 사람에게 공유하는 이유는 무엇일까? 딥링크로 진입하지 않으면 찾기 어렵거나, 일반적인 홈에서 들어가려면 수많은 단계를 거쳐야 하는 상태 또는 위치로 바로 이동할 수 있게 하고 싶어서다.

앱에서는 보기 모드, 축척, 데이터 레이어처럼 사용자가 설정할 수 있는 설정 값이나 상태가 많다. 이 때문에 의미 있는 지점을 발견하고 적절한 툴로 정보를 보는 게 더 어려울 수 있다.

WHY **어떤 효과가 있을까?**

사용자는 딥링크를 이용해 원하는 지점과 상태로 즉시 이동하여, 시간과 노력을 절약할 수 있다. 웹사이트 '깊은 곳'에 위치한 콘텐츠로 '링크'되는 것이다. 원하는 콘텐츠로 바로 갈 수 있는 URL이 생성된다는 점에서 블로그 퍼머링크와 유사하게 작동한다. 다만, 애플리케이션의 상태와 위치 둘 다 저장하기 때문에 퍼머링크보다 훨씬 복잡할 수 있다.

딥링크는 사용자가 나중에 다시 되살리고 싶어 하는 상태를 저장하는 데 유용한 패턴이며, 특히 브라우저 북마크 기능처럼 잘 알려진 메커니즘을 쓸 수 있다면 더욱 유용하다. 딥링크는 다른 사람과 공유할 때 진가를 발휘한다. 딥링크된 URL은 이메일로 보내거나, 소셜 네트워크에 게시하고 블로그에 올리는 등 여러 가지 방법으로 활용할 수 있다. 딥링크로 자기 주장을 펼칠 수도 있고, 입소문을 낼 수도 있으며, 링크 자체를 '사회적 매개체'로 만들 수도 있다.

HOW 어떻게 활용할까?

콘텐츠상에서 사용자의 위치를 추적해서 URL에 넣어라. 같은 URL에 재방문했을 때 모든 데이터가 다시 돌아올 수 있도록 코멘트, 데이터 레이어, 마커, 하이라이트와 같은 지원 데이터도 마찬가지로 추적해라. 사용자가 어떤 변수나 인터페이스 상태(확대/축소 수준, 배율, 보기 모드, 검색 결과 등)를 저장하고 싶을지 고민해 보라. 모든 변수를 저장할 필요는 없는데, 딥링크 상태를 불러오면서 사용자가 유지하려는 설정을 변경하면 안 되기 때문이다. 이를 정의하려면 사용자 시나리오를 상세하게 살펴봐야 한다.

URL은 딥링크를 저장하는 최상의 포맷이다. 누구라도 이해할 수 있고, 이동이 쉽고 간결하며, 북마크 서비스처럼 다양한 툴에서 쓸 수 있기 때문이다. 사용자가 콘텐츠를 이동하거나 여러 상태 값을 변경할 때, 즉시 브라우저 URL 입력 필드를 업데이트해서 변경된 URL을 쉽게 복사하고 공유할 수 있게 하라. 브라우저 입력 필드가 눈에 띄지 않을 수도 있으므로, '링크' 기능을 디자인해서 사용자에게 '이 버튼을 누르면 여기로 이동하는 링크가 생성된다'고 직접 알려 줄 수도 있다. 자바스크립트 '임베드' 프래그먼트를 생성하여, 사용자의 현재 위치와 상태를 저장할 뿐 아니라 다른 웹사이트에 이를 삽입할 수 있게 하는 웹사이트도 있다.

모바일 기기에서 딥링크는 특별한 의미를 지니고 있다. iOS와 안드로이드 앱 모두, 공개 URL을 네이티브 OS 모바일 애플리케이션에서 대응하는 위치에 매핑하도록 구성할 수 있다. 이를 통해 공유 링크로 연관된 모바일 애플리케이션을 실행한다. 일반적으로 앱은 웹 브라우저보다 제어 기능도 강력하고, 성능도 좋다. 하나의 모바일 네이티브 애플리케이션에서 다른 애플리케이션으로 딥링크를 전달할 수도 있다. 예를 들어 IMDb 앱은 웹사이트에 올라온 영화 예고편 링크를 호스팅할 수 있다. 모바일 웹브라우저 대신 사용자 기기에 있는 유튜브 앱으로 링크가 전달돼 더 손쉽게 비디오를 재생하고 제어한다.

EXAMPLES 예시

유튜브에서 비디오를 공유할 때 가장 좋은 기능 중 하나는 공유 링크를 만들 때 비디오 시작 지점을 지정하는 기능이다(그림 3-28). 받는 사람이 공유 링크를 누르면 비디오의 원래 시작점이 아니라, 보낸 사람이 지정한 시점부터 영상이 재생된다.

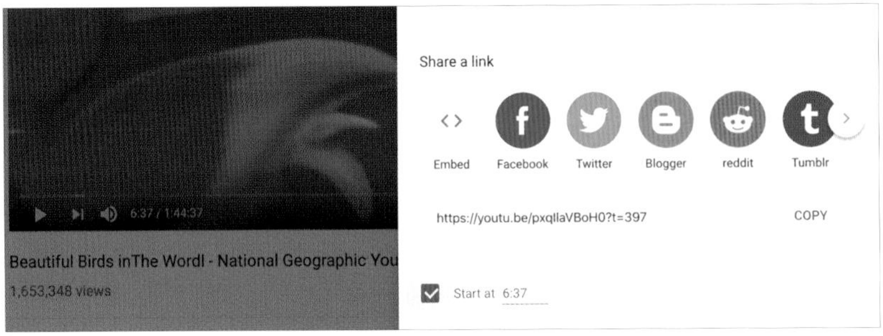

그림 3-28 유튜브 비디오 공유하기

구글 북스Google Books는 URL에서 수많은 상태 값을 저장한다(그림 3-29). 페이지, 보기 모드(한 페이지, 두 페이지, 섬네일), 툴바 여부, 검색 결과까지 말이다. 확대/축소 수준은 매우 개인적인 설정이기 때문에 저장하지 않도록 했다. 링크 툴에서 보이는 URL은 사실 불필요하다. 브라우저에서 보이는 URL과 정확히 동일하기 때문이다.

애플 iOS에서 운영체제는 사용자의 핸드폰에 설치된 앱의 딥링크 구성과 브라우저 공개 URL을 대조해 본다. 링크를 타고 온 사용자가 모바일 브라우저에서 제한된 기능만 쓰기보다, 앱을 설치했다면 모바일 앱에서 선택한 페이지, 노래, 스트림, 또는 비디오를 볼 수 있도록 연결하는 것이다(그림 3-30). 모바일 앱으로 경로를 재설정하면 사용자는 더 많은 기능을 쓸 수 있고, 보다 강렬한 시청 경험을 즐길 수 있다.

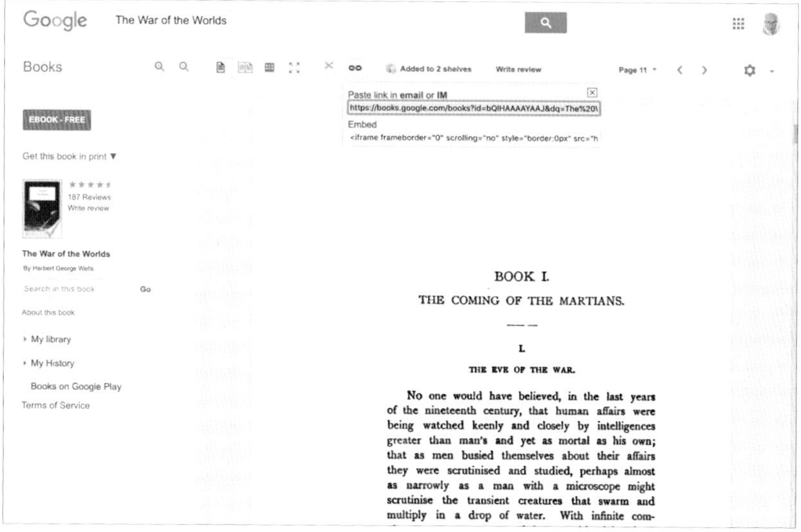

그림 3-29 구글 북스에서는 브라우저의 URL 입력 필드와 링크 기능, 두 곳에서 딥링크를 볼 수 있다.

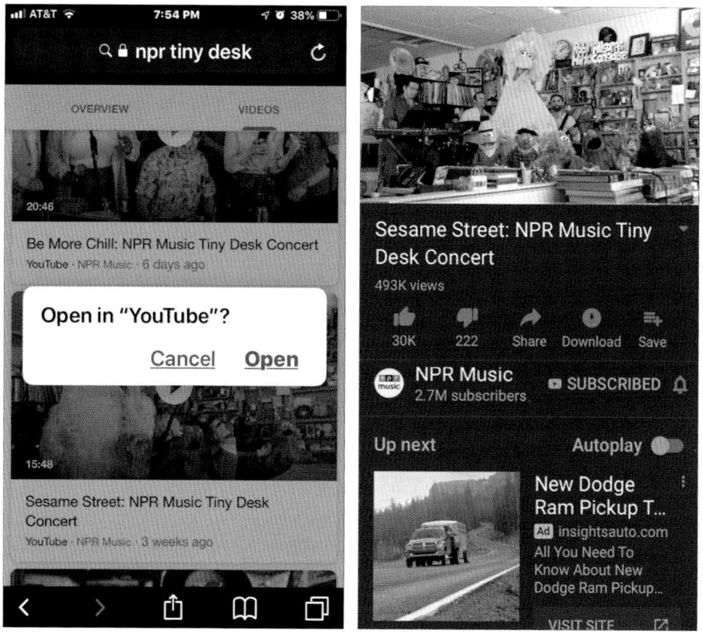

그림 3-30 iOS 운영체제, 모바일 웹에서 모바일 앱으로 딥링크하기

구직 웹사이트 인디드Indeed는 구직자에게 강력한 검색과 필터 기능을 제공한다. 필터 값은 URL에 저장되어 검색 결과를 다른 사람과 공유하거나 나중을 위해 저장할 수 있다. 저장한 URL 링크를 누르면 같은 조건에서 새로 업데이트된 검색 결과가 제공된다(그림 3-31).

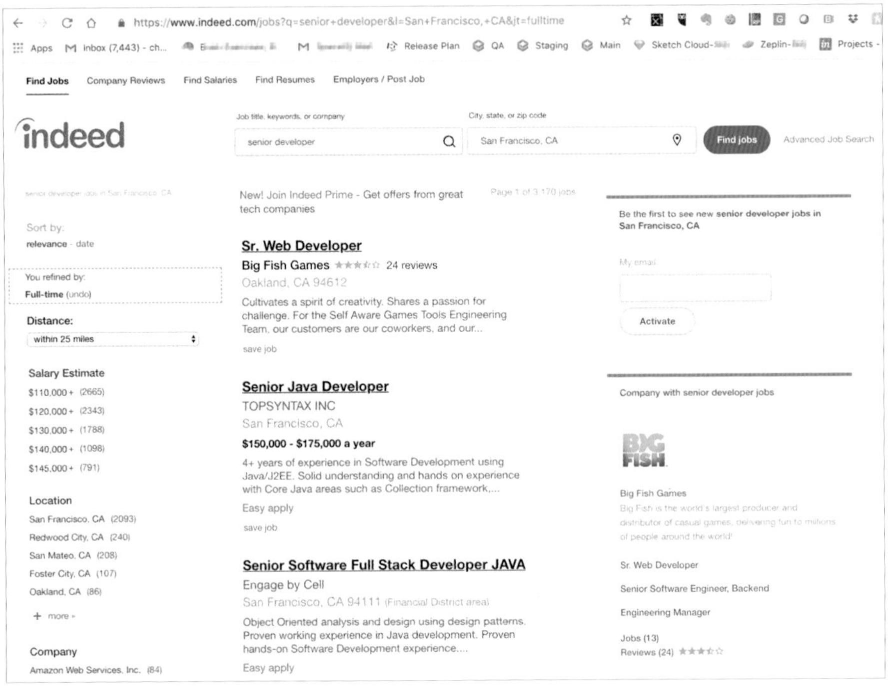

그림 3-31 인디드 구직 검색. 필터 값이 URL에 저장되어 검색 결과를 공유하거나 저장할 수 있다.

18 탈출구(Escape Hatch)

WHAT 정의하기

탈출구는 레이블링이 잘된 버튼이나 링크인데, 사용자가 현재 화면에서 벗어나 익숙한 위치로 이동하게 해준다. 내비게이션 옵션이 한정된 화면에서 사용한다. 사용자가 앱에서 꼼짝 못하고 있을 때, 에러 상태에 도달했을 때, 전혀 이해할 수 없는 깊숙한 페이지에 있을 때 활용할 수 있게 하라. 그림 3-32에 탈출구 개념이 설명돼 있다.

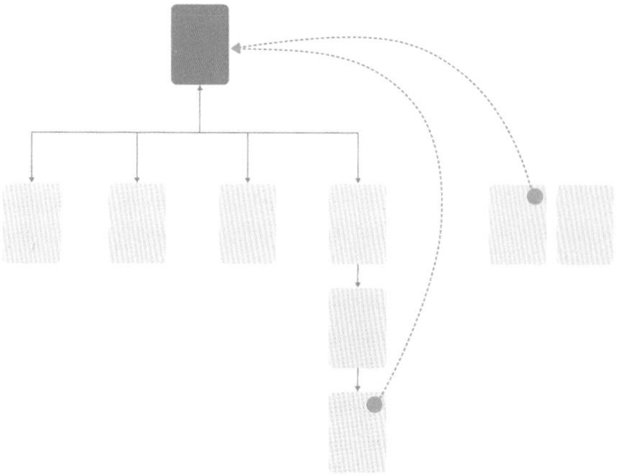

그림 3-32 탈출구 도식

WHEN 언제 사용하면 좋을까?

마법사처럼 연속 과정으로 구성된 페이지나, 모달 패널처럼 내비게이션 옵션을 제한하는 페이지에서 사용하라. 검색 결과와 같이 맥락과 상관없이 접근할 수 있는 페이지에서도 쓸 수 있다.

HTTP 서버 에러, 404 에러, '웹페이지를 찾을 수 없습니다' 화면처럼 막다른 길 같은 페이지도 있다. 탈출구를 두기에 최적의 장소다.

WHY 어떤 효과가 있을까?

내비게이션 옵션이 한정된 것과 탈출구가 전혀 없는 것은 전혀 별개의 이야기다. 여러분이 사용자에게 아무 조건 없이 현재 화면에서 벗어날 수 있는 명료하고 간단한 방법을 제공한다면 사용자는 갇혔다는 느낌을 받지 않을 것이다. 탈출구를 찾지 못한 사용자가 애플리케이션을 종료해서 서비스를 이탈하는 것도 방지할 수 있다.

탈출구는 사람들이 앱이나 웹사이트를 탐색할 때 심리적 안정감을 제공한다. 일종의 실행 취소 기능 같은 것인데, 부담 없이 여러 경로를 따라가도록 장려한다(1장의 **안전한 탐색** 패턴을 보라).

만약 사용자가 검색 결과를 통해 도달한 화면이라면, 각 페이지에 탈출구를 두는 게 두 배로 중요하다. 방문자는 탈출구를 눌러 자신이 실제로 어디에 있는지 더 자세히 알려 주는 기본 페이지로 갈 수 있다.

HOW 어떻게 활용할까?

사용자를 '안전한 장소'로 다시 데려오는 링크나 버튼을 배치하라. '안전한 장소'는 홈이 될 수도 있고, 허브와 스포크 디자인에서는 허브 페이지가 될 수도 있다. 또는 전체 내비게이션과 설명이 붙어 있는 페이지도 가능하다. 정확히 어디로 링크시킬지는 애플리케이션 디자인에 달려 있다.

EXAMPLES 예시

웹사이트에서는 주로 페이지 좌측 상단의 웹사이트 로고를 홈으로 가는 링크로 사용한다. 이는 브랜딩 효과도 있으면서 익숙한 장소로 이동하는 탈출구가 된다.

특정 다이얼로그에서는 '취소' 버튼과 이에 상응하는 버튼이 탈출구와 동일한 목적을 수행할 수 있다. 사용자가 '이제 이 작업은 끝이야. 시작하지 않은 걸로 치자'라는 의사를 표시하게 해준다.

은행에 전화를 걸어 폰뱅킹을 해본 적이 있는가? 과정도 길고, 혼란스럽고, 시간도 오래 걸린다. 잘못된 메뉴로 갔을 때 일반적으로는 전화를 끊고, 처음부터 다시 시작할 것이다. 많은 폰뱅킹 시스템에는 숨겨진 탈출구가 있다. 어떤 시점에서든 숫자 '0'을 누르면 보통 상담사와 연결된다. 이를 아는 고객은 즉시 숨겨진 지름길로 간다.

많은 웹사이트에서는 **모달 패널**이나 글로벌 내비게이션이 없는 페이지처럼 내비게이션 옵션이 한정된 특정 페이지가 있다. 링크드인 설정 화면(그림 3-33)도 이러한 사례다. 링크드인에서 해당 섹션은 메인 웹 애플리케이션과 분리되어 있으며, 글로벌 내비게이션이 보이지 않는다. 사용자가 링크드인 설정 화면에 도달하면 뒤로 가는 방법이 2가지 있다. 하나는 좌측 상단에 링크드인 로고를 눌러서 홈 화면으로 돌아가는 것이다. 두 번째는 우측 상단 사용자 프로필 사진과 붙어 있는 '링크드인 닷컴으로 돌아가기' 링크를 누르는 것이다.

막다른 길로 들어선 브라우저를 회복할 수 있게 하는 것도 탈출구 활용의 좋은 예다. 커베드닷컴Curbed.com 웹사이트는 404 에러 화면에서 탈출구를 제공한다. 화면 에러 문구에 홈페이지로 돌아가는 링크를 넣었다(그림 3-34). 커베드는 또한, 커베드 웹사이트가 실제로 활성화되어 있지 않다면 사용자도 이를 알 수 있게끔 시스템 상태 메시지를 제공한다.

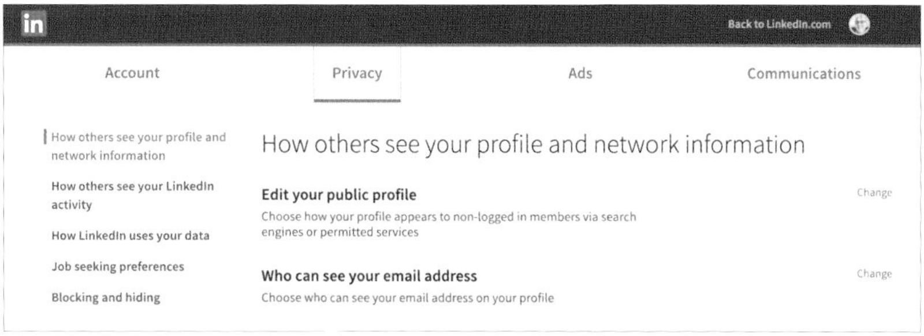

그림 3-33 링크드인 설정 화면. 우측 상단에 사용자 프로필 사진에 붙어 있는 링크가 링크드인 홈으로 돌아가는 탈출구 역할을 한다.

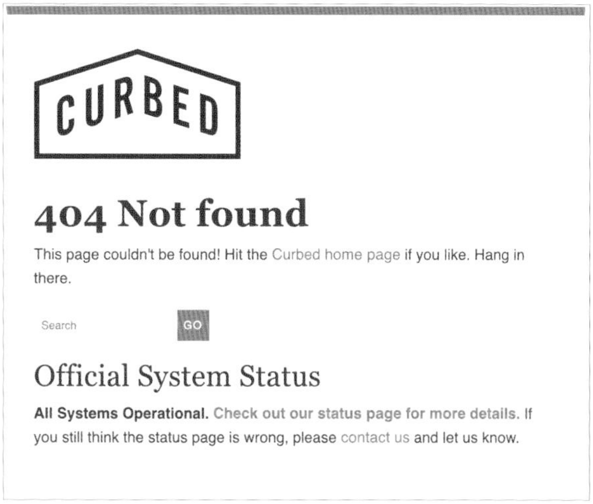

그림 3-34 커베드닷컴 404 에러 페이지. 홈페이지로 가는 탈출구가 있다.

19 메가 메뉴(Fat Menu)

WHAT 정의하기

드롭다운 메뉴나 플라이아웃fly-out 메뉴[2]에서 많은 내비게이션 옵션을 목록으로 보여 준다. 웹사이트 섹션의 모든 서브 페이지를 노출하는 데 사용한다. 메뉴는 신중하게 구성해야 한다. 카테고리와 정렬 방식을 잘 선택하고, 수평으로 펼쳐 놓아라. 마이크로소프트 홈페이지의 전체 메뉴에서 발견할 수 있는 패턴이다(그림 3-35).

2 (옮긴이) 플라이아웃(fly-out) 메뉴는 서브 메뉴가 드롭다운처럼 하단으로 떨어지는 게 아니라 좌우측으로 펼쳐지는 형태의 메뉴다. 메뉴를 클릭하거나 메뉴에 마우스를 갖다 대면 서브 메뉴가 펼쳐진다.

그림 3-35 마이크로소프트의 전체 메뉴

WHEN 언제 사용하면 좋을까?

웹사이트나 앱에 여러 카테고리의 페이지가 많으며, 3개 이상의 단계가 있는 계층도 있을 때 활용한다. 여러분은 가볍게 웹사이트를 탐색하는 사람들에게 페이지 대부분을 노출시켜서 가능한 옵션을 다 볼 수 있게 하고 싶다. 사용자는 드롭다운 메뉴(클릭하여 표시) 또는 플라이아웃(포인터로 호버하여 표시) 메뉴에 익숙하다.

WHY 어떤 효과가 있을까?

메가 메뉴는 복잡한 웹사이트를 쉽게 발견할 수 있게 만든다. 다른 방식보다 방문자에게 더 많은 내비게이션 옵션을 노출시킨다.

모든 페이지에서 수많은 링크를 표시해서 사용자가 하나의 서브 페이지에서 다른 서브 페이지로 즉시 이동할 수 있게 한다. 따라서 서로 다른 섹션의 서브 페이지끼리 연결되지 않은 멀티레벨 웹사이트를 완전히 연결된 웹사이트 구조로 만든다.

메가 메뉴는 UI 디자인에서 중요한 개념인 점진적 노출progressive disclosure의 한 형태다. 사용자가 요청하기 전까지 복잡성을 숨겨 둔다. 웹사이트 방문자는 웹사이트를 높은 수준으로 파악하기 위해 메뉴 명을 훑어보다가, 웹사이트에 뛰어들 준비가 되었을 때 메가 메뉴를 열 수 있다. 사용자는 준비되기 전까지 수많은 서브 페이지에 노출되지 않는다.

글로벌 내비게이션에서 이미 메뉴를 사용하고 있을 수 있다. 더 많은 링크를 보여 주는 게 웹사이트 방문자에게 콘텐츠 매력도를 상승시킨다면 기존 메뉴를 메가 메뉴로 확장하는 것을 고려해 보라. 사용자가 흥미로운 페이지를 찾기 위해 카테고리나 서브 카테고리를 연달아 클릭하면서 탐색하지 않아도 재밌는 것을 바로 발견하게 될 것이다.

HOW 어떻게 활용할까?

각 메뉴에서 링크를 잘 정리해 목록으로 보여 줘라. 만약 서브 카테고리가 있다면 **제목을 붙인 섹션**(4장)으로 정리하고, 아니라면 가나다순이나 시간 순서처럼 콘텐츠 특성에 적합한 정렬 방식을 써라.

헤더, 디바이더divider, 충분한 여백, 적절한 그래픽 요소, 링크 등 페이지를 시각적으로 정리하는 데 필요한 모든 것을 활용하라. 수평 공간을 잘 이용하라. 원한다면 메뉴를 페이지 전체에 넓게 펼칠 수 있다. 많은 웹사이트가 카테고리를 보여 주는 데 여러 열을 사용한다. 만약 메뉴 높이가 너무 길면 브라우저 페이지 끝을 넘길 수도 있다.

최고의 웹사이트는 나머지 부분과 스타일이 잘 맞는 메가 메뉴를 쓴다. 페이지의 컬러 스킴이나 그리드 등과 잘 맞아 떨어지도록 디자인하라. 일부 메뉴 구현은 스크린 리더와 같은 접근성 기술accessibility technology과 잘 맞지 않는다. 여러분의 메가 메뉴가 접근성 기술에 적합한지 확인하라. 만약 그렇지 않다면 메가 메뉴 대신 **사이트맵 푸터** 같은 정적인 방식을 고려해 보라.

필요하면 메가 메뉴를 모바일 화면에 적용할 수 있다. 이 경우에는 데스크톱의 왼쪽에서 오른쪽으로 가는 열 형식 레이아웃을 조정해야 한다. 모든 메뉴를 하나의 열로 재정렬해 섹션이 수직으로 쌓이는 구조로 만들어야 한다는 말이다. 모바일에서는 어떤 화면이라도 화면에 이렇게 많은 내비게이션 콘텐츠를 넣지 않는 게 최선이다. 대신 분리된 모바일 내비게이션으로 접근할 수 있는 참고용 내비게이션 화면을 만들어라.

EXAMPLES 예시

메이시스는 다른 대규모 유통업 웹사이트처럼 방대한 판매 물품을 수많은 카테고리로 분류했다. 이런 경우 사용자가 관심 있는 특정 카테고리나 품목을 브라우징하거나 찾는 것이 어렵다. 메가 메뉴를 잘 디자인하면 문제를 해결할 수 있다.

메이시스는 2개로 나누어진 메가 메뉴를 사용한다(그림 3-36). 쇼핑하는 사람은 우선 1단계에서 주요 카테고리가 담긴 상위 레벨 메가 메뉴를 연다. 하나를 선택하면, 페이지를 덮는 두 번째 패널이 열린다. 방대한 양의 2단계 카테고리가 두 번째 패널에 나타난다.

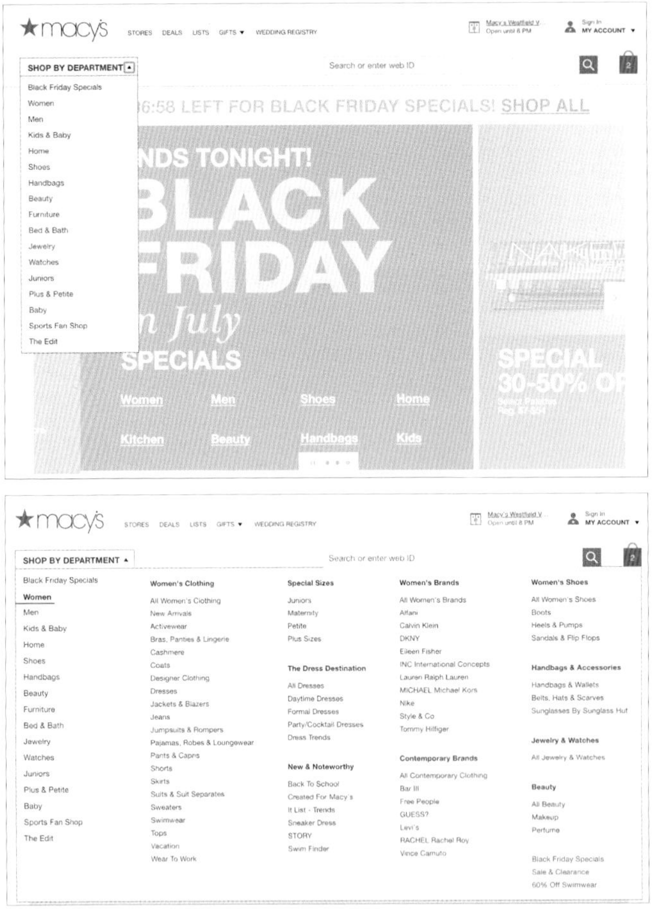

그림 3-36
메이시스의 2단계 메가 메뉴. 점진적으로 노출된다.

스타벅스Starbucks는 웹사이트 메가 메뉴를 아주 잘 디자인했다(그림 3-37). 각 메뉴는 높이는 다르지만 너비가 같고, 엄격한 공통 페이지 그리드를 따른다(전부 같은 방식으로 펼쳐져 있다). 스타일이 웹사이트에 잘 어우러지고, 여백이 충분해 글씨를 읽기 쉽다. 제품 프로모션도 불쾌하지 않게 디자인에 잘 녹아든다.

그림 3-37 스타벅스 커피 메뉴

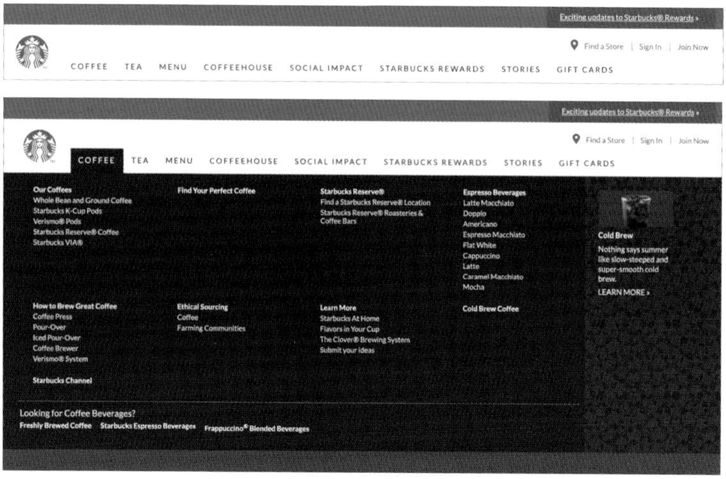

그림 3-38 매셔블Mashable의 메가 메뉴는 하이브리드 방식이다. 텍스트 메뉴는 좌측에 몰려 있으며 시각적으로 눈에 띄지 않는다. 추천 글을 보여 주는 데 가로 공간을 최대한 활용했다. 꽤나 똑똑한 방식으로, 이러한 정보에 익숙한 사용자는 메뉴를 롤오버해 가며 수많은 헤드라인을 훑어볼 수 있다.

그림 3-38 매셔블의 과학 메뉴

미국 적십자사American Red Cross는 메가 메뉴를 자유롭게 사용한다(그림 3-39). 사용자가 상위 레벨 내비게이션 메뉴를 롤오버하면, 메가 메뉴가 화면의 상단 부분을 덮는다. 주제와 링크를 잘 정리해서 보여 주고, 거대한 웹사이트 구조를 쉽게 이해할 수 있게 만들었다. 메가 메뉴의 각 섹션은 자주 묻는 질문이나 유스케이스로 구성되어 있다.

그림 3-39
미국 적십자사 웹페이지 메뉴

웹엠디는 건강 관련 주제 목록을 알파벳순으로 정리했다(그림 3-40). 흔한 증상에 관한 정보를 즉시 볼 수 있고, 오른쪽에 긴 목록의 추가 자료가 있으며 아래에는 그래픽이 들어간 추천 스토리 공간이 2개 보인다. 이러한 웹사이트에서는 방문자가 찾고 있던 콘텐츠를 발견하고, 계속해서 참여할 가능성이 높다.

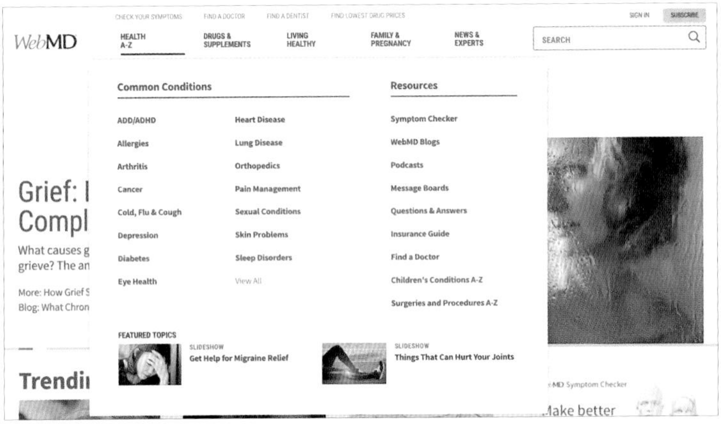

그림 3-40
웹엠디의 건강 항목별 알아보기 (A-Z) 메뉴

20 사이트맵 푸터(Sitemap Footer)

WHAT 정의하기

사이트맵 푸터는 카테고리별로 정리된 링크의 복합적인 디렉터리다. 웹사이트 전체 범위를 한눈에 파악할 수 있고 주요 섹션과 페이지로 가는 링크를 전부 보여 준다(그림 3-41). 사이트맵 푸터는 웹사이트의 색인이고, 다른 웹사이트와 리소스로 가는 주소록이라 할 수 있다. 푸터의 위치는 화면 상단에 자리하는 메가 메뉴와 다르게 수직 공간상 제약이 없다는 점에서 특별하다.

그림 3-41 홀푸드(Whole Foods) 푸터

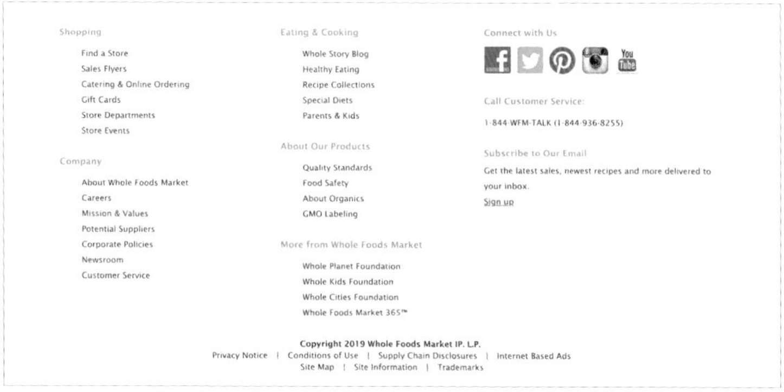

WHEN 언제 사용하면 좋을까?

디자인하는 웹사이트가 각 페이지에서 공간을 여유롭게 쓰고 있고, 페이지 크기나 다운로드 시간에 엄격한 제한이 없는 경우 사용하라. 또한 내비게이션으로 헤더나 사이드바 공간을 너무 잡아먹고 싶지 않을 때 활용하라.

웹사이트 페이지 수가 한둘은 넘지만, 엄청나게 많은 카테고리와 '중요한' 페이지(사용자가 찾는 콘텐츠)를 가지고 있지 않을 때 유용하다. 적어도 헤더에 없는 페이지의 경우 완전히 완성된 사이트맵을 브라우저 창의 절반보다 크지 않은 스트립에 맞출 수 있다.

페이지 헤더에 글로벌 내비게이션 메뉴가 있지만 웹사이트 계층의 모든 수준을 표시하지는 않으며, 최상위 카테고리만 보여 주는가? 구현 용이성 또는 접근성을 고려하면 메가 메뉴 대신 단순하고 잘 정돈된 푸터가 나을 수 있다.

WHY 어떤 효과가 있을까?

사이트맵 푸터는 복잡한 웹사이트에서 원하는 것을 찾기 쉽게 한다. 다른 방법을 쓸 때보다 많은 내비게이션 옵션을 보여 줄 수 있는 패턴이다.

각 페이지에서 많은 링크를 보여 줌으로써 사용자는 하나의 서브 페이지에서 다른 서브 페이지로(또는 주요한 페이지) 즉시 이동할 수 있다. 따라서 멀티레벨 웹사이트, 즉 다른 섹션에 속한 서브 페이지끼리 연결되지 않은 웹사이트를 완전히 연결된 웹사이트로 만든다. 푸터는 사용자가 페이지를 끝까지 읽었을 때 시선이 가는 곳이다. 여기에 관심을 가질 만한 링크를 배치해서, 사용자가 웹사이트에 더 오래 머무르고 많은 콘텐츠를 읽게 만든다.

마지막으로, 사용자에게 전체 사이트맵을 보여 주면 웹사이트가 어떻게 구성되어 있는지, 필요한 기능은 어디서 찾을 수 있는지 확실하게 알려 줄 수 있다. 복잡한 웹사이트에서 특히 더 가치 있는 패턴이다.

사이트맵 푸터와 메가 메뉴 중에서 무엇을 고를지 고민이 될 수 있다. 전통적인 웹사이트에서는 사이트맵 푸터를 구현하거나 오류를 잡아내기 쉬운데, 동적이지 않아서다. 사용자가 롤오버하거나 클릭해야 메뉴가 펼쳐지는 방식이 아니기 때문이다. 사이트맵 푸터는 단순히 정적인 링크의 집합일 뿐이다. 스크린 리더와 더 잘 호환되며, 마우스 포인터를 섬세하게 움직일 필요도 없기 때문에 접근성 면에서도 강점이 있다.

반면에 페이지 콘텐츠와 헤더만 보는, 바쁘거나 건성건성 넘기는 사용자는 푸터를 보지 못할 수 있다. 의심스러운 점이 있으면 사용성 평가를 해보고, 사이트맵 푸터를 쓰는 사람이 과연 있는지부터 클릭 횟수로 확인해라.

HOW 어떻게 활용할까?

페이지 너비의 푸터를 디자인해서, 웹사이트의 주요 섹션(카테고리)과 섹션별로 중요한 서브 페이지를 담아라. 언어 선택과 같은 유틸리티 내비게이션과 툴을 포함하고, 저작권과 개인정보 처리방침 등의 일반적인 푸터 정보도 넣어라.

완전한 사이트맵을 구성할 수도 있고, 그렇지 않을 수도 있다. 헤더나 사이드바 내비게이션에 지나치게 많은 정보를 넣지 않으면서도, 방문자들이 찾아야 하는 대부분의 정보를 다루는 게 목적이다. 웹사이트에 있는 페이지마다 푸터에 사이트맵을 넣어라. 헤더를 보완하는 글로벌 내비게이션의 일부로 여겨라.

실전에서는 일반적으로 화면 상단의 글로벌 내비게이션이 좀 더 태스크 위주로 구성된다. "무슨 사이트지?", "지금 바로 X를 찾으려면 어디로 가야 하지?"와 같은 방문객의 즉각적인 질문에 답하려고 노력한다. 반면에 사이트맵 푸터는 웹사이트 자체의 변하지 않는 정보 구조를 온전하게 보여 준다. 두 가지를 상호보완적으로 구성하는 것도 좋다.

웹사이트 콘텐츠 자체가 수많은 제품, 뉴스 기사, 음악, 비디오, 책 등을 다뤄 복잡한 내비게이션을 요구한다면, 화면 상단을 콘텐츠 내비게이션 용도로 쓰고 사이트맵 푸터에 나머지 모든 것을 배치할 수 있다.

사이트맵 푸터에 둘 수 있는 기능들은 다음과 같다.

- 주요 콘텐츠 카테고리
- 웹사이트나 조직 정보
- 회사 정보, 찾아오는 길, 채용 정보
- 계열사 웹사이트, 예를 들면 같은 지주사에 속하는 웹사이트나 브랜드
- 포럼과 같은 커뮤니티 링크
- 고객센터
- 연락처
- 현재 할인 상품
- 비영리단체의 경우 기부 또는 봉사 정보

EXAMPLES 예시

레이REI 웹사이트는 태스크 위주의 상단 글로벌 내비게이션과 효과적인 사이트맵 푸터의 차이를 보여 준다(그림 3-42). 쇼핑, 학습, 여행 카테고리가 헤더 영역을 지배하는데, 방문객들이 주로 찾는 항목이기 때문이다. 푸터는 부가 태스크임에도 중요한, 회사소개, 고객센터, 멤버십 등을 다룬다.

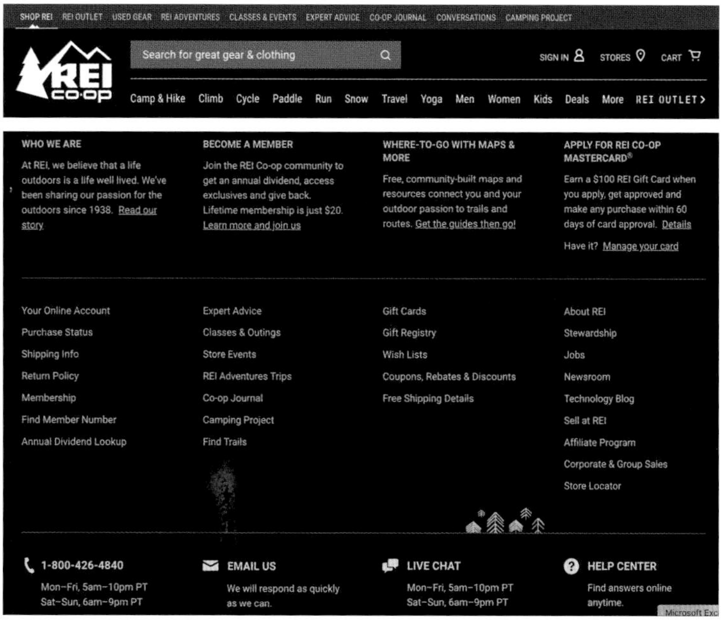

그림 3-42
레이 헤더와 푸터

《로스앤젤레스 타임스Los Angeles Times》 헤더와 푸터는 레이와 비슷하지만, 거대 언론사에 적용된 사례다. 헤더 메뉴는 뉴스 소비자에게 흥미로운 주요 주제로 구성되었다. 전통적인 신문 섹션 구조와 비슷한 배치다. 푸터는 다르다. 회사 소개와 링크 위주 구성이고, 광고주나 구직자 같은 부가적인 고객을 고려해 메뉴를 구성했다(그림 3-43).

그림 3-43
《로스앤젤레스 타임스》
헤더와 푸터

《월스트리트 저널Wall Street Journal》도 헤더와 푸터 디자인에 비슷하게 접근하고 있다(그림 3-44). 헤더에서는 뉴스 주제에 따른 강력한 구조를 볼 수 있다. 푸터 영역은 멤버십, 고객센터를 비롯해 다우존스앤컴퍼니Dow Jones & Company의 다른 회사들 링크 등 주로 비즈니스에 할애한다. 툴 섹션에는 추천하는 추가 소비자 콘텐츠가 있다.

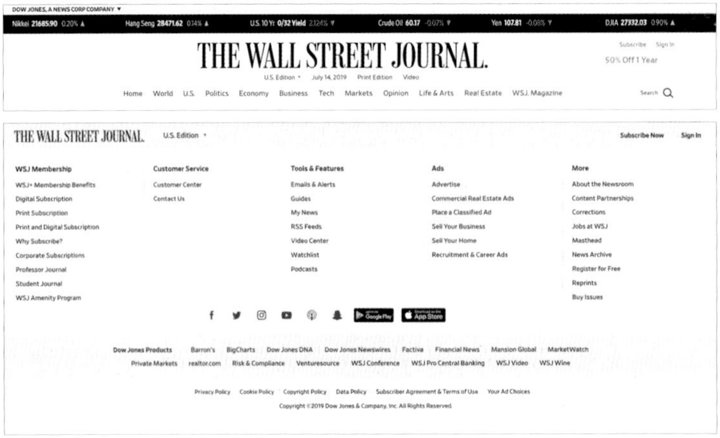

그림 3-44
《월스트리트 저널》
헤더와 푸터

《뉴욕 타임스New York Times》는 푸터에서 이 패턴을 따르지 않는다. 새로운 콘텐츠의 정보 위계를 보여 주는 확장된 뷰를 제공하는 데 공간을 쓴다. 헤더 내비게이션을 보강하는 더 거대한 색인이다(그림 3-45). 회사 조직으로 가는 링크도 있지만, 가장 아래에 잘 보이지 않게 처리했다.

그림 3-45
《뉴욕 타임스》 푸터

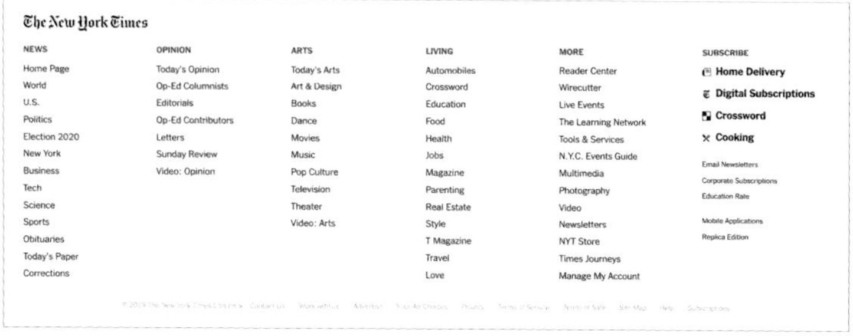

세일즈포스는 사이트맵 푸터를 사용해서 고객이 관심을 가질 법한 3개의 주요 영역을 개괄한다(그림 3-46). 우선 회사 제품과 고객이 세일즈포스에 관심을 가져야 하는 이유를 보여 주는 일련의 링크를 제시한다. 두 번째는 일반적인 회사 안내, 채용, 투자자 정보로 가는 링크 등이 나열돼 있다. 세 번째는 회사의 서드파티third-party[3] 애플리케이션 시장과 매년 개최하는 컨퍼런스 같은 중요한 연관 콘텐츠를 노출한다.

그림 3-46
세일즈포스 푸터

3 (옮긴이) 서드파티(third-party) 또는 서드파티 개발자라고도 부른다. 하드웨어/소프트웨어 생산자인 모기업이 퍼스트파티(first party)고, 자사 간 관계 또는 하청 관계가 전혀 없는 소프트웨어 개발자가 서드파티, 외부 개발자다. 예를 들어 OS 제조사가 퍼스트파티라면, OS 제조사의 앱 스토어에서 우리가 다운받아 쓰는 앱들은 서드파티에서 개발한 앱이다. 소프트웨어도 사용자 수가 늘어나면 서드파티 앱 생태계가 생기는데, 예를 들면 페이스북도 페이스북 소프트웨어에 붙여 쓸 수 있는 서드파티 앱들이 있다.

21 로그인 툴(Sign-In Tools)

WHAT 정의하기

화면 우측 상단 구석에 배치되는 사용자의 로그인 상태에 관련된 유틸리티 내비게이션이다. 장바구니, 프로필, 계정정보, 도움말, 로그아웃 버튼 같은 툴을 보여 준다.

WHEN 언제 사용하면 좋을까?

로그인 툴은 사용자가 자주 로그인하는 웹사이트나 서비스에 유용하다.

WHY 어떤 효과가 있을까?

순전히 관습적인 패턴이다. 많은 사람이 로그인 툴은 우측 상단에 있을 것이라고 기대하기 때문에 보통 비슷한 위치에서 로그인 툴을 찾는다. 사용자가 예상하는 위치에 툴을 배치해서 성공적인 웹사이트 경험을 하도록 하라.

HOW 어떻게 활용할까?

각 페이지 우측 상단 구석에 로그인 툴을 위한 공간을 남겨 두어라. 이미 사용자 이름과 아바타를 볼 수 있는 게 아니라면, 우선 사용자의 로그인 이름을 보여 줘라. 가능하다면 사용자 아바타도 조그맣게 넣어라. 웹사이트나 앱의 모든 페이지에서 로그인 툴이 정확히 동일하게 작동하도록 하라.

다음과 같은 툴을 한데 모아라.

- 로그인 버튼이나 링크(필수사항)
- 계정 설정
- 프로필 설정
- 웹사이트 도움말
- 고객센터
- 장바구니
- 개인 메시지나 다른 알림
- 개인 컬렉션으로 가는 링크(이미지, 좋아요, 위시리스트)
- 홈 화면

너무 크거나 눈에 띄는 공간으로 만들지 말라. 화면을 지배하면 안 된다. 이와 같은 유틸리티 내비게이션은 사용자가 필요할 때 익숙한 장소에 있어야 하지만 그렇지 않을 때는 '보이지 않아야' 한다. 그만큼 눈에 띄지 않게 디자인해야 한다는 뜻이다. 특정 항목에 텍스트 대신 작은 아이콘을 쓸 수 있다. 예를 들어 장바구니, 메시지, 도움말 기능 모두 자주 사용되는 표준 아이콘이 있다.

사이트 검색 상자를 종종 로그인 툴 근처에 배치하기도 하는데, 검색 상자는 로그인 상태와 무관하게 일관된 장소에 있어야 한다. 로그인한 사용자가 없다면, 페이지의 해당 영역을 로그인 박스로 사용할 수 있다. 이름, 비밀번호, 콜투액션, 가능하다면 비밀번호를 잊어 버렸을 때 찾을 수 있는 툴을 배치하라.

EXAMPLES 예시

에어비앤비(그림3-47), 구글(그림 3-48), 트위터(그림 3-49)의 로그인 툴을 소개하겠다. 이 툴들은 시각적으로 눈에 띄지 않으면서도 찾기 쉬운데, 이유는 단순하다. 페이지나 창에서 사용자가 예상할 법한 정확한 위치에 있기 때문이다.

에어비앤비는 '호스트되기', '저장한 검색어', '다가오는 여행' 등의 드롭다운 메뉴에서 멤버 로그인 툴까지 멤버십과 로그인에 관련된 링크 묶음을 보여 준다. 구글과 트위터는 드롭다운 메뉴에 로그인 툴을 완전히 숨겨 버렸다. 오로지 사용자의 프로필 사진만 기본 진입점으로 노출한다.

그림 3-47
에어비앤비 로그인 툴

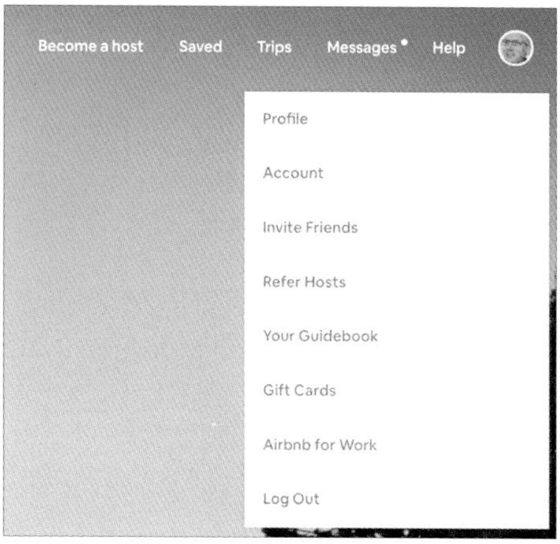

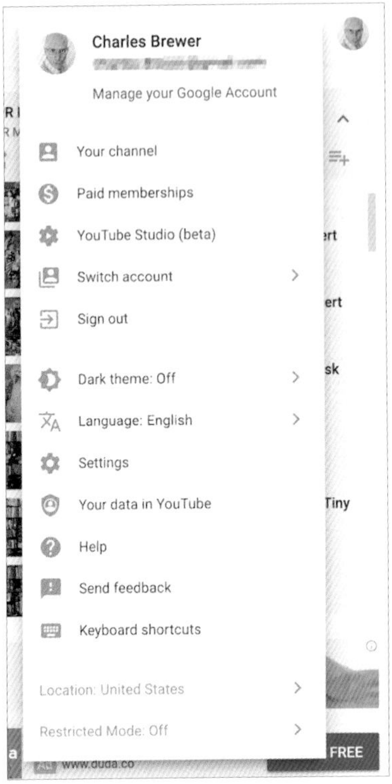

그림 3-48 구글 로그인 툴

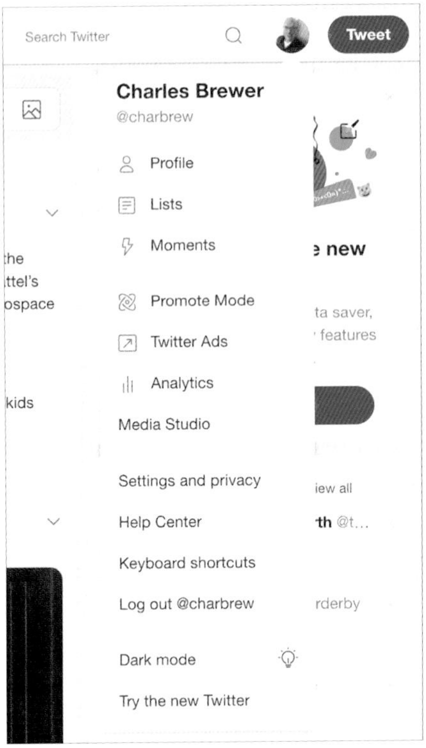

그림 3-49 트위터 로그인 툴

22 프로그레스 인디케이터(Progress Indicator)

WHAT 정의하기

페이지를 순서대로 진행하면서, 현재 위치 표시를 포함해 프로세스상에서의 지금 단계를 보여 주기 위해 전체 지도를 제공한다. 유통 웹사이트 멘로클럽 Menlo Club(그림 3-50)은 결제 과정에서 프로그레스 인디케이터를 사용한다.

그림 3-50 멘로클럽 결제 프로그레스 인디케이터

WHEN 언제 사용하면 좋을까?

사용자가 한 페이지씩 진행해 나가는 내러티브, 프로세스 플로, 마법사를 디자인할 때 사용하라. 사용자의 경로는 주로 선형으로 진행된다.

만약 내비게이션 공간이 크고 계층적이라면(선형적인 것과 반대로) **브레드크럼**을 사용하는 것을 고려하라. 만약 단계나 항목 수가 방대하고, 순서가 크게 상관없다면, **브레드크럼**을 **2분할 패널**로 바꿀 수 있다(7장).

WHY 어떤 효과가 있을까?

프로그레스 인디케이터는 사용자에게 일련의 단계를 얼마나 많이 진행했는지 보여 준다. 더 중요하게는 프로세스를 마칠 때까지 단계가 얼마나 남았는지 표시한다. 이를 알면 사용자가 진행 여부를 결정하고, 작업이 어느 정도 걸릴지 예상하며 방향을 유지하는 데 도움이 된다.

프로그레스 인디케이터는 또한 내비게이션 역할도 한다. 만약 이전에 완료한 단계로 가고 싶으면, 해당 단계를 클릭해 돌아갈 수 있다.

HOW 어떻게 활용할까?

페이지 한 귀퉁이에 순서도를 배치하라. 가능하다면 한 줄이나 열로 표현해서, 페이지 내용과 시각적으로 구분되게 하라. 순서도에서 현재 페이지를 알려 주는 상태가 나머지보다 밝거나 어둡게 만들어서 눈에 띄게 하라. 이미 방문한 페이지에도 비슷한 시각적 장치를 활용하라. 사용자 편의를 위해 순서도를 '뒤로 가기'나 '다음' 버튼 같은 주요 내비게이션 컨트롤 근처나 바로 옆에 두는 게 좋다.

순서도상에서 각 페이지 인디케이터를 어떻게 레이블링해야 할까? 만약 페이지나 단계에 번호를 매겨 두었다면, 숫자를 써라. 짧고 이해하기 쉬울 것이다. 순서도에 페이지 제목도 넣어야 한다(순서도 안에 들어갈 수 있도록 짧게 지어라). 이를 통해 사용자는 돌아갈 페이지를 파악하고, 다음 페이지에서 필요한 정보를 예상할 수 있는 충분한 리소스를 얻는다.

EXAMPLES 예시

그림 3-51의 슬라이드 쇼 하단에는 간단한 프로그레스 인디케이터가 있다. 단순하게 전체 페이지 숫자와 현재 페이지를 표시한다. 순서를 이동하려면 양쪽 화살표를 이용해야 한다.

CLOSE CAPTION
MOBILE PHONE. This car doesn't honk—it rings! The black panel under the phone's numbered buttons is a tinted windshield so the driver can see the road.
PHOTOGRAPH BY PETER WARREN, REX, REX USA

그림 3-51
내셔널 지오그래픽(National Geographic) 키즈 슬라이드 쇼에 있는 페이지 숫자 프로그레스 인디케이터(중앙 하단)

《배너티 페어Vanity Fair》 슬라이드 쇼 역시 고정된 페이지 숫자 프로그레스 인디케이터를 쓰고 있다(그림 3-52). 인디케이터 자체는 내비게이션 도구를 작동시키지 않는다.

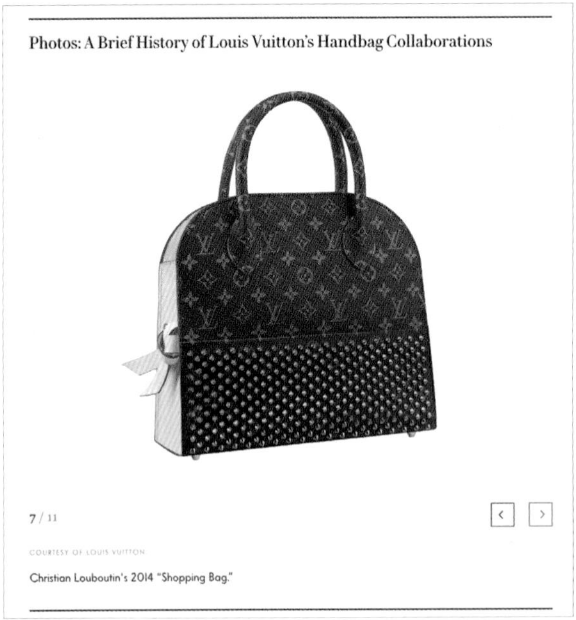
Photos: A Brief History of Louis Vuitton's Handbag Collaborations
7 / 11
COURTESY OF LOUIS VUITTON
Christian Louboutin's 2014 "Shopping Bag."

그림 3-52
《배너티 페어》 슬라이드 쇼에 있는 페이지 숫자 프로그레스 인디케이터

미니쿠퍼Mini Cooper 제품 컨피규레이터(그림 3-53)는 사용자가 원하는 대로 앞뒤로 움직이는 기능을 갖춘 프로그레스 인디케이터를 보여 주지만, 페이지는 순

서대로 구성되어 있다. 상단의 프로그레스 인디케이터는 다양한 페이지 사이를 이동하고, 여러 옵션을 탐험하면서 앱을 즐기는 데 중요한 역할을 하는 컨트롤이다.

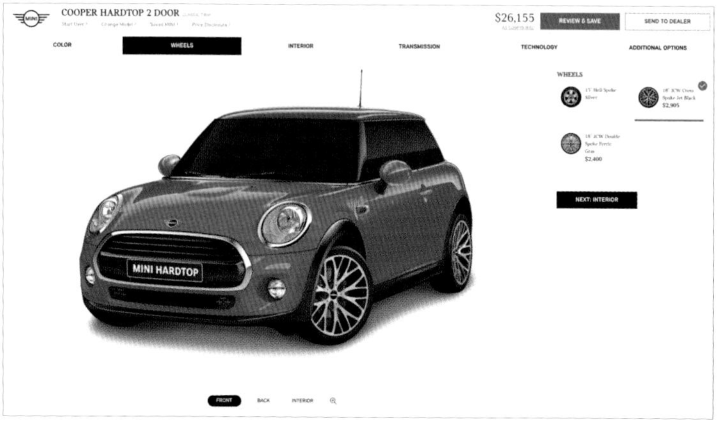

그림 3-53
미니쿠퍼 제품 컨피규레이터. 상단에 프로그레스 인디케이터가 있다.

이커머스 결제 프로세스는 주로 몇 가지 정해진 단계를 따른다. B&H 포토 비디오(그림 3-54) 웹사이트 상단에는 일반적인 프로그레스 인디케이터가 있다. 사용자가 필요한 이전 단계를 완료하지 않으면 다음 단계가 비활성화된다.

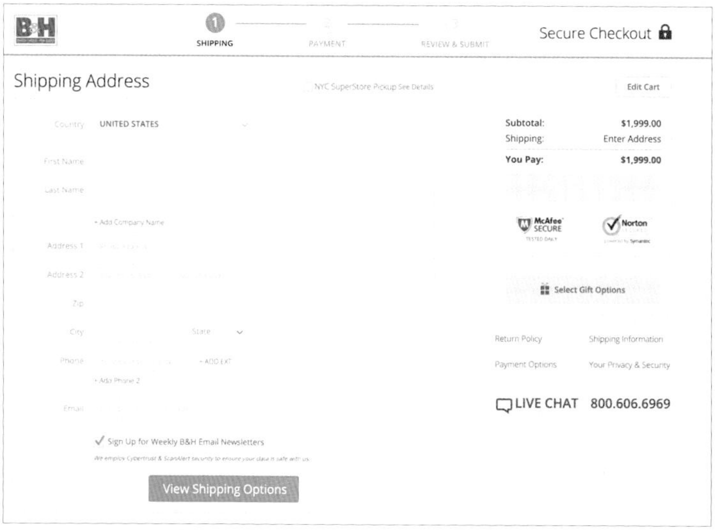

그림 3-54
B&H 포토 비디오 결제 프로세스의 프로그레스 인디케이터

23 브레드크럼(Breadcrumbs)

WHAT 정의하기

브레드크럼은 시작 화면부터 내비게이션 계층, 웹사이트의 콘텐츠 구조를 지나서 현재 선택한 화면으로 오기까지의 경로를 알려 주는 특수한 종류의 내비게이션을 일컫는다. 브레드크럼 내비게이션 패턴은 웹사이트의 정보 구조를 드릴 다운drill down으로 보여 주는 일련의 부모-자식 계층 구조의 링크로 생각할 수 있다. 브레드크럼은 현재 화면이 콘텐츠 위계에서 어디에 있는지를 알려 준다. 타깃Target(그림 3-55) 페이지는 거대한 제품 판매 웹사이트에서 일반적으로 브레드크럼을 쓰는지 보여 준다.

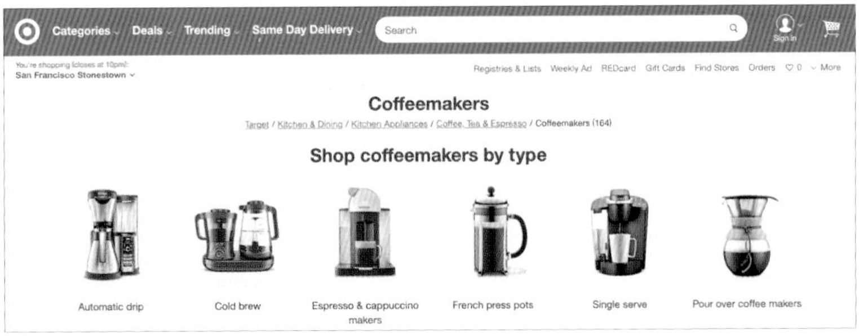

그림 3-55 타깃의 브레드크럼

WHEN 언제 사용하면 좋을까?

애플리케이션이나 웹사이트에 2개 이상의 계층이 있을 때 사용하라. 사용자는 직접 탐색, 브라우징, 필터링, 웹사이트 내 검색 또는 다른 곳에서 딥링크를 통해 이동한다. 위계가 너무 깊거나 클 때는 글로벌 내비게이션만으로는 현재 위치를 보여 주기에 충분하지 않다.

웹사이트나 앱에 온라인에서 판매하는 제품처럼 방대한 데이터를 브라우징하고 필터링하는 툴이 있을 때 활용한다. 제품은 계층 구조로 분류되지만, 이러한 분류가 사람들이 제품을 찾는 방식과 항상 일치하는 것은 아니기 때문에 브레드크럼이 필요하다.

WHY 어떤 효과가 있을까?

브레드크럼은 애플리케이션 상위 단계에서 하위 단계까지, 현재 페이지로 이어지는 각 계층의 수준을 보여 준다. 웹사이트나 앱의 전체 지도의 단일하고 직선적인 '단면'을 제공한다.

따라서 **프로그레스 인디케이터**처럼, 브레드크럼은 사용자가 자신의 위치를 정확히 알 수 있게 한다. 특히 검색 결과나 필터가 있는 브라우징 툴을 따라왔을 때와 같이 사용자가 트리 구조 깊숙한 곳에서 갑자기 이동했을 때 유용하다. **프로그레스 인디케이터**와는 다르게 브레드크럼은 다음 단계를 보여 주지 않는다. 오로지 현재에 관한 정보만 표시할 뿐이다.

브레드크럼 패턴 이름이 헨젤과 그레텔 동화에서 유래했다는 이야기가 있다. 동화에서 헨젤은 집으로 가는 길을 기억하기 위해 숲길에 빵 부스러기(브레드크럼)를 떨어뜨린다. 이처럼 브레드크럼은 웹사이트나 앱 상위 레벨에서 어떻게 지금 위치까지 왔는지 기억하는 데 유용하다. 하지만 이는 사용자가 상위 레벨에서 계속 차례대로 진입했을 때만 해당하는 이야기이기도 하다. 옆길로 새지 않고, 다른 분기로 향하지 않고, 막다른 길로 가지 않고, 검색하지 않고, 다른 페이지에서 링크를 타고 바로 들어오지 않고… 거의 가능성이 낮은 얘기다.

대신 브레드크럼은 앱과 웹사이트 나머지에 대한 상대적 위치를 알려 주는 데 최적화돼 있다. 히스토리뿐 아니라 맥락과 관련해서도 그렇다. 그림 3-55의 타깃 사례를 보라. 특정 항목을 검색하는 필터가 있는 브라우징은 사용자를 타깃 웹사이트 깊숙한 페이지로 데려간다(키워드 검색도 같은 결과를 낳았을 것이다). 그곳에서 사용자는 브레드크럼을 활용해 제품 위계에서 어디에 있는지 볼 수 있고, 또 무엇을 찾을 수 있는지 알 수 있다. 브레드크럼을 이용해 타깃의 모든 스탠드 믹서를 비교해 보면서 쇼핑할 수 있다.

마지막으로 브레드크럼은 일반적으로 클릭 가능한 링크나 버튼이다. 즉, 누르면 이동할 수 있는 내비게이션 도구가 된다.

HOW 어떻게 활용할까?

내비게이션 계층에서 특정 수준 아래에 있는 각 페이지(콘텐츠나 화면 또는 페이지 아키텍처의 깊숙한 곳에 있는)의 브레드크럼은 모든 상위 페이지의 목록을 메인 페이지 또는 홈페이지까지 보여 준다. 목표는 상하위 관계 또는 현재 선택된 화면에 도달하기 위한 상세 진입 경로를 제공하는 것이다. 페이지 상단에 현재 계층 수준을 나타내는 텍스트 또는 아이콘을 넣는다. 맨 위 단계부터 시작하여 오른쪽으로 갈수록 다음 단계를 표시하며, 현재 페이지까지 온다. 각 단계 간에 상하위 관계를 나타내는 그래픽이나 텍스트 문자를 넣는다. 일반적으로 오른쪽 화살표, 삼각형, 부등호, 슬래시 또는 겹화살괄호를 쓴다.

각 페이지 레이블은 페이지 타이틀이 되어야 한다. 사용자가 이미 페이지에 방문한 적이 있다면 레이블을 인식해야 한다. 그렇지 않을 때는 타이틀이 최소한 사용자가 페이지 내용을 예상할 수 있을 정도로 충분히 명확해야 한다. 레이블은 해당 페이지로 가는 링크 역할을 한다.

일부 브레드크럼은 현재 페이지를 체인의 마지막 항목으로 보여 주는데, 그렇지 않은 것도 있다. 현재 페이지는 나머지 항목과 시각적으로 구분해서 링크가 아니라는 것을 잘 드러내라.

EXAMPLES 예시

삼성Samsung은 브레드크럼을 광범위하게 사용하는데, 특히 콘텐츠 밀도가 높은 고객지원 영역에서 잘 활용한다. 그림 3-56은 브레드크럼을 사용하는 두 가지 사례를 보여 준다. 하나는 메인 이미지 바로 위 좌측 상단에, 사람들이 브레드크럼이 있으리라 예상하는 바로 그 위치에 있다. 제품 카테고리에서 현재 페이지가 어디에 있는지를 드러낸다. 메인 콘텐츠 영역 우측 아래에는 '여러분의 TV 모델을 선택하세요Choose your model'라는 위젯이 있어서 고객이 특정 텔레비전에 접근하도록 도와준다. 좌측에 더 작은 브레드크럼은 사용자가 상위 레벨로 되돌아가게 해준다.

B&H 포토 비디오는 크고 눈에 띄는 브레드크럼 컴포넌트를 사용해서 고객의 현재 위치를 보여 주고, 거대한 온라인 제품 카탈로그에서 어떻게 이동해 왔는지 알려 준다(그림 3-57).

그림 3-58은 '페이지' 맥락을 벗어난 브레드크럼 용례를 보여 준다. 다양한 소프트웨어 개발 툴이 있는데, 그중 크롬 개발자 도구는 사용자가 깊은 위계 구조를 관리하도록 도와준다(이 경우에는 문서 객체 모델Document Object Model과 HTML 페이지에 들어 있는 중첩된 구조적 태그이다). 브레드크럼은 코드 구조에서 사용자 위치를 계속 확인할 수 있게 하는 중요한 역할을 수행한다.

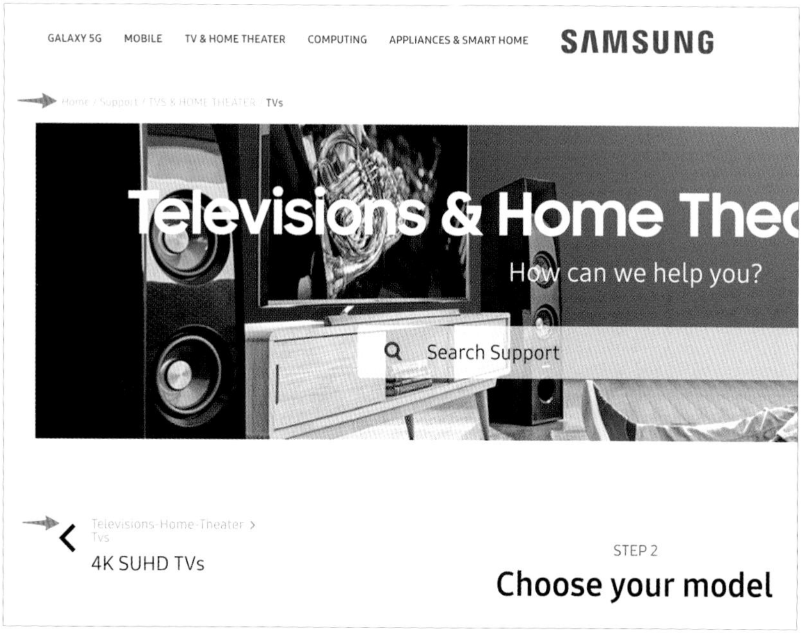

그림 3-56 삼성 TV 고객지원 페이지에서는 브레드크럼을 2번 사용한다.

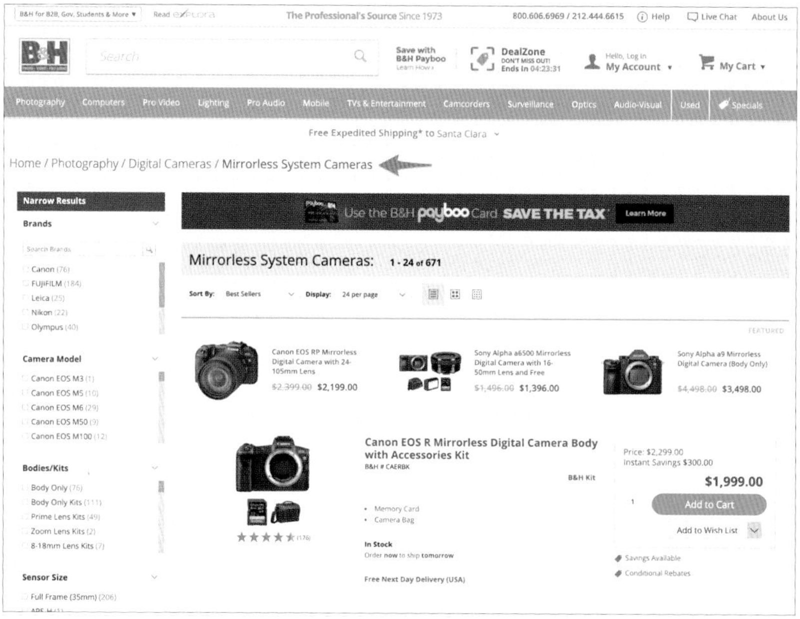

그림 3-57 B&H 포토 비디오 웹사이트의 브레드크럼

le="Maps, aerial photos, and other data
">110°30′W</span></span></span><span
><span class="geo-dec" title="Maps,
style="display:none"> / <span
size: small;"><span id="coordinates"><a
>Coordinates</a>: <span class="plainlinks
hack.php?
pe:landmark_dim:93km"><span class="geo-
this location"><span
span.html-tag 140.39 × 15.33
e"> / <span class="geo">44.600;
'row">Area</th><td>2,219,791 acres
a href="#cite_note-acres-2">[2]
March-01</span>)</span></td></tr><tr><th
its_3-0" class="reference"><a
Governing body</th><td>U.S. <a
Service</a></td></tr><tr><th
a rel="nofollow" class="external text"
ttps://www.wikidata.org/wiki/Q351#P856"
Blue_pencil.svg.png" decoding="async"
px-Blue_pencil.svg.png 1.5x,
pencil.svg.png 2x" data-file-width="600"
Elements Console Sources Network
html body table tbody tr td.line-content span.html-tag
Styles Event Listeners DOM Breakpoints Properties Accessibility
Ancestors All Framework listeners

그림 3-58 크롬 개발자 도구

24 주석이 붙은 스크롤바(Annotated Scroll Bar)

WHAT 정의하기

일반적인 스크롤바에 주석을 추가하여 현재 문서나 화면의 내용을 표시하는 맵이나 현재 위치를 표시하는 도구로 사용할 수 있다. 구글 문서도구Google Docs(그림 3-59)에서 스크롤 그랩 바grab bar에 부착된 팝업 패널은 사용자가 여러 페이지로 구성된 문서에서 지금 어디 있는지 볼 수 있게 해준다.

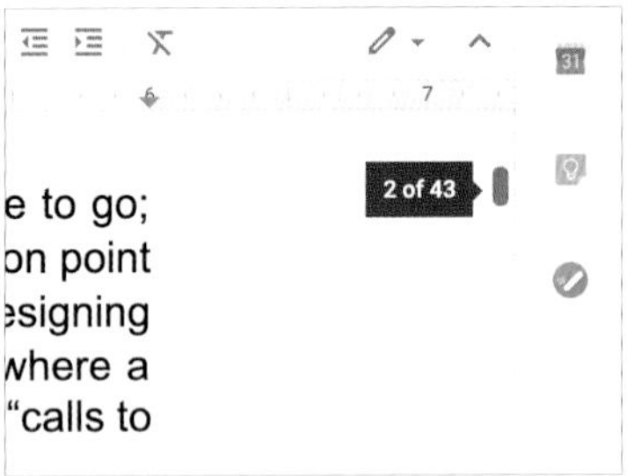

2 of 43
e to go;
on point
esigning
where a
"calls to

그림 3-59 페이지 숫자를 보여 주는 구글 문서도구 스크롤바

WHEN 언제 사용하면 좋을까?

문서나 데이터 중심 애플리케이션을 디자인할 때 사용하라. 사용자는 특정 페이지, 섹션, 챕터, 알림 같은 중요한 항목을 찾으려고 문서나 그래픽을 훑어볼 것이다. 사용자가 스크롤하면서 지금 어디에 있는지, 다음에 어디로 가야 할지 기억하는 데 어려움을 겪을 때 쓸모 있다.

WHY 어떤 효과가 있을까?

사용자가 콘텐츠를 스크롤할 때 비록 하나의 내비게이션 공간 안에 있다고 해도 표지판은 여전히 유용하게 쓰인다. 빠르게 스크롤할 때 같이 내려가는 텍스트를 읽는 건 정말 어렵다. 특히 화면이 충분히 빨리 '새로 고침'되지 않으면 불가능에 가깝다. 따라서 위치를 보여 주는 표시가 필수적이다. 잠깐씩 멈춘다 하더라도 문서에서 볼 수 있는 부분이 사용자가 위치를 확인할 수 있는 헤더와 같은 단서가 전혀 없는 화면일 수 있기 때문이다.

왜 스크롤바가 효과적일까? 사용자는 스크롤바에 집중하기 때문이다. 만약 여러분이 스크롤바에 표지판을 둔다면 사용자는 스크롤할 때 한 번에 두 가지 화면 영역을 보려고 고군분투하기보다는 스크롤바에 붙은 표시를 보고 활용할 것이다. 스크롤바 근처에 표지판을 둬도 동일한 효과를 볼 수 있다. 사용자 시선에 가까울수록 좋다.

스크롤바가 스크롤 막대 트랙 자체에 정보를 표시하면 일차원적으로 상세 정보 옆에 개요를 표시하는 디자인과 동일하게 동작한다. 트랙은 개요고, 스크롤된 창이 세부사항이다.

HOW 어떻게 활용할까?

스크롤바 위 또는 근처에 인디케이터로 위치를 표시한다. 인디케이터는 정적일 수도, 동적일 수도 있다. 동적 인디케이터는 사용자가 스크롤할 때 변경된다(그림 3-59). 정적 인디케이터란 스크롤바 트랙의 색 블록과 같이 바뀌지 않는 것을 말한다. 그림 3-60의 디프머지DiffMerge 스크린샷을 참조하라. 그러나 이러한 기능의 목적은 분명해야 한다. 스크롤바 트랙에서 그래픽을 보는 데 익숙하지 않은 사용자를 당황하게 할 수 있기 때문이다.

동적 인디케이터는 사용자가 스크롤할 때 변화하며 툴팁으로 구현되는 경우가 많다. 스크롤 위치가 바뀌고 스크롤바 옆에 표시된 툴팁이 변하면서 해당 내용에 대한 정보가 나타난다. 이는 애플리케이션 성격에 따라 달라질 것이다. 예를 들어, 워드는 스크롤바 툴팁에 페이지 번호와 헤더를 넣는다.

어느 경우든 사용자가 가장 찾고 있는 것이 무엇인지에 따라 주석에 어떤 요소를 넣어야 하는지 정해진다. 콘텐츠 구조는 좋은 출발점이다. 콘텐츠가 코드인 경우 현재 함수 또는 메서드의 이름을 표시하고, 스프레드시트인 경우 행 번호 등을 표시할 수 있다. 또한 사용자가 현재 검색을 수행하고 있는지 여부를 고려하라. 이럴 경우 스크롤바 주석에 문서의 검색 결과가 표시되어야 한다.

EXAMPLES **예시**

그림 3-60에 보이는 디프머지 애플리케이션은 텍스트 파일의 두 버전 간 차이를 시각적으로 강조한다. 서로 다른 섹션은 빨간색으로 표시되고 스크롤바에 해당되는 섹션은 파란색으로 강조 표시된다. 스크롤바는 전체의 지도 역할을 하므로 수많은 파일 간 '차이'를 이해하기 쉽게 한다.

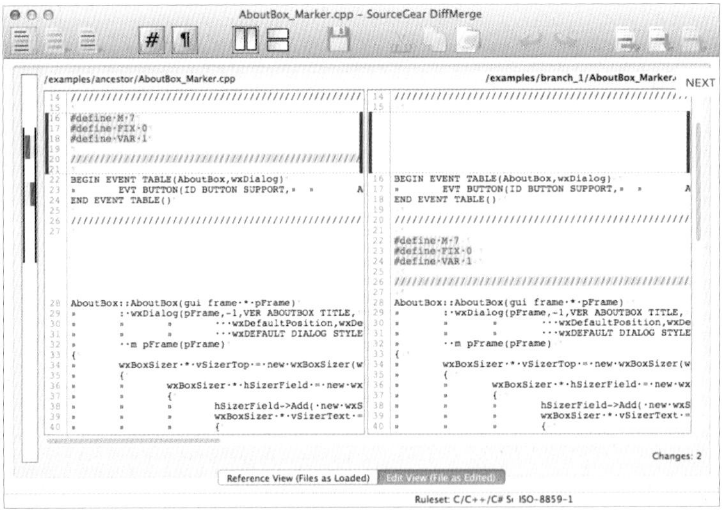

그림 3-60
디프머지의
정적 인디케이터

크롬은 스크롤바에 검색 결과를 주석으로 달았다(그림 3-61). 웹페이지에서 단어를 검색할 때 크롬은 페이지에서 검색된 단어를 노란색으로 강조 표시하고 검색된 모든 위치의 스크롤바에 노란색 표시기를 배치한다. 이렇게 하면 사용자는 문서의 해당 지점으로 직접 스크롤할 수 있다.

그림 3-61을 보면 텍스트 위에 두 단어가 강조 표시돼 있다. 오른쪽 스크롤바를 보면 작은 노란 표시들이 아래로 이어진다. 현재 페이지에 강조 표시된

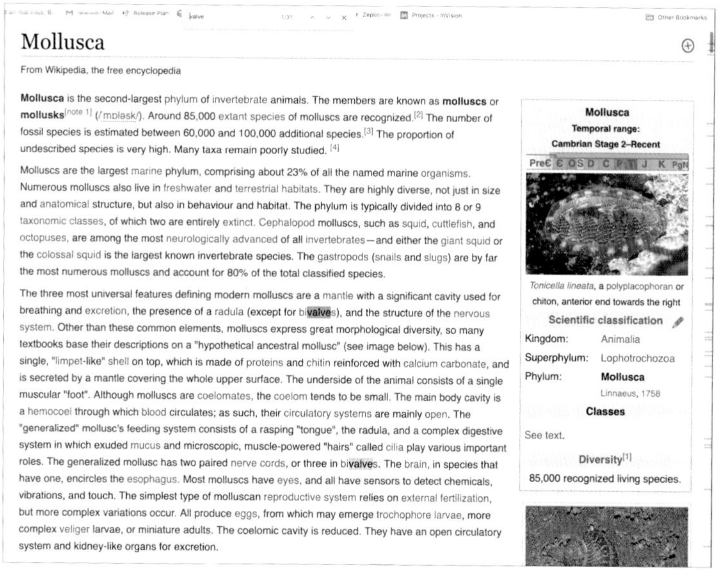
Mollusca
From Wikipedia, the free encyclopedia
Mollusca is the second-largest phylum of invertebrate animals. The members are known as molluscs or mollusks[note 1] (/ˈmɒləsk/). Around 85,000 extant species of molluscs are recognized.[2] The number of fossil species is estimated between 60,000 and 100,000 additional species.[3] The proportion of undescribed species is very high. Many taxa remain poorly studied.[4]
Molluscs are the largest marine phylum, comprising about 23% of all the named marine organisms. Numerous molluscs also live in freshwater and terrestrial habitats. They are highly diverse, not just in size and anatomical structure, but also in behaviour and habitat. The phylum is typically divided into 8 or 9 taxonomic classes, of which two are entirely extinct. Cephalopod molluscs, such as squid, cuttlefish, and octopuses, are among the most neurologically advanced of all invertebrates—and either the giant squid or the colossal squid is the largest known invertebrate species. The gastropods (snails and slugs) are by far the most numerous molluscs and account for 80% of the total classified species.
The three most universal features defining modern molluscs are a mantle with a significant cavity used for breathing and excretion, the presence of a radula (except for bivalves), and the structure of the nervous system. Other than these common elements, molluscs express great morphological diversity, so many textbooks base their descriptions on a "hypothetical ancestral mollusc" (see image below). This has a single, "limpet-like" shell on top, which is made of proteins and chitin reinforced with calcium carbonate, and is secreted by a mantle covering the whole upper surface. The underside of the animal consists of a single muscular "foot". Although molluscs are coelomates, the coelom tends to be small. The main body cavity is a hemocoel through which blood circulates; as such, their circulatory systems are mainly open. The "generalized" mollusc's feeding system consists of a rasping "tongue", the radula, and a complex digestive system in which exuded mucus and microscopic, muscle-powered "hairs" called cilia play various important roles. The generalized mollusc has two paired nerve cords, or three in bivalves. The brain, in species that have one, encircles the esophagus. Most molluscs have eyes, and all have sensors to detect chemicals, vibrations, and touch. The simplest type of molluscan reproductive system relies on external fertilization, but more complex variations occur. All produce eggs, from which may emerge trochophore larvae, more complex veliger larvae, or miniature adults. The coelomic cavity is reduced. They have an open circulatory system and kidney-like organs for excretion.
Mollusca
Temporal range: Cambrian Stage 2–Recent
Tonicella lineata, a polyplacophoran or chiton, anterior end towards the right
Scientific classification
Kingdom: Animalia
Superphylum: Lophotrochozoa
Phylum: Mollusca
Linnaeus, 1758
Classes
See text.
Diversity[1]
85,000 recognized living species.

그림 3-61
크롬 검색 결과에서 검색된 단어 위치가 강조된 스크롤바

검색 일치 항목은 스크롤바에 표시된 목록에서 처음 두 개의 작은 노란색 막대에 해당한다. 나머지 스크롤바에 노란색 표시가 더 많이 보이는데 글의 나머지 부분에 검색 결과 항목이 더 많이 있다는 것을 알 수 있다.

25 전환 애니메이션(Animated Transition)

WHAT 정의하기

오브젝트가 나타날 때 모션과 전환을 더해 액션이 발생하고 있다는 힌트를 줘라. 자연스러운 느낌을 주는 애니메이션으로 갑작스럽거나 어지러운 전환을 매끄럽게 만들어라. 슬라이드slide, 페이드 인fade in, 페이드 아웃fade out, 바운스bounce, 확대zoom 등 다른 애니메이션 기술을 포함하는 패턴이다.

WHEN 언제 사용하면 좋을까?

인터페이스 애니메이션은 모바일 애플리케이션에서 매우 인기 있고 흔히 볼 수 있다. 모바일에서 인터랙션 수준을 판단하는 기준이라 해도 과언이 아니다. 일부 폴더, 윈도, 스크롤 애니메이션은 모바일 OS 자체에 포함되어 있기도 하다. 버튼을 누르거나, '로딩 중'처럼 진행 중인 액션에 대해 사용자의 입력값

을 받았다고 확실하게 시각적으로 확인시키거나, 애플리케이션 경험을 브랜딩하고 싶다면 애니메이션을 활용해 보라.

사용자가 이미지나 지도 같은 거대한 가상공간을 이동할 때, 다양한 수준으로 확대/축소, 이동, 스크롤하며, 전체를 회전할 수도 있다. 특히 이는 지도나 도표와 같은 인포그래픽에 유용하다.

시스템이나 사용자가 여닫을 수 있는 섹션이 있는 인터페이스에서도 쓰인다. 트리, 열고 닫을 수 있는 노드, 독립된 창, 열기/닫기 패널로 이루어진 인터페이스처럼 말이다. 또한 사용자가 하나의 개별 페이지에서 다른 페이지로 이동할 때도 전환 애니메이션을 쓸 수 있다.

전환 애니메이션은 인터페이스상에서 파일이나 오브젝트의 위치를 이해하기 쉽게 만든다. 예를 들어 맥 OS 런치바에서 런처launcher 아이콘이 어디에 있는지 애니메이션으로 확인할 수 있다.

WHY 어떤 효과가 있을까?

일반적으로 모든 전환은 가상공간에서 사용자의 위치 감각을 방해한다. 예를 들어 확대/축소가 순식간에 발생하면 사용자의 공간 감각을 날려 버릴 수 있는데, 전체 섹션을 회전하거나 닫아서 화면이 완전히 재배치될 때도 마찬가지다. 심지어 긴 텍스트 페이지를 스크롤하는 것도 지나치게 변화무쌍하면 읽는 속도가 느려진다.

하지만 하나의 상태에서 다음으로 시각적으로 부드럽게 전환된다면, 그렇게 나쁘지는 않다. 즉, 상태 전환에 애니메이션을 넣으면 뚝뚝 끊기지 않고 부드럽게 보여서, 사용자가 방향 감각을 잃지 않도록 도와준다. 아마 물리적 세계의 감각과 유사하기 때문에 그런 것이 아닐까? 땅에서 6미터 넘는 높이로 순식간에 점프해 본 적이 있는가? 좀 더 현실적으로 설명하자면 애니메이션 전환은 갑작스럽게 변화한 위치를 다시 찾게 하기보다는 사용자가 보는 동안 위치를 추적할 수 있는 기회를 준다.

전환 애니메이션은 UI 컨트롤과 내비게이션에서 유용한 피드백을 줄 수 있다. 그림 3-62은 애플의 맥 운영체제에서 광범위하게 사용하는 두 가지 애니메이션을 보여 준다. 첫 번째는 독dock 아이콘을 롤오버했을 때 확대되는 애니메

그림 3-62
맥 OS 독 확대와
앱의 창 전환

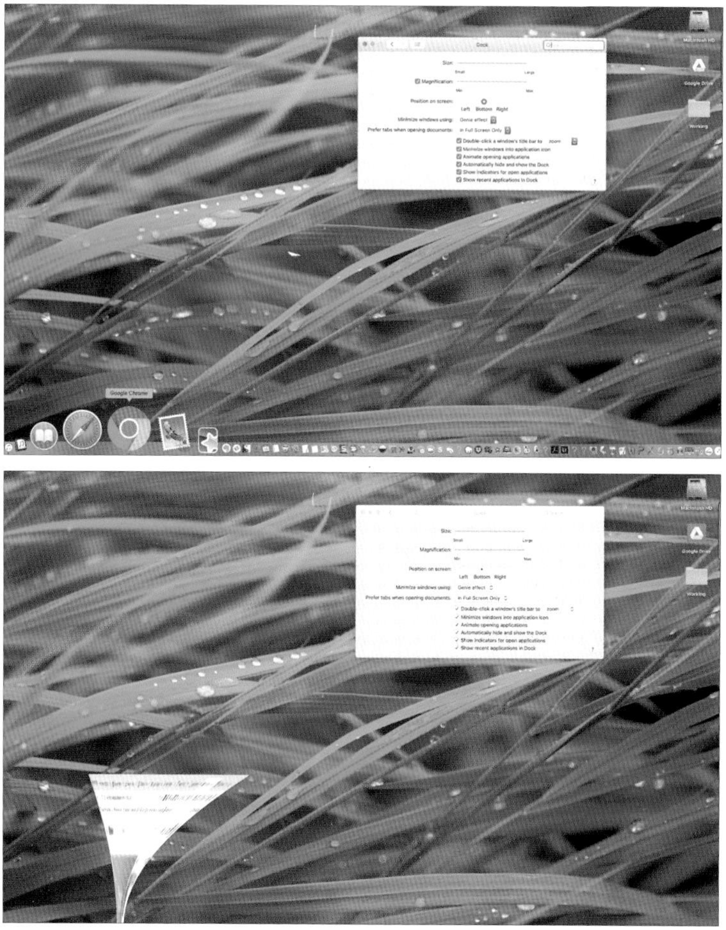

이션이다. 사용자가 마우스를 앞뒤로 움직일 때 마우스가 어떤 아이콘 위에 있는지 이해할 수 있다. 두 번째는 페이지를 열고 닫을 때 확대되는 애니메이션이다. 문서 창이 독에 있던 앱 아이콘으로 움직여서, 사용자가 문서를 어디에 두었는지 기억할 수 있도록 한다.

잘만 사용하면 전환 애니메이션은 사용자로 하여금 애플리케이션의 품질, 속도, 생명력이 뛰어나다고 인식하게 만든다.

HOW 어떻게 활용할까?

인터페이스에서 쓰는 각 전환에 대해, 첫 번째 상태를 두 번째 상태로 연결하는 짧은 애니메이션을 디자인해라. 확대와 회전 동작의 경우, 중간 단계의 확대나 회전을 보여 줄 수 있다. 닫을 수 있는 패널이라면, 닫히는 패널로 생기는 여유 공간에 다른 패널이 확장되면서 닫히는 것을 보여 줘라. 가능한 정도까지 실제 물리적인 세계에서 발생하는 일처럼 보이게 해라.

하지만 주의할 점이 있다. 사용자가 멀미하지 않도록 하라! 애니메이션은 빠르고 정확해야 하고, 사용자의 시작 동작과 애니메이션 시작 사이의 지연시간이 거의 없거나 짧아야 한다. 화면에서 영향을 받는 부분으로 애니메이션 영역을 제한하고, 전체 창을 움직이지 마라. 시간은 짧게 유지해라. 300밀리초가 부드러운 스크롤 액션에 적합한 시간이라는 연구 결과가 있다. 허용 가능한 수준이 어느 정도인지 사용자 검증을 거쳐라.

여러 번 스크롤하려고 아래 방향키를 계속 누르는 것처럼 사용자가 연속적으로 빠르게 다중 액션을 수행한다면 다중 액션을 하나의 애니메이션 액션으로 결합해라. 그렇지 않으면 사용자는 아래 방향키를 10번 눌렀다는 이유로 몇 초간 애니메이션을 멍하니 응시해야 할지도 모른다. 다시 이야기하지만 빠르고 잘 반응하는 애니메이션을 만들어라.

전환 종류에는 다음과 같은 기능이 있다.

- 밝게 하거나 어두워지게 하기
- 확대와 축소
- 페이드 인, 페이드 아웃, 크로스페이드cross fade
- 슬라이드
- 스포트라이트

EXAMPLES 예시

테슬라(그림 3-63) 웹사이트는 처음 로드할 때 단순한 확대 기능을 이용한다. 사용자는 처음에 세 대의 테슬라 모델을 볼 수 있는데, 모델 3로 화면이 확대된다. 이 경우 '확대'는 순수하게 관심을 집중시키는 기능이다. 사용자는 '확대'를 컨트롤할 수는 없지만 다른 테슬라 모델을 선택하기 위해 좌우로 이동할 수는 있다. 이동하는 동작도 부드러운 애니메이션으로 처리했다.

그림 3-63
테슬라의
로딩 화면
확대 애니메이션

프레지의 프레젠테이션 소프트웨어는 특별하고 부드럽게 이어지는 프레젠테이션을 만드는 데 확대와 이동하는 뷰를 풍부하게 사용한다. 그림 3-64는 데모에서 선택한 화면을 보여 준다. 사용자가 화면을 하나씩 이동할 때마다, 프레젠테이션이 확대되고, 텍스트를 보여 주고, 우측으로 이동하는데, 섹션을 나갈 때 다시 축소된다. 프레젠테이션은 정보 공간을 이동하면서 흥미로운 감각을 만들어 낸다.

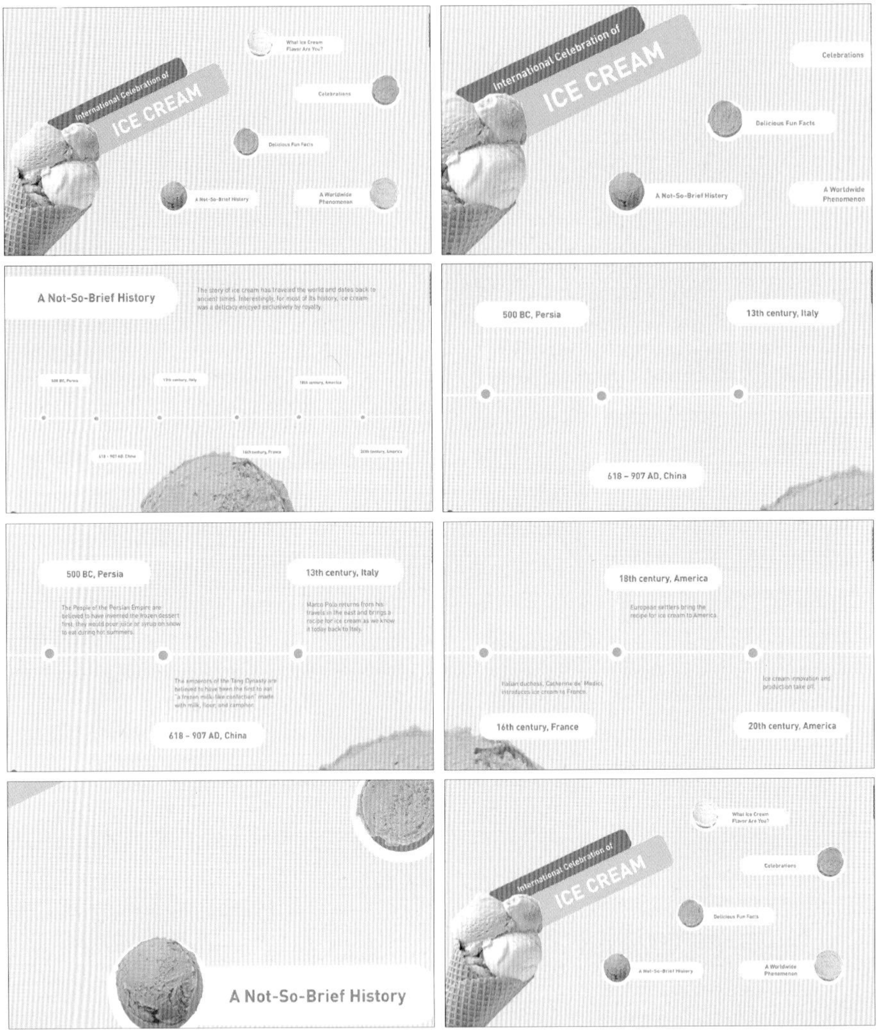

그림 3-64 프레지의 프레젠테이션 소프트웨어에는 점진적 확대와 축소 애니메이션 기능이 있다.

애니메이션의 가치와 이를 인터페이스 디자인에 적용하는 자세한 방법이 궁금하다면 다음 책을 참고하라.

- 키루파 친나탐비Kirupa Chinnathambi, 《웹 애니메이션 만들기: UI에 생명력을 불어넣기*Creating Web Animations: Bringing Your UIs to Life*》
- 에스텔 웨일Estelle Weyl, 《CSS에서 전환과 애니메이션: CSS로 모션 추가하기

Transitions and Animations in CSS: Adding Motion with CSS》

- 사라 드라스너Sarah Drasner, 《SVG 애니메이션: 일반적인 UX 적용에서 복잡한 반응형 애니메이션까지*SVG Animations: From Common UX Implementations to Complex Responsive Animation*》

변함없는 가치를 전달하는 내비게이션

앱이나 플랫폼에서 내비게이션을 잘 디자인하면 어떤 장점이 있을까? 사용자가 앱을 빠르게 학습하고, 방향과 맥락에 대한 감각을 유지하고, 콘텐츠와 툴을 사용하는 데 자신감을 갖게 된다. 또한 무엇을 해야 할지, 어디로 가야 할지 알고, 길을 잃고 시간 낭비를 하지 않게 된다. 내비게이션은 아마 여러분이 디자인하는 다른 어떤 기능보다 수명이 길 것이다.

내비게이션을 잘 디자인하면, 즉 사용자에게 필요한 정보와 태스크를 기반으로 사용자 관점에서 이해하기 쉽고, 목적에 부합하는 내비게이션을 디자인하면 '변함없는' 가치를 가질 수 있다. 좋은 내비게이션은 신규 사용자 온보딩에 엄청나게 도움이 되며, 에러 상태나 혼란을 회복하는 데 유용하고, 작업을 완료하게 해주고, 막힘없이 길을 찾아갈 수 있다는 느낌을 갖게 한다.

이번 장에서 설명한 디자인 접근법과 내비게이션 패턴은 여러분이 애플리케이션에서 좋은 사용자 경험을 만드는 데 보탬이 될 것이다. 사용자가 미처 인식하지 못할 정도로 자연스럽게, 마법처럼 애플리케이션 안에서 이동할 수 있게 만들어 줄 것이다.

4장
화면 구성 요소의 레이아웃

레이아웃layout이란 구성 요소를 배열하는 특정한 방법이다. 인터페이스 디자인에서 구성 요소는 화면의 정보, 기능, 프레임, 장식을 담당하는 부분을 의미한다. 이런 요소를 신중하게 배치하면 사용자가 각 정보와 기능의 우선순위를 직관적으로 파악하게 도울 수 있다.

어떤 크기의 화면(웹, 모바일, 키오스크 등)을 디자인하더라도, 콘텐츠를 어디에 어떻게 배치할지 신중하게 고려하는 것은 사용자의 이해를 높이는 데 핵심이다. 사용자는 레이아웃을 보면서 여기서 알아야 할 게 무엇이고, 어떤 행동을 취해야 할지 유추하기 때문이다.

화면 디자인을 논할 때 '깔끔하다'라는 수식어를 자주 들어 봤을 것이다. 레이아웃이 깔끔해 보이려면 시각적 계층 구조, 시선의 흐름, 그리드 정렬 원칙, 게슈탈트 법칙Gestalt Laws을 따라야 한다.

이번 장에서는 사용자가 무엇을 알고, 무엇을 해야 할지 여러분의 의도를 전달해 주는 시각적 원칙을 정의한다.

레이아웃의 기본

이번 절은 시각적 계층 구조, 시선의 흐름, 동적인 디스플레이를 포함한 레이아웃의 여러 가지 요소를 소개한다.

시각적 계층 구조(Visual Hierarchy)

시각적 계층 구조는 모든 형태의 디자인에서 중요한 요소다. 가장 핵심적인 내용이 눈에 잘 들어와야 하고, 중요도가 낮을수록 눈에 띄지 않게 한다. 사용자가 레이아웃을 보고 정보 구조를 유추할 수 있어야 한다.

좋은 시각적 계층 구조는 다음 항목에 관한 즉각적인 단서를 제공한다.

- 화면 구성 요소의 상대적 중요성
- 구성 요소 간의 관계
- 다음에 해야 할 일

시각적 계층 구조 적용하기

그림 4-1에서 두 사례를 보자. A안과 B안에서 가장 중요한 정보가 무엇인지 한눈에 파악할 수 있겠는가? 비록 둘 다 직사각형과 정사각형으로만 구성되어 있지만 대부분 B안의 레이아웃을 더 쉽게 이해한다. 왜냐하면 중요도에 따라 각 구성 요소를 정렬하고 크기와 비율을 조정하여 가장 집중해야 할 대상으로 시선을 끌어당기고 있기 때문이다.

그림 4-1 시각적 계층 구조가 부재한 A안과 명확한 B안

물체의 중요도 가늠하기

크기

주제목과 부제목의 크기는 내용의 순서와 중요도에 관한 단서를 준다. 주제목은 크기나 시각적 무게감, 색상에 대비를 주어 극적으로 돋보이게 하는 경향이

있다. 그림 4-2에서 주제목과 대조적으로 페이지 하단에 있는 작은 텍스트는 '나는 푸터일 뿐이야'라고 조용히 속삭이는 듯하며 중요해 보이지 않는다.

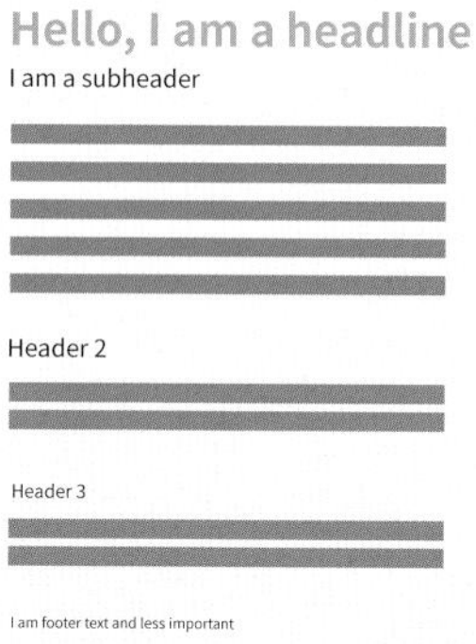

Hello, I am a headline
I am a subheader
Header 2
Header 3
I am footer text and less important

그림 4-2 텍스트 크기 차이

위치

그림 4-3의 4가지 안을 보면 레이아웃의 크기, 위치, 색상만 훑어봐도 중요한 요소가 무엇인지 추측할 수 있다.

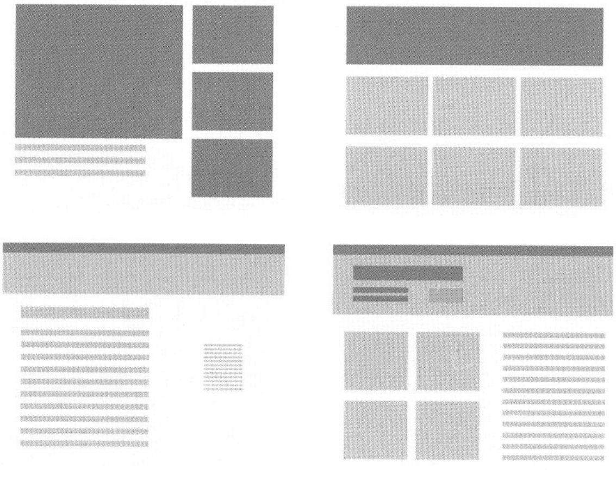

그림 4-3 크기, 위치, 색상으로 중요도 구분하기

밀도

밀도는 화면을 점유하는 구성 요소들 사이에 공간이 얼마나 많은지와 관련 있다. 그림 4-4를 보라. 왼쪽 레이아웃은 내용이 촘촘히 모여 있어 밀도가 높다. 오른쪽 레이아웃은 내용이 고르게 펼쳐져 있어 시원하고 열린 느낌을 준다. 밀도가 낮은 오른쪽 레이아웃이 조금 더 읽기 불편하고, 구성 요소 간 연관성을 알아차리기 어렵다.

그림 4-4 밀도가 높은 레이아웃(왼쪽)과 낮은 레이아웃(오른쪽)

배경색

그림자나 배경색을 추가하여 특정 텍스트 블록에 시선을 집중시키고 다른 텍스트와 시각적으로 구분할 수 있다. 그림 4-5의 왼쪽 사례를 보면, 모든 요소의 배경색이 동일하다. 보는 사람에게 레이아웃의 각 요소가 유사하고, 비슷하게 중요하다는 메시지를 전달한다. 반대로 오른쪽 사례를 보자. 가운데 블록 요소와 배경색에 대비를 주어 시선을 끌면서, 이것이 세 블록 가운데 가장 중요하다는 메시지를 전하고 있다. 대비는 시선을 집중시킨다.

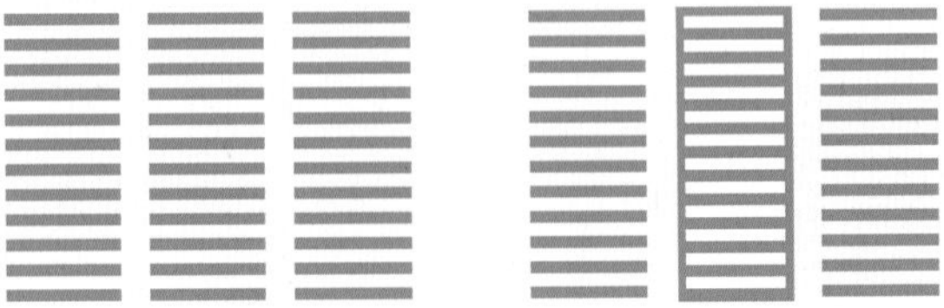

그림 4-5 배경색이 없을 때(왼쪽), 배경색이 있을 때(오른쪽 가운데)

리듬

목록, 그리드, 여백, 번갈아 배열되는 요소(주제목과 요약 글처럼)에 그림 4-6처럼 강렬한 시각적 리듬을 살리면 보는 사람의 시선을 끌 수 있다.

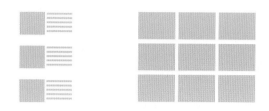

그림 4-6 시각적 리듬을 살리는 목록과 그리드

작은 항목 강조하기

작은 항목을 돋보이게 하려면, 좌측 상단이나 우측 상단 모서리에 배치하라. 강렬한 대비와 시각적 무게감을 주고 충분한 여백으로 항목이 더 두드러져 보이게 하라. 하지만 텍스트가 많은 화면에서 특정 컨트롤(특히 검색 필드, 로그인 필드, 큰 버튼)은 어쨌든 눈에 잘 띄게 마련이다. 시각적인 이유보다 해당 컨트롤의 의미 때문에 그렇다. 예를 들어 사용자가 검색을 하려고 하면, 페이지에 있는 검색 필드로 자연스레 시선이 갈 것이다(심지어 검색 필드의 레이블을 읽지 않을 수도 있다). 또는 그림 4-7처럼 간격과 대비를 이용해서 작은 항목을 강조할 수 있다.

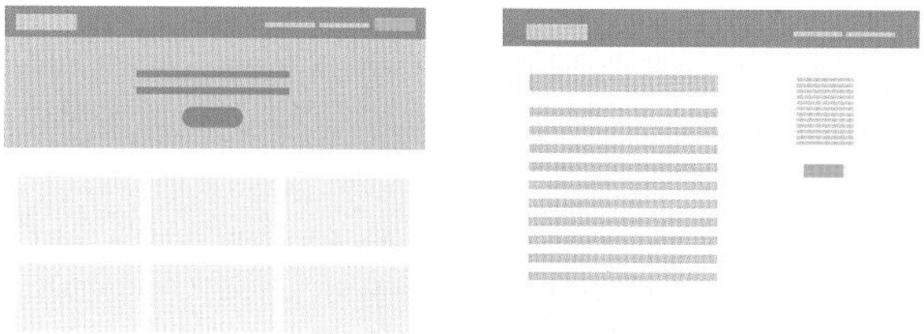

그림 4-7 작은 항목에 시선을 집중시키는 방법

정렬과 그리드

디지털 세계에서 가독성은 아주 중요하다. 보는 사람이 정보를 쉽게 이해하고 액션을 취할 수 있도록 하라. 그림 4-8처럼 그리드를 기반으로 디자인하면 어떤 장점이 있을까? 디자이너가 마음 편히 콘텐츠에 집중할 수 있으며 레이아웃이 시각적으로 일관성 있고 균형을 이루게 된다(그림 4-9). 또한 디자이너들끼리 협업할 때도 그리드를 내부 기준으로 삼아 일관된 레이아웃에서 각자 작업할 수 있다.

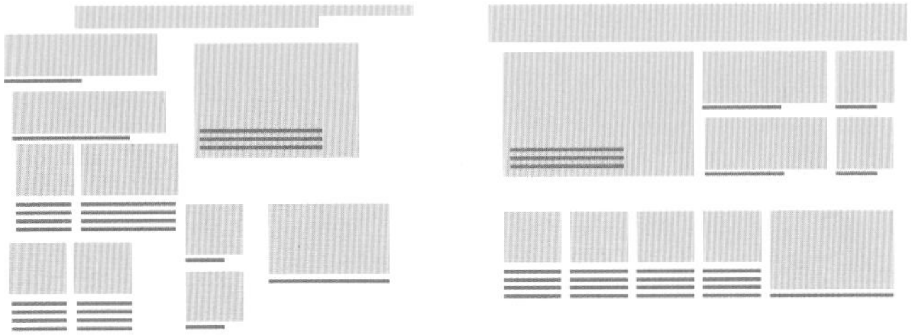

그림 4-8 그리드가 없는 레이아웃(왼쪽)과 그리드 기반으로 만든 레이아웃(오른쪽)

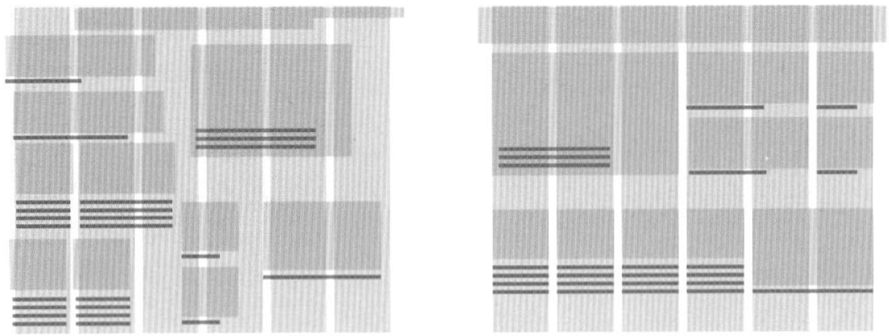

그림 4-9 그림 4-8에 그리드 겹치기

그리드는 모든 디지털 설계의 기본으로, 반응형 디자인과 동적인 콘텐츠를 수용할 수 있게 해준다. 이 내용은 뒤에서 다룰 예정이다.

그리드는 여백margins과 거터gutters로 이루어져 있다(그림 4-10, 그림 4-11). 여백은 콘텐츠와 화면 가장자리 사이에 공간, 거터는 콘텐츠 사이의 공간을 뜻한다.

그림 4-10 여백(노란색)과 거터(파란색)가 있는 수직 그리드

그림 4-11 여백(노란색)과 거터(파란색)가 있는 수평 그리드

그리드를 사용하면 콘텐츠를 시각적으로 조화롭게 구성할 수 있으며, 사용자의 인지 부하를 줄이는 데 도움이 된다.

게슈탈트 법칙 4가지

게슈탈트Gestalt는 독일어로 '형식'이나 '모양'을 뜻하며, 1920년대에 유행하던 심리학 이론에서 유래한 용어다. 게슈탈트 법칙은 디자인 분야에서 자주 언급되는데, 사람이 시각적 형태를 인식하는 방법을 설명하는 몇 가지 규칙을 말할 때 참조된다. 20세기 초 게슈탈트 심리학자들은 그룹화와 정렬 이론의 토대를 마련했다. 인간의 시각 체계에 내재된 몇 가지 특성을 레이아웃에서 발견한 것이다. 이제 각 법칙을 살펴보자.

근접성의 법칙

두 요소를 서로 가깝게 배치하면, 보는 사람은 두 요소가 연관되어 있다고 생각한다. 이는 사용자 인터페이스에서 콘텐츠와 컨트롤을 강력하게 묶어 주는 기초가 된다. 묶여 있는 항목은 서로 연관되어 보인다. 반대로 요소를 서로 떨어뜨려 배치하면 둘이 별개의 항목이라는 의미를 전달한다(그림 4-12).

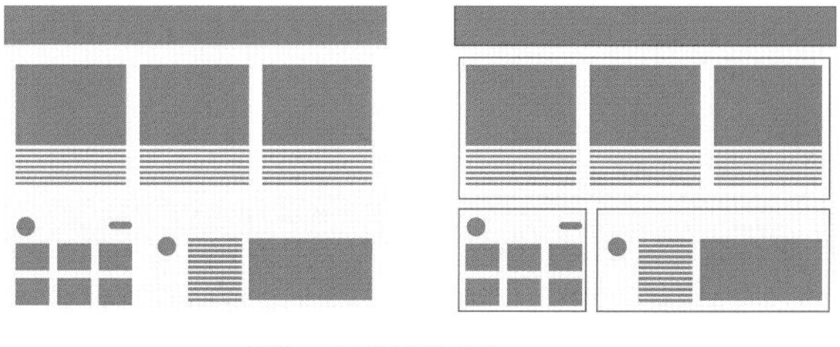

그림 4-12 근접성의 사례

유사성의 법칙

여러 항목의 모양, 크기, 색상을 비슷하게 만들면 사용자는 항목들이 서로 관련되어 있다고 인식한다. 사람들이 '특정 유형'의 항목을 동등한 선택지로 보게 만들고 싶으면 해당 유형에 (독특한) 그래픽을 일괄 적용해라.

유사한 항목을 행이나 열에 맞춰 배열하면 수많은 항목을 의도한 순서대로 보이게 만들 수 있다. 개별 항목을 정확하게 정렬해서 가상의 선을 만들어라. 예를 들면, 불릿 리스트, 내비게이션 메뉴, 폼 안에 있는 텍스트 필드, 행으로 구성된 테이블, 주제목과 요약 글이 반복 나열되는 목록 등이 있다.

특정 항목이 다른 항목보다 특별한가? 대조적인 배경색을 적용하는 것처럼 시각적으로 약간 다르게 처리하라. 그렇지 않다면, 시각적으로 다른 항목과 동일하게 처리하라. 아니면 범프아웃bump-out[1], 겹치기, 비스듬한 각도로 놓기 등으로 항목이 정렬되어 있는 가상의 선을 살짝 깨뜨려라(그림 4-13 참조).

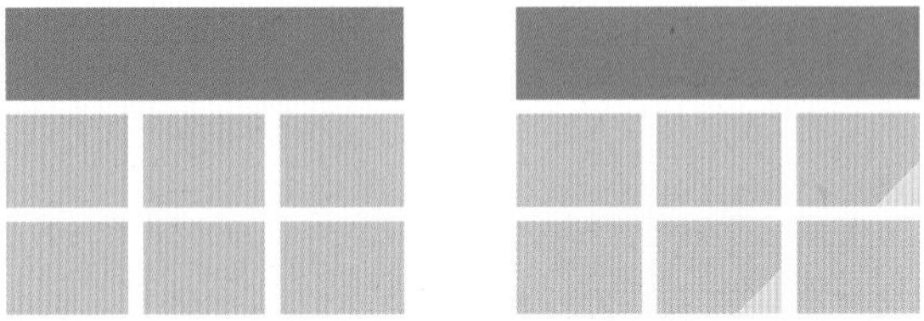

그림 4-13 관련된 항목 그룹화(왼쪽), 유사한 항목 가운데 두 항목만 강조(오른쪽)

연속성의 법칙

그림 4-14에서 볼 수 있듯 우리의 시선은 여러 요소가 정렬되어 만들어진 선과 곡선을 자연스럽게 따라간다.

1 (옮긴이) 범프아웃(bump-out)은 집을 지을 때 공간을 확장하기 위해 측면이 살짝 튀어나온 형태로 설계하는 것을 말한다. 원래대로라면 일직선으로 벽이 이어지는데, 범프아웃을 추가하면 중간에 튀어나오는 부분이 생긴다.

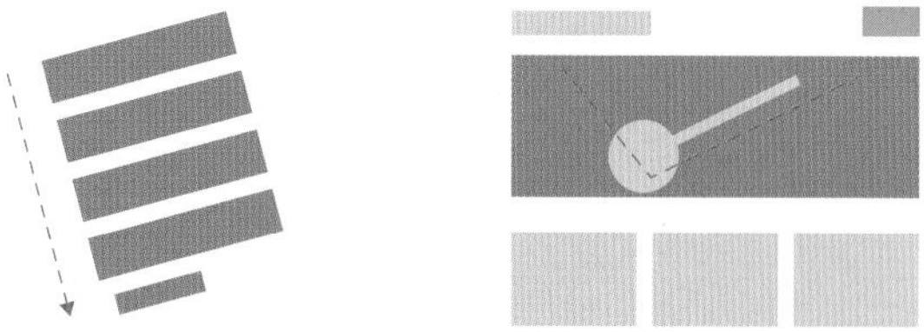

그림 4-14 시각적 연속성의 두 가지 사례

폐쇄성의 법칙

선이 뚜렷하게 그려져 있지 않더라도, 우리 두뇌는 직사각형이나 얼룩처럼 닫힌 형태를 만들기 위해 자연스럽게 선을 '닫는다'. 그림 4-15에서는 직사각형, 원, 그리고 두 개의 삼각형을 볼 수 있다. 실제 그림에는 없는 모양이지만 우리 뇌는 자연스럽게 끊어져 있는 선을 연결해 도형을 완성시킨다.

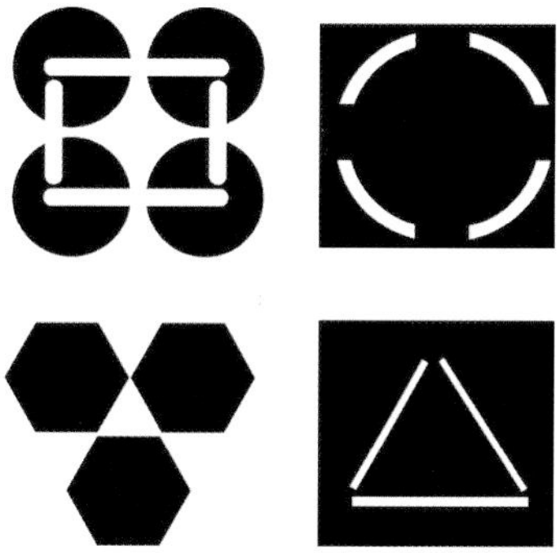

그림 4-15 폐쇄성의 사례

지금까지 설명한 4가지 법칙은 서로 결합해 사용하는 것이 가장 좋다. 연속성과 폐쇄성의 법칙은 정렬에 관한 것이다. 물체를 정렬하면, 물체 가장자리에 연속된 선이 형성되고, 사용자는 그 선을 따라 물체 사이의 관계를 예상한다. 항목들을 정렬했을 때 특정한 형태가 보일 정도의 규칙이 있거나, 주변 여백이나 네거티브 스페이스negative space[2]를 이용해 형태를 만들 수 있다면, 폐쇄성의 법칙도 작용돼 효과가 극대화된다.

2 (옮긴이) 네거티브 스페이스(negative space)란 시각적 요소가 물체에 둘러싸여서 생기는 나머지 공간 여백을 뜻한다.

시선의 흐름(Visual Flow)

시선의 흐름은 사용자가 자연스럽게 페이지를 훑어볼 때 움직이는 시선의 동선을 뜻한다. 물론 이는 시각적 계층 구조와 밀접하게 관련 있다. 시각적 계층 구조를 잘 활용하면 가장 중요한 요소로 시선을 집중시킬 수 있고, 중요한 요소에서 덜 중요한 정보로 시선이 흘러간다.

여러분은 디자이너로서 사람들이 정확한 순서로 페이지를 보도록 시선의 흐름을 통제하고 싶을 것이다. 시선의 흐름을 결정할 때 여러 요소는 상반되게 작용할 수 있다. 서구 문화권 사용자에게는 페이지를 위에서 아래로, 좌에서 우로 읽는 것이 자연스럽다. 단조로운 텍스트를 읽을 때 서구 문화권 사용자는 자연스럽게 그렇게 할 것이다. 하지만 페이지에 시선을 끄는 강력한 중심점이 있다면, 좋든 나쁘든 원래 시선의 동선을 방해한다.

페이지에서 중심점으로 시선이 가는 것을 막기는 어렵다. 시선은 가장 강한 지점에서 약한 지점으로 이동하는 경향이 있으며, 잘 디자인된 페이지에는 중심점이 많지 않다. 중심점이 너무 많으면 중요도가 오히려 약해진다. 좋은 시각적 계층 구조는 중심점을 잘 이용해 시선이 올바른 순서에 맞춰 적절한 장소로 이동하도록 한다. 다음에 잡지를 보게 되면, 완성도 높은 광고 지면을 펼쳐 시선이 어디로 쏠리는지 확인해 보라. 최고의 광고 그래픽 디자이너는 의도적으로 시선이 먼저 향하는 곳을 설정하는 데 능숙하다.

그렇다면 어떻게 좋은 시선의 흐름을 만들 수 있을까? 한 가지 간단한 방법은 곡선이나 직선으로 '암묵적인 선'을 만들어 페이지 요소를 연결하는 것이다. 이는 사용자가 따라갈 수 있는 시각적 내러티브visual narrative[3]를 만든다. 그림 4-16에서 우버 홈페이지를 만든 디자이너는 화면에서 시선을 안내하기 위한 몇 가지 기법을 사용했다. 하늘색 콜투액션 버튼, 조화로운 구성을 만들어 주는 그리드, 주제목과 부제목의 크기 차이에 주목하라. 사진 속 여성의 시선은 어디를 가리키는가? 바로 주제목을 향하는데, 이는 암묵적인 선을 만들면서 사용자의 시선이 페이지상 중요한 요소를 전부 지나치게 만든다.

3 (옮긴이) 시각적 내러티브(visual narrative)란 시각 언어로 표현된 서사다. 시각적인 매체, 즉 이미지, 비디오, 타이포그래피를 통해 메시지를 전달하는 것이다. 문자 언어가 선형적으로 메시지를 전달하는 데 비해, 시각 언어는 보는 이에게 여러 메시지를 통합적으로 전달한다.

그림 4-16
우버 홈페이지의 시각적 계층 구조

그림 4-17에서 여러분의 시선은 자연스럽게 선을 따라갈 것이다. 잘 흘러가는 레이아웃을 만드는 것은 어렵지 않다. 다만 흐름을 거스르는 레이아웃을 선택할 때는 조심하라. 만약 사용자가 웹사이트의 이야기와 핵심 가치를 읽게 만들고 싶으면, 이야기를 전달하는 중요한 부분을 연속선상에 배치하고, 눈을 사로잡는 부가적 요소로 시선을 방해하지 말라.

그림 4-17 시선의 이동을 안내하는 암묵적인 선이 흐르는 레이아웃

폼이나 인터랙티브 툴을 디자인하는 경우, 페이지 전체에 컨트롤을 분산시키는 것은 좋지 않다. 이는 사용자가 원하는 컨트롤을 찾는 것을 더 고생스럽게 할 뿐이다. 그림 4-18에서 콜투액션 버튼은 어디 있는가? 사용자가 먼저 읽는 텍스트 뒤에 배치됐기 때문에 쉽게 찾을 수 있다. 사용자가 텍스트를 꼭 읽지 않아도 된다면, 콜투액션을 여백으로 분리하라.

그림 4-18 콜투액션 버튼 배치

그림 4-19를 보면 시선의 흐름과 시각적 계층 구조가 빈약한 것을 볼 수 있다. 페이지의 요소는 전부 다 중요해 보이며, 각 요소는 시선을 쟁탈하려고 서로 경쟁하고 있다. 여러분의 시선은 어딜 먼저 향하는가? 그 이유는 무엇인가? 페이지에서 무엇을 강조하려는 것 같은가?

그림 4-19 웨더 언더그라운드(Weather Underground)의 뒤죽박죽 시각적 계층 구조

동적인 디스플레이 사용하기

지금까지 논의한 모든 원리는 사용자 인터페이스, 웹사이트, 포스터, 광고판, 잡지 페이지에 모두 동일하게 적용된다. 지금까지 레이아웃의 정적인 측면을 다뤘다. 여기서 잠깐, 여러분은 동적으로 움직이는 컴퓨터로 작업한다. 갑자기 디자인에서 고려해야 할 차원이 하나 더 생겼다. 바로 시간이다.

대부분 인쇄물에서는 사용자가 레이아웃과 실시간 상호작용하는 게 불가능했지만 컴퓨터에서는 가능하다. 컴퓨터나 모바일 디스플레이의 동적인 특성을 활용하는 방법은 여러 가지다. 공간 활용을 예로 들어 보자. 일반 소비자 대상 제품 중 큰 편인 컴퓨터 디스플레이 제품이라 해도 포스터나 신문에 비해서는 활용할 수 있는 공간이 좁다. 해당 공간을 활용해 한번에 볼 수 있는 것보다 많은 콘텐츠를 보여 주는 여러 기법을 살펴보자.

스크롤바

스크롤바는 사용자가 1차원과 2차원에서 원하는 대로 이동할 수 있게 한다(다만, 텍스트가 길어서 넘칠 때 가로로 스크롤되게 만들지는 말자!). 스크롤바는 텍스트, 이미지, 테이블과 같이 큰 콘텐츠를 작은 뷰포트viewport[4]에서 표현하는 일반적인 방법이다. 방대한 콘텐츠를 개별 섹션으로 나누는 방법도 몇 가지 있다. **제목을 붙인 섹션**은 정적인 방식인 반면, **모듈 탭**, **아코디언**, **접히는 패널**, **이동식 패널**은 사용자가 레이아웃을 동적으로 조정할 수 있게 하는 패턴이다.

다음은 사용자가 필요한 시점에 맞는 콘텐츠를 볼 수 있게 시간을 끌어들이는 기법이다.

반응형 활성화

사용자에게 폼 작성이나 프로세스를 성공적으로 안내하거나 사용자의 멘탈 모델에서 혼란을 방지하기 위해, 사용자가 특정 작업을 완료했을 때만 정해진 기능을 활성화하는 인터페이스를 만들 수 있다. 그림 4-20에서 맥 OS 시스템 설정은 양자택일 옵션을 주고 해당 시점에 불필요한 기능은 비활성화한다.

4 (옮긴이) 뷰포트(viewport)란 컴퓨터나 모바일 기기에서 디스플레이 요소가 표현되는 영역을 말한다. 웹 페이지가 뷰포트보다 크면 스크롤해서 나머지 영역을 볼 수 있다. 데스크톱에서는 사용자가 브라우저 창 크기를 조절하면서 뷰포트 크기를 바꿀 수 있는 반면, 모바일에서는 더블탭, 줌인, 줌아웃 등으로 뷰포트 크기가 아닌 배율을 변경할 수 있다.

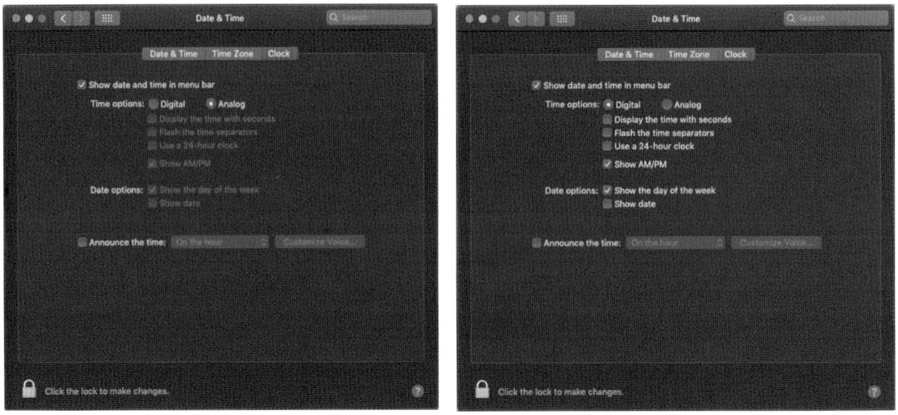

그림 4-20 맥 OS 시스템 기본 설정. 사용자가 선택한 옵션에 따라 불필요한 기능은 비활성화된다.

단계적 정보 공개

사용자가 특정 행동을 취한 뒤에만 나타나는 정보도 있다. 온라인 맞춤형 명함 및 인쇄소인 무닷컴Moo.com은 '맞춤형 제품 만들기'에서 이 기법을 사용한다(그림 4-21). 사용자가 카드에서 편집할 수 있는 영역을 클릭하기 전까지 맞춤형 옵션은 노출되지 않는다.

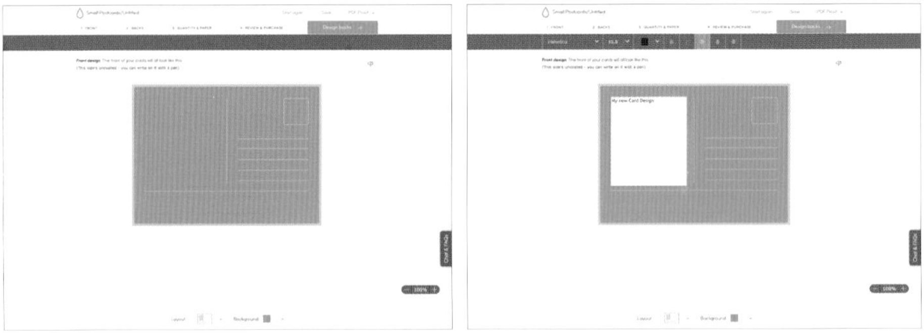

그림 4-21 무닷컴의 단계적 정보 공개 사례

사용자 인터페이스 영역

웹이든, 소프트웨어든, 모바일이든 상관없이 레이아웃을 디자인할 때는 보통 다음 사용자 인터페이스 영역 중 하나 이상이 포함되어 있다(그림 4-22).

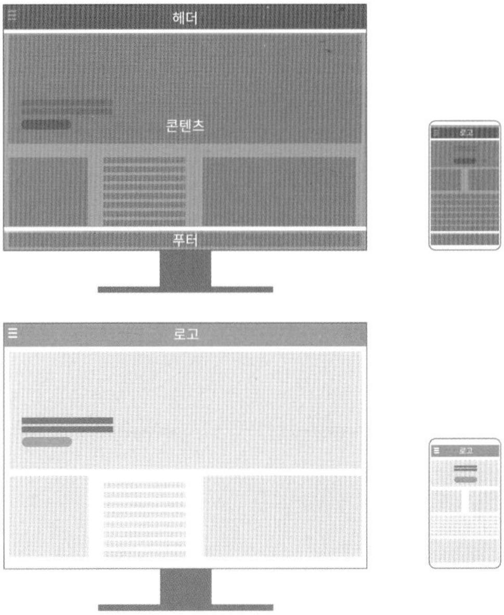

그림 4-22 웹과 데스크톱 응용 애플리케이션의 사용자 인터페이스 영역

헤더/창 제목

어떤 레이아웃을 쓰더라도 가장 위에 있는 영역이다. 주로 모바일과 웹 디자인에서는 글로벌 브랜딩이나 글로벌 내비게이션 요소를 배치하고, 소프트웨어에서는 툴바와 내비게이션을 배치한다. 헤더는 일반적으로 템플릿 레이아웃에서 변하지 않는 요소이므로 이 가치 있는 공간에 무엇을 둘지 신중하게 선택해야 한다.

메뉴 또는 내비게이션

보통 화면 상단이나 왼쪽에 있는 요소다. 패널이 될 수도 있다는 점에 유의하라.

주요 콘텐츠 영역

화면 대다수를 차지하는 영역이다. 랜딩 화면에 필요한 정보 콘텐츠, 입력 폼, 태스크 영역, 브랜딩을 배치한다.

푸터

보조적이면서 모든 페이지에서 고정으로 보이거나, 부가적인 내비게이션이 있는 영역이다. 회사 연락처와 같은 유용한 정보를 넣을 수도 있다.

패널

패널은 화면 상단, 가장자리 또는 하단에 위치한다. 패널에서 어떤 기능을 제공하는가에 따라 패널을 고정하거나 닫을 수 있게 만든다.

패턴

이제 앞에서 배운 레이아웃 개념을 실전에 옮길 수 있는 구체적인 방법을 제시하겠다. 처음 3가지 패턴은 전체 페이지, 화면, 창의 시각적 계층 구조와 관련되어 있기 때문에 페이지에 들어가는 콘텐츠 유형과는 관계가 없다. 시각적 프레임워크 패턴은 프로젝트 초기부터 고민해야 하는데, 모든 주요 페이지와 창에 영향을 미치기 때문이다.

레이아웃

다음 3가지 패턴은 데스크톱과 웹 애플리케이션에서 가장 흔히 볼 수 있는 패턴이다. 태스크, 생산성, 창작용 툴은 **센터 스테이지**가 가장 적당하다. 검색 결과를 표시하는 경우라면 **균등한 그리드**를 선택하는 게 좋다. 무엇을 고르든 간에 사용자가 목표를 달성하려면 어떤 콘텐츠를 보여 줘야 하는지에 따라 선택하라(그림 4-23).

- 시각적 프레임워크Visual Framework
- 센터 스테이지Center Stage
- 균등한 그리드Grid of Equals

그림 4-23 시각적 프레임워크, 패널이 있는 센터 스테이지, 균등한 그리드

정보 분리하기

다음으로 소개할 패턴은 페이지나 창에서 콘텐츠를 '구분'하는 다양한 방법을 다룬다. 한 화면에 담기에 콘텐츠의 분량이 많을 때 유용하다. 시각적 계층 구조를 비롯해 양방향 인터랙션을 사용한다. 이런 패턴은 UI 툴킷에서 사용할 수 있는 특정 메커니즘 가운데 하나를 선택하는 데 도움을 줄 수 있다. 이번에 살펴볼 패턴은 다음과 같다.

- 제목을 붙인 섹션Titled Sections
- 모듈 탭Module Tabs
- 아코디언Accordion
- 접히는 패널Collapsible Panels
- 이동식 패널Movable Panels

26 시각적 프레임워크(Visual Framework)

WHAT 정의하기

앱이나 웹사이트에서 모든 화면 템플릿은 일관된 레이아웃과 스타일을 유지하기 위해 공통된 특성을 공유한다. 기본적인 레이아웃, 여백, 헤더와 거터 크기, 색상, 스타일 요소를 각 페이지에 공통으로 적용하면서도, 페이지마다 다른 콘텐츠 유형에 유연하게 대처할 수 있게 설계한다.

WHEN 언제 사용하면 좋을까?

여러 페이지로 된 웹사이트나 여러 창이 있는 사용자 인터페이스(즉, 거의 모든 복잡한 소프트웨어)를 구축할 때 활용한다. 디자이너는 페이지가 일관되며, 의도를 갖고 설계한 것처럼 보이길 바란다. 동시에 사용자 입장에서 쉽게 이용하고 탐색할 수 있기를 원한다.

WHY 어떤 효과가 있을까?

일관된 색상, 폰트, 레이아웃을 사용하고, 제목과 내비게이션(표지판)을 같은 위치에 배치하여 사용자로 하여금 자신이 현재 어디에 있는지, 어디서 무엇을 찾아야 하는지 알기 쉽게 해준다. 사용자는 하나의 페이지나 창에서 다른 페이지로 맥락을 전환할 때마다 매번 새로운 레이아웃에 적응할 필요가 없다.

페이지마다 반복되는 강력한 시각적 프레임워크는 페이지에 있는 콘텐츠를 더욱 돋보이게 한다. 프레임이 반복되면 사용자는 이에 점차 익숙해져 의식하지 않게 되고, 변화하는 요소만이 눈에 띈다. 더 나아가 시각적 프레임워크 디자인에 브랜드 색깔을 충분히 입히면 웹사이트나 제품 브랜딩에도 도움이 된다. 페이지 레이아웃 자체로 브랜드를 드러낼 수 있다.

HOW 어떻게 활용할까?

모든 페이지나 창에서 공유할 전체적인 룩앤필을 그려 보라. 홈페이지와 주요 창은 '특별'하기에 내부 페이지와 다른 레이아웃을 적용할 때가 많더라도, 최소한 다음과 같은 특징을 다른 페이지와 공통으로 지녀야 한다.

색

배경, 텍스트 색상, 강조 색상 및 기타 색상

글꼴

제목, 부제목, 일반 텍스트, 콜아웃 텍스트callout text[5] 및 보조 텍스트

텍스트 작성 스타일과 문법

제목, 이름, 내용, 짧은 설명, 긴 텍스트를 포함하여 언어로 작성하는 모든 항목

그림 4-24를 보면 제트블루 항공JetBlue Airways의 시각적 프레임워크 디자인에서 모든 페이지와 창은 다음 특성을 공통으로 갖고 있다.

- 현재 위치 표지판, 제목, 로고, 브레드크럼, 현재 페이지를 표시하는 글로벌 내비게이션, 모듈 탭 등
- 유틸리티 내비게이션을 포함한 내비게이션 장치, '확인/취소' 버튼, '뒤로 가기' 버튼, '나가기/닫기' 버튼, 프로그레스 인디케이터와 같은 내비게이션 패턴

5 (옮긴이) 콜아웃 텍스트(callout text)는 보통 삽화에서 특수한 부분이나 기능을 설명하려고 화살표, 선, 숫자 등 그래픽 요소를 사용해 작성하는 부가 설명을 뜻한다.

- 제목을 붙인 섹션을 정의하는 데 쓰는 기법
- 페이지 여백, 줄 간격, 레이블과 관련 컨트롤 사이의 간격, 텍스트와 레이블 행 맞춤을 비롯한 간격 및 정렬
- 위에서 언급한 여백과 간격을 고려해서 행이나 열 위에 페이지의 요소를 배치하는 것, 또는 전반적인 레이아웃

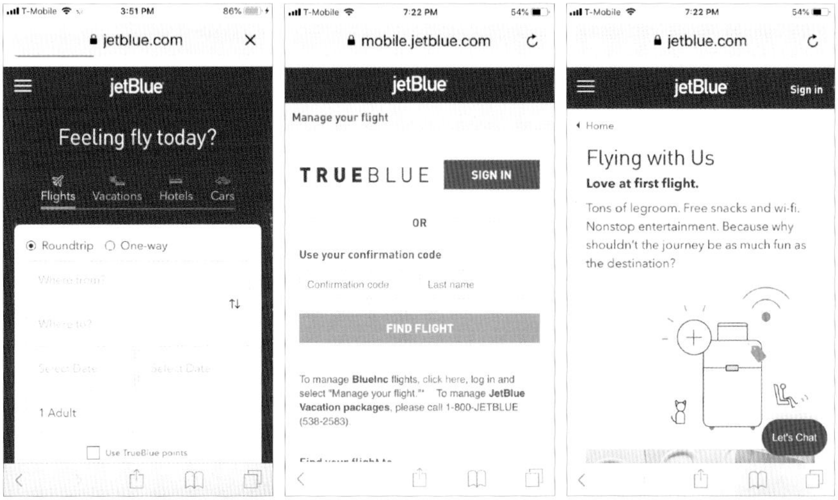

그림 4-24 제트블루 항공 모바일 웹사이트의 시각적 프레임워크

시각적 프레임워크를 활용하면 사용자 인터페이스의 표현과 내용을 분리하게 된다. 이는 좋은 현상이다. 프레임워크를 하나의 장소(CSS 스타일시트, 자바 클래스, 시각적 시스템 라이브러리)에서만 정의하면 내용과 독립적으로 프레임워크를 수정할 수 있다. 즉, 원하는 것을 얻기 위해 프레임을 쉽게 수정하고 조정할 수 있다는 의미다. 이는 또한 소프트웨어 개발에서도 좋은 관행이다.

EXAMPLES 예시

제트블루 항공의 웹사이트(그림 4-25)의 시각적 프레임워크를 보자. 한정적인 색상 팔레트, 강력한 헤더와 폰트, 모서리가 둥근 사각형을 일관되게 사용하고 있다. 로그인 페이지와 모달 다이얼로그에서도 동일한 요소를 쓰는데, 서로 잘 어우러져 보인다. 홈페이지가 모바일 웹사이트와 일관된 스타일을 유지한다

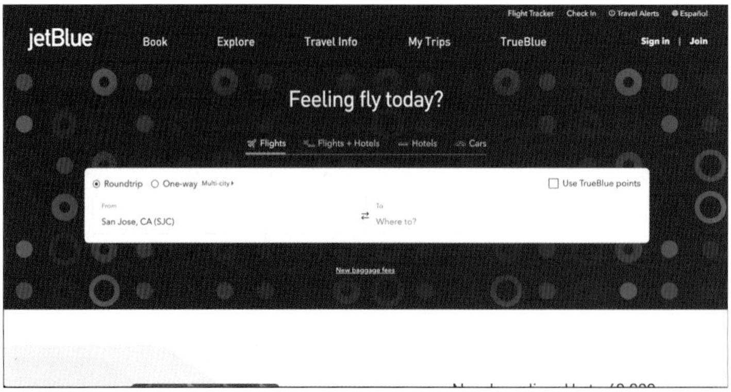

그림 4-25
제트블루 항공 홈페이지

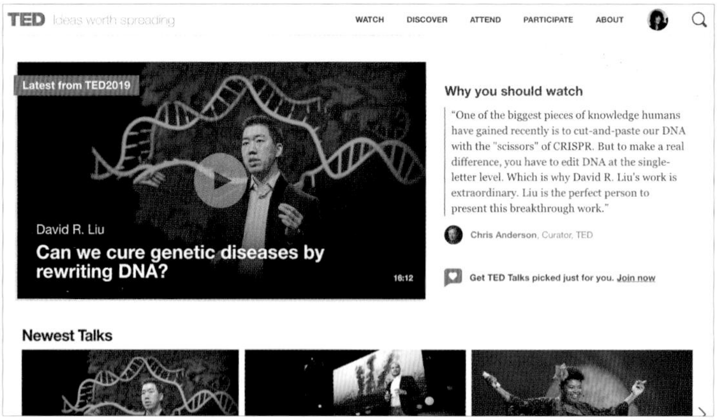

그림 4-26
TED 홈페이지

는 점에 주목하라.

TED 웹사이트(그림 4-26) 역시 일관성을 유지하기 위해 제한된 색상만 사용하고, 그리드 레이아웃을 적용했다.

27 센터 스테이지(Center Stage)

WHAT 정의하기

사용자가 현재 작업 중인 태스크는 대부분 화면 앞부분과 중앙, 즉 가장 중요한 위치에 둔다. 이런 종류의 레이아웃에서 인터페이스상 가장 핵심적인 부분은 페이지나 창의 거대한 서브 섹션에 배치하고, 부차적인 도구나 콘텐츠는 그 주변에 작은 패널로 배치한다.

WHEN 언제 사용하면 좋을까?

화면의 주요 목적이 사용자에게 정돈된 정보 꾸러미에서 하나의 정보를 보여주는 것일 때 사용하라. 문서를 편집하거나 특정 작업을 수행할 때도 쓸 수 있다. 다른 콘텐츠와 기능은 여기서 부차적이다. 많은 유형의 인터페이스에서 센터 스테이지 패턴을 활용한다. 테이블, 스프레드시트, 폼, 그래픽 에디터 모두 해당된다. 단일 기사나 이미지, 기능을 강조하는 웹페이지도 마찬가지다.

WHY 어떤 효과가 있을까?

가장 중요한 정보(또는 태스크)의 시작점으로 즉시 주의를 끌어서, 사용자의 시선이 혼란스럽게 페이지 위를 떠돌아다니지 않게 하기 위한 패턴이다. 정체성이 명확한 요소가 화면 중심부를 차지하여 이목을 사로잡는다. 신문 기사의 도입 문장이 본문의 주제와 목적을 설정하듯이, 센터 스테이지의 중심 요소가 인터페이스의 목적을 분명하게 한다.

그후에 사용자는 주변에 있는 항목이 중심 요소와 어떻게 관련되는지 생각할 것이다. 사용자 입장에서는 페이지를 반복적으로 훑어보면서 요소 간의 관계를 이해하는 것보다 중심 요소를 기점으로 주변과의 관계를 파악하는 게 훨씬 쉽다. 무엇이 먼저인가? 두 번째는 무엇인가? 서로 어떻게 관련되는가?

HOW 어떻게 활용할까?

중심 콘텐츠와 문서에 다른 어떤 요소보다도 두드러지는 시각적 계층 구조를 설정해라. 센터 스테이지를 디자인할 때 다음 변수를 고려하면 좋다.

크기

센터 스테이지의 콘텐츠 너비는 양옆 여백에 있는 콘텐츠의 최소한 두 배, 높이는 위 아래쪽 여백의 두 배 이상이어야 한다. 사용자가 크기를 변경할 수 있는 인터페이스도 있지만, 기본 설정은 이렇게 하는 게 좋다. 스크롤하지 않아도 눈에 보이는 영역을 염두에 두어라. 작은 화면에서 볼 때 콘텐츠가 어디까지 보이는가? 다른 어떤 요소보다도 센터 스테이지가 첫 상단 영역을 가장 많이 차지해야 한다.

주제목

커다란 주제목이 중심점 역할을 하며, 사용자의 시선을 센터 스테이지 위로 끌어당긴다. 이는 인쇄 매체 역시 마찬가지다. 자세한 내용은 4장 도입부와 뒤에 나오는 제목을 붙인 섹션을 참조하라.

맥락

제품의 주요 태스크는 무엇인가? 이는 사용자가 화면을 열었을 때 무엇을 볼 것이라 예상하는지 알려 준다. 그래픽 에디터를 기대하는가? 장문의 글인가? 지도인가? 파일 시스템 트리인가?

전통적인 레이아웃 변수인 '위치'를 지금까지 언급하지 않았다는 점을 알아차렸는가? 센터 스테이지를 어떤 위치에 두는지는 크게 상관이 없다. 크기만 충분히 크다면, 어느 정도 중앙에 위치하기 마련이다. 안정적으로 자리 잡은 소프트웨어 유형은 무엇을 어디에, 여백은 어느 정도로 배치하는지, 관행이 뚜렷하다는 점에 유의하라. 그래픽 에디터에서는 상단에 툴바를 두고, 웹이나 모바일 화면에서는 좌측에 내비게이션 바를 배치해야 한다.

EXAMPLES 예시

구글 문서도구 텍스트 에디터(그림 4-27)는 편집 중인 문서에 거의 모든 수평 공간을 할애한다. 구글의 스프레드시트 에디터도 마찬가지다. 페이지 맨 위에 있는 툴도 큰 공간을 차지하지 않는다. 깔끔하고 세련된 느낌이다.

스케치 데스크톱 애플리케이션(그림 4-28)은 센터 스테이지 레이아웃을 특징으로 한다. 새로운 빈 문서나 템플릿을 만들면, 필요 없는 콘텐츠나 기능에 방해받지 않고 새로운 콘텐츠를 만드는 데 시각적으로 집중할 수 있는 캔버스가 나타난다.

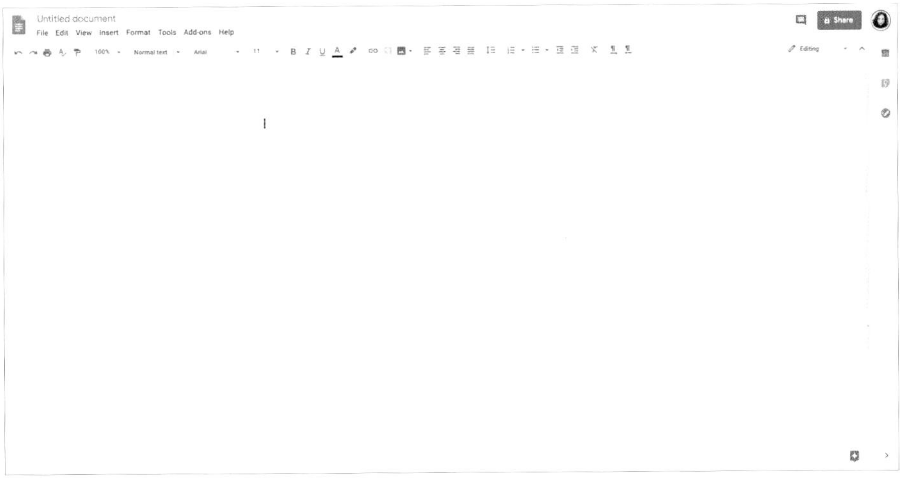

그림 4-27 구글 문서도구 텍스트 에디터

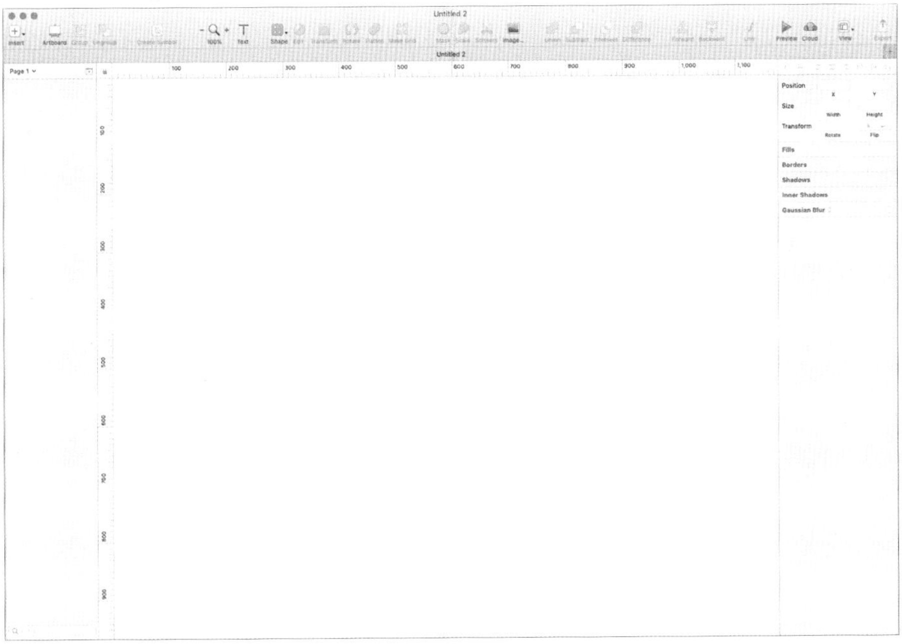

그림 4-28 스케치 새 문서

구글 슈트Google Suite 제품 대부분이 태스크 기반이기 때문에 센터 스테이지는 구글 어스Google Earth, 구글 슬라이드Google Slides, 구글 행아웃Google Hangouts, 구

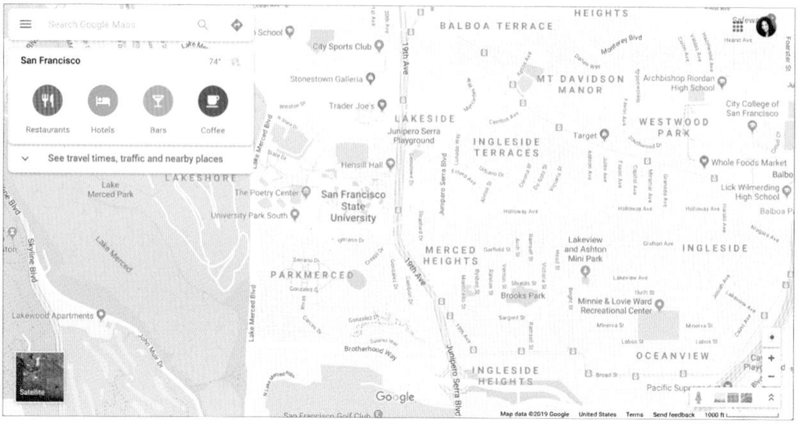

그림 4-29 구글 지도(Google Maps)

글 시트Google Sheets 등의 제품에서 흔히 볼 수 있는 패턴이다(그림 4-29). 구글의 디자인 언어design language[6]에 대한 자세한 내용은 다음 사이트(*https://material.io/design*)를 참조하라.

28 균등한 그리드(Grid of Equals)

WHAT 정의하기

검색 결과와 같은 콘텐츠 항목을 그리드나 행렬로 정렬한다. 각 항목은 공통 템플릿을 따르고, 항목 간 시각적 무게감이 비슷해야 한다. 필요하다면 개별 항목에 해당하는 페이지로 가는 링크를 걸 수 있다.

WHEN 언제 사용하면 좋을까?

페이지에 뉴스 기사, 블로그 글, 제품, 주제 영역처럼 스타일과 중요도가 비슷한 항목이 많이 있을 때 사용하라. 사용자가 항목을 미리 보고 선택할 수 있는 기회를 풍부하게 가질 수 있다.

6 (옮긴이) 디자인 언어(design language)란 인터페이스를 디자인할 때 모든 사람이 제품 관련 요소의 이름, 정의, 목적에 동일한 접근 방식을 취하도록 돕는 공통 언어다. 일관되고 높은 품질의 제품을 빠르게 디자인할 수 있도록 해준다. 디자인 시스템과 아토믹 디자인도 이와 같은 맥락에서 이해할 수 있다(11장 참조).

WHY 어떤 효과가 있을까?

그리드는 각 항목에 동일한 공간을 제공하여 항목이 동등하게 중요하다는 것을 알린다. 그리드 내에서 항목을 감싸는 공통 템플릿은 항목이 서로 유사한 성격임을 드러낸다. 두 요소가 함께 쓰이면 콘텐츠가 가지는 의미와 일치하는 강력한 시각적 계층구조가 형성된다.

HOW 어떻게 활용할까?

그리드에 각 항목을 어떻게 배치할지 고민해 보라. 항목에 섬네일 이미지나 그래픽이 있는가? 주제목이나 부제목, 요약 글이 있는가? 비교적 작은 공간에 필요한 모든 정보를 넣을 수 있는 방법을 다양하게 실험한 후, 템플릿을 항목에 적용해 보라. 콘텐츠 항목을 그리드나 행렬로 배열해라. 각 항목은 공통 템플릿을 따르고, 항목의 시각적 무게감이 유사해야 한다.

이제 항목을 그리드에 따라 정렬해라. 단일 행을 쓰거나, 2~3개 항목 이상의 너비를 가진 행렬을 쓸 수도 있다. 디자인을 하면서 페이지 너비를 고려하라. 좁은 창에서는 디자인이 어떻게 보일까? 사용자 대부분이 거대한 브라우저 창을 쓰는가, 아니면 작은 모바일이나 다른 기기를 쓰는가?(그림 4-30)

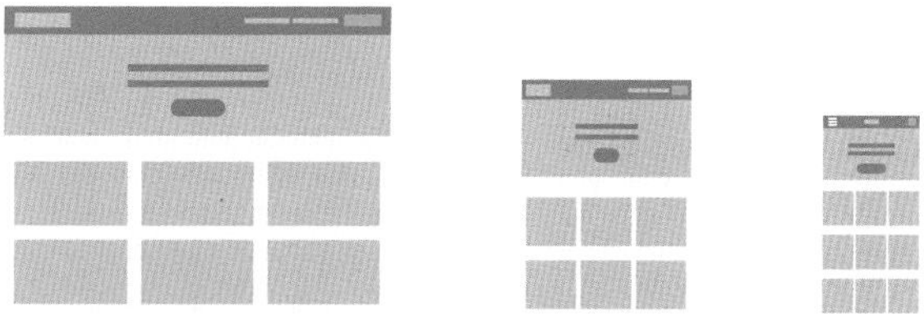

그림 4-30 반응형 웹 디자인(responsive web design)[7]: 데스크톱 버전, 태블릿 버전, 모바일 버전

사용자가 호버하는 그리드 항목을 정적으로, 또는 동적으로 두드러지게 해서 다른 항목과 구분할 수 있다. 색상이나 스타일에 변화를 주되, 위치나 크기와 같은 그리드의 구조적 요소는 변경하지 말라.

7 (옮긴이) 반응형 웹 디자인(responsive web design)은 하나의 웹사이트에서 데스크톱, 스마트폰, 태블릿 등 접속하는 디스플레이 종류에 따라 화면 크기가 자동으로 변화하도록 만든 개발 접근법을 말한다. 웹사이트를 데스크톱용, 모바일용으로 따로 제작하지 않고 하나의 공용 웹사이트로 다양한 디바이스 크기에 대응할 수 있게 한다. 반응형 웹 디자인의 핵심 기술은 가변 그리드(fluid grid), 유연한 이미지(flexible images), 미디어 쿼리(media query) 등이다.

EXAMPLES 예시

훌루Hulu 웹사이트(그림 4-31)에서 그리드에 있는 항목의 크기와 상대적 중요도는 동일하며, 일관된 인터랙션을 보여 준다.

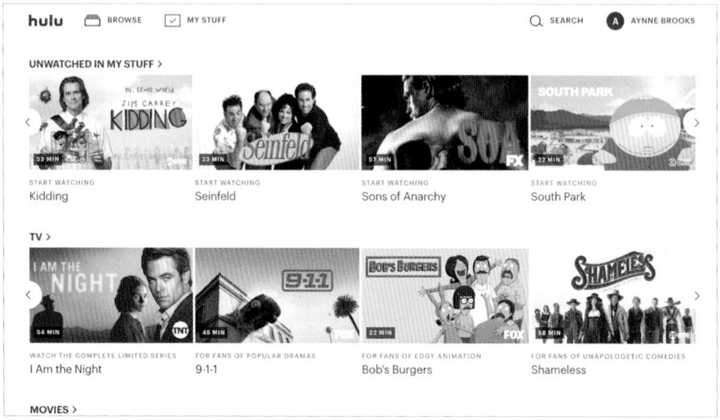

그림 4-31
훌루의 그리드

CNN(그림 4-32)과 애플 TV의 레이아웃(그림 4-33)은 그리드 항목을 시각적으로 일관되게 처리하여, 항목이 서로 동등하게 보인다. 목록을 그리드로 표시하면 어떤 장점이 있을까? 인터페이스를 쓰는 사용자가 하나의 그리드 항목만 눌러 봐도 다른 모든 항목이 어떻게 동작하는지 이해할 수 있다.

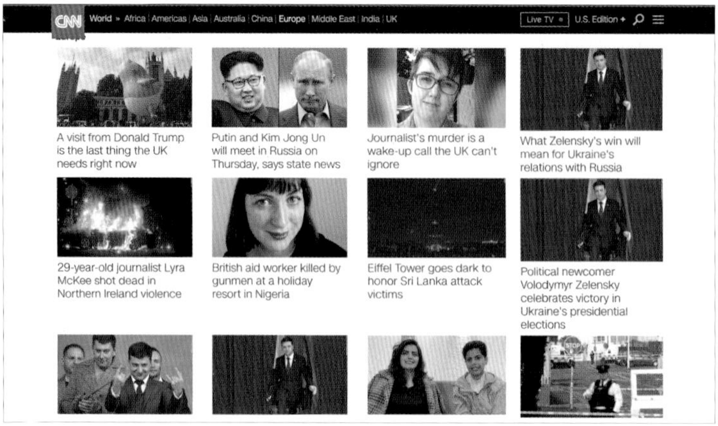

그림 4-32
CNN의 그리드

그림 4-33
애플 TV의 그리드

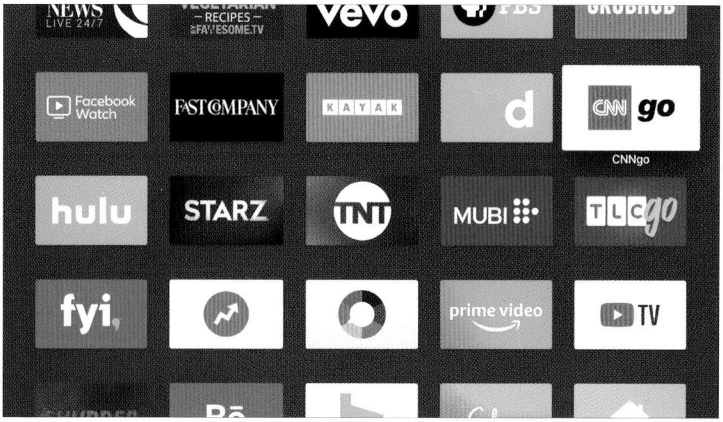

29 제목을 붙인 섹션(Titled Sections)

WHAT 정의하기

각 섹션에 제목을 붙여 시각적으로 강조하고, 개별 섹션을 분리해 페이지에 배열하여 섹션을 개별적으로 정의하는 패턴이다.

WHEN 언제 사용하면 좋을까?

제공하는 콘텐츠가 많지만, 모든 내용을 표시하면서도 페이지를 쉽게 훑어보고 빠르게 이해하게 만들고 싶을 때 사용하라. 사용자가 이해할 수 있는 주제나 태스크를 기준으로 콘텐츠를 묶을 수 있다.

WHY 어떤 효과가 있을까?

각 섹션을 잘 정의하고 이름을 적절하게 붙이면 많은 양의 콘텐츠를 쉽게 소화할 수 있는 '덩어리'로 구조화할 수 있다. 사용자는 각 내용을 한눈에 이해할 수 있게 된다. 이는 정보 구조를 더욱 명백하게 만든다. 깔끔하게 쪼개진 페이지를 볼 때, 사용자의 시선은 더욱 편안히 움직인다.

HOW 어떻게 활용할까?

첫째, 정보 구조를 올바르게 파악한다. 콘텐츠를 논리적인 덩어리로 나누고 (앞 단계에서 덩어리를 나누지 않았다면) 짧고 기억에 남을 만한 이름을 지정하라(그림 4-34 참조).

- 나머지 콘텐츠에 비해 제목을 확실히 강조할 수 있는 타이포그래피를 적용하라. 제목 폰트를 굵거나 넓거나 크게 하고, 더 강한 색상이나 다른 글꼴을 적용하거나, 제목만 내어쓰기 하는 방법 등이 있다. 시각적 계층 구조에 대한 자세한 내용은 이번 장 도입부를 참조하라.
- 제목 뒤에 대비되는 색상으로 텍스트 배경색을 지정해 보라.
- 충분한 여백으로 섹션을 구분하라.
- 섹션 뒤에 대비되는 배경색 블록을 배치하라.
- 데스크톱 인터페이스에서는 음각etched, 빗각beveled, 양각raised으로 만든 박스가 자주 쓰인다. 하지만 박스가 너무 크거나, 서로 너무 가깝거나, 다른 컨테이너 안에 포함된다면 혼란을 일으키고 시각적 소음이 될 수 있다.

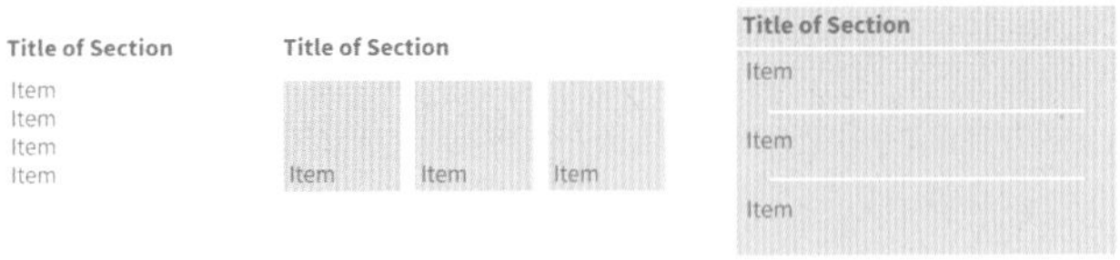

그림 4-34 제목을 붙인 섹션

만약 페이지가 여전히 너무 위압적이라면, **모듈 탭**, **아코디언** 또는 **접히는 패널**을 써서 콘텐츠 일부를 숨겨 보라. 콘텐츠 덩어리에 적절한 제목을 붙이기 어려운 것은 콘텐츠를 묶은 방식이 적절하지 않다는 신호일 수 있다. 이런 경우 더 쉽게 이름을 붙이고 기억하기 용이한 방식으로 다시 묶어 보라. '기타' 카테고리가 정말 필요한 경우도 더러 있지만, 콘텐츠 카테고리가 적절하지 않은 방식으로 조직되었다는 신호일 때가 많다.

EXAMPLES **예시**

아마존 계정 설정(그림 4-35)에서는 페이지 제목, 섹션 제목, 부제목이 시각적 계층 구조에 부합한다. 페이지를 구조화하기 위해 여백, 상자, 정렬을 활용했다.

구글 계정 설정에도 제목을 붙인 섹션(그림 4-36)이 있다. 기능이 들어 있거나, 다른 설정 페이지로 딥링크시켜 준다.

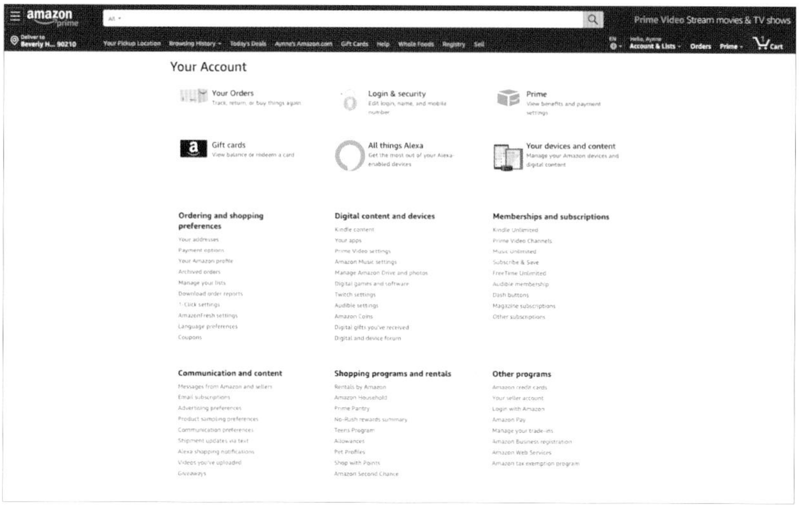

그림 4-35 아마존 계정 설정

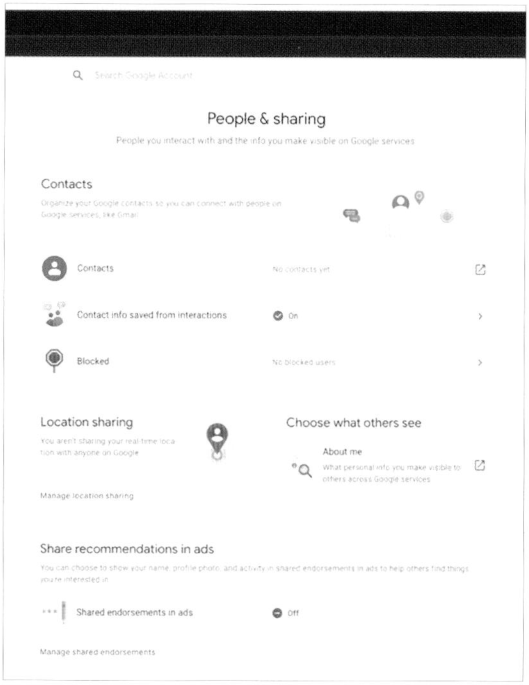

그림 4-36 구글 계정 설정

30 모듈 탭(Module Tabs)

WHAT 정의하기

한 번에 하나의 모듈만 볼 수 있도록 콘텐츠의 각 모듈을 탭으로 분리한다. 사용자는 탭을 클릭하거나 눌러서 원하는 콘텐츠를 맨 앞으로 불러올 수 있다(그림 4-37).

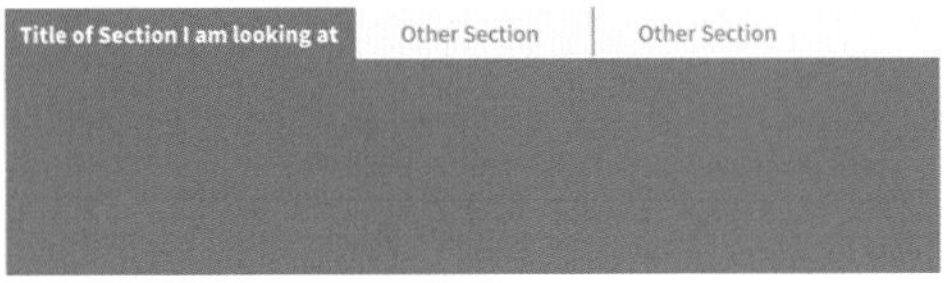

그림 4-37 모듈 탭 패턴

WHEN 언제 사용하면 좋을까?

페이지에서 보여 주는 콘텐츠 분량이 많고 콘텐츠가 서로 이질적일 때 사용해라. 예를 들어 텍스트 블록, 목록, 버튼, 폼 컨트롤, 이미지 등을 넣어야 하는데, 모든 것을 넣을 만큼 공간이 충분하지 않을 때 활용한다. 페이지에 있는 콘텐츠의 일부는 그룹이나 모듈(또는 합당한 그룹으로 묶을 수 있는) 형태다. 이런 모듈에는 다음과 같은 특성이 있다.

- 사용자는 한 번에 하나의 모듈만 볼 수 있다.
- 각 모듈의 길이와 높이가 비슷하다.
- 모듈이 많지 않다. 일반적으로 10개 미만으로 몇 개 안 될 때가 좋다.
- 모듈 집합은 비교적 정적이다. 새로운 페이지가 추가되는 일이 드물다. 기존 페이지도 자주 변경되지 않으며, 내용을 빈번하게 삭제하지도 않는다.
- 모듈 내용이 서로 연관되어 있거나 유사하다.

WHY 어떤 효과가 있을까?

콘텐츠 덩어리를 묶고 숨기는 건 인터페이스를 정돈하는 효과가 뛰어난 기법이다. 탭, 아코디언, 이동식 패널, 접히는 패널도 유사한 기능을 한다. 단순히 깨끗한 그리드에 제목을 붙인 섹션을 정리해 배열하는 것도 효과적이다.

HOW 어떻게 활용할까?

첫째, 정보 구조를 올바르게 확립해라. 내용을 논리 정연한 덩어리로 나누고, 제목이 정해진 게 아니라면 짧고 기억에 남을 만한 제목을 붙여라(가능하면 한두 단어가 좋다). 콘텐츠를 잘못 분리하면 사용자는 원하는 정보를 찾느라 여러 탭을 비교해 보면서 하나씩 눌러 봐야 한다는 점을 기억하라. 친절한 인터페이스를 디자인하려면 구성한 내용을 사용자에게 직접 테스트해 봐라.

현재 선택된 탭이 무엇인지를 명확하게 표시하라. 보통 색상만으로는 충분하지 않기 때문에, 탭을 패널과 인접하게 만드는 방식을 사용한다. 탭이 두 개일 경우, 어떤 탭이 선택되었고, 어떤 탭이 선택되지 않았는지를 충분히 명확하게 만들어라.

탭은 꼭 전형적인 형태이지 않아도 되며, 모듈 스택stack[8]에서 맨 위에 있을 필요도 없다. 좌측 열이나 하단에 둘 수 있고, 심지어 텍스트를 옆으로 읽게끔 90도 회전시켜 둘 수도 있다.

웹페이지에서 모듈 탭은 내비게이션 탭(글로벌 내비게이션 또는 별도의 문서에 활용되거나, 새로운 페이지를 로딩할 때 사용되는 내비게이션)과 구분되는 경향이 있다. 내비게이션 탭도 유용하지만, 모듈 탭은 한 페이지 안에서 선택 가능한 콘텐츠 모듈을 가볍게 보여 주는 방법에 가깝다.

탭이 너무 많아 좁은 공간에 다 들어가지 않을 경우 대처할 수 있는 방법이 몇 가지 있다. 말줄임표를 사용해서 레이블을 줄이거나(탭의 너비가 좁아진다), 캐러셀처럼 화살표 버튼으로 탭을 스크롤할 수 있게 만들거나, 탭 레이블을 위에 넣는 대신 좌측 열에 넣는 것이다. 다만 절대로 탭을 두 줄로 구성하면 안 된다.

EXAMPLES 예시

익스피디아Expedia의 항공편 검색 모듈(그림 4-38)은 이용 가능한 여러 종류의 검색을 탭으로 구분했다. 이로써 귀중한 화면 공간을 희생하지 않고도 잠재 고객이 여러 검색 옵션을 쉽게 발견할 수 있다.

8 (옮긴이) 스택(stack)이란 쌓아 올리는 자료 구조를 의미한다. 책을 쌓는 것처럼 착착 쌓아 올린 형태를 취하고, 가장 나중에 삽입된 자료가 가장 먼저 삭제되는 방식으로 데이터를 처리한다.

맥 OS 시스템 기본 설정(그림 4-39) 역시 사용자가 가장 찾을 법한 장소에 모듈 탭을 배치해서 기능을 강조한다. 탭 두 개가 상단에 있는데 각각 '배터리'와 '전원 어댑터'라고 표시되어 있다.

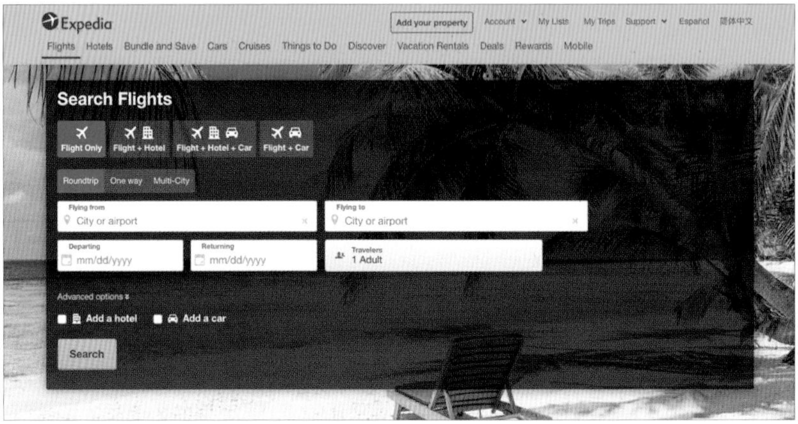

그림 4-38 익스피디아는 탭으로 검색 옵션을 구분한다(항공권/ 항공권, 호텔/ 항공권, 호텔, 차량/ 항공권, 차량)

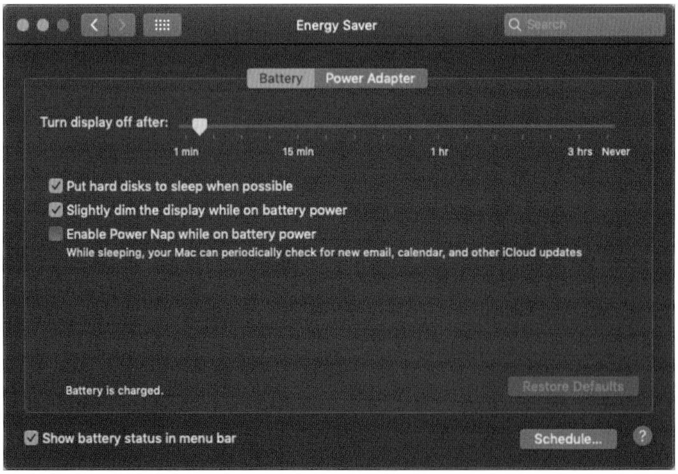

그림 4-39 맥 OS 시스템 기본 설정. 배터리와 전원 어댑터 탭

31 아코디언(Accordion)

WHAT 정의하기

서로 다른 콘텐츠 모듈이 담긴 패널을 밑으로 쌓아서 사용자가 각 패널을 서로 독립적으로 여닫을 수 있게 하는 패턴이다(그림 4-40).

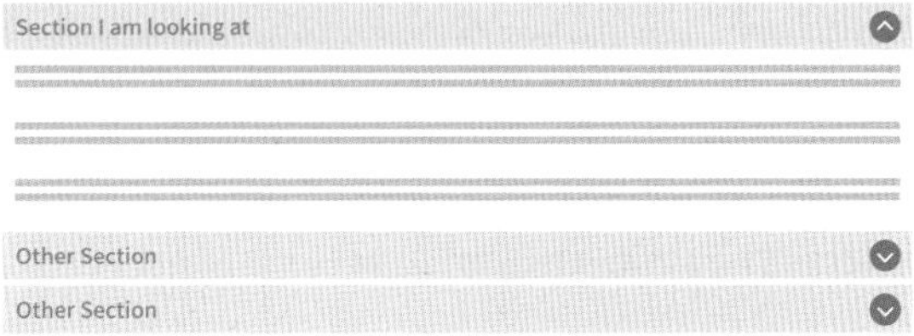

그림 4-40 아코디언 패널

WHEN 언제 사용하면 좋을까?

페이지에서 보여 주는 콘텐츠 분량이 많고 콘텐츠가 서로 이질적일 때 사용하라. 예를 들어 텍스트 블록, 목록, 버튼, 폼 컨트롤, 이미지 등을 넣어야 하는데, 모두 넣을 만큼 공간이 충분하지 않을 때 활용한다. 페이지에 있는 콘텐츠 일부는 그룹이나 모듈(합당한 그룹으로 묶을 수 있는) 형태다.

이러한 모듈은 다음과 같은 특성이 있다.

- 동시에 두 개 이상의 모듈을 보고 싶다.
- 모듈 길이는 각기 다르지만 너비는 비슷하다.
- 모듈은 툴 팔레트, 상하위 메뉴, 또는 다른 일관된 시스템에서 인터랙티브 요소의 일부다.
- 모듈의 내용은 서로 연관되어 있거나 유사하다.
- 모듈의 순서를 그대로 유지하고 싶다.

거대한 모듈이 열려 있거나 수많은 모듈이 동시에 열려 있을 때, 아코디언 하단에 있는 레이블이 화면이나 창에서 벗어날 수 있다는 점에 유의하라. 이로 인해 사용자가 불편을 겪는다면 다른 패턴을 추천한다.

WHY 어떤 효과가 있을까?

아코디언은 탭이나 드롭다운 메뉴만큼 웹페이지에서 친숙한 요소이다. 그럼에도 사용법이 그리 간단한 것은 아니다. 많은 웹사이트가 메뉴 시스템에 아코디언을 활용해 수많은 페이지와 카테고리를 관리한다.

일반적으로 콘텐츠 덩어리를 묶고 숨기는 것은 인터페이스를 정돈하는 데 매우 효과적이다. 아코디언 패턴은 이를 위한 툴킷의 일부이며, 툴킷에는 **모듈 탭**, **이동식 패널**, **접히는 패널**, **제목을 붙인 섹션**이 전부 포함된다.

아코디언은 웹페이지 내비게이션 시스템에서 쓰일 때도 충분히 유용하지만, 데스크톱 애플리케이션에서 특히 빛을 발한다. 툴 팔레트는 아코디언이나 **이동식 패널**에 적합하다. 어떤 모듈이든 열어 둘 수 있기 때문에 사용자는 자신에게 적합하도록 '작업 공간'을 조정한다. 아코디언을 쓰면 잘 사용하지 않는 모듈이 필요할 때 손쉽게 다시 열 수 있다.

HOW 어떻게 활용할까?

각 섹션에 제목을 지정하라. 제목은 간결하면서도 그 안에 포함된 내용이 무엇인지 유추할 수 있을 만큼 충분한 정보를 제공해야 한다.

아코디언을 클릭하거나 탭하면 숨겨진 정보가 나타난다는 것을 보여 주는 시각적 어포던스affordance[9]를 제공하라. 화살표나 삼각형 아이콘이 적절하다.

한 번에 두 개 이상의 모듈을 열 수 있도록 하라. 이에 관해서는 의견이 갈리는데, 어떤 디자이너는 한 번에 하나의 모듈만 열도록 하는 것을 선호하고, 실제로 하나만 열리도록 개발하는 경우도 있다. 또는 개발자가 관련 옵션을 설정할 수 있는 스위치가 있을 때도 있다. 하지만 경험상 특히 애플리케이션에는 사용자가 동시에 여러 모듈을 열도록 허용하는 것이 낫다. 기존에 열었던 모듈이 예상치 못하게 갑자기 사라지는 것을 방지하기 때문이다. 사용자는 반복해서 모듈을 여닫지 않고서도 여러 모듈에 있는 콘텐츠를 동시에 비교할 수 있게 된다.

애플리케이션에 아코디언을 사용할 때나, 사용자가 웹사이트에 로그인한 상

9 (옮긴이) 어포던스(affordance)란 특정 행동을 유도한다는 의미이며, 행동유도성이라고도 부른다. 어포던스에 의해 사용자는 사물을 어떻게 다루면 되는지 단서를 제공받는다.

태일 때, 아코디언은 세션 간 모듈이 열리고 닫힌 상태를 보존해야 한다. 이는 툴 팔레트에서는 중요하지만, 내비게이션 메뉴에서는 그렇게까지 할 필요가 없다.

EXAMPLES **예시**

삼성의 도움말 페이지는 아코디언을 활용해 질문을 보여 주고, 펼침 화살표를 클릭하면 답변이 나타난다(그림 4-41). 사용자는 원하는 정보를 빠르게 훑어보고 필요하면 다른 주제로 이동할 수 있다.

그림 4-41 삼성 웹페이지 도움말. 아코디언으로 구성했다.

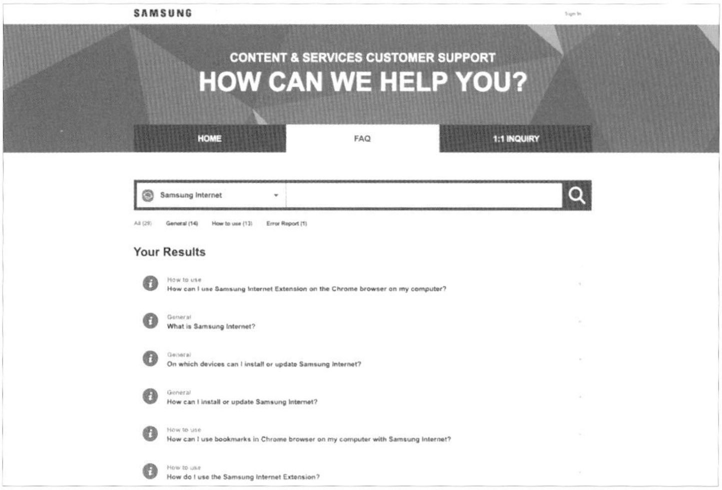

그림 4-42 구글 크롬 설정 페이지. 아코디언으로 구성했다.

구글 크롬의 설정 페이지에서는 확장되는 아코디언으로 자세한 설정 옵션을 보여 준다(그림 4-42). 스크롤하지 않아도 한 화면에서 모든 옵션을 보고 어디를 클릭할지 사전에 확인할 수 있다.

32 접히는 패널(Collapsible Panels)

WHAT 정의하기

부가적인 또는 선택적인 콘텐츠나 기능 모듈을 패널에 담아서 사용자가 열고 닫을 수 있게 한다.

WHEN 언제 사용하면 좋을까?

페이지에서 보여 주는 콘텐츠 분량이 많고 콘텐츠가 서로 이질적일 때 사용하라. 예를 들어 텍스트 블록, 목록, 버튼, 폼 컨트롤, 이미지 등을 넣어야 할 때 말이다. 또는 시각적으로 강조해야 하는 **센터 스테이지** 콘텐츠가 있을 때 활용하라.

이러한 모듈은 다음과 같은 특성이 있다.

- 주석을 달거나, 수정하거나, 부가적으로 설명하는 등 주요 콘텐츠를 지원하는 내용이다.
- 모듈이 디폴트로 열려 있지 않아도 될 만큼 내용이 크게 중요하지 않다.
- 사용자마다 모듈의 가치를 다르게 인식한다. 일부 사용자에게는 특정 모듈이 정말 유용하지만 다른 사용자는 전혀 관심이 없다.
- 같은 사용자라도 모듈이 유용할 때도 있고 아닐 때도 있다. 모듈을 닫은 상태에서는 해당 공간을 페이지의 주요 콘텐츠에 할애하는 게 좋다.
- 사용자는 두 개 이상의 모듈을 동시에 열 수 있다.
- 모듈끼리 서로 관계가 없다. **모듈 탭**이나 **아코디언**을 사용할 때는 모듈을 묶어서, 서로 관련되어 있다는 메시지를 전달한다. 접히는 패널은 모듈을 묶지 않는다.

WHY 어떤 효과가 있을까?

중요하지 않은 기능이나 콘텐츠를 숨기는 것은 인터페이스를 단순화하는 데 도움이 된다. 사용자가 주요 콘텐츠를 지원하는 부가 모듈을 숨기면 모듈이 간단히 접히면서 주요 콘텐츠(또는 여백)에 공간을 넘겨 준다. 이는 단계적 정보 공개(사용자가 필요한 때와 장소에 숨겨진 콘텐츠 보여 주기)의 사례다. 일반적으로 콘텐츠 덩어리를 묶고 숨기는 것은 인터페이스를 정돈하는 데 매우 효과적이다.

HOW 어떻게 활용할까?

각 지원 모듈을 패널에 넣어서 사용자가 클릭 한 번으로 열고 닫을 수 있게 하라. 버튼이나 링크를 모듈명으로 레이블링하거나, '더 보기'라고 레이블링해도 된다. 쉐브론chevron[10] 아이콘, 메뉴 아이콘, 회전하는 삼각형 아이콘을 써서 콘텐츠가 숨어 있다는 것을 암시해라. 사용자가 패널을 닫으면 패널에서 사용하던 공간을 접고 다른 콘텐츠에 이를 할애해라(페이지 하단에 있던 콘텐츠를 위로 올릴 수도 있다).

패널이 열리고 닫힐 때 애니메이션 효과를 주면 사용자는 패널이 작동하는 방식과 나중에 패널을 어디서 찾아야 할지를 시공간적으로 이해하게 된다.

사용자 대부분이 디폴트로 닫혀 있는 접히는 패널을 여는 경우, 패널이 열린 상태를 기본값으로 전환하라.

EXAMPLES 예시

애플 뉴스Apple News 애플리케이션(그림 4-43)은 뉴스와 주제 채널을 추가하거나 삭제하고, 채널을 탐색하는 용도로 왼쪽 패널을 활용한다. 콘텐츠에만 집중하고 싶으면, 패널 아이콘(중앙 헤더 '오늘' 좌측에 위치함)을 눌러서 패널을 왼쪽으로 밀어낼 수 있다.

구글 지도(그림 4-44)는 사용자가 길을 찾는 동안 지도를 계속 볼 수 있게 하는데, 일단 목적지를 선택하면 길을 보는 데 방해가 되지 않도록 패널이 줄어든다. 사용자가 경로를 편집하거나, 변경하거나, 경유지를 추가할 때는 손쉽게 사이드 패널을 확장할 수 있다.

10 (옮긴이) 쉐브론(chevron)은 V 모양 또는 이를 90도 회전한 〉 모양을 뜻한다.

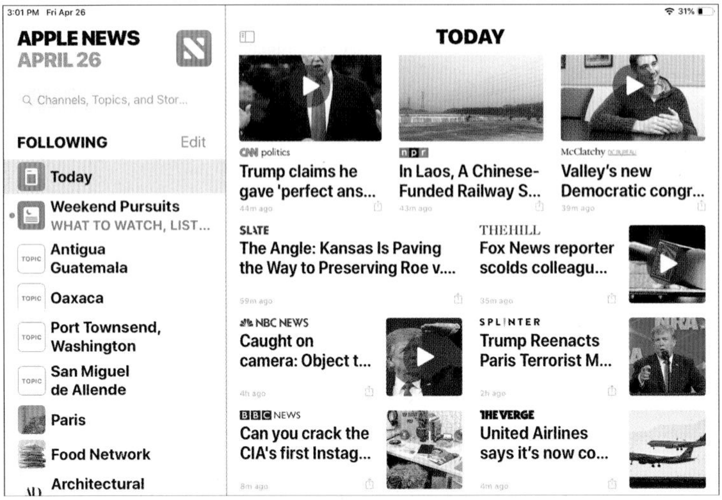

그림 4-43
애플 뉴스
아이패드 버전.
내비게이션 패널이
확장된다.

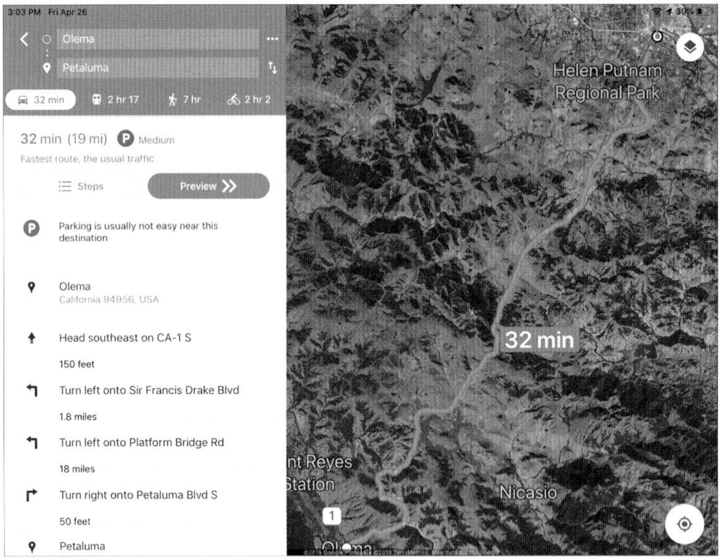

그림 4-44
구글 지도
아이패드 버전.
좌측 패널에
길 찾기 기능이
있다.

33 이동식 패널(Movable Panels)

WHAT 정의하기

콘텐츠 모듈을 서로 독립적으로 열고 닫을 수 있는 박스에 넣는다. 사용자는 개인 설정에서 페이지 위 박스를 자유롭게 정돈할 수 있다. 어도비 소프트웨어

(그림 4-45) 같은 창작 툴이나, 엑셀, 스카이프 등의 생산성 및 회의 애플리케이션의 **센터 스테이지** 레이아웃에서 자주 볼 수 있는 패턴이다.

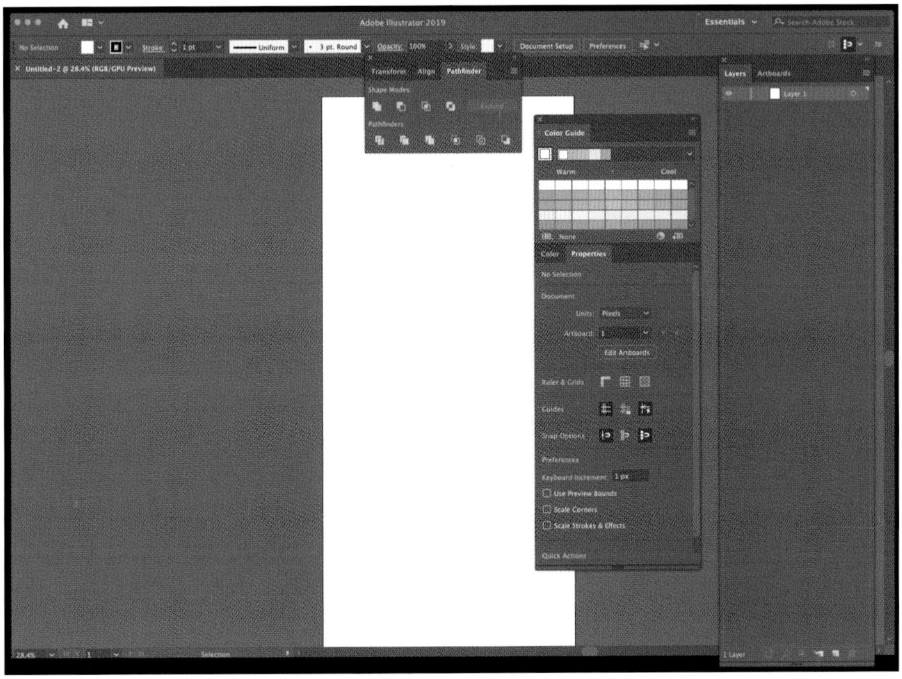

그림 4-45 어도비 일러스트레이터의 이동식 패널

WHEN **언제 사용하면 좋을까?**

사용자들이 보통 로그인한 상태로 쓰는 데스크톱 애플리케이션이나 웹사이트를 디자인하는 경우 사용한다. 뉴스 포털, 대시보드, 캔버스와 팔레트 앱도 종종 이동식 패널을 쓴다. 앱이나 웹사이트에서 주요한 부분, 즉 사용자가 자주 보거나 장시간 노출되는 화면을 디자인할 때도 선택된다. 페이지에서 보여 주는 콘텐츠 분량이 많고 콘텐츠가 서로 이질적일 때 활용하라. 예를 들어 텍스트 블록, 목록, 버튼, 폼 컨트롤, 이미지 등을 넣어야 할 때 말이다.

모듈은 다음과 같은 특성을 가지고 있다.

- 사용자가 동시에 두 개 이상의 모듈을 보고 싶은 게 거의 확실하다.
- 사용자마다 모듈의 가치를 다르게 인식한다. 어떤 사람들은 모듈 A, B, C가

필요한 반면, 다른 사람들은 모듈 A, B, C 말고 D, E, F만 보고 싶다.

- 모듈 사이즈가 매우 다양하다.
- 페이지에서 모듈의 위치는 디자이너가 그리 주의를 기울이는 요소가 아니지만, 사용자에게는 중요하다. 반면에, 제목을 붙인 섹션이 있는 정적인 페이지에서는 가장 중요한 것을 맨 위에 배치하는 등 섹션의 중요도를 고려해 위치를 배열해야 한다.
- 모듈 수가 많다. 너무 많아서 한번에 모두 표시되면 보는 사람이 숨 막힐 정도다. 디자이너나 사용자가 여러 모듈 중에서 필요한 것을 취사선택해야 한다.
- 사용자가 일부 모듈을 시야에서 완전히 숨길 수 있게 하라(숨긴 모듈을 다시 보이게 할 수 있는 메커니즘을 제공하라).
- 모듈은 툴 팔레트나 시스템에서 인터랙티브 요소의 일부이다.

WHY 어떤 효과가 있을까?

사용자마다 관심사가 다르다. 대시보드와 포털 같은 웹사이트에서 사람들이 각자 원하는 콘텐츠를 선택해 볼 때 가장 유용한 패턴이다. 데스크톱 애플리케이션에서 작업할 때 사람들은 자신의 스타일에 맞게 업무 환경을 정비하고 싶어 한다. 작업 공간 가까운 데 툴을 두거나, 필요 없는 것을 숨길 수 있고, 어디에 무엇을 놓았는지 공간 기억을 활용하기에도 유리하다.

이동식 패널은 장기적 관점에서 사용자가 원하는 대로 사용 환경을 정비한 뒤에 작업을 편안하고 효율적으로 완료할 수 있도록 한다. 다양한 유형의 사용자에게 이런 개인화는 매력적이다. 예를 들어 일종의 엔터테인트먼트를 제공하는 방문률이 높지 않은 웹사이트에도 개인화 서비스를 제공하면 참여와 구매를 증가시킬 수 있다.

마지막으로 이동식 패널은 나중에 개발되는, 가령 서드파티가 만든 모듈처럼 새로운 모듈도 쉽게 수용할 수 있다.

HOW 어떻게 활용할까?

각 모듈에 이름, 타이틀바, 기본 크기를 지정하고 적절한 기본 구성으로 화면에 정렬하라. 가능하다면 드래그 앤 드롭으로 사용자가 원하는 대로 모듈을 움직일 수 있게 해라. 간단한 제스처로(타이틀바에 있는 버튼을 마우스로 클릭하는 것처럼) 각 모듈을 열고 닫을 수 있게 하라.

원한다면 사용자가 여러 모듈을 겹쳐 놓더라도 어디든 마음대로 둘 수 있도록 한다. 아니면 레이아웃 그리드로 모듈을 드래그하고 드롭할 수 있는 '자리'를 사전에 정의한다. 이렇게 하면 사용자가 창을 만지작거리며 시간을 너무 많이 쏟지 않으면서도 우아하게 화면을 정렬할 수 있다. 일부 디자인에서는 고스팅ghosting 기법을 써서, 거대한 드롭 대상drop target[11]을 동적으로 보여 준다. 예를 들어 드래그한 모듈을 드롭하면 어디로 이동하는지 점선이 그려진 사각형으로 보여 주는 식이다.

사용자가 모듈을 한꺼번에 닫을 수 있도록 하라. 보통 타이틀바에 'X' 버튼을 눌러 개별 모듈을 닫는 데는 익숙하다. 모듈을 닫은 뒤에 다시 열고 싶으면 어떻게 해야 할까? 모듈 리스트를 브라우징하고 검색할 수 있게 만들어 사용자가 모듈(최신 개발된 모듈을 포함)을 추가할 수 있게 하라.

11 (옮긴이) 드롭 대상(drop target)이란 물체를 드래그해서 움직일 때 '여기로 떨어뜨릴 수 있다'거나 '떨어뜨리면 여기로 이동한다'는 의미를 전달하는 시각적 장치다. 색상이나 점선으로 영역이 표시되며, 목록에서 항목을 드래그해서 이동하는 경우 회색 구분선으로 표시하기도 한다.

5장
비주얼 스타일과 아름다움

"아름다움이 가진 힘을 절대 과소평가하지 말라."

비주얼 디자인은 단순히 '사용자 인터페이스에 스킨을 입히는 것' 이상의 의미를 갖는다. 완성도 높은 비주얼 디자인과 룩앤필look-and-feel[1]은 디지털 제품을 돋보이게 한다. 인터페이스에서 사용하는 시각 언어는 브랜드의 성격과 정체성을 전달하며, 다양한 고객접점touchpoints[2]에서 브랜드를 대표하는 역할을 한다. 비주얼 디자인은 제품 사용성을 높이거나 브랜드 신뢰를 쌓을 수도 있고 반대로 무너뜨릴 수도 있다.

2002년 스탠포드 웹 신뢰성 프로젝트Stanford Web Credibility Project라는 흥미로운 연구가 진행됐다. 사람들이 웹사이트를 신뢰하거나 불신하게 만드는 요인이 무엇인지 밝혀내려는 목적이었다. 연구 결과는 누가 들어도 고개를 끄덕일 만큼 타당해 보였다. 회사의 평판, 고객 서비스, 스폰서십, 광고까지 전부 웹사이트의 신뢰성을 결정하는 데 영향을 미친다는 것이었다.

1 (옮긴이) 소프트웨어 디자인에서 룩앤필(look-and-feel)이란 그래픽 유저 인터페이스 관점에서 쓰이며, 색, 모양, 레이아웃, 글꼴(룩)뿐 아니라 단추, 상자, 메뉴와 같은 동적인 요소의 동작(필)을 수반하는 디자인의 구성 요소이다.

2 (옮긴이) 고객접점(touchpoints)이란 특정 브랜드가 소비자와 만나는 지점, 즉 직접적인 제품 사용 경험을 포함하여 입소문, 광고, 웹사이트 등 소비자가 브랜드를 경험하는 모든 순간을 일컫는다.

하지만 그중 가장 중요한 요소는 바로 웹사이트의 미적인 측면이었다. 사용자는 어설퍼 보이는 웹사이트를 신뢰하지 않았다. 웹사이트가 세련되고 전문적으로 느껴지면 사용자는 웹사이트를 신뢰할 다른 이유가 없었음에도 불구하고 경쟁사보다 높은 평가를 줬다.

시간이 흐른 지금도 변함없다. 보기 좋은 게 중요하다. 물리적 형태와 필요한 기능이 조화를 이루는 게 진정한 아름다움이다. 디지털 디자인 세계에서는 디테일이 완벽할 뿐만 아니라 사용자에게 유용하거나, 공감되거나, 즐거움을 주거나, 아니면 이 세 가지를 전부 다 갖춰야 하는 경우도 많다.

5장에서는 비주얼 디자인의 핵심 요소를 살펴보고 심미적으로 즐거움을 주는 비주얼 디자인은 무엇을 갖춰야 하는지 알아 보자.

비주얼 디자인의 기초

이번 장에서는 아래 내용과 연관된 좋은 시각 디자인의 원칙 몇 가지를 이야기하려 한다.

- 시각적 계층 구조
- 구성
- 색상
- 타이포그래피
- 가독성
- 감정 불러일으키기
- 이미지

그림 5-1의 네 가지 사례를 살펴보자. 서로 다른 디자인처럼 보이지만, 거의 동일한 시각적 요소를 지니고 있다. 색상과 텍스트에 변화를 주는 것만으로 이렇게 다른 인상을 준다. 예를 들어 화면의 색상 조합은 보는 사람을 미소 짓게 할 수도, 침울하게 만들 수도 있다. 동일한 콘텐츠라 해도 크게 다른 인상을 남긴다.

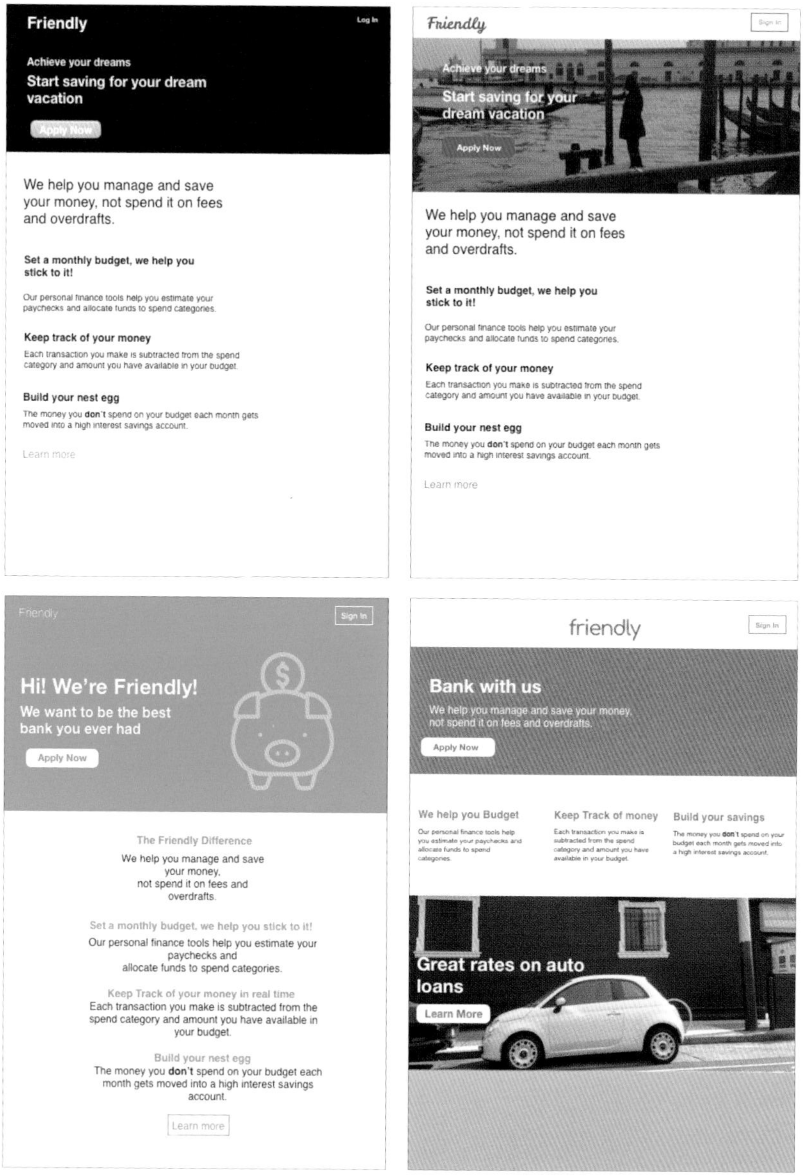
Friendly
Log In
Achieve your dreams
Start saving for your dream vacation
Apply Now
We help you manage and save your money, not spend it on fees and overdrafts.
Set a monthly budget, we help you stick to it!
Our personal finance tools help you estimate your paychecks and allocate funds to spend categories.
Keep track of your money
Each transaction you make is subtracted from the spend category and amount you have available in your budget.
Build your nest egg
The money you don't spend on your budget each month gets moved into a high interest savings account.
Learn more
Friendly
Sign In
Achieve your dreams
Start saving for your dream vacation
Apply Now
We help you manage and save your money, not spend it on fees and overdrafts.
Set a monthly budget, we help you stick to it!
Our personal finance tools help you estimate your paychecks and allocate funds to spend categories.
Keep track of your money
Each transaction you make is subtracted from the spend category and amount you have available in your budget.
Build your nest egg
The money you don't spend on your budget each month gets moved into a high interest savings account.
Learn more
Friendly
Sign In
Hi! We're Friendly!
We want to be the best bank you ever had
Apply Now
The Friendly Difference
We help you manage and save your money, not spend it on fees and overdrafts.
Set a monthly budget, we help you stick to it!
Our personal finance tools help you estimate your paychecks and allocate funds to spend categories.
Keep Track of your money in real time
Each transaction you make is subtracted from the spend category and amount you have available in your budget.
Build your nest egg
The money you don't spend on your budget each month gets moved into a high interest savings account.
Learn more
friendly
Sign In
Bank with us
We help you manage and save your money, not spend it on fees and overdrafts.
Apply Now
We help you Budget
Our personal finance tools help you estimate your paychecks and allocate funds to spend categories.
Keep Track of money
Each transaction you make is subtracted from the spend category and amount you have available in your budget.
Build your savings
The money you don't spend on your budget each month gets moved into a high interest savings account.
Great rates on auto loans
Learn More

그림 5-1 비주얼 디자인의 예시

시각적 계층 구조

시각적 계층 구조는 주어진 레이아웃에서 시각 요소가 보여지는 방식을 뜻한다. 시각적 계층 구조의 특성을 살펴보자.

명료성(Clarity)

제공하려는 정보를 잘 전달하는 디자인인가?

실행가능성(Actionability)

화면에서 해야 할 일을 사용자가 어떻게 알 수 있는가?

행동유도성(Affordance)

물체의 겉모습이나 동작하는 방식이 실제 제품의 속성과 일치한다는 의미다. 예를 들어, 살짝 입체적으로 보이는 버튼은 클릭할 수 있다는 시각적 신호를 준다.

구성

비주얼 디자인에서 구성은 배치와 비례를 가리킨다.

일관성(Consistency)

시각적 요소는 예측 가능하고 일관된 시각적 언어로 나타난다. 인터페이스 디자인에서 아이콘을 사용한다면 동일한 기능을 지칭할 때는 항상 같은 아이콘을 반복해 사용하라. 용어를 쓸 때도 마찬가지다.

정렬(Alignment)

화면이 바뀔 때마다 화면 요소가 이유 없이 변경되는 것만큼 사용자에게 거슬리는 건 없다. 화면이 바뀔 때 화면 요소가 이동하지 않도록 해라. 마찬가지로 디지털 제품에서는 왼쪽, 오른쪽, 가운데 정렬이 무작위로 바뀌는 텍스트는 이해하기 어렵고, 가독성을 떨어뜨린다.

색상

색상은 즉각적인 경험이다. 디자인을 볼 때 기본 형태나 모양과 함께 가장 먼저 인지하는 것 중 하나다. 하지만 예술과 디자인 분야에서 색상을 적용하는 일은 한없이 섬세한 작업이다. 세기의 화가들이 긴 세월 동안 색상을 연구해 왔다. 여기서 다루는 내용은 빙산의 일각에 불과하다.

인터페이스에 적용할 색상 조합을 고민하고 있는가? 우선 텍스트 가독성을 떨어뜨리는 요소를 제거하자.

- 밝은 배경 전면에 어두운 요소를 쓰거나, 반대로 어두운 배경 전면에는 밝은 요소를 써라. 대비가 충분한지 확인하려면 포토샵과 같은 이미지 툴을 열어서 디자인의 채도를 낮춰 보라(그레이 스케일로 만들어 보라).
- 빨간색과 초록색이 중요한 의미라면 색상 만으로 의미를 구분하지 말고, 다른 형태나 텍스트로 의미를 강화해라. 색맹인 사람은 색상 차이를 인지하지 못하기 때문이다. 통계적으로 남성 중 10%, 여성 중 1%가 특정 종류의 색각이상을 가진 것으로 확인되었다.[3]
- 특정 색상 조합은 피해라. 예를 들어 쨍한 빨강 배경에 쨍한 파랑 텍스트는 눈을 피로하게 한다. 빨강과 파랑은 보색이어서 색상환에서 서로 반대편에 위치한다(그림 5-2).
- 흰 바탕에 검은 글씨는 거슬리지 않지만 흰색 배경 자체가 눈을 피로하게 하는 빛을 발한다. 따라서 태블릿용 제품을 디자인하는데, 콘텐츠나 UI 요

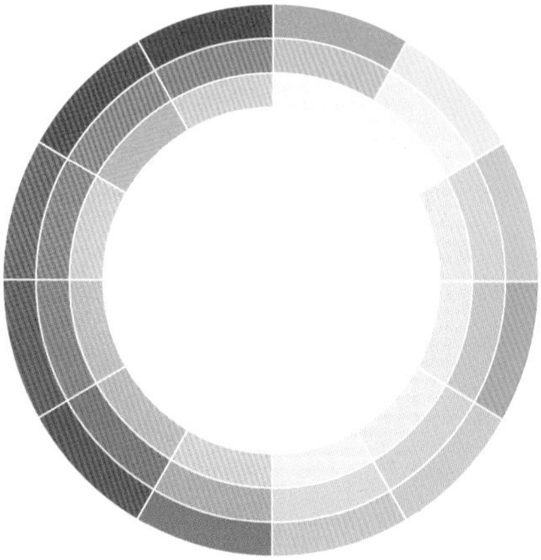

그림 5-2 색상환

3 (옮긴이) 2020년 질병관리청 국가건강정보포털에 따르면 색각이상은 흔한 증상으로 국내에서는 전체 남성의 5.9%, 전체 여성의 0.4%가 색각이상이다.

소 사이에 여백이 많은 경우 눈의 피로함을 줄이려면 배경에 어두운 색을 써라.

이제 색상 사용에 관한 대략적인 규칙을 몇 가지 살펴보자.

따뜻함 vs 시원함

빨간색, 주황색, 노란색, 갈색, 베이지색은 따뜻한 색상에 속한다. 파란색, 녹색, 보라색, 회색(대량으로 사용할 때), 흰색은 시원한 색상에 속한다.

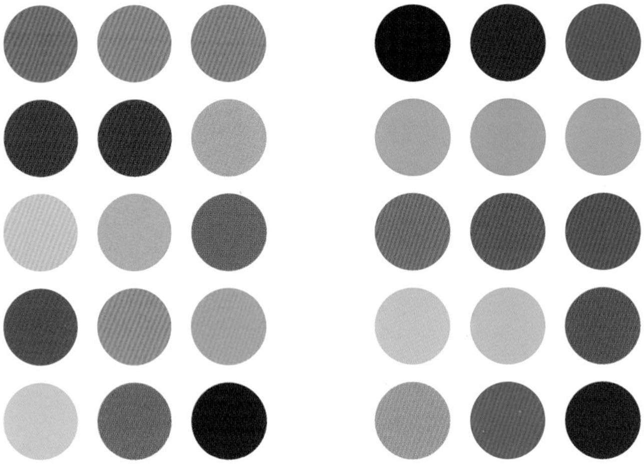

그림 5-3 따뜻한 색 vs 시원한 색

어두운 배경 vs 밝은 배경

흰색, 베이지색, 연한 회색 등의 밝은 배경 화면은 어두운 배경과 전혀 다른 느낌을 준다. 컴퓨터 인터페이스에서는(인쇄 화면도 마찬가지다) 밝은색 배경이 더 흔하다. 어두운 배경은 다른 디자인 요소에 따라서 선명하거나, 어둡거나, 강력한 느낌을 준다.

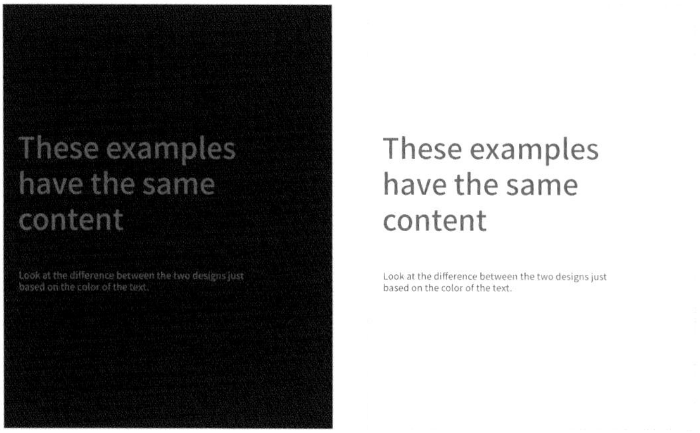
These examples have the same content
Look at the difference between the two designs just based on the color of the text.
These examples have the same content
Look at the difference between the two designs just based on the color of the text.

그림 5-4 어두운 배경 vs 밝은 배경

강한 대비 vs 약한 대비

배경이 어둡든지 밝든지, 배경색과 전경에 있는 요소의 대비는 높을 수도 낮을 수도 있다. 강한 대비는 긴장감, 힘, 대담한 감정을 불러일으킨다. 약한 대비는 차분하고 긴장을 풀어 주는 느낌이다.

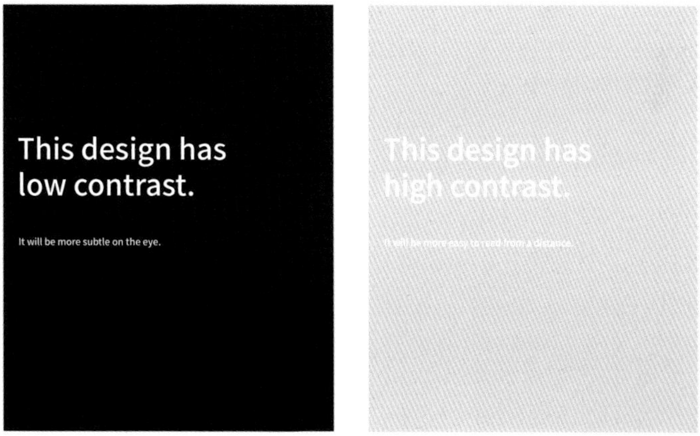
This design has low contrast.
It will be more subtle on the eye.
This design has high contrast.
It will be more easy to read from a distance.

그림 5-5 강한 대비 vs 약한 대비

높은 채도 vs 낮은 채도

밝은 노란색, 빨간색, 녹색처럼 채도가 높거나 순도가 높은 색상은 생동감, 생생함, 밝음, 따뜻함을 자아낸다. 또 대담하게, 특성을 드러낸다. 하지만 과하게 사용하면 눈을 피로하게 하기 때문에 대부분의 인터페이스 디자인에서 높은 채도의 색상은 필요할 때 한두 가지만 사용하는 경우가 많다. 어둡든 밝든 각각 톤tones[4] 또는 틴트tints[5]가 차분한 색상muted color이 색상 팔레트 대부분을 차지한다. 데스크톱 애플리케이션에서 하루종일 핫핑크 색을 보고 싶어 하는 사람은 아마 없을 것이다.

This design is desaturated.
The muted tones make ti easeir to read for longer amounts fo time.
This design has saturated.
It will evoke energy and attract attention, but this will tire the eye.

그림 5-6 낮은 채도 vs 높은 채도

색상 조합

색상을 조합하기 시작하면 재미있는 효과가 나타난다. 채도가 높은 색상 두 가지를 조합하면 하나의 색상보다 훨씬 더 역동적인 에너지와 풍성한 느낌을 불러일으킬 수 있다. 채도가 높은 색상 하나에 톤 다운된 색상 하나를 조합한 화면은 높은 채도의 색상으로 시선을 유도하면서 '색깔 층'을 만들어 낸다. 더 밝고 강한 색상은 보는 사람에게 가까운 것처럼 느껴지고, 회색과 창백한 색상은 뒤로 후퇴하는 듯한 효과를 준다. 강한 입체감은 디자인을 극적으로 만든다. 톤 다운되거나 은은한 색을 더 많이 쓴 평면적인 디자인은 더 평화로운 느낌이다.

4 (옮긴이) 톤(tones)이란 색상에 회색을 추가해 원래 색보다 더 어둡게 만드는 것이다.
5 (옮긴이) 틴트(tints)는 반대로 색상에 흰색을 더해 원래 색보다 밝게 만드는 것이다.

색상에만 의존하지 않기

색은 아름답지만, 중요한 정보를 표현할 때 색에만 의존하지 말라. 좋은 예로 정지 표지판이 있다(그림 5-7). 어딜 가든 정지 표지판은 항상 똑같아 보인다. 빨간색이고 '정지'라고 쓰여 있으며 눈에 띄는 팔각형 형태다. 세 가지 인지적 단서가 모여 보는 사람에게 주의하라고 말한다.

그림 5-7 미국의 정지 표지판 사례

디지털 세계에서 시각적 요소를 사용할 때도 마찬가지다. 색상과 형태를 결합해 전달하려는 정보를 사용자가 이해할 수 있게 도와라.

색상 참조 및 리소스

- *https://www.colorbox.io*
- *https://color.adobe.com/create*
- *http://khroma.co*

타이포그래피

웹에서 대부분의 콘텐츠는(애완동물 비디오와 영화를 빼고) 텍스트로 되어 있다. 디지털 매체에서 읽기 쉽고 눈이 피로하지 않게 경험을 디자인하는 것은 예술 그 자체다. 타이포그래피는 책 한 권을 할애할 만큼 중요한 주제다. 사실 타이포그래피만 다루는 서적 카테고리도 있다. 호기심이 있다면 타이포그래피는 얼마든지 깊이 파고들 수 있는 주제다. 여기서는 디지털 디자인의 타이포그래피를 이해하는 데 가장 중요한 몇 가지 사항만 소개하겠다.[6]

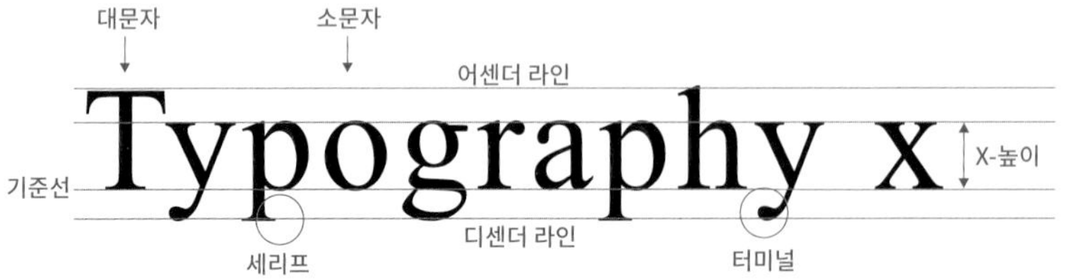

그림 5-8 디지털 디자인용 타이포그래피 구조[6]

서체의 유형

활자type[7]에 관한 세부사항을 이해하는 데 도움을 주는 용어 두 가지가 있다. 하나는 활자체typeface[8]로, 활자의 특정 디자인 이름을 지칭한다. 예를 들어 헬베티카Helvetica, 에어리얼Arial, 타임스 뉴 로만Times New Roman은 활자체이다. 폰트font[9]는 활자체의 특정 크기, 굵기, 스타일을 지칭한다. 예를 들어 헬베티카 볼드 12pt, 에어리얼 이탤릭체 8pt, 타임스 뉴 로만 18pt처럼 말이다. 종종 디지털 디자인에서 활자체를 폰트로 잘못 부르는 경우가 있다. 왜 그렇게 잘못 부르게 되었는지 유래는 찾지 못했지만, 둘의 차이를 이해하면 디자인에 도움이 될 것이다.

여러 가지 활자체 분류법이 있지만, 디지털 디자인에 가장 적합한 방법을 소개하겠다.

6 (옮긴이) 기준선(baseline)은 글자꼴을 디자인하거나 판짜기를 할 때 형태적 배열의 기준이 되는 선이다. 영문의 주요 글자는 기준선이라는 가상선을 기준 높이로 디자인되고, 대문자와 소문자 모두 이러한 기준선 위에 놓인다. 어센더(Ascender)란 로마자 알파벳으로 된 글꼴의 소문자에서 윗쪽 평균선(가상선) 너머로 튀어나온 부분을 뜻하고, 어센더 라인은 어센더를 가로지르는 선을 말한다. 디센더(descender)란 로마자 알파벳에서 글꼴의 자모가 베이스라인 밑으로 나와 있는 부분을 일컫는 말이다. 예컨대 알파벳 글자 'y'에서 디센더는 기준선 아래 대각선으로 뻗은 꼬리 부분을 말한다. 터미널(terminal)은 획의 끝맺음 부분으로 소문자 a, c, f, y에서 볼 수 있다. X높이(X-Height)는 로마자에서 소문자의 높이를 말한다.

7 (옮긴이) 활자(type)란 네모기둥 모양의 금속 윗면에 문자나 기호를 볼록 튀어나오게 새긴 것 또는 글자를 일정한 틀에 짜 맞춘 것이다.

8 (옮긴이) 활자체(typeface)란 활자라는 매개체를 통해 인쇄한 글자의 모양새나 활자가 품고 있는 글자의 모양을 뜻한다.

9 (옮긴이) 폰트(font)는 활자체를 구체적인 기록, 표시, 인쇄에 이용할 수 있도록 한 것으로 오늘날에는 주로 디지털 폰트를 가리키는 의미로 쓰인다.

세리프(Serif)

세리프 활자체(그림 5-9)는 글자 끝 부분에 작은 장식선과 곡선이 있다. 빽빽한 텍스트를 읽을 때 가장 널리 활용한다. 세리프 활자체는 글자에서 다음 글자로 시선을 부드럽게 안내해 눈의 피로감을 줄여 준다.

Times New Roman	Rockwell
Baskerville	Alfa Slab
Courier	PT Serif
Georgia	Palatino
Abril	Iowan
Hoefler	Big Caslon
New York	Fredericka
Didot	Times

그림 5-9 세리프 활자체

산세리프(Sans serif)

산세리프 활자체(그림 5-10)는 글자 끝에 장식선이 없다. 현대적이고 작은 크기에서도 가독성이 높기 때문에 사용자 인터페이스에서 산세리프를 자주 사용한다.

Helvetica	Open sans
Acumin	Din Alternate
Futura	Comforta
Fredoka	Acumin Extra Condensed
San Francisco	Lato
Impact	Arial
Tahoma	Gill Sans
Raleway	Verdana

그림 5-10 산세리프 활자체

디스플레이(Display)

디스플레이 활자체(그림 5-11)는 아주 큰 크기에서 잘 보이는 활자체로, 세리프 또는 산세리프이다. 디스플레이 활자체는 주제목이나 로고 용도로 브랜드의 룩앤필을 표현하기에 좋지만, 사용자 인터페이스, UI 컨트롤, 폼, 본문 텍스트에는 적합하지 않다. 과도하게 사용하면 부담스럽고, 작은 크기에서는 가독성이 낮으므로 텍스트가 많을 때는 절대 디스플레이 활자체를 사용하면 안 된다.

그림 5-11 디스플레이 활자체

고정폭(Monospace)

고정폭 활자체(그림 5-12)는 글자의 실제 가로폭과 상관 없이 각 글자가 동일한 수평 공간을 차지하도록 디자인됐다. 컴퓨터가 개발된 초기에 사용되었으며, LED 화면, 숫자가 주요 콘텐츠인 인터페이스나 텍스트를 정교하게 렌더링하지 못하는 화면에서 자주 쓰인다. 또한 컴퓨터 이외의 전자기기 인터페이스, 자동차 대시보드 디스플레이, 가전기기 인터페이스 등에서도 가끔 볼 수 있다.

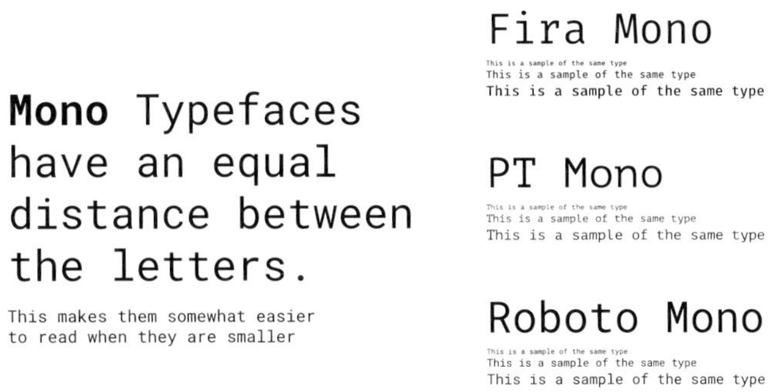
Mono Typefaces have an equal distance between the letters.
This makes them somewhat easier to read when they are smaller
Fira Mono
This is a sample of the same type
This is a sample of the same type
This is a sample of the same type
PT Mono
This is a sample of the same type
This is a sample of the same type
This is a sample of the same type
Roboto Mono
This is a sample of the same type
This is a sample of the same type
This is a sample of the same type

그림 5-12 고정폭 활자체

크기

글자 크기는 보통 'pt'로 줄여서 쓰는 '포인트'로 측정한다. 포인트 크기가 작을수록, 글자 크기가 작다. 화면에서 가독성을 유지하려면 일반적으로 10pt 이하로 크기를 줄이지 않는 것을 권고한다. 가장 자주 사용되는 표준 본문 크기는 12pt이다(그림 5-13 참조). 웹사이트 푸터에 있는 저작권 정보와 같은 작은 항목은 9pt도 괜찮다. 뉴스 웹사이트나 전자책 리더기처럼 독서가 주된 경험이라면 12pt 정도 편안한 글자 크기를 기본값으로 하고 원하는 대로 크기를 조절할 수 있게 하는 것이 최선이다.

This is Georgia at 72Pts
This is Georgia at 48Pts
This is Georgia at 18Pts
This is Georgia at 12Pts
This is Georgia at 8Pts
This is Helvetica at 72Pts
This is Helvetica at 48Pts
This is Helvetica at 18Pts
This is Helvetica at 12Pts
This is Helvetica at 8Pts

그림 5-13 폰트 크기 예시

줄 간격(leading)

줄 간격은 텍스트 줄 사이에 수직 간격을 의미하는데, 특히 윗줄과 아랫줄의 기준선(그림 5-8 참조) 사이의 간격을 지칭한다. 줄 간격은 시선이 한 줄에서 다음 줄로 자연스럽게 흐르게 충분한 공간이 있으면서도, 어센더와 디센더가 겹치지 않아야 한다. 동시에 각 줄이 너무 멀어서 분리된 느낌을 주어서도 안 된다.

자간(tracking)과 커닝(kerning)

자간은 줄 간격과 관련되어 있다. 자간은 글자 사이의 가로 간격이다. 특히 너무 좁거나 넓은 자간은 가독성에 영향을 준다(그림 5-14). 그렇지만 자간을 제대로 설정하더라도 특정 글자에서 문제를 일으킬 수 있다. 이때 커닝이 유용하다. 커닝은 디자이너가 특정 글자 사이의 공간(자간)을 조정(주로 공간을 좁힘)하는 것이다. 예를 들어 대문자 'D'처럼 특정 글자가 너무 많은 공간을 차지하거나, 'I'처럼 가로 폭이 좁은 글자가 서로 붙어 있으면 글자 사이 거리가 어색해 보인다. 커닝은 이러한 글자들이 조화롭고 읽기 쉬워 보이도록 돕는다.

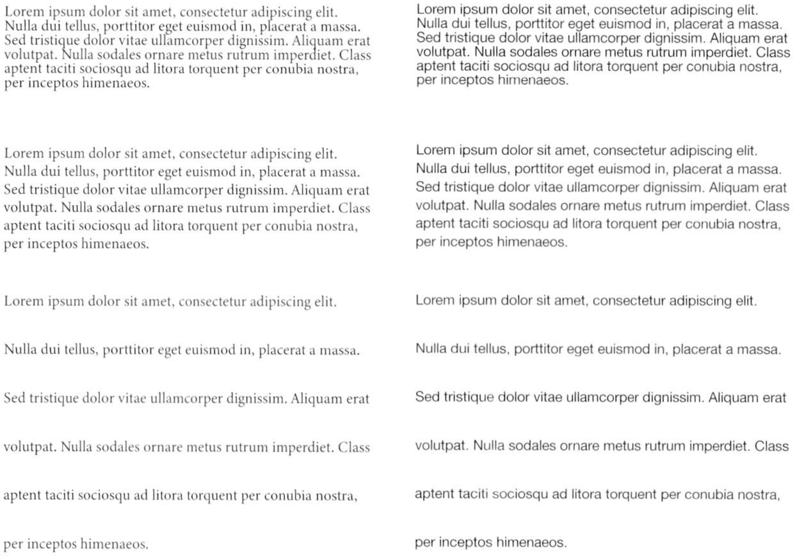
Lorem ipsum dolor sit amet, consectetur adipiscing elit. Nulla dui tellus, porttitor eget euismod in, placerat a massa. Sed tristique dolor vitae ullamcorper dignissim. Aliquam erat volutpat. Nulla sodales ornare metus rutrum imperdiet. Class aptent taciti sociosqu ad litora torquent per conubia nostra, per inceptos himenaeos.
Lorem ipsum dolor sit amet, consectetur adipiscing elit. Nulla dui tellus, porttitor eget euismod in, placerat a massa. Sed tristique dolor vitae ullamcorper dignissim. Aliquam erat volutpat. Nulla sodales ornare metus rutrum imperdiet. Class aptent taciti sociosqu ad litora torquent per conubia nostra, per inceptos himenaeos.
Lorem ipsum dolor sit amet, consectetur adipiscing elit. Nulla dui tellus, porttitor eget euismod in, placerat a massa. Sed tristique dolor vitae ullamcorper dignissim. Aliquam erat volutpat. Nulla sodales ornare metus rutrum imperdiet. Class aptent taciti sociosqu ad litora torquent per conubia nostra, per inceptos himenaeos.
Lorem ipsum dolor sit amet, consectetur adipiscing elit. Nulla dui tellus, porttitor eget euismod in, placerat a massa. Sed tristique dolor vitae ullamcorper dignissim. Aliquam erat volutpat. Nulla sodales ornare metus rutrum imperdiet. Class aptent taciti sociosqu ad litora torquent per conubia nostra, per inceptos himenaeos.
Lorem ipsum dolor sit amet, consectetur adipiscing elit. Nulla dui tellus, porttitor eget euismod in, placerat a massa. Sed tristique dolor vitae ullamcorper dignissim. Aliquam erat volutpat. Nulla sodales ornare metus rutrum imperdiet. Class aptent taciti sociosqu ad litora torquent per conubia nostra, per inceptos himenaeos.
Lorem ipsum dolor sit amet, consectetur adipiscing elit. Nulla dui tellus, porttitor eget euismod in, placerat a massa. Sed tristique dolor vitae ullamcorper dignissim. Aliquam erat volutpat. Nulla sodales ornare metus rutrum imperdiet. Class aptent taciti sociosqu ad litora torquent per conubia nostra, per inceptos himenaeos.

그림 5-14 비례가 맞고 여유 있는 자간

디지털 디자인에 최적화된 대부분의 활자체는(구글이나 애플 폰트, 마이크로소프트 UI 활자체) 이미 비례가 잘 맞게 커닝이 완료된 상태다.

폰트 페어링(font pairing)

폰트 페어링은 한 디자인에서 두 활자체를 조합하는 것이다. 폰트를 조합하는 자체가 하나의 예술이지만, 요즘은 잘 어울리는 폰트를 선택할 수 있게 도와주는 웹사이트가 여럿 생겨났다. 잘 어울리는 조합을 찾는 데 미묘하게 고려해야 할 점이 많지만, 두 가지 간단한 규칙을 제시하겠다.

- 동일한 활자 가족typeface family에 있는 폰트를 조합한다면 굵기나 스타일(볼드체, 이탤릭체)을 다르게 해서 텍스트를 구별한다.
- 절대 비슷한 형태의 활자를 조합하지 마라. 세리프와 산세리프를 조합하면 이를 피해 갈 수 있다(그림 5-15).

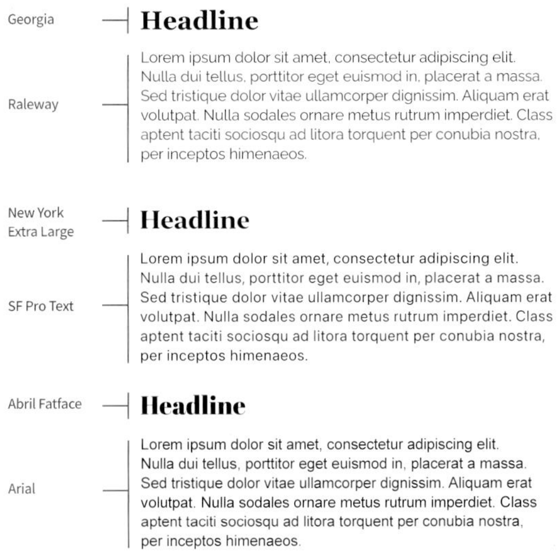
Georgia
Headline
Raleway
Lorem ipsum dolor sit amet, consectetur adipiscing elit. Nulla dui tellus, porttitor eget euismod in, placerat a massa. Sed tristique dolor vitae ullamcorper dignissim. Aliquam erat volutpat. Nulla sodales ornare metus rutrum imperdiet. Class aptent taciti sociosqu ad litora torquent per conubia nostra, per inceptos himenaeos.
New York Extra Large
Headline
SF Pro Text
Lorem ipsum dolor sit amet, consectetur adipiscing elit. Nulla dui tellus, porttitor eget euismod in, placerat a massa. Sed tristique dolor vitae ullamcorper dignissim. Aliquam erat volutpat. Nulla sodales ornare metus rutrum imperdiet. Class aptent taciti sociosqu ad litora torquent per conubia nostra, per inceptos himenaeos.
Abril Fatface
Headline
Arial
Lorem ipsum dolor sit amet, consectetur adipiscing elit. Nulla dui tellus, porttitor eget euismod in, placerat a massa. Sed tristique dolor vitae ullamcorper dignissim. Aliquam erat volutpat. Nulla sodales ornare metus rutrum imperdiet. Class aptent taciti sociosqu ad litora torquent per conubia nostra, per inceptos himenaeos.

그림 5-15 폰트 페어링의 예

단락 정렬

단락 정렬은 문단에서 텍스트가 정렬되는 기준을 가리킨다. 디지털 디자인에서는 네 가지 옵션이 있는데, 왼쪽 정렬, 가운데 정렬, 오른쪽 정렬, 양끝 맞추기이다. 양끝 맞추기는 단어 사이의 간격을 조정해서 문단의 왼쪽 끝과 오른쪽 끝이 모두 가지런히 맞도록 하는 방식이다.

일반적으로 왼쪽 정렬은 실패할 때가 없다. 그림 5-16에서 볼 수 있듯, 많은 양의 텍스트를 정렬할 때 읽기 편하다.

- 가운데 정렬은 주변에 여백이 생겨 텍스트로 시선을 집중시키지만, 읽기 어렵기 때문에 필요할 때만 사용해야 한다.
- UI 디자인에서는 오른쪽 정렬과 양끝 맞추기를 거의 사용하지 않는다.

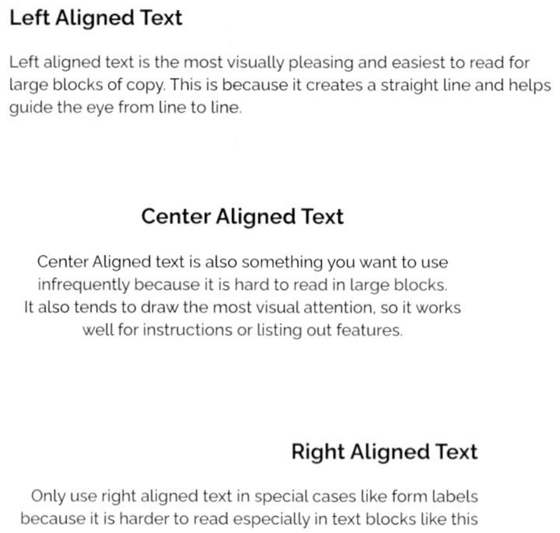

Left Aligned Text
Left aligned text is the most visually pleasing and easiest to read for large blocks of copy. This is because it creates a straight line and helps guide the eye from line to line.
Center Aligned Text
Center Aligned text is also something you want to use infrequently because it is hard to read in large blocks. It also tends to draw the most visual attention, so it works well for instructions or listing out features.
Right Aligned Text
Only use right aligned text in special cases like form labels because it is harder to read especially in text blocks like this

그림 5-16 단락을 정렬하는 3가지 방식

숫자

활자체를 선택할 때는 항상 숫자와 문자가 같이 놓였을 때 어떻게 보이는지 확인하라. 일부 활자체에서는 소문자 'l'과 숫자 '1' 또는 숫자 '0'과 대문자 'O'를 구별하기 어렵다.

가독성

텍스트에 적용하는 활자체는 텍스트의 '목소리'를 결정한다. 시끄럽거나 부드러울 수도, 친근하거나 격식이 느껴질 수도, 구어체이거나 권위적일 수도, 힙하거나 고리타분할 수도 있다.

색상과 마찬가지로 활자체를 고를 때는 인지적인 부분, 즉 가독성을 먼저 고려해야 한다. 인쇄물과 웹사이트에서는 작은 텍스트, 소위 '본문 텍스트'에 특히 주의를 기울여야 한다. 이어서 설명하는 본문 텍스트의 특성은 그래픽 유저 인터페이스의 '레이블 활자체'(텍스트 필드와 다른 컨트롤에 문구를 붙일 때 사용하는)에도 적용되는 내용이다.

- 인쇄물에서는 세리프 폰트가 본문 텍스트에서 가독성이 높지만, 반대로 컴퓨터 화면에서는 산세리프 폰트가 아주 작은 크기일 때 더 잘 읽힌다(조지아Georgia 같은 일부 세리프 폰트는 그런대로 괜찮다). 작은 세리프 폰트를 렌더링하기에 픽셀은 충분하지 않다.
- 이탤릭체, 필기체를 비롯한 장식적 폰트를 작은 크기로 설정하면 읽기 어렵다.
- 아주 기하학적인 폰트에서는 둥근 활자(e, c, d, o 등)를 서로 구별하기 어렵기 때문에 작은 크기에서 가독성이 떨어진다. 푸투라Futura, 유니버설Universal 같은 다른 20세기 중반 글꼴도 마찬가지다.
- 글자를 전부 대문자로 하면 본문에서는 읽기 어렵지만, 주제목과 짧은 텍스트에서는 괜찮다. 대문자는 글자 모양이 서로 비슷해 보여서, 읽는 사람이 각 글자를 구별하기가 쉽지 않다.
- 가능하면 중간 너비 열에 많은 양의 텍스트(평균 10~12개의 영어 단어)를 배치하라. 좁은 열에 텍스트를 양끝 맞추기 하기보다 중간 너비 열에서 왼쪽 정렬해라.

감정 불러일으키기

이제 본능적이고 감정적인 측면에 관해 얘기해 보자. 활자체는 독특한 목소리를 갖고 있다. 화면에서 각 활자체는 특징도, 질감도, 색감도 다르다. 예를 들어 어떤 폰트는 밀도가 높고 어둡지만, 반대로 개방적인 폰트도 있다(그림 5-17). 획의 굵기와 글자의 열린 속공간의 상대적 크기를 살펴보고, 한 발짝 뒤에서 눈을 살짝 찡그리고 바라봐라. 조금 더 신선하고 객관적인 시각으로 볼 수 있을 것이다. 어떤 폰트는 글자 폭이 더 좁고, 어떤 활자 가족은 심지어 글자의 가로 너비를 더 좁게 만들기 위해 장체condensed[10] 버전을 만든다. 자간은 멀 수도 있고 가까울 수도 있다. 이에 따라 텍스트 블록이 더 열려 있는 것처럼 보이기도 하고 견고해 보이기도 한다.

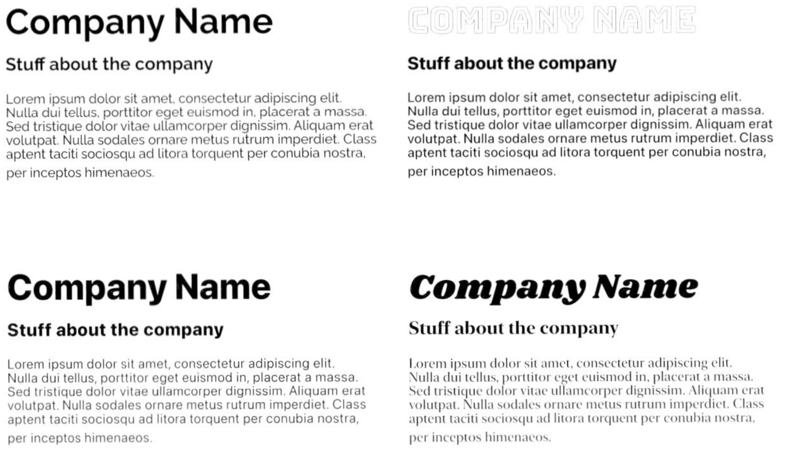
Company Name
Stuff about the company
Lorem ipsum dolor sit amet, consectetur adipiscing elit. Nulla dui tellus, porttitor eget euismod in, placerat a massa. Sed tristique dolor vitae ullamcorper dignissim. Aliquam erat volutpat. Nulla sodales ornare metus rutrum imperdiet. Class aptent taciti sociosqu ad litora torquent per conubia nostra, per inceptos himenaeos.
COMPANY NAME
Stuff about the company
Lorem ipsum dolor sit amet, consectetur adipiscing elit. Nulla dui tellus, porttitor eget euismod in, placerat a massa. Sed tristique dolor vitae ullamcorper dignissim. Aliquam erat volutpat. Nulla sodales ornare metus rutrum imperdiet. Class aptent taciti sociosqu ad litora torquent per conubia nostra, per inceptos himenaeos.
Company Name
Stuff about the company
Lorem ipsum dolor sit amet, consectetur adipiscing elit. Nulla dui tellus, porttitor eget euismod in, placerat a massa. Sed tristique dolor vitae ullamcorper dignissim. Aliquam erat volutpat. Nulla sodales ornare metus rutrum imperdiet. Class aptent taciti sociosqu ad litora torquent per conubia nostra, per inceptos himenaeos.
Company Name
Stuff about the company
Lorem ipsum dolor sit amet, consectetur adipiscing elit. Nulla dui tellus, porttitor eget euismod in, placerat a massa. Sed tristique dolor vitae ullamcorper dignissim. Aliquam erat volutpat. Nulla sodales ornare metus rutrum imperdiet. Class aptent taciti sociosqu ad litora torquent per conubia nostra, per inceptos himenaeos.

그림 5-17 활자체 예시

세리프와 곡선은 폰트 색상과 질감에 다른 차원을 더한다. 세리프는 글자꼴 자체보다 훨씬 작은 수준의 디테일을 더하고, 이는 폰트 질감을 정교하게 만든다. 두꺼운 산세리프 폰트는 반대로 뭉툭하고 강렬해 보인다. 세리프 자체를 형성하는 곡선과 각도를 포함해, 각 글자꼴에 있는 곡선과 각도가 조화롭게 전체 질감을 형성한다. 하지만 무엇 때문에 어떤 폰트에서는 공식적인 느낌이, 어떤 폰트에서는 친근한 느낌이 드는지 정확히 설명하기 어렵다.

코믹 산스Comic Sans나 다른 장난스러운 글꼴은 확실히 격식을 차리지 않는 느낌이고, 조지아도 디도Didot나 바스커빌Baskerville 폰트와 비교했을 때 편안하게 느껴진다. 모두 대문자로 된 단어는 소문자로 된 단어보다 공식적인 느낌을 주고, 이탤릭체는 친숙한 인상을 전달한다.

여기에는 문화적인 영향도 있다. 세리프로 된 옛날 스타일 폰트는 전통적으로 보이는 경향이 있다. 푸투라는 산세리프 폰트임에도 예전 과학 교과서에

10 (옮긴이) 장체(condensed)란 글자의 가로 너비를 줄인 글자꼴이다.

나오는 폰트처럼 보인다. 버다나Verdana는 웹에서 자주 쓰여서 이제 웹 매체의 표준이 되었다. 시카고Chicago는 어떤 맥락에서 활용되든 항상 맥 폰트로 인식된다.

여유로움과 빽빽함

여백을 충분히 사용하는 디자인도, 요소를 한군데에 몰아넣는 디자인도 있다. 디자인 요소에 따라 다르지만, 여유로운 화면 디자인은 대체로 경쾌함, 개방감, 조용함, 차분함, 품위가 느껴진다.

빽빽한 디자인은 특정 상황에서 긴급함, 긴장감을 불러일으킬 수 있다. 이유가 무엇일까? 텍스트와 다른 그래픽 요소가 '숨을 쉴' 공간이 부족하기 때문이다. 요소들이 서로 부딪히거나 화면 가장자리, 모서리에 부딪힐 때 그림 5-18에서 볼 수 있는 것처럼 시각적 긴장감이 유발된다. 우리 눈은 물체 주변에 여백을 원한다. 주제목과 텍스트를 바싹 붙여 놓은 디자인을 보면 살짝 심기가 불편해진다. 마찬가지로 빽빽한 레이아웃은 비록 요소가 충돌하지 않더라도 바쁘고 분주한 느낌을 준다.

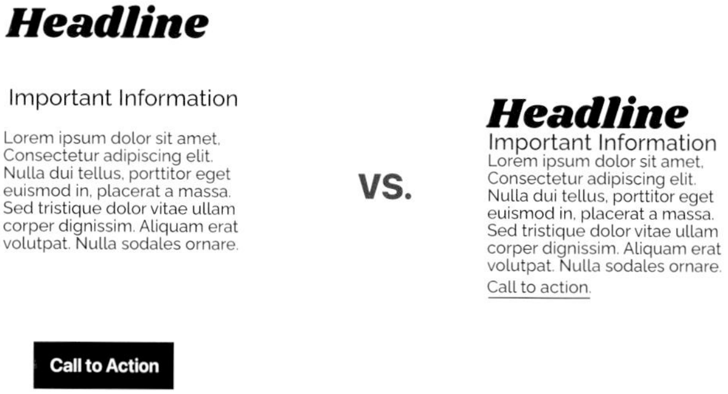
Headline
Important Information
Lorem ipsum dolor sit amet. Consectetur adipiscing elit. Nulla dui tellus, porttitor eget euismod in, placerat a massa. Sed tristique dolor vitae ullam corper dignissim. Aliquam erat volutpat. Nulla sodales ornare.
Call to Action
VS.
Headline
Important Information
Lorem ipsum dolor sit amet. Consectetur adipiscing elit. Nulla dui tellus, porttitor eget euismod in, placerat a massa. Sed tristique dolor vitae ullam corper dignissim. Aliquam erat volutpat. Nulla sodales ornare.
Call to action.

그림 5-18 여유로운 디자인과 빽빽한 디자인

그러나 레이아웃이 빽빽하다고 무조건 긴장감을 불러일으키는 것은 아니다. 친근함과 편안함을 주는 경우도 있다. 텍스트와 다른 요소에 충분한 공간을 마련하고 편안하게 읽을 수 있도록 좁은 줄 간격을 유지한다면, 접근성이 높으면서도 비어 있지 않은 느낌을 준다.

기울기와 곡선

딱 맞아 떨어지는 상하 직선과 직각으로 구성된 화면은 전반적으로 대각선으로 구성돼 있거나 사각형이 아닌 형태로 구성된 화면보다 차분하고 고요해 보인다. 마찬가지로 여러 기울기의 선이 있는 화면이 한 기울기만 반복되는 화면보다 역동적이다.

곡선은 움직임과 생동감을 더할 수 있지만 항상 그렇지는 않다. 원과 원호circular arcs가 많은 디자인은 차분하고 평화롭다. 화면을 휩쓸고 지나가는 곡선은 전체 디자인이 움직이는 것처럼 보이게 만들고, 단조로운 디자인에서 벗어나 신중하게 선택한 몇 개의 곡선은 정교함과 흥미를 더한다.

그림 5-19에서 스트라이프Stripe는 화면을 역동적이면서 읽기 쉽게 디자인했다. 각도를 활용하여 사용자가 읽어야 하는 중요한 정보로 시선을 안내한다.

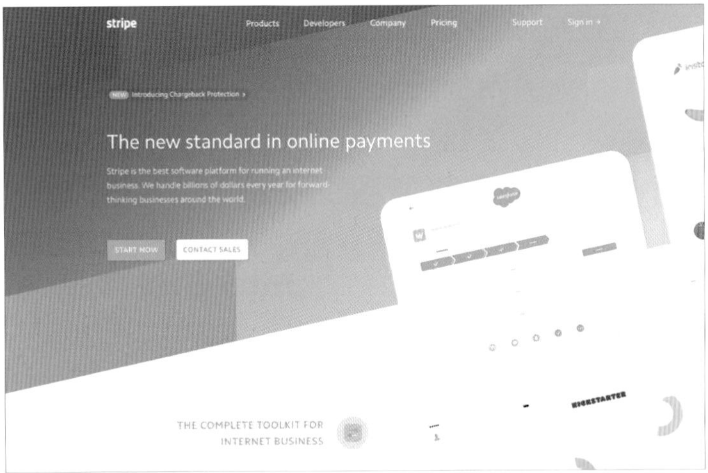

stripe
Products
Developers
Company
Pricing
Support
Sign in →
Introducing Chargeback Protection ›
The new standard in online payments
Stripe is the best software platform for running an internet business. We handle billions of dollars every year for forward-thinking businesses around the world.
START NOW
CONTACT SALES
THE COMPLETE TOOLKIT FOR INTERNET BUSINESS
KICKSTARTER

그림 5-19 스트라이프의 온라인 결제 웹사이트

두 직선이 교차할 때마다 어떤 기하학적 접선이 형성되는지 살펴봐라. 접선이 직각인가? 그렇다면 고요하고 차분한 구성이다. 이보다 좁은 각도로 만나면, 더 긴장감 있고 역동적인 디자인이 된다(고정 불변의 법칙은 아니지만, 대체로 그렇다).

화면 디자인에 각도, 곡선, 직사각형이 아닌 형태를 쓸 때, 중심점이 어디가 될지 생각해 봐라. 예를 들어 날카로운 각도에서는 선들의 교차점, 즉 여러 선이 모이는 지점이 중심이 된다. 중심점을 사용해서 의도대로 사용자의 시선을 안내해라.

질감과 리듬

질감은 디자인을 더 풍성하게 만든다. 문자는 고유의 질감을 만들어 내는데, 여러분은 좋은 활자체를 선택해서 이를 조절할 수 있다. 화면과 인터페이스에서 폰트가 질감을 결정하는 가장 중요한 요소일 때가 많다.

질감은 강렬한 시각 요소들을 둘러싸서 요소 간 거리를 두는 용도로 활용할 수도 있다. 질감은 시각적으로 흥미를 돋우고, 어떤 질감인지에 따라 따뜻함, 풍성함, 즐거움, 긴장감을 더해 준다.

인터페이스 디자인에서 가장 효과적인 질감은 눈이 아픈 화려한 격자 무늬가 아닌, 미묘한 질감이다. 부드러운 색채 그라데이션과 아주 작은 디테일을 활용해라. 특히 거대한 영역에 적용한다면 질감은 생각보다 영향력이 크다. 그림 5-20에 있는 예시는 예외적이다. 심플라 케르트Szimpla Kert는 부다페스트에 있는 매장 겸 카페이다. 웹사이트에서 흥겹고 역동적인 느낌을 주기 위해 밝은 색상과 시각적 질감을 사용하고 있다.

그림 5-20
심플라 케르트 웹사이트

화면에서 질감을 단어 뒤에 배경으로 쓸 때 조심하라. 실패할 때가 많기 때문이다. 아무리 미세한 질감이라 해도 작은 크기의 텍스트 가독성을 떨어뜨린다. 거대한 텍스트 뒤에는 질감을 넣어도 되지만, 질감에서 보이는 여러 색깔과 글자꼴의 모서리가 어떻게 어우러지는지 눈여겨봐라. 글자가 시각적으로 왜곡될 수도 있다.

이미지

사진

사진은 디자인에서 분위기를 설정한다. 웹과 모바일 디지털 제품에서 사진은 브랜드를 표현하는 가장 강력한 도구 중 하나다. 사진을 잘 배치하면 말로 하는 것보다 훨씬 효율적으로 한눈에 이야기를 전달할 수 있다. 사진은 감정을 일으키는 뛰어난 도구이다.

대부분의 데스크톱과 모바일 애플리케이션에서는 스타일보다 콘텐츠와 사용성이 훨씬 중요하다. 기능만 앞세운 GUI는 주의를 분산시키기 때문에 순전히 장식적인 이미지는 필요할 때만 사용해야 한다.

여기 명심해야 할 몇 가지 주의사항이 있다.

- 사진 속 인물의 시선이 어디로 향하는지 주의해라. 사람들은 다른 사람이 보는 곳으로 시선이 향하는 경향이 있다. 심지어 화면 속 사진의 인물이라 해도 말이다.
- 가능하면 상투적이고 진부한 사진을 피해라. 얼마나 많은 웹사이트에서 똑같이 행복한 표정으로 웃고 있는 사람들을 보았는가? 연 날리는 아이들은? 정장을 차려입은 자신감 넘쳐 보이는 직장인은? 아름다운 산을 구불구불 돌아가는 도로 사진은? 노을이나 바닷가는? 푸른 하늘 아래 풀밭이 우거진 언덕은? 브랜드 분위기를 표현하는 데 진부한 시각적 관습에 의존하지 말라.
- 스톡아트(구매할 수 있는 사진이나 저작권 무료 이미지)도 괜찮지만, 가장 효과적인 것은 아무래도 숙달된 예술 감독과 비주얼 디자이너가 만든 사진과 디자인이다.

아이콘

아이콘(그림 5-21)은 텍스트 대신에 아이디어를 표현하고 기능을 나타내는 그래

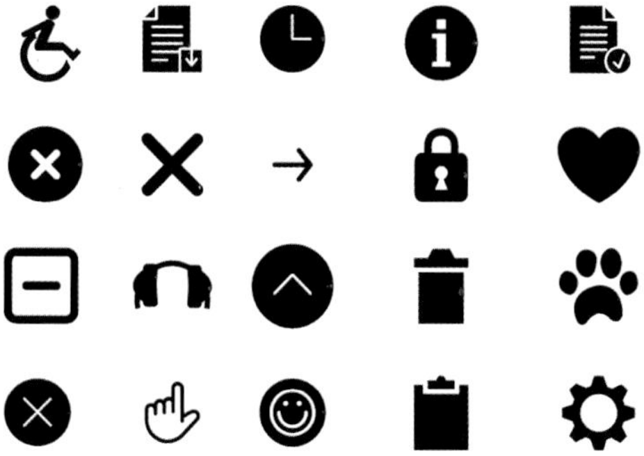

그림 5-21 아이콘

픽 표현이다.

타이포그래피, 사진, 일러스트레이션과 마찬가지로 아이콘을 만드는 것 자체가 하나의 기술이다. 아이콘은 복잡한 아이디어를 일시에 표현하고 사용자가 항목을 클릭하거나 누를 때 어떤 동작이 나타날지 예상하게 해준다.

- 웹이나 다른 아이콘에서 쓰는 UI 관행을 찾아보라. 다른 디자인에서 흔히 사용하는 형태를 쓰면 사용자가 아이콘의 의미를 다시 학습하지 않아도 된다.
- 아이콘에 모두 동일한 시각적 스타일(동일한 선 두께, 안을 채웠는지, 선으로만 그렸는지)을 적용했는지 확인하라.
- 아이콘에만 의존하지 말라. 아이콘은 절제해서 쓰고, 사용자의 이해를 돕기 위해 가능하면 텍스트 레이블도 같이 사용하라.

아이콘 참조 및 리소스

- *https://developer.apple.com/design/human-interface-guidelines/ios/icons-and-images/custom-icons*
- *https://thenounproject.com*
- *https://material.io/tools/icons*

문화적 배경

디자인은 문화적인 무언가를 떠오르게 할 수 있다. 브랜드나 영화, 예술 스타일, 역사적 시대, 문학 장르, 농담과 같은 것 말이다. 최고의 디자인은 문화적 배경이 다른 모든 디자인 요소와 조화를 이루도록 하지만 말이다. 친숙한 문화적 배경은 다른 모든 디자인 요소를 뒤엎을 만큼 강렬한 기억과 감정을 불러일으킨다.

명백한 문화적 레퍼런스를 사용하는 경우 독자가 누구인지를 고려하라. 10대인 어린이는 1970년대 팝아트 문화를 이해하기 어렵다. 인도의 젊은 청년도 이를 모를 가능성이 높다. 하지만 사용자를 충분히 잘 정의했고, 그 문화적 레퍼런스가 사용자에게 익숙할 것이라고 확신한다면, 이는 사용자를 디자인에 감정적으로 몰입하게 만드는 좋은 '미끼'가 될 수 있다.

문화적 레퍼런스는 기능적 애플리케이션 디자인에서는 거의 사용되지 않지만, 퀵북스QuickBooks와 같은 서비스에서는 볼 수 있다. 퀵북스의 일부 화면은 수표나 지폐처럼 디자인되어 있다. 이는 실제로 단순한 폼의 처리를 넘어서 상호작용에서 메타포 역할을 하는데 이 자체는 완전히 문화적이다. 실제로 수표를 본 적이 없는 사람은 그렇지 않은 사람과 똑같이 반응하지 않을 것이다.

반복적 시각 모티프

좋은 디자인은 통일성이 있다. 요소들이 서로 연결되어 하나의 실체를 이루며, 각 요소는 구조적으로 그리고 본능적으로 다른 요소를 지지한다. 이는 성취하기 쉽지 않은 목표다. 이를 달성하는 고정 불변의 법칙을 찾기는 어렵지만, 훈련을 하면 좋아진다.

이러한 시각적 일관성에 크게 기여하는 한 가지는 시각적 요소나 모티프의 반복이다. 이미 각도와 곡선에 관해 앞에서 이야기했다. 동일한 각도의 대각선이나 비슷한 곡선의 선을 디자인에서 반복적 요소로 활용할 수 있다.

또한 타이포그래피도 고려해 보라. 본문 텍스트 글꼴은 하나만 사용하라. 사이드바나 내비게이션 링크 같은 작은 영역에서는 다른 글꼴을 적용하는 게 효과적일 수도 있지만 말이다. 이렇게 하면 기본 본문 폰트와 대비되어 더 눈에 띄는 효과가 있다. 주제목이나 제목을 붙인 섹션이 여러 개라면, 주제목에는 전부 동일한 폰트를 적용해라. 또한 폰트에서 선의 굵기나 색상 같은 더 작은 그래픽 요소를 나머지 디자인으로 가져올 수도 있다.

리듬은 강력한 디자인 도구이다. 주의 깊게 사용하고, 유사한 요소의 그룹에만 적용해라. 사용자는 형태가 비슷하면 기능도 그럴 것이라 생각하기 때문이다.

기업용 애플리케이션을 위한 시각 디자인

디지털 제품을 만드는 사람이라면 지금까지 논의한 내용에 이미 익숙할 것이다. 웹사이트나 모바일 애플리케이션 사용자는 눈에 띄는 그래픽 스타일을 기대하며 소비자용 제품에서 완전히 평범하고 밋밋한 디자인은 찾기 어렵다.

하지만 데스크톱용이나 기업용 애플리케이션을 작업한다면 어떨까? 앞에서 이야기한 원칙을 컨트롤의 룩앤필에 적용하려 하면 선택지가 많이 없다. 기본 윈도우나 맥 애플리케이션에서는 맞춤형 제품을 개발하려고 특별히 노력하는 게 아니라면 대체로 표준 플랫폼의 룩앤필을 따른다. 기업용 애플리케이션은 작업흐름에 최적화되어야 하고 사용자가 긴 업무 시간 동안 보기에 편해야 하기 때문이다.

이런 상황에서는 표준 플랫폼의 룩앤필을 적용하고 여러분의 그래픽 디자인 실력은 다른 곳에 활용해도 무방하다. 실제로 위젯에 특색이 두드러지지 않는 룩앤필을 적용하더라도 여전히 창의성을 발휘할 수 있다.

배경

넓은 배경 영역에 야단스럽지 않은 사진, 그라데이션, 미세한 질감, 반복되는 패턴을 쓰면 인터페이스에 생기를 불어넣을 수 있다. 다이얼로그나 화면 배경, 트리, 테이블, 목록의 배경이나 박스 배경(박스 테두리선)에 사용해라.

색상과 폰트

기본적으로 보이는 UI에서도 전반적인 색상 조합과 폰트를 조정할 수 있다. 예를 들어, 주제목에 표준 다이얼로그 텍스트보다 몇 포인트 큰 특수한 폰트를 적용하거나, 주제목 텍스트에만 대비되는 색상 띠를 배경으로 하는 것 등이다. 제목을 붙인 섹션 패턴이 있는 화면 레이아웃을 디자인한다면 이를 고려해 보라.

테두리

테두리는 창의적인 스타일링에 새로운 차원을 더한다. 여러분이 제목을 붙인 섹션이나 다른 종류의 물리적 그룹을 사용한다면 박스 테두리를 변경할 수 있다.

이미지

일부 UI 툴킷에서는 특정 컨트롤을 써서 표준 룩앤필을 항목별로 원하는 이미지로 교체할 수 있다. 예를 들어 이를 버튼에 적용하면 여러분의 버튼(테두리 포함)을 원하는 대로 디자인할 수 있다. 테이블, 트리, 목록도 마찬가지로 항목이 보이는 방식을 정의할 수 있다. UI 레이아웃에 정적인 이미지를 배치하는 것도 가능하다. 어떤 위치든 원하는 크기의 이미지를 넣는 것이다.

접근성

접근성이 가장 큰 걱정거리다. 윈도우 같은 운영체제는 사용자가 데스크톱 테마 색이나 폰트 테마를 변경할 수 있게 해주는데, 이는 단순한 재미 요소가 아니다. 시각 장애가 있는 사용자는 화면이 보이게끔 데스크톱 테마에 대비가 높은 색과 큰 폰트를 적용한다. 디자인이 색상 대비가 높은 테마에서 잘 작동하는지 확인해라.[11]

또 다른 위험은 사용자를 피곤하게 하는 것이다. 전체 화면으로 오래 사용하는 애플리케이션을 디자인한다면 채도가 높은 색상을 톤 다운시키고, 큰 텍스트, 강한 대비, 화려한 질감은 덜어내라. 디자인을 요란하지 않게, 잔잔하게 만들어라. 더 주의해야 할 상황은 디자인하는 애플리케이션이 긴장감이 높은 상황에서 쓰는 툴(중장비용 컨트롤 패널)인 경우다. 이런 상황에서는 인지적 측면이 아름다움보다 훨씬 중요하므로 태스크에 방해가 되는 불필요한 요소를 전부 제거하라.

11 누가 당신의 소프트웨어를 구매하는지에 따라 이것은 법적인 의무 사항일 수도 있다. 예를 들어 미국 정부는 연방정부 직원이 사용하는 모든 소프트웨어는 장애가 있는 사람도 사용할 수 있게 디자인하도록 요구한다. 자세한 내용은 다음 사이트(*http://www.section508.gov*)를 참조하라. 미국 장애인법에도 디자인 표준(*https://oreil.ly/mNptX*)이 있다.

다양한 비주얼 스타일

비주얼 디자인 스타일은 상당히 빠르게 변화한다. 대부분 운영체제에서 버전 업데이트를 할 때마다 업데이트에 적용된 시각적 UI 스타일이 시장에 변화를 불러일으킨다. 이런 방식으로 애플, 마이크로소프트, 이제는 구글이 플랫폼에서 사용하는 애플리케이션의 비주얼 스타일 트렌드를 주도하고 있다. 이제 이런 플랫폼과 더불어 웹, 데스크톱 소프트웨어, 모바일 애플리케이션 등 여러 접점에서 널리 사용되는 몇 가지 비주얼 스타일을 심층적으로 살펴보자.

스큐어모픽(Skeuomorphic)

스큐어모픽 디자인은 실생활에서 발견할 수 있는 물체의 특성을 모방하는 UI 스타일을 말한다. 스큐어모피즘은 새로운 종류의 인터랙션이 도입되는 전환기에 사용되며 사용자에게 이미 익숙한 개념이나 콘셉트를 활용해 새로운 작동법을 이해시킨다.

아이패드가 처음 출시되었을 때, 거의 모든 애플리케이션에 스큐어모픽 디자인이 널리 적용되었다. 사용자에게 터치 인터페이스를 어떻게 쓰는지 안내하기 위한 시각적 행동유도 장치로 사용된 것이다.

iOS 월렛(그림 5-22 왼쪽)은 항목 리스트에 카드와 티켓의 모습을 모방한 비주얼 디자인을 적용했다. 이는 실제 사물의 형태를 디지털화한 것으로 사용자가 원하는 것을 찾고 콘텐츠를 관리하거나 배열하는 데 도움을 준다.

애플은 계산기 앱(그림 5-22 오른쪽)에서 다시 한번 스큐어모피즘을 성공적으로 사용하고 있다. 둥근 버튼 안에 있는 숫자는 최적의 '터치 타깃' 크기이며(6장 모바일 디자인 맥락에서 더 이야기할 예정이다), 기능은 실제 계산기에서 기대하는 것과 동일하다. 이렇게 iOS 디자이너들은 아이폰이 단순한 기기를 뛰어넘어 애플리케이션에서 의도하는 기능대로 변모하도록 만들었다.

다른 디자인 스타일 안에서도 사용성을 높이기 위해 스큐어모피즘을 사용한다. 그림 5-23을 보면 스퀘어Square의 결제 설정 프로세스는 계좌 개설에 필요한 라우팅과 계좌번호를 어디서 확인하는지 알 수 있도록 실제 수표의 시각 언어를 빌려 왔다.

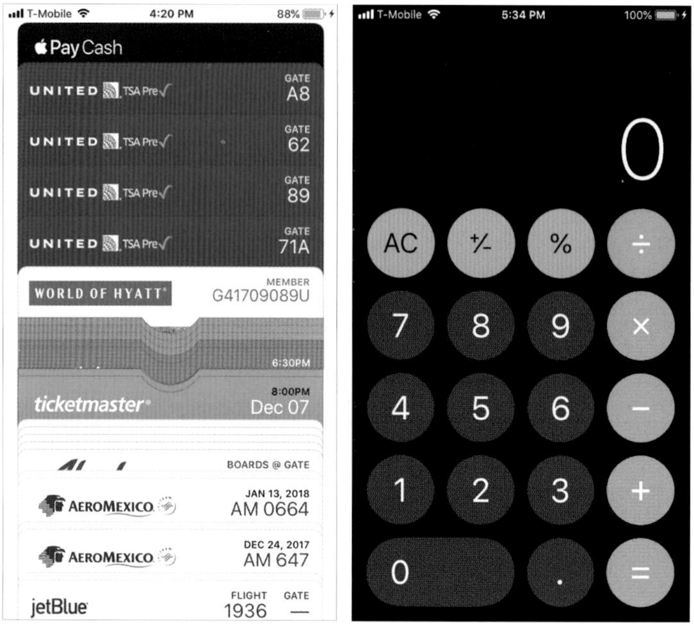

그림 5-22
iOS 월렛과
iOS 계산기

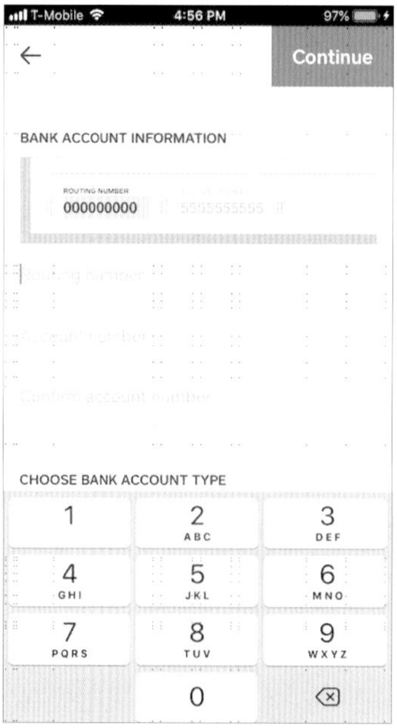

그림 5-23 스퀘어 인보이스 은행 계좌 입력

그림 5-24 이벤트브라이트 인터페이스

일러스트

인터페이스 디자인이 반드시 차갑거나 무미건조할 필요는 없다. 브랜드 성격에 맞을 때 일러스트레이션을 쓰면 애플리케이션이나 웹사이트가 재미있고 친근해 보인다. 일러스트레이션이 들어간 스타일을 사용하면 현실 세계에서 가능한 것에서 벗어나 디자이너의 상상 속에 갇혀 있던 복잡한 콘셉트를 쉽게 표현할 수 있다.

이벤트브라이트(그림 5-24)는 모바일 애플리케이션으로 행사 목록을 보고 티켓을 구매할 수 있는 서비스다. 인터페이스 전체에 일러스트레이션 스타일을 사용해 따뜻하고 써보고 싶게 만드는 룩앤필을 제공한다.

플로렌스Florence(그림 5-25)는 계약직 간호사들이 근무할 곳을 찾는 웹사이트다. 지루하거나 고루한 디자인이 될 수도 있었지만, 일러스트레이션과 비주얼 디자인으로 즐겁고 친근한 분위기를 만들었다.

해피카우Happy Cow(그림 5-26) 세계 어디서나 채식 레스토랑을 찾게 도와주는 모바일 애플리케이션이다. 이 웹사이트는 UI 전반에서 '행복한 암소' 캐릭터와 편안한 아이콘 디자인을 사용하고 있다.

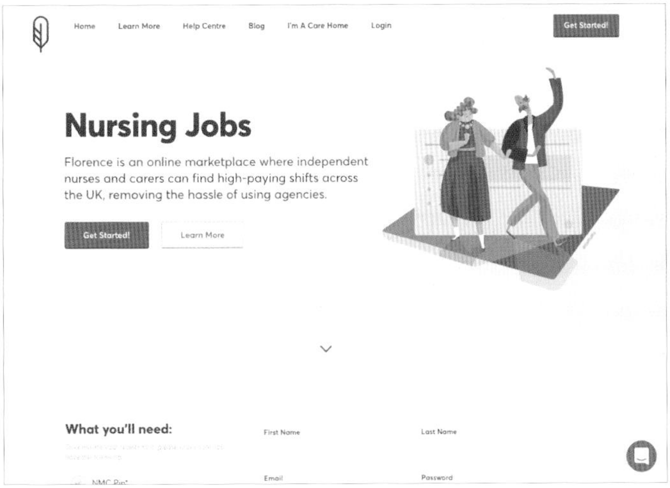

그림 5-25 플로렌스 웹사이트

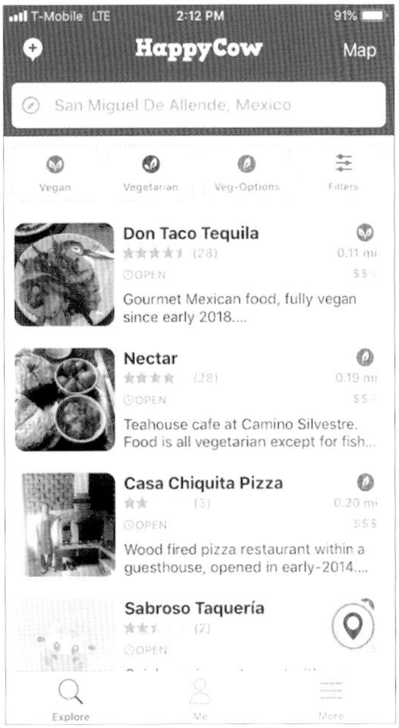

그림 5-26 해피카우 앱

이번 절에서 소개한 사례들처럼 맞춤형 일러스트로 애플리케이션이나 웹사이트를 디자인한다면 오래도록 기억되는 브랜드를 만들 수 있다.

플랫 디자인(Flat Design)

단일 배경색, 이해하기 쉬운 아이콘, 산세리프 타이포그래피를 특징으로 하는 플랫 디자인은 웹과 모바일 앱에서 가장 널리 사용하는 디자인 스타일 중 하나다. 공항이나 교통시설에서 사용하는 표지판을 떠올려 보면 왜 이런 플랫하고 미니멀한 스타일이 전 세계에 유행하는지 알 수 있다. 플랫 디자인은 특정 문화권에 종속되지 않고, 해당 문화에 맞게 변형하기 쉬우며, 여러 뷰포트(화면 크기)에 맞게 크기를 조정할 수 있다.

플랫 디자인은 디지털 시대에 충실한 디자인 스타일로 간주되는데, (아이콘을 제외하고) 사용자 인터페이스의 시각 언어가 더 이상 실생활 속 사물을 모방하지 않기 때문이다. 대신 인터페이스와 배경이 자연스럽게 조화를 이루며 콘텐츠에 집중할 수 있게 돕는다.

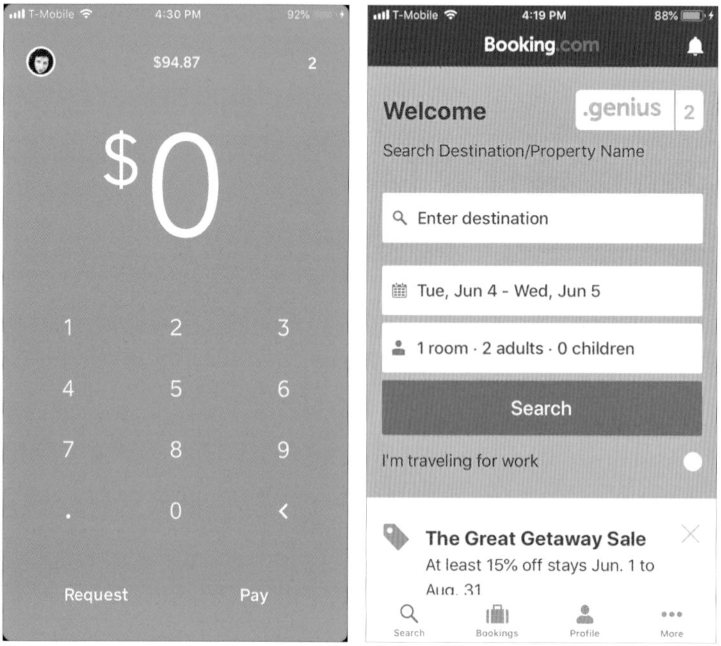

그림 5-27
캐시(Cash)와 부킹닷컴(Booking.com) 앱

그림 5-27에 모바일 애플리케이션의 플랫 디자인 사례가 나와 있다. 어떤 공통점이 눈에 띄는가? 단일 색상, 다양한 크기를 적용한 단일 활자체, 2차원 아이콘 등을 발견했는가? 플랫 디자인에 주의를 기울이기 시작하면 이러한 스타일이 광범위하게 사용되고 있다는 것을 알아차릴 수 있다.

에어비주얼AirVisual(그림 5-28)은 전 세계 도시의 대기질을 보여 주는 모바일 애플리케이션이다. 명확하고 사용하기 쉬운 시각적 표현을 위해 플랫 디자인과 맞춤형 일러스트를 조합했다.

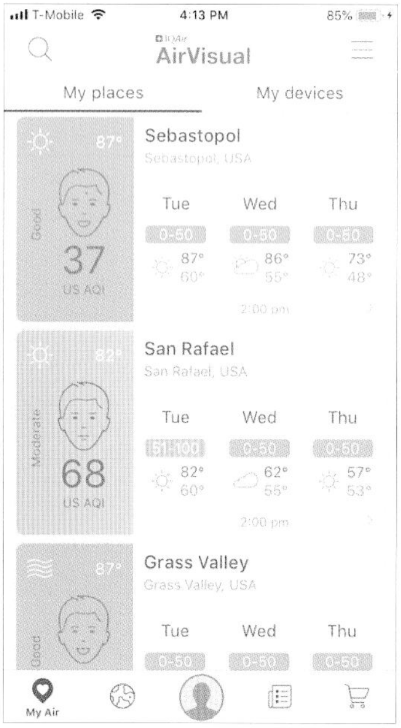

그림 5-28 에어비주얼 앱

플랫 디자인에 대한 자세한 내용은 다음을 참조하라.

- *https://www.microsoft.com/design/fluent*
- *https://material.io/design*

미니멀리즘

미니멀 디자인은 화면의 요소를 최소한으로 줄인다. 사용자가 할 수 있는 작업이 간단하거나, 데이터를 입력하고 조작하는 것보다 데이터를 보는 게 인터페이스의 주 목적인 태스크 기반의 앱에서 자주 볼 수 있다.

클리어 투두스Clear Todos(그림 5-29)는 극단적인 사례다. 오로지 색상, 텍스트 음영, 제한적인 시각적 UI 단서만으로 인터페이스가 어떻게 작동하는지 보여 준다.

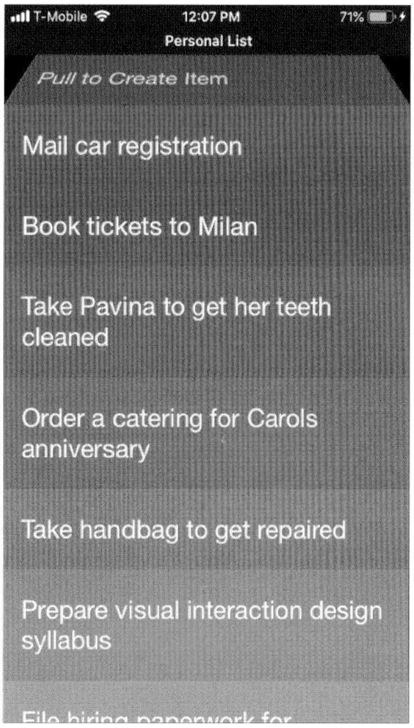

그림 5-29 클리어 투두스 앱

캄Calm(그림 5-30 왼쪽)은 어떤 화면에서든, 사용자에게 꼭 필요한 내용만 보여준다. 그림 5-30 화면에서는 하나의 버튼으로 기능을 조절하며, 섬세하지만 유용한 애니메이션으로 사용자가 무엇을 해야 하는지 안내하고 있다.

iOS 건강(그림 5-30 오른쪽) 앱은 대담한 색을 입힌 인포그래픽을 시각 UI의 핵심으로 활용한다.

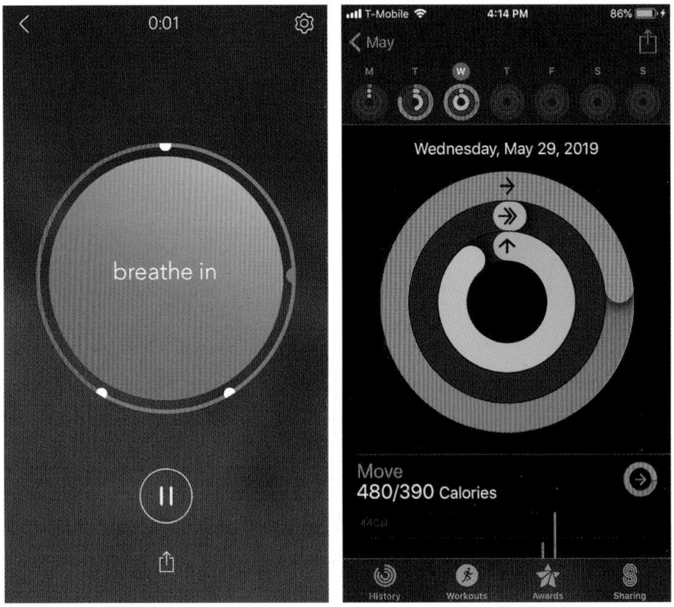

그림 5-30
캄과 iOS 건강 앱

글리치Gliché(그림 5-31 왼쪽)는 '글리치' 스타일[12]의 사진과 동영상을 만드는 애플리케이션이다. 최소한의 UI로 작업에 몰입하게 만들고, 사진과 비디오 편집이라는 주요 태스크에 소중한 화면 공간을 집중한다.

브라이언 이노Brian Eno의 음악 애플리케이션 블룸Bloom(그림 5-31 오른쪽)은 오디오 신호만으로 사용자에게 인터랙션 방식을 설명한다. 미묘하고 부드러운 색상 변화와 탐험과 창조를 장려하는 잔잔한 소리에 의존하는 경험이다.

12 (옮긴이) 글리치(Gliché)는 컴퓨터 시스템, 영상, 음악, 게임에서 짧은 시간 동안 발생하는 오류를 뜻하며 글리치 스타일은 이런 사운드 노이즈, 그래픽 깨짐 현상을 예술 표현으로 승화시킨 것이다.

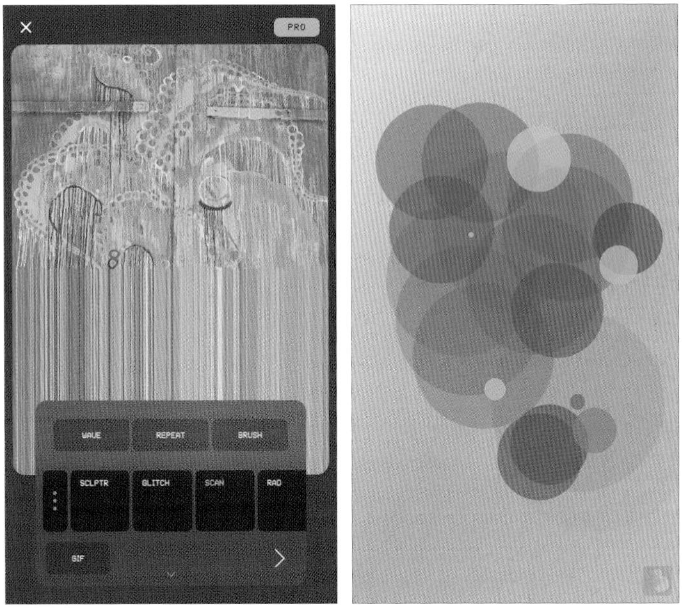

그림 5-31
글리치와 블룸 앱

적응형/매개변수형 디자인

미니멀리즘의 극단으로 적응형 또는 매개변수형 디자인이 있다. 디자인 형태가 고정되거나 정의되지 않으며 기기와 물리적으로 가까운 (정적 또는 동적인) 물체와의 관계에 의해 알고리즘이 생성되어 형태를 표현한다. 아마 비디오나 사진 애플리케이션에서 이런 종류의 인터페이스 패러다임을 봤을 텐데, 앞으로 점점 더 많은 종류의 인터페이스에서 사용될 것이다.

단순히 글로 이런 유형의 디자인을 정의하기란 쉽지 않다. 인터랙션을 유도하는 무언가와 접하기 전까지 거의 보이지 않는 인터페이스를 상상해 보라. 인터랙션이 일어나면 UI가 나타나면서 사용자가 상호작용할 수 있도록 물체를 감싼다. 이런 종류의 인터페이스를 위해 시각 디자인을 할 때는 대비가 높으면서 유동적인 UI 비주얼 스타일을 만들어 내는 게 핵심이다.

애플 측정Apple Measure(그림 5-32) 앱은 iOS와 함께 제공되는 도구다. 물체의 길이나 높이를 재려고 할 때, 사용자는 스마트폰이나 태블릿을 대상에 비춘다. 그러면 물체에 인터페이스의 측정 도구가 작동하기 시작한다.

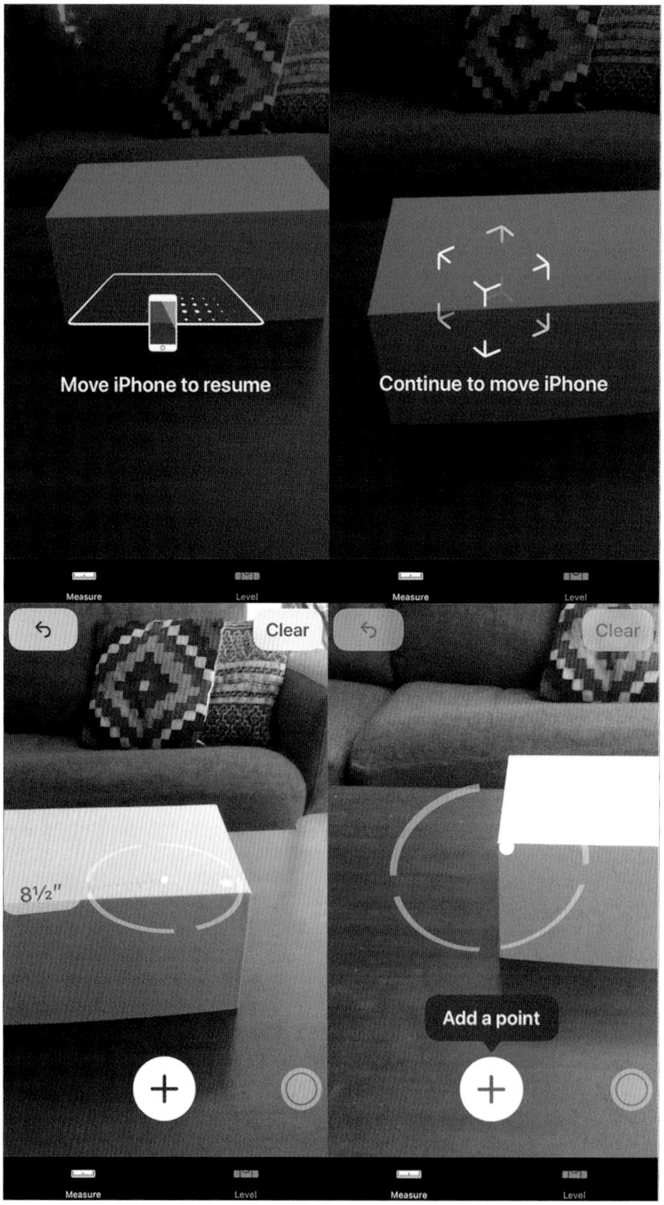

그림 5-32
iOS 측정 앱

심플Simple(그림 5-33)은 모바일 뱅킹 애플리케이션이다. 수표를 입금할 때, 사용자에게 수표 사진을 찍으라는 메시지가 표시되는데 인터페이스에서 수표가 올바른 위치에 있는지, 언제 사진을 찍으면 되는지 알려 준다.

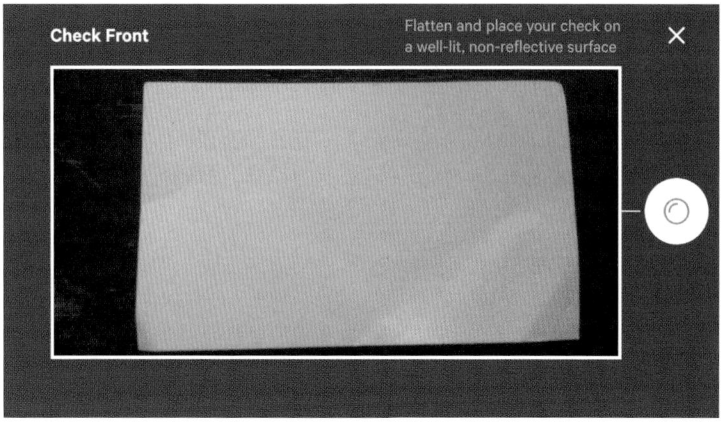
Check Front
Flatten and place your check on a well-lit, non-reflective surface

그림 5-33
심플의 수표 캡처 인터페이스

아름다움이 가진 힘을 과소평가하지 말라

훌륭한 비주얼 디자인은 완벽하게 수련하기까지 시간이 걸리는 기술이다. 그래픽 디자인은 그 자체로 방대한 하나의 학문이다. 디테일까지 완벽한 시각 디자인을 만드는 법을 온전히 이해하기 위해서는 그리드, 색채론, 타이포그래피, 게슈탈트 이론을 비롯해 이 모든 것의 뉘앙스까지 읽어 내야 하는데, 책으로 이를 다루려면 한 챕터로는 모자랄 것이다. 다행히도 이제는 누구나 콘텐츠와 예산만 있으면 새로 나온 웹사이트 제작, 편집 툴을 활용해 완벽히 커닝도 맞고 멋지게 디자인 된 것 같은 사이트를 만들 수 있다.

스퀘어스페이스Squarespace, 윅스Wix, 워드프레스WordPress와 같은 웹사이트 제작 플랫폼에는 시각 디자이너들이 고심해서 만든 템플릿이 많다. 이런 템플릿을 사용하면 여백이나 가독성을 신경 쓰면서 레이아웃을 디자인하지 않아도 되기 때문에 마음의 짐이 줄어든다.

지금까지 사용자 인터페이스 맥락에서 비주얼 디자인에 대해 알아야 할 것을 간략하게 살펴보았다. 강조하고 싶은 점은 미적인 부분이 매우 중요하다는 것이다. 이런 디테일을 제대로 디자인하는 것이 제품과 서비스를 바라보는 사용자 인식에 굉장한 차이를 만든다.

6장
모바일 인터페이스

세계 어느 도시를 가더라도 스마트폰을 보느라 고개를 푹 숙이고 걷는 사람을 쉽게 만날 수 있다. 세상은 아이폰, 안드로이드폰을 비롯한 여러 스마트폰과 태블릿 컴퓨터로 넘쳐난다. 인터넷에 주로 접속하는 수단이 핸드폰인 나라도 많다. 2025년이 되면 전 세계적으로 모바일 인터넷을 사용하는 인구가 50억에 도달할 것이라 한다.[1] 이는 여러분이 만든 서비스를 이용하는 사람도 주로 모바일 기기를 통해 서비스와 상호작용할 것이라는 뜻이다. 모바일을 위한 디자인을 하는 것은 이제 좋은 디자인이나 비즈니스 차원에서의 고려를 넘어서 당연한 상식이 되었다.

모바일 기기가 우리 일상생활에 깊이 관여하게 된 것은 분명하다. 휴대폰은 단순히 전화를 걸거나 인터넷에 연결되기 위한 수단이 아니다. 의사소통, 쇼핑, 엔터테인먼트, 교통, 길 찾기에 이르는 다양한 일을 수행하는 중요한 관문이 되었다. 스마트폰이나 태플릿은 선택하거나 편집하려는 대상을 터치하는 등 직접 조작할 수 있다는 장점을 갖고 있다. 따라서 모바일 인터페이스는 쉽고 직관적으로 배울 수 있다.

웹사이트를 단순히 압축해 모바일 버전으로 만드는 것은 요즘 디자인과 거

1 *The Mobile Economy Report*, GSM Association, 2018

리가 멀다. 자사 제품이 미래 디지털 환경에 유연하게 대처할 수 있도록 기업들은 '모바일 우선주의'(모바일 경험을 우선으로 설계한 다음, 많은 기능을 갖춘 웹 경험을 디자인하기) 또는 '반응형 디자인'(다양한 스크린 사이즈에 맞춰 적절하게 확장되는 웹 경험 디자인하기) 방식을 택하고 있다.

모바일 경험의 세계는 방대하여, 모바일 웹에서부터 네이티브 모바일 앱까지 포괄할 만큼 넓다. 어떤 서비스는 모바일 웹사이트를 통해 모든 기능을 제공하고자 하지만, 그러한 기능들은 결국 화면 크기 등 모바일 기기가 가진 제약에 따라 조정된다. 많은 사람들이 모바일 기기로만 인터넷에 접속하기 때문에 웹사이트의 모든 기능이 모바일로 제공되기를 바란다. 모바일과 데스크톱용 디자인을 분리하여 두 가지 디자인을 다르게 만들 수도 있다.

만일 웹사이트가 아니라 큰 화면 전용의 툴과 앱을 만들고 있다면, 이번 장은 도움이 되지 않을 것이다. 모바일용으로 툴(또는 툴의 일부)을 다시 만들 수 있는지, 그렇게 만든 앱이 유용할 것인지 판단해야 한다. 이를 위해서는 사용자를 이해하고 사용자의 니즈, 하고자 하는 일, 서비스를 사용하는 맥락을 알아야 한다.

각각 장단점이 있지만, 얼마나 풍성한 경험을 전달해야 하는지에 따라 데스크톱 웹, 모바일 웹, 네이티브 모바일 앱을 선택해 디자인하게 된다. 물론 모바일 앱을 만드는 것은 절대 적지 않은 투자이나 그만큼 가치가 있다.

일부 사용자는 작고 느리고 조잡하고 쓰기 어려운 브라우저로 웹사이트를 본다. 편안한 책상에서 큰 화면을 앞에 두고 조용히 앉아 있을 때와는 전혀 다른 환경에서, 전혀 다른 마음가짐으로 웹사이트를 이용하는 것이다.

이번 장에서는 플랫폼을 감지하는 기술적 내용이나 어떻게 사용자 상황에 맞는 디자인(다양한 CSS 스타일 시트)을 제시할 수 있는지에 대해서는 깊이 다루지 않겠다. 관련된 지식은 손쉽게 찾을 수 있기 때문이다. 지식, 디자인 작업, 시간을 조금만 투자하면 여러분이 만드는 모바일 웹사이트 경험을 크게 개선할 수 있다.

모바일 디자인의 어려움과 기회 영역

모바일 플랫폼에 맞춰 디자인하다 보면 사용자가 큰 화면과 키보드를 쓴다고 가정할 때는 몰랐던 어려움에 맞닥뜨리게 된다.

작은 화면 크기

모바일 기기에는 정보나 선택지를 충분히 보여 줄 공간이 없다. 아쉽게도 사이드바나 긴 헤더 메뉴, 기능이 없는 큰 이미지, 많은 링크를 넣을 만한 여유가 없다. 따라서 디자인의 본질만 남기고 나머지를 발라내야 한다. 부가 요소를 가능한 전부 제거하라. 첫 화면에는 가장 중요한 기능만 남겨 두고 나머지는 버리거나 웹사이트 깊숙이 숨겨 두어라.

다양한 화면 너비

360픽셀과 640픽셀 넓이 화면 둘 다에 맞는 디자인을 하기는 어렵다. 모바일 화면을 스크롤해 아래로 내리는 건 그렇게 어렵지 않지만(그래서 높이가 아닌 너비를 언급하고 있다) 사용 가능한 화면 너비를 영리하게 활용해야 한다. 어떤 웹사이트는 키패드가 달린 모바일폰이나 아이폰 크기 정도의 터치 기기를 따로 고려해 다른 버전을 만들기도 한다. 로고 그래픽, 내비게이션 방식도 다르게 만든다.

터치 스크린

모바일 웹과 앱은 대부분 터치 스크린 기기로 이용한다. 그렇다 하더라도 키패드 기기 역시 반드시 고려해야 한다. 아직도 많은 모바일 기기를 키패드로 사용하고 있기 때문이다. 그럼에도 터치 스크린 경험에 편향된 디자인을 하고 싶을 수 있다. 콘텐츠 양을 제한하고, 레이아웃을 선형적으로 펼치는 등의 좋은 디자인 원칙을 따랐다면, 키패드 기기에서도 키를 이용해 링크를 쉽게 조작할 수 있다.

손가락으로 작은 타깃을 정밀하게 터치하는 것은 어렵다. 링크나 버튼을 터치하기 쉽도록 크기를 충분히 키워라. 중요한 타깃이라면 안드로이드 기기에서는 최소한 48dp×48dp(9mm)[2], 애플 iOS에서는 44pt×44pt[3]로 만들고, 타깃

2 Material.IO Accessibility Guidelines(*https://oreil.ly/S5tSG*)
3 Apple Developer Human Interface Guidelines(*https://oreil.ly/wnZOS*)

사이에 간격을 두어라. 물론 이렇게 하면 다른 콘텐츠에 사용할 수 있는 공간이 줄어든다.

문자 입력하기

터치 스크린이나 키패드로 문자를 입력하는 일을 좋아하는 사람은 없다. 그러므로 웹사이트나 툴의 사용 흐름을 설계할 때, 사용자가 타이핑할 필요가 없거나 또는 제한적으로만 타이핑하도록 디자인해야 한다. 예를 들어 가능하다면 '자동 완성'(사용자가 쓰려는 다음 글자를 예측하여 입력하는 수고를 덜어 주는 기능)을 활용하고, 예상 가능한 입력 필드는 미리 채워 둔다. 보통 문자보다는 숫자가 훨씬 입력하기 쉽다는 점도 고려해야 한다.

물리적 환경의 제약

사람들은 다양한 장소에서 휴대폰이나 다른 기기를 사용한다. 야외의 강렬한 햇빛 아래서, 어두운 영화관에서, 회의실에서, 차나 버스, 기차나 비행기를 타고서, 가게나 화장실 안에서, 침대 속에서도 말이다. 우선 주변의 빛 밝기부터 다르다. 고상하게 보이려고 회색 바탕에 회색으로 쓴 글자는 직사광선 아래서 잘 읽히지 않는다. 주변 소음도 다르다. 기기에서 나는 소리를 전혀 듣지 못할 만큼 소음이 큰 곳일 수도, 갑자기 나는 소리가 민폐가 될 만큼 조용한 곳일 수도 있다고 가정해야 한다.

마지막으로 흔들림도 고려하라. 디바이스 또는 사용자가 움직일 때 작은 글씨는 읽기 힘들다. 터치 스크린 기기에서 조그만 타깃을 누르는 일은 가만히 있는 상태에서도 어렵지만, 흔들리는 버스에서는 거의 불가능에 가깝다. 다시 강조하지만, '팻 핑거'를 항상 고려해서 실수를 쉽게 정정할 수 있도록 하라.

위치 인식

모바일 기기는 사용자와 함께 움직인다. 이 말은 기기를 정확히 어디서 사용하는지 인식할 수 있다는 뜻이다. 위치에 해당하는 정보를 지역 기반 데이터와 묶어서 제공하는 시나리오를 염두에 두고 디자인할 수 있다. 시스템은 사용자 니즈를 더 잘 예측하기 위해 사용자가 처한 상황을 유추하기도 한다.

사회적 영향과 집중력의 한계

많은 경우 모바일 사용자는 여러분의 웹사이트나 앱에 많은 시간과 집중력을 투자하지 않는다. 보통 다른 일을 하면서 화면을 본다. 걸어 다니면서, 차를 타면서, 다른 사람과 이야기하면서, 앉아서 미팅을 하면서, 그렇지 않기를 바라지만 운전을 하면서 보고 있을 수도 있다. 물론 가끔 모바일 게임을 할 때는 정신을 바짝 차리기도 하지만 컴퓨터 앞에서 키보드로 일할 때처럼 집중하는 경우는 많지 않다. 그러므로 사용자가 산만하다고 가정하고 디자인하라. 태스크 순서를 쉽고, 빠르고, 재진입하기 쉽게 만들어라. 설명 없이 디자인 자체로 이해될 수 있게 하라.

많은 사용자가 다른 사람과 대화하거나 사교 활동을 하면서 모바일 기기를 사용한다는 점을 고려해야 한다. 다른 사람에게 화면에 있는 뭔가를 보여 주려고 기기를 돌려 볼지도 모른다. 또는 어깨 너머로 사용자의 기기를 보는 사람이 있을 수도 있다. 기기에서 나는 소리가 예의에 어긋난다면 무음으로 갑자기 바꿔야 한다. 반대로 다른 사람이 소리를 잘 들을 수 있게 음량을 키워야 할 때도 있다. 여러분의 디자인은 이런 상황에 잘 대처하는가? 사회적 상호작용을 원활하게 할 수 있도록 보조해 주는가?

모바일 디자인에 접근하는 방법

단순히 웹사이트에 있는 일반 콘텐츠를 360×640px 창에 욱여넣으려 한다면, 그만둬라. 한 걸음 물러나 큰 그림을 보자.

모바일 사용자에게 무엇이 필요할까?

모바일 기기로 여기저기 돌아다니며 서비스를 이용하는 사람은 여러분 웹사이트(또는 앱)를 특정한 방식으로만 사용하고 싶어 한다. 이는 데스크톱용 웹사이트 사용자가 바라는 니즈와 같은 범위가 아니다. 따라서 다음과 같은 맥락에서 서비스를 사용할 수 있게 디자인하라.

- 지금 당장 내가 찾으려는 정보를 빨리 알고 싶어.
- 몇 분 짬이 났는데, 그동안 재밌게 해줘.

- 사람들과 연결해 줘.
- 지금 알아야 할 게 있다면, 말해 줘.
- 내 위치와 관련된 정보는 어떤 게 있지?

웹/앱을 본질에 맞게 발라내기

추가 콘텐츠, 눈길을 끄는 기능, 사이드바, 인용문, 광고, 이미지, 사이트맵, SNS 링크 같은 부가적인 요소를 제거하는 것을 두려워하지 말라. 모바일 웹사이트에서 사용자에게 중요한 일부 태스크에 집중하고, 최소한의 브랜딩 요소만 남겨 두고, 나머지는 숨겨라.

홈 화면(웹사이트의 경우)이나 앱의 첫 번째 태스크 화면에서 의미 있는 콘텐츠가 화면 상단에 바로 보이도록 해라. 로고, 광고, 탭, 헤더가 화면에서 층층이 쌓이는 '케이크 효과'를 제거하라는 뜻이다. 그림 6-1에서 열악한 모바일 디자인 사례를 볼 수 있다. 실제로 사용자가 유일하게 신경 쓰는 콘텐츠는 화면 하단의 경기 점수뿐이다(만약 사용자가 핸드폰을 가로로 돌린다면, 심지어 점수는 어보브 더 폴드above the fold[4]에서 보이지 않을 것이다).

그림 6-1 사용자가 유일하게 주의 깊게 보는 정보(경기 점수)를 화면 하단에 배치함으로써 불친절한 디자인이 되어 버렸다.

모바일 인터페이스가 웹사이트를 최소한의 형태로 압축한 것인데, 모바일 버전이 아닌 데스크톱용 웹사이트를 필요로 하는 사용자가 있다면 데스크톱 버전에 접근할 수 있도록 창구를 열어 줘야 한다. 데스크톱용 웹사이트로 가는 링크를 눈에 띄는 위치에 두어라. 다만 세계의 많은 사용자가 스마트폰을 통해서만 웹에 접속할 수 있다는 점을 기억하라. 대부분의 사용자가 큰 화면으로 데스크톱용 웹사이트에 접근할 것이라고 기대하기 어렵다는 말이다. 큰 화면이

4 (옮긴이) 어보브 더 폴드(above the fold)는 가판대에 놓인 신문에서 소비자에게 제일 먼저 보이는 영역을 일컫는 용어로, 웹사이트에서는 스크롤로 가려지지 않고 사용자에게 제일 먼저 보이는 영역을 지칭한다.

있는 기기 자체가 없을 수도 있고, 기기가 있다고 하더라도 인터넷에 연결되어 있지 않을 수 있다.

또는 앞서 얘기한 것처럼 모바일과 데스크톱 버전을 따로 디자인해서 동시에 제공할 수도 있다. 웹사이트의 모든 기능과 정보를 모바일 웹사이트에서도 보여 주는 방식으로, 이럴 경우 사용자는 굳이 데스크톱용 웹사이트에 갈 필요가 없다. 그렇다고 해도 여전히 모바일 홈 화면이나 메인화면의 일부를 제거해야 할 것이다.

홈 화면에서 다른 화면으로 이동하는 링크가 수없이 많은 수평적이고 넓은 내비게이션을 쓰는 대신, 위계를 더 좁고 깊게 재구성할 필요가 있다. 이는 홈 화면에 배치하는 옵션의 숫자를 줄인다는 의미로, 작은 모바일 화면이 자질구레한 링크로 어수선해지지 않게 해준다(물론 사용자가 화면에서 화면으로 이동하는 데 드는 시간과 균형을 맞춰야 할 것이다).

모바일 기기의 하드웨어 활용하기

모바일 기기는 데스크톱에서 쓸 수 없는 훌륭한 기능이 많다. 위치 인식, 카메라, 음성 인식, 제스처 입력, 떨림이나 진동 같은 햅틱 피드백을 비롯한 다양한 기능을 쓸 수 있다. 사용자가 다른 작업을 수행하는 동안 백그라운드에서 앱이 실행될 수 있도록 멀티태스킹을 지원하는 기기도 있다. 이런 기능을 활용할 수 있겠는가?

콘텐츠를 선형으로 배치하기

이제 너비 문제로 다시 돌아가자. 요소를 양옆으로 나란히 배치하는 흥미로운 레이아웃을 수용할 수 있을 만큼 픽셀 너비가 충분하지 않은 기기가 많다. 여러분의 콘텐츠가 결국에는 세로로 배치될 것이라는 점을 받아들여라. 모바일 웹사이트에서 콘텐츠를 세로로 배치했을 때 '잘 읽히도록' 순서를 구성하라. 이번 장에 나오는 **버티컬 스택** 패턴을 참고하라.

가장 일반적인 인터랙션 시퀀스 최적화

여러분의 사이트에 접속하는 전형적인 모바일 사용자는 어떤 태스크를 가장 수행하고 싶어 할까? 이에 해당하는 콘텐츠에 모바일 웹사이트의 초점을 맞춰라. 그리고 해당 태스크를 최대한 쉽게 수행할 수 있도록 다음 휴리스틱 원칙을 따라라.

- 타이핑은 없애거나 최소한으로 줄인다.
- 화면 불러오기를 최소화하고, 불필요한 데이터로 화면 용량을 키우지 말라. 다운로드 시간이 아주 느려질 수 있다. 세계의 많은 지역이 여전히 고속 인터넷을 누리지 못하고 있다는 점을 기억하라.
- 화면 로딩과 타이핑을 줄이는 목적이 아니라면, 상하 좌우 양쪽으로 스크롤하는 것을 최소화하라. 다시 말하면, 많은 양의 콘텐츠를 표시해야 할 때는 짧은 화면 여럿보다 한 화면에서 길게 내용을 보여 주는 편이 낫다.
- 사용자가 원하는 정보에 도달하거나 작업을 수행하는 데 필요한 '탭 횟수'를 줄여라. 큰 터치 타깃을 누르거나 하드웨어 버튼을 누르는 게 타이핑에 비해서 절대적으로 나은 선택지이기는 하다. 그럼에도 탭 횟수를 줄이려고 노력하라.

소개할 만한 좋은 사례들

앞 절에서 이야기한 모바일 디자인의 요구사항 대부분을 잘 충족시키는 모바일 화면 몇 가지를 소개한다. 이들은 동시에 각 웹사이트의 브랜드와 개성을 잘 살리고 있다. 모바일 웹 버전과 모바일 앱 버전을 비교하는 사례도 몇 가지 있다.

러그Lugg(그림 6-2)는 온디맨드on-demand[5] 배달 서비스다. 모바일 웹과 앱 모두 좋은 디자인 관행을 따르고 있다. 러그는 서비스의 주요 태스크에 집중한다. 큰 터치 타깃을 눌러서 텍스트를 입력하도록 하고 콜투액션 버튼도 명확하다. 모바일 화면에서 중요한 정보를 전부 한눈에 쉽게 볼 수 있다.

부킹닷컴(그림 6-3)은 호텔, 항공편, 렌터카를 예약하는 여행 예약 서비스다. 모바일 웹과 네이티브 모바일 앱 홈 화면 모두 방문자가 목적지를 검색하는 데 완전히 집중하고 있다. 이것이 처음이자 기본이 되는 경험이기 때문이다. 또

5 (옮긴이) 온디맨드(on-demand) 서비스는 사용자가 필요로 할 때 원하는 위치로 찾아오는 서비스다. 우리말로는 주문형 서비스라고 한다..

한 부킹닷컴은 스마트폰에서 가져 올 수 있는 사용자 위치 데이터를 이용해 더 좋은 사용자 경험을 제공한다.

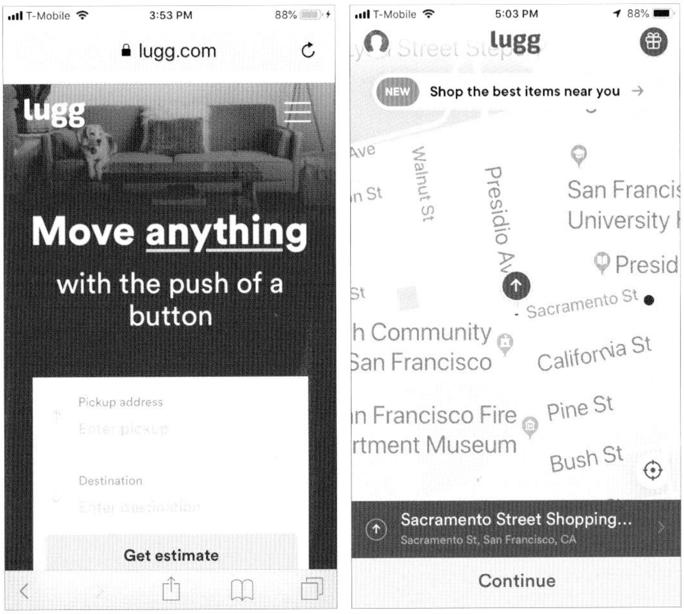

그림 6-2
러그의 모바일 웹과 네이티브 iOS 앱

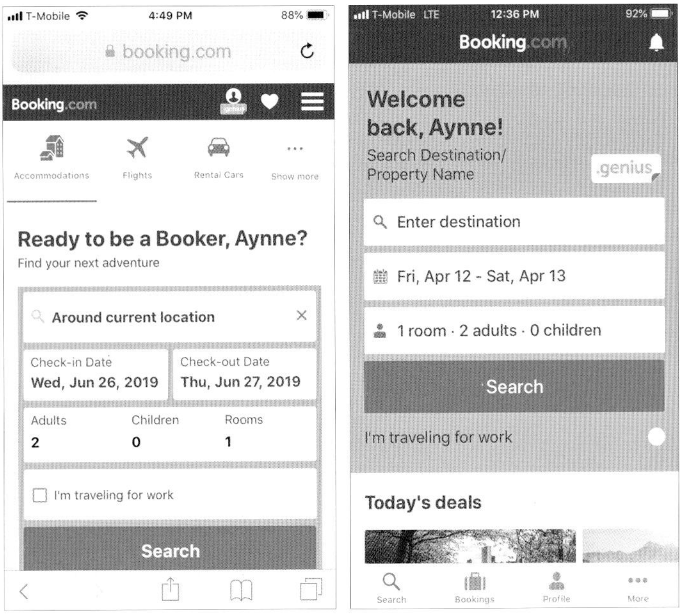

그림 6-3
부킹닷컴 모바일 웹과 네이티브 iOS 앱

《뉴욕 타임스》(그림 6-4 왼쪽) 단어 퍼즐은 모바일 형태의 한계를 기회로 활용해서 높은 평가를 받았다. 사용자가 글자를 입력하려고 첫 번째 칸을 누르면, 해당하는 줄 전체에 색이 들어오고, 키패드 위 하늘색 강조 영역에 힌트가 보인다. 시각적 어포던스를 적용하여 키스트로크keystroke를 줄이고, 복잡할 수 있는 인터랙션을 단순하게 만든 훌륭한 사례다.

내셔널 퍼블릭 라디오National Public Radio의 원One 앱(그림 6-4 오른쪽)은 모바일 인터페이스에서 불필요한 요소를 최소한으로 줄여 기능을 효율적으로 구현했다. 다른 사례와 마찬가지로 위치 데이터를 기반으로 사용자에게 가장 가까운 라디오 방송국을 표시하고, 하나의 거대한 재생 버튼만 보여 준다.

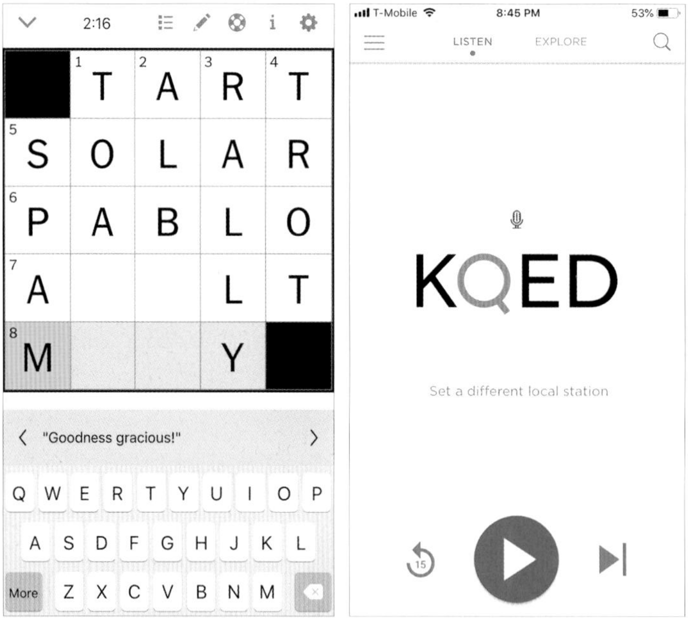

그림 6-4
《뉴욕 타임스》 단어 퍼즐과 NPR의 원 앱. 네이티브 iOS 모바일 앱의 좋은 사례다.

그래튜어티Gratuity(그림 6-5 왼쪽)는 팁을 계산하는 앱이다. 한 화면에 모든 기능을 보기 좋게 배치하고 사용자가 타깃 영역을 편하게 누를 수 있게 버튼 크기를 정했다.

뮤직 메모Music Memos(그림 6-5 오른쪽)는 사용자가 녹음을 빨리 할 수 있게 도와준다. 주요 기능을 강조하기 위해 나머지 불필요한 부분을 제거하고 녹음이 진행되고 있음을 우아한 애니메이션으로 표시한다.

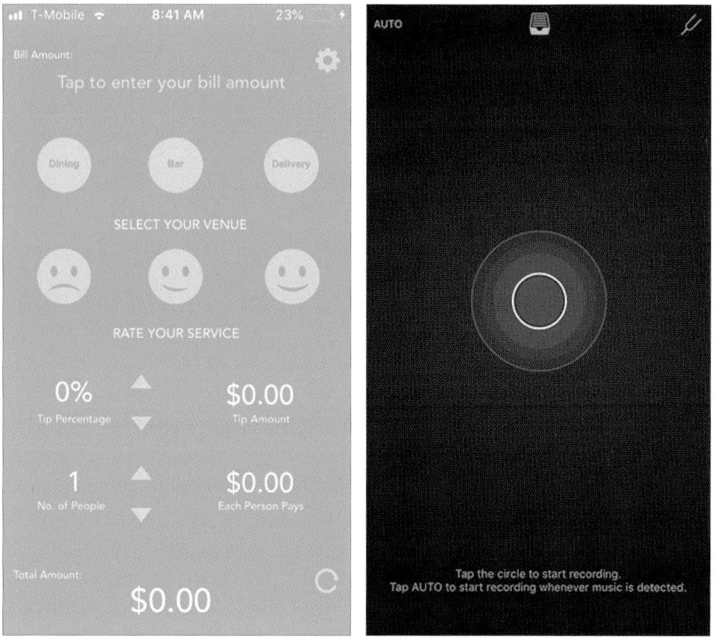

그림 6-5 그래튜어티와 뮤직 메모

패턴

앞에서 모바일 디자인의 유연성을 확보하려면 세로로 콘텐츠를 구성해야 한다고 이야기했다. 뒤에 나오는 **버티컬 스택** 패턴에서 관련 내용을 더 자세히 설명하겠다.

모바일 애플리케이션에서는 최상위 내비게이션 구조를 어떻게 보여 주는 게 좋을까? 일반적으로는 화면 상단이나 하단에 고정 툴바를 배치해 모바일 인터페이스를 구성한다. 자주 볼 수 있는 또 다른 방식으로 탭과 전체 화면 메뉴가 있다. 이러한 구성방식보다 명확하지는 않지만 그래도 알아 두면 좋을 만한 패턴으로 **필름스트립**과 **터치 툴** 패턴이 있다.

모바일 웹에서는 글로벌 메뉴 용도로 **하단 내비게이션** 패턴을 사용하는 경우가 많다. 모바일 화면 상단의 소중한 공간은 보다 직접적으로 관련된 콘텐츠에 할애하는 것을 선호하기 때문이다.

모바일 세계 어디에서나(앱, 사진, 메시지, 연락처, 액션, 설정 등) 목록을 발견할 수 있다. 웹 화면에서든 애플리케이션에서든 보기 좋고 사용하기 편하도록 목록을 잘 디자인해야 한다. 일반적인 텍스트 목록이 가장 적절한 경우가 많으며, 캐러셀과 섬네일 그리드 패턴도 모바일 디자인에 잘 어울린다(두 가지 패턴과 목록 디자인에 대한 자세한 내용은 7장을 참조하라). 모바일 디자인에서 무한 리스트 패턴이 필요할 때도 가끔 있다. 이번 장에서 다룰 패턴은 다음과 같다.

- 컬렉션Collections과 카드Cards
- 무한 리스트Infinite List
- 넉넉한 터치 영역Generous Borders
- 로딩Loading 또는 프로그레스 인디케이터Progress Indicators
- 유기적인 앱 연동Richly Connected Apps

34 버티컬 스택(Vertical Stack)

WHAT 정의하기

그림 6-6에서 보는 것처럼 모바일 화면 콘텐츠를 세로줄로 정렬하고 양 옆에는 요소를 거의 넣지 않거나, 아예 넣지 않는다. 텍스트가 넘치면 줄바꿈하게 만들고, 화면은 대부분의 기기에서 아래로 스크롤된다.

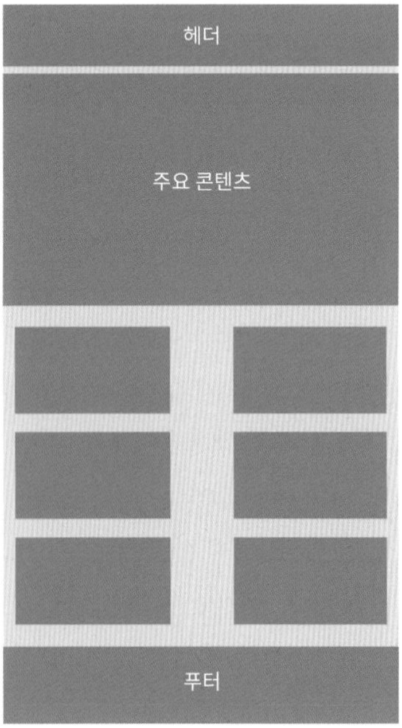

그림 6-6 버티컬 스택 구조

WHEN 언제 사용하면 좋을까?

특히 문자 기반 콘텐츠와 폼을 포함하고 있다면, 각기 다른 크기를 가진 기기에서 작동하는 모바일 웹 화면 대부분은 이 패턴을 사용해야 한다(전체 화면 비디오 또는 게임과 같은 몰입형 콘텐츠는 이 패턴을 사용하지 않는다. 문자 기반 화면처럼 스크롤하지 않기 때문이다).

한 화면에서 다른 화면으로 전환하는 데는 비용이 든다. 따라서 다운로드에 시간이 걸리는 웹 화면에도 마찬가지로 이 패턴을 적용할 수 있다. 반면 기기 안의 앱은 순식간에 화면을 전환한다. 콘텐츠를 내려받을 필요가 없기 때문이다. 이 경우는 화면을 아예 스크롤할 필요가 없도록, 한 화면에 맞추어 콘텐츠를 구조화하는 게 낫다. 탭하거나, 스와이프하면 된다. 물론 다운로드가 완료되기를 끝없이 기다리기보다는 긴 화면을 세로 방향으로 스크롤하는 편이 나을 것이다.

WHY 어떤 효과가 있을까?

기기마다 화면 너비가 다양하다. 실시간으로 화면 너비를 측정하거나 특정 기기만을 위한 앱을 만드는 게 아니라면 사용자의 실제 화면 너비가 몇 픽셀인지 알 수 없다. 개별 기기나 기준 기기 규격에 최적화할 수는 있지만 모든 경우에 그렇게 할 수 있을 만큼 자원이 충분하지 않을 때가 많다.

물리적 기기에 비해 디자인의 고정 너비가 지나치게 크더라도, 좌우로 스크롤하거나 확대 축소할 수 있다. 하지만 이런 디자인은 단순히 아래로 스크롤하게 할 때보다 사용성이 현저히 떨어진다.

글꼴 크기도 바뀔 수 있다. 따라서 자동 줄 바꿈이 적용된 텍스트 요소가 있는 버티컬 스택을 사용하면, 글꼴 크기가 바뀌더라도 텍스트 줄을 적절하게 조정할 것이다.

HOW 어떻게 활용할까?

화면 내용을 세로로 스크롤되게 하라. 가장 중요한 아이템을 상단에, 덜 중요한 내용을 하단에 배치해서 핵심 요소가 가장 잘 보이게 하라.

사용자 관점에서 유용한 콘텐츠는 버티컬 스택의 첫 100픽셀(또는 그 이전)에 나타나야 한다. 따라서 이 화면 윗부분은 소중한 자산이다. 큰 로고, 광고, 끝없는 툴바가 케이크 층처럼 쌓여서 유용한 콘텐츠를 스크린 하단으로 밀어버리지 않도록 하라. 사용자를 짜증나게 만들 수 있다.

가로 영역을 줄이려면 입력 레이블을 입력창 옆에 두지 말고 위에 배치하라. 입력창과 선택 컨트롤을 적절한 너비로만 넣어도 가로 공간을 다 차지하기 때문이다.

두 버튼 너비의 합이 보이는 화면보다 넓지 않다고 확신할 때만 버튼을 양옆에 두어라. 버튼의 폰트 크기가 커지거나 언어가 변경되어 길어질 수 있다면 양옆으로 배치하는 것을 피한다.

섬네일 이미지는 비교적 손쉽게 텍스트 옆에 넣을 수 있고, 기사나 주소록, 책과 같은 목록에서 흔히 사용한다. 컬렉션과 카드 패턴을 보라. 화면 너비가 128픽셀(또는 디자인할 때 실질적인 최소 단위)로 줄어들었을 때 디자인이 잘 보이게 신경 쓰라(또는 디자인을 만들 때 현실적으로 가능한 최소한의 품질이 유지되게 하라).

EXAMPLES **예시**

ESPN, 《워싱턴 포스트Washington Post》 및 레이의 모바일 웹사이트(그림 6-7)에서 세 가지 다른 버티컬 스택 스타일을 볼 수 있다. ESPN은 관련성이 높은 콘텐츠만 홈 화면에 배치하고 나머지 메뉴는 화면 윗부분에 있는 줄에 배치했다. 《워싱턴 포스트》는 화면에서 콘텐츠 전부를 길게 늘어놓았다. 그림에 보이는 스택 하나는 화면 전체 콘텐츠의 작은 일부에 해당한다. 레이는 홈 화면에서 쇼핑 가능한 장소와 쇼핑 방법을 광고와 함께 보여 준다.

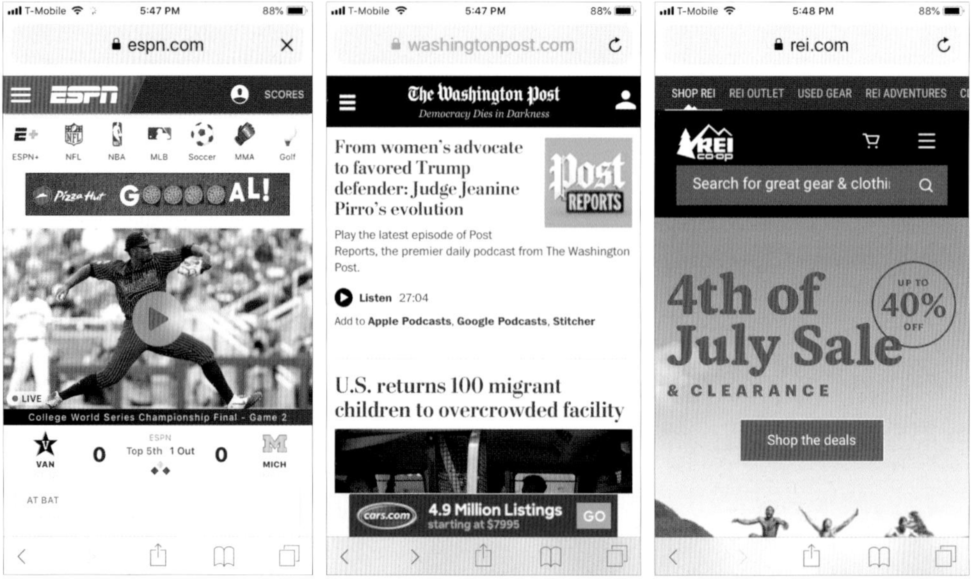

그림 6-7 ESPN, 《워싱턴 포스트》, 레이 모바일 웹사이트

살롱닷컴Salon.com(그림 6-8)은 모바일 웹 및 모바일 애플리케이션에서 버티컬 스택 레이아웃을 사용하고 있다. 버티컬 스택을 활용하면 보이는 콘텐츠의 양을 유연하게 조정할 수 있다. 사용자는 엄지 손가락으로 새로운 기사를 스크롤하면서 한 손으로 쉽게 콘텐츠를 탐색한다.

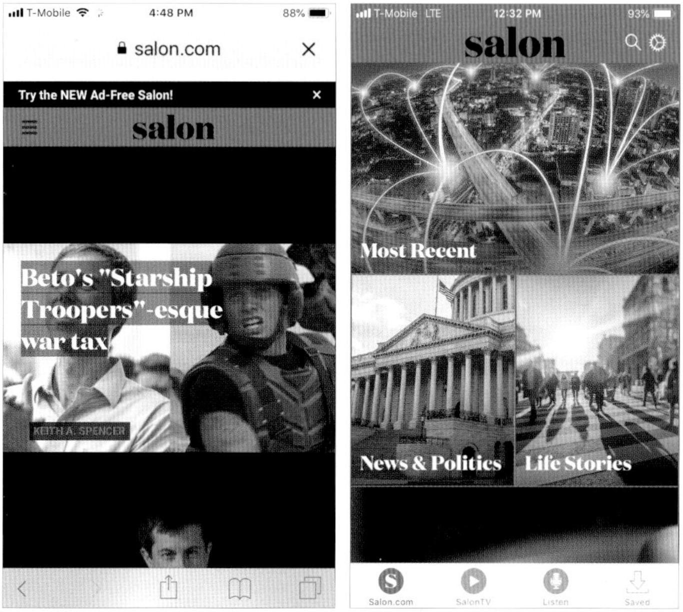

그림 6-8 살롱닷컴

35 필름스트립(Filmstrip)

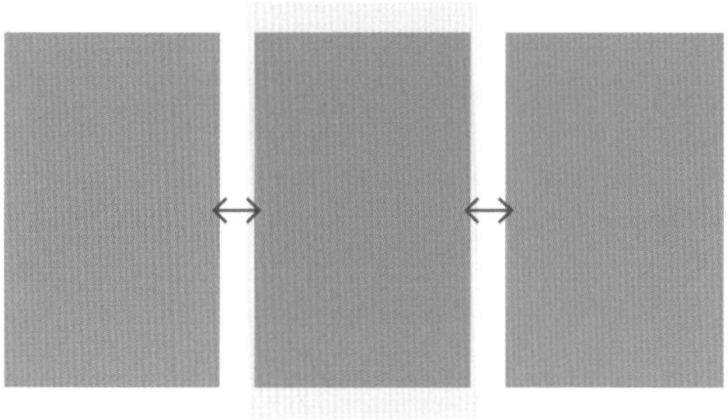

그림 6-9 필름스트립 구조

WHAT 정의하기

한 번에 한 화면만 볼 수 있고, 앞뒤로 스와이프해서 콘텐츠를 탐색한다(그림 6-9).

WHEN 언제 사용하면 좋을까?

도시별 날씨나 여러 스포츠의 종목별 점수처럼 개념적으로 대등한 위치의 콘텐츠를 보여 줄 때 사용한다. 사용자는 자신이 찾는 정보에 도달할 때까지 여러 화면을 거치는 걸 마다하지 않는다. 왜냐하면 전부 다 잠재적으로 흥미로운 정보이기 때문이다.

모바일 앱에서 툴바, 탭, 풀스크린 메뉴 같은 다른 내비게이션 방식을 대체할 수 있는 패턴이다.

WHY 어떤 효과가 있을까?

개별 항목을 화면 전체에 표시할 수 있다. 또한 탭이나 다른 내비게이션 요소에 화면 공간을 할애할 필요가 없다는 장점이 있다.

사용자가 원하는 화면으로 바로 이동할 수 없기 때문에(원하는 곳으로 가기까지 여러 화면을 스와이프해 이동해야 한다) 이런 패턴은 탐색을 유도하고, 재미있는 정보를 우연히 발견하게 도와준다.

일부 사용자는 스와이프 제스처를 아주 만족스럽게 여긴다. 다만 넣을 수 있는 콘텐츠의 수가 제한적이라는 단점이 있다. 최상위 화면을 너무 많이 사용해서는 안 된다. 사용자 입장에서 원하는 화면으로 가기까지 지나치게 스와이프를 많이 해야 하면 번거롭기 때문이다. 또 다른 단점은 기능이 투명하게 드러나 보이지 않다는 것이다. 앱을 처음 사용하는 새로운 사용자는 한 화면에서 다른 화면으로 이동하려면 스와이프해야 한다는 것을 바로 알아차리기 어렵다.

HOW 어떻게 활용할까?

본질적으로 필름스트립은 모바일 애플리케이션에서 주요 화면을 보여 주는 캐러셀과 같다. 한 가지 차이점이 있는데, 캐러셀에서는 일반적으로 메타 데이터(항목이나 화면에 대한 정보)를 보여 주고, 맥락(이전 화면과 다음 화면의 일부)을 알 수 있게 한다. 하지만 필름스트립을 최상위 내비게이션으로 쓰는 모바일 앱은 보통 그렇지 않다.

사용자에게 여러 개의 최상위 화면이 존재하며 스와이프할 수 있다는 단서를 제공하려면 날씨 앱 화면 하단에 있는 것과 같은 점 표시를 사용하라.

EXAMPLES 예시

BBC 뉴스 iOS 앱(그림 6-10)은 주요 화면을 필름스트립으로 구성한다. 사용자는 가장 많이 본 뉴스, 구독 뉴스, 인기 뉴스, 비디오, 실시간 메뉴를 앞뒤로 스와이프하거나 탭해서 볼 수 있다.

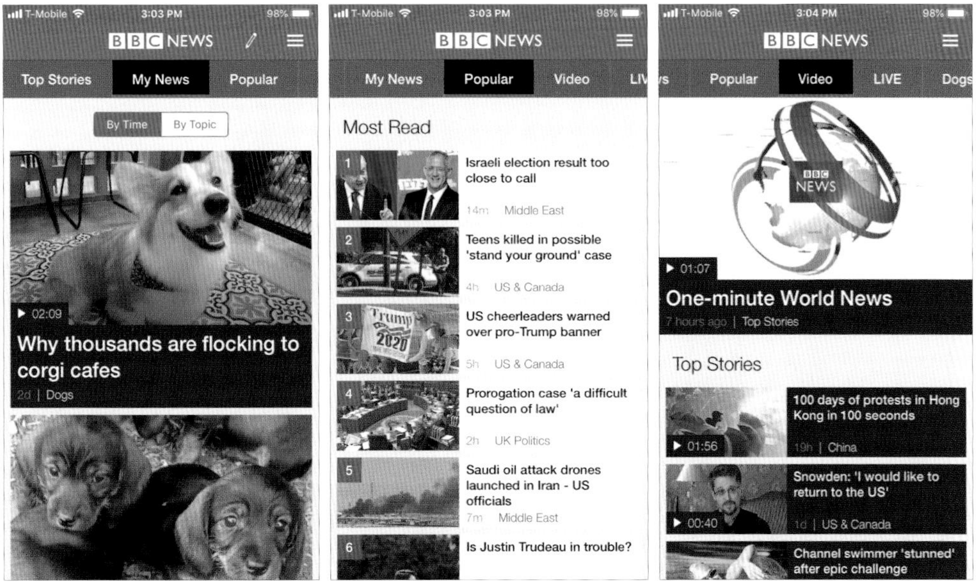

그림 6-10 BBC 뉴스 iOS 앱

iOS의 기본 날씨 앱(그림 6-11)은 필름스트립을 이용해 사용자가 선택한 여러 도시의 날씨 정보를 제공한다.

그림 6-11 iOS 날씨 앱

36 터치 툴(Touch Tools)

WHAT 정의하기

화면을 터치하거나 키를 누르면 특정한 도구를 보여 주는 패턴이다. 기능은 콘텐츠 위에 작게 동적으로 오버레이되어 나타난다.

넷플릭스Netflix(그림 6-12)는 디지털로 동영상 콘텐츠를 시청할 수 있는 서비스다. 사용자는 주로 영상 콘텐츠에 집중할 테지만 가끔 일시정지, 자막 켜기/끄기, 되감기/빨리 감기 등의 기능이 필요할 때가 있다는 전제하에 디자인됐다. 화면을 탭해서 기능을 불러올 수 있고, 약 5초 동안 사용하지 않으면 기능 옵션이 다시 사라진다.

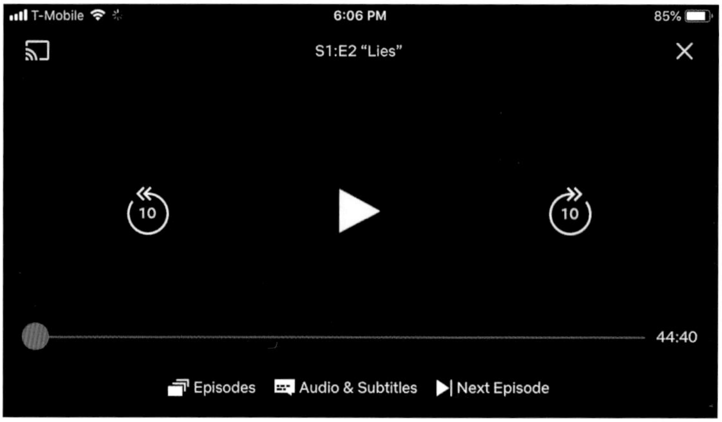

그림 6-12 넷플릭스 모바일 애플리케이션의 터치 툴

WHEN 언제 사용하면 좋을까?

동영상, 사진, 게임, 지도, 책과 같이 몰입형 또는 전체 화면 경험을 설계하는 경우에 사용한다. 사용자가 경험을 통제하기 위해 내비게이션 툴, 미디어 플레이어 도구, 콘텐츠에 대한 정보 등과 같은 컨트롤이 필요한 때가 있다. 툴을 넣으려면 상당한 공간이 필요하지만, 툴의 사용 빈도는 낮은 경우에 이 패턴을 사용한다.

WHY 어떤 효과가 있을까?

콘텐츠는 경험에서 절대적으로 많은 시간을 지배한다. 공간을 차지하는 컨트롤이 사용자의 집중력을 떨어뜨리지 않아야 콘텐츠에 몰입할 수 있다. 모바일에서는 화면 공간과 집중력이 다른 맥락에서보다 훨씬 소중하다는 점을 기억하라. 툴을 언제 불러올지 사용자가 선택해서 경험을 통제할 수 있다.

HOW 어떻게 활용할까?

콘텐츠 그대로 전체 화면을 채워서 보여 주고, 사용자가 화면이나 특정 키, 소프트 키(내비게이션 버튼)를 눌렀을 때 툴이 나타난다.

많은 앱에서 사용자가 화면의 특정 영역을 터치할 때만 터치 툴을 보여 준다. 이렇게 하면 사용자가 기기를 다루다 실수로 툴을 불러오는 일이 줄어든다.

툴을 작고, 반투명하게 표시하라. 그럼 툴이 콘텐츠 위에 떠 있는 것처럼 보인다. 반투명하게 처리하면 툴이 일시적인 것처럼 보인다(실제로도 그렇다).

몇 초 동안 사용하지 않거나 사용자가 툴의 경계 밖을 탭하면 툴이 즉시 사라진다. 툴이 자동으로 없어질 때까지 기다리는 일은 사용자에게 짜증을 유발할 수 있다.

EXAMPLES 예시

아이폰 비디오 플레이어에서는 사용자가 화면 영역을 누르면 터치 툴이 나타난다(그림 6-13). 약 5초간 사용하지 않으면 사라진다.

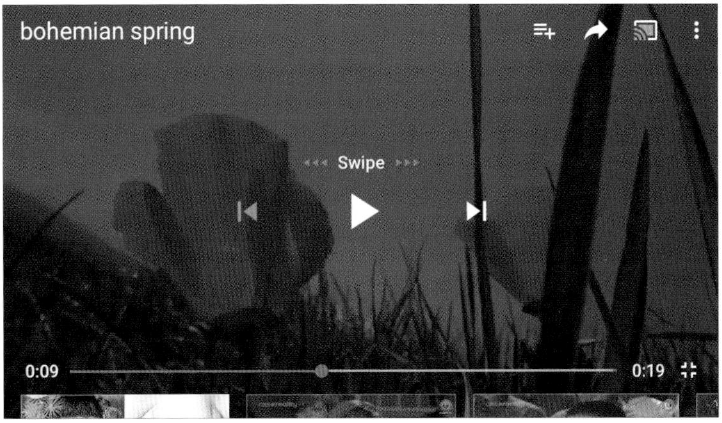

그림 6-13 아이폰용 유튜브 터치 툴

애플 메모Apple Notes 애플리케이션(그림 6-14 왼쪽)에서 사용자는 평소 메모를 읽는 데 집중한다. 화면을 탭하면 편집 툴이 나타난다.

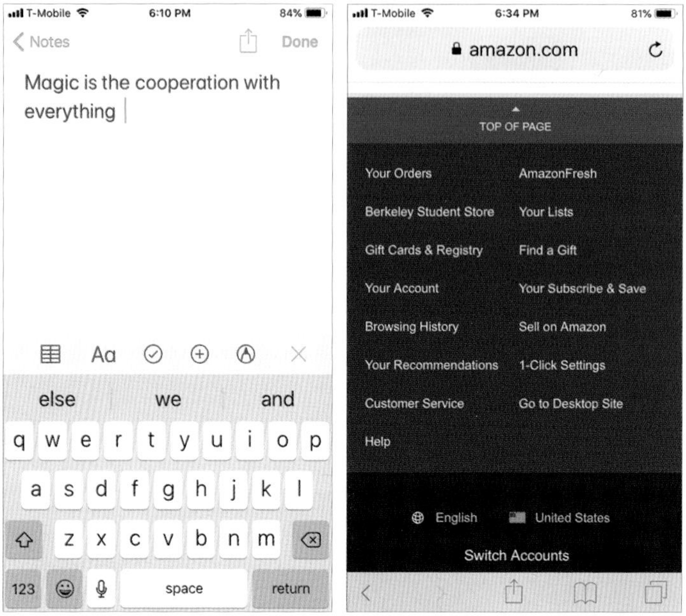

그림 6-14
애플 메모 앱과 아마존의 하단 내비게이션

37 하단 내비게이션(Bottom Navigation)

WHAT 정의하기

화면 하단에 글로벌 내비게이션을 배치한다. 아마존은 모바일 웹사이트의 글로벌 푸터에 간단한 하단 내비게이션 시스템을 활용한다(그림 6-14 오른쪽).

WHEN 언제 사용하면 좋을까?

모바일 웹사이트에서 글로벌 내비게이션 링크의 일부를 제공하는데 많은 사용자에게 보여 주려는 링크가 우선순위가 낮을 때 사용하라.

또한 모바일 웹사이트 첫 화면에서 신선하고 흥미로운 콘텐츠를 노출하는 게 가장 중요할 때 활용한다.

WHY 어떤 효과가 있을까?

모바일 홈 화면 상단은 소중한 자산이다. 일반적으로 가장 중요한 내비게이션 링크 두세 개만 배치하며, 홈 화면의 나머지 부분은 대부분의 사용자가 관심을 가질 만한 콘텐츠에 할애해야 한다.

내비게이션 링크를 찾는 사용자는 해당 링크가 스크롤하기 전에 눈에 보이는 영역보다 훨씬 아래에 있더라도 화면 하단으로 쉽게 스크롤할 것이다.

HOW 어떻게 활용할까?

화면 하단에 세로로 배열된 메뉴 항목 세트를 만든다. 터치 스크린에서 손가락으로 쉽게 탭할 수 있도록 크기를 조정하고, 필요한 경우 모바일 화면의 전체 너비를 채우도록 늘리고 텍스트를 크고 읽기 쉽게 만든다.

모바일 애플리케이션에서 전체 웹사이트 맵을 푸터에 넣는 것은 적절하지 않은데, 몇 개의 유용한 링크만 넣어도 공간이 꽉 차기 때문이다. 하지만 개념은 비슷하다. 화면 상단 공간에 내비게이션 요소를 넣기보다 비교적 가치가 떨어지는 화면 하단에 내비게이션을 배치한다.

EXAMPLES 예시

NPR은 푸터를 각 화면 하단에 둔다(그림 6-15 왼쪽). 푸터에는 표준 내비게이션 링크와 텍스트 전용 버전이 포함되어 있다.

레이는 웹과 비슷한 푸터 링크를 쓰고, 모바일에 맞는 커다란 크기의 연두색 버튼에 전화번호를 넣었다(그림 6-15 오른쪽).

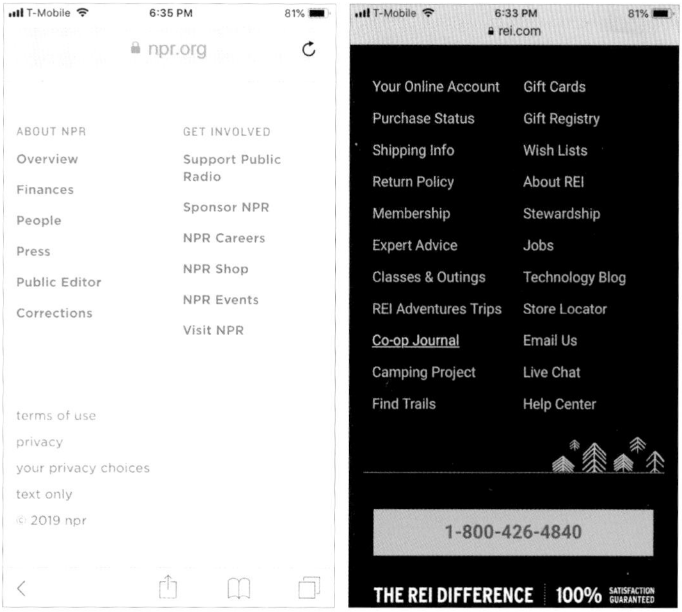

그림 6-15 NPR의 하단 내비게이션과 레이의 푸터

38 컬렉션(Collections)과 카드(Cards)

WHAT 정의하기

컬렉션은 그림 6-16에서 볼 수 있듯 사용자가 선택할 수 있는 항목의 목록을 보여 주는 일련의 섬네일 사진들이다. 카드는 컬렉션과 비슷하지만, 각 항목에 콘텐츠와 기능이 포함되어 있다는 차이점이 있다. 이커머스 웹사이트, 영상 콘텐츠 웹사이트, 뉴스 웹사이트에서 자주 볼 수 있는 패턴이다.

그림 6-16 컬렉션과 카드 구조

WHEN 언제 사용하면 좋을까?

기사, 블로그, 동영상, 애플리케이션과 같이 복잡한 목록을 표시해야 할 때 사용한다. 거의 모든 항목에 관련 이미지가 있다. 사용자가 항목을 클릭하거나 눌러 보게 유도하고 싶을 때 쓴다.

WHY 어떤 효과가 있을까?

섬네일 이미지는 텍스트만 있는 목록보다 낫다. 왜냐하면 이미지가 텍스트보다 매력적이며, 항목을 서로 구별하기 쉽고, 각 항목의 높이를 충분히 넉넉하게 설정할 수 있기 때문이다.

사람들이 모바일 기기에서 무언가를 읽는 상황은 이상적이지 않을 때가 많다. 다채로운 이미지를 더하면 항목을 시각적으로 구분할 수 있기 때문에 사용자는 목록을 빠르게 훑어보고 분석한다.

많은 뉴스와 블로그 웹사이트에서 기사 링크를 보여 주는 방법으로 컬렉션과 카드 패턴을 활용해 왔다. 기사 제목이나 텍스트만 나열한 것보다 더 매력적이고, 완성도 높은 웹사이트로 만들어 준다.

HOW 어떻게 활용할까?

섬네일 이미지를 항목 텍스트 옆에 배치한다. 대부분의 웹사이트와 앱에서는 섬네일을 왼쪽에 붙인다.

사진 섬네일 옆에 등급을 매기는 별표나 사람들의 소셜 프로필을 보여 주는 아이콘과 같은 시각적 표시도 넣을 수 있다.

밝은 색이나 채도가 높은 색상을 사용하는 것을 두려워하지 말라. 데스크톱 환경은 시각적 자극을 선호하지 않지만 모바일에서는 높은 채도가 효과가 있다. 색깔이 화려해 보여도 걱정하지 않아도 된다. 큰 화면보다 작은 화면이 강한 색상에 더 적합하다.

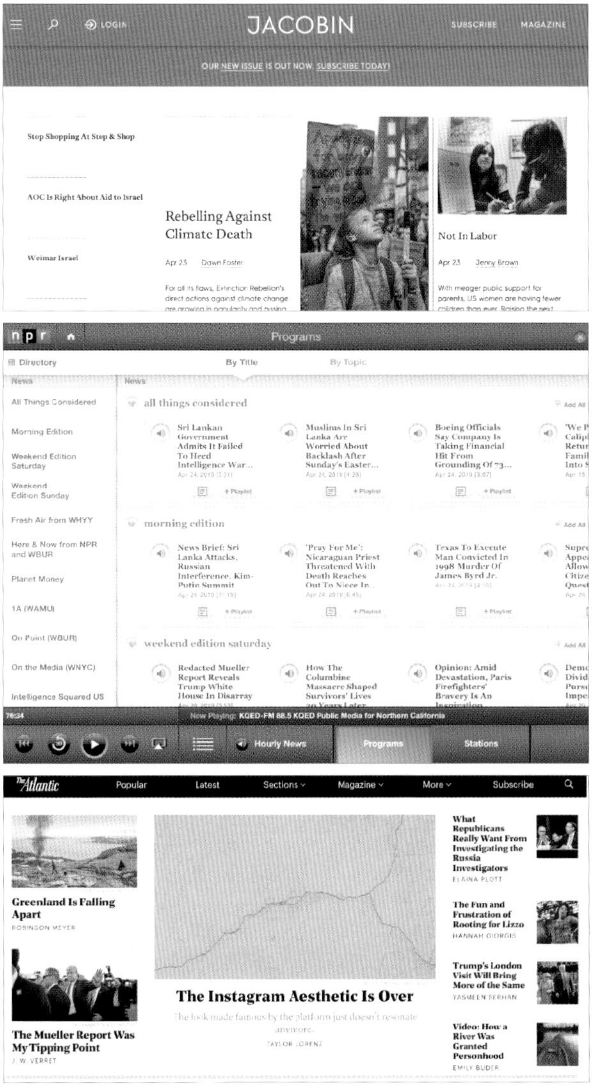

그림 6-17
자코빈, NPR, 《디 애틀랜틱》 아이패드 앱

EXAMPLES **예시**

많은 뉴스 웹사이트가 기사를 보여 주는 데 이 패턴을 사용한다. 비디오를 비롯한 다른 매체에도 잘 들어맞는다. 사용자가 목록을 훑어보고 항목을 선택하는 데 도움이 되기 때문이다. 그림 6-17에서 자코빈Jacobin, NPR 및 《디 애틀랜틱The Atlantic》은 패턴을 효과적으로 활용하고 있다.

컬렉션과 카드 패턴은 많은 맥락에서 다양한 용도로 쓸 수 있다. 그림 6-18에서 섬네일, 텍스트 또는 카드 리스트를 변형한 다양한 사례를 볼 수 있다.

hulu
BROWSE
MY STUFF
SEARCH
Ramy
START WATCHING
World • Africa | Americas | Asia | Australia | China | Europe | Middle East | India | UK
Live TV
U.S. Edition +
A visit from Donald Trump is the last thing the UK needs right now
Putin and Kim Jong Un will meet in Russia on Thursday, says state news
Journalist's murder is a wake-up call the UK can't ignore
What Zelensky's win will mean for Ukraine's relations with Russia
29-year-old journalist Lyra McKee shot dead in Northern Ireland violence
British aid worker killed by gunmen at a holiday resort in Nigeria
Eiffel Tower goes dark to honor Sri Lanka attack victims
Political newcomer Volodymyr Zelensky celebrates victory in Ukraine's presidential elections
JIGSAW
NEW ARRIVALS
WOMENS
ACCESSORIES
SALE
ACCESSORIES
66 STYLE(S) FOUND
SORT BY
Home
THE CITIZENRY

그림 6-18
훌루, CNN,
직소(Jigsaw),
핀터레스트(Pinterest)
아이패드 앱

39 무한 리스트(Infinite List)

WHAT 정의하기

무한 리스트는 그림 6-19에서 나와 있는 것처럼 사용자가 긴 목록을 하단으로 스크롤할수록 점점 더 많은 콘텐츠를 보여 주는 패턴이다.

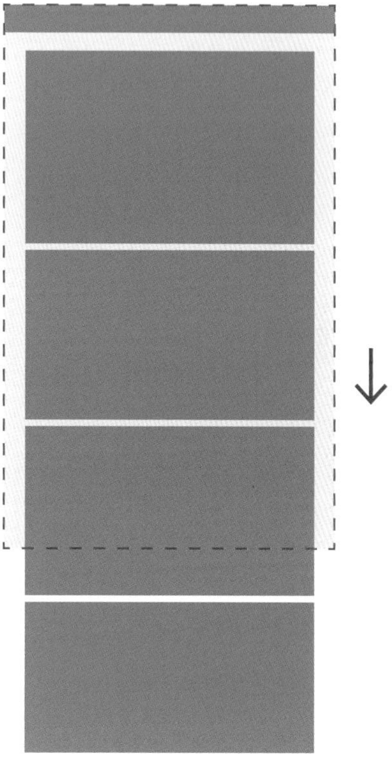

그림 6-19 무한 리스트 구조

WHEN 언제 사용하면 좋을까?

긴 이메일 메시지 목록, 검색 결과, 많은 기사, 블로그 게시물 등 '끝이 없는' 모든 콘텐츠에 적합하다. 사용자는 상단에서 원하는 항목을 찾을 확률이 높지만, 때로는 추가 검색이 필요하다.

WHY 어떤 효과가 있을까?

처음 한두 페이지만을 불러와 초기 화면 로딩이 빠르다. 그래서 초기 화면이 로딩되기까지 오래 기다리지 않아도 바로 유용한 화면을 볼 수 있다.

새로운 항목을 순서대로 로딩하는 속도 역시 빨라서 사용자가 항목 로딩을 컨트롤할 수 있다. 즉, 더 많은 항목을 언제 볼 것인지 결정할 수 있다.

새로운 항목이 현재 화면에 그대로 추가되는 방식이기 때문에 사용자는 페이지로 구분된 검색 결과처럼 추가 항목을 보기 위해 새로운 화면으로 전환할 필요가 없다.

HOW 어떻게 활용할까?

화면이나 목록을 처음 모바일 기기로 보낼 때, 적당한 길이로 잘라 내라. 적당한 길이는 항목의 크기, 다운로드 시간, 사용자 목표에 따라 크게 달라진다. 사용자가 모든 항목을 열심히 읽는가, 아니면 검색 결과처럼 원하는 한 가지를 찾기 위해 많은 항목을 빠르게 훑어보는가?

사용자가 화면을 스크롤해 하단에 도달하면 더 많은 항목을 로딩하고 볼 수 있게 버튼을 배치하라. 얼마나 많은 항목이 한 번에 로딩되는지 알 수 있게 하라.

버튼이 필요 없는 경우도 있다. 사용자가 첫 항목 덩어리를 로딩하고 다 본 뒤에, 다음 덩어리는 요청하지 않아도 자동으로 로딩을 시작해라. 항목이 준비되고 사용자가 원래 목록의 끝까지 스크롤을 내렸다면 새로운 내용을 사용자에게 보이는 영역에 추가해라. 스크롤을 끝까지 내렸다는 것은 더 보고 싶어 한다는 힌트다. 사용자가 스크롤을 내리지 않는다면 굳이 추가 항목을 불러오지 말라.

소프트웨어 공학에서는 정의되지 않은 길이의 목록을 관리하는 접근 방식을 지연 로딩lazy loading[6]이라고 부른다.

EXAMPLES 예시

메일을 포함한 여러 아이폰 애플리케이션에서 무한 리스트를 쓴다. 페이스북(그림 6-20 왼쪽)과 같은 서드파티 앱도 마찬가지다. 페이스북 모바일 앱은 데스크톱용 페이스북 화면처럼 처음 몇 개의 업데이트만 로딩하고 사용자가 원하는 경우 더 많이 볼 수 있다.

애플의 이메일 애플리케이션(그림 6-20 오른쪽)은 사용자마다 받은 편지함에 쌓인 메일 목록의 길이가 다르기 때문에, 이를 수용할 수 있는 무한 리스트를 쓰고 있다.

6 (옮긴이) 지연 로딩(lazy loading)은 필요 시점까지 객체의 초기화를 연기시키기 위해 컴퓨터 프로그래밍에 흔히 사용되는 디자인 패턴의 하나이다. 적절하게 사용될 경우 프로그램 운영 차원에서 효율성에 기여할 수 있다.

그림 6-20 페이스북과 iOS 이메일 앱

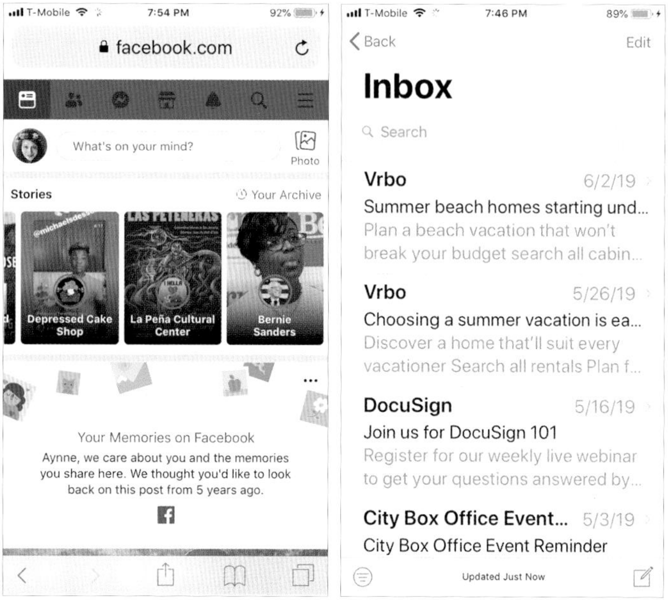

40 넉넉한 터치 영역(Generous Borders)

WHAT 정의하기

누를 수 있는 UI 요소 주위에 많은 공간을 남겨 둔다. 터치 스크린이 있는 기기에서 버튼, 링크, 기타 적용 가능한 컨트롤 주위에 마진과 여백을 크게 둔다(그림 6-21).

그림 6-21 넉넉한 터치 영역 구조

WHEN 언제 사용하면 좋을까?

텍스트 레이블이 있는 버튼, 항목의 목록, 텍스트 기반 링크(화면에서 작게 보이는 터치 타깃)를 보여 줄 때 사용한다.

WHY 어떤 효과가 있을까?

터치 타깃의 크기는 손가락으로 쉽게 누를 수 있게 충분히 큼직해야 한다. 특히 텍스트로만 구성된 버튼과 링크의 경우 높이가 충분히 높아야 한다.

HOW 어떻게 활용할까?

터치 타깃에 내부 마진을 넉넉하게 두고, 테두리 및 주변 여백으로 타깃을 감싸서 손가락 끝으로 누르기 쉽도록 충분히 크게 만들어라.

한 가지 요령은 타깃 바로 주변의 여백을 누를 수 있게 만드는 것이다. 겉으로는 버튼 크기가 동일해 보일 테니 의도한 비주얼 디자인에 잘 녹아든다. 다만, 버튼 주위의 각 방향에서 몇 픽셀 정도까지 감도를 준다.

정확하게 타깃 크기를 얼마나 크게 해야 할까? 이는 매우 좋은 질문이다. 이상적으로는 대부분의 사람들이 조작할 수 있을 만큼 충분히 크게 디자인하고 싶을 것이다. 일부는 손가락을 미세하게 움직이지 못할 수도 있다. 게다가 조명이 밝지 않거나, 움직이는 차량처럼 집중하기 어려운 상황에서 모바일 기기를 사용하는 사람도 많다.

그렇다면 결론적으로 타깃 크기는 얼마나 크게 만들어야 할까? 대상 기기와 해상도에 따라 다르지만, 참고할 수 있는 숫자는 다음과 같다.

- 안드로이드 기기: 48dp×48dp(9mm)
- iOS 기기: 44pt×44pt

EXAMPLES 예시

오토데스크Autodesk의 아이폰용 스케치북Sketchbook 애플리케이션(그림 6-22 왼쪽)은 터치 타깃을 감싸기에 충분한 여백을 두고 있다. 앱은 전체적으로 편안하고 여유로운 느낌이다.

줌Zoom 모바일 앱(그림 6-22 오른쪽)에서는 터치 타깃을 손가락으로 쉽게 누를 수 있도록 큰 버튼을 쓴다.

인스타카트Instacart 앱(그림 6-23)은 비주얼 스타일은 좀 다르지만, 개념은 비슷하다. '추가하기(+)' 같은 내비게이션 요소인 주요 액션 버튼은 나머지 요소와 구분된다.

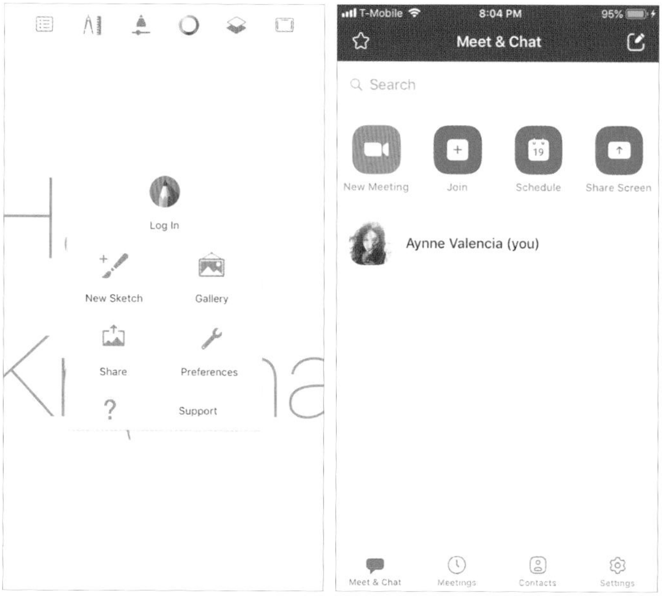

그림 6-22 오토데스크의 스케치북과 줌 앱

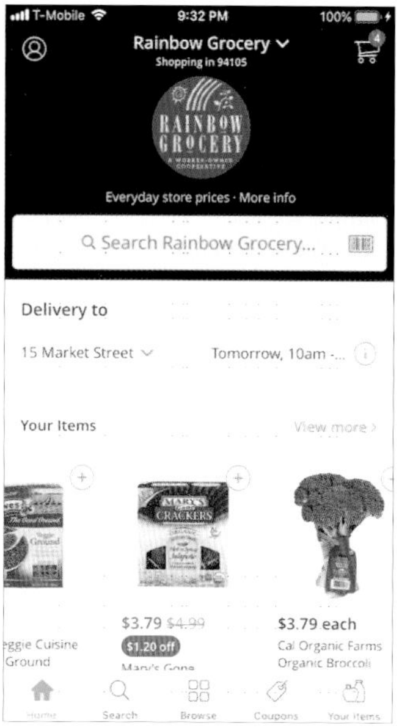

그림 6-23 인스타카트 앱

41 로딩(Loading) 또는 프로그레스 인디케이터(Progress Indicators)

WHAT 정의하기

화면에 곧 어떤 이벤트가 발생하는데, 아직 시작되지 않았다는 것을 알릴 때 마이크로인터랙션microinteraction, 단일 작업 기반 이벤트 애니메이션을 사용한다. 화면이 로딩되거나, 작업이 완료되어 화면에 표시될 때까지 걸리는 시간 또는 예상 시간을 보여 주는 것이다. 잘 디자인하면 사용자는 다운로드하는 데 걸리는 긴 시간을 참을성 있게 기다리게 되고, 브랜드 인상을 각인시키는 데 활용할 수도 있다.

WHEN 언제 사용하면 좋을까?

사용자가 콘텐츠가 로딩될 때까지 기다려야 할 때 활용한다. 특히 사용자가 기기와 상호작용한 결과 화면이 동적으로 변화할 때 유용하다.

WHY 어떤 효과가 있을까?

새로운 콘텐츠를 로딩하는 작업은 모바일 네트워크 상황에 따라 느리거나 불

규칙할 수 있다. 사용자가 유용한 정보를 빠르게 볼 수 있도록 부분적으로 로딩된 화면이라도 최대한 많이 보여 줘야 한다.

일반적으로 프로그레스 인디케이터는 체감 대기 시간을 짧게 만드는 효과가 있다. 사용자가 취한 제스처를 시스템이 인식해서, 현재 처리 중이라고 확인시켜 주기 때문이다. 특히 제스처를 취한 곳에 인디케이터가 보인다면 사용자는 더욱 안심할 것이다.

HOW 어떻게 활용할까?

빠르게 로딩할 수 있는 화면을 최대한 많이 보여 주되, 만약 그래픽이나 비디오와 같이 시간이 오래 걸리는 경우 가벼운 애니메이션 프로그레스 인디케이터로 어느 지점에서 그래픽이 나타날지 알려라(모바일 플랫폼에서 이미 제공하는 기본 인디케이터가 있을 수 있다).

사용자가 화면 일부를 다시 로딩하거나 완전히 새로운 화면 로딩 작업을 시작할 때 그 자리에 프로그레스 인디케이터를 표시하라.

EXAMPLES 예시

트룰리아Trulia(그림 6-24 왼쪽)는 부동산 앱이다. 로딩 상태를 표현하기 위해 상단에 인피니트 루프infinite loop를 사용한다. 또 이미지가 곧 채워진다고 알리려고 이미지 플레이스홀더placeholder를 활용한다.

사운드하운드SoundHound(그림 6-24 오른쪽)는 재생 중인 음원을 듣고 노래 제목과 가수를 찾아 주는 앱이다. 재생 중인 음악이 무엇인지 검색하려고 버튼을 누르면, 예쁘고 간결한 애니메이션이 시작된다. 이는 시스템이 일치하는 음악을 찾는 중임을 알려 준다.

아이폰에서는 새로운 앱을 설치하면, 작고 동그란 프로그레스 인디케이터가 앱 아이콘 위에 나타나 다운로드가 얼마나 진행되었는지 보여 준다(그림 6-25). 귀여우면서도 무슨 뜻인지 쉽게 이해된다.

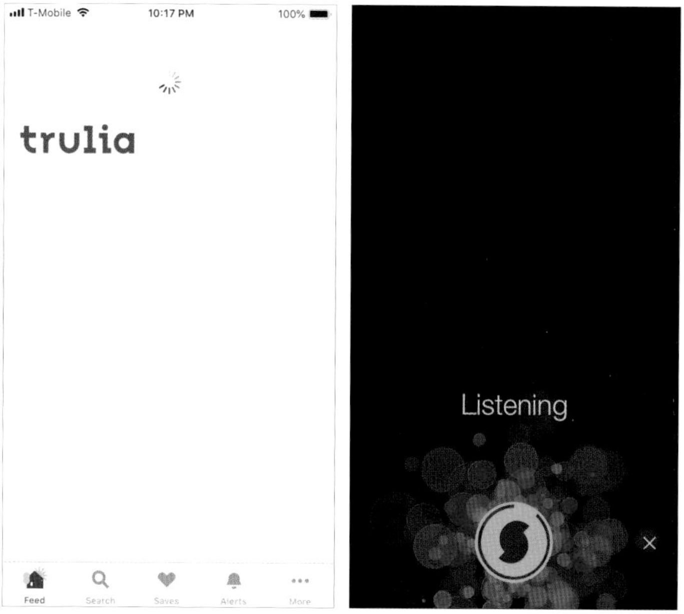

그림 6-24
트룰리아 로딩 스크린과
사운드하운드 프로그레스
인디케이터

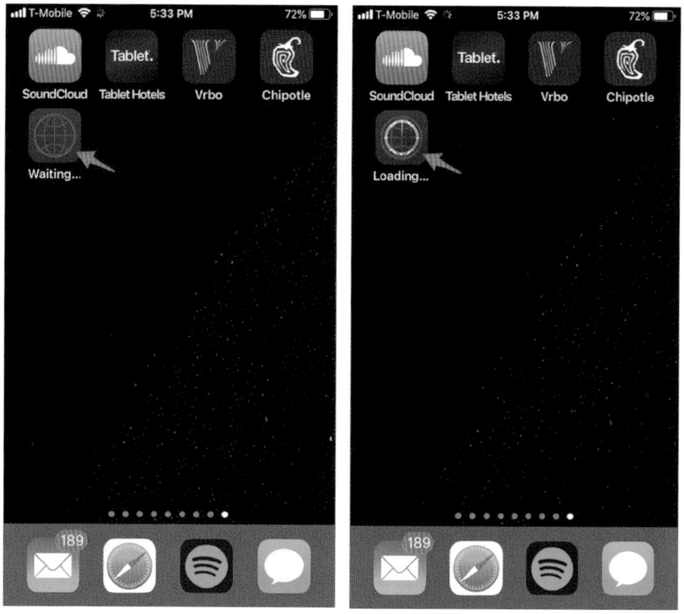

그림 6-25
아이폰의 앱 설치
프로그레스 인디케이터

42 유기적인 앱 연동(Richly Connected Apps)

WHAT 정의하기

모바일 기기가 기본으로 제공하는 기능을 사용한다. 다른 앱(카메라, 전화 다이얼러, 브라우저 등)으로 바로 연결하거나, 사용자의 현재 상황에 맞는 데이터를 받아 신용카드 번호와 주소를 미리 입력할 수 있다.

WHEN 언제 사용하면 좋을까?

전화번호나 하이퍼 링크처럼 명백하게 '연결할 수 있는' 데이터가 있을 때 사용하라. 앱은 좀 더 똑똑하게 (기기의 내장 카메라를 기반으로) 사진, 소리, 비디오를 저장하기도 한다. 심지어 페이스북이나 트위터 사용자 닉네임과 같은 SNS 정보를 이미 알고 있을 수도 있다. 어떤 경우라도 여러분의 앱은 이러한 기기 기반 기능을 수행하기 위해 사용자를 다른 앱으로 안내한다.

WHY 어떤 효과가 있을까?

동시에 여러 앱을 쓰고 있더라도 사용자는 화면에서 한 번에 하나의 앱만 볼 수 있는데, 본인이 직접 조작해서 앱을 전환하는 것은 귀찮은 일이다. 앱들이 편리하게 전환될 수 있도록 모바일 기기에서 사용자 맥락을 풍부하게 파악해 충분한 기능을 제공한다.

이 글을 쓰는 현재 모바일 기기의 한 앱에서 다른 앱으로 소량의 정보를 임의로 보내기는 어렵다. 데스크톱에서는 손쉽게 타이핑하거나, 복사해서 붙여넣기를 하거나, 파일 시스템을 쓰는 방법이 있는 반면 모바일 플랫폼에는 이런 옵션이 없다. 따라서 데이터를 자동으로 이전할 수 있게 지원해야 한다.

HOW 어떻게 활용할까?

만들고 있는 앱에서 다른 앱이나 서비스와 밀접하게 관련될 만한 데이터를 추적하라. 사용자가 해당 데이터를 선택하거나 여러분이 제공하는 특수한 행동 유도 장치를 쓴다면, 다른 앱을 열고 거기서 데이터를 처리하게 만든다.

여기 몇 가지 예가 있다. 앱의 데이터를 다른 모바일 기능에 직접 연결할 수 있는 방법을 고민해 보라.

- 전화번호를 눌렀을 때 자동으로 전화 걸기
- 주소를 지도 또는 연락처 앱으로 연결하기
- 날짜를 캘린더 앱으로 연결하기
- 이메일 주소를 이메일 앱으로 연결하기
- 하이퍼링크를 브라우저로 연결하기
- 음악 및 비디오를 미디어 플레이어로 연결하기

또한 애플리케이션 환경에서 사진을 찍거나 지도를 쓰게 할 수도 있다. 데스크톱에서도 이런 작업을 일부 할 수 있지만, 모바일 기기에서는 폐쇄형 네트워크 서비스walled-garden[7] 특성으로 인해 특정 종류의 데이터에 '딱 맞는' 앱을 실행하는 게 훨씬 쉽다. 어떤 이메일 앱으로 연결할지, 어떤 주소나 연락처 관리 앱을 쓸지 사용자가 결정할 필요가 없다. 게다가 많은 모바일 기기에서 자체적으로 전화 다이얼러, 카메라, 위치 기반 서비스를 제공하고 있기 때문에 그곳으로 연동하면 된다.

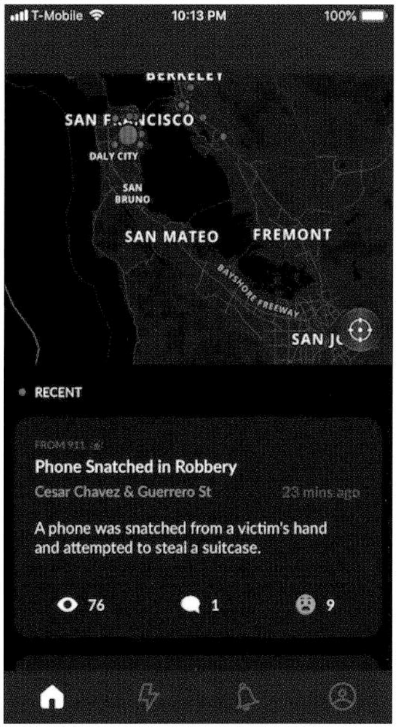

그림 6-26 시티즌의 주변 범죄 알림 기능

EXAMPLES 예시

시티즌Citizen(그림 6-26)은 위치 기반 데이터를 사용해서 사용자에게 범죄를 비롯한 주변에서 일어나는 활동을 지속적으로 알려 주는 실시간 정보 제공 애플리케이션이다. 주변 범죄 정보를 추가하고자 할 때 사용자의 위치 데이터를 활용하고, 앱에서 곧바로 게시글을 올릴 수

7 (옮긴이) 폐쇄형 네트워크 서비스로 번역되는 월드 가든(walled-garden)은 직역하면 울타리 쳐진 정원이라는 의미다. IT용어로서 어떤 특정한 네트워크를 통해 콘텐츠를 제공하는 서비스가 있다고 할 때, 사용자가 사업자가 미리 준비해 놓은 콘텐츠만 이용하도록 제한하는 폐쇄형 네트워크 서비스를 말한다. 90년대 중반에 등장한 개념으로, 인터넷 서비스 사업자들이 사용자로 하여금 자사 웹사이트 안에서 쇼핑이나 유료서비스를 이용하고, 경쟁사 웹사이트로 가는 것을 막기 위한 시도에서 시작되었다.

있도록 스마트폰 카메라나 비디오 녹화 기능을 불러온다.

심플(그림 6-27)은 은행 애플리케이션이다. 수표를 저장하기 위해 카메라 기능을 불러오고, 애플리케이션 시스템이 수표 정보를 읽는다.

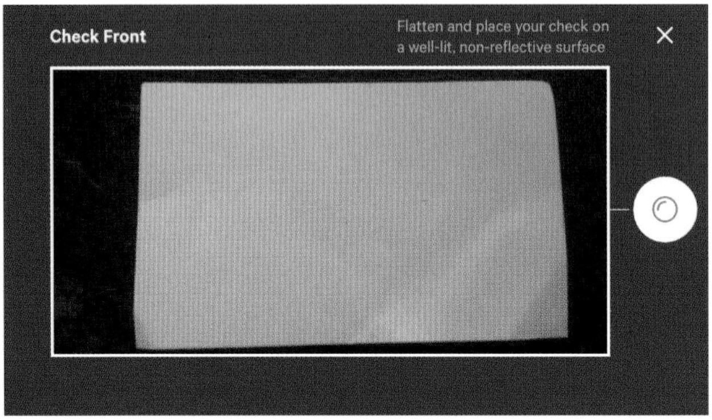

그림 6-27
심플의 카메라로
수표 읽기 기능

구글의 캘린더 애플리케이션(그림 6-28)은 전화, 지도, 연락처 목록, 이메일과 연동된다.

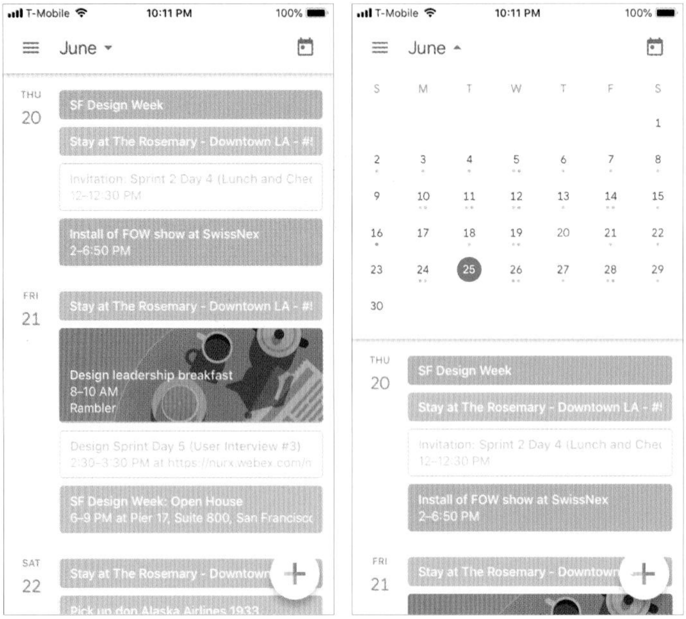

그림 6-28
구글의 캘린더 앱

모바일화하기

스마트폰과 태블릿의 인터페이스는 제품을 만든 다음에 고민할 문제가 아니라 디지털 제품의 성공을 좌우하는 중요한 요소임을 심심찮게 목격한다. 여러분이 만든 모바일 웹 또는 앱은 브랜드가 제공하는 주요한 사용자 경험이 될 것이다. 작은 디테일과 미세한 인터랙션, 사용성, 모바일 사용 맥락에 특별한 관심을 기울여야 한다.

7장
목록 만들기

이번 장에서는 하나의 주제만 다룬다. 바로 인터랙티브 환경에서 목록을 보여 주는 방법이다. 오로지 리스트에만 집중한다. 목록이 얼마나 중요하기에 책 한 장을 할애하는 것일까?

목록은 화면 디자인 어디서나 볼 수 있다. 목록에서 보여 주는 다양한 유형의 항목을 떠올려 보라. 기사, 사진, 비디오, 지도, 책, 게임, 영화, TV 프로그램, 노래, 제품, 이메일 메시지, 블로그 글, 상태 업데이트, 포럼 게시물, 댓글, 검색 결과, 사람, 이벤트, 파일, 문서, 앱, 링크, URL, 도구, 모드, 액션까지 목록은 이처럼 끝도 없이 나열할 수 있다.

실제로 설계된 모든 인터페이스나 웹사이트에는 목록이 있다. 7장에서 다루는 내용은 목록을 사용하는 인터페이스를 디자인할 때 논리적으로 명확하게 사고하고 다양한 디자인 측면을 이해하며, 적절한 절충안을 만드는 데 도움이 될 것이다.

목록의 유스케이스

디자인을 시작하기 전에 목록의 유스케이스를 분석해 보면 도움이 된다. 사용자는 목록으로 무엇을 하려고 할까? 다음 시나리오 가운데 여러분에게 적용되는 게 있는지 생각해 보라.

전반적인 개요

사용자는 목록 전체를 보고 어떤 인상을 받을까? 사용자가 목록을 훑어보고, 무엇에 관한 것인지 이해할 수 있어야 하는 경우도 일부 있다. 그러려면 단어로만 표현해서는 부족하다. 전반적인 인상을 전달하려면 이미지나 섬세한 시각적 구성이 필요하기 때문이다.

항목 브라우징

사용자는 항목을 무작위로 볼까, 순서대로 살펴볼까? 항목을 열기 위해 클릭하거나 탭해야 하는가? 그렇다면 개별 항목에서 목록으로 돌아가 다른 항목을 찾거나, 한 항목에서 다음 항목으로 즉시 이동하는 과정이 쉬워야 한다.

특정 항목 검색

사용자가 특별히 찾고 있는 게 있는가? 클릭하고, 스크롤하고, 앞뒤로 이동하는 액션을 최소화하면서도 빠르게 원하는 항목을 찾을 수 있어야 한다.

정렬과 필터링

사용자가 특정한 속성(X 날짜와 Y 날짜 사이에 있는 자료)을 가진 항목이나 항목의 그룹을 찾고 있거나, 데이터셋을 보고 전반적인 통찰을 얻고자 한다면 정렬과 필터링 기능이 도움이 된다.

항목 재정렬, 추가, 삭제, 재분류

사용자가 항목을 다시 정렬해야 하는가? 사용자가 목록과 목록에 있는 항목을 소유하는가? 개인이 저장한 항목을 보여 주는 앱이나 웹사이트에서는 대부분 사용자가 직접 목록을 조작할 수 있다. 사용자가 원하는 순서, 원하는 그룹핑 방식으로 항목을 끌어서 옮길 수 있도록 한다. 또한 한 번에 여러 항목을 선택해 이동, 편집, 삭제할 수 있어야 한다. 다중 선택 방식에 관해서는 플랫폼 기준을 따르거나(Shift+선택 또는 편집 모드에서 탭하기) 항목 옆에 체크 박스를 두고 사용자가 여러 항목을 원하는 대로 선택할 수 있게 하자.

정보 구조 떠올려 보기

우리는 2장에서 정보 구조, 즉 시각적 표현과 독립적으로 정보를 구성하는 방법에 관해 이야기했다. 잠시 정보 구조를 다시 떠올려 보자. 화면에서 목록을 보여 줘야 한다면, 목록에서 가장 중요한 비시각적 특성은 무엇일까?

- 길이
  - 목록의 길이는 얼마나 되나? 여러분이 목록을 배치하려고 계획한 공간에 들어가는가?
  - 목록이 '끝이 안 보일 때'도 있을까? 예를 들어 웹에서는 사용자가 절대 끝까지 보지 못할 정도로 검색 결과가 많을 때가 종종 있다. 거대하고 깊은 아카이브에서 가져 오는 항목의 목록도 마찬가지다.

- 순서
  - 목록에 가나다순 또는 시간순 같은 자연스러운 순서가 있는가?(데이터 및 콘텐츠 구성 방법에 대한 자세한 내용은 2장을 참조하라).
  - 사용자가 목록의 정렬 순서를 변경하는 게 합리적인가? 만약 그렇다면 사용자는 어떤 기준으로 목록을 정렬할까?
  - 목록에 있는 항목을 순서에 맞게 나열하기로 했다면 그룹핑하는 방식이 더 자연스러울까, 그렇지 않을까? 예를 들어 블로그 아카이브를 생각해 보자. 블로그 글은 시간순으로 자연스럽게 순서가 정해지는데, 대부분 글을 날짜 순서대로 단순하게 나열하기보다는 월이나 연도별로 분류해서 보여 준다. 특정 글을 찾는 사람은 '찾는 글이 X라는 글 이전, Y라는 글 이후에 발행되었다'고 기억할 수는 있지만, 정확히 몇 월에 그것이 발행됐는지 기억하기는 어렵다. 그러므로 월별로 글을 분류하면 원하는 글을 찾는 게 오히려 어려워진다. 단순히 시간 순서대로 글을 나열하는 목록이 더 효과적일 수 있다.

- 그룹핑
  - 항목이 카테고리로 분류되어 있는가? 카테고리가 있다면 사용자가 즉시 이해할 수 있을 만큼 직관적인가? 직관적이지 않다면 구두로든 시각적으

로든 어떻게 잘 설명할 수 있을까?

- 카테고리는 상위 카테고리에 포함되는가? 파일 시스템에 있는 파일처럼 각 항목이 다중계층multilevel hierarchy 구조에 속하는가?
- 잠재적 카테고리가 여럿 있는가? 이는 다른 유스케이스나 사용자 퍼소나에 적합한가? 사용자가 목적에 적합한 카테고리를 직접 만들 수 있는가?

- 항목의 종류
    - 항목은 어떤가? 단순한가 아니면 풍부하고 복잡한가? 항목이 더 큰 대상을 적절히 대신하고 있는가? 헤드라인이나 섬네일을 보고 실제 기사나 영상 내용을 짐작하는 것처럼 말이다.
    - 목록에 있는 항목은 서로 이질적인가(어떤 항목은 단순하고 어떤 항목은 복잡하다)? 아니면 동질적인가?
    - 항목마다 관련 이미지나 사진이 있는가?
    - 항목에 엄격한 필드 구조가 있는가? 사용자가 그 구조를 이해하거나, 다른 필드를 기준으로 목록을 정렬하는 데 도움이 될까?(이메일 메시지는 일반적으로 엄격한 구조(타임 스탬프, 보낸 사람, 제목 등)로 되어 있는데, 이 구조는 정렬 가능하며 메시지 목록에 표시된다.)

- 인터랙션
    - 목록에서 항목 전체를 한번에 보여 줘야 하는가, 아니면 항목을 대표하는 이름이나 처음 몇 문장 정도만 표시하고 나머지는 숨겨도 되는가?
    - 사용자는 항목으로 무얼 해야 하는가? 항목을 살펴봐야 하는가? 항목을 선택해서 더 상세하게 보거나 태스크를 수행해야 하는가? 아니면 항목이 클릭해야 하는 링크나 버튼 형태인가?
    - 사용자 입장에서 한번에 여러 항목을 선택하는 게 좋을까?

- 동적 행동Dynamic Behavior
    - 전체 목록을 불러오는 데 얼마나 오래 걸리는가? 거의 즉각적으로 나타나는가, 아니면 목록이 최종적으로 사용자에게 보이기까지 눈에 띄는 지연이 발생하는가?

- 목록은 그때그때 변화하는가? 항목이 업데이트되자마자 목록에 변경 사항을 반영해야 하는가? 이는 목록 상단에 새로운 항목을 자동으로 추가하는 것을 의미하는가?

위의 질문에 답하다 보면 다양한 디자인 솔루션이 떠오를 것이다. 물론, 콘텐츠의 유형(연락처 목록과 블로그 목록은 다르게 보여야 한다), 주변 화면의 레이아웃, 개발상의 제약사항도 고려해야 한다.

무엇을 보여 줄 것인가?

앞 절에서 던진 인터랙션 관련 질문이 나머지 디자인 의사결정의 기조를 거의 모두 결정한다. 예를 들어 다중 선택, 드래그 앤 드롭, 항목 편집 등을 할 수 있는 완전히 인터랙티브한 목록은 인터페이스를 지배하는 경향이 있다. 지금 만들고 있는 앱이 사진 관리 앱이나 이메일 앱처럼 사용자가 가지고 있는 콘텐츠를 관리하고 즐길 수 있게 모든 것을 갖춘 애플리케이션이라면 목록을 어떻게 보여 줘야 할까?

인터페이스의 일반적인 요구사항은 다음과 같다. 목록에는 항목을 대표하는 이름이나 섬네일만 보여 주고, 사용자가 목록에서 하나를 선택하면 실제 항목을 표시한다. 이에 관한 3가지 사례를 소개하겠다.

선택된 항목 세부사항 표시하기

2분할 패널 또는 **분할 화면**은 목록 바로 옆에 항목의 세부사항을 표시한다. 개요 보기와 브라우징 유스케이스에 적합하다. 모든 게 한번에 보이기 때문이다. 주변 화면이 동일하게 유지되므로 맥락이 어색하게 전환되거나 화면을 다시 로딩하는 일도 없다.

단일 화면 상세 진입은 목록이 있던 공간을 항목의 세부사항으로 대체한다. **2분할 패널**을 쓰기에 공간이 좁을 때(모바일 화면이나 작은 모듈 패널처럼) 종종 사용하는 방식이다. 다만 사용자가 목록 화면과 개별 항목 화면 사이를 왔다 갔다 하게 만들기 때문에 브라우징과 검색이 쉽지 않다.

포괄 목록은 목록 자체에 항목의 세부사항을 삽입해서 보여 준다. 사용자가 항목을 클릭하거나 탭하면 목록이 확장되면서 세부사항이 보인다. 마찬가지로 개요 보기와 브라우징 유스케이스에 적합한 패턴이다. 하지만 수많은 항목이 열려 있으면 개요를 보기가 비교적 어렵다.

이제 목록에 있는 항목으로 관심을 돌려 보자. 사용자가 클릭하거나 탭해서 전체 내용을 볼 수 있다고 할 때, 항목별로 세부정보를 얼마나 많이 보여 줘야 할까? 다시 강조하자면, 여러분이 신경 써야 하는 3가지 주요 유스케이스는 (1) 개요 훑어보기 (2) 목록 브라우징하기 (3) 관심 있는 항목 검색하기다. 수많은 연락처 목록에서 누군가의 핸드폰 번호를 찾는 것처럼 목적이 뚜렷한 작업의 경우, 항목의 이름만 있으면 된다. 반대로 웹 화면에서 뉴스 기사를 보는 것처럼 보다 광범위하거나 브라우징 위주의 경험일 때는 많은 정보를 노출할수록 (어느 정도까지는) 항목을 더 흥미롭게 만든다. 그리고 각 항목에 관련된 시각 요소가 있다면 섬네일로 미리 볼 수 있게 노출해야 한다.

무거운 시각 요소 보여 주기

카드는 이미지, 텍스트, 기능을 하나의 사용자 인터페이스UI 요소로 통합한다. 이에 대한 내용은 4장의 **균등한 그리드** 패턴을 참조하라.

섬네일 그리드는 이미지가 포함된 오브젝트를 표시할 때 흔하게 사용되는 패턴이다. 작은 사진을 2D 그리드 위에 배치하면 시각적으로 강력한 인상을 남길 수 있다. 화면을 지배하고 주의를 끌기 때문이다. 텍스트 데이터를 섬네일과 함께 표시하기도 하지만, 사진보다 중요하지 않고 집중도도 떨어진다. 이와 관련된 일반적인 이론 역시 **균등한 그리드** 패턴을 참조하라.

캐러셀 패턴은 **섬네일 그리드**의 대안으로, 화면의 공간을 덜 차지한다. 2D가 아닌 순전한 선형 구조로 사용자가 능동적으로 스크롤해야만 몇 가지 오브젝트를 더 볼 수 있다. 디자인에 따라 다르지만 실제로 **캐러셀**을 구축하면 **섬네일 그리드**보다 선택된 오브젝트나 중심 오브젝트를 보여 줄 공간이 실질적으로 더 많아질 것이다.

아주 긴 목록은 디자인하기 어렵다. 분명 로딩 시간과 화면 길이에 관한 기술적인 문제도 있지만, 인터랙션 디자인이 훨씬 더 까다롭다. 사용자는 어떻게 긴 목록을 브라우징하고 그 안에서 이동할까? 특히 텍스트 검색이 원하는 대로 작동하지 않는다면 원하는 특정 항목을 어떻게 찾을 수 있을까? 이번 장에서 다루는 기술과 패턴은 앞에서 설명한 목록과 항목을 보여 주는 방법에 모두 적용된다(제약 조건이 까다로운 **캐러셀**은 제외다).

아주 긴 목록 관리하기

페이지네이션은 사용자가 필요할 때 목록을 세션별로 로딩하게 해주는 패턴이다. 웹사이트에서 흔히 볼 수 있는 방식으로 디자인하거나 구현하기가 쉽다. 많은 사용자는 첫 화면에서 굳이 다음 화면으로 이동하지 않는다. 페이지네이션은 사용자가 첫 페이지에서 원하는 항목을 찾을 가능성이 높을 때 가장 유용하다. 전체 목록을 로딩하면 말도 안 되게 긴 화면이 나타나거나, 터무니없이 오랜 시간이 걸릴 때 페이지네이션을 활용한다. 좋은 페이지네이션 컨트롤은 사용자에게 총 페이지 수를 알려 주고, 페이지 간에 쉽게 이동할 수 있게 도와준다.

모바일 디자인에서 흔히 보이는 **무한 리스트**는 페이지네이션을 한 화면으로 표현할 수 있는 대안이다. 긴 목록에서 첫 번째 섹션이 로딩되고, 화면 맨 아래에 다음 섹션을 로딩하고 덧붙이는 버튼이 보인다. 사용자는 한 화면에서만 계속 머무른다. 실제로 목록이 얼마나 길어질지 모르거나 끝이 없을 때 유용한 패턴이다.

무한 리스트의 변형 중 하나로 사용자가 스크롤을 아래로 내릴 때 목록이 자동으로 로딩되는 방식이 있다. 연속 스크롤 방식이다. 아주 긴 알파벳 목록이나 날짜 범위가 스크롤 박스에 들어 있다면 **문자/숫자 스크롤바**를 고려해 보라. 스크롤바를 따라서 문자(알파벳이나 한글 자음)를 배열해 보여 주는 장치로, 사용자가 원하는 문자로 곧바로 이동할 수 있게 해준다.

'찾기' 필드를 통한 직접 검색은 사용자가 특정 항목을 찾는 데 중요한 역할을 한다. 또한 목록을 필터링하는 기능이 있으면 사용자가 다루기 편한 정도로 목록을 짧게 만들 수 있다.

이번 절에서는 주로 펼쳐진 목록에 관해 이야기했다. 카테고리, 구획, 위계가 없는 항목들 말이다. 목록을 어떻게 표현하든 간에 더 명료하게 하려면 목록에 있는 항목을 카테고리로 분류하는 것을 추천한다.

카테고리나 계층으로 정리된 목록 표시하기

제목을 붙인 섹션은 하나의 구획에 적합하다. 목록을 제목이 붙은 섹션으로 분리하고, 사용자가 카테고리 분류를 흐트러뜨리지 않도록 하나의 섹션 안에서만 항목을 정렬할 수 있도록 하라. 섹션 숫자가 많지 않으면 **아코디언**을 사용해 보라. 이렇게 하면 사용자는 불필요한 섹션을 닫아 놓을 수 있다.

두 단계 이상의 계층 구조에서 기본 '트리'는 언제든 쓸 수 있는 방법이다. 일반적으로 계층 수준이 바뀔 때는 들여쓰기하고 (윈도우에서 흔히 볼 수 있는) 플러스와 마이너스 아이콘 또는 회전하는 삼각형 아이콘을 넣는다. 계층 수준은 사용자가 필요할 때 열고 닫거나 인터페이스에서 자동으로 여닫을 수 있다. 트리 구현을 제공하는 UI 툴킷이 많다.

다음으로 웹과 모바일 UI에서 실제로 어떻게 목록을 표시하는지 자세히 살펴보자.

패턴

지금까지 목록을 디자인하는 목적을 알아봤다. 이제부터 다음 패턴들을 언제 그리고 어떻게 사용할지 살펴보자.

- 2분할 패널Two-Panel Selector 또는 분할 화면Split View
- 단일 화면 상세 진입One-Window Drilldown
- 포괄 목록List Inlay
- 카드Cards
- 섬네일 그리드Thumbnail Grid
- 캐러셀Carousel
- 페이지네이션Pagination
- 항목으로 즉시 이동하기Jump to Item

- 문자/숫자 스크롤바Alpha/Numeric Scroller
- 신규 항목 추가 행New-Item Row

43 2분할 패널(Two-Panel Selector) 또는 분할 화면(Split View)

WHAT 정의하기

이 뷰는 인터페이스에 나란히 있는 2개의 패널로 구성되어 있다. 첫 패널은 사용자가 마음대로 선택할 수 있는 목록을 보여 준다. 두 번째 패널에서는 사용자가 선택한 항목의 세부내용을 표시한다. 그림 7-1 스포티파이 웹사이트에서 볼 수 있는 패턴이다.

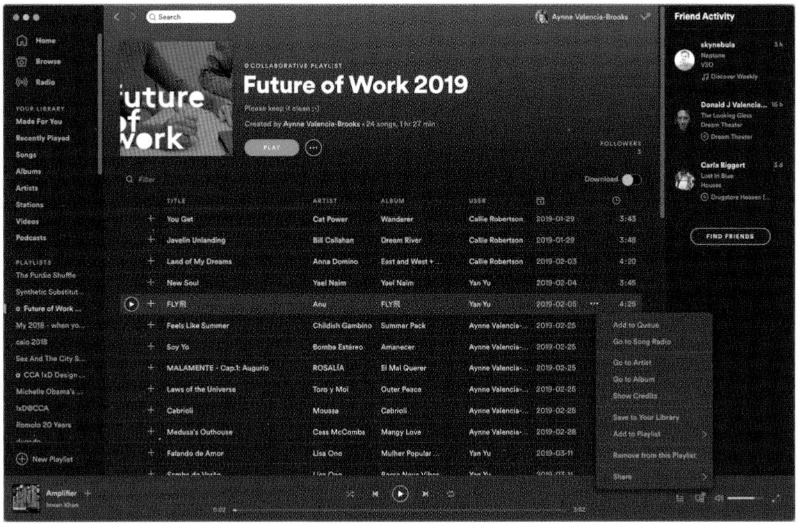

그림 7-1 스포티파이

WHEN 언제 사용하면 좋을까?

보여 주려는 항목을 담은 목록이 있을 때 사용한다. 각 항목에 연관된 흥미로운 콘텐츠가 있는 경우 말이다. 가령 이메일 메시지의 실제 텍스트, 긴 기사, 전체 크기 이미지, 카테고리나 폴더 안에 포함된 항목, 파일 크기나 날짜에 관한 세부사항 등이다.

사용자가 목록의 전체 구조를 이해하고, 항상 해당 목록을 볼 수 있게 하는 것은 물론 동시에 개별 항목을 빠르고 쉽게 브라우징할 수 있다. 한 번에 한 항목 이상의 세부사항이나 콘텐츠를 볼 필요가 없을 때 활용한다.

물리적으로 여러분이 작업하고 있는 디스플레이는 2개의 별개 패널을 한 번에 보여 줄 수 있을 정도로 충분히 크다. 작은 스마트폰 화면에는 적절하지 않은 패턴이지만 태블릿처럼 화면이 큰 모바일 기기에는 적합하다.

WHY 어떤 효과가 있을까?

학습된 관습이지만 지극히 보편적이고 강력한 디자인 관행이다. 사람들은 한 패널에서 항목을 선택하고 다른 패널에서 해당 콘텐츠를 보는 것을 빠르게 학습한다. 사용자는 이를 이메일 서비스나 다른 웹사이트에서 배웠을지도 모른다. 어떤 경우든지 사람들은 습득한 개념을 비슷해 보이는 다른 애플리케이션에 적용한다.

두 패널이 나란히 표시되면 사용자는 빠르게 양옆으로 주의를 전환할 수 있다. '읽지 않은 이메일 메시지가 얼마나 많지?' '이메일에 뭐라고 쓰여 있지?' 목록의 전체 구조를 봤다가, 세부사항을 본다. 이런 긴밀한 통합은 2개의 개별 창이나 단일 화면 상세 진입 같은 다른 물리적 구조보다 장점이 많다.

우선 육체적인 피로가 감소한다. 패널이 나란히 있기 때문에 사용자의 시선은 먼 거리를 이동할 필요가 없다. 창이나 화면을 왔다 갔다 하면서 탐색(마우스 클릭수가 늘어남)하지 않아도 마우스를 한 번만 클릭하거나 키를 눌러서 선택을 변경할 수 있다.

두 번째로 시각적 인지 부하를 줄여 준다. 팝업 창이 새로 뜨거나 화면의 콘텐츠가 완전히 변화하면(단일 화면 상세 진입에서 발생하는 것처럼) 사용자는 현재 보고 있는 화면에 갑자기 주의를 더 많이 기울이게 된다. 2분할 패널처럼 창이 거의 안정된 상태를 유지하면 변경된 작은 영역에만 집중하면 된다. 화면에서 큰 '맥락 전환'이 일어나지 않는다.

마지막으로, 기억해야 하는 부담이 줄어든다. 이메일 사례를 다시 생각해 보자. 이메일 메시지 내용에는 해당 메시지가 받은 편지함 어디에 위치하는지 알려 주는 요소가 없다. 어디 있는지 알고 싶으면 위치를 기억해 두거나 다시 목록으로 되돌아가야 한다. 목록이 이미 화면에 표시되어 있다면, 기억할 필요 없이 단순히 보기만 하면 된다. 따라서 패널에 있는 목록은 현재 위치를 보여 주는 표지판 역할을 한다. **단일 화면 상세 진입**처럼 항목을 선택할 때마다 새로운 화면을 띄우는 것보다 속도가 빠르다.

HOW 어떻게 활용할까?

그림 7-2와 같이 선택할 수 있는 목록을 상단 또는 왼쪽 패널에, 상세내용 패널을 하단 또는 오른쪽 패널에 배치한다. 이는 왼쪽에서 오른쪽으로 읽는 언어 사용자 대부분이 예상할 수 있는 시각적 흐름을 이용한다(따라서 오른쪽에서 왼쪽으로 읽는 언어에서는 반대로 배치한다).

사용자가 항목을 선택하면 즉시 해당하는 내용이나 상세정보를 두 번째 패널에 표시하라. 클릭 한 번으로 선택할 수 있어야 한다. 키보드로, 특히 화살표 키로 선택을 변경할 수 있게 하라. 이는 검색에 필요한 물리적 노력과 시간을 줄여 주고 키보드만 사용하는 환경에 적합하다.

선택된 항목을 시각적으로 분명하게 표시하라. 대부분의 툴킷에는 특정한 표시 방법(선택된 항목의 전경색과 배경색 반전)이 있다. 보기에 좋지 않거나, 툴킷에 표시하는 방법이 없다면 선택된 항목을 그렇지 않은 항목과 다른 색상

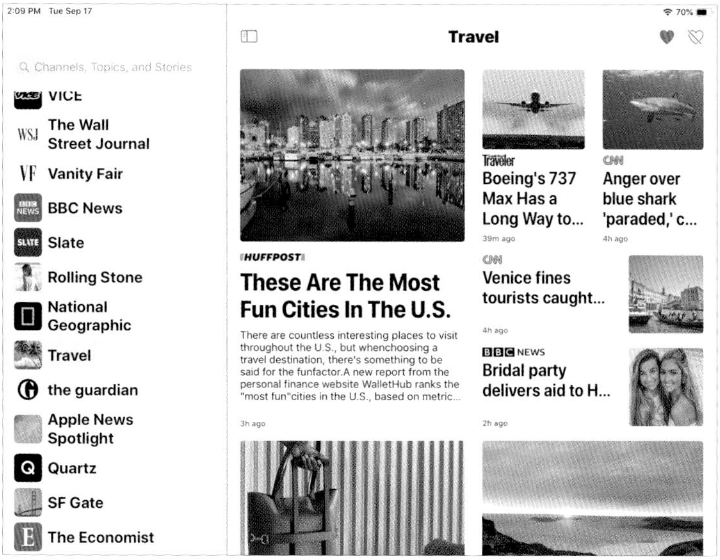

2:09 PM Tue Sep 17
70%
Travel
Channels, Topics, and Stories
VICE
The Wall Street Journal
Vanity Fair
BBC News
Slate
Rolling Stone
National Geographic
Travel
the guardian
Apple News Spotlight
Quartz
SF Gate
The Economist
HUFFPOST
These Are The Most Fun Cities In The U.S.
There are countless interesting places to visit throughout the U.S., but whenchoosing a travel destination, there's something to be said for the funfactor.A new report from the personal finance website WalletHub ranks the "most fun"cities in the U.S., based on metric...
3h ago
Traveler
Boeing's 737 Max Has a Long Way to...
39m ago
CNN
Anger over blue shark 'paraded,' c...
4h ago
CNN
Venice fines tourists caught...
4h ago
BBC NEWS
Bridal party delivers aid to H...
2h ago

그림 7-2
iOS 뉴스

과 밝기로 만들어 눈에 띄게 해라.

선택할 수 있는 목록은 어떻게 표시하는 게 좋을까? 이는 콘텐츠의 고유한 구조나 수행하는 태스크에 따라 달라진다. 예를 들어 대부분의 파일 시스템 뷰어는 파일 시스템이 구성된 방식 때문에 디렉터리로 계층을 보여 준다. 애니메이션 및 비디오 편집 소프트웨어는 인터랙티브 타임라인을 사용한다. 또한 GUI 제작 프로그램은 레이아웃 캔버스 자체를 목록을 표시하는 데 사용하고 거기서 선택한 오브젝트의 속성은 캔버스 옆에 있는 속성 편집기property editor에서 볼 수 있다.

2분할 패널은 탭과 동일한 의미가 있다. 한 영역은 선택을 위한 것이고, 옆에 있는 다른 영역은 선택한 항목에 대한 콘텐츠를 보여 준다. 비슷하게 포괄 목록은 아코디언과 같고, 단일 화면 상세 진입은 메뉴 스크린과 같다.

EXAMPLES 예시

많은 이메일 서비스에서 현재 선택한 메일함 옆에 이메일 메시지 목록을 표시하는 데 이 패턴을 사용한다(그림 7-3). 이런 목록은 전체 창 너비만큼 넓어야 활용도가 높기 때문에 좌측이 아닌 우측의 넓은 패널에 선택할 수 있는 목록을 배치하는 게 낫다.

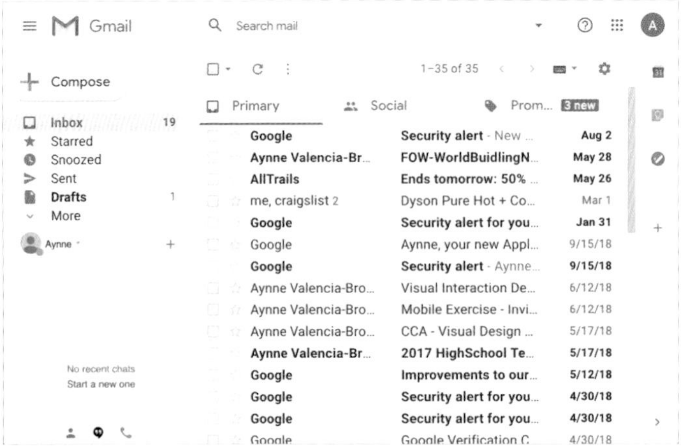

그림 7-3
지메일

애플 사진(그림 7-4)은 2분할 패널에 다양한 이미지 폴더와 카테고리를 나열한다. 폴더를 클릭하면 이미지가 나열된 목록이 나온다. 사용자가 이미지를 선택하면 창 전체가 이미지로 바뀐다. 구체적인 내용은 **단일 화면 상세 진입** 패턴을 참조하라.

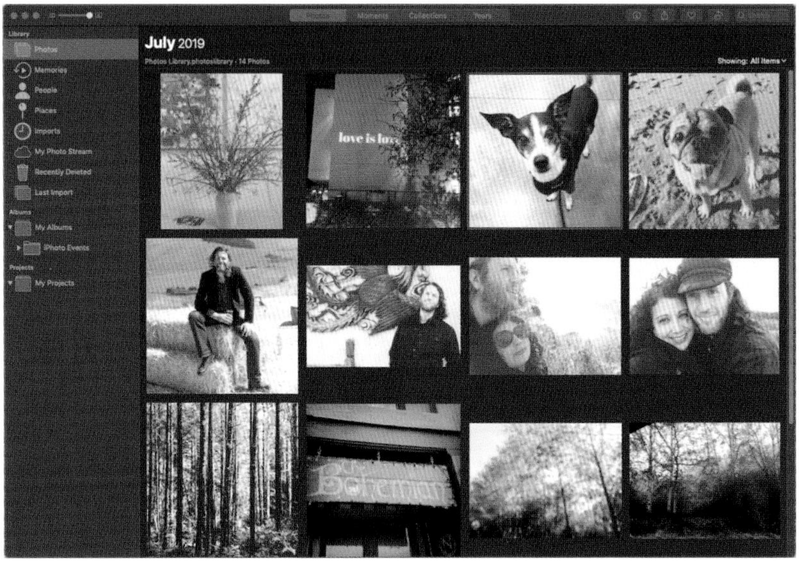

그림 7-4 애플 사진

44 단일 화면 상세 진입(One-Window Drilldown)

WHAT 정의하기

단일 화면이나 창에서 목록을 표시한다. 사용자가 목록에서 항목을 선택하면, 그림 7-5처럼 목록 자체를 해당 항목의 세부사항이나 내용을 보여 주는 화면으로 교체한다.

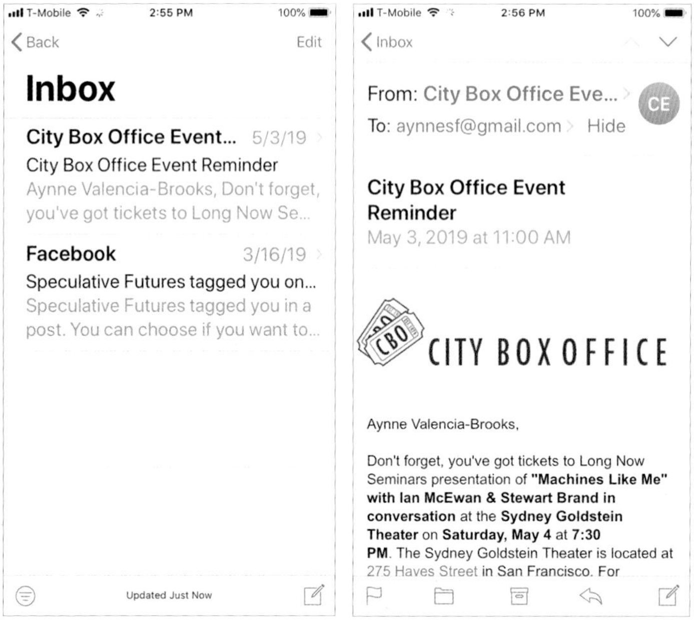
T-Mobile
2:55 PM
100%
Back
Edit
Inbox
City Box Office Event... 5/3/19
City Box Office Event Reminder
Aynne Valencia-Brooks, Don't forget, you've got tickets to Long Now Se...
Facebook 3/16/19
Speculative Futures tagged you on...
Speculative Futures tagged you in a post. You can choose if you want to...
Updated Just Now
T-Mobile
2:56 PM
100%
Inbox
From: City Box Office Eve...
CE
To: aynnesf@gmail.com
Hide
City Box Office Event Reminder
May 3, 2019 at 11:00 AM
CBO
CITY BOX OFFICE
Aynne Valencia-Brooks,
Don't forget, you've got tickets to Long Now Seminars presentation of "Machines Like Me" with Ian McEwan & Stewart Brand in conversation at the Sydney Goldstein Theater on Saturday, May 4 at 7:30 PM. The Sydney Goldstein Theater is located at 275 Hayes Street in San Francisco. For

그림 7-5
아이폰 메일 앱

WHEN 언제 사용하면 좋을까?

모바일 애플리케이션이나 모바일 웹사이트를 디자인할 때 사용한다. 표시하려는 항목을 담은 목록이 있을 때 활용한다. 또한 각 항목에는 연관된 흥미로운 콘텐츠가 있을 때 쓴다. 가령 이메일 메시지의 실제 텍스트, 긴 기사, 전체 크기 이미지, 파일 크기나 날짜에 관한 세부사항 등이다.

아니면 단순히 목록에 있는 항목과 콘텐츠의 크기가 클 때 쓸 수도 있다. 목록을 표시하는 데 전체 화면이나 창이 필요한데, 한 항목의 콘텐츠를 보여 주는 데도 마찬가지로 큰 공간이 요구되는 것이다. 이런 방식으로 작동하는 온라인 포럼이 많다. 토론 주제를 나열하는 데만 화면 전체 너비가 필요하고, 개별 토론 내용을 제시하는 데도 별도의 스크롤되는 화면이 있어야 한다.

WHY 어떤 효과가 있을까?

공간이 굉장히 제한되어 있다면, 이 패턴이 목록과 항목의 세부사항을 전부 보여 줄 수 있는 유일하게 합리적인 선택지이다. 화면 전체에 각 뷰를 '펼칠 수 있도록' 공간을 할애하기 때문이다.

단일 화면 상세 진입 패턴의 얕은 계층 구조는 UI에 지나치게 깊숙이 진입하지 않고 출발점인 목록으로 쉽게 돌아올 수 있게 한다.

HOW 어떻게 활용할까?

찾을 수 있는 최선의 레이아웃이나 포맷을 사용해 목록을 만들어라. 간단한 텍스트 이름, 카드, 행, 트리, 아웃라인은 다른 포맷과 마찬가지로 **섬네일 그리드**와 잘 어울린다. 필요하다면 세로 스크롤을 허용해서 사용할 수 있는 공간에 포맷을 알맞게 넣어라.

사용자가 목록에 있는 항목 하나를 클릭하거나, 탭하거나, 선택할 때, 목록 화면을 상세항목이나 콘텐츠로 바꾼다. 플랫폼에 물리적 버튼이 없다면 화면 상단에 목록 화면으로 돌아가는 '뒤로 가기' 또는 '취소' 버튼을 배치한다.

개별 항목 화면에서 추가 탐색 옵션을 제공할 수 있다. 예를 들어 항목의 세부사항을 더 깊이 파고들거나, 위계상 상위 항목에 포함된 하위 항목으로 진입하거나, 목록에서 이전 또는 다음 항목으로 '평행 이동'하게 한다. 각각의 경우 이전 화면을 새로운 화면으로 대체하고, 사용자가 기존 화면으로 쉽게 돌아갈 수 있도록 하라.

다만 한 항목에서 다른 항목으로 이동하려면 사용자가 목록 화면과 항목 화면 사이를 왔다 갔다 해야 한다는 단점이 있다. 몇 가지 이상의 항목을 보려면 수많은 클릭과 탭을 해야 한다. 심지어 사용자는 **2분할 패널**처럼 항목 간에 빠르게 이동할 수도, **포괄 목록**처럼 여러 항목을 쉽게 비교할 수도 없다. '뒤로 가기', '다음' 링크를 이용해서 목록에서 이전과 다음 항목으로 즉시 연결해 주면 조금이나마 불편함을 해소할 수 있다.

EXAMPLES 예시

모바일 디자인에서 풍부한 사례를 볼 수 있다. 그림 7-5에 있는 이메일 서비스 모바일 버전을 데스크톱 버전과 비교해 보라. 단일 화면 상세 진입은 목록에서 텍스트를 더 많이 표시할 수 있다. 사용자가 메시지를 구별하고 분류할 수 있게 풍부한 맥락을 제공한다.

그림 7-6에서 독자는 레딧에 있는 게시물 하나에 달린 모든 댓글을 스크롤해 볼 수 있고, 헤더에서 '뒤로 가기' 화살표를 클릭하면 쉽게 토픽으로 돌아가 다른 스레드를 볼 수 있다.

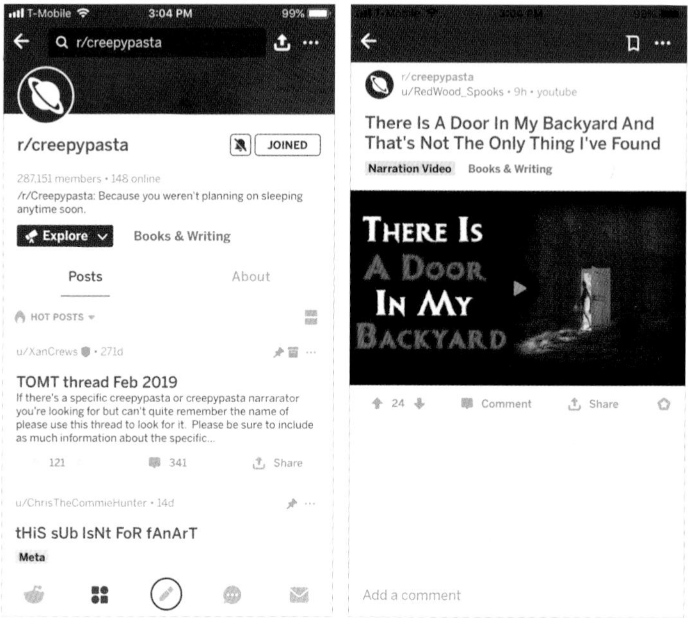

T-Mobile
3:04 PM
99%
r/creepypasta
r/creepypasta
JOINED
287,151 members • 148 online
/r/Creepypasta: Because you weren't planning on sleeping anytime soon.
Explore
Books & Writing
Posts
About
HOT POSTS
u/XanCrews • 271d
TOMT thread Feb 2019
If there's a specific creepypasta or creepypasta narrarator you're looking for but can't quite remember the name of please use this thread to look for it. Please be sure to include as much information about the specific...
121
341
Share
u/ChrisTheCommieHunter • 14d
tHiS sUb IsNt FoR fAnArT
Meta
r/creepypasta
u/RedWood_Spooks • 9h • youtube
There Is A Door In My Backyard And That's Not The Only Thing I've Found
Narration Video
Books & Writing
THERE IS A DOOR IN MY BACKYARD
24
Comment
Share
Add a comment

그림 7-6 레딧

45 포괄 목록(List Inlay)

WHAT 정의하기

목록을 하나의 행 안에 있는 가로 열로 표현한다. 사용자가 항목을 선택하면, 목록 내에서 해당 항목의 세부사항을 연다(그림 7-7). 항목은 서로 독립적으로 여닫을 수 있다.

WHEN 언제 사용하면 좋을까?

제시하려는 항목을 담은 목록이 있을 때 사용한다. 각 항목은 연관된 흥미로운 콘텐츠가 있다. 가령 이메일 메시지의 실제 텍스트, 긴 기사, 전체 크기 이미지, 파일 크기나 날짜에 관한 세부사항 등이다. 항목의 세부사항은 많은 공간을 차지하지 않지만, 목록 안에 전부 넣을 수 있을 정도로 작지도 않다.

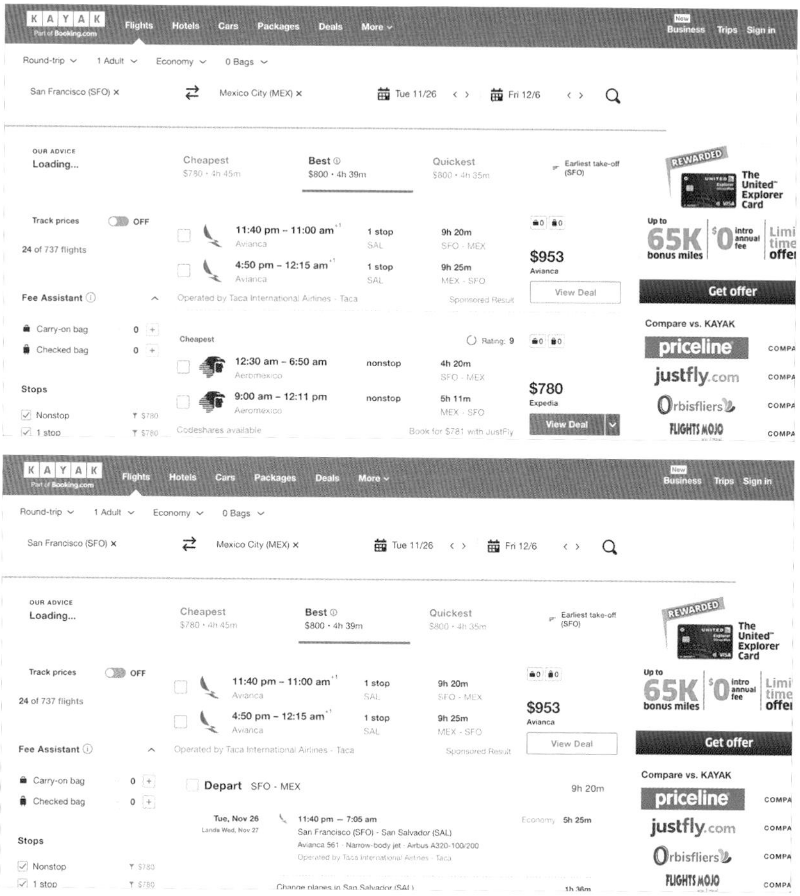

그림 7-7 카약(Kayak), 목록에서 확장되는 세부항목 보여 주기

사용자가 목록의 전체 구조를 이해하고, 항상 해당 목록을 볼 수 있게 하는 것은 물론 동시에 개별 항목을 빠르고 쉽게 브라우징할 수 있다. 사용자는 비교를 위해 한번에 2개 이상의 항목 내용을 보고 싶어 한다.

항목을 담은 목록은 그리드가 아니라 수직 방향의 열로 구분된 구조다.

WHY 어떤 효과가 있을까?

포괄 목록은 목록 자체의 맥락 안에서 항목의 세부사항을 보여 준다. 사용자는 주변 항목을 볼 수 있으며, 이는 개별 항목의 내용을 이해하고 사용하는 데 도움이 된다.

또한 사용자는 여러 항목의 세부사항을 한번에 볼 수 있다. 이는 **2분할 패널**, **단일 화면 상세 진입**, 롤오버 창rollover windows 또는 항목 세부사항을 표시하는 다른 대부분의 방법에서는 불가능하다. 주요 유스케이스에서 2개 이상의 항목을 자주 비교해야 한다면 이것이 최선의 선택이다.

포괄 목록은 세로 열 안에 깔끔하게 들어가기 때문에 **2분할 패널**과 잘 결합하면 3단계 계층 구조를 나타낼 수 있다. 이메일 서비스나 RSS 리더를 생각해 보자. 메시지나 기사는 포괄 목록으로 볼 수 있는 반면, 항목의 컨테이너(메일함, 그룹핑, 필터 등)는 **2분할 패널** 구조로 옆에 표시된다.

HOW 어떻게 활용할까?

목록을 하나의 열로 보여 준다. 사용자가 하나를 클릭하면 해당 항목이 열리면서 세부사항이 표시된다. 비슷한 제스처로 다시 항목을 닫을 수 있다. 항목이 열리면, 해당 항목의 공간을 아래로 확장하여 후속 항목을 화면 아래로 밀어낸다. 다른 항목이 열렸을 때도 동일하게 작동한다. 목록이 아주 길어질 수 있기 때문에 스크롤 영역에 계속해서 변화하는 수직 구조를 포함해야 한다.

세부사항 패널을 닫을 때는 목적이 명확히 드러나는 컨트롤('닫기' 또는 'X 표시')을 써라. 포괄 목록 일부 사례에서는 세부사항 패널 아래쪽에만 '닫기' 컨트롤을 배치한다. 하지만 패널 자체가 길다면 사용자는 컨트롤을 사용하려고 패널 맨 밑까지 이동하고 싶지 않을 것이다. 따라서 패널 상단에 컨트롤이 필요하다. '닫기' 컨트롤을 '열기' 컨트롤 근처에 배치한다(아니면 '열기' 컨트롤을 '닫기'로 대체한다). 최소한 이렇게 하면 항목을 열고, 훑어보고, 닫고, 또 계속 작업하려고 할 때 포인터를 멀리 이동하지 않아도 된다.

항목을 열고 닫을 때 **전환 애니메이션**을 써서 사용자의 방향 감각을 유지하고 새로 연 항목에 주의를 집중하게 만들어라. 애플리케이션에서 사용자가 항목을 편집하도록 허용할 경우, 항목의 세부정보를 보여 주는 것보다 편집기를 여는 데 포괄 목록을 쓸 수도 있다(아니면 세부정보에 편집기를 추가하는 방법도 있다).

포괄 목록은 아코디언과 비슷하게 작동한다. 모든 게 하나의 열에 놓여 있고, 그 안에서 패널이 열리고 닫힌다. 마찬가지로 2분할 패널은 탭 그룹처럼 작동하고, 단일 화면 상세 진입은 메뉴 스크린과 유사하게 움직인다.

EXAMPLES 예시

iOS 음성 메모(그림 7-8)는 포괄 목록을 사용한다. 탭하기 전에는 기능을 숨기고 사용자가 목록에 있는 음성 메모 하나를 탭하면 재생 및 편집 컨트롤이 표시된다.

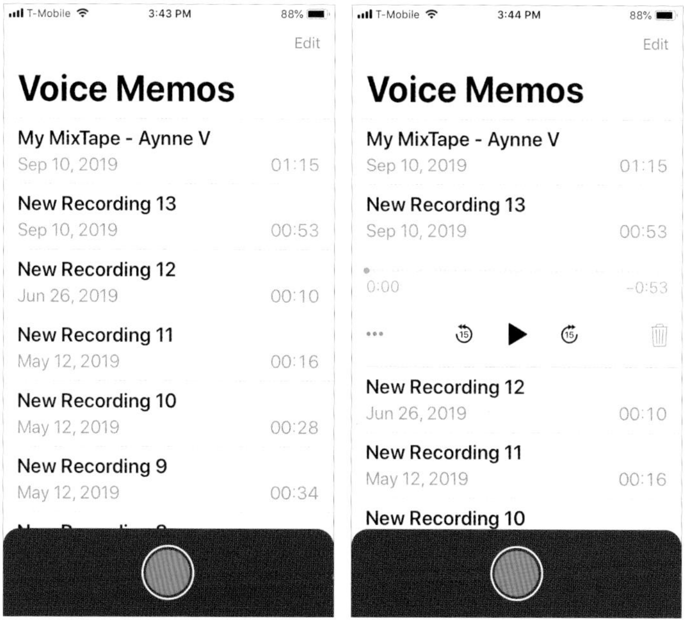

그림 7-8 iOS 음성 메모

트랜짓Transit(그림 7-9)은 모달 창과 포괄 목록을 결합해서 쓰는 독특한 하이브리드 사례이다. 사용자는 지금 위치에서 목적지까지 이르는 가장 빠른 경로를 볼 수 있다. 경로를 누르면 목록이 확장되어 다음 버스나 기차가 도착하는 시간을 보여 줄 뿐만 아니라 이동하면서 지나가는 정류장도 표시된다.

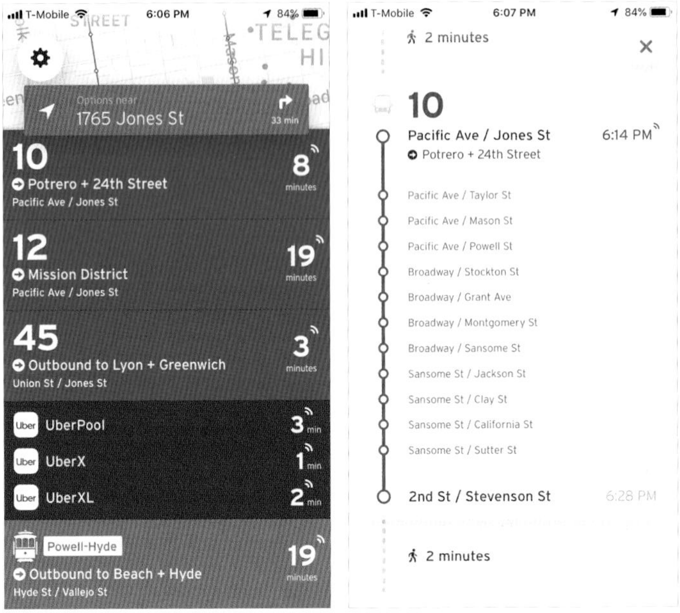

그림 7-9
트랜짓

빌 스콧Bill Scott과 테레사 닐Theresa Neil이 《리치 인터페이스 디자인: 웹 인터랙션의 75가지 패턴Designing Web Interfaces》에서 정의한 패턴이다. 포괄 목록은 다이얼로그 인레이와 세부사항 인레이를 포함하는 인레이inlay[1] 기법의 하나다.

46 카드(Cards)

WHAT 정의하기

카드는 가장 인기 있고 유연한 UI 구성 요소 중 하나이다. 카드는 이미지, 텍스트, 때로는 액션을 포함하는 독립된 구성 요소다. 카드놀이와 형태가 닮아서 '카드'라는 이름을 얻었다. 반응형(사이즈가 조정되는) 디자인이면서 인기 있는 UI 컴포넌트 라이브러리를 활용하는 최신 웹사이트와 모바일 애플리케이션에서 훌륭한 카드 컴포넌트를 볼 수 있다. 그림 7-10에 핀터레스트에 사용된 카드가 나와 있다.

1 (옮긴이) 인레이(Inlay)란 추가로 제공되는 설정, 정보, 다이얼로그 등을 페이지 내에 직접 삽입하는 방식을 뜻한다.

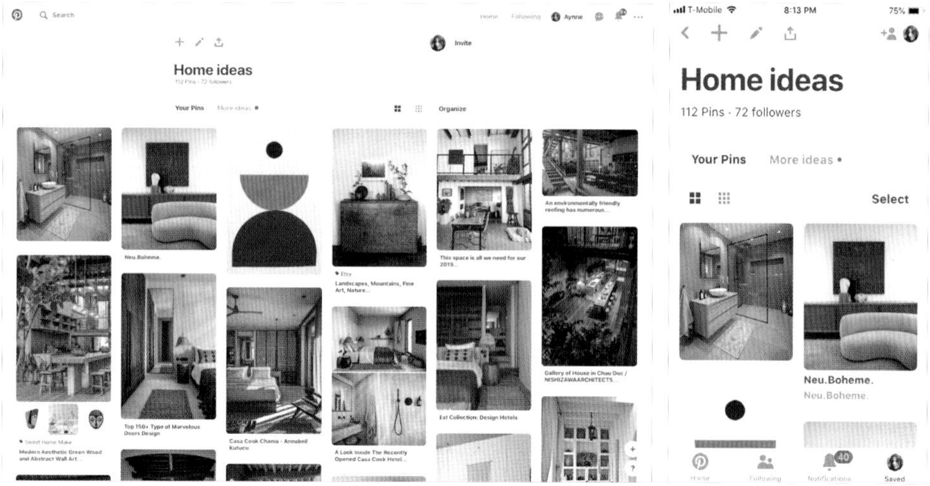

그림 7-10 핀터레스트 웹사이트와 모바일 앱

WHEN 언제 사용하면 좋을까?

여러 가지 다른 종류로 이루어진 항목을 목록에서 보여 주거나 각 항목에 전부 비슷한 연관 동작이 있을 때 사용한다. 예를 들어 모든 항목에 이미지, 텍스트 일부, 즐겨찾기 또는 공유하기, 상세 화면으로 가는 링크가 있을 때 말이다. 또한 항목의 컬렉션을 표시해야 하는데 항목마다 크기, 가로 세로 비율이 다를 때 활용한다.

WHY 어떤 효과가 있을까?

모바일과 웹 디자인에서 카드를 자주 사용하기 때문에 사용자는 이미 이전에 다른 UI에서 카드를 봤을 것이다. 카드를 사용하면 사용자가 보는 뷰포트(화면 유형)의 레이아웃이나 크기를 아주 유연하게 조정할 수 있다.

HOW 어떻게 활용할까?

사용자가 목록으로 무엇을 하기를 바라는지 전부 떠올려 봐라. 항목 간 공통점은 무엇인가? 항목에 전부 사진, 타이틀, 짧은 설명이 있는가? 모두 평점을 보여 주는가? 여러분은 사용자가 무엇을 하길 원하는가? 링크를 타고 상세화면으로 이동하기? 항목을 장바구니에 추가하기? 소셜 미디어에 공유하기? 모든 항목이 똑같이 동작하는가? 만약 그렇다면 카드가 여러분의 목록을 보여 주는 가장 좋은 방법이다.

디자인을 할 때는 콘텐츠가 가장 많거나 긴 항목으로 테스트를 해보면 좋은 연습이 된다. 그 다음 같은 디자인을 콘텐츠 양이 가장 적거나 짧은 항목에 적용해 본다. 2가지 상황 모두에서 디자인이 좋고, 정보가 읽기 쉽고 명확해 보일 때까지 레이아웃을 수정한다.

어떤 액션이 아이콘이 되고 어떤 액션이 텍스트 링크가 될 것인지 정해야 한다. 보여 주려는 콘텐츠의 종류에 적절한 최선의 방향(가로 또는 세로)을 결정하기 위해 실제로 사용할 사진으로 테스트해 본다.

EXAMPLES 예시

에어비앤비(그림 7-11)는 홈페이지와 모바일 애플리케이션 곳곳에 카드를 활용해 숙소와 체험 목록을 표시한다. 목록에 카드 스타일을 사용하면 확실히 룩앤필이 일관되어 보이며, 한 목록에 다른 목록보다 더 많은 시각적 가중치를 주지 않고도 시각적으로 즐겁게 정보를 노출할 수 있다.

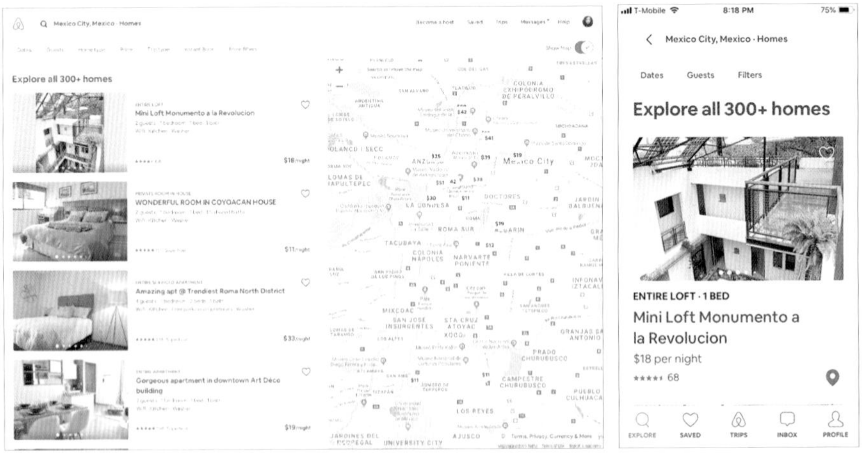

그림 7-11 에어비앤비 웹사이트와 모바일 앱

우버이츠Uber Eats(그림 7-12)는 테두리가 없는 카드를 이용해 사진과 식당 이름, 사용자 평점을 보여 준다.

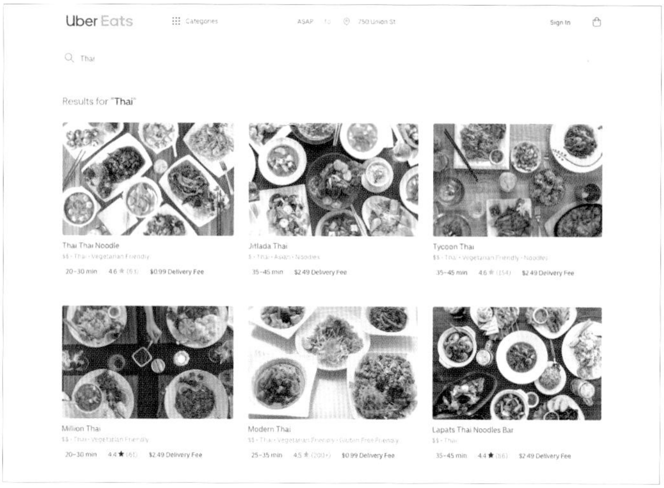

그림 7-12 우버이츠 검색 결과

카드에 대한 자세한 내용은 다음을 참조하라.

- *https://material.io/design/components/cards.html*
- *https://getbootstrap.com/docs/4.0/components/card*

47 섬네일 그리드(Thumbnail Grid)

WHAT 정의하기

그림 7-13처럼 시각적인 항목을 n×m의 사진 그리드로 정리한다.

WHEN 언제 사용하면 좋을까?

목록에 있는 항목에 전부 스스로를 식별하는 작은 시각적 표현이 있을 때 사용한다. 이미지, 로고, 스크린 캡처, 축소된 사진처럼 말이다. 이미지의 사이즈나 스타일이 비슷할 때 활용한다. 목록은 길게 하거나 제목을 붙인 섹션으로 나눌 수 있다.

각 항목에 이름과 날짜 같은 메타 데이터(항목에 관한 정보)를 조금씩 표시하고 싶더

그림 7-13 구글 사진(Google Photo)

라도 많이 보여 줄 필요는 없다. 항목에 할애된 공간 대부분을 사진이 차지하기 때문이다.

전체 목록의 개요를 보고 싶을 때, 관심이 가는 특정 항목을 찾으려면 빠르게 훑어봐야 한다. 또한 항목을 이동하고, 삭제하고, 보기 위해 한 번에 하나 이상의 항목을 선택해야 할 때도 있다.

WHY 어떤 효과가 있을까?

섬네일 그리드는 많은 항목을 밀도 있게 매력적으로 표현한다. 균등한 그리드의 특별한 형태인 이 패턴은 목록에 있는 항목이 서로 동등한 레벨로 보이게 하는 시각적 계층 구조를 만든다. 강력한 그리드는 화면에서 시선을 이끄는 경향이 있다.

목록에 있는 항목을 텍스트 형식으로 표시하는 게 더 쉬울 수 있지만, 사진이 텍스트보다 인식하거나 구별하기 수월할 때도 있다. 거의 정사각형에 가까운 섬네일은 손가락 끝이나 간접 포인팅 장치로 누르기 쉽다. 모바일과 태블릿 화면에 잘 맞는 패턴이다.

HOW 어떻게 활용할까?

모든 섬네일을 동일한 크기로 조정해서 그리드를 정돈한다. 섬네일 옆에 텍스트로 된 메타 데이터를 작은 크기로 넣어서 섬네일이 시각적으로 눈에 잘 띄게 한다.

섬네일 그리드는 섬네일의 너비와 높이가 모두 비슷할 때 시각적으로 조화롭게 보이는 경우가 많다. 서로 다른 크기와 가로 세로 비율(너비 대 높이)인 그래픽으로 작업하고 있거나 그래픽 크기가 너무 크다면, 섬네일을 구성하기 위한 이미지 처리 작업이 필요할 것이다. 모든 이미지에 잘 어울리는 크기와 가로 세로 비율을 찾는 게 좋다. 해당 비율에 넣으려면 이미지 일부를 잘라 내는 경우가 발생한다고 해도 말이다(이미지 크기를 줄이기는 쉽지만, 적절하게 자르는 건 쉽지 않다. 가능하면 이미지에서 가장 적절한 부분을 선택해 이미지가 어색하게 잘려 나간 것처럼 보이지 않게 하라).

다만 보는 사람에게 이미지의 크기와 비율이 유용한 정보인 경우는 예외다. 예를 들어, 개인이 찍은 사진을 모은 사진첩에는 가로로 된 사진, 세로로 된 사진이 섞여 있을 것이다. 이를 이상적인 섬네일 크기에 맞도록 전부 잘라 낼 필요는 없다. 사용자는 자신이 보고 있는 사진이 어떤 형태인지 궁금하기 때문이다.

반면에, 신발이나 셔츠와 같은 제품 섬네일 갤러리는 모두 동일한 높이와 너비여야 하며, 제품은 사진 안에서 일관되게 보여야 한다.

EXAMPLES 예시

맥 OS 파인더(그림 7-14)는 파일 디렉터리 목록에 다양한 유형의 섬네일을 표시한다. 파일이 이미지인 경우, 해당 이미지의 축소 버전이 표시된다. 사용할 수 있는 비주얼이 없는 파일은 일반적인 폴더 아이콘으로 파일 유형을 표시한다(워드 문서). 섬네일 그리드가 균일하지 않기 때문에 다른 사례처럼 깔끔해 보이지는 않지만, 크기와 스타일 변화는 사용자에게 유용한 정보를 전달한다.

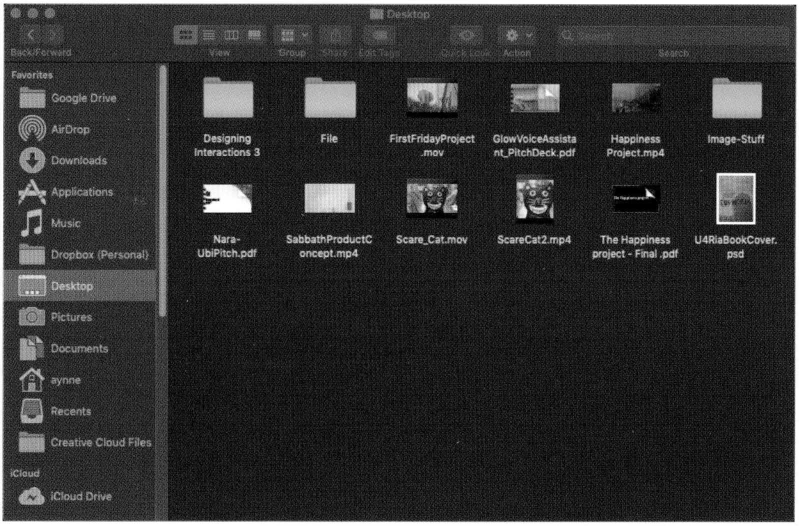

그림 7-14 맥 OS 파인더

그림 7-15를 보면 비디오 애플리케이션인 HBO 나우HBO Now는 영화나 TV 쇼의 사진과 제목을 섬네일 그리드에 담았다.

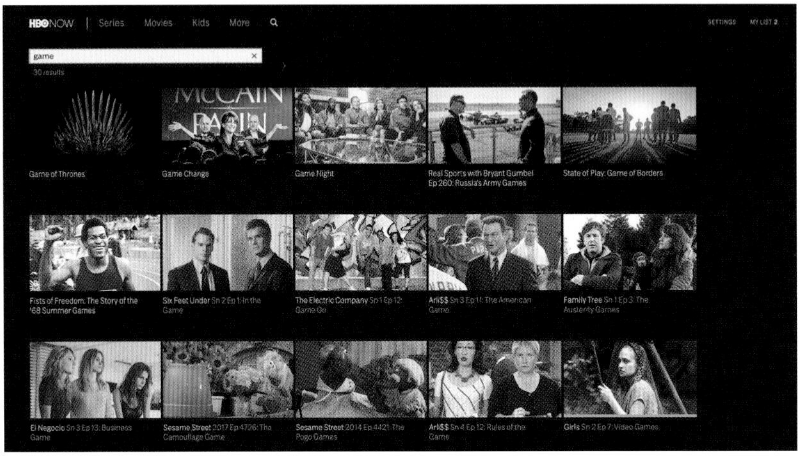

그림 7-15 HBO 나우 검색 결과

모바일 기기에서는 여러 상황에서 섬네일 그리드를 활용한다. 애플리케이션 목록을 표시하거나, 기능이나 이미지 자체를 보여 주려는 용도로 말이다. 그림 7-16에 보이는 섬네일의 각각 상대적인 크기를 눈여겨보라. 구글 사진과 아이폰 홈 화면에서 섬네일은 손가락 끝으로 쉽게 터치할 수 있을 정도로 크다.

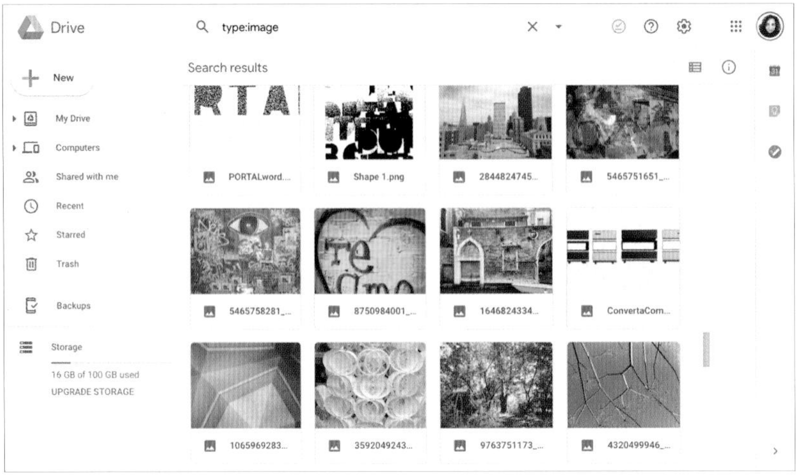

그림 7-16 구글 드라이브(Google Drive)

섬네일 목록에 대한 자세한 내용은 다음을 참조하라.

- *https://developer.apple.com/design/human-interface-guidelines/ios/views/collections*
- *https://material.io/design/components/image-lists.html#types*

48 캐러셀(Carousel)

WHAT 정의하기

그림 7-17처럼 시각적으로 흥미로운 항목을 가로줄이나 둥근 호로 배열한다. 사용자는 이미지 섬네일을 앞뒤로 스크롤하거나 스와이프할 수 있다.

그림 7-17 애플 TV 캐러셀

WHEN 언제 사용하면 좋을까?

목록에 있는 항목에 전부 고유하게 식별되는 시각적 표현이 있을 때 사용한다. 이미지, 로고, 스크린 캡처, 축소된 사진처럼 말이다. 이미지의 사이즈나 스타일이 비슷한 경향이 있다. 목록의 위계는 넓고 얕다(즉, 항목이 카테고리나 컨테이너에 포함되지 않는다).

각 항목에 이름과 날짜 같은 메타 데이터를 조금씩 표시하고 싶더라도 많이 보여 줄 필요는 없다. 항목에 할애된 공간 대부분을 사진이 차지하기 때문이다.

각 항목은 흥미로워 보인다. 사용자는 자연스럽게 항목을 둘러볼 것이다. 일반적으로 특정 항목을 검색하지 않으며, 목록 전체를 한눈에 볼 필요도 없다. 만약 특정한 항목을 찾고 있더라도 그 내용을 발견하기 전에 많은 항목을 훑어보는 것을 개의치 않는다. 가장 흥미로운 항목을 목록 앞에 배치하거나, 시간 순으로 둘 수 있다.

섬네일 그리드를 사용하기에는 세로 공간이 부족하다. 가로 공간도 충분하지 않지만, 목록을 흥미롭고 매력적으로 보이게 만들어야 한다.

WHY 어떤 효과가 있을까?

캐러셀은 시각적 항목을 탐색하는 데 매력적인 인터페이스를 제공하여, 사용자가 항목을 살펴보고 다음에 무엇이 있는지 볼 수 있게 해준다. 사용자는 목록 깊은 곳에 있는 특정 지점으로 쉽게 이동할 수 없고 스크롤을 많이 해야 한다. 따라서 이 패턴은 브라우징과 우연한 발견을 장려한다.

캐러셀은 세로 공간을 덜 차지하기 때문에, 공간이 좁다면 섬네일 그리드보다 나은 솔루션이 될 수 있다. 캐러셀은 가로로 넓게 펼칠 수도 있고, 조밀하게 넣을 수도 있다.

중심 항목이나 선택된 항목을 확대하는 등의 방식으로 주의를 집중하도록 캐러셀을 구현하면 '초점에 맥락 더하기'도 지원할 수 있다. 사용자는 한 항목을 자세히 볼 수 있을 뿐 아니라 바로 옆에 있는 내용도 보게 되기 때문이다.

HOW 어떻게 활용할까?

우선 캐러셀에서 보여 주려는 각 항목에 해당하는 섬네일을 만든다. 섬네일 크기와 비율에 관련해서는 **섬네일 그리드** 패턴을 참조하라. 다만 캐러셀의 제약 사항이 더 엄격하다는 점에 유의하라. 서로 다른 크기나 가로 세로 비율을 가진 섬네일은 **섬네일 그리드**보다 캐러셀에서 더 어색해 보인다. 텍스트 메타 데이터를 섬네일 근처에 배치하라. 섬네일이 시각적으로 더 눈에 띄도록 글자 크기를 작게 설정한다.

가로 스크롤 위젯에서는 섬네일을 가로로 배치한다. 사용자가 쉽게 이해할 수 있는 순서(날짜)로 정렬하거나, 임의로 배열할 수 있다. 항목 수는 10개 미만으로 적게 유지하고, 나머지는 양쪽에 숨긴다. 캐러셀을 넘겨 볼 수 있도록 왼쪽과 오른쪽에 큰 화살표를 둔다. 화살표를 클릭할 때마다 2개 이상의 항목을 이동할 수 있어야 한다. 시각적으로 흥미를 유발하려면 스크롤하는 액션에 애니메이션을 적용한다.

사용자가 특정 항목을 찾을 때처럼 긴 목록을 빠르게 이동하고 싶어 한다면 화살표만으로 충분하지 않음으로, 캐러셀 하단에 스크롤바도 추가하라. 실제로 이렇게 행동하는 사용자가 많다면 목록 구조를 전통적인 수직 목록으로 변경하고 '찾기' 기능을 추가하라.

캐러셀의 중앙 항목을 확대하여 사용자의 관심을 끌 수도 있다. 이렇게 하면 캐러셀에 '단일 선택'의 의미를 부여할 수 있는데, 확대된 것은 명확하게 선택된 항목이다. 따라서 선택된 항목에서 텍스트로 세부사항을 보여 주거나, 비디오 섬네일이라면 비디오 컨트롤을 제공하는 것처럼 인터페이스가 동적으로 반응하게 만든다.

캐러셀은 일자형일 수도, 약간 굽거나 순회하는 형태일 수도 있다. 주로 3D 관점에서 쓰는 트릭인데, 중심에서 멀어질수록 섬네일이 줄어들거나 부분적으로 가려진다.

모바일 디자인에서 **필름스트립** 패턴은 캐러셀의 변형이다. 작은 화면에 한 번에 하나의 항목만 표시되고 사용자는 다른 항목을 보기 위해 앞뒤로 스와이프하거나 스크롤한다.

EXAMPLES 예시

많은 웹사이트에서 상품 탐색에 기본적인 선형 캐러셀을 사용한다. 아마존에서 책 표지를 보여 주는 방식도 그러하다(그림 7-18). 텍스트 메타 데이터의 양이 각기 다른 것에 주목하자. 여기서 얻을 수 있는 디자인 함의는 무엇일까? 책에 관한 정보는 얼마나 많이 보여 줘야 할까? 화면에 책 표지는 얼마나 꽉 채워야 할까?

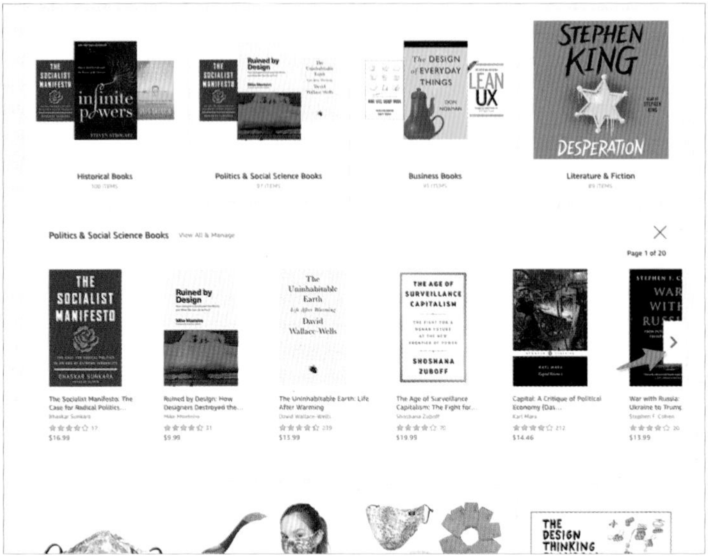

그림 7-18
아마존 북스
(Amazon Books)

아마존과 에어비앤비(그림 7-19) 모두 캐러셀에서 화살표를 제공한다. 이는 현재 보이는 창의 범위를 넘어서 더 많은 콘텐츠가 있다는 것을 사용자가 이해하도록 도와준다.

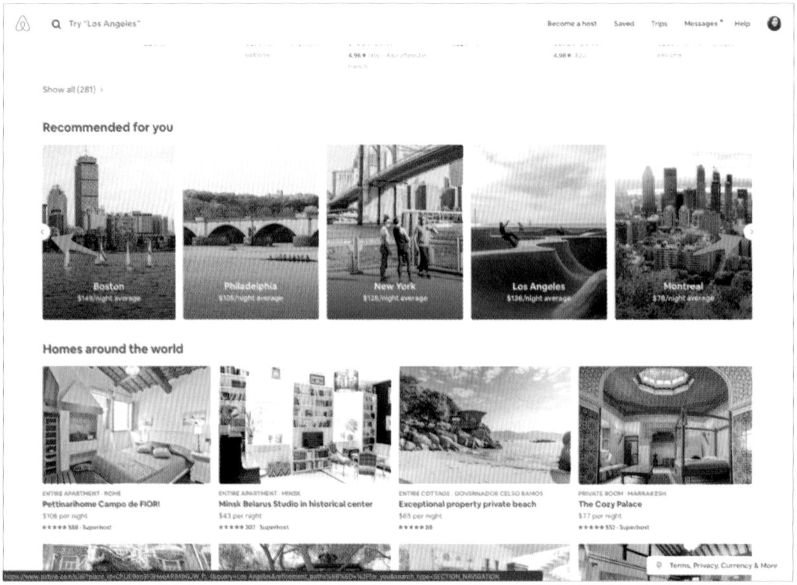

그림 7-19 에어비앤비

49 페이지네이션(Pagination)

WHAT 정의하기

아주 긴 목록을 페이지로 나누고 한 번에 한 페이지씩 읽어 온다. 그림 7-20처럼 목록을 탐색하는 컨트롤을 제공한다.

그림 7-20 트립어드바이저(TripAdvisor) 페이지네이션 컨트롤

WHEN 언제 사용하면 좋을까?

아주 긴 목록을 표시할 때 사용한다. 대부분의 사용자는 특정 항목을 찾고 있거나 목록의 맨 위에서 관련 항목(검색 결과)을 찾는다. 어떤 경우라도 전체 목록을 보고 싶어 하지 않는다.

다음과 같은 이유로 전체 목록을 단일 화면에 불러오거나 스크롤하는 게 불가능한 상황이다.

- 전체 목록을 불러오면 시간이 너무 많이 걸리고, 사용자를 기다리게 하고 싶지 않다. 인터넷 연결이 느리거나 백엔드 서버가 느리다.
- 목록을 렌더링하는 데 시간이 너무 오래 걸린다.
- 사실상 목록에 '끝이 없고', **무한 리스트**나 연속 스크롤 목록(둘 다 끝이 없는 목록을 위한 패턴이다)을 구현하는 게 불가능하다.

WHY 어떤 효과가 있을까?

페이지네이션은 사용자가 부담 없이 쉽게 내용을 소화할 수 있도록 목록을 덩어리로 쪼갠다. 또한 더 많은 항목을 볼 수 있는 선택권을 사용자의 손에 맡긴다. 사용자가 목록에 더 많은 항목을 불러오고 싶을까? 아니면 지금 있는 항목만으로 충분하다고 생각할까?

웹에서, 특히 검색 결과에서(독점적으로 쓰이는 건 아니지만) 매우 흔한 패턴이라는 장점이 있다. 구현하기 쉽고 이 패턴이 사전에 구축되어 있는 시스템도 일부 있다.

HOW 어떻게 활용할까?

우선 한 화면에 몇 개의 항목을 표시할지 결정한다. 이를 바탕으로 개별 항목이 차지하는 공간, 사용자가 일반적으로 쓰는 화면 크기(모바일 플랫폼을 잊지 말라), 항목을 불러오거나 표시하는 데 걸리는 시간, 사용자가 첫 화면에서 원하는 항목을 하나 이상 찾을 가능성을 추가로 고려한다.

첫 화면으로 충분해야 한다! 이는 정말 중요하다. 대부분의 사용자가 첫 화면을 넘어가지 않을 확률이 높기 때문에 화면에서 원하는 항목을 찾지 못하면 실망할 수 있다(검색 엔진을 다루고 있다면, 처음 화면 상단에 나오는 검색 결과가 고품질인지 확인해라).

제품이나 비디오 목록처럼 사용자가 오래 머물 법한 화면이라면, 한 화면에 보이는 항목 수를 설정할 수 있게 하는 방식을 고려하라. 관심 있는 모든 항목을 보려면 앞뒤로 화면을 이동해야 하는 경우 짜증이 날 수 있으니 말이다.

다음으로 페이지네이션 컨트롤을 어떻게 보여 줄지 정해야 한다. 페이지네이션 컨트롤은 화면 하단에 있는 경우가 많지만, 상단에 컨트롤을 배치하는 디자인도 있다. 사용자가 다음 화면으로 정말 이동해야 한다면, 화면 맨 밑까지 스크롤하게 만들 필요는 없지 않은가.

페이지네이션 컨트롤에서는 다음 요소를 고려한다.

- '이전' 그리고 '다음' 링크(강조를 위해 화살표나 삼각형 아이콘을 포함). 사용자가 첫 화면에 있으면 '이전' 링크를, 마지막 화면에 있으면 '다음' 링크를 비활성화한다.
- 첫 화면으로 가는 링크. 이는 항상 눈에 잘 띄어야 한다. 첫 화면에 가장 관련성이 높은 항목이 포함되어야 한다는 것을 기억하라.
- 각 화면으로 가는 숫자가 매겨진 일련의 링크. 당연히 사용자가 현재 있는 화면으로 가는 링크는 필요 없다. 그 대신 현재 화면 숫자에 대조적인 색상과 글자 크기를 써서 '현재 위치'라는 내비게이션 힌트를 제공하라.
- 화면 수가 지나치게 많아서(예를 들어 20개 이상) 컨트롤로 전부 표시하기

어렵다면 일부를 생략하고 말줄임표로 처리한다. 다시 강조하지만 첫 번째 화면과 마지막 화면은 '끝없는 목록'이 아닌 한 유지한다. 사용자의 현재 화면에 바로 연결되는 전후 화면은 유지하고 나머지를 생략한다.

- 총 화면 숫자(정해져 있는 경우). 이는 선택사항이다. 다양한 방식으로 보여 줄 수 있는데, '45페이지 중 2페이지' 같은 텍스트로 표시하거나 마지막 화면을 숫자 링크로 간단하게 보여 주는 방법이 있다.

EXAMPLES 예시

엣시Etsy는 앞에서 나열한 모든 요소와 단서를 포함해 훌륭하게 목록을 디자인했다. 그림 7-21은 수많은 항목을 배치한 첫 번째 화면이다.

그림 7-21 엣시, 페이지네이션 컨트롤

그림 7-22는 웹에서 모은 여러 사례를 보여 준다. 어떤 예시가 시각적으로 더 분석하기 쉬운지 살펴보라. 링크를 서로 구분하기 쉬운가? 다음으로 어디를 클릭해야 할까? 현재 위치와 화면의 총 개수에 대해 충분한 정보를 주는 사례는 무엇인가? 클릭 타깃의 크기에도 주목하라. 사용자가 마우스나 손가락 끝으로 타깃을 얼마나 정확하게 눌러야 하는가?

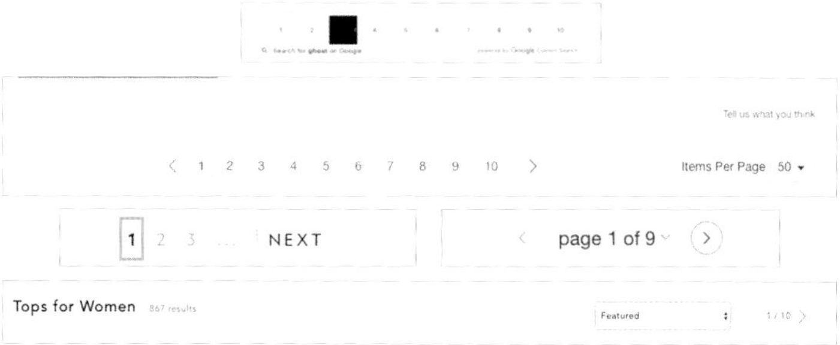

그림 7-22 위에서부터 《디 애틀랜틱》, 이베이(eBay), 《내셔널 지오그래픽》, 타깃, 앤트로폴로지(Anthropologie)

50 항목으로 즉시 이동하기(Jump to Item)

WHAT 정의하기

사용자가 목록에 이름을 입력하면 그림 7-23처럼 해당 항목으로 바로 이동하는 패턴이다.

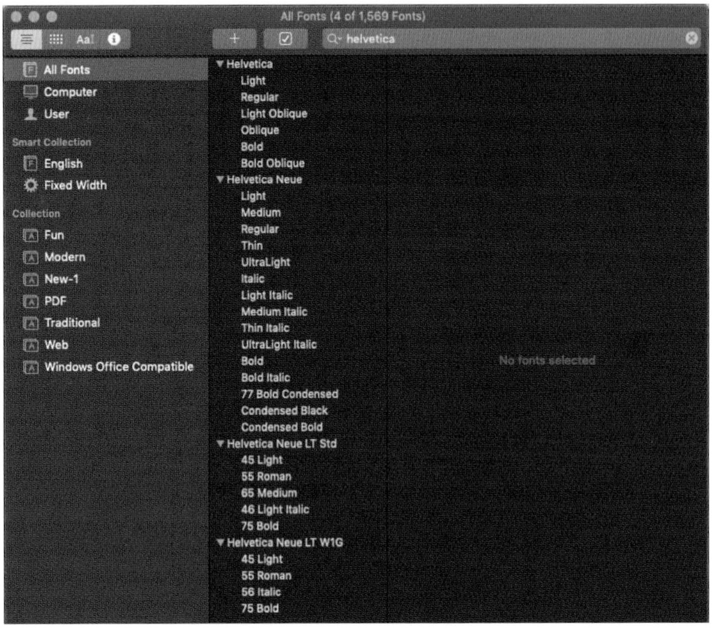

그림 7-23 폰트북(Font Book) 앱

WHEN 언제 사용하면 좋을까?

보통 인터페이스에서 긴 목록을 표시할 때 스크롤 목록, 테이블, 드롭다운 박스, 콤보 박스, 트리를 사용한다. 목록에 있는 항목은 알파벳순이나 숫자로 정렬되어 있다. 사용자는 빠르고 정확하게 특정 항목을 선택하고 싶어 하며, 키보드로 할 수 있으면 더욱 좋다.

파일 탐색기, 항목 이름이 나열된 긴 목록, 상태나 국가 선택을 위한 드롭다운 박스에서 주로 사용하는 패턴이다. 연도, 금액, 심지어 시간(월, 요일)처럼 숫자로 된 목록에도 적합하다.

WHY 어떤 효과가 있을까?

사람들은 특정 항목의 단어나 숫자를 찾으려고 긴 목록을 훑어보는 데 능숙하지 않다. 하지만 컴퓨터는 이 작업을 잘한다. 각자가 잘하는 것을 하도록 만들자.

다른 장점은 사용자가 키보드에서 손을 뗄 필요가 없다는 점이다. 사용자가 폼이나 다이얼로그 박스에서 이동하면서 원하는 항목 첫 몇 글자를 입력하면 시스템이 사용자 대신 항목을 찾아 주고, 사용자는 다음 작업을 진행하면 된다. 스크롤도, 클릭도 필요 없다. 사용자는 키보드에서 마우스로 손을 전혀 움직이지 않아도 된다.

HOW 어떻게 활용할까?

사용자가 찾고 있는 항목의 첫 글자 또는 숫자를 입력할 때 사용자가 입력한 것과 일치하는 첫 번째 항목으로 이동한다. 항목이 보이도록 목록을 자동으로 스크롤한 다음 해당 항목을 선택해 보여 준다.

사용자가 빠르게 연속적으로 많은 문자를 입력하면, 해당 시점에 사용자가 입력한 문자열과 가장 정확하게 일치하는 곳으로 선택 영역을 계속 변경한다. 일치하는 항목이 없으면 가장 유사한 항목에 선택 영역을 그대로 두고 목록 맨 위로 스크롤하지 말라. 사용자에게 일치하는 항목이 없다는 정보를 알리기 위해 경고음을 쓰면 어떨까? 그렇게 하는 게 적합한 애플리케이션도 있고, 아닌 경우도 있다.

EXAMPLES 예시

스포티파이는 검색 기능에서 항목으로 즉시 이동하기 패턴을 변형해 사용한다. 사용자가 타이핑을 시작하면 이를 반영해 실시간으로 다른 검색 결과를 보여 준다. 사용자가 입력하는 문자를 통해 찾으려는 노래나 가수를 예측할 수 있기 때문이다.

그림 7-24의 예에서 나는 'Brian'을 입력했다. 스포티파이 알고리즘이 내가 찾는 게 무엇일지 열심히 추측해서 결과를 내보낸다. 심지어 두 번째 단어를 입력할 필요도 없다. 이미 첫 단어만으로 원하는 가수를 찾았기 때문이다. 이럴 때 순간 검색은 편리하고, 확실히 빠르다.

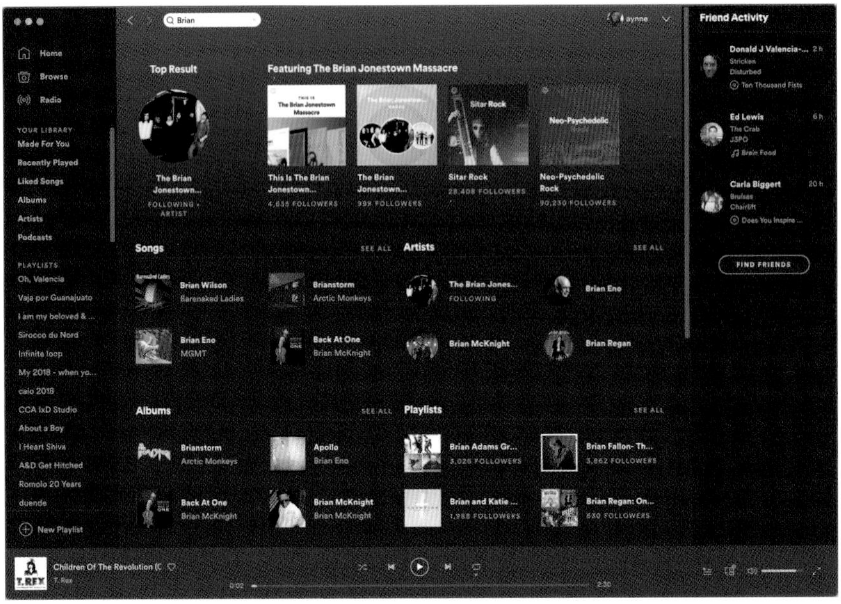

그림 7-24 스포티파이, 항목으로 즉시 이동하기 패턴

51 문자/숫자 스크롤바(Alpha/Numeric Scroller)

목록의 스크롤바를 따라서 알파벳/한글 문자, 숫자, 타임라인(그림 7-25 왼쪽)을 표시한다.

WHEN 언제 사용하면 좋을까?

긴 목록은 보통 스크롤되는 목록, 테이블, 트리로 구현되는데 여기서 사용자는 아주 구체적인 항목을 찾고 있다. 사용자가 가능한 한 쉽고 빠르게 항목을 찾게 하고 싶을 때 쓴다.

WHY 어떤 효과가 있을까?

문자/숫자 스크롤바는 흔하지 않지만, 그 형태에서 용도가 명확히 드러난다. 이는 주석이 붙은 스크롤바와 같은 방식으로 목록 내용에 대한 인터랙티브 지도 역할을 한다. **항목으로 즉시 이동하기**와도 밀접한 관련이 있다. 둘 다 순서가 있는 목록에서 특정 지점으로 바로 이동할 수 있게 해준다.

이 패턴은 아마도 실제 책(사전 등)이나 수첩(전화번호부 등)에서 가나다순으로 해당하는 지점을 측면에 표시한 데서 유래했을 것이다.

HOW **어떻게 활용할까?**

스크롤되는 영역에 긴 목록을 배치한다. 스크롤바를 따라서 알파벳/한글의 문자, 날짜를 표시한다. 사용자가 문자를 클릭하면 해당 지점으로 목록을 자동 스크롤한다.

EXAMPLES **예시**

가장 잘 알려진 사례를 아이폰에서 볼 수 있다. 그림 7-25(오른쪽)는 아이폰에서 기본으로 제공하는 연락처 앱이다.

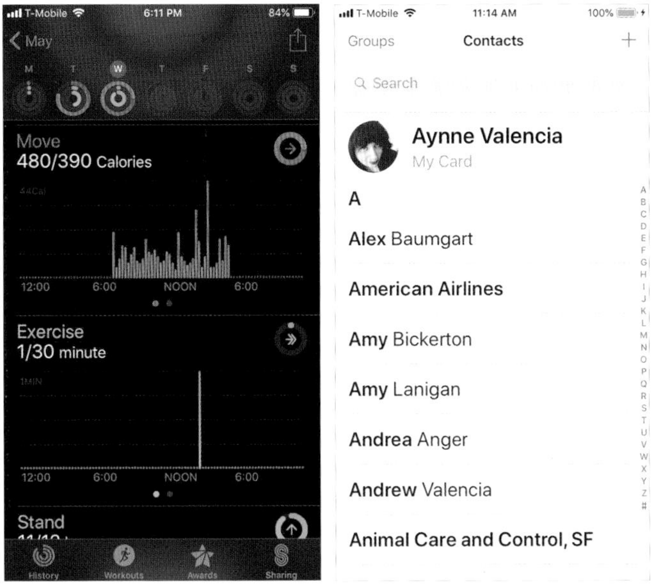

그림 7-25 iOS 건강 앱. 날짜 스크롤러 컨트롤과 아이폰 연락처 목록

52 신규 항목 추가 행(New-Item Row)

WHAT **정의하기**

그림 7-26에 있는 목록의 4번째 항목처럼 새로운 항목을 만들 때 목록이나 테이블의 마지막 또는 첫 번째 행을 사용하는 패턴이다.

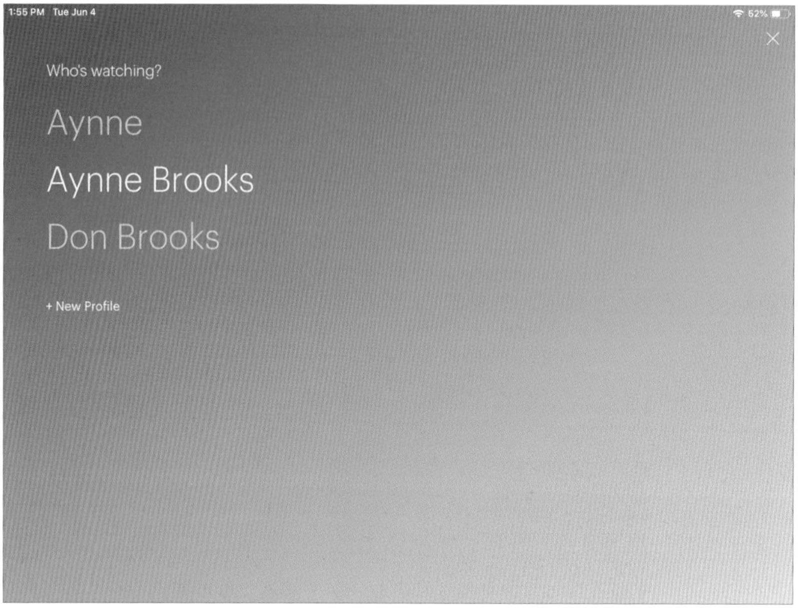

그림 7-26 훌루 프로필 전환 항목

WHEN **언제 사용하면 좋을까?**

인터페이스에 테이블, 목록, 트리 뷰 등 세로로 표현되는 항목의 집합(하나의 행에 하나의 항목)이 있을 때 사용한다. 어느 시점에서 사용자는 새로운 항목을 추가해야 한다. 하지만 추가 버튼이나 옵션을 둘 만큼 UI에 여유 공간이 많지 않을 때 효율적이고 쉽게 항목을 생성할 수 있게 한다.

또한 사용자가 추가하는 정보의 유형이나 기능을 분명히 표시하고 싶을 때 활용한다.

WHY **어떤 효과가 있을까?**

사용자가 테이블의 끝이나 시작 지점에 직접 새로운 항목을 입력할 수 있게 한다. 즉, 추가하는 액션 자체를 새로 추가된 항목이 존재하는 공간에 두는 것이다. 개념적으로도 UI 다른 부분에 넣는 것보다 훨씬 일관성이 있다. 또한 항목을 생성할 때 완전히 다른 UI를 사용하는 것보다 인터페이스를 더 우아하게 만들어 준다. 화면 공간을 덜 사용하면서, 탐색의 양과(다른 창으로 '넘어가는 일'), 사용자의 수고를 덜어 준다는 장점이 있다.

HOW 어떻게 활용할까?

쉽고 분명한 방식으로 테이블에 비어 있는 첫 번째 행에서 새 오브젝트를 만들 수 있도록 한다. 예를 들어 해당 행을 마우스로 한 번 클릭하면 편집이 시작되게 하거나, '새로 추가하기' 버튼을 행에 넣을 수 있다.

이때 UI에서 새로운 항목을 만들어서 해당 행에 넣어야 한다. 다음으로 테이블의 각 열(다중열 테이블인 경우)을 편집하고 사용자가 해당하는 항목의 값을 설정할 수 있어야 한다. 각 셀에는 텍스트 필드, 드롭다운 리스트 등 값을 빠르고 정확하게 설정하는 데 필요한 무엇이라도 넣을 수 있다. 폼과 같은 사용자 입력 필드와 마찬가지로 **적절한 기본값**으로 값을 미리 채워 넣어 사용자의 수고를 줄인다. 이로써 사용자는 모든 열을 편집할 필요가 없다.

하지만 아직 정리할 부분이 남아 있다. 사용자가 새 항목 추가를 완료하기 전에 작업을 종료하면 어떻게 할까? 사용자가 입력하기 전부터 적당한 항목을 추가해 둘 수도 있다. 사용자가 아무 때고 편집을 중단하더라도 돌아와서 항목을 삭제할 때까지 계속 남아 있게 만드는 것이다. 다시 강조하지만, 여러 필드가 있는 경우 **적절한 기본값**으로 유효한 값을 미리 채워 넣으면 사용자에게 도움을 줄 수 있다.

이는 구현 방식에 따라 **입력 프롬프트**와 유사한 패턴이다. 두 가지 모두 사용자가 실제 값으로 편집할 수 있도록 더미 값을 설정하는데 더미 값은 사용자가 무엇을 해야 하는지 보여 주는 '유도 장치' 역할을 한다.

EXAMPLES 예시

사용자가 직접 콘텐츠를 정리하거나 만드는 애플리케이션에서 가장 자주 볼 수 있는 패턴이다. 슬랙(그림 7-27)은 워크스페이스 추가Add Workspaces 기능에서 이 패턴을 사용한다.

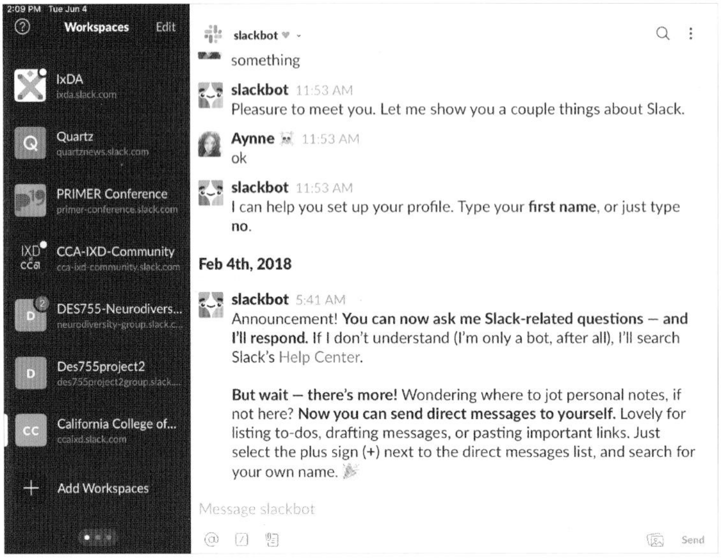
2:09 PM Tue Jun 4
Workspaces
Edit
IxDA
ixda.slack.com
Quartz
quartznews.slack.com
PRIMER Conference
primer-conference.slack.com
CCA-IXD-Community
cca-ixd-community.slack.com
DES755-Neurodivers...
neurodiversity-group.slack.c...
Des755project2
des755project2group.slack....
California College of...
ccaixd.slack.com
Add Workspaces
slackbot
something
slackbot 11:53 AM
Pleasure to meet you. Let me show you a couple things about Slack.
Aynne 11:53 AM
ok
slackbot 11:53 AM
I can help you set up your profile. Type your first name, or just type no.
Feb 4th, 2018
slackbot 5:41 AM
Announcement! You can now ask me Slack-related questions – and I'll respond. If I don't understand (I'm only a bot, after all), I'll search Slack's Help Center.
But wait – there's more! Wondering where to jot personal notes, if not here? Now you can send direct messages to yourself. Lovely for listing to-dos, drafting messages, or pasting important links. Just select the plus sign (+) next to the direct messages list, and search for your own name.
Message slackbot
Send

그림 7-27 슬랙, 워크스페이스 추가 기능

수많은 목록들

이번 장에서는 목록을 표현하는 가장 일반적인 방법을 살펴보고 또 언제 사용하는지를 알아봤다. 명백한 사실은 웹과 모바일 애플리케이션에서 볼 수 있는 수많은 콘텐츠가 실제로 목록으로 되어 있다는 점이다. 목록을 디자인할 때 콘텐츠를 표시할 수 있는 다양한 방법을 시도해 보라. 사용자가 원하는 작업이 무엇인지 항상 염두에 두고 디자인을 최적화하라.

8장
작업하기: 동작과 명령

인터페이스에서 사용자는 어떻게 동작을 실행하고 명령을 내릴까? 이번 장에서는 인터페이스를 구성하는 '동사'를 중점적으로 다룬다. 사람들이 소프트웨어에서 작업하는 방법을 살펴보려는 것이다. 8장에서는 다음 내용을 소개한다.

- 동작을 실행하거나 명령을 활성화하는 다양한 방법
- 항목의 동작을 어포던스로 명시하는 법
- 제어와 편집을 유도하는 패턴과 컴포넌트

이번 장의 내용은 지금까지 책에서 주로 다룬 인터페이스 디자인을 이루는 '명사'들과 다소 거리가 있다. 이를 간단히 정리해 보면 가장 먼저 인터페이스의 구조와 흐름, 시각적 레이아웃에 관해 얘기했다. 다음으로 페이지에 있는 인터페이스 개체(창, 문자, 링크, 정적인 요소 등)를 살펴보았다. 이제부터는 데이터 시각화와 폼처럼 조금 더 복잡한 구성 요소를 다룰 예정이다.

인터페이스를 구성하는 '동사'는 애플리케이션에서 사용자가 할 일을 처리하기 위해 쓸 수 있는 수단을 뜻한다. 사용자가 쓰는 기능과 명령을 디자인하는 것이다. 좀 더 구체적으로 설명하면, 소프트웨어를 쓰는 사용자가 다음과 같은 작업을 하는 방법을 다룬다.

- 시작, 일시 중지, 취소, 완료하기
- 옵션, 설정, 특정 값 입력하기
- 인터페이스의 대상과 구성 요소 조작하기
- 변경 사항, 변환 내용 적용하기
- 삭제하기
- 추가하거나 만들기

소프트웨어 인터페이스가 보편화되기 훨씬 전에 하드웨어 인터페이스는 먼저 개발되어 표준화가 이루어졌다. 이번 장에서 소개하는 디자인 패턴은 대부분 이러한 하드웨어 인터페이스에서 유래했다.

현실에서 사람들이 하는 행동과 방법을 그대로 모방하는 패턴도 소개한다. 이는 역사가 깊은 방식이며, 따라 할 만한 모범 사례도 많다. 표준 플랫폼 스타일 가이드(안드로이드, iOS, 윈도우, 매킨토시), 반응형 웹과 모바일 UI를 위한 자바스크립트 프레임워크를 따르면 UI의 완성도를 어느 정도 보장할 수 있다.

대부분의 사용자는 다른 애플리케이션에서 기존에 학습한 경험을 토대로 메뉴를 이동하고 버튼을 찾는다. 따라서 애플리케이션에서 일반적으로 쓰는 관습을 따르면 여러분과 사용자 모두에게 득이 된다. 물론 관습을 따르는 게 독창적이지 않다고 여겨질 수도 있다. 하지만 대부분의 사용자는 익숙한 인터랙션 방식으로 작업하고 싶어 한다.

오늘날 소프트웨어 업계에서 '독창적이지 않다'는 말은, 사용자에게 이미 익숙한 패턴과 절차로 이루어진 거의 보편적인 UI를 따른다는 의미다. 이를 깨닫기만 해도 훌륭한 UI 전략을 구사할 수 있다. 사용자는 자신이 알고 있는 것을 바로 활용할 준비가 되어 있기 때문이다. 그래서 능력 있는 UI 디자이너, 제품 관리자, 개발자, 제품 팀은 기존의 소프트웨어 표준, UI 툴킷, 컴포넌트 라이브러리, 기성 프레임워크를 바탕으로 효율적으로 작업한다. 가장 일반적인 애플리케이션 기능 대부분은 더 이상 맨땅에서부터 새로 코딩할 필요가 없다. 여기서 아낀 시간과 노력으로 사용자를 들뜨게 만들고, 경쟁자와 차별되는 특별한 기능을 디자인해 보자.

사용자들이 당연하게 받아들이는 일반적인 작업으로 '잘라 내기', '복사하기', '붙여 넣기' 같은 기능이 있다. 추상적인 개념이지만, 전부 현실 세계에서 일어나는 행동에 기반한다. 개체나 문자를 잘라 내거나 삭제하면 잠시 '클립보드'에 저장된다. 컴퓨터 메모리에 일시적으로 저장되는 것으로 화면에 표시되지 않아 시야에서는 사라진다. 어느 정도 숙련된 데스크톱 사용자는 이런 기능이 '어떻게 작동하는지' 알고 있다. 팝업 메뉴(또는 컨텍스트 메뉴context menu[1])도 마찬가지인데, 기존에 팝업 메뉴를 써보고 어디서나 이를 기대하는 경우도 있지만, 있는지조차 모르는 사용자도 있다.

드래그 앤 드롭도 그러한 사례다. 현실 세계의 행동(물건을 집어 들었다가 내려놓는)을 그대로 본떠 만든 것이다. 그렇지만 사용자가 직관적으로 예상하는 대로(목표 지점이나 폴더에 내려놓는 방식) 작동하지 않으면 사용자는 개체를 직접 조작direct manipulation[2]하고 있다는 환상에서 깨어난다.

이제 인터페이스를 덜 지루하고 사용하기 쉽게 만들기 위해 할 수 있는 일이 많아졌다. 적절한 기능 제공하기, 기능에 맞는 레이블 붙이기, 기능을 발견하기 쉽게 만들기, 순차적인 일련의 동작 지원하기를 목표로 삼아야 한다. 몇 가지 창의적인 방법으로 이를 달성할 수 있다.

먼저 사용자가 동작을 실행하는 가장 일반적인 방법을 나열해 보자.

탭(Tap), 스와이프(Swipe), 핀치(Pinch)

모바일 운영체제와 애플리케이션에서 동작을 실행할 때는 주로 터치 제스처를 쓴다. 터치 스크린 운영체제에서 할 수 있는 동작은 폭넓고 다양하다. 아쉽게도 모바일 인터랙션 디자인을 심층적으로 분석하는 것은 이 책의 범위를 벗어난다. 하지만 탭, 스와이프, 핀치는 꼭 알아 두어야 할 주요한 3가지 동작이

1 (옮긴이) 컨텍스트 메뉴(context menu)는 흔히 컴퓨터를 사용할 때 마우스 오른쪽 버튼을 클릭하면 팝업으로 나타나는 메뉴를 뜻한다. 현재 쓰고 있는 프로그램이나 선택된 항목에 따라 다른 내용을 표시하기 때문에 상황에 맞는 메뉴, 또는 바로가기 메뉴라고도 부른다. 모바일에서는 특정 뷰를 오래 누르고 있으면 나타나는 메뉴를 말한다.

2 (옮긴이) 직접 조작(direct manipulation)은 1980년대 초 명령어 인터페이스가 주를 이루던 시절 벤 슈나이더만(Ben Shneiderman) 교수가 처음 만든 개념이다. 직접 조작은 GUI의 핵심 개념을 구성하는데, 사용자가 인터페이스에서 보이는 대상을 직접 제어하는 느낌이 들게 만드는 인터랙션 스타일을 뜻한다. 대상을 시각적으로 볼 수 있고, 복잡한 명령어 대신 '클릭하기', '누르기', '끌어다 놓기'와 같은 물리적 동작으로 인터페이스를 조작할 수 있으며, 행동 결과를 곧바로 확인할 수 있어야 한다.

다. 탭Tap은 모바일 운영체제에서 아이콘, 버튼, 개체를 짧게 누르는 것을 의미한다. 탭으로 앱을 실행하거나, 버튼을 클릭하거나, 개체(이미지)를 선택하거나, 다른 작업을 수행할 수 있다. 어떤 맥락에서 쓰이는지에 따라 의미가 달라진다.

스와이프Swipe는 다른 여러 동작에 흔히 쓰는 방식이다. 우선 애플리케이션에서 화면을 밀어서 탐색할 수 있다. 페이지를 위아래로 스크롤하기, 다음 이미지로 가기, 캐러셀이나 화면 목록 내에서 이동하기, 앱에서 다른 화면(설정 화면, 정보 패널) 불러오기 등을 할 수 있다. 목록에서 하나의 항목을 밀면 해당 항목에 적용할 수 있는 기능(보관, 삭제)이 나타난다.

핀치Pinch는 일반적으로 화면에서 확대/축소 수준을 조절한다. 두 손가락을 화면에 댄 채로 손가락을 안쪽으로 움직이면 사진이나 웹페이지 화면이 축소된다. 반대로 두 손가락을 바깥쪽으로 움직이면 사진이나 웹페이지 화면이 확대된다.

회전(Rotate)과 흔들기(Shake)

모바일 기기는 아주 작기 때문에 기기를 통째로 움직여서 명령을 수행할 수 있는데, 거대한 기기라면 이렇게 하기 어려울 것이다. 이는 가속도계를 비롯한 다른 센서가 모바일 기기에 부착되어 있어 가능한 일이다. 예를 들어 동영상이나 사진을 볼 때 세로에서 가로로 기기를 돌리면 화면 방향이 세로 모드에서 가로 모드로 바뀌는 건 이제 누구나 당연하게 여긴다. 동영상을 화면에 꽉 차게 만들어서 더 잘 보려고 흔히 하는 행동이다. 기기를 흔들어 동작을 실행하는 것도 익숙한 방식이다. 애플리케이션별로 다르지만 기기를 흔들어서 다음 노래로 건너뛰거나, 이전에 한 동작을 되돌릴 수 있다.

버튼(Buttons)

버튼은 인터페이스 위에 바로 배치한다. 사용자가 버튼을 보기 위해서 특정 기능을 실행할 필요가 없다는 의미다. 버튼은 주로 의미가 비슷한 것끼리 묶는다(버튼 그룹 패턴 참조). 버튼은 크고, 읽기 쉽고, 명확하므로 컴퓨터 초보라 하더라도 손쉽게 사용할 수 있다. 다만 메뉴바나 팝업 메뉴와 달리 인터페이스에서 공간을 많이 차지한다. 시작 페이지(기업 홈페이지, 제품 소개 페이지)에서 보통 콜투액션은 하나의 거대한 버튼으로 표현되어 시선을 사로잡는다. 사용자의 관심을 끌고, '여기를 누르세요!'라고 유도하는 게 콜투액션의 목적이라는 것을 고려하면 이에 잘 부합하는 표현 방식이다.

메뉴바(Menu Bars)

메뉴바는 대부분 데스크톱 애플리케이션에서 자주 볼 수 있다. 애플리케이션에 있는 전체 기능의 집합을 흔히 예상하는 것처럼(파일, 편집, 보기) 구성해서 보여 준다. 기능 중 일부는 전체 애플리케이션에 적용되고, 다른 일부는 개별적으로 선택한 항목에만 적용된다. 메뉴바는 접근성이 높기 때문에 컨텍스트 메뉴나 툴바에 있는 기능과 중복된 메뉴를 한 번 더 배치할 때도 많다. 스크린 리더로 읽거나, 키보드 단축키로 실행할 수 있다는 장점이 있다(접근성이 높다는 이유 하나만으로도 메뉴바는 많은 제품에서 필수 요소다). 메뉴바는 일부 웹 애플리케이션, 그중에서도 특히 생산성 소프트웨어, 그림 그리는 프로그램, 데스크톱 앱을 모방하는 제품 등에서 볼 수 있다.

팝업 메뉴(Pop-Up Menus)

팝업 메뉴는 컨텍스트 메뉴라고도 부르는데, 마우스 오른쪽 버튼을 클릭할 때나 패널 또는 항목에서 그에 상응하는 동작을 취할 때 나타난다. 인터페이스에서 쓸 수 있는 모든 기능을 나열하는 게 아니라 주로 특수한 맥락에 맞는 기능이나 공통된 기능을 배치한다. 팝업 메뉴는 짧게 만드는 게 좋다.

드롭다운 메뉴(Drop-Down Menus)

콤보 박스 같은 드롭다운 컨트롤을 클릭해서 관련 메뉴를 띄울 수 있다. 하지만 드롭다운 컨트롤은 동작을 실행하는 게 아니라 폼에서 옵션을 선택하는 용도로 만들어졌다. 기능에 드롭다운 컨트롤을 사용하는 것을 지양해라.

툴바(Tool bars)

표준 툴바는 아이콘으로 된 버튼이 나란히 있는 길고 얇은 가로 행이다. 문자 입력 칸이나 드롭다운 선택창 같이 다른 버튼이나 컨트롤이 포함될 때도 있다. 툴바에 넣으려는 기능을 시각적으로 명확하게 표현할 수 있을 때 가장 이상적으로 작동한다. 기능을 반드시 말로 설명해야 하는 경우라면 다른 컨트롤(콤보 박스나 문자 레이블이 붙은 버튼)을 사용해라. 의미를 알 수 없는 아이콘은 혼란을 야기하며 사용성 문제를 일으키는 주범이다.

링크(Links)

버튼에 꼭 테두리가 있지 않아도 된다. 웹에서 이미 경험한 덕분에, 대부분의 사용자는 색이 지정된 글자(특히 파란색 글자)를 클릭할 수 있는 링크로 이해하한다. 사용자가 쓸 수 있는 기능이 있지만, 주의를 끌거나 페이지를 복잡하게 할 필요가 없는 UI 영역에서는 버튼 대신 클릭할 수 있는 간단한 '글로 된 링크'를 활용해 보자. 기본값으로 밑줄을 표시하거나, 마우스를 링크 위에 올렸을 때 밑줄이 나타나게 할 수 있다. 사용자가 글자 위에 마우스를 올렸을 때 클릭할 수 있다는 것을 강조하기 위해 마우스 커서 모양과 링크의 표현(배경색, 테두리)을 변경한다.

조작 패널(Action Panels)

조작 패널은 주요 인터페이스에서 항상 눈에 보이기 때문에 사용자가 따로 열 필요가 없다. 기능을 말로 표현하는 게 시각적으로 표현하는 것보다 쉬울 때 툴바 대신 쓴다. 조작 패널 패턴을 참조하라.

호버 툴(Hover Tools)

인터페이스에 있는 각 항목에서 2개 이상의 기능을 실행할 수 있는데, 수많은 버튼을 중복으로 배치해서 페이지를 어지럽게 만들고 싶지 않을 때 사용한다. 사용자가 항목 위에 마우스 커서를 올릴 때만 해당하는 버튼이 나타나게 만든다(마우스로 조작하는 인터페이스에 잘 맞지만, 터치 스크린에는 적합하지 않다). 자세한 내용은 호버 툴 패턴을 참조하라.

레이블이 전혀 없는 눈에 보이지 않는 기능도 있다. 인터페이스에 따로 설명을 적지 않는 한 사용자는 이러한 기능이 있다는 것 자체를 미리 알고 있거나 추측해야 한다. 사용자가 기능을 눈으로 읽을 수 없기 때문에 발견하기가 몹시 어렵다. 버튼, 링크, 메뉴와 같은 경우 기능을 하나씩 살펴보고 학습할 수 있다. 사용성 평가에서 관찰한 결과 많은 사용자가 신제품에 있는 메뉴바를 한 항목씩 체계적으로 실행해 보면서 기능을 알아 갔다.

그런데도 보이지 않는 기능 중 하나 이상을 넣어야 할 때가 많다. 예를 들어 많은 사용자가 항목을 더블 클릭할 수 있을 것이라 기대한다. 하지만 시각 장애가 있거나 마우스를 쓰지 못하는 사용자에게는 때때로 키보드(또는 이에 상응하는 것)가 유일한 접근 수단이다. 일부 운영체제와 애플리케이션에서 숙련된 사용자는 셸shell[3]에 명령을 입력하거나 이에 해당하는 키보드 기능으로 작업하는 것을 선호한다.

한 번 클릭하기 vs. 더블 클릭하기

객체 지향 운영체제(윈도우와 맥)를 쓰는 사용자는 이미지나 문서 파일과 같은 개체를 한 번 클릭하면 작업하려는 개체가 선택된다는 것을 알고 있다. 우선 개체를 선택하고 나서 기능이나 명령을 적용하면 선택한 대상에 그대로 실행된다. 예를 들어 컴퓨터 바탕 화면에서 파일을 선택해서 '쓰레기통으로 이동하기' 같은 작업을 실행할 수 있다. 애플리케이션에서는 요소를 한 번 클릭해서 이동하거나, 크기를 조정하거나, 다른 기능이나 명령을 실행할 수 있다.

사용자는 더블 클릭을 상황에 따라 '항목 열기', '애플리케이션 실행하기', '항목 편집하기'로 이해한다. 이미지를 더블 클릭하는 것은 편집용 또는 기본 애플리케이션에서 이미지를 열겠다는 의미다. 대부분 운영체제에서 애플리케이션의 아이콘을 더블 클릭하면 해당 애플리케이션이 실행된다. 또한 문자를 더블 클릭하면 바로 편집할 수 있다.

키보드 조작(Keyboard Actions)

UI를 디자인할 때 고려해 볼 만한 키보드 조작으로 2가지 유형이 있다. 둘 다 '속도를 높이는' 용도다. 이 기능은 숨어 있거나 복잡해 보일 수 있지만, 숙련된

3 (옮긴이) 셸(shell)이란 운영체제 커널과 사용자 간에 다리 역할을 수행하며, 사용자가 키보드를 통해 입력한 명령 라인을 읽고 필요한 시스템 기능을 실행하거나 다른 프로그램으로 넘기는 명령 해석기 역할을 한다.

사용자의 경우 실제로 작업을 더 빨리 마치게 해준다. 숙련된 사용자 그룹을 이상적으로 고려한다면 마우스와 팔을 가능한 덜 움직이는 방향으로 디자인해라.

키보드 조작은 또한 신체 능력 수준이 다르고 보조기술이 필요한 사람이 인터페이스에 접근하게 하는 데도 중요하다. 이런 사용자를 위해서는 마우스와 GUI 구성 요소를 반드시 사용하지 않고도 명령을 입력할 수 있게 해야 한다. 아래 2가지 기법 모두 사용자가 키보드에서 손을 떼지 않고 인터페이스를 제어할 수 있도록 도와준다. 바로 '단축키'와 '탭 이동'이다.

단축키

키보드 단축키는 신체 능력이 다른 사람들이 제품에 접근할 수 있도록 해주고, 숙련된 사용자에게는 효율적이고 신속한 사용 경험을 지원한다. 그래서 대부분 데스크톱 애플리케이션에 탑재되어야 하는 기능이다. UI 플랫폼(윈도우, 맥, 일부 리눅스 환경)의 각 스타일 가이드에 표준 단축키가 설명되어 있으며, 서로 굉장히 유사하다. 추가로 메뉴와 컨트롤에 종종 밑줄로 바로 가기 키 access key가 나타나면 사용자는 마우스를 클릭하거나 탭을 누르지 않고도 해당 기능을 쓸 수 있다(Alt 키를 누른 상태로 밑줄 쳐진 문자에 해당하는 키를 눌러 원하는 동작을 실행한다).

탭 이동(Tab Order)

탭 이동도 마찬가지로 데스크톱 애플리케이션(기본 OS와 웹 모두)에서 접근성과 효율성을 높이는 것을 목표로 한다. 탭 이동은 탭(또는 기타 지정된) 키를 사용하여 화면에 있는 하나의 UI 구성 요소에서 다음 구성 요소로 키보드 커서나 선택을 이동하는 기능이다. 사용자는 화면에서 선택할 수 있는 모든 옵션을 하나씩 이동할 수 있다. 끝까지 가면 다시 처음으로 되돌아가고, 이는 무한 반복할 수 있다. 다음 요소로 커서를 이동하기 전까지 사용자는 자신이 선택한 UI 구성 요소에 키보드 명령을 적용할 수 있다. 이렇게 입력 폼이나 '보내기' 버튼을 선택하면 마우스를 사용하지 않고 폼을 수정하거나 버튼을 클릭할 수 있다. 음성 브라우저를 사용해야 하거나 키보드나 마우스를 조작하는 게 신체적으로 어려운 사람들에게 유용하다.

드래그 앤 드롭(Drag-and-Drop)

인터페이스에서 항목을 끌어다 놓는다는 것은 보통 '항목을 이동'하거나 '항목을 실행'한다는 의미다. 파일을 애플리케이션 아이콘으로 끌어다 놓은 것은 '해당 애플리케이션에서 이 파일을 열겠다'고 하는 것과 같다. 파일 탐색기에서는 한 위치에서 다른 위치로 파일을 끌어서 항목을 이동하거나 복사할 수 있다. 상황에 따라 다르지만 드래그 앤 드롭은 보통 이러한 2가지 경우 중 하나를 뜻한다.

텍스트 명령(Typed Commands)

명령줄 인터페이스Command-line Interfaces, CLI는 GUI가 아직 발명되기 훨씬 이전의 컴퓨터 시대를 떠올리게 한다. 당시 컴퓨터 화면에는 문자만 표시할 수 있었다. 컴퓨터 운영체제는 오로지 화면에서 문자를 입력하는 줄이나 지정된 위치에 직접 명령어를 입력하는 방식으로만 제어할 수 있었다.

CLI는 일반적으로 소프트웨어 시스템에 있는 모든 기능에, 그것이 운영체제든 애플리케이션이든, 자유롭게 접근할 수 있도록 허용한다. CLI에서는 대부분 사용할 수 있는 명령어를 쉽게 알려 주지 않기 때문에 사람들은 CLI를 통해 소프트웨어 기능에 자유롭게 접근할 수 있다는 사실을 알지 못한다. 발견하기 쉽지 않지만, 일단 가능한 명령을 학습하고 나면 꽤 강력한 방식이다. 즉, 하나의 제대로 구성된 명령어로 많은 일을 할 수 있다. 따라서 CLI는 충실히 소프트웨어를 배울 의지가 있는 사용자에게 가장 적합하다.

맥과 윈도우 운영체제 모두 사용자가 컴퓨터와 이런 방식으로 상호작용할 수 있도록 터미널 모드terminal mode를 열어 준다. 기존 유닉스와 도스 운영체제는 이렇게 작동했다. 요즘에는 문자로 표현한 SQL 쿼리에서 널리 사용되는 형태의 명령어 입력 방식이다.

어포던스(Affordance)

UI 오브젝트가 특정 작업을 실행할 수 있는 것처럼 보일 때(살짝 누르기, 클릭하기, 끌기) 개체에 해당 동작을 실행할 '여력이 있다'고 한다. 이를 어포던스라고 부른다. 예를 들어, 볼록하게 처리된 전형적인 버튼은 탭 또는 클릭할 수 있고, 스크롤바는 드래그할 수 있고, 날짜 선택기date picker는 달을 가로 또는 세로 방향으로 변경할 수 있다는 신호를 준다. 문자 입력 칸은 타이핑이 가능하고, 밑줄이 표시된 파란색 글자는 클릭하거나 누를 수 있다는 힌트를 준다.

오늘날의 모바일 UI와 데스크톱 GUI는 이런 직접적인 지각, 행동유도성, 조작을 활용해서 기능을 제공한다. 모든 흥미로운 시각적 특징에는 역할이 있다는 경험 법칙은 UI를 디자인할 때 충분히 참고할 만한 근거다.

이를 바탕으로 동작에 대한 어포던스는 다음 사항을 포함한다.

- 인터페이스의 나머지 부분과 다른 아이콘, 개체, 모양
- 일반 본문 글자와 다른 스타일의 글자
- 마우스 포인터를 개체 위에 올렸을 때 반응하는 것
- 탭 또는 스와이프했을 때 반응하는 것
- 강조 또는 대비가 높은 시각적 처리
- 조작할 수 있어 보이는 개체: 그림자, 굴곡, 질감, 하이라이트
- 화면의 다른 요소와 달라 보이거나 여백으로 구분된 개체 또는 구성 요소

객체 직접 조작(Direct Manipulation of Objects)

오늘날 모바일 기기에서 이뤄지는 대부분의 상호작용은 화면 요소를 직접 조작할 수 있다는 가정 아래 설계된다. 작업을 완료하기 위해 버튼을 짧게 누르고, 목록에 있는 항목을 삭제하거나 컨텍스트 메뉴를 열기 위해 항목을 스와이프하고, 개체를 옮기기 위해 누른 상태에서 끌고, 지도를 축소하기 위해 핀치하고, 이미지 편집 기능을 쓰기 위해 이미지를 짧게 누른다.

이는 기존 데스크톱 메뉴의 접근 방식과 대조적이다. 데스크톱에서는 사용자가 개체를 선택한 뒤에 인터페이스의 다른 부분으로 이동해 명령을 활성화해서 선택한 개체에 적용해야만 했다. 여기서 중요한 점은 모바일 인터페이스를 사용할 때는 복잡하고 간접적인 동작 메뉴와 복수 선택이 거의 필요 없다는 것이다. 모바일 인터페이스는 개체에 하나씩 작용하는 방식을 선호한다. 지정

할 수 있는 개체에 몇 개의 간단한 제스처로 직접 영향을 미치거나, 상황에 맞는 메뉴를 필요할 때 호출하는 식으로 말이다.

그림 8-1에서 소셜 미디어를 위한 모바일 전용 동영상 편집 앱인 어도비 프리미어 러시Adobe Premiere Rush 인터페이스에서 제공하는 어포던스를 볼 수 있다. UI 문제를 잘 해결한 사례다. 소프트웨어 인터페이스에서 사용자는 어떤 요소를 수정하거나 손볼 수 있는지 감각적 단서를 많이 얻지 못한다. 대부분 시각적으로 단서를 얻고, 강조나 움직임 같은 어포던스로 나머지를 채운다.

그림 8-1 어도비 프리미어 러시

화면 위에 있는 비디오 플레이어 컨트롤은 거의 전 세계에서 통용되는 디자인이기 때문에 절대 이해하기 어려운 UI가 아니다. 오히려 아래쪽 패널이 좀 더 어렵다. 밝은 파란색의 세로선이 동영상과 음성을 넣는 트랙 위에 있는데, 세로선이 미디어를 위한 도구 또는 기준점이라는 것을 나타낸다. 사실 세로선은 재생 헤드playhead로, 미디어 파일의 재생 지점을 표시하는 지시선이다.

동영상 클립 자체는 아주 큰 아이콘(동영상에서 가져 온 이미지를 정사각형이나 직사각형 안에 표시)으로 표현된다. 사용자가 원본 동영상이 무엇인지 기억하거나 최소한 이 클립이 작업 파일이라는 것을 알고 있다고 전제한다. 따라서 사용자는 아이콘이 무엇을 나타내는지 이해한다. 파란색 재생 선이나 클립을 눌러서 선택하면 자동으로 클립이 선택되었다는 강조 테두리가 표시된다(따라서 선택할 수 있다는 것을 알 수 있다).

패턴

이 장의 앞부분은 기능을 보여 주는 방법 중 3가지를 다룬다. 애플리케이션의 메뉴바 또는 팝업 메뉴에 습관적으로 기능을 배치하고 있다면 잠시 멈추고 다음 패턴 가운데 하나를 고려해 보는 것을 추천한다.

- 버튼 그룹Button Groups
- 호버Hover 또는 팝업 툴Pop-Up Tools
- 조작 패널Action Panel

완료 버튼 강조는 많은 웹페이지와 다이얼로그에서 가장 중요한 버튼의 기능을 향상시켜 준다. **지능형 메뉴 항목**은 메뉴에 두는 일부 기능을 개선하는 기법이다. 매우 일반적인 패턴으로 많은 종류의 메뉴(또는 버튼, 링크)에 유용하다.

애플리케이션에서 사용자가 시작한 모든 동작을 순식간에 완료할 수 있으면 좋겠지만, 현실은 그렇지 않다. **미리 보기** 패턴은 시간이 오래 걸리는 작업을 시작하기 전 사용자에게 어떤 일이 일어날 것인지 사전에 보여 준다. **스피너와 로딩 인디케이터**는 사용자가 여러 단계 중 현재 어디에 위치하는지를 알려 주는 친숙한 기법이며, **취소 가능성** 패턴은 사용자가 요청할 때 작업을 중지하도록 하는 UI 기능이다.

다음 마지막 3가지 패턴은 모두 일련의 동작을 다룬다.

- 다단계 실행 취소Multilevel Undo
- 명령 기록Command History
- 매크로Macros

이 3가지 패턴은 서로 맞물려 있어 특히 사용자가 소프트웨어를 제대로 배울 의지가 있고, 소프트웨어를 광범위하게 사용하는 상황에서 가장 유용하다(그래서 사용 예시로 주로 리눅스, 포토샵, 워드와 같은 복잡한 소프트웨어를 들었다). 이러한 패턴은 구현하기가 쉽지 않다. 애플리케이션이 사용자의 동작을 개별적이고, 설명 가능하며, 때로는 되돌릴 수 있도록 모델링해야 하기 때문이다. 게다가 이런 모델링은 기존 소프트웨어 구조에 새로 장착하기가 몹시 어렵다.

동작과 명령 디자인을 더 자세히 공부하고 싶다면, 에릭 감마Erich Gamma 외

3명이 집필한 《GoF의 디자인 패턴: 재사용성을 지닌 객체지향 소프트웨어의 핵심 요소*Design Patterns: Elements of Reusable Object-Oriented Software*》를 참고하라.

53 버튼 그룹(Button Groups)

WHAT 정의하기

관련 기능끼리 시각적으로 비슷하게 처리해 정렬하고 모아 놓은 여러 버튼 모음을 의미한다. 서너 개 이상의 기능이 있으면 다수의 그룹을 만들 수 있다.

WHEN 언제 사용하면 좋을까?

인터페이스에 표시할 기능이 많을 때 사용한다. 모든 기능을 항상 노출하고 싶지만, 화면이 지저분해 보이거나 혼란스럽지 않도록 시각적으로 잘 정리하고자 할 때 활용한다. 기능의 일부는 서로 비슷하다. 서로 유사하거나 보완적인 효과가 있거나 비슷한 규칙으로 작동한다. 이런 기능을 2~5개의 버튼으로 묶어 그룹으로 구성한다.

버튼 그룹은 앱 전체에 적용되는 기능(열기, 기본 설정), 항목별로 적용되는 기능(저장, 편집, 삭제), 그 외 다른 범위에 적용되는 기능에도 사용할 수 있다. 그러나 범위가 다른 기능을 함께 묶어서는 안 된다.

WHY 어떤 효과가 있을까?

버튼을 그룹으로 묶으면 보다 직관적인 인터페이스를 만들 수 있다. 잘 정의된 버튼 그룹은 복잡한 레이아웃에서 쉽게 눈에 띄며, 따라서 해당 기능의 정보를 순식간에 전달한다. '현재 맥락에서 사용할 수 있는 기능이 여기 있어요'라고 공지하는 셈이다.

게슈탈트 법칙은 이 패턴에도 적용된다. 근접성은 서로 관련되어 있다는 것을 암시한다. 버튼이 서로 붙어 있다면, 아마 관련된 작업을 수행할 것이다. 시각적 유사성도 마찬가지다. 예를 들어 모든 버튼을 같은 규격으로 만들면, 전부 같은 부류에 속하는 것처럼 보인다. 반대로 서로 멀리 떨어뜨리거나 버튼 모양을 다르게 만들면 서로 별 관련이 없다는 의미를 함축한다.

적절하게 크기를 조정하고 정렬하면 버튼 그룹이 하나로서 더 포괄적인 시각적 형태를 형성하는 데 도움이 된다.

HOW 어떻게 활용할까?

관련 버튼이 자연적이거나 논리적인 세트를 형성하도록 그룹을 만든다. 추가로 짧고 명확한 동사나 동사구로 된 레이블을 붙일 수도 있다. 사용자가 이해하기 쉬운 단어를 사용하라. 다른 대상에 영향을 미치거나 범위가 다른 버튼은 섞지 말고 다른 그룹으로 분리하라.

그룹에 있는 모든 버튼은 테두리, 색상, 높이, 너비, 아이콘 스타일, 동적 효과 등을 시각적으로 동일하게 처리해야 한다. 버튼이 너무 넓지 않다면 하나의 열이나 행으로 정리할 수 있다. 하지만 하나의 기능이 '주요 기능'인 경우 다르게 처리하라. 가령, 웹 폼에서 '완료' 버튼처럼 말이다. 주요 기능은 사용자가 실행하기를 바라거나 사용자 대부분이 실행할 것으로 예상되는 동작이다. 주요 기능 버튼은 시각적으로 더 강하게 처리하여 다른 버튼들 사이에서 돋보이도록 하라.

그룹에 있는 모든 버튼이 동일한 개체에 작용하는 경우, 버튼 그룹을 해당 개체의 왼쪽이나 오른쪽에 배치한다. 개체 아래에 배치할 수도 있지만, 다중 열 목록이나 트리 같이 복잡한 UI 요소 하단에는 눈에 띄지 않는 '사각지대'가 있을 때가 많다. 그래서 사용자가 버튼을 아예 발견하지 못할지도 모른다. 버튼 그룹이 더 잘 보이게 하려면 나머지 인터페이스를 깨끗하고 정돈된 상태로 유지하라. 특정 디자인을 쓰고 있어서 버튼을 개체 아래에 두는 게 더 효과적이라면 사용성 평가를 해서 확인하라. 버튼 수가 충분하고 아이콘이 있다면 툴바에 넣거나 페이지 상단에 있는 리본 같은 스트립에 넣을 수도 있다.

버튼 그룹을 사용해서 버튼과 링크가 복잡하게 뒤섞이거나, 뚜렷한 차별성이 전혀 없는 기능들이 길게만 나열되는 것을 피하고 싶은가? 버튼 그룹 패턴을 활용하면 기능에 시각적 계층 구조를 만들 수 있다. 즉, 사용자는 무엇이 서로 관련되어 있고 무엇이 중요한지를 한눈에 파악할 수 있게 된다.

EXAMPLES 예시

그래픽 에디터에 있는 기본 도구는 기능에 따라 묶이는 경우가 많다. 그림 8-2

구글 문서도구에서는 일부 공통 도구를 그룹으로 묶었는데(세로줄 또는 '파이프'로 구분), 이는 실제로 기능을 인식하는 데 도움을 준다. 이 인터페이스에는 최소한 27개의 버튼이 있다. 이해해야 할 것도 많고, 지켜봐야 하는 요소도 많다. 그런데도 신중하게 구성된 시각 및 의미 구조 덕분에 인터페이스가 전혀 압도적으로 느껴지지 않는다.

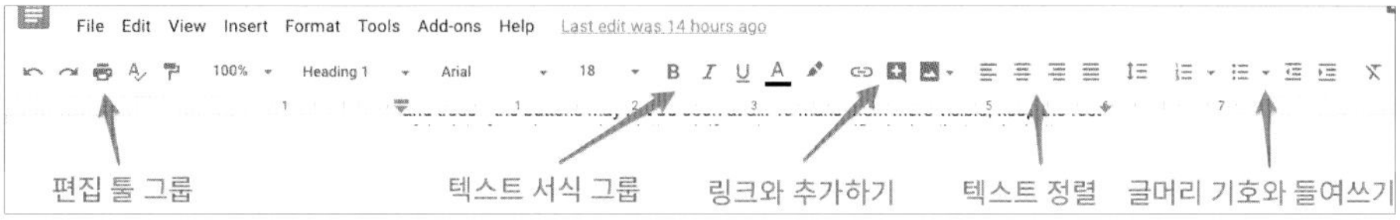

그림 8-2 구글 문서도구의 버튼 그룹

두 번째 예(그림 8-3)는 맥 운영체제의 파인더 창 헤더다. 애플의 디자인 전통에 충실하게 버튼은 시각적으로 분명히 더 '버튼다워' 보인다. 내비게이션 그룹에는 2개의 버튼이 모여 있다. 뷰를 바꾸는 버튼 그룹은 세그먼티드 버튼segmented button으로 되어 있다. 전체에서 왼쪽과 오른쪽만 모서리를 둥글게 처리했으며 중간에 끼어 있는 버튼은 그렇게 하지 않았다.

그림 8-3 맥 OS 파인더

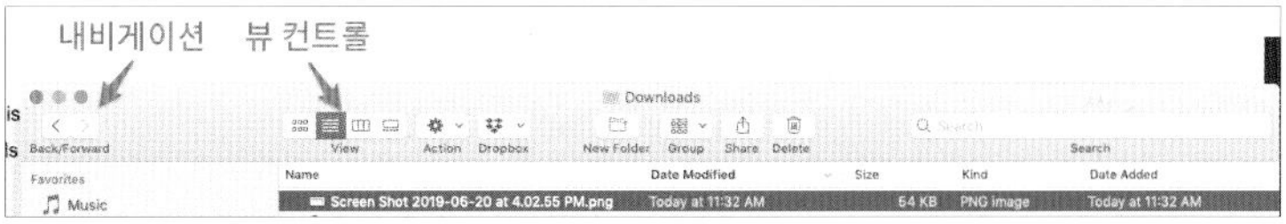

54 호버(Hover) 또는 팝업 툴(Pop-Up Tools)

WHAT 정의하기

어떤 항목에 동작을 수행하려고 마우스 포인터를 올리면 숨겨져 있던 버튼이나 다른 기능이 해당 항목 근처에 나타난다. 모바일 UI에서는 사용자가 항목을 짧게 누르면 항목 옆에서 도구가 나타난다.

WHEN 언제 사용하면 좋을까?

인터페이스에서 표시할 기능이 많을 때 사용한다. 인터페이스가 깔끔하고 정돈되어 보였으면 하지만, 기능을 어딘가에는 넣어야 할 때 활용한다. 가급적 기능이 작용하는 항목 위나 옆에 배치하는 게 좋다. 이미 기능을 보여 주는 용도로 공간을 할당했더라도 기능이 항상 노출되면 화면이 복잡해질 뿐이다.

호버 툴은 작은 항목(사진, 메시지, 검색 결과 등) 여러 개가 열이나 목록으로 표시되는 목록 인터페이스에서 흔히 사용된다. 사용자는 각 항목에서 여러 동작을 실행할 수 있다.

터치패드 기기를 다룰 때처럼, 손가락으로 인터페이스를 조작하게 할 의도가 전혀 없을 때 사용한다. 즉, 거의 모든 사용자가 마우스로 UI와 상호작용할 것이 확실할 때 활용한다.

WHY 어떤 효과가 있을까?

호버 툴은 정확히 필요한 때와 장소에 나타난다. 그게 아니면 조용히 사라지면서 UI를 깨끗하고 깔끔하게 유지해 준다. 사용자가 요청할 때 등장하고, 사용자 동작에 대한 반응으로 나타나면서 주의를 끈다.

팝업(오른쪽 마우스 클릭) 메뉴, 풀다운 메뉴, 메뉴바에도 비슷한 장점이 있다. 하지만 일부 인터페이스에서는 사용자가 이런 메뉴를 발견하는 자체가 어렵기 때문에 웹 기반 인터페이스가 아닌 전통적인 데스크톱 애플리케이션에 가장 적합하다(때로는 전통적인 애플리케이션에서도 최선이 아닐 수 있다). 이에 비해 호버 툴을 띄우는 롤오버 동작은 간단하고 자연스럽기 때문에 다른 방식보다 사용자가 훨씬 더 쉽게 발견할 수 있다.

안타깝게도 터치 스크린에서는 마우스를 사용할 수 없기 때문에 마우스 오버 상태가 없다. 터치패드에서 사용자가 호버 툴을 볼 수 있는 유일한 방법은 실제로 호버 영역을 터치하는 것이다. 이런 상황에서 개체에 적용되는 도구나 기능이 있다면 개체를 탭해서 관련 기능을 팝업 패널이나 목록으로 보여 주거나 개체 위에 표시한다.

HOW 어떻게 활용할까?

각 항목이나 호버 영역을 디자인할 때 가능한 기능을 전부 보여 줄 수 있도록 충분한 여유 공간을 둔다. 인터페이스를 너무 복잡하게 만드는 요소를 숨기고 사용자가 해당 영역 위로 마우스 포인터를 올렸을 때만 기능을 표시한다.

마우스를 위에 올렸을 때 빠르게 응답하고 전환 애니메이션을 사용하지 말

라. 기능을 즉시 표시하고 사용자가 포인터를 다른 곳으로 이동하면 기능을 바로 숨긴다. 마찬가지로 사용자가 영역 위에 포인터를 올렸을 때는 절대 호버 영역을 확대하거나 페이지를 다시 정렬하지 않는다. 호버 동작을 최대한 가볍고 빠르게 만들어 필요한 기능에 쉽게 접근할 수 있게 하기 위해서다.

목록에 있는 한 항목이 호버 영역이라면 항목의 배경색을 변경하거나 주위에 테두리를 만들어 강조한다. 기능을 보여 주면 해당 영역으로 사용자의 시선을 끌 수 있지만, 항목을 시각적으로 강조하면 더욱 효과적일 것이다.

호버 툴은 드롭다운 메뉴, 팝업 메뉴, **조작 패널**, 버튼이 있는 **포괄 목록**, 항목마다 반복되는 버튼 집합을 대신할 수 있다.

EXAMPLES 예시

슬랙은 호버 툴을 광범위하게 사용한다(그림 8-4). 메인 피드나 스레드의 게시글마다 호버 툴이 나타난다. 이렇게 하지 않으면 모든 기능을 항상 표시해야 하거나(너무 정신없고 복잡해 보인다), 기능을 상단 툴바로 옮겨서 피드에서 선택한 게시글에서만 사용할 수 있게 해야 한다. 복잡하지 않은가? 반면에, 호버 툴은 필요한 곳에 바로 나타나며 직관적이다(최소한 빨리 학습할 수 있다).

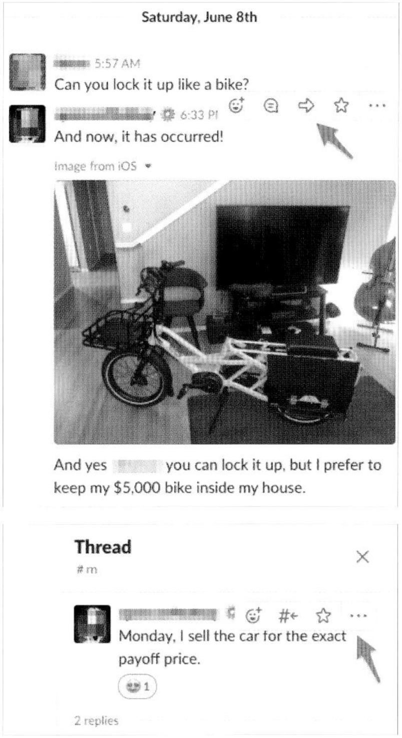
Saturday, June 8th
5:57 AM
Can you lock it up like a bike?
6:33 P
And now, it has occurred!
Image from iOS
And yes you can lock it up, but I prefer to keep my $5,000 bike inside my house.
Thread
m
Monday, I sell the car for the exact payoff price.
1
2 replies

그림 8-4 슬랙 게시글과 스레드의 호버 툴

호버 툴을 사용해 슬라이더와 같은 버튼이나 컨트롤을 보여 주거나 숨기는 오버레이 방식도 있다. 이는 10장의 **드롭다운 선택창** 패턴과 유사한데 설정이 아니라 기능을 보여 주는 용도라는 게 유일한 차이점이다.

유튜브 플레이어(그림 8-5)는 마우스를 올렸을 때 음량 슬라이더와 기타 컨트롤을 표시한다. 비디오 플레이어 컨트롤은 마우스를 플레이어 영역 위에 올렸을 때만 나타난다. 그렇지 않으면 동영상에 집중하는 것을 방해하는 잡다한 요소는 화면에서 사라진다.

그림 8-5
유튜브 웹 플레이어

55 조작 패널(Action Panel)

WHAT 정의하기

단순히 정적인 메뉴 이상의 패널 또는 명령 그룹이다. 소프트웨어에서 사용자의 위치나 사용자가 현재 하는 작업에 따라 가장 자주 쓰는 기능이나 관련성 높은 명령을 추천해 준다. 조작 패널은 사용자가 쓸 수 있는 명령을 눈에 더 잘 들어오게끔 표시하는 방법이다.

WHEN 언제 사용하면 좋을까?

목록에 항목이 나열되어 있고, 각 항목에 적용할 수 있는 일련의 기능이 있을 때 사용한다. 모든 기능을 항목마다 표시하거나, 호버 툴을 쓰기에 그 수가 너무 많다. 기능을 메뉴에 넣을 수도 있지만, 메뉴바가 아예 없거나, 메뉴바보다 더 찾기 쉬운 곳에 두고 싶을 때 사용하는 패턴이다. 팝업 메뉴도 마찬가지로 충분히 눈에 띄지 않는다. 사용자는 팝업 메뉴가 존재하는지조차 모를 수 있다.

표시하려는 기능의 집합이 메뉴에 넣기에 너무 복잡할 때도 활용한다. 메뉴는 위계가 거의 없는 기능을 한 줄에 한 항목으로 단순하게 보여 주기에 가장 좋다(위계가 있으면 오른쪽으로 펼쳐지는 메뉴(캐스케이딩 메뉴)를 써야 하는데, 이를 조작하기 어려워하는 사용자도 있기 때문이다). 기능에 위계가 있다면 여러 기능을 그룹으로 분류하고, 분류한 그룹이 최상위 메뉴 이름(파일, 편집, 뷰, 툴 등)에 들어맞지 않는다면, 전체적으로 다르게 표현해야 한다.

화면 공간을 많이 차지할 수 있기 때문에 작은 기기에는 일반적으로 추천하지 않는 패턴이다.

WHY **어떤 효과가 있을까?**

메뉴나 항목마다 버튼을 두는 대신 조작 패널을 쓰는 데는 3가지 주요한 이유가 있다. 잘 보이고, 공간을 충분히 쓸 수 있고, 자유롭게 표현할 수 있기 때문이다.

기능을 주요 UI에 배치하고 전통적인 메뉴 안에 숨기지 않아서 사용자에게 잘 노출된다. 실제로 조작 패널은 일반적인 의미에서 메뉴라 할 수 있다. 다만 메뉴바, 드롭다운, 팝업 안에 있지 않을 따름이다. 사용자는 조작 패널에 무엇이 있는지 보기 위해 아무 액션도 취할 필요가 없기 때문에 인터페이스를 더욱 더 쉽게 파악할 수 있다. 특히 전통적인 문서 모델과 메뉴바에 익숙하지 않은 사용자에게 좋다.

인터페이스에서 개체를 구성하는 방법은 아주 많다. 목록, 그리드, 테이블, 위계, 떠올릴 수 있는 맞춤형 구조, 그 무엇이든 가능하다. 하지만 버튼 그룹과 전통적인 메뉴에서는 목록만 쓸 수 있다(심지어 목록이 아주 길면 안 된다). 반면에 조작 패널은 형태가 자유롭다. 따라서 조작 패널을 쓰면 명사(개체)를 시각적으로 자유롭게 구성할 수 있는 만큼 동사(동작과 명령)도 아주 자유롭게 구성할 수 있다.

HOW **어떻게 활용할까?**

UI에 조작 패널 배치하기 인터페이스에서 한 블록의 공간을 확보하고, 기능이 작용하는 대상 아래 또는 옆에 배치하라. 대상은 주로 선택할 수 있는 항목의 목록, 테이블, 트리인데, 센터 스테이지에 있는 문서가 대상이 될 수도 있다. 근접성이 중요하다는 점을 기억하라. 조작 패널을 적용 대상에서 너무 멀리 떨어진 곳에 배치하면 사용자가 조작 패널과 작용하는 대상 간의 관계를 파악하지 못할 수 있다.

패널은 단순한 직사각형 형태이다. 페이지에 있는 여러 개의 타일 패널 중 하나이거나, **이동식 패널**, 맥 운영체제의 드로어drawer, 심지어 별도의 창이 될 수도 있다. 패널을 닫을 수 있게 만들었다면, 다시 열기도 아주 쉬워야 한다. 특히 해당 기능을 메뉴에 중복해서 넣지 않아서 조작 패널에서만 볼 수 있다면 말이다.

또한 상황이 달라질 때마다 다른 기능을 표시해야 한다. 따라서 조작 패널의 내용은 애플리케이션 상태(현재 열려 있는 문서가 있는가?)나 목록 어딘가에서 선택한 항목 또는 그 외 요인에 따라 달라질 수 있다. 조작 패널이 동적으로 변화하게 하라. 변화는 사용자의 관심을 끌어 긍정적인 효과를 줄 것이다.

기능을 구조화하기 이제 기능을 어떻게 구조화할지 결정해야 한다. 다음과 같은 방법을 사용할 수 있다.

- 단순한 목록
- 다중행으로 된 목록
- 제목이나 그룹이 있는 범주화된 목록
- 테이블이나 그리드
- 트리
- 위 사항을 조합해 넣은 하나의 패널

기능을 분류할 경우 과업 중심의 접근 방식을 고려해 보라. 기능을 사용자가 하려는 일에 따라 분류하되 여러 단계가 나란히 늘어서게 표현하려고 노력해라. 화면을 볼 수 없는 사람에게 기능을 소리 내어 읽어 주는 일을 상상해 보라. 시작과 끝이 분명하게 논리적으로 설명할 수 있는가? 시각장애가 있는 사용자는 인터페이스를 '듣기' 때문에 이를 염두에 두어라.

기능에 레이블 지정하기 각 기능에 레이블을 넣을 때는 무엇이 기능의 성격을 가장 잘 전달하는지에 따라 글, 아이콘 또는 둘 다 사용할 수 있다. 레이블을 거의 아이콘으로만 구성한다면, 결국 전통적인 툴바(UI가 비주얼 빌더 스타일 애플리케이션인 경우에는 팔레트)를 만드는 것이다.

조작 패널의 문자 레이블은 메뉴나 버튼의 문자 레이블보다 길이가 길다. 충분히 설명하는 게 낫기 때문에 레이블이 여러 줄이 될 수도 있다. 신규 사용자나 자주 쓰지 않는 사용자가 기능을 배우거나 어떤 기능인지 떠올리는 데 설명적인 레이블이 더 낫다는 것을 기억하라. 하지만 주로 숙련된 사용자만 쓰는 고성능의 인터페이스라면 레이블이 길어져서 공간이 늘어나는 경우 환영받지 못할 것이다. 패널에 단어가 너무 많으면 심지어 처음 사용하는 사람이라도 읽기 피곤하다고 느낀다.

EXAMPLES **예시**

그림 8-6은 드롭박스Dropbox의 사례로, 데스크톱 웹 UI를 보여 준다. 화면 오른쪽에 조작 패널이 있다. 항상 눈에 보이는 패널을 한 번만 클릭하면 가장 자주 쓰는 기능에 접근할 수 있다. 사용할 가능성이 제일 높거나 가장 자주 쓰는 명령을 특별하게 대우한다. 이런 명령의 그룹화와 분리는 이것이 모두 조작 패널임을 보여 준다.

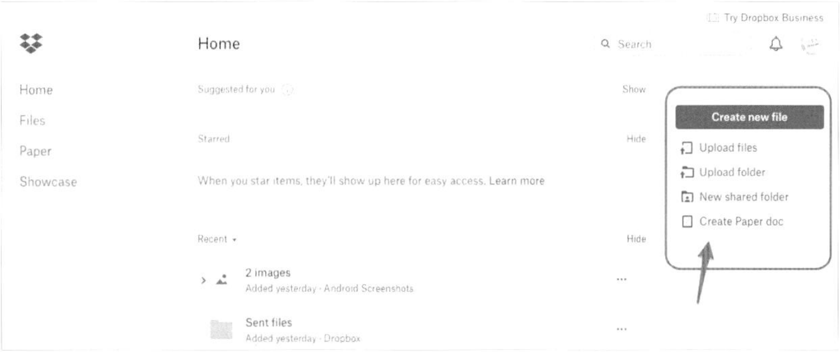

그림 8-6 드롭박스의 조작 패널

마이크로소프트 윈도우Microsoft Windows 10의 스크린 캡처(그림 8-7)는 조작 패널을 표시하거나 숨기는 두 가지 예를 보여 준다. 패널 크기가 화면을 꽉 채우기

그림 8-7 마이크로소프트 윈도우 10 시작 메뉴

때문에 항상 노출되는 것은 아니고, 사용자가 클릭해야 패널을 열 수 있다. 그러나 열린 뒤에는 그 상태를 유지하며 취할 수 있는 수많은 옵션과 기능을 표시한다.

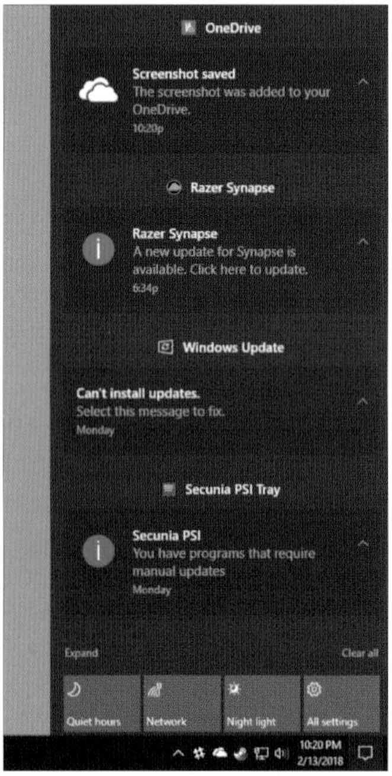

그림 8-8 마이크로소프트 윈도우 10 기능 패널

전설적인 팝업 메뉴인 윈도우 10의 시작 메뉴는 단순히 실행할 수 있는 앱 아이콘을 나열하는 고전적인 목록에서 진화했다. 이제는 타일 그룹(큰 사각형 버튼, 현재 날씨처럼 상태가 역동적으로 바뀌는 버튼)을 보여 주는 훨씬 거대한 패널이 되었다. 타일은 사용자가 수행할 가능성이 높은 일을 기준으로 묶여 있다. 타일 하나를 선택하면 애플리케이션이 실행되거나 디렉터리가 열린다.

윈도우 10의 조작 패널(그림 8-8)은 오른쪽 아래에 있는 '말풍선' 아이콘으로 열 수 있다. 패널의 대부분은 스크롤해서 볼 수 있는 알림 목록으로, 알림 대부분은 콜투액션(사용자에게 설정을 변경하거나 프로세스를 활성화하거나 문제를 수정하라는 요청)이다. 사용자는 알림을 클릭해서 목록에서 직접 작업을 수행할 수 있다. 패널 아래에는 알림과 시스템 설정으로 가는 버튼 모음이 있다. 다른 디자인 리소스에서는 이와 같은 패턴을 태스크 패인Task Pane이라고 부른다.

56 완료 버튼 강조(Prominent Done Button)

WHAT 정의하기

화면이나 프로세스에서 선호되는 다음 단계나 최종 단계를 표현하는 버튼과 다른 선택을 할 수 있는 화면 구성 요소를 말한다.

WHEN 언제 사용하면 좋을까?

인터페이스에서 '완료', '보내기', '확인', '계속' 등의 버튼을 넣을 때 이 패턴을 사용한다. 일반적으로 모든 거래(온라인 쇼핑)의 최종 단계 아니면 여러 옵션이 있는 설정을 확정하는 최종 단계에서 시각적으로 눈에 띄는 버튼을 활용한다.

WHY 어떤 효과가 있을까?

이해하기 쉽고 명백한 최종 단계는 사용자에게 '작업이 완료되었다'는 인상을 준다. 버튼을 클릭하고 거래가 완료되는 과정에 의심의 여지가 없다. 사용자가 자신의 행동이 효과가 있는지 궁금해하면서 기다리도록 하지 말라.

최종 단계를 분명히 하는 것이 이 패턴의 진짜 목적이다. 4장에서 배운 레이아웃의 주요 개념인 시각적 계층 구조, 시선의 흐름, 그룹화, 정렬을 잘 이용하여 이를 달성할 수 있다.

HOW 어떻게 활용할까?

링크가 아니라 실제 버튼처럼 보이는 버튼을 만든다. 플랫폼 표준에서 제공하는 푸시 버튼을 쓰거나, 강렬한 색상을 지정하고 테두리가 잘 보이는 대형 또는 중간 크기의 버튼을 사용하라. 버튼이 다른 요소 사이에 묻히는 일 없이 페이지에서 도드라져 보일 것이다.

화면 레이아웃을 따라 이동하는 시선의 흐름 마지막에 거래를 완료하는 버튼을 배치한다. 이해하기 쉬운 레이블을 붙이고 버튼 전체를 눈에 잘 띄게 만들어라.

버튼에 레이블을 지정할 때에는 아이콘보다 문구로 된 레이블을 추천한다. 특히 대부분의 사용자가 '완료' 또는 '보내기'라는 레이블이 붙은 버튼을 찾기 때문에 이 편이 이해하기 쉽다. 레이블에 넣는 문구는 사용자에게 익숙한 용어로, 앞으로 일어나는 일을 설명하는 동사 또는 짧은 동사구로 작성한다. 예를 들어, '보내기', '구매하기' 또는 '기록 변경하기'가 '완료'보다 구체적이고 때로는 더 효과적으로 의미를 전할 수 있다.

버튼은 사용자가 가장 찾기 쉬운 곳에 배치한다. 페이지, 폼, 다이얼로그에서 이루어지는 작업흐름을 따라가 보고 최종 단계 바로 이전에 버튼을 배치하라. 보통 페이지 아래나 오른쪽에 있을 것이다. 페이지 레이아웃 자체에 최종 단계 버튼을 두는 표준 위치가 있거나(4장 **시각적 프레임워크** 패턴 참조), 플랫폼 표준에서 이를 규정할 수도 있다. 만일 그렇다면 표준 위치를 사용한다.

어떤 경우든 버튼이 마지막 문자 입력칸 또는 컨트롤 근처에 있는지 확인하라. 너무 멀리 떨어져 있다면 사용자는 작업을 마치자마자 버튼을 바로 찾지 못하거나 다음 작업은 어떻게 해야 할지 알아 내려고 다른 어포던스를 찾을 수도 있다. 웹에서 사용자는 자신도 모르게 페이지를 떠나기도 (구매도 하지 않고) 한다.

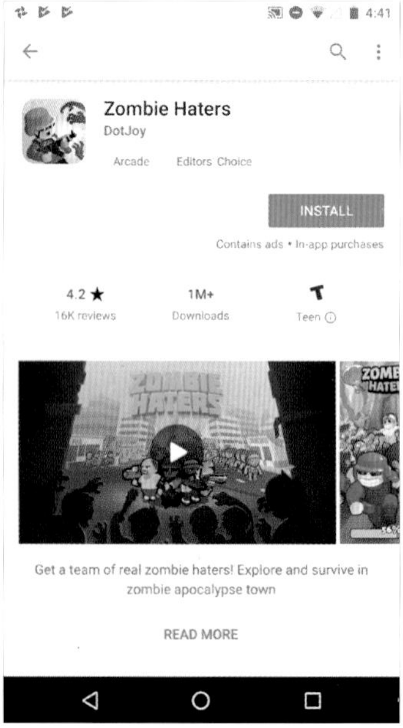

그림 8-9 구글 플레이 스토어(안드로이드 OS)

EXAMPLES 예시

안드로이드 OS 모바일 기기의 구글 플레이 스토어(그림 8-9)는 특정한 게임에 대한 정보를 보여 준다. 버튼의 크기, 색상, 위치, 주변의 공백으로 인해 주요 동작인 '설치' 버튼이 눈에 잘 들어온다. 모바일 환경에서 패턴을 잘 구현한 사례다. 레이블을 읽지 않고도 오로지 시각 디자인만으로 동작 버튼을 인지할 수 있다.

- 초록색이 눈에 띈다. 채도가 높은 색상은 흰색 배경과 대비된다(검은색 테두리가 있는 흰색이나 연한 회색 버튼은 입력 폼과 구별하기 어렵다).
- 버튼처럼 보이게 시각적으로 잘 처리했다. 버튼은 사각형이고 모서리가 살짝 둥글면서 크기도 크다.
- 버튼은 콘텐츠(이 경우, 모바일 게임)의 오른쪽 아래에 있다. 작업흐름(사용자는 위에서 아래로 읽는다)과 시선의 흐름을 고려해서 사용자의 시선이 자연스럽게 버튼에 고정된다.
- 버튼 주변에 여백이 충분하다.

제트블루 항공(그림 8-10), 카약(그림 8-11), 사우스웨스트 항공Southwest Airlines(그림 8-12)은 각 홈페이지의 항공권 검색 인터페이스에 강력한 버튼을 사용한다. 중요한 작업인 '완료' 버튼에 대한 모든 관례를 따르고 있어서, 버튼이 즉시 눈에 들어온다. 3가지 사례 모두 '검색하기'가 화면에서 가장 도드라지는 기능이다. 검색은 버튼으로 표현되었으며, 눈에 띄는 크기로 설정하고, 배경과 대비되는 색상을 지정했다. 사우스웨스트 항공에는 2개의 콜투액션이 있다. '현재 프로모션 중인 항공권 지금 예약하기'와 '검색하기'이다.

그림 8-10
제트블루 항공

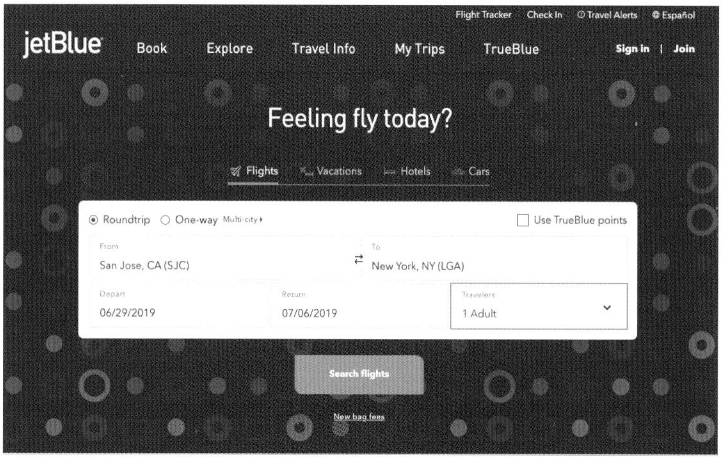

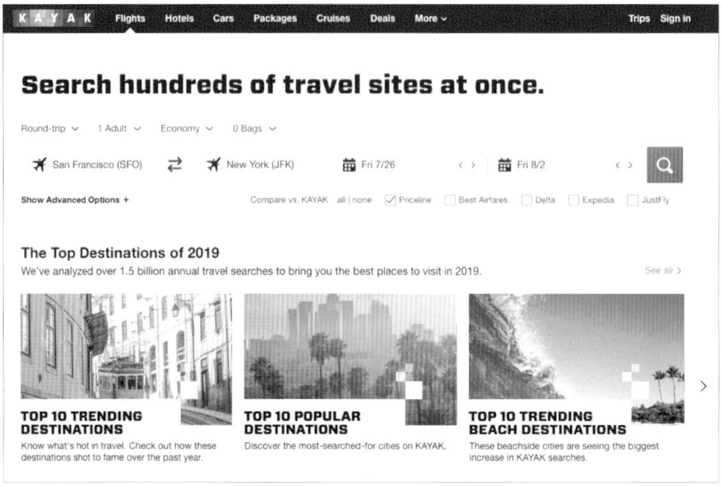

그림 8-11
카약

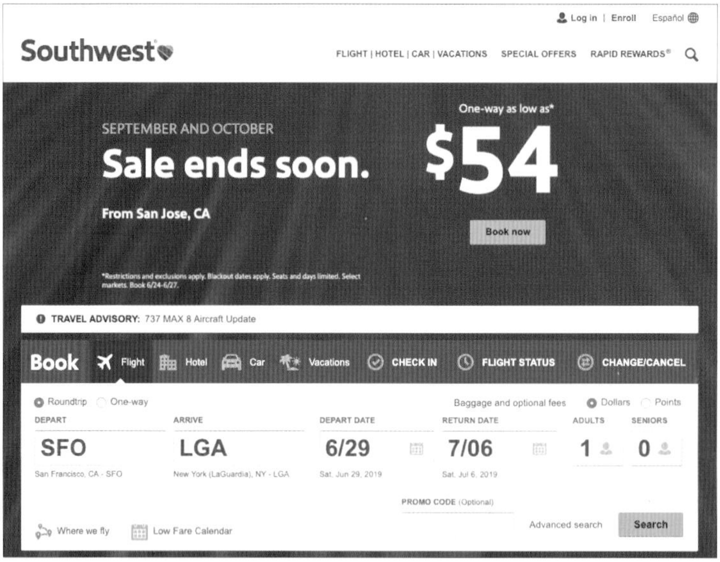

그림 8-12
사우스웨스트 항공

3가지 사례 가운데 제트블루 항공의 버튼 디자인이 가장 효과적이다. 대비되는 색상, 중앙 정렬된 위치, 충분한 주변 여백, 적절한 레이블로 인해 눈에 잘 들어온다.

카약은 검색 버튼에 강한 색상을 사용하고 있지만, 문구 없이 아이콘만 있고, 화면 오른쪽 끝에 있어서 효과가 떨어진다. 돋보기는 검색을 대표하는 보편적인 상징이지만, 그렇다고 해도 사용자는 돋보기 모양을 보고 단어나 개념을 떠올려야 한다.

사우스웨스트 항공은 2개의 다른 버튼(지금 예약하기와 검색)에 동일한 디자인을 사용해서 주의가 분산된다. 여기서는 콜투액션이 더는 하나가 아니다. 화면 아래에 있는 예약하기 패널에서는 버튼을 효과적으로 사용했다. 흰색, 파란색과 대비되는 노란색을 활용했고, 레이블과 버튼의 위치도 패널에서 다음에 어떤 작업을 수행할지(항공권 검색) 잘 표현하고 있다. 화면 위에 있는 프로모션 영역에서 빨간색과 노란색은 대비가 약한 조합으로, 노란 버튼은 제 역할을 하고 있지 못하다. 이 영역에는 시선을 끄는 다른 훨씬 더 큰 구성 요소가 있다. 노란색 버튼은 명확하게 정렬되거나 배치되지 않아 시선이 가지 않는다.

에어비앤비(그림 8-13)는 홈 화면에서 '완료/다음' 단계 버튼을 명료하게 보여 준다. 사용자는 숙소 검색 폼을 작성한다. 하나의 큰 '검색하기' 버튼이 시선을 끌면서, 버튼을 누르고 싶게 만든다.

그림 8-13
에어비앤비

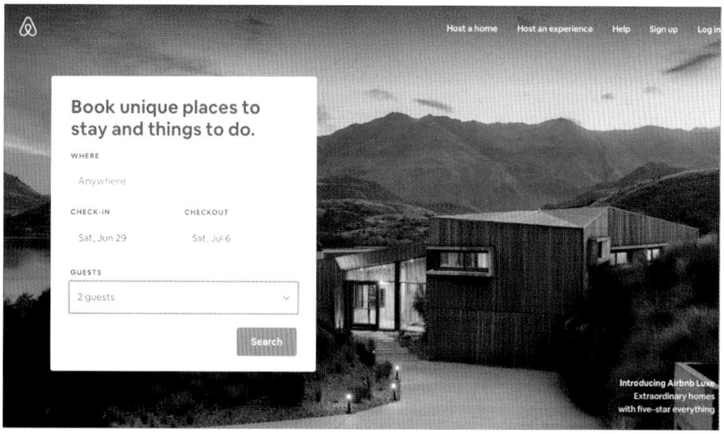

57 지능형 메뉴 항목(Smart Menu Items)

WHAT 정의하기

정확히 어떤 작업을 수행할지 상황에 맞게 동적으로 보여 주는 메뉴 레이블이다. 사용자가 하고 있는 행동에 따라 다른 선택지를 제공하여 메뉴를 더 효율적이고 반응형으로 제공한다.

WHEN 언제 사용하면 좋을까?

디자인하고 있는 인터페이스에 특정한 문서나 항목에서만 작동하는 메뉴(닫기)가 있을 때 사용하라. 또는 상황에 따라 살짝 다른 작업을 실행하는 항목(실행 취소)이 있을 때 활용한다.

WHY 어떤 효과가 있을까?

수행할 작업을 정확히 알려 주는 메뉴 항목은 인터페이스를 더욱 직관적으로 만든다. 사용자가 동작을 멈추고 이 작업이 어떤 개체에 작용할지 고민할 필요가 없다. 실수로 의도하지 않은 일을 할 가능성도 적다. 원래 삭제하려던 것 대신 엉뚱한 내용을 지우는 것처럼 말이다. 따라서 **안전한 탐색** 패턴을 장려한다.

HOW 어떻게 활용할까?

사용자가 선택한 개체(현재 문서, 실행 취소할 수 있는 작업 등)를 바꿀 때마다 거기에 맞게 기능의 세부사항이 바뀌도록 메뉴 항목을 변경한다. 물론 선택된 개체가 없으면 메뉴 항목을 비활성화해서 항목과 개체가 연관되어 있다는 것을 드러내야 한다. 부수적으로 버튼 레이블, 링크 등 UI 맥락에서 '동사'에 해당하는 어떤 것에도 적용할 수 있는 패턴이다.

선택된 개체가 여러 개일 경우 어떻게 해야 할까? 참고할 만한 지침이 많지는 않다. 기존 소프트웨어에서는 주로 문서 작업과 실행 취소 기능에만 이 패턴을 사용하고 있기 때문이다. '선택한 개체 전부 삭제하기'처럼 복수형으로 문구를 작성할 수 있다.

EXAMPLES 예시

그림 8-14에 어도비 라이트룸Adobe Lightroom 메뉴가 보인다. '편집' 드롭다운 메뉴의 첫 번째 항목은 동적으로 바뀐다. 이 경우 사용자가 마지막으로 적용한 필터는 '선명도 증가'였다. 메뉴에서 그것을 기억해 첫 번째 항목에 반영했다. 첫 항목에 있는 실행 취소 기능은 사용자가 바로 직전에 수행한 동작을 기반으로 한다. 레이블은 사용자가 취한 동작에 따라 달라진다. 단축키는 같은 필터를 반복 적용할 때 유용하다.

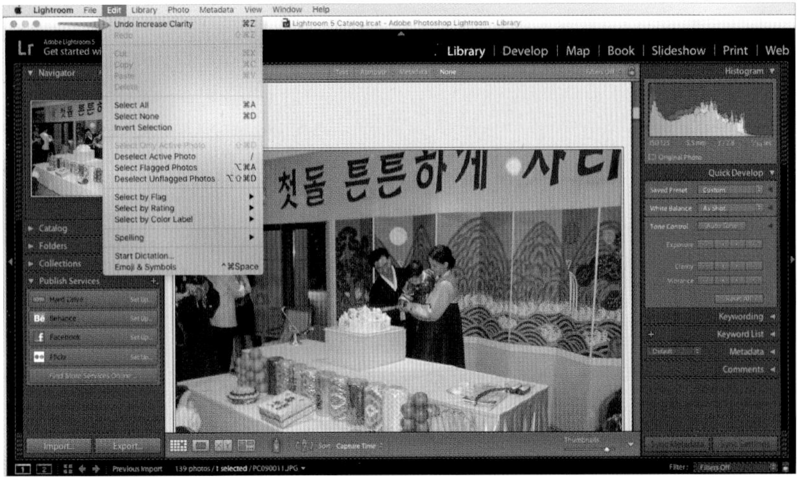

그림 8-14 어도비 라이트룸

앞선 예시는 애플리케이션 메뉴바의 사례였지만, 지메일의 드롭다운 메뉴처럼 상황에 맞춰 나타나는 도구에서도 이 패턴을 효과적으로 사용할 수 있다(그림 8-15). 드롭다운 메뉴에 있는 여러 명령은 현재 선택한 이메일 메시지에 따라 달라진다. 메뉴 항목은 '[보낸 사람 이름]을 연락처에 추가하기'라고 구체적으로 적는 게, '발신인 연락처에 추가하기'처럼 일반적인 단어로 표현하는 것보다 훨씬 명확하고 직관적이다.

그림 8-15
지메일

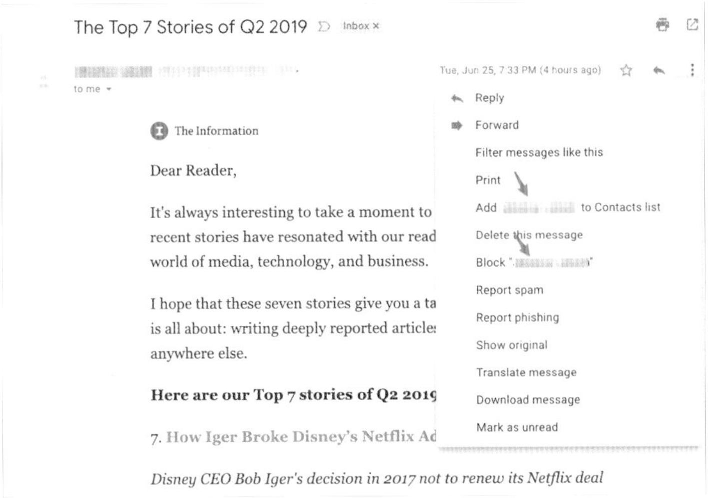

58 미리 보기(Preview)

WHAT 정의하기

특정 명령을 적용한 효과나 기능을 실행해서 얻을 수 있는 결과를 가벼운 샘플로 만든다. 사용자가 실행을 확정하기 전에 한발 앞서 사전에 제시한다. 사용자에게 가능한 결과를 모델링해서 보여 주고, 좋아하거나 원하는 것을 선택할 수 있도록 하는 패턴이다. 단순하고 전통적인 인터랙션 디자인에서는 우선 사용자가 명령을 내린 후에 결과가 어떻게 나올지 기다려야 했는데, 이와 정반대의 접근 방식이다.

WHEN 언제 사용하면 좋을까?

사용자는 용량이 큰 파일을 열거나, 10페이지가 넘는 문서를 인쇄하거나, 작성에 시간이 걸린 폼을 제출하거나, 웹에서 구매를 확정하는 등의 '무거운' 동작을 막 수행하려던 참이다. 사용자는 자신이 올바르게 작업하고 있다는 확신이 필요하다. 실수하면 작업 시간이 오래 걸리고 되돌리기 어렵거나 비용이 많이 든다.

또는 사진에 필터를 적용하는 것처럼 결과를 예측하기 어려운 시각적 변화를 주려던 참일 수도 있다. 원하는 효과인지 미리 볼 수 있으면 선택하는 데 도움이 된다.

WHY 어떤 효과가 있을까?

미리 보기는 오류를 방지하는 것을 도와준다. 사용자는 오타를 내거나 온라인에서 잘못된 물건을 구매하는 것처럼 오해로 인한 문제가 될 만한 행동을 할 수 있다. 어떤 일이 일어날지 요약해서 보여 주거나 시각적으로 묘사함으로써, 사용자가 실수를 바로잡고 수정할 기회를 준다.

또한 미리 보기는 애플리케이션을 더 직관적으로 만들어 준다. 특정한 기능을 한 번도 사용해 본 적 없거나, 특정한 상황에서 어떤 결과가 나타날지 모를 때, 미리 보기는 해당 기능을 문서보다 훨씬 더 잘 설명해 준다. 사용자는 정확히 필요한 때와 장소에서 기능을 배운다.

HOW 어떻게 활용할까?

사용자가 실행을 확정하기 직전에, 앞으로 어떤 일이 발생할지 가장 명확하게 보여 주는 정보를 표시해라. 인쇄 미리 보기라면 선택한 용지 크기에서 페이지가 어떻게 보일지 표시한다. 이미지 작업인 경우, 이미지가 어떻게 보일 것인지 자세히 제시해라. 거래 기능이라면 시스템에서 해당 거래에 대해 알고 있는 모든 정보를 요약해서 보여 줘라. 불필요한 건 빼고 정확하게 중요한 것만 짚어서 표시하는 게 좋다.

사용자에게 미리 보기 페이지에서 바로 기능을 실행할 수 있는 수단을 제공한다. 사용자가 굳이 미리 보기를 닫거나 다른 곳을 탐색하게 할 필요가 없다.

마찬가지로 사용자가 미리 보기 내용을 수정하거나 뒤로 갈 수 있게 한다. 기존에 입력한 정보를 고쳐서 거래를 바로잡을 수 있으면 바꿔야 하는 정보 옆에 '수정' 버튼을 배치해서 고칠 기회를 제공하라. 일부 마법사와 다른 선형적 프로세스에서는 몇 단계 뒤로 이동하면 해결할 수 있다.

EXAMPLES 예시

애플 사진(그림 8-16 왼쪽)은 사용자에게 다양한 사진 필터를 제공한다. 각 필터는 필터를 적용한 예상 렌더링 이미지를 보여 준다. 선택한 사진을 편집할 때, 화면 하단에서 해당 필터를 사용하면 이미지가 어떻게 바뀔지 보여 주는 것이다. 사용자는 필터가 적용되면 어떻게 되는지 추측할 필요가 없으며, 이를 확인하려고 필터를 먼저 확정하지 않아도 된다. 표시된 미리 보기만 체크하고, 이미지 미리 보기를 토대로 원하는 필터를 선택할 수 있다. 사용성 관점에서 보면, 명령이 무엇인지 기억하고 결과를 추측해야 하는 것과 반대로 원하는 선택지를 인지하고 나서 선택하는 게 훨씬 쉽고 빠르다(포토샵을 비롯한 다른 이미지 처리 애플리케이션에서도 유사한 미리 보기를 사용한다).

비트모지Bitmoji(그림 8-16 오른쪽)도 이와 밀접하게 연관된 사례다. 비트모지는 사용자가 메시지와 소셜미디어에 공유할 수 있는 일러스트 스타일의 아바타와 재미있는 만화를 맞춤형으로 만들어 준다. 비트모지를 사용할 때 첫 번째 단계는 머리카락, 눈, 주름, 피부톤을 비롯한 외모 특성을 선택하여 본인과 닮은 캐릭터를 만드는 것이다. 여기서 사용자는 사전에 만들어진 여러 선택지 중

그림 8-16
애플 사진 앱과 비트모지 앱

에서 자신의 실제 모습과 가장 가까운 조합을 찾기 위해 노력한다. 비트모지는 사용자가 선택한 특성에 맞춰서 얼굴을 만들고, 가능한 피부톤 각각에 대해 다른 미리 보기를 제공한다. 다양한 피부톤 미리 보기를 스크롤해 보면서 선택할 수 있기에, 사실적이고 개인화된 아바타를 쉽고 빠르게 만들 수 있다.

온라인에서 맞춤형 제품을 만드는 서비스는 영업의 일환으로 미리 보기를 사용해 사용자가 지금까지 만든 제품을 보여 준다. 개인화할 수 있는 토요타 프리우스Toyota Prius 자동차(그림 8-17)가 좋은 예다. 사용자가 프리우스에서 정확히 원하는 기능을 지정하면 선택한 항목이 차량 미리 보기에 반영된다. 외관과 내부를 볼 수 있도록 다양한 미리 보기를 제공하여 잠재 구매자가 선택한 항목이 어떻게 보이는지 잘 살펴볼 수 있다. 사용자는 프로세스에서 주요 단계를 앞뒤로 왔다 갔다 할 수 있으며, 각 단계에서 변화를 주면서 실제로 차량이 어떻게 보이는지 시험한다. 목표는 정확히 고객이 원하는 항목을 기준으로 차량 견적을 내는 것이다. 이 같은 미리 보기 도구는 고객의 참여도를 크게 높인다.

세포라Sephora(그림 8-18)의 맞춤형 메이크업 기술은 더욱 개인적인 사례다. 이 웹사이트에서 고객은 수많은 브랜드와 제품 중 본인에게 맞는 것을 찾고자 한

그림 8-17
토요타
홈페이지

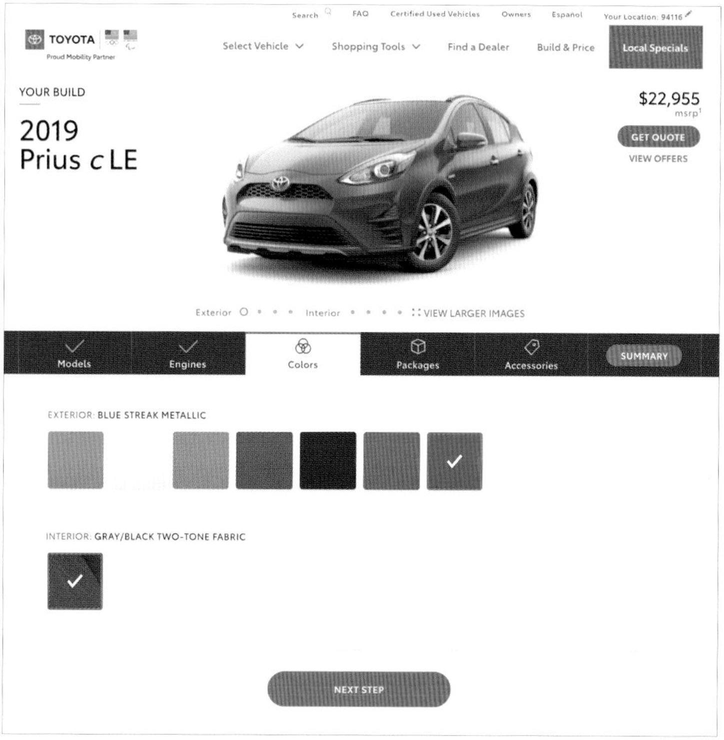

그림 8-18
세포라
홈페이지

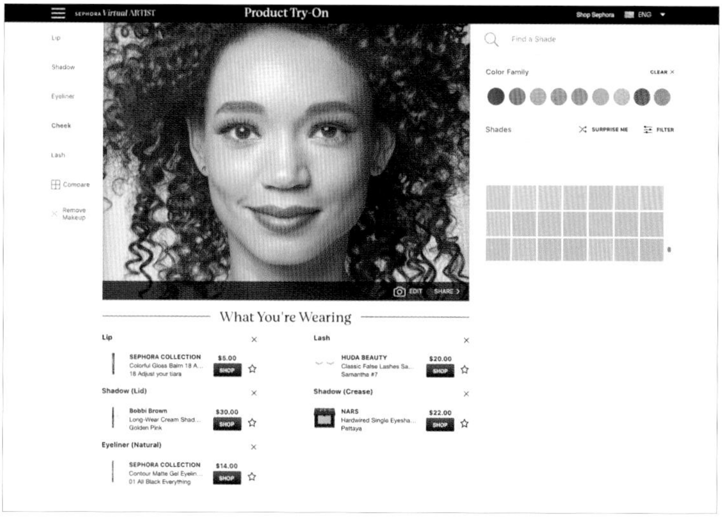

다. 제품을 사용하면 얼굴이 어떻게 보이는지 테스트해 볼 수 있다. 쇼핑하는 고객은 메이크업 미리 보기 앱에서 얼굴 사진을 추가하고, 다양한 화장품과 화장법을 가상으로 체험한다. 피부, 눈, 속눈썹, 눈썹, 입술에서 다양한 제품과 색상이 어떤 느낌인지 살펴본다. 이것저것 시도하며 미리 보기 한 결과로 원하는 느낌을 내는 제품 목록을 얻는다. 미리 보기에 사용한 제품은 자동으로 '사용 중인 메이크업 제품' 구매 목록에 뜬다.

59 스피너(Spinner)와 로딩 인디케이터(Loading Indicator)

WHAT 정의하기

사용자가 기능을 실행한 후 시스템에서 응답하기 전까지 나타나는 애니메이션 또는 인디케이터를 뜻한다. 스피너와 로딩 인디케이터는 응답이 지연되는 동안 기다리는 사용자에게 세션이 활성화돼 있으며 시스템이 작업을 진행 중이라는 상태를 알려 준다. 이는 사용자가 작업하다가 중도에 이탈하지 않도록 해준다.

스피너는 시스템이 작업을 처리하고 있다는 것을 보여 주는 애니메이션이다. 상태 표시기가 아니기 때문에 몇 퍼센트 완료되었는지와 같은 상태 변화를 전달하지 않는다(반드시 지켜야 할 규칙은 아니다).

일반적으로 로딩 인디케이터는 큰 파일이나 이미지를 올리거나 모바일 기기에 앱을 불러오는 등 오랜 시간이 걸리는 작업에 대해 주요한 정보를 보여 주는 계량기 또는 온도계 스타일의 애니메이션이다. 로딩 인디케이터는 계속 업데이트되는 '비어 있거나 가득 찬' 계량기, 완료 퍼센트, 처리된 데이터 대비 처리되지 않은 데이터의 바이트 수, 완료하기까지 남은 시간을 알려 준다.

WHEN 언제 사용하면 좋을까?

2초 이상 시간이 걸리는 작업이 인터페이스를 방해하거나 백그라운드에서 실행될 때 사용한다. 저명한 사용성 및 디지털 디자인 전문가 도널드 노먼Dornald Norman과 제이콥 닐슨의 조언을 요약해 보면, 다음과 같은 훌륭한 지침을 얻을 수 있다.[4]

4 Nielsen, Jakob, "Response Times: The 3 Important Limits", *Nielsen Norman Group*, 1 Jan. 1993, *https://oreil.ly/6IunB*. 2014년에 업데이트된 이 글은 소프트웨어 응답 시간이 사용자에게 미치는 영향에 대한 추가 연구 자료를 인용한다.

- 응답 지연 시간이 0.1초 미만이라면, 사용자는 응답이 즉각적이라고 느끼기 때문에 '실시간으로' UI와 상호작용하고 있다고 여긴다. 한 UI 동작에서 다음 동작으로 넘어가는 데 지연이 없다. 이는 사용성 높은 소프트웨어에서 예상되는 응답 시간이다.
- 응답 지연 시간이 0.1초에서 1초 사이라면 사용자는 지연을 인식하지만, 즉시 계속될 것이라는 기대감으로 태스크에 머물며 기다릴 것이다.
- 사용자는 응답 지연 시간이 1초보다 길면 UI가 작동하지 않거나, 무언가 잘못되었다고 생각하고, 심지어 할 일을 중단할 수도 있다. 이러한 상황에서 사용자에게 소프트웨어가 실제로 작동하고 있다는 것을 알리기 위해서는 스피너나 로딩 인디케이터가 필수적이다. 프로세스가 완료되는 동안 사용자가 다른 활동을 할 수 있게 대기 시간이 있다고 알리는 방법도 있다.

WHY 어떤 효과가 있을까?

인터페이스가 멈춰 있으면 사용자는 조급해진다. 마우스 포인터를 시계나 모래시계로 변경한다고 해도(인터페이스에서 나머지 부분이 잠겨 있으면 반드시 이렇게 해야 한다), 얼마나 걸릴지 모르는 시간 동안 사용자를 기다리게 하고 싶지 않을 것이다.

실험에 따르면 사용자는 진행 중이라는 신호를 발견하면 훨씬 인내심이 강해진다. 로딩 인디케이터가 없을 때보다 오래 기다려야 한다고 해도 말이다. '시스템이 생각하고 있다'는 것을 알게 되어서일까. 시스템 연결이 끊어지거나 사용자가 동작을 취하기를 기다리고 있는 게 아니라는 것을 이해했기 때문일 것이다.

HOW 어떻게 활용할까?

진행률을 애니메이션으로 표시한다. 말 또는 시각적으로 아니면 둘 다 이용해 사용자에게 다음 내용을 알려라.

- 현재 무슨 일이 일어나고 있는가?
- 작업이 몇 퍼센트 완료되었는가?
- 얼마나 더 오래 기다려야 하는가?
- 중단하려면 어떻게 하는가?

시간 추정은 가끔 틀려도 괜찮다. 추정값이 어떤 정확한 값에 빠르게 수렴한다면 말이다. 하지만 인터페이스에서 작업 완료까지 얼마나 남았는지 알 수 없을 때도 있다. 그런 상황에는 상태 표시가 없는 스피너를 사용한다.

대부분의 GUI 툴박스는 이 패턴을 구현하는 위젯이나 다이얼로그 박스를 제공한다. 하지만 곤란한 스레드 이슈threading issue[5]에 주의하라. 작업 자체가 중단 없이 진행되는 동안 로딩 인디케이터는 지속적으로 업데이트되어야 한다. 가능하다면 인터페이스의 나머지 부분도 그대로 유지하라. 로딩 인디케이터가 보이는 동안 사용자가 인터페이스를 쓰지 못하게 잠그지 말라는 뜻이다.

진행 중인 작업을 취소할 수 있다면 로딩 인디케이터 상단이나 근처(사용자가 취소 기능을 찾을 가능성이 큰 위치)에 '취소' 버튼이나 이와 비슷한 기능을 제공해라. 뒤에 나오는 **취소 가능성** 패턴을 참조하라.

EXAMPLES **예시**

일반적으로 스피너는 아주 잠깐 기다릴 때 사용한다. 사용자에게 '지금 작업 중이니까, 잠시 기다려 주세요'라고 알리는 기능이다.

애플의 아이폰 터치 ID 서비스(그림 8-19)는 사용자가 아이디와 암호를 입력하지 않고도 안전하게 앱에 로그인할 수 있도록 해준다. iOS와 CVS 앱에서 로그인을 처리하는 동안 iOS 스피너가 잠시 돌아가는 것을 볼 수 있다.

스피너 역시 대부분의 UI 툴킷과 프레임워크에 포함되어 있다. 그림 8-20은 트위터 부트스트랩 Twitter Bootstrap UI 프레임워크의

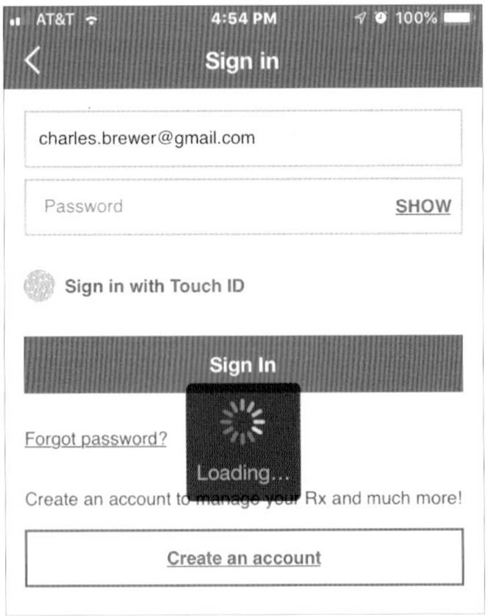

그림 8-19 CVS 모바일 앱의 iOS 스피너

5 (옮긴이) 스레드 이슈(threading issue)는 하나의 프로그램에서 동시에 여러 개의 일을 수행하는 과정에서 생기는 문제를 말한다.

스펙과 예시를 보여 준다. 부트스트랩 라이브러리의 표준 구성 요소 중 하나는 원하는 대로 변형할 수 있는 스피너로, 부트스트랩 웹 애플리케이션 어디에서나 사용할 수 있다.

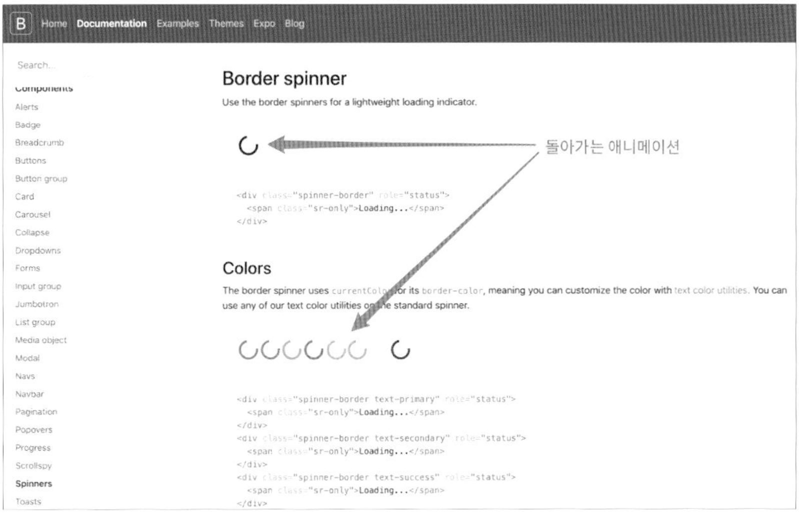

그림 8-20 트위터 부트스트랩 구성 요소 라이브러리의 보더 스피너

블루프린트Blueprint UI 툴킷(그림 8-21)에서는 스피너를 버튼의 일부로 보여 주는 구성 요소를 제공한다. 사용자가 이런 버튼 중 하나를 클릭하면 버튼의 레이블이나 아이콘이 잠시 스피너로 바뀌는 것을 볼 수 있다.

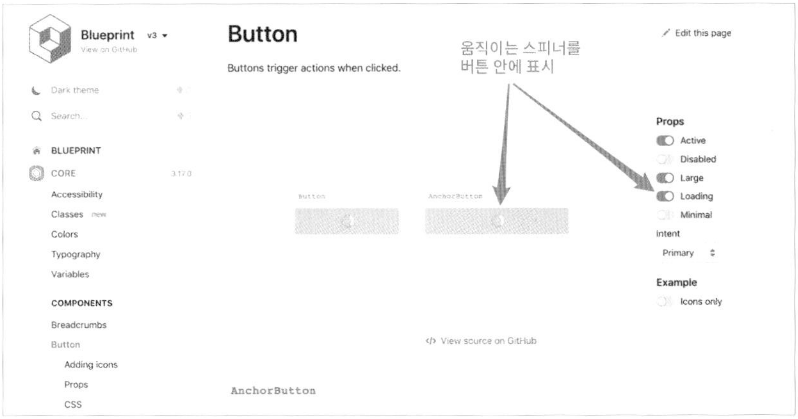

그림 8-21 블루프린트 UI 툴킷의 버튼 로딩 상태

로딩 인디케이터는 시간이 더 오래 걸리는 프로세스에서 상태와 정보를 보다 확실하게 제공한다. 정보를 생성하고 표시할 시간이 충분한 상황에 적합하다. 사용자는 작업 시간이 얼마나 걸릴지 알 수 있으며, 기다리거나, 취소하거나, 다른 일을 하고 나중에 다시 돌아올 수 있다.

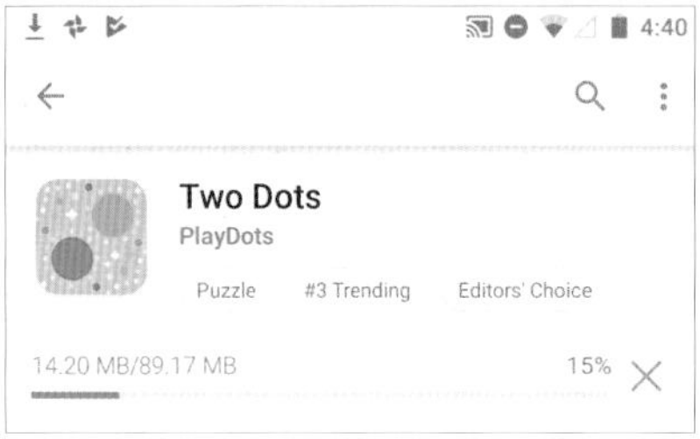

그림 8-22 구글 플레이 스토어(안드로이드 OS)

그림 8-22는 구글 플레이 스토어를 보여 주는데, 사용자의 안드로이드 기기에 게임을 다운로드하고 있다. '설치' 버튼이 사라진 자리에 정보가 풍부한 로딩 인디케이터가 생겼다. 로딩 인디케이터는 초록색과 회색으로 된 가로선이다. 움직이는 초록색 선은 전체 게임 파일 대비 현재 다운로드 수준을 보여 준다. 용량의 총합은 회색선으로 표현했다. 동일한 정보를 수치로도 제시한다. 완료율은 퍼센트로 오른쪽에 표시한다.

어도비는 맥 OS 데스크톱용 크리에이티브 클라우드Creative Cloud 애플리케이션에 로딩 인디케이터를 사용한다. 작고 조밀한 버전임에도 충분히 사용성이 좋다. 그림 8-23은 포토샵 CC에서 진행 중인 업데이트를 보여 준다. 3% 완료되었다고 표시하는 온도계 스타일의 로딩 인디케이터가 붙어 있다.

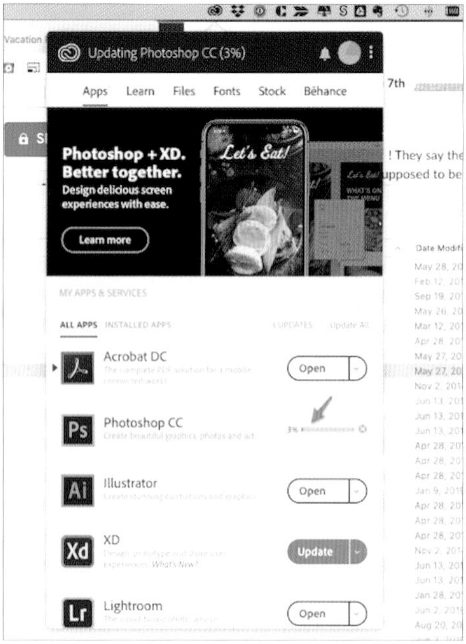

그림 8-23 어도비 크리에이티브 클라우드 데스크톱 관리자(맥 OS)

60 취소 가능성(Cancelability)

WHAT 정의하기

시간이 오래 걸리는 작업을 부작용 없이 즉시 취소할 수 있는 수단이다.

WHEN 언제 사용하면 좋을까?

2초 이상 시간이 오래 걸리는 작업이 인터페이스를 방해하거나 백그라운드에서 실행될 때 사용한다. 파일을 인쇄하거나, 데이터베이스에 정보를 요청하거나, 큰 파일을 불러오는 등의 상황 말이다. 사용자가 모달 다이얼로그 박스에 있을 때처럼 시스템과 다른 상호작용이 말 그대로 '차단'되어 있을 때에도 쓴다.

WHY 어떤 효과가 있을까?

인터페이스에서 사용자가 언제든지 작업이나 절차를 취소할 수 있게 하는 기능은 소프트웨어 사용성을 판단하는 중요한 기준이다. 이는 제이콥 닐슨이 산업 연구를 토대로 발견한 10가지 사용성 휴리스틱 원칙 중 하나인 '사용자 컨트롤과 자율성'에 연관돼 있다.[6]

사용자는 중간에 생각을 바꾸기도 한다. 특히 시간이 걸리는 작업을 시작한 뒤 **로딩 인디케이터**가 앞으로 시간이 어느 정도 걸릴 것인지 알려 주면 작업을 중지하고 싶을 수 있다. 아니면 애초에 사용자가 실수로 작업을 시작했을지도 모른다. 취소 가능성은 확실히 오류 예방과 복구에 도움이 된다. 접속할 수 없는 웹사이트에서 페이지를 불러오는 것처럼 실패할 것이 확실한 일을 취소할 수 있다.

중간에 취소할 수 있다는 것을 알고 있다면 사용자는 더 즐겁게 인터페이스를 탐색할 것이다. **안전한 탐색**을 하도록 장려하면 인터페이스를 더 쉽고 즐겁게 배울 수 있다.

HOW 어떻게 활용할까?

먼저 시간이 오래 걸리는 작업이 즉각적으로 진행되는 것처럼 보일 수 있게 하

6 (옮긴이) Nielsen, Jakob, "10 Usability Heuristics for User Interface Design: Article by Jakob Nielsen", *Nielsen Norman Group*, 24 Apr. 1994, *https://oreil.ly/Sdw4P*.

는 방법이 있는지 알아보라. 실제로 빠르지 않아도 된다. 사용자가 빠르다고 인식하면 그걸로 충분하다. 웹이나 네트워크 애플리케이션에서 데이터나 코드를 미리 불러와서 클라이언트가 요청하기 전에 전송하거나, 데이터가 들어오는 대로 즉시 사용자에게 표시하여 들어오는 만큼 데이터를 전송하는 방법도 있다. 기억하라. 사람들은 딱 로드되는 만큼 읽을 수 있다. 사용자가 데이터의 첫 페이지를 읽는 동안 나머지를 로딩하고, 다음 페이지를 읽는 동안 그 다음을 로딩하는 식으로 똑똑하게 로딩 시간을 활용하라.

하지만 정말로 취소 가능성이 필요하면 다음 방법을 참고하라. 로딩 인디케이터 또는 작업 결과가 나타나는 위치에 '취소' 버튼을 둔다. '정지' 또는 '취소'라는 단어를 적거나 전 세계 누구라도 이해할 수 있는 정지 아이콘을 넣을 수도 있다. 수평선이 그어져 있거나 '×'가 들어 있는 빨간색 오각형 또는 동그라미 아이콘 말이다.

사용자가 '취소' 버튼을 누르면 즉시 작업을 취소하라. 너무 오래(1~2초 이상) 기다리게 하면 사용자는 실제로 취소가 된 건지 의심할 수 있다(차라리 작업이 완료되길 기다리는 게 낫겠다며 취소하지 말걸 하고 생각할지도 모른다). 사용자에게 취소 작업이 진행되고 있다는 신호를 줘라. 가령 로딩 인디케이터를 멈추고 인터페이스에 상태 메시지를 표시하는 식으로 말이다.

여러 작업이 동시에 진행 중일 때 생기는 어려운 점도 있다. 다른 항목을 그대로 둔 채 특정 항목 하나만 취소하려면 어떻게 해야 할까? '취소' 버튼의 레이블이나 툴팁으로 이것을 클릭하면 정확히 무엇을 취소하는 건지 표시할 수 있다(관련된 개념으로 지능형 메뉴 항목 패턴을 보라). 만약 목록이나 일련의 패널에 있는 여러 기능 중 하나라면 애매하지 않도록 각 기능에 개별적인 '취소' 버튼을 넣는 것을 고려해 보라.

EXAMPLES 예시

구글 플레이 스토어의 게임 설치 화면(그림 8-24)은 미니멀한 취소 아이콘을 쓴다. 여기 초록색과 회색선은 사실 스피너다. 초록색 막대는 다운로드가 완료되는 몇 초 동안 왼쪽에서 오른쪽으로 채워진다. 오른쪽의 큰 '×' 취소 아이콘을 눈여겨보라. 사용자는 언제든지 다운로드하고 설치하는 과정을 취소할 수 있다.

어도비는 맥 OS 데스크톱용 크리에이티브 클라우드 앱에서 다른 스타일의 '취소' 버튼을 사용한다(그림 8-25). 데스크톱용 드롭다운 패널에서 포토샵 CC 로딩 인디케이터 옆에 '×' 아이콘이 있다. 사용자는 언제든 업데이트하고 설치하는 과정을 취소할 수 있다.

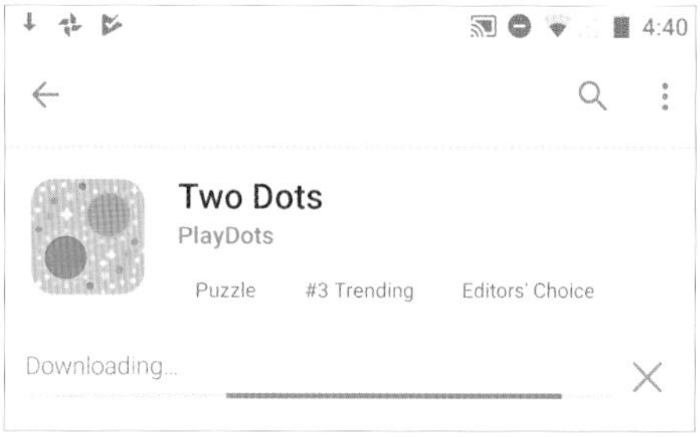

그림 8-24 구글 플레이 스토어(안드로이드 OS)

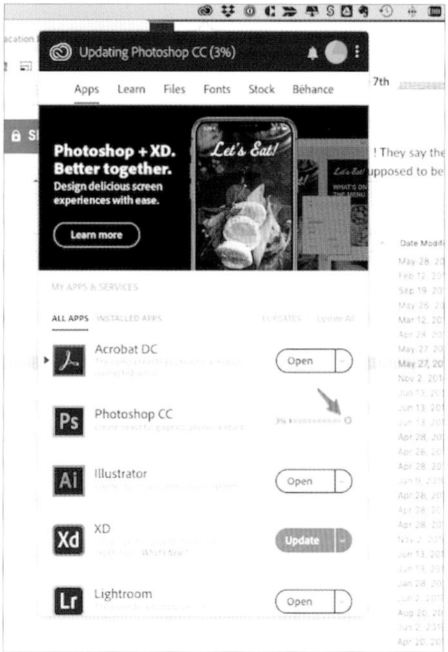

그림 8-25 어도비 크리에이티브 클라우드 데스크톱 관리자(맥 OS)

61 다단계 실행 취소 (Multilevel Undo)

WHAT 정의하기

사용자가 실행한 일련의 동작을 되돌리는 기능이다. 다단계 실행 취소는 간단한 실행 취소와 사용자 동작 기록(동작뿐 아니라 동작의 순서도 기록한다)이 결합된 것이다. 명령이나 동작의 최근 이력을 한 단계씩 되돌리는 방법으로, 명령이나 동작을 수행한 것과 정반대 순서로 진행된다. 첫 번째 실행 취소는 가장 최근에 완료한 동작을 취소한다. 두 번째는 두 번째로 최근에 한 동작을 취소한다. 다단계 실행 취소를 지원하는 기록 파일에는 주로 길이 제한이 있다.

WHEN 언제 사용하면 좋을까?

간단한 탐색이나 폼 입력보다 더 복잡하게 작동하는 사용자 인터페이스를 구축할 때 사용한다. 여기에는 이메일 서비스, 데이터베이스 소프트웨어, 저작 도구authoring tools[7], 그래픽 소프트웨어, 프로그래밍 환경이 포함된다. 사용자에게 하나의 동작이 아니라 일련의 동작을 백업하거나 복구할 수 있는 기능을 제공하려면 이 패턴을 활용하라.

WHY 어떤 효과가 있을까?

사용자는 긴 작업을 단계별로 되돌리는 기능을 통해 인터페이스를 안전하게 탐색할 수 있다고 느낀다. 인터페이스를 배우는 동안, 실수로 '잘못된' 일을 하더라도 언제든 돌이킬 수 있다는 확신을 갖고 실험할 수 있다. 이런 안정감은 초보자뿐 아니라 모든 수준의 사용자에게 도움이 된다.[8]

인터페이스에 익숙해지고 나면 사용자는 실수하면 바로잡으면 된다는 자신감을 갖고 자유롭게 움직일 수 있다. 손가락이 미끄러져 잘못된 메뉴 항목을 눌렀어도 복잡하고 스트레스 받는 복구 과정을 거칠 필요가 없다. 저장된 파일로 돌아가거나, 컴퓨터를 껐다 켜거나, 시스템 관리자에게 백업 파일을 복원해 달라고 요청할 필요도 없다. 이런 과정은 사용자가 시간을 낭비하고 때로 정신적인 고통을 겪게 한다.

다단계 실행 취소는 또한 숙련된 사용자가 쉽고 빠르게 작업 경로를 탐색할 수 있게 해준다. 예를 들어 포토샵 사용자는 이미지에 일련의 필터를 적용하고, 결과가 맘에 드는지 보고, 다시 시작점으로 되돌아갈 수 있다. 그러고 나서 다른 필터를 이것저것 시도하고, 저장하고, 또다시 시작점으로 간다. 사용자는 다단계 실행 취소 없이도 이렇게 작업할 수 있지만, 이미지를 닫고 다시 불러오는 데 훨씬 더 많은 시간이 걸릴 것이다. 사용자가 창의적으로 작업할 때, 몰입 경험을 유지하기 위해서는 속도와 사용 편의성이 중요하다. 자세한 내용은 1장, 특히 안전한 탐색과 점진적 창조 패턴을 참조하라.

7 (옮긴이) 저작 도구(authoring tools)란 저작에 사용되는 소프트웨어를 의미한다. 저작이란 텍스트나 그래픽, 음성 데이터, 디지털 영상 데이터 등 여러 가지 형태의 데이터를 한 개의 멀티미디어 콘텐츠로 정리하는 작업을 말한다.

8 앨런 쿠퍼(Alan Cooper)와 로버트 라이만(Robert Reimann)은 《어바웃 페이스 2.0: 인터랙션 디자인의 본질*About Face 2.0:The Essentials of Interaction Design*》에서 실행 취소 개념에 한 장 전체를 할애했다.

되돌릴 수 있는 작업 우선 인터페이스가 탑재될 소프트웨어에서 동작을 어떻게 정의할지에 관한 강력한 구조가 필요하다. 무엇이라고 이름을 붙일 것인지, 연관된 개체는 무엇인지, 어떻게 동작을 기록하고 되돌릴지 말이다. 그러고 나서 그 위에 인터페이스를 구축한다.

되돌릴 필요가 있는 작업을 결정하라. 파일이나 데이터베이스를 변경하는 모든 동작(영구적일 수 있는 모든 것)은 되돌릴 수 있어야 한다. 반면에 탭을 선택하는 것, 일시적인 상태나 보기 모드와 관련된 작업은 보통 그럴 필요가 없다. 특히 대부분 애플리케이션에서 사용자는 다음 동작을 되돌릴 수 있을 것이라고 예상한다.

- 문서나 스프레드시트에서 텍스트 입력하기
- 데이터베이스 상태 변화시키기
- 이미지 수정 또는 캔버스 칠하기
- 그래픽 애플리케이션에서 위치, 크기, 쌓는 순서, 그룹 등의 레이아웃 변경하기
- 파일 삭제나 이름 변경 등 파일 관련 작업
- 이메일 메시지 또는 스프레드시트 열과 같은 개체의 생성, 삭제 또는 재배열
- 모든 잘라 내기, 복사 또는 붙여 넣기 작업

다음과 같은 동작은 일반적으로 추적할 수 없고 되돌릴 수도 없다. 주로 내비게이션 동작이 되돌릴 수 없는 작업의 좋은 예다.

- 문자나 개체 선택
- 창이나 페이지 간 탐색
- 마우스 커서와 텍스트 커서의 위치
- 스크롤바의 위치
- 창이나 패널의 위치와 크기
- 다이얼로그 박스나 모달 다이얼로그 박스에서 확정하지 않은 수정사항

일부 작업은 모호한 경계에 있다. 예를 들어, 폼 입력은 되돌릴 수 있는 때도 있고 아닐 때도 있다. 변경한 입력 폼에서 다음 폼으로 이동할 때 자동으로 수정사항이 저장된다면 되돌릴 수 있는 방법을 찾아 보는 게 좋다.

참고사항

앱을 처음 사용하는 사람이라도 애플리케이션의 성격을 통해 어떤 동작을 되돌릴 수 없는지 파악한다. 온라인 쇼핑에서 구매를 확정하는 것, 채팅방에서 메시지를 올리는 것, 이메일을 보내는 것은 실행 취소가 불가능하다. 취소되면 좋겠다 싶을 때가 많지만 말이다.

실행 취소 작업이 사용자 입장에서 잘 이해되는지 확인하라. 컴퓨터 입장에서 작업을 정의하고 이름 붙이는 게 아니라, 사용자 입장에서 사용자가 생각하는 방식대로 정의해라. 가령 입력한 문자 한 블록을 되돌리려고 한다면, 글자 하나하나가 아니라 단어의 덩어리로 되돌리는 게 훨씬 합리적이다.

실행 취소나 동작 기록 스택(stack) 디자인하기 각 동작을 실행할 때마다 동작 기록 스택의 맨 위에 기록이 쌓인다. 실행 취소를 할 때마다 맨 위의 동작(가장 최근 동작)을 우선 되돌리고, 다음으로 그 밑에 있는 것(그다음으로 최신), 다음으로 밑에 있는 것 순서로 진행된다. 다시 실행Redo은 반대로 차근차근 스택을 거꾸로 채워 간다.

스택은 최소한 10~12개 동작까지 보관할 수 있을 때 가장 유용하며, 관리만 할 수 있으면 이보다 길어도 좋다. 장기 관찰이나 사용성 평가를 해보면 한계가 어느 정도인지 알 수 있다(래리 콘스탄틴과 루시 록우드는 '사용자가 그 이상은 효과적으로 거의 쓰지 못하기 때문에' 12개 이상 항목은 거의 불필요하다고 주장한다.[9] 고성능 소프트웨어를 쓰는 전문 사용자는 다를 수 있다).

표현 마지막으로 사용자에게 실행 취소 스택을 어떻게 표시할지 정한다. 대부분의 데스크톱 애플리케이션은 실행 취소/다시 실행 기능을 편집 메뉴에 넣는다. 실행 취소는 보통 Ctrl+Z 또는 이에 상응하는 단축키로 지정되어 있다. 스

9 (옮긴이) Constantine, Larry L., and Lucy A.D. Lockwood, "Instructive Interaction: Making Innovative Interfaces Self-Teaching", *User Experience*, vol. 1, no. 3, 2002. Winter, *https://oreil.ly/QMNpz(https://oreil.ly/QMNpzg*.

택에서 다음으로 취소할 작업이 정확히 어떤 것인지 사용자가 알 수 있도록 지능형 메뉴 항목을 사용하는 게 최선이다.

EXAMPLES 예시

워드(그림 8-26)는 가장 전형적인 다단계 실행 취소 패턴을 보여 준다. 여기서 사용자는 일부 문자를 입력한 다음 테이블을 넣었다. 첫 번째 실행 취소를 하면 테이블이 제거된다. 다음 번 실행 취소(실행 취소 스택에서 다음 작업)는 입력된 텍스트를 가리키고, 실행 취소를 다시 하면 입력된 텍스트가 사라진다. 한편 사용자는 다시 실행 기능을 사용해서 '실행 취소'를 취소할 수 있다. 첫 번째 스크린 캡처와 같이 스택에서 맨 위에 있는 경우에는 '다시 실행'이 없고, 대신 '반복하기' 기능이 생긴다. 이는 인터페이스에 생기를 불어넣기 위한 복잡한 추상적인 개념이다. 비슷한 방법을 시도할 경우 도움말 시스템에 시나리오를 한두 개 추가하여 작동 방식을 보다 완벽하게 설명하라.

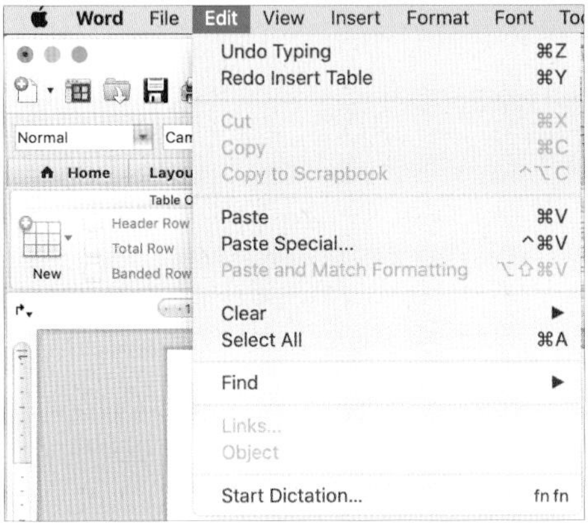

그림 8-26 워드 작업 기록

비록 눈에 보이지는 않지만, 워드에서는 실행 취소 스택을 메모리에 보관한다. 이렇게 하면 사용자가 파일을 이전 상태로 돌리기 위해 실행 취소를 여러 번 할 수 있다. 사용자가 실행 취소 명령으로 가장 최근에 한 동작을 되돌리면 편집 메뉴의 첫 번째 스마트 항목이 실행 취소 스택에서 다음 작업으로 변경된다.

대부분 사용자는 여기서 사용한 알고리즘을 명료하게 머리에 그릴 수 없을 것이다. 반복, 다시 실행 기능과 연관해서 스택이 어떻게 작동하는지는 물론 스택이 무엇인지 모르는 사람도 많기 때문이다. 그러므로 여기서는 지능형 메뉴 항목이 사용성에 절대적으로 중요하다. 앞으로 일어날 일을 정확히 설명해 사용자의 인지 부담을 줄여 주기 때문이다. 중요한 것은 최근에 진행한 일련의 작업에서 앞뒤로 이동할 수 있다는 것을 사용자가 이해하는 것이다.

62 명령 기록(Command History)

WHAT 정의하기

사용자가 동작을 실행할 때마다 어디에서 어떤 작업을, 언제 적용했는지 눈에 보이게 기록으로 남긴다. 사용자가 거쳐 간 단계의 목록이나 기록이라고 할 수 있다. 목록은 눈에 보이기 때문에 직접 조작해서 동작을 적용하고, 삭제하거나 순서를 변경할 수 있다. 주로 명령의 대상이 되는 파일, 사진 등 다른 디지털 개체와 연계된다. 사용자가 웹을 탐색할 때 브라우저는 방문하는 웹사이트, 앱, URL을 눈에 보이는 기록으로 남긴다. 이는 로그 파일에 가까운데, URL 문자열에서 키워드를 검색하거나, 날짜별 기록을 볼 수도 있다. 사용자가 이전에 방문했지만 정확한 URL은 기억하지 못하는 웹사이트를 찾는 데 유용하다.

WHEN 언제 사용하면 좋을까?

사용자가 GUI 또는 텍스트 명령으로 길고 복잡한 일련의 동작을 실행할 때 사용한다. 대부분의 사용자는 인터페이스 경험이 상당하다. 혹시 그렇지 않더라도 적어도 장기적이고 반복되는 작업만큼은 효율적으로 지원하는 인터페이스를 원한다. 그래픽 에디터나 프로그래밍 환경에서 선택할 가능성이 큰 패턴이다.

WHY 어떤 효과가 있을까?

소프트웨어로 작업하는 과정에서 실행한 행동을 기억하거나 검토해야 할 때가 있다. 명령 기록은 다음과 같은 작업을 수행한다.

- 기억이 잘 나지 않는 동작이나 명령 반복하기
- 동작을 실행한 순서 떠올리기
- 하나의 개체에 적용한 일련의 동작을 다른 개체에 반복 적용하기
- 법적 또는 보안상의 이유로 로그 보관하기
- 일련의 명령을 스크립트나 매크로로 변환하기(8장 매크로 패턴 참조)

HOW 어떻게 활용할까?

사용자가 동작을 실행하는 대로 계속 목록을 관리한다. 명령어로 구동하는 인터페이스라면 더 쉽다. 입력한 모든 것을 기록하라. 여러 세션에 걸친 기록을 계속 파악해서 일주일 또는 가능하다면 그 이상의 시간 동안 사용자가 실행한 행동을 볼 수 있게 한다.

GUI 또는 그래픽과 명령어 인터페이스가 조합된 경우라면 상황은 좀 더 복잡해진다. 각 동작을 일관되고 간결하게 표현하는 방법을 찾아라. 시각적으로 표시하지 못할 이유는 없지만, 단어로 표현하는 경우가 많다. 동작을 적절한 단위로 정의해라. 가령 하나의 작업을 17개의 개체에 대해 일괄적으로 수행하는 경우 17개가 아닌 단일 작업으로 기록하라는 뜻이다.

어떤 명령은 기록하고, 어떤 명령은 기록하지 말아야 할까? 무엇을 기준으로 명령을 '계산에 넣어야' 하는지 자세히 알고 싶다면 **다단계 실행 취소** 패턴을 참조하라. 명령을 되돌릴 수 있다면 기록에도 남겨야 한다.

마지막으로 사용자가 기록을 볼 수 있게 한다. 대부분 소프트웨어에서 기록을 보는 옵션은 선택 사항이어야 한다. 이는 보통 사용자가 하는 작업에서 주인공이 아니라 보조하는 역할이기 때문이다. 가장 오래된 명령부터 최신순으로 목록을 보여 주는 게 일반적으로 잘 작동한다. 원한다면 기록에 어떻게든 발생 시간을 표시할 수 있다.

EXAMPLES 예시

구글의 크롬 브라우저(그림 8-27)는 모든 브라우저와 마찬가지로 사용자가 방문한 웹사이트와 웹 애플리케이션 기록을 보관한다. 사용자는 기록을 보고 검색하거나 탐색할 수 있다. 이전에 방문한 URL로 돌아가거나 목록에 있는 항목을 공유하기도 한다. 구글 크롬의 히스토리 화면은 엄격히 말하면 동작을 기록한 것은 아니고, 사용자의 브라우징 기록을 남긴 파일이다. 이렇게 기록이 남은 URL이나 파일을 이용해서 사용자가 URL을 타이핑할 때 입력하려는 문자를 예측해서 추천한다. 사용자는 또한 기록 파일을 검색하거나 수동으로 URL을 선택하여 이전에 방문한 URL로 돌아갈 수 있다.

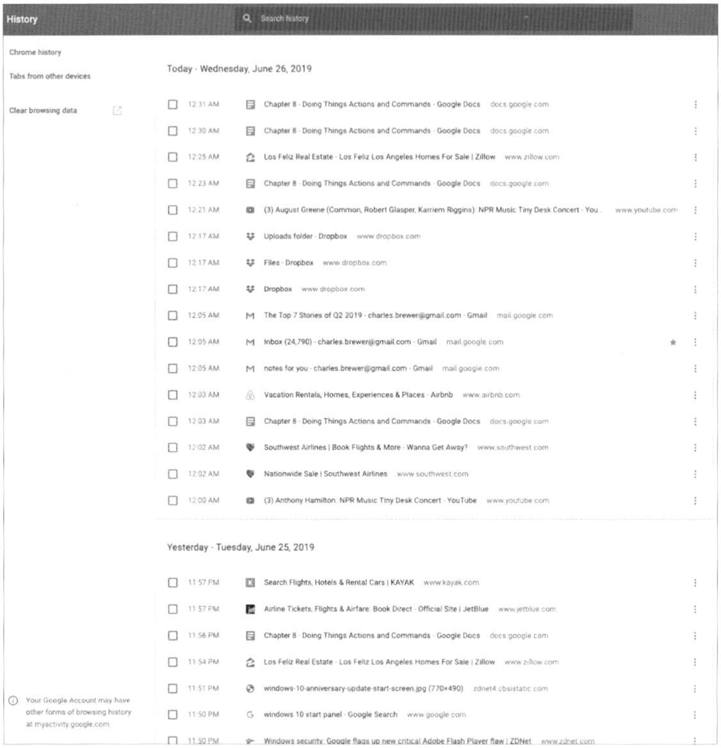

그림 8-27
구글 크롬
히스토리 화면

포토샵 CC의 실행 취소 스택(그림 8-28)은 사실상 명령 기록이다. 실행한 동작을 되돌리기 위해 사용하는 것은 물론 다른 용도로도 활용한다. 단순히 자신이 실행한 행동을 검토하려고 목록을 스크롤할 수도 있다. 여기서는 아이콘으로 동작의 종류를 구분하는데, 특이한 방식이지만, 사용하는 입장에서 꽤 편리하다. 이렇게 성실한 명령 기록은 포토샵의 유서 깊은 특징이다. 각각의 도구, 동작, 필터 등의 명령은 실행한 시간 순서로 목록에 기록된다. 이는 히스토리 팔레트에서 볼 수 있다(그림 8-28 왼쪽 아래). 히스토리 기능은 실행 취소를 위한 기록 이상으로 활용된다. 사용자가 동작을 선택적으로 켜거나 끄고, 동작 순서를 다시 정렬할 수 있게 하여 현재 작업 중인 이미지에 영향을 미친다.

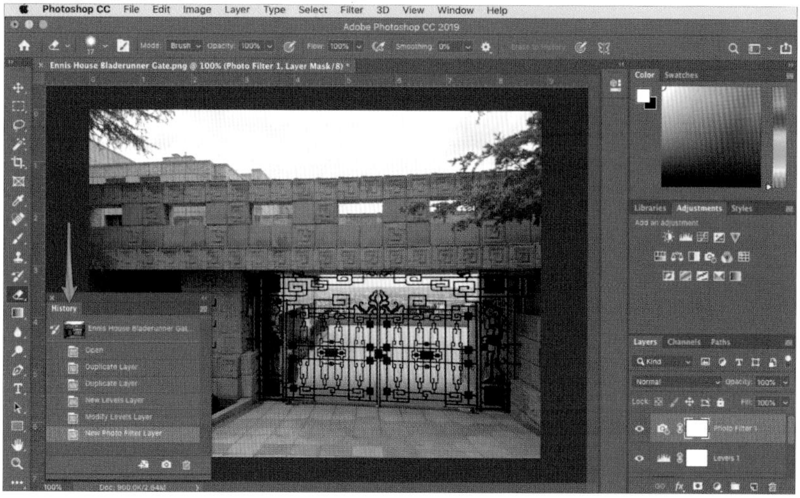

그림 8-28 포토샵 CC

63 매크로(Macros)

WHAT 정의하기

매크로는 여러 작은 동작으로 구성된 하나의 기능이다. 사용자는 동작의 순서를 기록하거나 조합하여 매크로를 만든다. 이는 그 자체로 다시 쓰거나 다른 일련의 명령과 함께 사용하기 위해 저장된다. 시간을 엄청나게 절약해 주고, 작업흐름을 효율적으로 만든다.

WHEN 언제 사용하면 좋을까?

사용자는 순서대로 이어지는 여러 동작이나 명령을 반복하고 싶어 한다. 한 개체에 실행했던 명령을 여러 파일, 이미지, 데이터베이스 기록, 개체에 반복해서 적용할 때 활용한다. 여러분은 이미 **다단계 실행 취소**나 **명령 기록** 패턴에서 매크로를 구현했다.

WHY 어떤 효과가 있을까?

아무도 똑같은 반복 작업을 계속하고 싶어 하지 않는다. 이는 컴퓨터가 잘하는 일이다. 1장에서 **능률적 반복**이라고 부르는 사용자 행동 패턴을 설명했는데 매크로야말로 이를 정확히 잘 지원해 주는 메커니즘의 일종이다.

매크로는 사용자가 확실히 더 빨리 일할 수 있도록 도와준다. 그뿐만 아니라 어떤 일을 하는 데 필요한 명령이나 동작의 수가 감소하기 때문에 실수가 일어날 가능성도 줄어든다.

1장에서 논의한 '몰입' 개념과도 연관된다. 일련의 긴 동작을 하나의 명령이나 바로 가기 키로 만들 수 있을 때 몰입 경험은 강화된다. 즉, 사용자는 적은 노력과 시간으로 많은 것을 성취할 수 있고, 곁다리로 빠지지 않고 큰 목표를 볼 수 있다.

HOW 어떻게 활용할까?

사용자가 일련의 동작을 '기록'하고 언제든지 쉽게 '재생'할 수 있는 방법을 제공하라. 재생은 하나의 명령을 실행하거나, 버튼을 누르거나, 개체를 끌어다 내려놓는 것만큼 쉬워야 한다.

매크로 정의하기 사용자는 매크로에 자신이 선택한 이름을 지정할 수 있어야 한다. 사용자가 자신이 기록한 동작 시퀀스를 검토할 수 있도록 해라. 제대로 만들었는지 확인하거나, 전에 만들고 잊어 버린 시퀀스가 어떤 것인지 찾을 수 있게 말이다(명령 기록 패턴과 마찬가지다). 또한 한 매크로에서 다른 매크로를 참조해서 여러 개를 토대로 새로운 매크로를 만들 수 있게 하라.

하루 이틀 정도는 만든 매크로를 다시 쓸 확률이 높으므로, 파일이나 데이터베이스에 저장할 수 있는지 확인한다. 사용자의 필요에 따라 검색하고 정렬하거나, 분류할 수 있는 목록으로 표시하라.

매크로 실행하기 매크로는 말 그대로 동작을 재생시켜 일을 단순하게 만들어 준다. 그때그때 달라지는 개체에 작용하면, 시퀀스를 매개 변수화할 수 있다. 예를 들어 문자 개체 대신 플레이스홀더나 변수를 사용할 수 있다. 매크로는 또한 한번에 많은 개체에 적용할 수 있어야 한다.

매크로(또는 매크로를 실행하는 컨트롤) 이름을 보여 주는 방식은 애플리케이션 성격에 따라 다르지만, 고민 없이 만들기보다는 내장된 동작을 쓰는 것을 고려해 보라.

시퀀스를 기록하는 능력이나 여러 매크로를 쌓아서 만드는 기능으로 사용자는 자신의 환경과 업무 습관에 정교하게 들어맞는 새로운 언어나 시각적 문법을 발명할 수 있다. 이는 매우 강력한 기능이며 실제로 이것이 프로그래밍이다. 하지만 사용자가 자신을 개발자로 여기지 않는다면 그렇게 부르지 않는 게 좋다. '나는 프로그래밍을 못 하는데, 당연히 매크로도 못 할 거야.' 하고 겁을 낼 수도 있으니 말이다.

EXAMPLES 예시

포토샵 CC(그림 8-29)는 광범위한 매크로 기능을 가지고 있다. 주요 기능은 단계가 복잡하거나 수가 많은 이미지 편집과 변환 명령을 만들고 기록하는 것이다. 포토샵에서는 이를 액션Actions이라고 부른다. 액션은 동작 자동화와 재사용으로 이미지 작업 속도를 크게 향상한다. 그림 8-29 왼쪽을 보면 세피아 토닝Sepia Toning이라고 부르는 기존에 정의한 액션이 선택되어 있다. 액션 안에는 순서대로 일어나는, 위계가 있는 여러 단계가 있다. 오른쪽에 있는 액션 메뉴에서는 복잡한 여러 단계의 동작을 기록하거나 편집하고 미세하게 조정할 수 있는 옵션을 볼 수 있다.

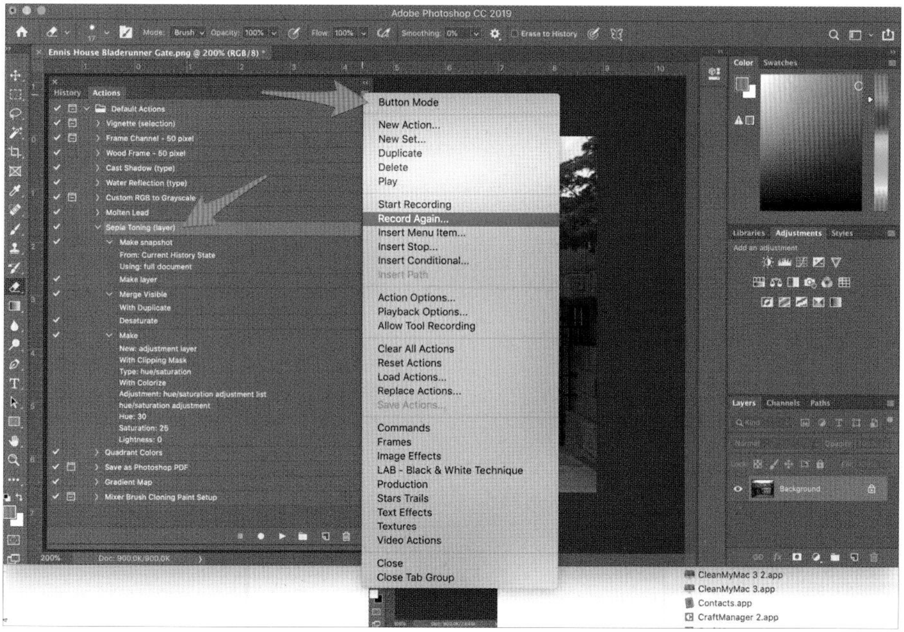

그림 8-29 포토샵 CC에서 매크로 기록하기

그림 8-30에 포토샵 CC의 배치Batch 자동화 메뉴와 다이얼로그 박스가 나와 있다. 포토샵에 있는 또 다른 매크로 작업기다. 이는 포토샵의 한 위치에서 이미지를 열고, 저장된 동작을 적용하고, 다른 위치에 특정 이름으로 이미지를 저장해 주는 사용자 생성 워크플로 스크립트다. 이 기능은 심지어 시간을 더 절약해 주는데, 액션 매크로를 적용하기 위해 이미지를 하나씩 열 필요가 없기 때문이다. 이렇게 사용자는 수많은 파일을 빠르게 자동으로 처리하며, 수작업을 상당히 줄인다.

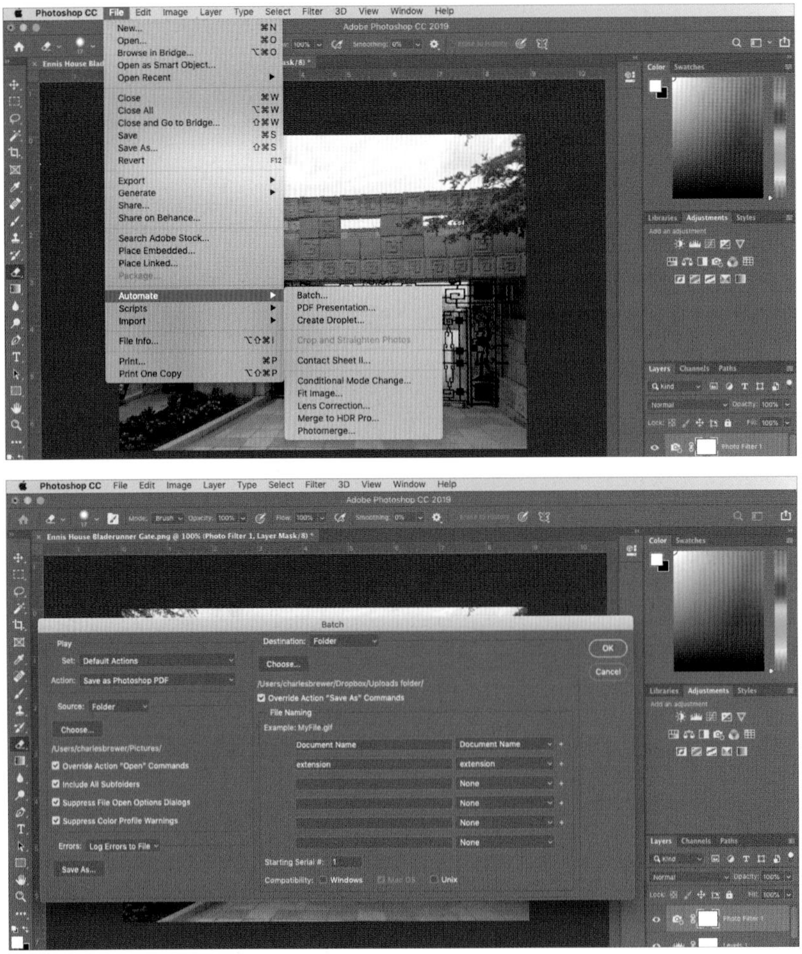

그림 8-30 배치 자동화. 일련의 동작을 여러 파일에 자동으로 적용하기

요즘은 서로 다른 웹 애플리케이션, 서비스, 플랫폼을 마치 하나의 애플리케이션처럼 통합하고 스크립팅할 수 있다. IFTTTIf This, Then That(그림 8-31)가 바로 그러한 일을 하는 웹 애플리케이션이다. 이를 활용하면 API 접근 권한이 있고 IFTTT 플랫폼에 통합된 외부 소프트웨어 개발사를 이용할 수 있다. 고객은 외부 로그인 정보를 IFTTT에 제공하고, IFTTT에서 레시피Recipe라고 부르는 웹 앱을 매크로와 연결해서 작업을 시작한다. IFTTT 레시피가 할 수 있는 몇 가지 일은 다음과 같다.

- 모든 SNS 계정에서 프로필 사진 동기화
- SNS에서 클라우드 스토리지 계정으로 이미지 파일 자동 백업
- 모바일 기기에서 스마트홈 기기 전원을 켜고 끄기
- SNS 게시물을 클라우드 스프레드시트에 저장
- 기기에서 클라우드 스프레드시트로 건강 데이터 저장

IFTTT에 온라인 계정 로그인 정보를 제공한 다음 IFTTT 웹 앱으로 간단한 매크로를 구축해서 레시피를 만든다(그림 8-31). 화면에 있는 큰 문구, '만약 [트위터]라면 [+] 한다'가 지금 작업 중인 매크로다. 첫 번째 부분은 준비되었다. 그림에 보이는 계정은 자신의 트위터 계정을 이미 연동했다. 트위터 아이콘을 선

그림 8-31
IFTTT 애플릿 생성기

택하면 매크로에 트위터 기반 트리거를 설정하는 다른 화면이 열린다. 다음 단계는 '[+] 한다' 부분을 설정하는 것이다. 예를 들면 각 트윗을 구글 스프레드시트에 기록하는 것일 수 있다. IFTTT 또는 다른 연결된 인터넷 서비스가 실행해야 할 동작이다. 여기서 매크로는 원래는 서로 연결되어 있지 않은 웹 앱과 서비스를 통합해서 맞춤형 작업을 자동화해 준다.

엑셀에서는 매크로를 기록하고, 이름을 붙이고, 문서와 함께 저장하고, 심지어 키보드 단축키로 설정할 수 있다. 그림 8-32에서 사용자는 매크로를 기록하고 프로그래밍 환경에서 매크로를 편집한다(가벼운 비주얼 베이직Visual Basic

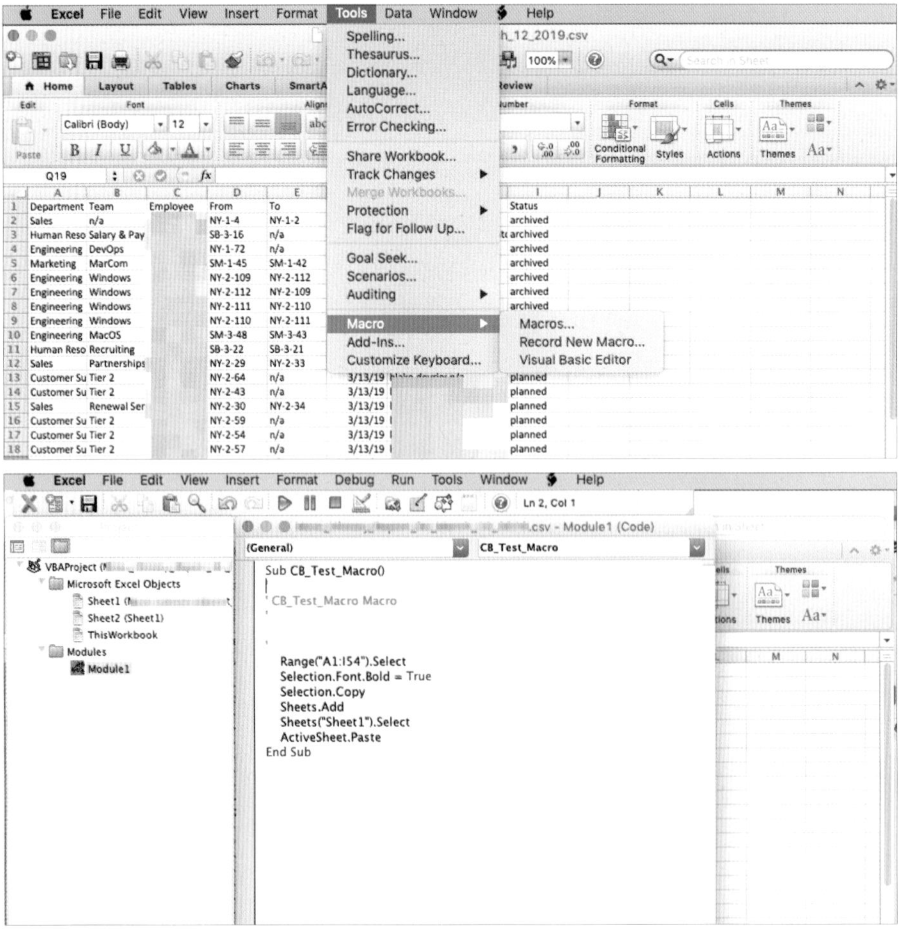

그림 8-32 엑셀

에디터가 엑셀에 포함되어 있다). 사용자는 매크로를 기록해서 엑셀에서 데이터를 처리하고 스프레드시트를 조정한다. 이러한 자료는 편집하고 난 뒤 다시 사용할 수도 있다.

만약 여러분이 정말로 스크립트 프로그래밍이 가능한 애플리케이션을 개발하고 있다면, 엑셀을 보면서 매크로가 어떻게 남용될 수 있는지 교훈을 얻을 수 있다. 매크로를 통해 할 수 있는 일에 어느 정도 제약을 두는 편이 좋다.

가장 중요한 동작이 제일 잘 보이게

이번 장에서는 소프트웨어의 동작이나 명령을 시작하는 다양한 모드와 수단을 살펴보았다. 인터랙션 디자이너로서 여러분은 사용자가 할 수 있는 일과 현재 일어나고 있는 일을 이해할 수 있게 도와주는 여러 패턴과 좋은 사례를 알게 되었다. 꼭 기억해야 할 점은 가장 중요한 동작이 눈에 잘 보여야 한다는 점이다. 이를 위해 8장에서 설명한 그래픽 디자인 방법론을 사용해라. 동작을 명확하게 만들면 신규 및 기존 사용자를 다음 단계로 안내할 수 있다는 장점이 있다. **미리 보기**와 **다단계 실행 취소** 같은 패턴은 사용자가 오류를 방지하게 해주고, 소프트웨어를 더 빨리 배울 수 있게 도와준다.

인터페이스를 탐험하는 데서 오는 긍정적인 감정과 안정감을 과소평가하지 말라(사용자는 작업을 미리 보고, 시작하고, 취소하고, 되돌리는 방법을 이해하기 때문에 수행 중인 작업을 제어할 수 있다). 숙련된 사용자를 위해 복잡한 인터랙션에서 동작을 시간 순서로 기록하고, 시간상 앞뒤로 이동할 수 있는 기능을 제공하면 사용자는 동작을 강력하게 조절할 수 있게 된다. 마지막으로 여러 동작을 빠르고 효율적으로 실행해야 하는 사용자를 위해 소프트웨어에 매크로와 비슷한 기능을 디자인하는 것도 고려해 볼 가치가 있다.

9장
복잡한 데이터 보여 주기

지도, 표, 도표를 사용하는 완성도 높은 인포그래픽은 지식을 언어가 아니라 시각적으로 우아하게 전달할 수 있다. 이는 사람들이 정보를 직접 보고 생각해서 각자의 결론을 내리도록 한다. 알려 주기보다 보여 주는 것이다. 데이터를 시각화하는 것은 예술이고 과학이다. 데이터 시각화는 디자인 분야에서 특수한 영역이고, 강력한 시각 디자인 감각과 해당 분야의 전문 지식을 필요로 한다.

예술적으로 시각화하는 자체가 하나의 학문이다. 이번 장에서는 인포그래픽 디자인의 기초를 다루고 모바일 애플리케이션이나 웹사이트에서 데이터를 표시하는 가장 일반적인 방법을 보여 줄 것이다.

인포그래픽의 기초

인포그래픽Information graphics은 사용자에게 지식을 전하려는 목적으로 시각적으로 제시된 데이터를 의미한다. 표와 트리뷰treview는 선과 다각형이 아니라 문자로 구성되었음에도 본질적으로 둘 다 시각적이기 때문에 인포그래픽에 포함된다. 다른 정적인 인포그래픽으로 지도, 플로 차트flowchart, 막대그래프bar plot, 실제 물체를 표현하는 다이어그램 등이 있다.

하지만 우리는 인쇄물이 아니라 디지털 인터페이스를 다루고 있다. 컴퓨터의 상호작용을 이용하면 거의 모든 정적인 디자인을 개선할 수 있다. 인터랙티브 도구는 사용자가 필요할 때 정보를 숨기고 표시할 수 있게 한다. 정보를 보고 탐색하는 방법을 사용자가 선택할 수 있도록 주도권을 넘겨 주는 것이다.

인터랙티브 그래픽에서는 데이터를 조작하고 다시 정렬하는 단순한 행위에도 가치가 있다. 사용자는 인포그래픽을 단순히 수동적으로 관찰하는 게 아니라 발견 단계에서부터 능동적으로 참여하게 된다. 이는 매우 값진 일이다. 세계에서 가장 아름다운 그래프나 표를 만들어 내지는 못할지라도, 그래프와 표를 직접 조작해 봄으로써 인쇄물로 접할 때는 알아차리지 못했을 데이터의 다양한 측면을 마주할 수 있다.

최종적으로 사용자가 인포그래픽을 사용하는 목적은 무언가를 알기 위해서다. 따라서 디자이너는 사용자가 무엇을 알고 싶어 하는지 이해해야 한다. 지도 위의 특정한 거리처럼 아주 구체적인 것을 찾고 있는가? 이런 경우에는 곧바로 검색하거나 관련 없는 정보를 걸러 내서 원하는 것을 찾게 도와야 한다. '큰 그림'은 찾고 있는 특정한 데이터에 도달할 수 있을 정도로만 필요하다. 검색하고, 필터링하고, 상세정보에 집중하는 기능이 대단히 중요하다.

반대로 덜 구체적인 정보가 궁금할 수도 있다. 어떤 사용자는 특정 주소를 찾기보다는 도시의 전반적인 모습을 알기 위해 지도를 본다. 또 다른 사용자는 생화학적인 과정이 어떻게 작동하는지 이해하기 위해 과정을 시각화해 보는 과학자이다. 이럴 때는 개요가 중요하기에 각 부분이 전체에 어떻게 연결되는지 이해할 수 있어야 한다. 사용자는 정보를 확대하고, 다시 축소해 보고, 상세한 정보를 확인하고, 한 관점에서 본 데이터를 다른 관점과 비교하기를 원한다.

좋은 인터랙티브 인포그래픽은 다음 질문에 대한 답을 준다.

- 데이터가 어떻게 구성되었는가?
- 데이터는 서로 어떻게 관련되어 있는가?
- 데이터를 어떻게 탐험할 수 있나?
- 데이터를 다시 정렬하는 방법은?
- 필요한 데이터만 보려면 어떻게 해야 하나?

• 찾고 있는 특정 데이터 값은 무엇인가?

이번 장에서 쓰는 인포그래픽이라는 단어가 아주 큰 개념이라는 점에 유의하라. 도표, 지도, 테이블, 트리, 타임라인 등 모든 종류의 다이어그램을 포함한다. 거대하고 계층이 많거나 작고 집중된 데이터로 구성되기도 한다. 여기서 제시하는 여러 기술은 예상하지 못한 종류의 정보 그래픽에 놀랍게 잘 맞아떨어질 것이다.

패턴 자체를 설명하기 전에 앞서 리스트에서 제기한 질문 몇 가지에 답하며 이야기를 시작해 보자.

데이터를 구성하는 조직 모델

모든 정보 시각화에서 사용자가 첫 번째로 보는 것은 디자이너가 데이터에 맞게 선택한 형태다. 이상적인 상황이라면 데이터 자체에 내재한 구조가 있어서 데이터를 보면 형태가 연상된다. 도표 9-1은 다양한 조직 모델을 보여 준다. 여러분이 다루는 데이터에는 어떤 것이 가장 잘 맞는가?

모델	다이어그램	일반적 표현
선형적(Linear) 모델		목록, 단일 변수 그래프
표(Tabular) 모델	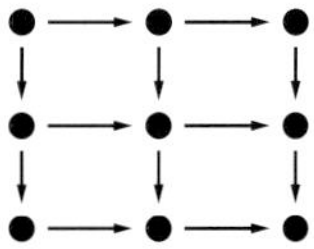	스프레드시트, 다중 열 목록, 정렬할 수 있는 표, 다중 Y축 그래프, 다변량 그래프
계층 구조 (Hierarchical) 모델	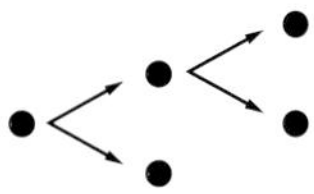	트리, 목록, 트리 표
서로 연결된(Network of interconnections) 모델	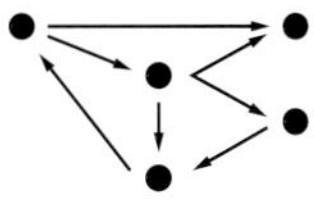	방향 그래프, 플로 차트
지리적(Geographic) 또는 공간적 모델		지도, 도식, 산점도
문자(Textual) 모델		워드 클라우드, 방향 그래프
기타		다양한 그래프(평행 좌표 그래프, 트리 지도 등)

도표 9-1 데이터 조직 모델

보여 주려는 데이터에 위의 모델을 적용해 보라. 적합한 모델이 두 개 이상이라면 각 모델이 데이터의 어떤 측면을 강조하는지 확인해 보라. 예를 들어 지리적 데이터를 표로 나타냈다고 해보자. 표로만 보여 주면 데이터의 지리적 특성이 흐려질 것이다. 데이터를 지도 위에서 볼 수 없다면 보는 사람은 데이터의 흥미로운 특성이나 관계를 놓칠 수도 있다.

전주의적(preattentive) 변수의 힘

여러분이 선택하는 조직 모델은 사용자에게 데이터 형태를 알려 준다. 이 메시지의 일부는 무의식중에 전달되는데, 사용자는 트리, 도표, 지도를 보고 의식적으로 생각하기도 전에 즉시 기초 데이터에 관한 가정을 세운다. 하지만 이런 영향을 주는 것은 형태뿐만이 아니다. 개별 데이터 요소가 어떻게 보이는지도 사용자의 무의식에 작용한다. 비슷해 보이는 것은 서로 연관성이 있다고 가정하는 것이다.

4장을 읽었다면 이미 익숙할 것이다. 우리는 게슈탈트 법칙을 배웠다(책 앞부분을 건너뛰었다면, 4장 도입부로 가서 읽기 좋은 타이밍이다). 게슈탈트 법칙의 대부분, 특히 유사성과 연속성의 법칙은 인포그래픽 디자인에도 적용된다. 어떤 원리인지 조금 더 살펴보자.

특정한 시각적 특성은 전주의적으로 작동한다. 다시 말하면, 보는 사람이 의식적으로 집중하기 전에 이미 정보를 전달한다. 그림 9-1에서 파란 동그라미를 찾아보아라.

그림 9-1 파란 동그라미 찾기

꽤 빨리 찾았을 것이다. 이제 그림 9-2를 보고 한 번 더 해보자.

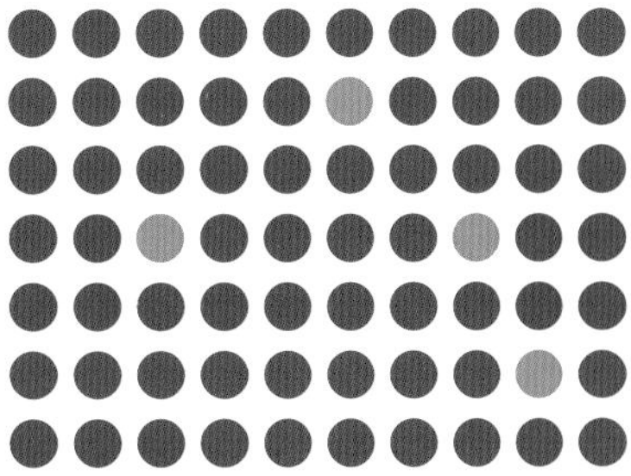

그림 9-2 다시 파란 동그라미 찾기

빠르게 찾아 냈을 것이다. 사실 빨간 동그라미가 아무리 많아도 파란 동그라미를 찾는 데 걸리는 시간은 변함이 없다. 이 시간이 전체 동그라미 수에 비례한다고 생각할지 모른다. 하지만 그렇지 않다. 색상은 원시적인 인지 수준에서 작동한다. 시각 시스템은 여러분 대신 어려운 작업을 하는데, '놀랍게도 병렬적으로' 작업을 처리한다.

반대로 시각적으로 지루하게 나열된 문자를 보면 어쩔 수 없이 값을 읽어 보고 의식적으로 생각하게 된다. 그림 9-3은 정확히 같은 문제를 색깔이 아닌 숫자로 보여 준다. 1보다 큰 숫자를 얼마나 빨리 찾을 수 있을까?

0.103	0.176	0.387	0.300	0.379	0.276	0.179	0.321	0.192	0.250
0.333	0.387	0.564	0.587	0.857	1.064	0.698	0.621	0.232	0.316
0.421	0.309	0.654	0.729	0.228	0.529	0.832	0.935	0.452	0.426
0.266	0.750	1.056	0.936	0.911	0.820	0.723	1.201	0.935	0.819
0.225	0.326	0.643	0.337	0.721	0.837	0.682	0.987	0.984	0.849
0.187	0.586	0.529	0.340	0.829	0.835	0.873	0.945	1.103	0.710
0.153	0.485	0.560	0.428	0.628	0.335	0.956	0.879	0.699	0.424

그림 9-3 1보다 큰 값 찾기

이렇게 문자를 다룰 때 값을 '찾는 시간'은 항목의 수와 정확히 비례한다. 여전히 문자를 쓰면서도, 그림 9-4처럼 목표 숫자를 물리적으로 크게 표시하면 어떨까?

0.103	0.176	0.387	0.300	0.379	0.276	0.179	0.321	0.192	0.250
0.333	0.387	0.564	0.587	0.857	1.064	0.698	0.621	0.232	0.316
0.421	0.309	0.654	0.729	0.228	0.529	0.832	0.935	0.452	0.426
0.266	0.750	1.056	0.936	0.911	0.820	0.723	1.201	0.935	0.819
0.225	0.326	0.643	0.337	0.721	0.837	0.682	0.987	0.984	0.849
0.187	0.586	0.529	0.340	0.829	0.835	0.873	0.945	1.103	0.710
0.153	0.485	0.560	0.428	0.628	0.335	0.956	0.879	0.699	0.424

그림 9-4 1보다 큰 값 찾기

이제 파란 동그라미를 찾을 때처럼 일정한 시간이 걸린다. 크기는 사실상 또 다른 전주의적 변수다. 큰 숫자가 각 열에서 오른쪽으로 튀어나와 있는 것도 큰 숫자를 찾는 데 도움이 된다. 정렬 역시 또 다른 전주의적 변수다.

그림 9-5는 잘 알려진 여러 전주의적 변수를 보여 준다.

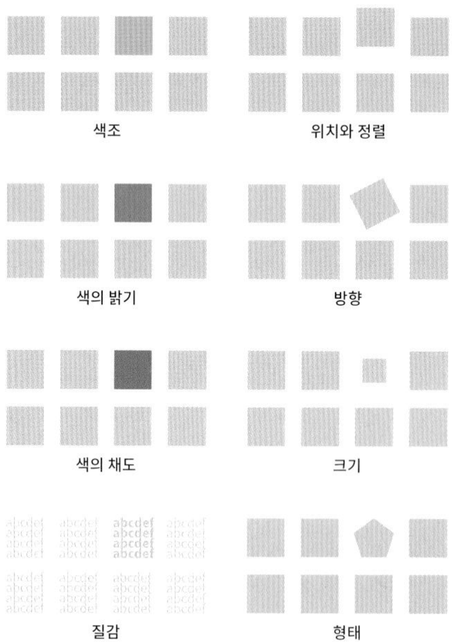

그림 9-5 8개의 전주의적 변수

이러한 변수들은 그림 9-3에 있던 표의 숫자와 같은 문자 기반 인포그래픽에 심오한 영향을 미치는 개념이다. 일부 데이터 점이 나머지보다 눈에 띄기 바란다면 색상이나 크기 같은 다른 전주의적 변수를 조정해서 달라 보이게 만들어야 한다. 일반적으로 모든 종류의 인포그래픽에서 이런 변수를 써서 데이터 유형이나 차원을 구별할 수 있다. 이는 부호화encoding라고 불린다.

다차원 데이터의 집합을 그래프로 그려야 하는 경우에는 여러 다른 시각적 변수를 사용하여 모든 차원을 하나의 정적인 화면으로 부호화할 수 있다. 그림 9-6에 있는 산점도를 보라. x축과 y축에 위치를 사용하고 있으며, 색상으로 세 번째 변수를 부호화한다. 그래프에 표시되는 마커 모양으로 네 번째 변수를 부호화할 수 있지만, 여기서는 색상과 같은 역할을 한다. 중복되게 부호화한 것이지만 사용자가 3개의 데이터 그룹을 시각적으로 쉽게 구분할 수 있게 도울 수 있다.

이는 전부 레이어링layering이라는 일반적인 시각 디자인 개념과 관련 있다. 디자인이 잘된 그래픽을 보면 다른 종류의 정보를 화면에서 쉽게 인지할 수 있다. 색상과 같은 전주의적 요소는 데이터 일부가 화면에서 '튀어나와' 보이게 만든다. 유사성은 요소가 서로 연결되어 보이게 만든다. 마치 기본 그래픽 위에 있는 투명한 층에 올려놓은 것처럼 말이다. 이는 데이터를 세분화하는 데 아주 효과적이다. 전체 그래픽보다 각 데이터 층이 더 단순하고, 보는 사람은 데이터 층을 차례로 살펴보면서도 전체 안에서 데이터 간의 관계가 유지되고 강조된다.

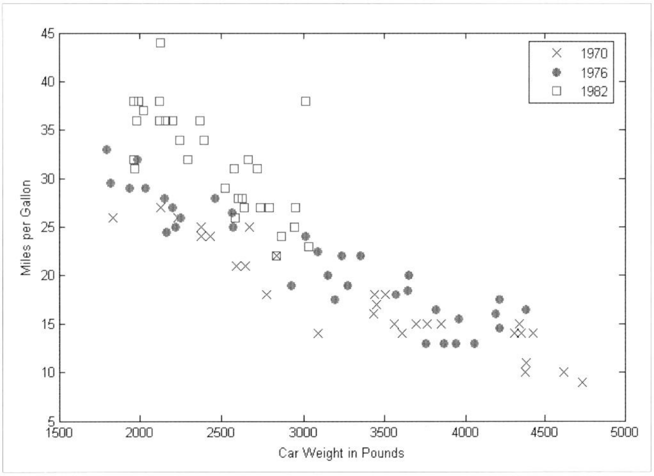

그림 9-6
산점도에서 3개의 변수 부호화하기

데이터 탐험하기

사용자가 인터랙티브 데이터 그래픽을 처음으로 살펴보는 활동은 브라우징일 것이다. 이는 단순히 무엇이 있는지 둘러보는 일이다. 특정한 무언가를 찾으려는 탐험일 수도 있다. 필터링과 검색으로 목적을 달성하기도 하지만 '가상의 공간'을 가볍게 탐험하는 게 더 나을 때가 많다. 관심 있는 부분을 나머지 데이터와 관련한 맥락에서 살펴볼 수 있기 때문이다.

정보 시각화 분야에는 큰 맥락과 상세정보를 함께 보라Focus plus context고 하는 유명한 진언이 있다. 좋은 시각화는 사용자가 관심 지점에 집중할 수 있도록 하는 동시에 주변 정보를 충분히 보여 줘서 관심점이 큰 그림에서 어디에 있는지 알 수 있게 해야 한다. 탐색과 둘러보기를 위한 몇 가지 일반적인 기법은 다음과 같다.

스크롤(Scroll) 및 팬(Pan)

데이터 전체를 표시하는 영역이 화면에 한번에 들어가지 않을 때 스크롤되는 창에 배치하면 사용자가 화면을 벗어나는 부분에 쉽게 접근할 수 있다. 스크롤바는 거의 모든 사람에게 친숙하며 사용하기 쉽다. 다만 일부 표시 영역은 너무 크거나 크기가 확실하지 않을 때가 있다(그러면 스크롤바가 정확하지 않게 표시된다). 또는 보이는 창 바깥에서 데이터를 가져오거나 데이터를 다시 계산해야 해서 스크롤바가 너무 느리게 응답하는 경우도 있다. 이럴 때는 스크롤바를 사용하는 대신 사용자가 다음 데이터를 불러올 때 버튼을 클릭하는 방식을 고려해 보라. 구글 지도 같은 애플리케이션에서는 스크롤 대신 손가락을 떼지 않거나 커서를 잡고 끌어오는pan 방식을 쓴다. 관심 지점을 발견할 때까지 정보 그래픽을 커서로 '잡고 끌어서' 이동할 수 있게 하는 것이다.

이는 다양한 상황에 적합하지만, 기본적인 개념은 비슷하다. 그래픽에서 보이는 부분을 인터랙티브하게 움직이게 만들려는 것이다. 상세정보 옆에 개요를 표시하면 사용자가 방향 감각을 유지하는 데 도움이 된다. 전체 정보 그래픽을 작게 축소해서 화면에 보여지는 뷰포트 영역을 사각형 인디케이터로 표시한다. 사용자는 스크롤바를 이용하거나 인디케이터 사각형을 커서로 끌어서 이동한다.

확대(Zoom)

스크롤은 보는 위치를 변경하는 반면 확대는 보이는 부분의 크기를 변경한다. 데이터가 빽빽한 지도나 그래프라면 관심 지점을 확대할 수 있는 기능을 고려해 보라. 레이블이나 작은 기능이 많을 때(특히 지도에서) 모든 데이터의 세부정보로 화면 전체를 빽빽하게 채울 필요가 없다. 사용자가 관심 지점을 확대해서 공간이 충분해지면 세부기능을 표시할 수 있다.

대부분은 핀치, 마우스 클릭, 버튼 누르기 방식으로 확대할 수 있으며 전체 보기 영역의 배율은 한 번에 바뀐다. 이것이 그래픽을 확대하고 축소하는 유일한 방법은 아니다. 사용자가 마우스 포인터를 그래픽 위로 이동할 때 정보 그래픽을 균일하지 않게 왜곡시키는 애플리케이션도 있다. 마우스 포인터 아래에 있는 부분은 확대되지만 멀리 떨어진 항목은 동일한 배율로 유지되는 것이다.

관심 지점 여닫기

트리뷰에서는 보통 사용자가 원하는 대로 상위 항목을 여닫으면서 궁금한 항목을 살펴볼 수 있다. 계층 구조로 된 도표와 그래프 일부는 사용자가 새 창을 열거나 새 화면으로 이동할 필요 없이 도표를 '그 자리에서' 여닫을 수 있다. 이런 메커니즘 덕분에 사용자는 창을 떠나지 않고도 개별 항목이나 상하위 관계에 있는 항목을 쉽게 탐색한다.

관심 지점으로 상세 진입하기

일부 정보 그래픽은 단지 '상위 수준'의 정보를 제시한다. 사용자는 방금 클릭한 도시에 대한 정보를 보려고 지도를 한 번 또는 더블 클릭하거나, 도표 하위 내용을 보려고 도표의 주요 지점을 누른다. 상세 진입은 동일한 창을 다시 사용하거나, 동일한 창에 있는 별도의 패널을 활용하거나, 새 창에서 표시할 수 있다. 그래픽과 결합한 게 아니라서 원래 그래픽과 별도로 보게 된다는 것을 제외하고는 '관심 지점 여닫기'와 유사하다.

인터랙티브 정보 그래픽에서 검색 기능을 제공하는 경우, 앞에서 언급한 기법

중 어떤 것이라도 검색 결과와 연결하는 방향을 고려하라. 즉, 사용자가 지도에서 시드니를 검색할 때, 지도를 확대하거나 축소하는 기능은 물론 현재 위치에서 해당 지점까지 이동하는 경로를 연결해 보여 줘라. 이렇게 하면 검색하는 사용자는 맥락을 이해하면서 공간을 기반으로 정보를 수월하게 기억할 수 있다.

데이터 재배열하기

때때로 정보 그래픽을 다르게 배열하는 것만으로도 예상치 못한 관계가 드러날 수 있다. 미국 국립암연구소National Cancer Institute의 온라인 사망률 차트에서 가져온 그림 9-7을 보라. 텍사스주에서 폐암으로 사망한 사람의 수를 보여 준다. 텍사스의 주요 대도시가 알파벳순으로 정렬되어 있다. 특정 도시를 조사할 경우 꽤 합리적인 순서지만, 데이터를 보고 흥미로운 질문이 떠오르지는 않는다. 왜 애빌린, 앨리스, 애머릴로, 오스틴의 사망자 수가 모두 비슷한지 알기 어렵다. 단순히 우연의 일치일까?

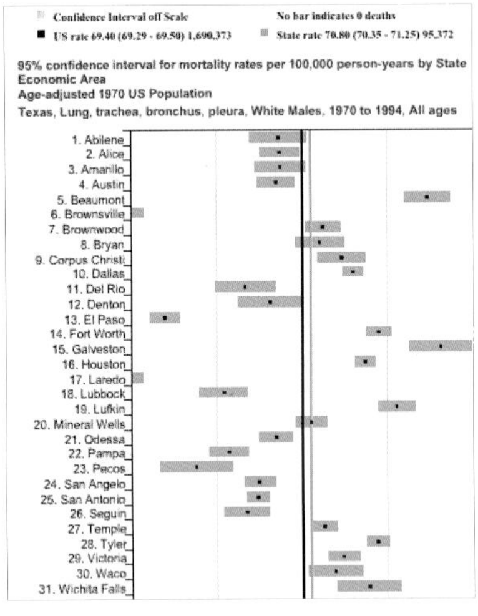

그림 9-7
텍사스주 도시별 폐암 사망률 (알파벳순)

이 차트에서 사망자 수를 내림차순으로 데이터를 다시 정렬하면 그림 9-8과 같다. 갑자기 그래프가 훨씬 더 흥미로워 보인다. 갤버스턴이 1위를 차지했다. 이웃인 휴스턴은 왜 그보다 수가 적을까? 갤버스턴이 1위인 이유는 무엇일까?(텍사스 지리를 어느 정도 알아야 이러한 질문이 떠오르겠지만, 여기서 말하려는 바는 전달되었을 것이라 생각한다). 마찬가지로 이웃 도시 댈러스와 포트워스의 차이점은 무엇일까? 멕시코를 괴롭히는 남부 도시 엘파소, 브라운즈빌, 그리고 러레이도는 텍사스 나머지 도시보다 폐암 사망률이 낮다. 왜 그럴까? 데이터의 집합만 보고 질문에 답할 수는 없지만, 적어도 질문할 수는 있다.

그림 9-8
텍사스주 도시별 폐암 사망률 (사망자 수 내림차순)

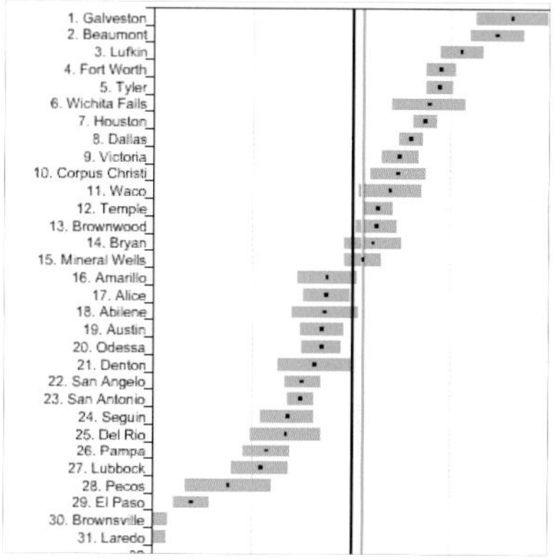

이렇게 데이터 그래픽과 상호작용을 하면 자료에서 더 많은 것을 배운다. 정렬과 재배열은 서로 다른 데이터 점을 나란히 배치해서 사용자가 서로 다른 관점으로 이를 비교할 수 있게 한다. 멀리 흩어져 있는 점보다 바로 옆에 있는 점들을 비교하는 게 훨씬 쉽다. 앞의 예처럼 사용자는 구간에서 양 끝의 극한값에 관심을 가지는 경향이 있다.

이밖에 정렬과 재배열을 어떻게 활용할 수 있을까? 정렬할 수 있는 표에서 한 가지 분명한 방법을 찾을 수 있다. 표에 열이 많으면 사용자는 자신이 선택한 열을 기준으로 행을 다시 정렬하고 싶어 한다. 이런 일은 꽤 흔하다(많은 표 만들기 도구에서 드래그해서 열 순서를 바꿀 수 있다). 트리는 하위 노드의 순서를 변경할 수 있다. 도표나 그래프는 데이터의 연결성을 유지하면서 요소의 공간적 위치를 조정한다.

2장에서 논의한 정보 설계 접근 방식을 바탕으로 다음과 같은 분류 및 재배열 방법을 고려해 봐라.

- 가나다순
- 숫자
- 날짜 또는 시간순
- 물리적 위치
- 카테고리 또는 태그
- 인기도
- 사용자가 설계한 배열 방식
- 무작위

그림 9-9를 살펴보자. 막대 위에서 여러 데이터 값을 보여 주는 막대 차트(쌓인 막대 차트)도 재정렬할 수 있다. 기준선에 닿아 있는 막대 색을 비교하거나 평가하기 쉬우므로 기준선 바로 위에 오는 변수를 사용자가 결정할 수 있도록 해야 한다.

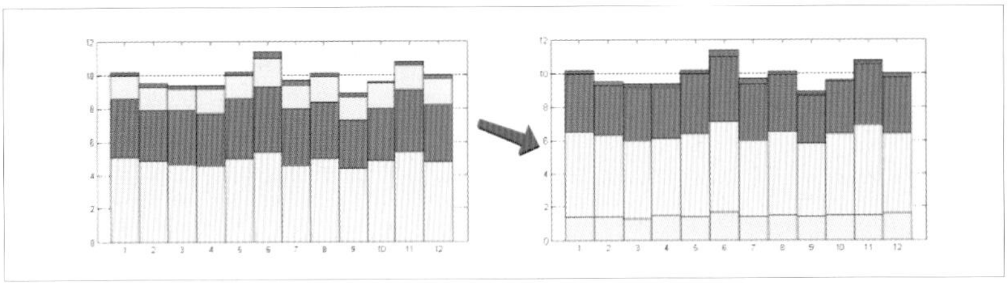

그림 9-9 막대형 차트 다시 배열하기

이 예시에서 모든 막대의 밝은 하늘색 변수의 높이는 다른가? 어떻게 다른가? 어떤 하늘색 막대가 가장 높은가? 배열된 데이터를 기준선으로 옮겨 보기 전에는 알 수 없다. 모든 하늘색 막대를 기준선 위에 정렬해 보자. 이제 시각적으로 비교하기 쉽다. 하늘색 막대 6과 12번이 가장 높으며, 하늘색 막대의 높이는 전체 막대의 높이와 약한 상관관계가 있는 것처럼 보인다.

검색과 필터링으로 필요한 데이터만 보기

때때로 전체 데이터를 한번에 보고 싶지 않을 때도 있다. 그런 경우에는 전체에서 필요한 항목으로 범위를 좁히거나(필터링) 검색 또는 쿼리를 통해 데이터의 하위 집합을 쌓을 수 있다. 대부분의 사용자는 필터링과 쿼리를 구분하지 않는다(데이터베이스의 관점에서는 큰 차이가 있다). 사용자의 의도는 같다. 관심 있는 데이터에만 초점을 맞추고 나머지는 제거하는 것이다.

간단한 필터링 및 쿼리 기법으로 데이터의 어떤 측면을 볼 것인지 사용자가 선택하게 할 수 있다. 체크 박스를 비롯한 컨트롤로 인터랙티브 그래픽의 일부만 활성화하는 것이다. 사용자가 선택한 항목에 따라 표에 일부 열만 표시되고 다른 열은 표시되지 않게 하거나 지도에서 사용자가 선택한 관심 지점(식당)만 나타내는 방식도 있다. 풍부한 상호작용을 제공할 수 있는 동적 쿼리는 간단한 필터 조작의 논리적 연장선에 있다.

때로는 나머지를 숨기거나 제거할 필요 없이 데이터의 부분 집합을 강조하는 것만으로도 충분하다. 이렇게 사용자는 나머지 데이터의 맥락 안에 있는 부분적인 데이터를 볼 수 있다. 앞에서 설명한 것처럼 간단한 제어로 이 작업을 수행한다. **데이터 브러싱** 패턴은 데이터 강조 표시를 변형한 것인데, 한번에 여러 데이터 그래픽에서 동일한 데이터를 강조해 준다.

그림 9-10
인터랙티브
스키장 지도

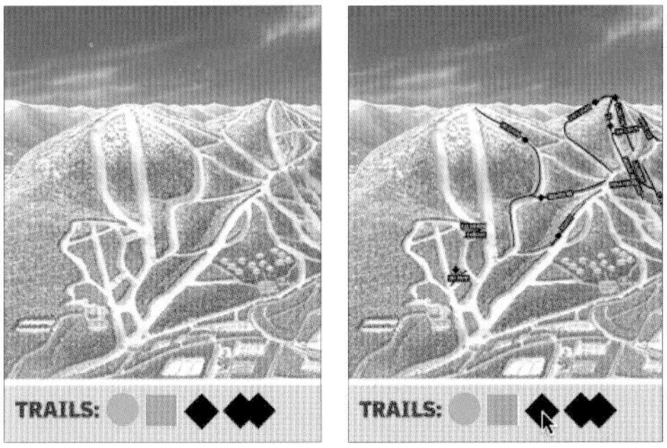

그림 9-10을 보자. 인터랙티브 스키장 지도에서 4가지 길을 볼 수 있다. 각 길을 부호로 처리하고 스키 리프트와 스키 대여소 같은 다른 시설도 표시했다. 모든 것을 한꺼번에 켜면, 너무 복잡해서 아무것도 읽을 수 없다. 이때 사용자는 그림에 표시된 것처럼 길에 해당하는 부호를 눌러 데이터 '층'을 켜거나 끈다. 왼쪽 스크린 캡처에는 강조된 길이 없고 오른쪽 스크린 캡처에는 블랙 다이아몬드에 해당하는 길이 표시된 상태다.

검색 메커니즘은 그래픽의 유형에 따라 크게 다르다. 표나 트리는 당연히 문자를 검색할 수 있어야 하며, 지도에서는 주소 같은 물리적 위치를 검색할 수 있어야 한다. 숫자 차트와 그래프에서는 특정 데이터값이나 값의 범위를 검색할 수 있도록 한다. 사용자는 어떤 것을 검색하는 데 관심이 있을까?

예를 들어 검색이 완료돼 결과가 나오면 이를 그래픽에 표시하도록 인터페이스를 설정할 수 있다. 결과 항목이 화면 중앙에 나오도록 표나 지도를 스크롤하기도 한다. 나머지 데이터라는 맥락 안에서 결과를 보면 검색 결과를 이해하는 데 도움이 된다.

최적의 필터링 및 쿼리 인터페이스의 특징은 다음과 같다.

인터랙티브하다

사용자의 검색 및 필터링에 가능한 한 빨리 응답한다(단, 사용자의 입력 속도가 현저히 늦어진다면 입력키를 누를 때마다 반응하지 말라).

반복적이다

사용자가 원하는 결과를 얻을 때까지 검색, 쿼리, 필터를 세분화하도록 한다. 또 이러한 작업을 결합하기도 한다. 사용자가 검색해서 결과 화면을 얻은 다음에 그중 원하는 결과를 필터링할 수 있다.

맥락을 보여 준다

사용자가 데이터 공간 어디에 있는지 쉽게 이해할 수 있게 하기 위해 주변 데이터와 맥락 안에서 결과를 보여 준다. 예를 들어 최상의 문자 검색 기능은 검색어를 문장이라는 맥락 안에서 표시한다.

복합적이다

단순히 전체 데이터의 집합을 설정하거나 해제하는 것을 넘어 데이터를 가르는 미묘한 조건의 조합을 사용자가 지정할 수 있게 한다. 예를 들어, X, Y, Z 조건은 참이지만 시간 범위 M-N 내에서 A, B가 거짓인 항목을 모두 보여 줄 수 있는가? 이러한 복잡한 조건으로 사용자는 데이터에 대한 가설을 테스트하고 창의적인 방법으로 탐구할 수 있다.

특정 데이터값이 궁금할 때

정보 그래픽에서 특정한 값을 얻는 데 도움이 되는 몇 가지 일반적인 기법이 있다. 우선 사용자가 누구인지 알아야 한다. 데이터를 정성적으로만 이해하려는 사용자라면 모든 작은 요소에 레이블을 붙이느라 많은 시간을 할애하지 않아도 된다. 그러나 실제 숫자나 문자를 넣는 작업은 일반적으로 필요하다.

이러한 기법은 모두 문자를 포함하기 때문에 문자를 보기 좋게 만드는 시각적 설계 원칙을 잊지 말라. 읽기 쉬운 글꼴 선택하기, 적절한 글꼴 크기(너무 크거나 작지 않은) 설정하기, 무관한 문자 항목을 적절하게 시각적으로 구분하기, 관련 항목끼리 정렬하기, 과하게 테두리를 처리한 상자 없애기, 데이터를 불필요하게 모호하게 만들지 않기 등이 있다. 다음은 고려해야 할 몇 가지 다른 측면이다.

레이블

많은 정보 그래픽은 지도상의 마을 이름처럼 그래픽에 직접 레이블을 붙인다. 레이블은 또한 산점도의 기호, 막대그래프의 막대, 그리고 보통 사용자가 축이나 범례를 통해 얻는 다른 정보와 함께 표시할 수 있다. 레이블은 사용하기가 쉽다. 데이터를 정확하고 명확하게 전달하며(제대로 배치했을 때), 데이터 지점과 범례를 왔다 갔다 하지 않도록 관심 데이터 지점 또는 그 옆에 둘 수 있다. 과도하게 사용할 경우에는 그래픽이 복잡해질 수 있음으로 이를 주의하라.

범례

색상, 질감, 선 형태, 기호, 크기를 이용해서 값(카테고리 또는 값의 범위)을 나타낼 때 범례는 무엇이 어떤 것을 표현하는지 보여 준다. 사용자의 시선이 데이터와 범례 사이를 멀리 이동하지 않도록 정보 그래픽과 동일한 화면에 범례를 배치해야 한다.

축, 눈금, 척도 및 시간선

그래프와 지도에서처럼 데이터를 위치로 표현할 때마다 사용자에게 해당 위치가 나타내는 값이 무엇인지 알려 주는 역할을 한다. 즉, 기준 수치가 표시된 기준선 또는 곡선이다. 다만 사용자는 관심 지점에서 축까지 가상의 선을 그리거나, 적절한 숫자를 찾기 위해 중간값을 채워야 할 수 있다. 직접 레이블을 제공할 때보다 사용자에게 인지적으로 부담이 된다. 하지만 레이블은 데이터가 밀집되어 있는 경우 공간을 더 복잡하게 만든다. 또한 많은 사용자는 정보 그래픽에서 정확한 값을 도출할 필요가 없다. 단지 관련된 값에 대한 일반적인 감을 잡고 싶을 뿐이다. 그런 상황에는 축이 적절하다.

데이터팁

데이터팁 패턴은 사용자가 관심 지점 위로 마우스를 이동할 때 데이터 값을 보여 주는 툴팁이다. 화면을 복잡하게 만들지 않고 레이블을 물리적으로 근접하게 만들어 준다는 장점이 있다. 하지만 인터랙티브 그래픽에서만 작동한다.

데이터 스포트라이트

데이터팁과 마찬가지로 **데이터 스포트라이트**는 사용자가 관심 지점을 탐색할 때 데이터를 강조한다. **데이터팁**처럼 특정 지점의 값을 직접 보여 주는 대신 나머지 정보 그래픽의 맥락 안에서 데이터 '조각'을 강조해 표시한다. 나머지 데이터를 어둡게 처리하는 경우가 많다. **데이터 스포트라이트** 패턴을 참조하라.

데이터 브러싱

데이터 브러싱 기법은 사용자가 인포그래픽에서 데이터의 하위 집합을 선택하면 해당 데이터가 다른 맥락에 어떻게 맞아 떨어지는지 볼 수 있게 해 준다. 2개 이상의 정보 그래픽과 함께 사용한다. 예를 들어, 분산형 그림에서 특이값을 선택하면 거기 해당하는 데이터 점이 동일한 데이터를 보여 주는 표에서 강조 표시된다. 자세한 내용은 이번 장의 **데이터 브러싱** 패턴을 참조하라.

패턴

이 책은 인터랙티브 인터페이스에 관한 내용이기 때문에, 여기서 설명하는 패턴 대부분은 데이터와 상호작용 하는 방법(데이터 이동, 항목 정렬, 선택, 삽입, 변경, 특정 값이나 값의 집합에 대한 탐색)을 기술한다. 그중 일부는 정적인 그래픽만 처리한다. 정보 디자이너들은 어느 정도 **다중 Y축 그래프**와 **스몰 멀티플즈** 패턴에 대해 알고 있는데 모두 디지털 인터페이스로 잘 전환된다.

데이터의 기본 구조와 상관없이 인터랙티브 그래픽 대부분에 다음과 같은 패턴을 적용할 수 있다(일부 패턴은 다른 것보다 학습하거나 활용하기가 더 어려우므로 그래픽에서 남용하지 않는 게 좋다).

- 데이터팁Datatip
- 데이터 스포트라이트Data Spotlight
- 동적 쿼리Dynamic Queries
- 데이터 브러싱Data Brushing

나머지 패턴은 많은 속성이나 변수를 가진 다차원 데이터를 다루는 복잡한 데이터 그래픽을 구성하는 방법이다. 사용자가 데이터를 보고 다양한 질문을 던지거나 다른 관점으로 여러 데이터 요소를 비교하도록 유도한다.

- 다중 Y축 그래프Multi-Y Graph
- 스몰 멀티플즈Small Multiples

64 데이터팁(Datatip)

WHAT 정의하기

인터랙티브 데이터 표에서 관심 지점 위에 손가락이나 마우스를 올릴 때, 아이콘을 누르거나 클릭할 때 데이터값이 나타난다.

퓨 리서치Pew Research에서 발표한 한 차트(그림 9-11)에 데이터팁이 실제 작동하는 사례가 나와 있다.

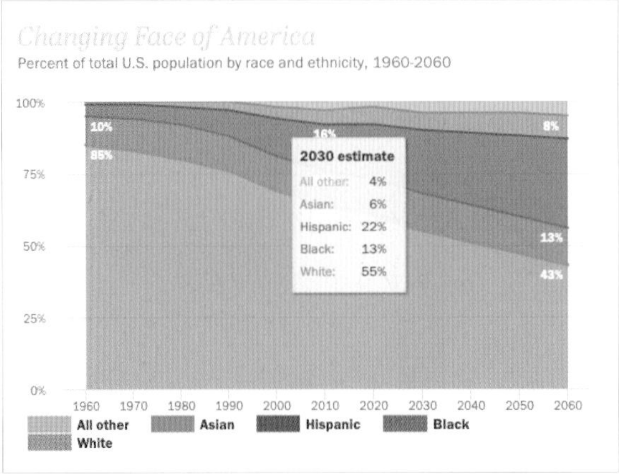

그림 9-11
'변화하는 미국의 얼굴'(퓨 리서치). 1960년부터 2060년까지 미국 인종 구성 비율을 보여 준다.

WHEN 언제 사용하면 좋을까?

데이터 집합을 어떤 형태로든 전반적으로 요약해 표시하고 있을 때 사용한다. 지도의 도로명이나 막대형 차트에서 막대의 특정 값과 같이 더 많은 데이터가 해당 지점 뒤에 '숨겨져 있다'. 사용자는 마우스 커서나 터치 스크린으로 관심 지점을 '짚어 볼' 수 있다.

WHY 어떤 효과가 있을까?

특정 데이터 값을 보는 것은 데이터가 풍부한 그래픽에서 일반적인 작업이다. 사용자는 전체 개요를 보고 싶은 한편, 큰 그림에 없는 특정한 정보가 궁금할 수도 있다. 데이터팁은 초점이 명확하고 세부적인, 맥락이 있는 데이터를 묶어서 볼 수 있게 해주고 정확히 사용자가 주의를 집중하는 마우스 포인터나 손가락 끝에 데이터를 올려 놓는다. 개요가 합리적으로 잘 정리되어 있으면 사용자는 원하는 것을 쉽게 찾아볼 수 있으며, 그래픽에 세부정보를 모두 표시하지 않아도 된다. 데이터팁은 레이블을 대체할 수 있다.

어떤 사람들은 호기심이 많다. '또 뭐가 있지? 무엇을 더 알아낼 수 있을까?' 하고 궁금해한다. 데이터팁은 쉽고 유익하게 상호작용을 돕는다. 빠르고(화면 로딩 없음) 가벼우며 데이터팁이 아니면 보이지 않았을 데이터에 관한 호기심을 돋운다.

툴팁과 비슷하게 생긴 창을 사용해서 해당 지점에 관련된 데이터를 표시한다. 기술적으로 툴팁과 동일할 필요는 없다. 중요한 것은 포인터가 있는 위치에 정보가 나타나고, 그래픽 위에 얹어지며, 일시적이라는 것이다. 사용자는 데이터팁이 무슨 의미인지 빠르게 이해할 것이다.

창에서 데이터 형식을 적절하게 지정해라. 툴팁 창은 보통 작기 때문에 정보의 밀도가 높을수록 좋다. 창이 너무 커져서 그 창이 그래픽을 너무 보기 어렵게 만들면 안 된다. 배치에도 신경 써야 한다. 최소한의 내용만 담을 수 있도록 어떻게 구성할지 고민해 보라.

더 나아가 상황에 따라 데이터팁 형식을 다르게 지정하는 경우도 있다. 예를 들어 인터랙티브 지도는 장소 이름과 위도/경도 좌표를 전환할 수 있다. 하나의 그래프에서 여러 데이터 집합을 각기 다른 선으로 그렸다면, 선마다 다른 레이블 형식을 지정하거나 표시하는 정보의 종류를 다르게 할 수도 있다.

사용자가 클릭할 수 있는 링크를 제공하는 데이터팁도 많다. 주요 정보 그래픽에서는 전혀 보이지 않는 데이터의 일부로 상세 진입할 수 있게 하는 것이다. 데이터팁은 우아하면서도 직관적이고, 정보를 제공할 뿐만 아니라 상세 진입해서 볼 수 있는 링크와 지시사항도 제공한다.

숨겨진 데이터를 동적으로 표시하는 다른 방법으로 정보 그래픽 상단이나 옆 공간에 정적인 데이터 창 패널을 둘 수 있다. 사용자가 그래픽 위 여러 지점 위로 마우스를 올리면 해당 지점과 관련된 정보가 데이터 창에 나타난다. 임시적인 데이터팁과 같은 개념이지만 미리 할애한 공간을 이용하는 것이다. 사용자는 마우스 포인터에서 데이터 창 패널로 시선을 전환해야 하지만 나머지 그래픽을 그대로 볼 수 있다는 장점이 있다. 데이터 창에서 데이터를 그대로 보존할 수 있다면, 사용자는 다른 요소와 상호작용을 하면서 데이터 창을 볼 수 있다.

최근 인터랙티브 인포그래픽에서 데이터팁은 종종 **데이터 스포트라이트**와 함께 사용된다. **데이터 스포트라이트**는 데이터의 조각(선이나 흩어진 점의 집합)을 보여 주지만, 데이터팁은 마우스 포인터 아래에 있는 특정 데이터 지점을 표시한다.

EXAMPLES 예시

크라임 맵핑Crime Mapping(그림 9-12)은 어떤 종류의 범죄가 발생했는지 아이콘으로 표시하고 지도 위에 이를 시각화한다. 사용자는 지도를 확대하거나 축소할 수 있으며 왼쪽 패널에서 '무엇What'을 선택해 범죄 종류를 필터링할 수 있다. 크라임 맵핑은 데이터팁과 데이터 스포트라이트를 모두 사용한다. 모든 범죄는 스포트라이트를 통해 지도에 강조되어 있지만, 데이터팁 패턴으로 사용자가 가리키는 사건에 대한 설명을 제공한다. 데이터팁을 누르면 범죄에 대한 원자료로 이어지는 링크도 나온다.

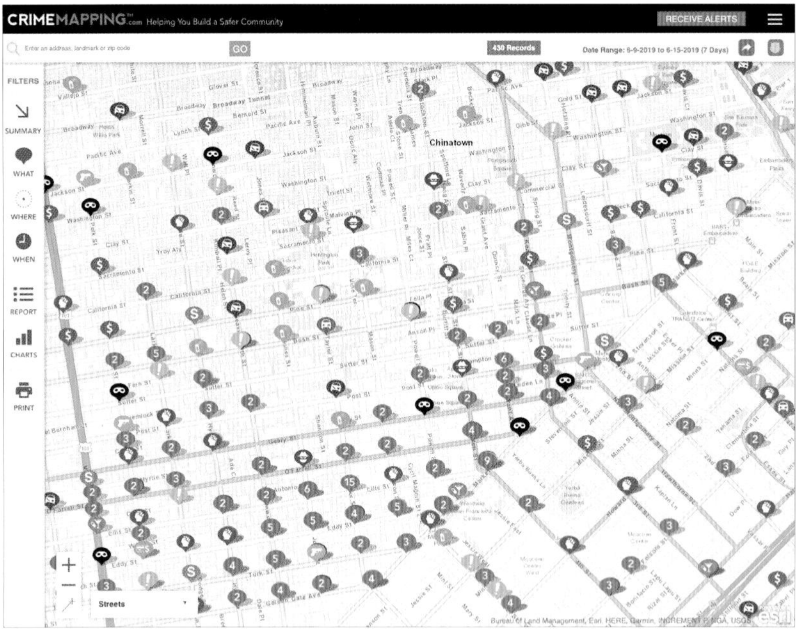

그림 9-12 크라임 맵핑

수많은 지리 정보 그래픽이 구글 지도를 기반으로 구축되었기 때문에, 구글 지도를 살펴보면 지도 정보 그래픽을 이해하는 데 도움이 된다. 구글 지도에서는 단순한 지도와 위성 지도 간 모드를 전환할 수 있으며, 교통, 경로, 장소 표시와 같은 정보를 지도에 겹쳐 놓을 수 있다(그림 9-13).

그림 9-13 구글 지도

트랜짓(그림 9-14)은 단순한 경로 아이콘과 데이터팁으로 지도에서 목적지로 가는 길을 보여 준다. 이동 수단에 따라 선 색상, 기호, 표시되는 데이터가 달라진다.

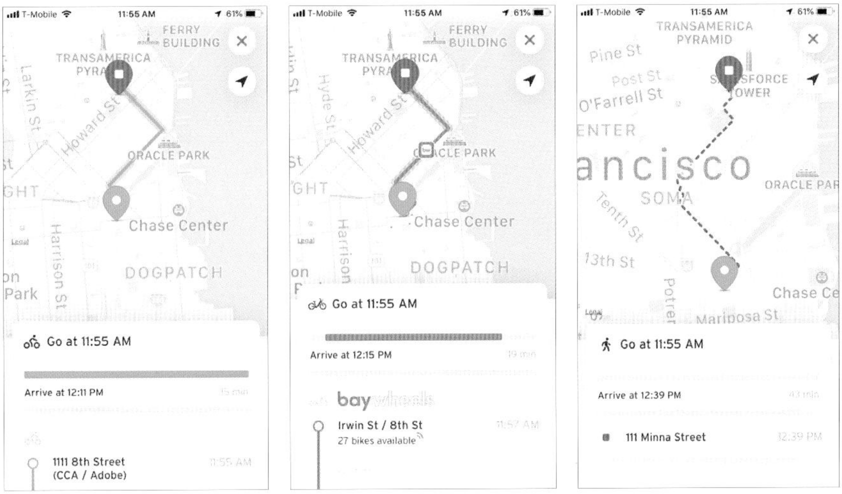

그림 9-14 트랜짓 모바일 앱

65 데이터 스포트라이트(Data Spotlight)

WHAT 정의하기

사용자가 관심 영역 위로 마우스를 올릴 때 해당하는 데이터의 일부(그래프 선, 지도 레이어 등)를 강조하고 나머지는 어둡게 처리한다.

아틀라스 오브 이모션스Atlas of Emotions(그림 9-15)는 사람이 느낄 수 있는 다양한 감정과 그 강도를 그래픽으로 아름답게 나타낸다. 데이터 위에 커서를 올리면 관련된 감정이 나타난다.

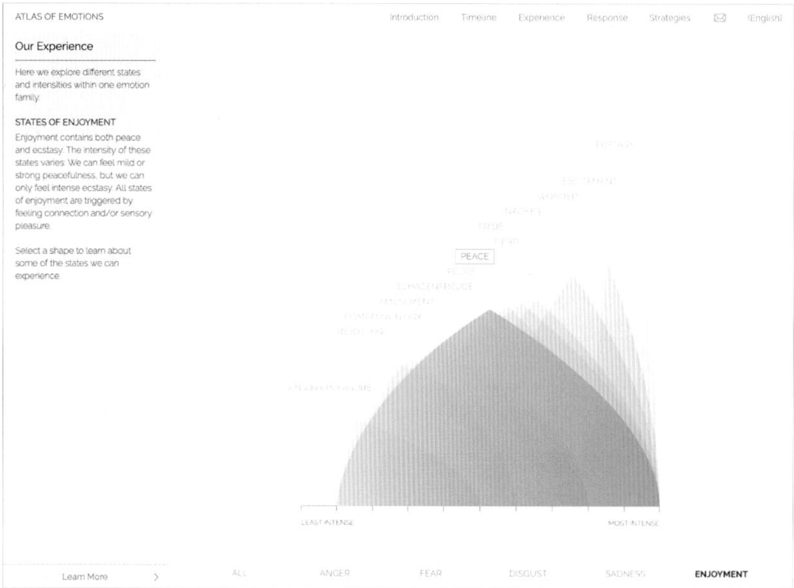
ATLAS OF EMOTIONS
Introduction
Timeline
Experience
Response
Strategies
(English)
Our Experience
Here we explore different states and intensities within one emotion family.
STATES OF ENJOYMENT
Enjoyment contains both peace and ecstasy. The intensity of these states varies: We can feel mild or strong peacefulness, but we can only feel intense ecstasy. All states of enjoyment are triggered by feeling connection and/or sensory pleasure.
Select a shape to learn about some of the states we can experience.
PEACE
LEAST INTENSE
MOST INTENSE
Learn More
ALL
ANGER
FEAR
DISGUST
SADNESS
ENJOYMENT

그림 9-15 아틀라스 오브 이모션스

WHEN 언제 사용하면 좋을까?

그래픽이 너무 많은 정보를 포함하고 있으면 그래픽 자체의 구조가 모호해지는 경향이 있다. 데이터가 풍부하기 때문에 오히려 보는 사람 입장에서 데이터 간의 관계를 알아보고 연결성을 밝혀 내는 것이 어렵다.

데이터 자체가 구조적으로 복잡할 때 사용한다. 선, 영역, 분산된 점의 집합, 연결된 시스템과 같이 서로 영향을 받는 데이터의 복잡한 조각 또는 여러 독립

변수가 있다. 마우스를 갖다 대면 반응하는 데이터가 단지 점이나 단순한 형태일 경우 **데이터팁**이 데이터 스포트라이트보다 적합하다. 하지만 이 둘은 함께 사용될 때가 많다.

WHY 어떤 효과가 있을까?

데이터 스포트라이트는 여러 가닥으로 된 데이터를 풀어서 단순하게 이해할 수 있게 해준다. 복잡한 인포그래픽에서 '초점에 맥락 더하기'를 가능하게 한다. 사용자가 관심을 두는 데이터 조각에 초점을 맞추는 동시에 나머지 그래픽은 눈에 띄지 않게 만들어 시각적 잡동사니를 제거한다. 나머지 데이터는 맥락을 이해하도록 돕기 위해 여전히 그 자리에 둔다.

사용자가 한 데이터 조각에서 다른 데이터 조각으로 빠르게 이동해 동적으로 탐색할 수 있도록 한다. 사용자는 크거나 세밀한 차이 모두 이런 방식으로 볼 수 있다. 마우스가 이동할 때 데이터 스포트라이트가 한 데이터 조각에서 다른 조각으로 부드럽고 빠르게 전환되면 아주 미세한 차이라도 발견할 수 있을 것이다.

마지막으로 데이터 스포트라이트는 사용하기 재미있고 매력적이다.

HOW 어떻게 활용할까?

첫째, 정보 그래픽이 처음부터 데이터 스포트라이트에 의존하지 않도록 디자인한다. 사용자가 그래픽과 상호작용하지 않고도 화면의 내용을 이해할 수 있도록 데이터 조각을 눈에 잘 보이고 일관성 있게 만든다(화면을 인쇄해서 보는 사용자도 있다).

스포트라이트 효과를 만들려면, 다른 데이터가 어두워지거나 회색으로 바래는 동안 강조되는 데이터를 밝은색 또는 채도 높은 색으로 만든다. 마우스를 올렸을 때 반응 속도를 빠르게 만들어서 즉각적이고 부드럽게 느껴지도록 하라.

데이터 요소 위에 마우스를 롤오버할 때 스포트라이트를 활성화하는 것 외에도 범례 및 데이터에 대한 다른 참조 사항에 '핫 스팟'을 추가할 수 있다.

'스포트라이트 모드'를 고려하라. 이 모드를 켜기 전에는 마우스 호버 동작에서 더 기다리도록 초기 설정을 한다. 모드가 시작되면 스포트라이트는 마우스 동작에 즉각 반응한다. 이는 사용자가 우연히 그래픽 위로 마우스를 올렸을 때 스포트라이트 효과가 발생하지 않게 만들려는 목적이다.

마우스 롤오버 동작 대신 마우스를 클릭하거나 손가락으로 탭하는 동작을 쓸 수도 있다. 롤오버처럼 즉시 반응하지는 못하지만 터치 스크린에서도 사용할 수 있으며 실수로 스포트라이트가 활성화되지 않게 해준다. 그러나 데이터 상세 보기 같은 다른 작업을 위해 마우스 클릭 동작을 할애해야 하는 상황도 있다.

데이터팁을 함께 사용하여 특정한 데이터 지점을 설명하고, 강조되는 데이터 조각을 표시하며, 필요한 경우 지침을 제공하라.

EXAMPLES 예시

여기 실제 데이터 스포트라이트의 예가 있다. 윈즈 앤드 워즈Winds and Words는 〈왕좌의 게임〉을 데이터로 인터랙티브하게 시각화했다(그림 9-16). 사용자가 인물을 클릭하면 다른 인물이 배경으로 이동하며 희미해진다. 사용자가 선택한 인물은 다른 인물과의 관계 안에서 표시된다.

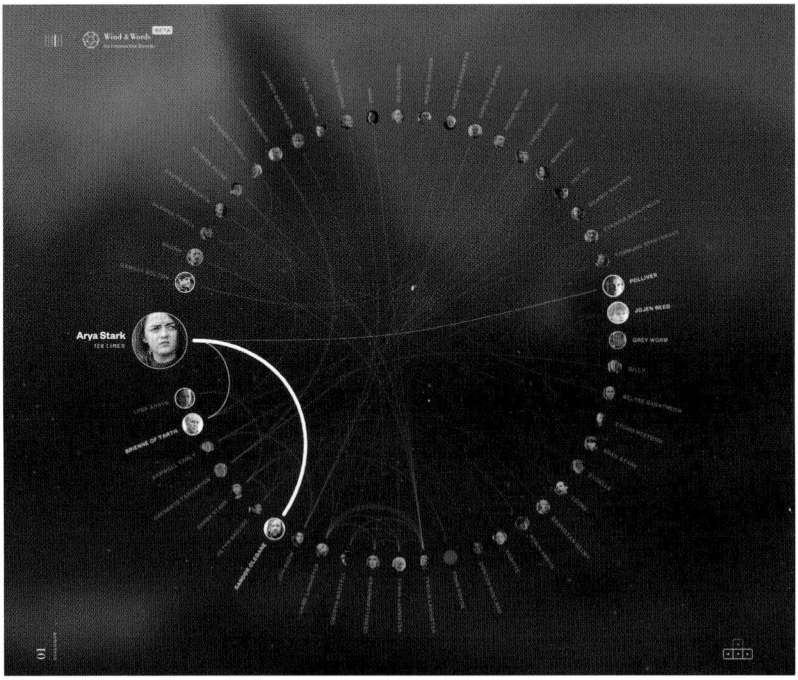

그림 9-16 윈즈 앤드 워즈의 〈왕좌의 게임〉 시각화

66 동적 쿼리(Dynamic Queries)

WHAT 정의하기

데이터 집합의 조각이나 레이어를 정의하기 위해 슬라이더나 체크 박스와 같이 쓰기 쉬운 표준 컨트롤을 사용하여, 사용자가 즉시 데이터 집합을 필터링할 수 있게 한다. 사용자가 컨트롤을 조정할 때 그 결과를 데이터 화면에 즉시 표시한다.

구글 공공 데이터 탐색기(그림 9-17)에서 사용자는 다양한 변수를 선택하고 결과를 즉시 확인할 수 있다. 타임라인에서 슬라이더를 이동하면 시간 경과에 따라 데이터가 어떻게 달라지는지 보인다.

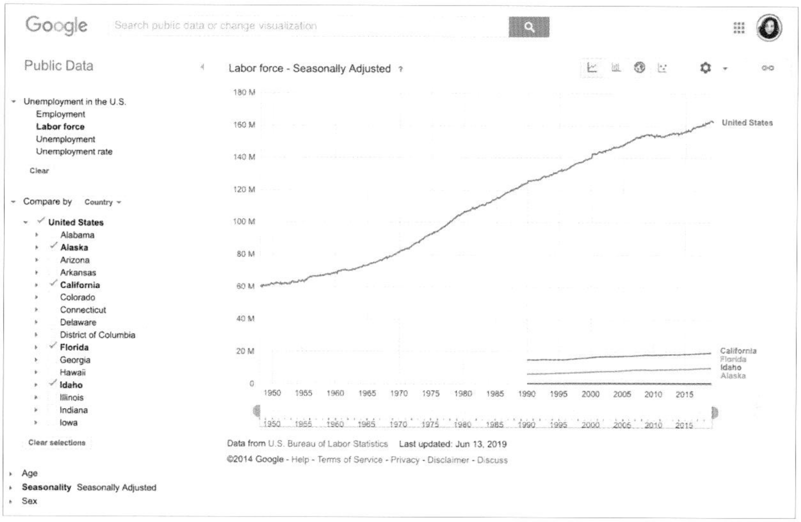

그림 9-17 구글 공공 데이터 탐색기

WHEN 언제 사용하면 좋을까?

다변량 데이터 집합을 보여 주는 경우 사용한다. 사용자는 다양한 목표를 달성하기 위해 데이터를 필터링한다. 데이터 집합에서 관련 없는 부분을 제거하거나, 특정 기준을 충족하는 데이터 지점을 확인해 데이터 속성 간의 관계를 이해하거나, 단순히 데이터 집합을 탐색해서 정보를 살펴보려고 말이다.

데이터 집합 자체에 고정된 예측 가능한 속성(또는 매개변수, 변수, 차원)이 있으며 이는 사용자가 흥미를 느끼는 속성이다. 데이터는 일반적으로 숫자이며 범위가 정해져 있다. 문자열, 날짜, 카테고리 또는 열거형(숫자가 아닌 값을 숫자로 표현한 것)으로 정렬할 수 있다. 화면에서 인터랙티브하게 선택할 수 있는 가시적인 데이터 영역도 가능하다.

동적 쿼리는 검색 결과에도 적용할 수 있다. 필터 검색에서는 동적 쿼리 인터페이스를 사용하여 제품, 이미지, 문자와 같은 항목이 있는 풍부한 데이터베이스를 탐색한다.

WHY 어떤 효과가 있을까?

첫째, 동적 쿼리는 배우기 쉽다. 사용자 입장에서 복잡한 쿼리 언어를 배울 필요가 없다. '가격 > 70달러 and 가격 < 100달러'와 같은 상식적인 논리식을 이해하기 쉬운 컨트롤을 사용해 표현하면 된다. 쿼리 언어를 완전히 표현하기에는 부족하지만, 사용자 인터페이스를 너무 복잡하게 만들지 않고도 간단한 쿼리를 할 수 있다. 대부분의 경우 이 정도로 충분한데, 수준에 관한 결정은 여러분의 판단에 달려 있다.

둘째, 즉각적인 피드백으로 데이터 집합을 개방적으로 탐색하도록 장려한다. 예를 들어 사용자가 슬라이더 썸thumb을 움직이면 데이터가 커지고 작아지는 것을 볼 수 있다. 데이터에서 하위 집합을 추가하거나 제거하면 하위 집합이 어디로 이동하고 디스플레이가 어떻게 변경되는지 보인다. 사용자는 컨트롤을 순차적으로 변경하여 길고 복잡한 쿼리 식을 점진적으로 조작할 수 있다. 따라서 사용자와 데이터 사이에 지속적이고 상호작용이 일어나는 '질문과 대답 세션'이 진행된다. 즉각적인 피드백은 반복 주기를 단축해 데이터를 재미있게 탐험하게 하고 몰입하게 해준다.

셋째, 레이블이 붙은 동적 쿼리 컨트롤은 애초에 쿼리를 실행할 수 있는 속성이 무엇인지 직관적으로 보여 준다. 예를 들어 데이터 속성 중 하나가 0에서 100까지의 숫자일 경우, 사용자는 한쪽 끝에 0, 다른 쪽 끝에 100이라고 붙어 있는 슬라이더를 보는 것만으로도 이 사실을 알 수 있다.

HOW 어떻게 활용할까?

동적 쿼리를 디자인하는 방법은 데이터 표시화면, 수행해야 하는 쿼리의 종류, 툴킷의 기능에 따라 달라진다. 앞에서 언급했듯이 대부분의 프로그램은 데이터 표시화면 옆에 있는 일반 컨트롤에 데이터의 속성을 연결한다. 이렇게 하면 공간적 특징으로 인코딩된 변수뿐만 아니라 많은 변수를 한번에 요청할 수 있다. 게다가 대부분의 사용자는 슬라이더와 버튼을 사용하는 방법을 알고 있다.

정보 화면과 상호작용하면서 사용자가 정보를 직접 선택할 수 있게 하는 프로그램도 있다. 보통 관심 영역 주위에 상자를 그리면 해당 영역의 데이터가 제거된다(또는 나머지 데이터는 제거되고 상자 안만 유지된다). 이는 가장 직접적인 조작이지만 데이터의 공간적 렌더링에 얽매인다는 단점이 있다. 상자를 그리거나 관심 포인트를 선택할 수 없으면 쿼리를 할 수 없다. 유사한 기법의 장단점은 **데이터 브러싱** 패턴을 참조하라.

다시 컨트롤로 돌아가서 동적 쿼리를 위한 컨트롤을 선택하는 것은 다른 폼을 위한 컨트롤을 선택하는 것과 동일하다. 데이터 유형, 수행하는 쿼리의 종류, 사용 가능한 컨트롤을 보고 정하는 것이다. 다음은 몇 가지 일반적인 선택 사항이다.

- 하나의 값을 지정하는 슬라이더
- 범위를 지정하는 이중 슬라이더 또는 슬라이더 쌍(A보다 크지만 B보다 작은 데이터 포인트를 표시해 주세요)
- 여러 가능한 값 중 하나의 값을 선택하기 위한 라디오 버튼 또는 드롭다운(콤보) 상자. 전체 변수 또는 데이터 집합을 선택하는 데도 사용할 수 있다. 이때는 보통 '전체'라는 추가 항목을 제공한다.
- 값, 변수, 데이터 계층의 하위 집합을 임의로 선택할 수 있는 체크 박스나 토글
- 단일한 값을 입력하는 문자 입력칸. 문자 입력칸은 슬라이더와 버튼보다 오류와 오타가 발생할 수 있는 여지가 많지만 정확한 값을 입력할 때는 더 유용하다는 점을 기억하라.

EXAMPLES 예시

iOS 건강(그림 9-18) 앱 인터페이스에서는 요일을 누르면 각 요일에 발생한 활동을 볼 수 있다.

그림 9-18
iOS 건강 앱 요일별 활동 인터페이스

67 데이터 브러싱(Data Brushing)

WHAT 정의하기

한 뷰에서 선택한 데이터를 다른 뷰에서 동시에 볼 수 있는 패턴이다. 그림 9-19를 보면 지도 아래에 타임라인이 있는데, 타임라인 위에서 시점을 이동하면 지도와 오른쪽 측면 패널에 데이터상 변화가 반영된다.

WHEN 언제 사용하면 좋을까?

한번에 2개 이상의 정보 그래픽을 표시할 수 있을 때 사용한다. 각 그래픽이 동일한 데이터 집합을 표시하는 한 어떤 형태든 상관없다. 선 그래프와 산점도, 산점도와 표, 도표와 트리, 지도와 타임라인을 동시에 쓸 수 있다.

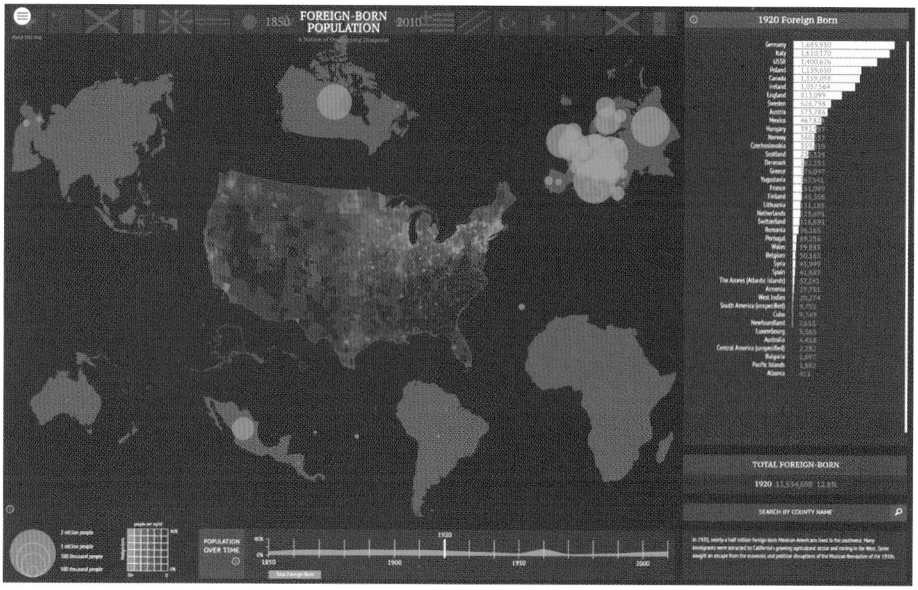

그림 9-19 '외국 태생 인구', 아메리칸 파노라마(American Panorama)

WHY 어떤 효과가 있을까?

데이터 브러싱은 매우 다양한 형태의 인터랙티브한 데이터 탐색을 제공한다. 첫째, 사용자는 정보 그래픽 자체를 '선택자'로 하여 데이터 지점을 선택할 수 있다. 때때로 **동적 쿼리**와 같이 간접적인 수단을 사용하는 것보다 시각적으로 관심 지점을 직접 찾는 게 더 쉽다. 그래프에서 이상치를 발견하면 즉시 눌러 볼 수 있는 반면에 수치로 이상치를 정의하는 방법을 찾으려면 몇 초 또는 더 오래 걸릴 수도 있다. 사용자는 이렇게 생각한다. 'X > 200 그리고 Y > 5.6인 모든 점을 찾을까? 해당 값의 근처 영역을 보고 싶기도 한데?'

둘째, 선택한 데이터 지점 또는 '브러시'된 데이터 지점을 다른 그래픽에서 동시에 확인함으로써 사용자는 하나 이상의 맥락에서 동일한 지점을 관찰한다. 이는 매우 귀중한 정보다. 이상치 예로 다시 돌아가면, 사용자는 다른 데이터 공간에서 다른 변수로 표현된 해당 이상치가 어디 있는지 알고 싶다. 이 자료를 보고 사용자는 데이터를 만들어 낸 현상에 대해 즉각적인 통찰을 얻을 수 있다.

여기서 더 주요한 원리는 조직화coordinate하거나 연계된 뷰를 만드는 것이다. 동일 데이터에 대한 여러 뷰를 연결하거나 동기화하여 한 뷰에 수행한 특정한 조작(확대, 이동, 선택 등)이 다른 뷰에 동시에 표시되도록 할 수 있다. 조직화는 같은 데이터를 관점만 살짝 다르게 해서 표시하는 개념을 강화한다. 다시 말하지만, 사용자는 서로 다른 맥락에서 동일한 데이터를 관찰할 때 통찰을 얻는다.

HOW 어떻게 활용할까?

사용자는 데이터를 어떻게 선택하거나 '브러시' 할까? 하나 또는 여러 개의 개체를 택하거나, 인접하거나 서로 떨어진 개체를 고를 때 사용한다. 모두 한번에 또는 점진적으로 선택할 때도 쓸 수 있다. 다음을 고려해 보라.

- 키워드 탭하기
- 마우스로 클릭하여 하나씩 선택하기
- 설정 및 해제를 통해 범위 선택하기

나머지 뷰가 데이터 브러싱에 즉시 반응하는 것이 중요하다. 시스템에서 전환을 빠르게 처리할 수 있는지 확인하라.

브러싱된 데이터 지점이 브러싱이 발생하는 화면을 포함한 모든 데이터 뷰에서 시각적으로 동일하게 나타날 때 사용자는 이를 더욱 쉽게 찾고 해당 지점이 브러싱된 데이터라고 인식할 수 있다. 이는 또한 하나의 지각 계층을 형성한다. 색조는 브러싱에 가장 많이 사용되는 전주의적 변수인데, 다른 곳에 주의를 집중해도 밝은색은 쉽게 볼 수 있기 때문이다.

EXAMPLES 예시

지도는 데이터 브러싱에 유용하다. 지리적 맥락에 있는 데이터는 여러 가지 방식으로 구성하거나 표현할 수 있다. 올트레일스AllTrails(그림 9-20 왼쪽)에서 정말 기분 좋은 데이터 브러싱 사례를 볼 수 있다. 화면 하단에 있는 트레일 맵 위에서 손가락을 움직이면 트레일 맵 포인터(파란색 점)가 트레일을 따라 이동하며 해당 지점의 고도 및 경사도를 표시한다.

트룰리아(그림 9-20 오른쪽)의 지도 검색 뷰는 검색한 매개 변수에 맞는 항목을 지도에 표시한다. 지역 정보Local Info 메뉴를 누르거나 클릭하면 특정 지역에 속하는 결과만 보이게 필터링할 수 있다.

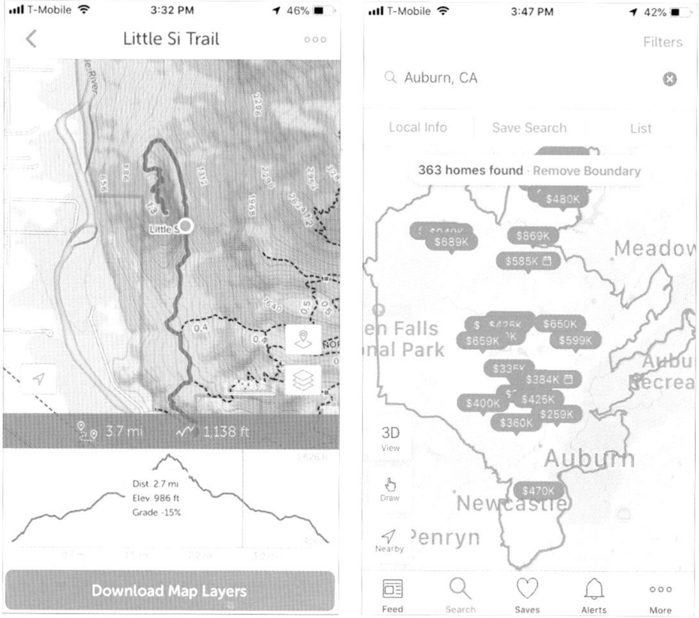

그림 9-20
올트레일스 앱과
트룰리아 검색 결과

68 다중 Y축 그래프(Multi-Y Graph)

WHAT 정의하기

동일한 x축을 공유하는 하나의 패널에 여러 그래프 선을 쌓는 패턴이다(그림 9-21).

WHEN 언제 사용하면 좋을까?

일반적으로 단순한 선 그림, 막대 차트, 영역 차트(또는 그 조합)와 같은 2개 이상의 그래프를 표시할 수 있을 때 사용한다. 이런 그래프에 있는 데이터는 모두 동일한 x축을 공유한다. 주로 타임라인을 x축으로 쓰는데 그렇지 않은 경우 다른 단위 또는 y축의 척도를 사용하여 서로 다른 내용을 설명한다. 보는 사람이 표시되는 데이터 집합에서 '수직적' 관계(상관성, 유사성, 예상치 못한 차이 등)를 찾도록 유도하려는 경우 선택한다.

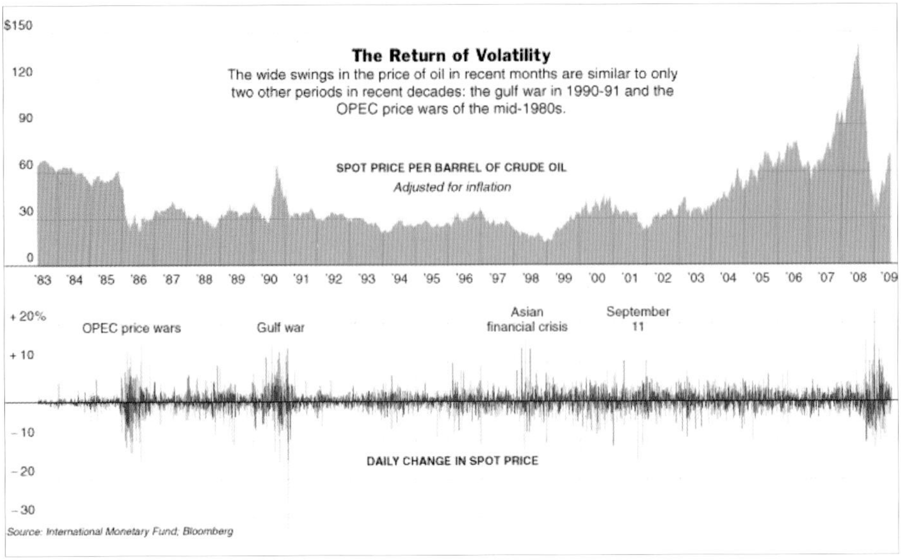

그림 9-21 유가 변동성을 보여 주는《뉴욕 타임스》정보 그래픽

WHY 어떤 효과가 있을까?

여러 그래프를 x축을 따라 정렬하면 데이터 집합이 연관되어 있음을 보는 사람에게 빠르게 알림으로써 데이터를 나란히 두고 비교하게 한다.

HOW 어떻게 활용할까?

한 그래프를 다른 그래프 위에 쌓아라. 하나의 x축을 사용하면서 y축은 서로 다른 수직 공간으로 분리한다. y축이 어느 정도 겹칠 필요가 있으면 그렇게 할 수 있지만, 그래프가 시각적으로 서로 방해하지 않도록 한다.

때로는 y축이 전혀 필요하지 않을 수 있다. 사용자가 정확한 값을 찾도록 하는 것은 중요하지 않다(그래프 자체에 레이블로 표시된 막대 차트와 같은 정확한 값을 넣을 수 있다). 이 경우 서로를 방해하지 않을 때까지 그래프 곡선을 위아래로 이동하라.

각 그래프에 레이블을 지정하여 정체성이 명확히 구분되게 하라. 가능하면 수직 격자선을 사용한다. 격자선은 보는 사람이 한 데이터 집합에서 다른 데이터 집합으로 x값을 따라가면서 쉽게 비교할 수 있게 한다. 사용자는 자와 연필을 꺼내지 않고도 관심 데이터 지점(또는 그것과 가까운 지점)에 대한 정확한 값을 찾을 수 있다.

EXAMPLES 예시

구글 트렌드Google Trends에서는 여러 검색어의 사용 빈도를 비교할 수 있다. 그림 9-22는 'nba playoffs'와 'nhl playoffs' 검색량을 보여 주는데 하나의 간단한 차트에서 쉽게 비교가 가능하다. 하지만 구글 트렌드는 여기서 더 나아간다. 상대 검색량은 상위 차트에 설명하고, 뉴스에 참조된 양은 하위 차트에서 보여 준다. 지표와 척도가 다르기 때문에 두 개의 y축을 따로 사용하고 있다.

그림 9-22
구글 트렌드

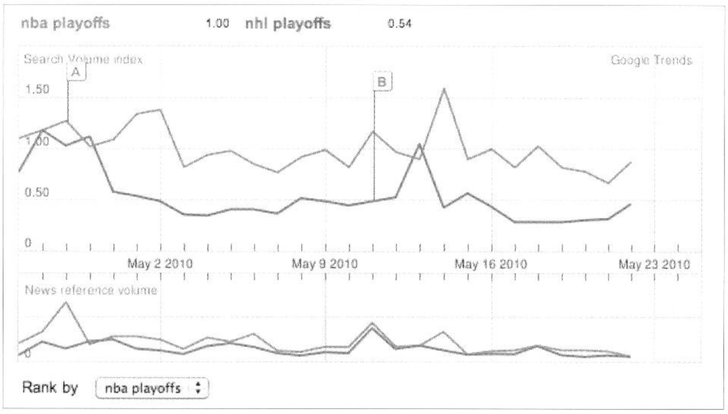

그림 9-23은 매트랩에서 구성한 인터랙티브 **다중 Y축 그래프**를 보여 준다. 마우스로 왼쪽의 컬러 코딩된 데이터 그래프 3개의 y축을 조작할 수 있다. 그래프 위아래를 끌거나, 색칠된 축 끝의 캡을 슬라이드해서 수직으로 '늘이고', 심지어 그 자리에서 y축 한계치를 편집해 표시되는 축 범위를 바꿀 수도 있다. 이 그래프가 흥미로운 이유가 여기에 있다. 예를 들어, x축에 1180이라는 레이블이 붙은 수직선 바로 뒤에 세 가지 값이 모두 내려간 것을 보면 세 그래프가 어떤 식으로든 상관관계가 있는 것 같다. 하지만 얼마나 서로 비슷할까? 그래프를 직접 옮겨서 확인해 봐라.

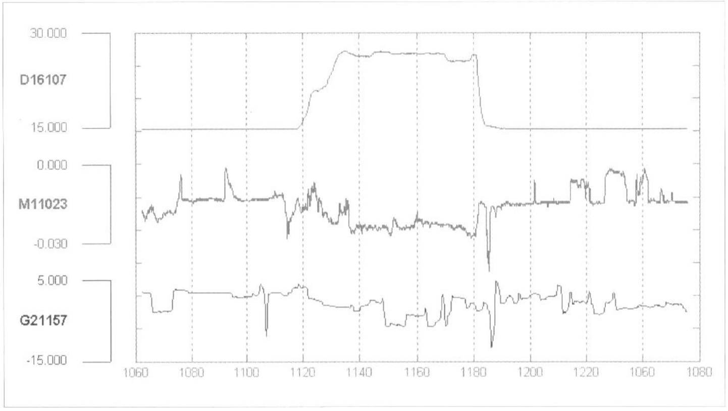

그림 9-23
매트랩의
다중 Y축 그래프

사용자의 시선은 데이터 그래픽 사이의 관계를 능숙하게 파악한다. 그림 9-24처럼 서로 다른 크기의 그래프를 쌓고 겹침으로써 사용자는 데이터를 생성하는 기반 현상에 대한 귀중한 통찰을 얻을 수 있다.

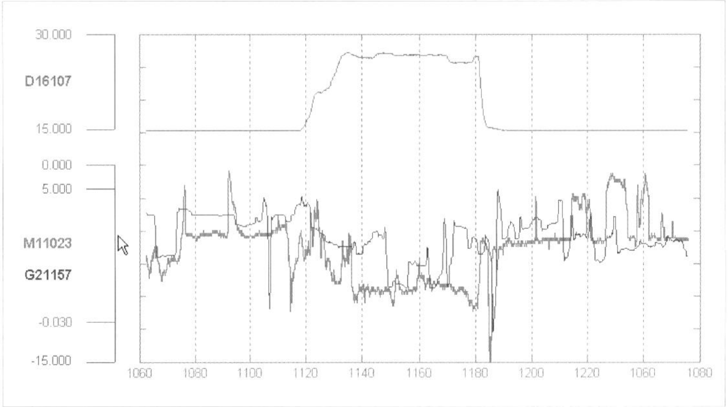

그림 9-24
매트랩의
다중 Y축 그래프,
다른 크기의
그래프 쌓기

다중 Y축 화면의 정보 그래픽이 전통적인 그래프일 필요는 없다. 그림 9-25에 나온 날씨 차트는 일련의 픽토그램을 사용하여 예상되는 날씨를 보여 준다. 이 픽토그램은 아래 그래프와 같은 시간 기반의 x축으로 정렬된다(이 차트는 다음 패턴인 스몰 멀티플즈를 암시한다).

그림 9-25
더 웨더 채널
(The Weather Channel)의
날씨 차트

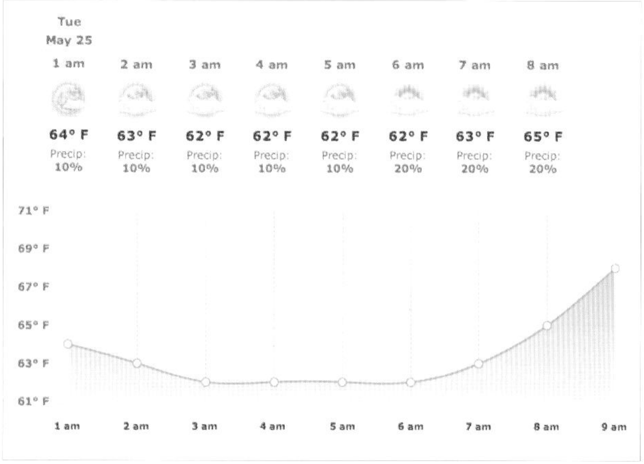

69 스몰 멀티플즈(Small Multiples)

WHAT 정의하기

스몰 멀티플즈 패턴은 2차원이나 3차원의 데이터를 작은 그림으로 나열한다. 그림들은 추가적인 데이터 차원에 따라, 코믹 스트립처럼 1차원으로 순차적으로 나열되거나 타일처럼 2차원 매트릭스로 배열된다.

북미 기온 히트맵climate heat map(그림 9-26)은 시간 경과에 따른 데이터를 작은 섬네일로 표시하여 밀도가 높은 정보를 이해하기 쉽게 보여 준다.

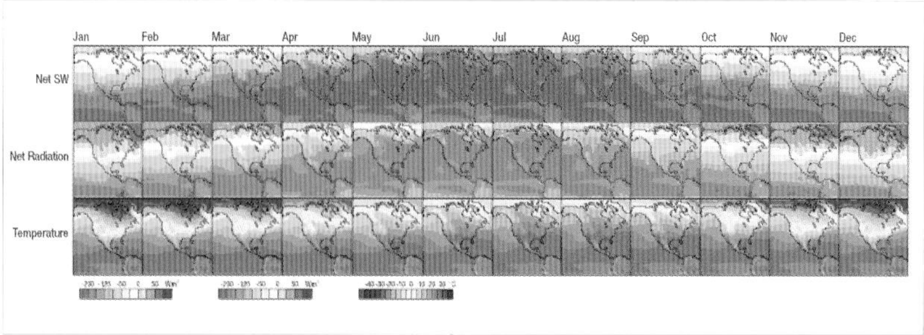

그림 9-26 북미 기온 히트맵, 오리건 대학(University of Oregon)

WHEN 언제 사용하면 좋을까?

2차원이 넘는 대형 데이터 세트나 독립형 변수를 표시할 때 사용한다. 예를 들어 그래프, 표, 지도 또는 이미지처럼 데이터의 단일 '조각'을 그림으로 표시하기는 쉽지만 그 이상의 차원을 나타내기는 어렵다. 사용자는 한 번에 하나의 그래프를 보며 차이점을 확인하기 위해 여러 조각 사이를 왔다 갔다 해야 한다.

스몰 멀티플즈를 사용할 때는 상당히 넓은 표시 영역을 쓸 수 있어야 한다. 각 이미지가 아주 작지 않다면, 모바일 기기에서는 거의 사용하지 않는 패턴이다. 대부분의 사용자가 대형 화면이나 인쇄용지에서 그래픽을 볼 때 활용한다.

말하자면 스파크라인은 실행 중인 문자나 테이블 셀의 열과 같이 아주 작은 규모에서 매우 효과적일 수 있는 특정 유형의 스몰 멀티플즈이다. 본질적으로 모든 레이블과 축을 제거한 축소형 그래프로서 단순한 데이터 세트의 모양이나 데이터를 둘러싸고 있는 형태를 보여 주기 위해 만들어졌다.

WHY 어떤 효과가 있을까?

스몰 멀티플즈 패턴에는 데이터가 풍부하다. 한번에 많은 정보를 보여 주지만 이해할 수 있는 방식으로 표시한다. 각각의 사진은 이야기를 한다. 하지만 이를 모두 모아서 각 사진이 어떻게 다른지 드러내면, 훨씬 더 큰 이야기를 파악할 수 있다.

에드워드 터프티Edward Tufte가 자신의 고전적인 저서 《정보를 마음속에 그리기*Envisioning Information*》에서 말했듯이, "스몰 멀티플즈는, 다변량의 복잡한 데이터를 나란히 배치함으로써 데이터의 변화, 각 개체 간의 차이, 범위를 시각적으로 비교해 데이터로 직접 답할 수 있게 한다."(터프티는 정보 시각화를 다룬 자신의 여러 유명 저서에서 스몰 멀티플즈를 명명하고 대중화했다).

한번 생각해 보자. 각 사진에서 일부 차원을 표현할 수 있지만 사진에 맞지 않는 차원을 추가로 표현해야 한다면 어떻게 할 수 있을까?

먼저 차례대로 보여 주는 방법이 있다. 차원이 시간에 따라 달라지는 모습을 표현하라. 영화처럼 재생하거나, '뒤로 가기', '다음' 버튼을 사용하여 한 번에 하나씩 화면을 만드는 등의 작업을 할 수 있다. 두 번째로, 3D로 나타내려면 세 번째 공간 축인 z축을 따라 그림을 배치한다. 마지막으로, x축과 y축을 큰 단위로써 재사용한다.

사진을 나란히 배치하면 사용자가 자유롭고 빠르게 다른 사진으로 시선을 이동할 수 있다. 사진을 차례대로 하나씩 볼 때처럼 이전 화면에서 무엇을 봤는지 기억하지 않아도 된다(영화는 프레임 간 작은 차이를 보여주는 데 매우 효과적이지만 말이다). 사용자는 2D 사진을 세 번째 축을 따라 배치할 때처럼 복잡한 3D 그래프를 해석하거나 회전하지 않아도 된다. 순서대로 보여 주기, 3D로 보여 주기는 효과가 좋을 때가 많지만 항상 그렇지는 못하다. 전혀 인터랙티브하지 않은 환경에서는 효과적이지 않을 때도 많다.

HOW 어떻게 활용할까?

추가하는 데이터 차원을 하나로 할지 2개로 할지 선택하라. 하나만 있으면, 이미지를 세로나 가로, 또는 만화처럼 선으로 둘러싸서 배치한다. 사용자는 시작점에서 끝까지 읽어 내려갈 수 있다. 2가지 데이터 차원을 사용하는 경우에는 하나의 데이터 차원을 열로, 다른 데이터 차원를 행으로 표현하는 2D 표나 행렬을 사용한다.

몇 개의 차원을 사용하든 스몰 멀티플즈에 분명한 캡션으로 레이블을 지정하거나(필요한 경우 개별적으로), 화면의 측면을 따라 레이블을 붙여라. 어떤 데이터 차원이 작은 창 전역에 걸쳐 달라지는지, 데이터 차원을 몇 개 표현한 것인지, 사용자가 잘 이해할 수 있게 하라.

이미지는 서로 유사해야 한다. 동일한 크기나 모양, 축 크기(그래프를 사용하는 경우), 같은 종류의 내용으로 만들어야 한다. 이 패턴은 눈으로 보이는 의미 있는 차이점을 끄집어내기 위한 것이다. 아무 의미 없는 시각적 차이를 없애도록 노력하라.

물론 한 화면에 너무 많은 작은 창을 넣어서는 안 된다. 데이터 차원 중 하나의 범위가 1에서 100인 경우, 작은 창에 100개나 되는 행이나 열을 넣고 싶지는 않을 것이다. 그럼 어떻게 해야 할까? 100개의 값을, 쉽게 말해 20개의 값이 들어 있는 5개의 빈bin에 넣을 수 있다. 아니면 빈과 비슷하지만 빈 사이에 중첩이 일어나는 것을 허용하는 싱글링shingling 기술을 사용하는 방법도 있다. 즉, 일부 데이터 지점이 두 번 이상 겹칠 수 있지만, 데이터에서 패턴을 식별하려는 사용자에게 이는 유용한 정보이다. 레이블이 잘 표시되어 있는지 확인하여 데이터를 분석할 수 있게 하자.

2개의 추가 인코딩 차원이 있는 수많은 작은 플롯을 격자 플롯 또는 격자 그래프라고 한다. 통계 그래프 분야의 저명한 권위자인 윌리엄 클리블랜드William Cleveland가 이 용어를 사용했고, 소프트웨어 패키지 S-PLUS와 R에서도 이 용어를 쓴다.

EXAMPLES 예시

앞에 패턴의 정의에서 나온 그림 9-26 북미 기온 히트맵에서 많은 변수를 인코딩한 자료를 볼 수 있다. 수많은 작은 사진 밑바탕에는 2D 지도가 있으며, 그 위에 온도와 같은 기후 지표를 색상으로 표시한 그래프가 겹쳐 있다. 사진 한 장으로 흥미로운 모양의 색상 데이터를 볼 수 있다. 보는 사람으로 하여금 왜 특정 지역에 강렬한 색조가 나타나는지 궁금하게 만든다.

이 패턴은 전체적으로 2개의 추가 변수를 인코딩했다. 각 열은 한 해의 월이며 각 행은 기후 측정 기준을 나타낸다. 일 년 동안 일어난 변화에 주목하면서 위아래 행에 어떤 차이가 있는지 확인할 수 있고, 열을 앞뒤로 비교해 보기도 쉽다.

그림 9-27은 그리드를 사용하여 2개의 독립 변수인 민족/종교 및 소득을 주별 지리 데이터에 부호화했다. 색상으로 부호화된 종속 변수는 스쿨 바우처 제도에 대한 예상 지지율이다(지원 찬성: 주황색, 지원 반대: 초록색). 결과로 나타나는 그래픽이 풍성하고 미묘한 뉘앙스를 담고 있어 이 주제에 대한 미국인의 태도를 다방면으로 이해할 수 있다.

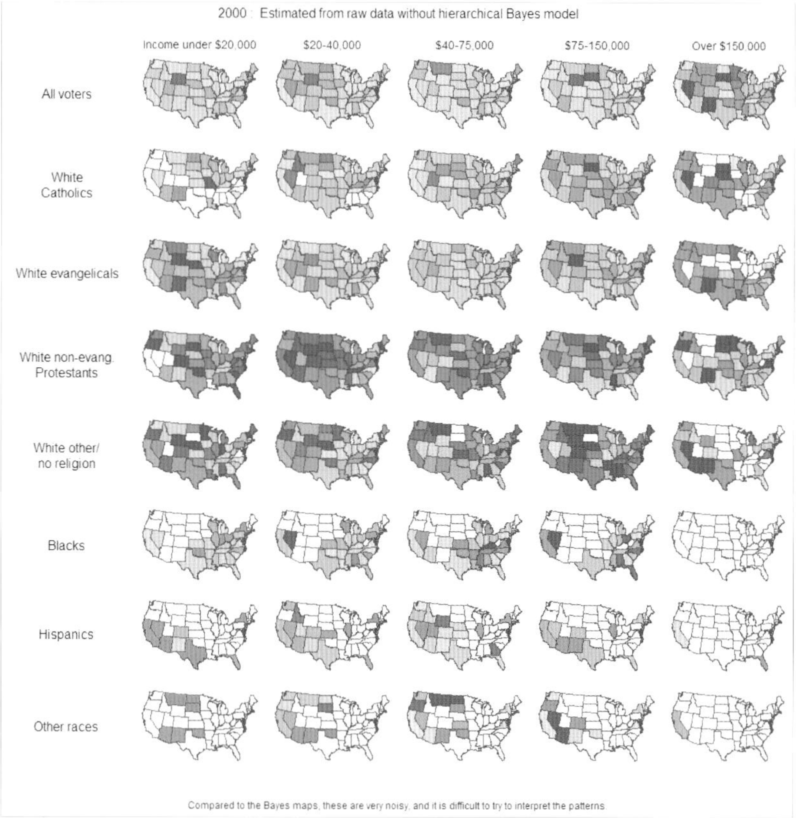

그림 9-27 지리적, 인구통계학적 스몰 멀티플즈 차트

데이터 시각화의 힘

그림 9-28을 보라. 데이터 시각화를 잘 수행하면 미적인 즐거움과 함께 정보 역시 풍부하게 전달할 수 있다. 쇼 유어 스트라이프Show Your Stripe 인포그래픽은 단순하게 막대와 색상만 사용하여 1850년부터 2019년까지의 기후 변화 데이터를 보여 준다. 디자이너는 촘촘한 정보를 모아 단순화하여 보는 사람에게 전달했다. 하나의 매력적인 시각적 이미지가 여러 차트와 그래프의 역할을 해낸다.

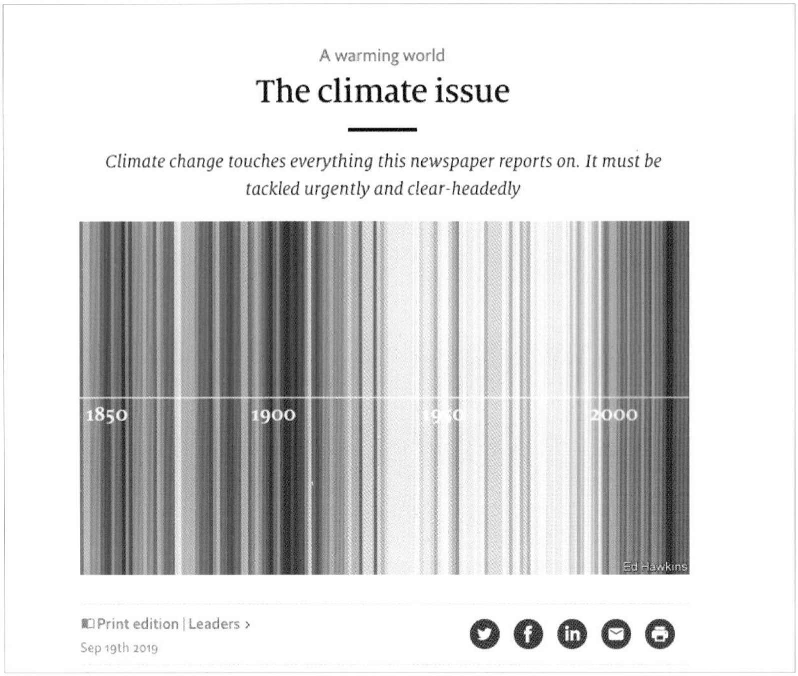
A warming world
The climate issue
Climate change touches everything this newspaper reports on. It must be tackled urgently and clear-headedly
1850
1900
2000
Ed Hawkins
Print edition | Leaders ›
Sep 19th 2019

그림 9-28 《이코노미스트》의 정보 그래픽

사진 하나로도 수많은 이야기를 할 수 있지만, 여기에 상호작용을 더하면 이해도가 더욱 높아진다. 이번 장의 예들은 지도나 도표와 같은 그래픽이 밀도 높은 정보를 우아하고 유쾌하며 아름답게 전달할 수 있다는 것을 보여 준다.

10장
사용자에게 입력값 받기: 폼과 컨트롤

조만간 여러분이 디자인하는 소프트웨어를 통해 사용자 정보를 수집해야 할 것이다. 심지어 서비스된 지 몇 분 만에 정보를 모아야 할 수도 있다. 아이디는 무엇입니까? 어떤 단어를 검색하고 싶습니까? 상품을 어디로 배송할까요? 등의 질문을 던지면서 말이다.

이번 장에서는 사용자의 입력값과 관련된 다양한 주제를 다룬다.

- 유용하고 사용하기 편한 폼을 디자인하는 가이드라인
- 용도에 따른 다양한 폼
- 효과적인 자동 완성 기능 개발하기
- 복잡한 컨트롤 디자인하기

폼을 입력하는 인터랙션은 처음에는 만들기 쉬워 보일지도 모른다. 여기에 몇 가지 이유가 있는데, 우선 우리는 문자 입력란, 체크 박스, 콤보 박스와 같은 기본 폼 요소에 익숙하다. 인터랙티브 폼 디자인의 역사는 20년이 넘어서, 참고할 만한 사례가 풍부하다. 이러한 입력 컨트롤은 우리가 11장에서 살펴볼 유저 인터페이스 프레임워크에서 중요한 부분이다. 모든 인터페이스 툴킷에는 곧바로 꺼내 쓸 수 있는 폼 요소와 컨트롤이 있다.

하지만 이해하거나 작업을 완료하기 어려운 디자인 때문에 고생하고 있는 사용자들이 있다. 폼과 컨트롤을 디자인할 때 생각해 봐야 하는 문제를 더 명료하게 만들어 보자. 어떤 위치를 기준으로 날씨 예보를 제공할 것인가? 사용자는 무엇을 기준으로 위치를 지정해야 하는지 궁금할 것이다. 동, 구, 시, 국가, 우편 번호? 줄임말도 괜찮을까? 오타가 나면 어떻게 될까? 시스템에 정보가 없는 도시를 입력하면? 지도에서 위치를 선택하면 안 될까? 사용자가 어제 입력한 위치를 기억하지 못하는 이유는 무엇일까?

10장에서는 이런 문제를 원활하게 해결하는 방법을 논의한다. 여기서 설명하는 패턴, 기술, 컨트롤은 대부분의 폼 디자인에 해당한다. 폼은 단순하게 말하면 일련의 질문과 답변 세트라 할 수 있다. 이는 다른 맥락(웹페이지나 애플리케이션 툴바에 있는 단일 컨트롤)에서도 유용할 것이다. 입력 디자인과 폼 디자인은 인터랙션 디자이너가 모든 장르와 플랫폼에 걸쳐 활용할 수 있는 핵심 기술이다.

우선, 효과적이고 사용하기 쉬운 폼과 컨트롤을 만드는 디자인 지침 몇 개를 복습해 보자.

폼 디자인의 기초

입력 디자인과 폼 디자인을 할 때 기억해야 할 원칙이 있다.

사용자의 시간과 주의력을 함부로 쓰지 말라

사용자가 폼을 전부 입력하는 데 얼마나 많은 시간과 노력이 들지 고려하면서 폼 디자인에 접근해라. 사용자 입장에서 보면 이 비용은 예상보다 더 높을 수 있다. 이번 장에서 설명하는 기법을 활용해서 폼을 최대한 짧고 간결하게 만들어라.

폼의 목적을 확실히 이해할 수 있게 하라

사용자는 무언가를 얻기 위해 폼을 입력한다. 폼의 제목, 맥락, 용어에서 정보를 요청하는 목적이 명확히 드러나야 한다. 왜 이런 정보를 요구하는지, 어떻게 정보를 사용할 것인지, 사용자는 무엇을 얻을 수 있는지 말이다.

폼을 입력하는 횟수를 최소화하라

각 질문이나 요소를 심사숙고하여 선택하라. 사용자에게 불필요한 작업을 하라고 요청하는 것은 친절하지 않다. 예를 들어 우편번호를 요구한다면 거기서 시나 구 정보를 자동으로 추출할 수 있는가? 신용카드의 경우 첫 두 자리 숫자로 신용카드 종류를 식별할 수 있기 때문에 카드 종류(비자, 마스터카드 등)를 물어볼 필요가 없다. 이메일 주소를 사용자 아이디로 쓸 수 있다면 굳이 사용자의 본명을 물어보지 말라.

시각적 혼란을 최소화하라

보통 폼에 다른 시각적 요소를 넣어서 사용자를 혼란스럽게 하는 것은 적절하지 않다. 폼은 최대한 간결하고, 깔끔하고, 집중할 수 있게 디자인하라.

가능하다면 폼 요소를 섹션으로 구분하고 제목을 붙여라

길고 복잡한 폼을 만들고 있다면, 내용을 서술하는 제목을 붙인 섹션으로 쪼개라(4장 **제목을 붙인 섹션** 참조). 폼 요소를 묶고 이름을 붙여라. 폼을 더 잘 구조화하고 설명하기 위해 제목과 부제목을 달아라.

길고 복잡한 폼의 섹션은 동적으로 보여 주거나 숨겨라

길고 복잡한 폼 전체가 한번에 보이면 부담스러울 수 있다. 사용자가 여러 입력칸 중에 하나를 빠뜨릴 확률도 높아진다. 그 대신 폼을 쪼개 첫 번째 섹션만 기본값으로 보여 주는 방식을 고려해 보라. 다른 섹션은 하나씩 순서대로 표시한다. 폼에서 선택해서 작성할 수 있는 부분은 기본값으로 항상 숨긴다.

명확한 수직 흐름으로 정렬하라

레이아웃과 정렬을 이용해서 행이 하나든 그 이상이든, 폼에 강력한 수직 흐름이 만들어지도록 디자인해라. 입력란 끝을 왼쪽 정렬하고, 입력란 간에 수직 거리를 동일하게 유지하라. 시선이 레이블에서 입력하는 부분으로 이동할 때 이동 거리가 최대한 짧아야 한다.

필수 항목과 선택 항목을 표시하라

어떤 입력란이 필수인지 표시하는 것은 사용자에 대한 예의이자, 사용성을 높이고 오류를 예방하는 전략이다. 그렇다면 필수 항목에 표시를 해야 할까, 선택 항목에 표시를 해야 할까? 앱이나 웹사이트에 있는 폼 전반에 걸쳐 어떤 기준을 따를 것인지 결정하라.

레이블, 지시, 예시, 도움말

충분하게 설명이 되는 폼 레이블을 사용하고, 입력란에 예시와 도움말을 보여 줘라. 레이블은 여전히 다양한 신체 조건을 가진 사람에게 높은 접근성을 가진 최고의 방식이다. 문자 입력란 안에 플레이스홀더 문자를 지나치게 많이 넣지 말라. 사용자가 이미 입력란을 채웠다고 착각하기 쉽기 때문이다. 사용자와 해당 분야에 적절한 용어를 사용해라. 필요하다면 폼에 지시사항을 넣는 것을 두려워하지 말라(사용자가 눌러서 보는 팝업이나 모달 창에 지시사항을 넣는 옵션도 있다).

입력란의 너비로 사용자가 입력할 길이를 가늠하게 하라

여러분이 선택하는 컨트롤에 따라 사용자는 무엇을 입력해야 할지 다르게 예상한다. 라디오 버튼은 여러 선택지 중에 하나를 선택하는 것을 암시하는 반면, 한 줄의 문자 입력란은 하나의 단어나 문구를 입력하는 것을 제안한다. 여러 줄을 넣는 거대한 문자 입력란은 문단 단위의 긴 응답을 의미한다.

입력 형식을 다양하게 하라

날짜, 주소, 전화번호, 신용카드 번호 등에 자유도가 높은 폼을 허용하라. 만약 특정 방식으로 형식을 지정해야 하는 입력값을 요청한다면, 어떤 형식으로 입력해야 하는지 사용자에게 예시를 제공하라.

가능한 한 빠르게 오류를 예방하고 입력값을 검증하라

목표는 사용자가 한 번에 제대로 입력하도록 돕는 것이다. 어떤 정보가 필요한지 명확하게 지시와 예시를 제공하라. 폼 안에서 맥락에 맞는 도움말을 효율적으로 사용하라. 사용자가 실수했다는 게 확실해지는 순간 에러 메시지를 띄워라. 입력란마다 피드백을 주는 방식을 고려하라. 폼을 통째로 제출하기 전에 개별적인 실수를 잡아낼 수 있게 하라. 폼 안에서 검증 메시지를 행동으로 옮길 수 있도록 제시하라. 어떤 입력란에 문제가 있고, 무슨 문제가 있으며, 어떻게 수정해야 하는지를 명시하라(10장 암호 보안 수준 표시와 오류 메시지 패턴 참조).

자동 완성 기능은 사용자에게 어떤 입력값이 유효한지 알려 준다. 또한 이전에 입력한 내용을 상기시키거나, 가장 일반적으로 입력하는 값을 제안함으로써 시간을 절약하는 방식으로 한 단계 더 나아간다.

모바일과 반응형 디자인에서는 레이블을 위로 정렬하는 것을 고려해 보라

위로 정렬한 레이블은 사용자 입력란 좌측이 아니라 위쪽에 나타나는 레이블이다. 이런 정렬 방식은 레이아웃이 변경되지 않으면서 컴포넌트가 세로로 쌓일 수 있기 때문에 반응형 디자인에 가장 적합하다. 또한 레이블과 입력란의 정렬이 깨질 확률이 낮아진다.

국제화를 고려하라

여러분이 속한 국가나 문화권 이외의 사용자에게 폼을 제공하는 경우도 고려해라. 우선 고민해야 할 점은 레이아웃을 망가뜨리지 않고 폼에 사용하는 언어를 변경할 수 있어야 한다는 점이다(텍스트를 번역하면 문자 수나 쓰기 방향이 달라질 수도 있다). 또한 단위나 스타일을 바꾸고, 숫자, 도량형, 날짜와 시간 형식, 통화를 포함한 다른 기준을 변경해야 한다. 합법적으로 수집, 전송하고 보관할 수 있는 정보 역시 국가별로 정보 보안법에 따라 달라진다.

성공을 알려라

사용자가 성공적으로 폼을 제출하면, 반드시 이 사실을 알리고 다음에 무슨 일이 일어날지 명시하라.

사용성 평가를 하라

입력 폼과 관련해 디자이너와 사용자는 용어, 가능한 답변, 방해물, 다른 사용 맥락 문제에 관해 극단적으로 다르게 가정하기 쉽다. 디자인이 괜찮다고 합리적으로 확신할 때에도 사용성 평가를 해보라.

폼 디자인은 계속 진화한다

폼 디자인에서 한 가지 중요한 주의사항은 디자인은 계속 변화하고 진화한다는 것이다. 인터랙션 디자이너로서 우리는 새로운 폼 디자인의 장단점을 따져봐야 한다.

필수 아니면 선택

필수 입력 필드를 별표로 표시하는 관행은 여전히 일반적이다. 많은 웹사이트들이 이 범례를 생략하고 있다고 하더라도, 폼에서 별표가 무엇을 의미하는지 설명하는 게 좋다. 사용자가 별표를 볼 때 이해해야 하는 인지적 부담이 있기 때문에, 요즘은 다른 접근 방식을 사용한다. 하지만 사용성 전문가 닐슨 노먼 그룹은 모든 필수 입력 필드에 기호를 표시하는 게 여전히 가장 사용하기 편한 방식이라 말한다.[1]

하나의 대안은 필수와 선택 입력칸이 각각 몇 개인지 세어 보고, 숫자가 작은 쪽만 표기하는 것이다. 다수결에서 예외가 되는 쪽만 표시하는 식이다. 두 번째 옵션은 필수 항목만 보여 주고, 나머지 선택 필드는 보여 주지 않는 것이다. 모든 입력란이 필수라고 설명하면 혼란을 덜 수 있지만, 실제로 많은 폼이 전체 입력란이 필수라고 설명하지 않는 방식을 따르고 있다.

세 번째 방법은 필수 입력란을 표시하지 않고, 선택 입력란의 레이블이나 입력란 옆에 '선택'이라는 단어를 표기하는 것이다. 이는 미국 웹 디자인 시스템 United States Web Design System과 영국 정부 웹 디자인 표준UK Government Web Design Standards에서 사용하는 기본 접근 방식이다.

플로팅 레이블

이제는 폼 요소 안에 입력란 레이블을 표시하는 게 가능하다. 레이블은 처음에는 입력란 플레이스홀더 문자와 유사하게, 기본값으로 최대 글자 크기로 보인다. 하지만 사용자가 입력란을 선택하면 떠 있는 레이블이 작은 글자로 변하고 입력란 안에서 위쪽으로 이동한다. 사용자가 문자를 입력하는 데 방해되지 않으면서도 여전히 시야에 보인다. 이러한 요소는 폼에 멋진 애니메이션을 더해 주지만, 사용자에게 편할지 고민이 필요하다.

1 Budiu, Raluca, "Marking Required Fields in Forms", *Nielsen Norman Group*, 16 Jun. 2019, *https://oreil.ly/vPQSQ*.

더 읽을거리

폼 디자인에 특화된 디자인 서적이 많다. 더 광범위한 분석이 궁금하다면 다음 3권의 책을 추천한다.

- 제시카 엔더스Jessica Enders, 《UX 디자인, 폼: 사용자를 미치지 않게 하는 폼 만들기*Designing UX: Forms: Create Forms That Don't Drive Your Users Crazy*》
- 캐럴라인 자렛Caroline Jarrett, 제리 개프니Gerry Gaffney, 《작동하는 폼: 사용성을 위한 웹 폼 디자인*Forms That Work: Designing Web Forms for Usability*》
- 루크 로블르스키Luke Wroblewski, 《웹 폼 디자인: 빈칸 채우기*Web Form Design: Filling in the Blanks*》

패턴

여기 나오는 패턴은 대부분 컨트롤에 관한 패턴이다. 특히, 사용하기 쉬운 입력 컨트롤을 만들려면 다른 컨트롤이나 문구를 어떻게 결합해야 하는지 이야기한다. 일부 패턴(**드롭다운 선택창**, **빈칸 채우기**)은 요소 간의 구조적인 관계를 정의해 준다. **적절한 기본값**과 **지능형 사전 입력**, **자동 완성**과 같은 나머지 패턴은 컨트롤의 중요성을 이야기하고, 시대에 따라 그 가치가 어떻게 변해 가는지 다룬다.

다음으로 다루는 패턴은 주로 문자 입력란에 관한 것이다. 놀랄 일은 아니다. 문자 입력란은 어디서든 볼 수 있지만, 거기에 무엇을 입력해야 하는지 알기는 어렵다. 문자 입력란은 사용법이 명확할 때만 활용하기 쉬운 방식이다. 여기 제시되는 패턴을 이용해 그렇게 분명한 상황을 만들어 보자.

- 자유도가 높은 폼Forgiving Format
- 구조화된 폼Structured Format
- 빈칸 채우기Fill-in-the-Blanks
- 입력 힌트Input Hints
- 입력 프롬프트Input Prompt

- 암호 보안 수준 표시Password Strength Meter
- 자동 완성Autocompletion

이어지는 두 가지 패턴은 문자 입력란보다 컨트롤을 다룬다. **드롭다운 선택창**은 컨트롤을 맞춤형으로 만드는 법을 설명한다. **목록 편집창**는 앞의 컨트롤 표에서도 언급했지만, 사용자가 특정한 목록을 만들 수 있게 하는 컨트롤을 조합하여 재탄생한 것이다. 나머지 패턴은 전체 폼에 적용된다. 문자 입력란, 드롭다운 메뉴, 라디오 버튼, 목록, 다른 상태를 나타내는 컨트롤에 적절하게 들어맞는다. 다만 하나의 폼 또는 다이얼로그 박스 안에서나 애플리케이션 전체에서 일관되게 사용해야 한다.

- 적절한 기본값Good Default과 지능형 사전 입력Smart Prefills
- 오류 메시지Error Messages

다른 장에서 다룬 패턴도 폼 디자인에 적용할 수 있다. 입력란 위에 레이블을 배치할 수도 있고(수직 공간을 희생하지만, 레이블이 길다면 가로 공간은 충분해진다), 입력란 왼쪽 끝에 레이블을 좌측 정렬할 수도 있다. 이런 선택은 폼을 완성하는 속도에 영향을 미친다.

3장과 4장에서도 큰 규모의 디자인과 관련 있는 패턴을 제시했다. 게이트키퍼 폼gatekeeper form, 즉 사용자가 즉시 목적을 달성하도록 도와주는 모든 폼(회원가입 또는 구매 폼)은 페이지에서 방해되는 요소가 거의 없이 **센터 스테이지**에 있어야 한다. 아니면 페이지 위에 뜨는 **모달 패널**로 디자인할 수도 있다.

만약 다양한 주제를 다루는 긴 폼을 만들어야 한다면, **제목을 붙인 섹션** 또는 별도의 페이지로 분리하는 것을 고려해 보라(탭은 폼을 묶는 기법으로 적당하지 않다). 만약 하나의 폼을 일련의 페이지로 쪼갠다면, **마법사**와 **프로그레스 인디케이터** 패턴을 사용해서 사용자가 지금 어디 있는지, 어디로 가고 있는지 알 수 있게 해라.

마지막으로 폼에서 완료 또는 제출 액션을 실행하려면 **완료 버튼 강조** 패턴을 사용해야 한다. 부가적인 액션(폼 초기화 또는 도움말 링크)이 있다면 눈에 덜 띄게 만들어라.

70 자유도가 높은 폼(Forgiving Format)

WHAT 정의하기

사용자가 입력문을 다양한 선택지, 형식, 구문으로 넣을 수 있게 허용하고, 애플리케이션이 이를 해석할 수 있게 만든 웨더닷컴Weather.com(그림 10-1)에서 좋은 사례를 볼 수 있다.

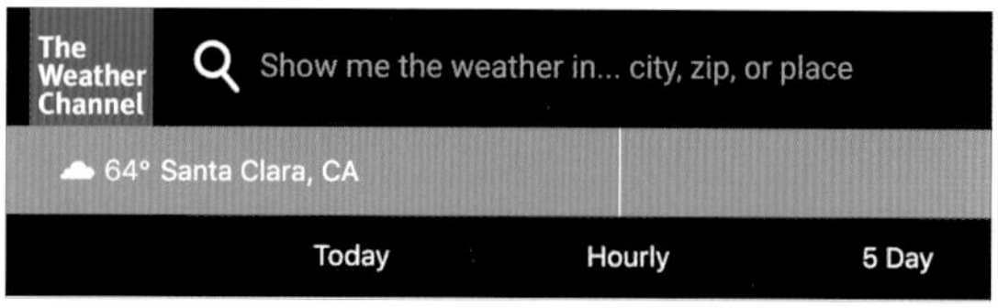

그림 10-1
웨더닷컴

WHEN 언제 사용하면 좋을까?

사용자가 입력문을 예측하기 어려운 단어나 스타일(공백, 줄임표, 줄임말, 대문자)로 넣을 가능성이 높을 때 사용한다. 보다 일반적으로 UI에서 다양한 입력값(의미, 형식, 구문)을 수용하는 동시에 인터페이스를 시각적으로 단순하게 유지하려 할 때 활용한다.

WHY 어떤 효과가 있을까?

사용자는 무엇이 '올바른' 형식인지 고민하거나 복잡한 인터페이스를 거치지 않고 작업을 완료하고 싶어 한다. 컴퓨터는 어느 정도까지는 다양한 유형의 입력값을 처리하는 방법을 알아내는 데 능숙하다. 최고의 조합이지 않은가? 사용자는 필요하다면 무엇이든 입력하고, 소프트웨어는 합리적으로 입력값을 해석하는 일을 수행한다.

이렇게 하면 UI를 굉장히 단순하게 만들 수 있어, 사용자 입장에서 인터페이스 사용법을 파악하기도 쉬워진다. 그림 10-1처럼 자유도가 높은 폼은 **입력 힌트**나 **입력 프롬프트**와 함께 사용하는 경우가 많지만, 이러한 요구사항을 없앨 수도 있다.

구조화된 폼을 대안으로 고려해 볼 수도 있지만, 이는 입력값 형식을 완전히 예측할 수 있을 때(그리고 전화번호처럼 전부 숫자로 이루어져 있을 때)만 잘 작동하는 패턴이다.

HOW 어떻게 활용할까?

UI 디자인이 프로그래밍에 영향을 미치는 경우에 주목하라. 사용자가 어떤 종류의 문자를 입력하는지 생각해 볼 필요가 있다. 사용자에게 날짜나 시간을 요청한다면 사용자가 입력하는 형식만 달라진다. 더 난해한 사례로 검색어를 입력하라고 요청하면, 소프트웨어가 데이터를 사용해서 수행하는 작업과 형식에 변화가 생긴다. 소프트웨어가 하나의 사례를 다른 사례와 구별할 수 있는가? 어떻게 가능한가?

애플리케이션마다 이 패턴을 각기 다르게 쓴다. 소프트웨어가 다양한 입력값 형식에 대해 사용자가 예상한 대로 반응하도록 해라. 실제 사용자를 만나 사용성 평가를 하고, 또 하고, 반복해라.

EXAMPLES 예시

《뉴욕 타임스》는 사용자에게 정보를 얻는 여러 기능에 자유도가 높은 폼을 사용한다. 그림 10-2는 부동산 검색과 금융 지수를 검색하는 예시다.

그림 10-2 《뉴욕 타임스》 웹사이트에서 제공하는 검색 입력란. 다양한 형식을 수용할 수 있다는 힌트를 준다.

구글 파이낸스Google Finance(그림 10-3)는 사용자가 입력하는 값과 가장 가까운 주식 종목 분류 기호들을 나열함으로써, 올바른 기호를 찾도록 도와준다. 처음에 정확한 기호를 입력하지 않아도 된다.

사용자에게 신용카드 번호를 요청하는 폼을 생각해 보자. 16자리 카드번호를 입력하는 한 사용자가 띄어쓰기를 하든, 하이픈을 입력하든, 아무것도 구분하지 않든, 신경 쓸 필요가 없다. 예를 들어 페이팔PayPal은 고객이 원하는 방식으로 신용카드 번호를 입력하게 한다. 신용카드 번호 입력란은 띄어쓰기, 하이픈 모두 구분자로 사용하고, 구분자가 없어도 상관없다.사용자가 입력을 완료하는 즉시 형식을 표준화한다(그림10-4).

그림 10-3
구글 파이낸스에서 관심 목록에 주식 추가하기

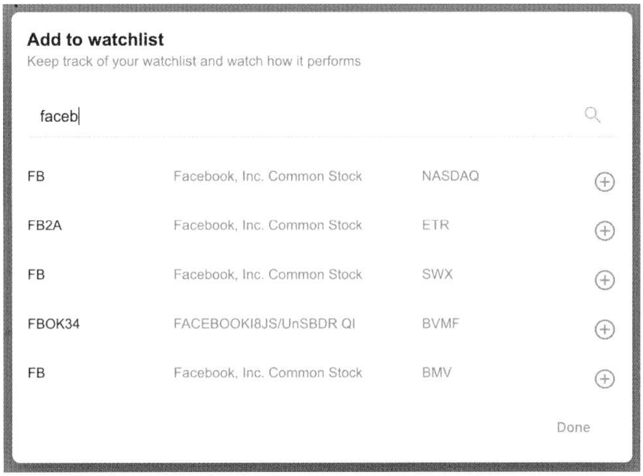
Add to watchlist
Keep track of your watchlist and watch how it performs
faceb
FB
Facebook, Inc. Common Stock
NASDAQ
FB2A
Facebook, Inc. Common Stock
ETR
FB
Facebook, Inc. Common Stock
SWX
FBOK34
FACEBOOKI8JS/UnSBDR QI
BVMF
FB
Facebook, Inc. Common Stock
BMV
Done

그림 10-4
페이팔

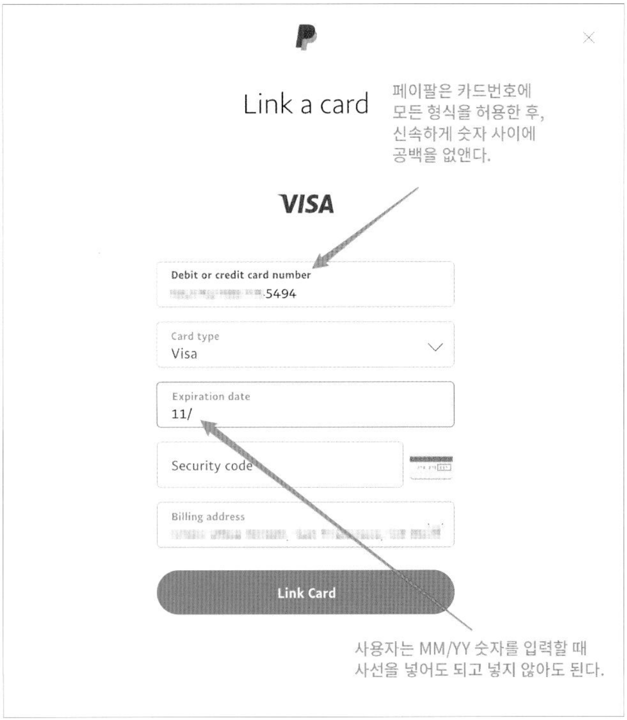
Link a card
페이팔은 카드번호에 모든 형식을 허용한 후, 신속하게 숫자 사이에 공백을 없앤다.
VISA
Debit or credit card number
5494
Card type
Visa
Expiration date
11/
Security code
Billing address
Link Card
사용자는 MM/YY 숫자를 입력할 때 사선을 넣어도 되고 넣지 않아도 된다.

그림 10-5는 구글 캘린더Google Calendar에 회의 일정을 등록하는 화면이다. 그림에서 회의를 언제부터 언제까지 할 것인지 입력하는 칸을 보라. 사용자는 문자 입력란에 입력된 규격에 맞춰서 날짜를 넣지 않아도 된다. 7월 20일에 있을 미팅을 등록하고 싶다면, 다음 중 어떤 방식으로 입력해도 상관없다.

- 토요일 7/20
- 토요일 20/7
- 20/7/2019
- 7/20/2019
- 20/7
- 7/20

지정한 날짜는 사용자의 언어와 위치에 적합한 형태로 조정되어 돌아온다.

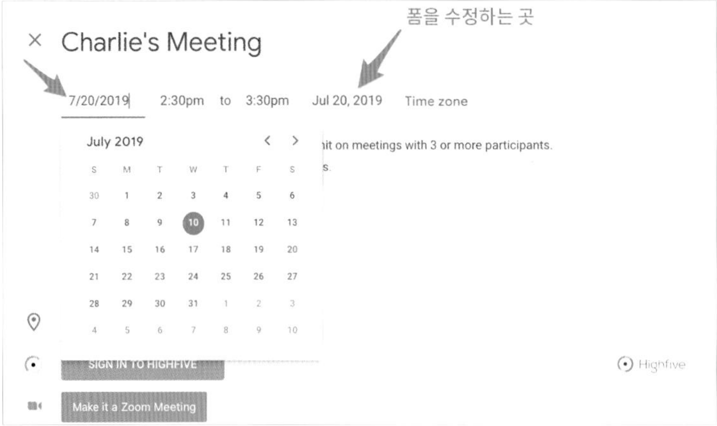

그림 10-5
구글 캘린더

71 구조화된 폼(Structured Format)

WHAT 정의하기

하나의 문자 입력란만 쓰는 대신 요청된 데이터 구조를 반영하는 일련의 문자 입력란 세트를 사용한다.

WHEN 언제 사용하면 좋을까?

인터페이스에서 사용자에게 특정한 종류나 특수한 형식의 문자 입력을 요청할 때 사용한다. 해당 형식은 친숙하고 잘 정의되어 있으며, 어떤 사용자도 예상되는 형식에서 벗어날 필요가 없다. 예를 들면 신용카드 정보나 휴대폰 번호, 주민등록번호, 운전면허번호 등이 이에 해당한다.

사용자별로 선호하는 형식이 달라지는 데이터에 이런 패턴을 쓰는 것은 일반적으로 적당하지 않다. 여러분이 디자인한 인터페이스를 다른 국가에서 사용했을 때 어떤 일이 일어날지 상상해 보라. 국가에 따라 이름, 주소, 우편번호, 전화번호를 기입하는 표준 형식이 다르다. 이런 경우에는 **자유도가 높은 폼** 패턴을 고려해 보라.

WHY 어떤 효과가 있을까?

사용자는 문자 입력란의 구조를 보고 어떤 종류의 문자를 입력해야 하는지 힌트를 얻을 수 있다. 명확한 기대치를 설정하는 것이다. 사용자는 띄어쓰기, 빗금, 붙임표 등을 고민하지 않아도 된다. 입력란 구조를 활용해 이미 해결한 문제이기 때문이다.

이 패턴은 주로 하나의 커다란 문자 입력란 대신 작은 문자 입력란 여럿을 묶어서 구현한다. 이 자체만으로 데이터 입력 오류를 줄일 수 있다. 특히 숫자인 경우, 하나의 긴 구문을 검토하는 것보다 몇 개의 짧은 구문(2~5개 글자)을 확인하기가 더 쉽다. 비슷하게 긴 숫자를 덩어리로 쪼개면 외우거나 옮겨 적기에 더 간편하다. 뇌가 그렇게 작동하기 때문이다.

반대되는 특징을 보이는 **자유도가 높은 폼**과 이 패턴을 비교해 보자. **자유도가 높은 폼**에서는 요청하는 내용이 무엇인지 구조상의 힌트를 제공하지 않으므로 자유로운 방식으로 데이터를 입력할 수 있다(**입력 힌트**와 같은 다른 단서를 쓸 수는 있다). 구조화된 폼은 예측할 수 있는 형식에 더 적합하며, **자유도가 높은 폼**은 열려 있는 형식에 더 적합하다.

HOW 어떻게 활용할까?

요청하는 형식을 반영하는 문자 입력란 세트를 설계하라. 입력 길이에 대한 단서를 제공하려면 문자 입력란을 짧게 만들어라.

사용자가 첫 문자 입력란에 숫자나 문자를 전부 입력하면 입력 포커스를 자동으로 다음 칸으로 이동시켜 잘 입력되었다는 것을 확인해 준다. 물론 다시 첫 번째 칸으로 돌아가서 편집할 수도 있다. 이 과정에서 사용자는 한 칸에 몇 자리 숫자가 필요한지 알게 된다.

입력 프롬프트를 활용하여 사용자에게 입력해야 하는 내용에 대한 더 많은 단서를 제공할 수도 있다. 실제로 구조화된 날짜 입력란에서 'dd/mm/yyyy'와 같은 **입력 프롬프트**를 사용하는 경우가 많다.

EXAMPLES 예시

에어비앤비는 본인 확인을 위해 고객에게 보안 코드를 입력하도록 하는 구조화된 폼을 사용한다(그림 10-6). 숫자 자리마다 4개의 플레이스홀더 줄표가 있다. 이 숫자는 에어비앤비에서 보낸 코드에 해당한다. 이는 4자리 숫자 코드를 구조화한 형식이며, 사용자가 숫자를 입력하면 초점이 다음 숫자 칸으로 자동으로 이동한다.

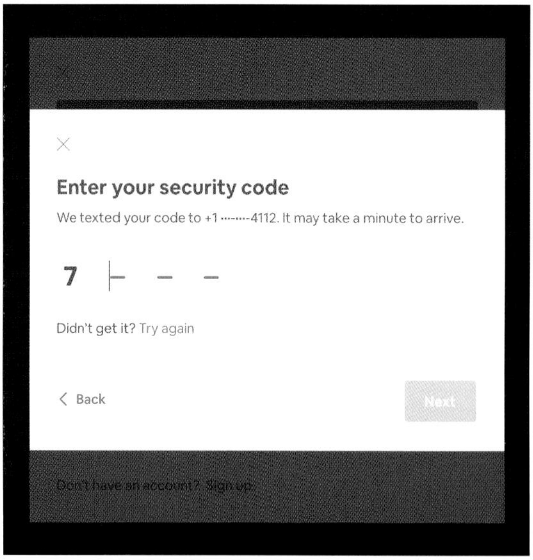

Enter your security code
We texted your code to +1 ·······-4112. It may take a minute to arrive.
7
Didn't get it? Try again
Back
Next
Don't have an account? Sign up

그림 10-6
에어비앤비
보안 코드 입력 폼

캘리포니아주의 서비스 제공업체인 오피셜 페이먼트Official Payments의 사례를 보자. 세금 납부를 위한 온라인 폼에 구조화된 데이터가 포함돼 있다(그림

10-7). 납세자의 전화번호 입력란과 납세 날짜 범위 지정은 별개다. 적절한 데이터 형식을 강조하기 위해 각기 다른 기호를 추가했다. 전화번호와 날짜 입력란은 데이터를 성공적으로 입력하고 오류를 방지하도록 구성했다.

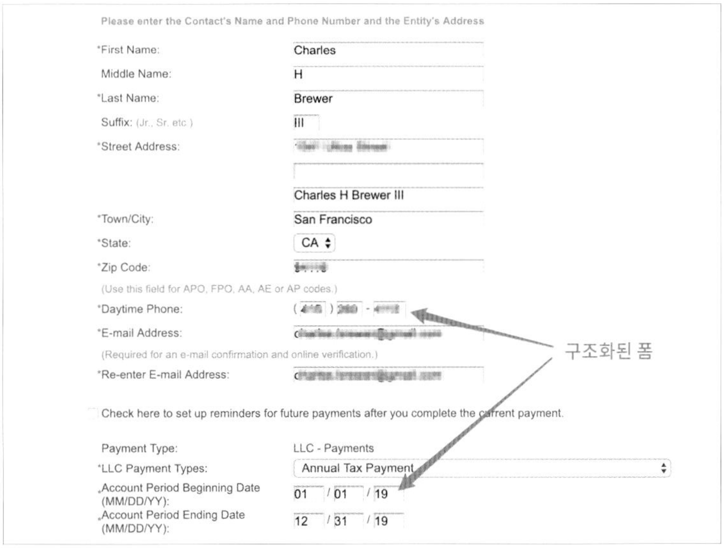

그림 10-7
오피셜 페이먼트
세금 납부 폼

마찬가지로 마이크로소프트 오피스 365에서는 아웃룩에 회의 일정을 등록하면 날짜와 시간 선택기가 있는 다이얼로그 창이 나타난다(그림 10-8). 사용자가 순서대로 입력란을 하나씩 작성하도록 개별 입력란으로 구분했다. 전체 날짜 문자열이나 시간 문자열을 선택해서 새로운 값을 입력하거나, 'DD/MM/YYYY'처럼 다른 방식으로 값을 쓰는 게 불가능하다. 달력 보기 드롭다운 목록을 쓰지 않는 경우 월, 일, 년, 시간, 분, 오전/오후 값을 각각 지정된 위치에서 정해진 형식으로 따로 입력해야 한다.

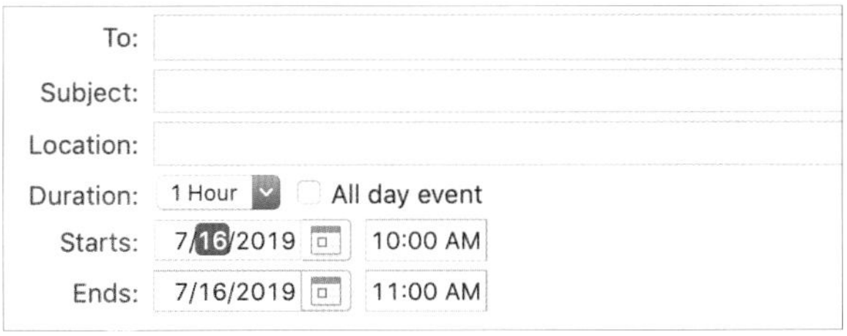

그림 10-8
마이크로소프트
아웃룩 회의 일정 등록

72 빈칸 채우기(Fill-in-the-Blanks)

WHAT 정의하기

문장이나 구문 형태 안에 하나 이상의 입력칸을 배열한다. 문장 안에서 사용자가 입력해야 하는 칸을 '공백'으로 비워 둔다. 샌프란시스코 공공도서관 웹사이트(그림 10-9)는 검색 기능에서 이 접근 방식을 활용한다.

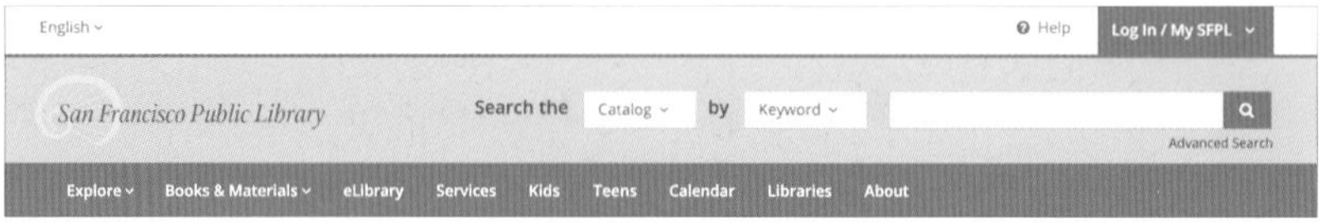

그림 10-9 샌프란시스코 공공도서관 웹사이트

WHEN 언제 사용하면 좋을까?

사용자에게 입력(보통 한 줄로 된 문자, 숫자, 드롭다운 목록에서 선택)을 요청할 때 사용한다. 레이블과 컨트롤을 쌍으로 제시하려고 했지만, 레이블의 전형적인 서술 방식(이름, 주소)만으로는 사용자가 맥락을 이해하기 어려운 상황에 활용한다. 사용자가 모든 항목을 채우고 나면 능동적인 어조의 문장이나 문구로 어떤 액션을 취해야 하는지 풀어서 설명한다.

WHY 어떤 효과가 있을까?

빈칸 채우기는 인터페이스를 직관적으로 만들어 준다. 규칙이나 조건을 쉽게 구성할 수 있다. 사용자는 컨트롤이 들어 있는 문장을 보면 빈칸을 어떻게 채워야 할지 알게 된다(문장뿐 아니라 동사구나 명사구도 쓸 수 있다). 문장으로 풀어서 설명하는 맥락 안에서 입력란 또는 '빈칸'을 보면 현재 상황을 파악하고 무엇이 필요한지 쉽게 이해할 수 있다.

HOW 어떻게 활용할까?

작문 실력을 발휘해서 문장이나 구문을 써라. 단어 자리에 컨트롤을 넣어라. 문장 맨 끝이 아니라 중간에 컨트롤을 삽입하는 경우, 문장에 있는 단어와 동일한 폼 요소(너비와 높이)를 가진 컨트롤(문자 입력란, 드롭다운 목록, 콤보박스)이 가장 적합하다. 또한 문장의 기준선이 컨트롤 안에 있는 문자의 기준선과 일치하는지 확인하라. 그렇지 않으면 엉성해 보일 수 있다. 사용자의 선택지가 충분히 포함될 수 있게 컨트롤을 길게 만들고, 주변 단어와 컨트롤 간에 적절한 간격을 유지하라.

이는 특히 조건을 정의하는 데 유용한 패턴이다. 화면에서 항목을 검색하거나 필터링할 때처럼 말이다. 뒤 페이지에 나오는 그림 10-10, 그림 10-11, 그림 10-12의 엑셀과 이베이 스크린 샷을 보라. 로버트 라이만과 앨런 쿠퍼는 빈칸 채우기 패턴이 쿼리를 처리하는 이상적인 방법이라고 설명하며 이를 자연어 출력natural langauge output이라 부른다.[2]

그러나 이 패턴에는 큰 흠이 있다. 자연어의 단어 순서에 따라 이해도가 달라지기 때문에 인터페이스를 다른 언어로 변환하는 게 매우 어려워진다. 해외에서 서비스되는 일부 제품이나 웹사이트의 경우 그대로 활용하기 어렵다. UI가 다른 언어에서 작동하도록 다시 인터페이스를 정리해야 할 것이다. 최소한 유능한 번역가와 작업해 UI를 현지화할 수 있는지 확인하라.

EXAMPLES 예시

엑셀은 조건부 서식을 작성할 때 빈칸 채우기를 광범위하게 사용한다. 조건부 서식은 논리적인 규칙을 기반으로 특정 조건에 해당하는 셀을 자동으로 강조 표시할 수 있는 기능이다. 이를 통해 중요한 상태나 결과가 눈에 쉽게 들어오게 할 수 있다. 빈칸 채우기 문장 형식을 활용하면 사용자가 원하는 지시사항을 로직으로 구체화하기 용이하다.

그림 10-10과 그림 10-11을 보면 엑셀에서 조건부 서식을 만드는 2가지 다른 방법이 나와 있다. '고전적인' 설정에서는 문구가 들어 있는 일련의 드롭다운 메뉴를 사용해서 상당히 복잡한 조건문 논리를 설정한다. 사용자는 원하는 로직을 구체화하기 위해 일련의 진술과 조건을 문장과 같은 순서로 선택한다. 그림 10-10의 빈칸 채우기 구조를 읽으면 언어로 전달하는 지침과 비슷하게 들린다. "33에서 66 사이의 값을 포함하는 셀만 노란색 채우기 및 굵은 노란색 텍스트로 형식을 지정한다."

그림 10-11에서는 초록색, 노란색, 빨간색 아이콘을 언제 표시할지 정하는

2 Reimann, Robert, Cooper, Alan, *About Face 2.0: The Essentials of Interaction Design*(Wiley), p.205

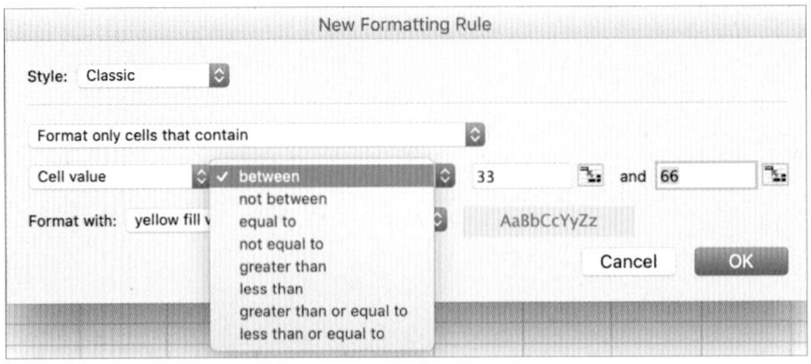

그림 10-10
엑셀에서
고전적 방식으로
조건부 서식
설정하기

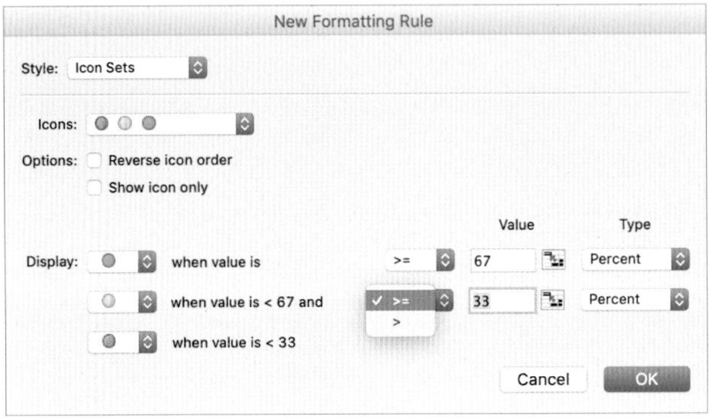

그림 10-11
아이콘으로
조건부 서식
설정하기

지침을 만들고 있다. 설정할 게 더 있지만 여기서 엑셀은 3개의 빈칸 채우기 문구 작성기를 배치했다. '~보다 크거나 같은' 문구를 쓰는 대신에 '>='와 같은 논리적인 기호를 사용해 더 압축적으로 표현한다. 그래도 빈칸 채우기 구조를 따라서 셀을 표현하는 논리를 구성하기는 쉽다. 조금 더 복잡하지만, 왼쪽에서 오른쪽으로 읽는 조건부 서식은 '67%보다 크거나 같을 때 초록색 아이콘을 표시하라'는 뜻이다. 엑셀은 사용자가 초록색에 입력한 수치를 토대로 두 번째 노란색 아이콘이 첫 번째 아이콘과 충돌하지 않도록 자동으로 빈칸 채우기 로직을 미리 작성한다.

이베이에서는 사용자가 항목을 검색할 때 고급 검색 폼을 사용하여 다양한 기준을 정할 수 있다. 그림 10-12에 표시된 폼에는 빈칸 채우기 사례 몇 가지가 포함되어 있다.

그림 10-12
이베이 검색
필터 폼

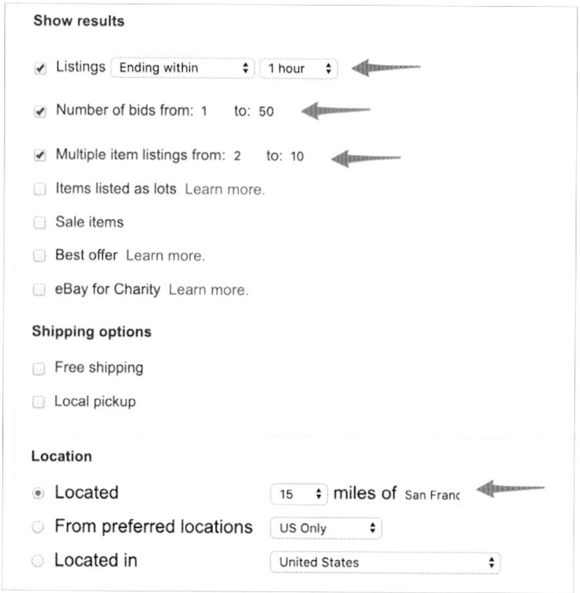

73 입력 힌트(Input Hints)

WHAT 정의하기

문자 입력란 옆이나 아래에 필요한 내용을 설명하거나, 사용자에게 요청하는 내용에 대한 세부정보를 제시하는 문구나 사례를 넣는다.

WHEN 언제 사용하면 좋을까?

인터페이스 문자 입력란에 어떤 내용을 넣어야 하는지 모든 사용자에게 분명하지 않을 때 쓴다. 문자 입력란 레이블에 몇 단어 이상을 넣고 싶지 않다면 유용한 패턴이다.

WHY 어떤 효과가 있을까?

문자 입력란을 봤을 때 어떤 내용을 넣어야 하는지 알 수 있으면 사용자는 굳이 추측하지 않아도 된다. 힌트는 레이블만으로 제공하기 부족한 맥락을 설명해 준다. 만약 힌트와 주요 레이블을 시각적으로 분리하면, 무엇을 해야 할지 알고 있는 능숙한 사용자는 힌트를 무시하고 레이블에 집중할 수 있다.

HOW 어떻게 활용할까?

짧은 예시나 설명문을 작성하여 문자 입력란 아래 또는 옆에 둔다. 힌트는 항상 표시되거나 문자 입력란이 입력 포커스를 받을 때 나타난다.

힌트에 쓰는 글자는 읽을 수 있을 정도로 작고 눈에 띄지 않게 하라. 레이블 글자 크기보다 2pt 작게 하라(1pt만 차이 나면 의도한 게 아니라 실수처럼 보일 수 있다). 힌트를 짧게 작성하라. 한두 문장을 넘어가면, 많은 사용자가 흥미를 잃고 텍스트 전체를 무시하게 될 것이다.

EXAMPLES 예시

그림 10-13은 1-800-플라워스1-800-Flowers 등록 페이지에 있는 2개의 짧은 입력 힌트를 보여 준다. 입력 힌트의 장점은 칸을 비어 있는 채로 둘 수 있다는 점이다. 사용자는 빈칸이 보이면 질문에 답을 하게 되기 때문에 입력이 된 줄 알고 건너뛸 가능성이 없다.

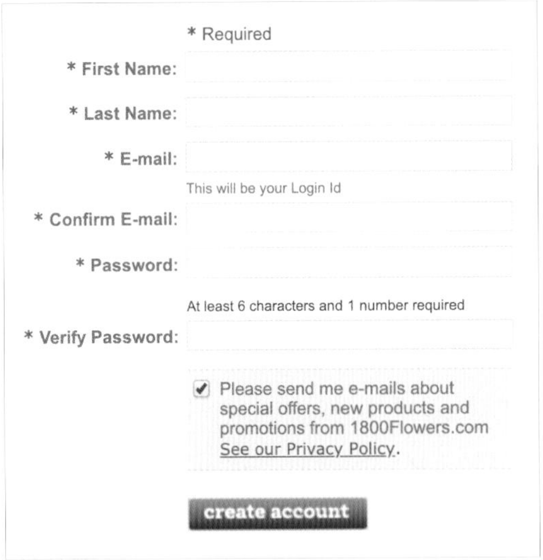

그림 10-13
1-800-플라워스
등록 화면

마이크로소프트 오피스 애플리케이션에서 사용하는 인쇄 다이얼로그 박스는 페이지 번호, 페이지 범위 또는 둘 다에 해당하는 자유도가 높은 폼 문자 입력란 밑에 입력 힌트를 제공한다(그림 10-14). 힌트는 인쇄할 때 페이지 범위를 정하는 기능을 사용하는 방법을 설명하고 있다. 전에 페이지 범위 기능을 써본적이 없는 사람에게 아주 유용하다. 이미 이 기능을 이해하고 있는 사용자는 힌트를 읽지 않고 입력칸으로 바로 이동하면 된다.

그림 10-14
워드
인쇄 다이얼로그 박스

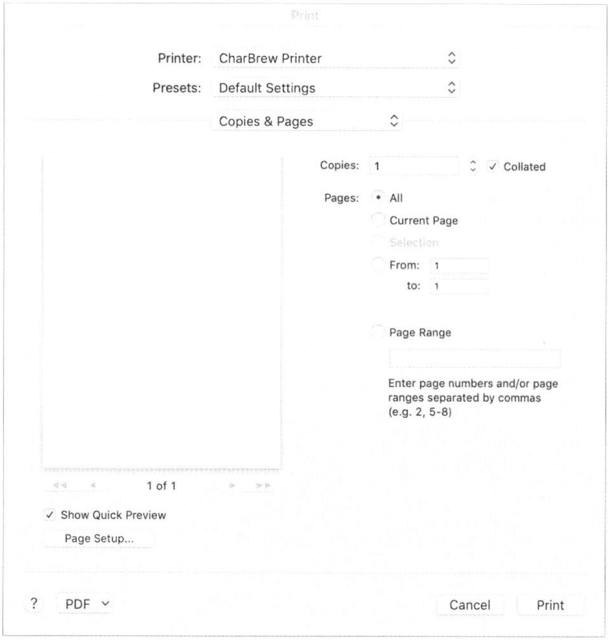

필요하다면 입력 힌트에 긴 설명을 붙일 수 있다. 지메일 가입 페이지(그림 10-15)에 보이는 입력 힌트는 문자 입력란 옆에 넣고 싶을 정도의 길이다. 실제로 구글은 추가 정보를 제공한다. 사용자가 화면 아래에 있는 '이 정보를 요청하는 이유'라고 쓰인 파란색 링크를 선택하면 새로운 브라우저 창에 내용이 나타난다. 회사 방침이 무엇인지 설명하는 것은 좋은 고객 서비스지만, 대부분의 사용자는 폼을 작성할 때 이 링크를 누르지 않을 것이다. 특히 빠르게 폼을 작성하고 싶고 사생활 보호에 특별히 신경 쓰는 사람이 아니라면 말이다. 그러므로 중요한 정보를 전달할 때는 링크에 의존하지 마라.

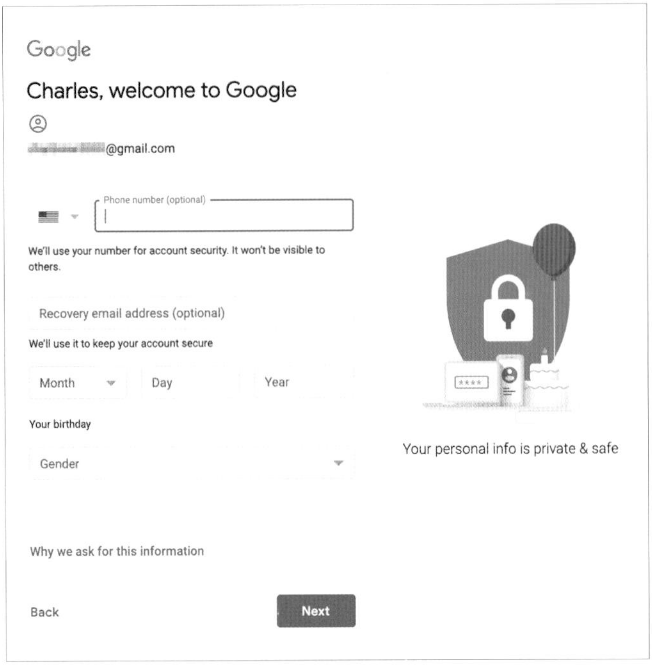

그림 10-15
지메일
가입 페이지

애플은 입력 힌트를 폼 오른쪽에 배치하여 컨트롤과 힌트를 정렬한다(그림 10-16). 이는 입력 힌트로 가득 찬 페이지를 우아하게 구성하는 방법이다.

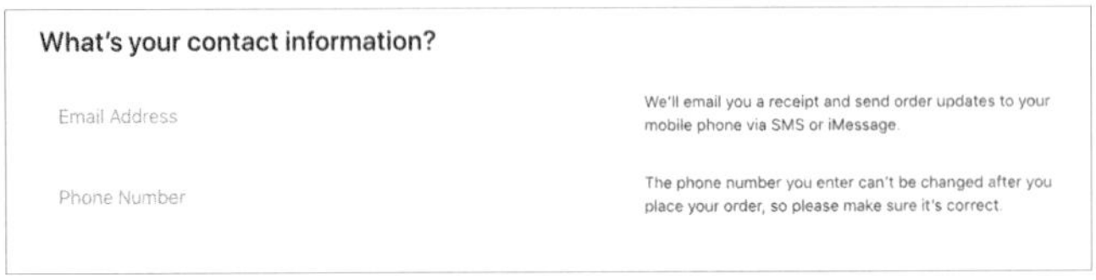

그림 10-16
애플 결제 화면

일부 폼에서는 옐프와 같이 문자 입력란에 포커스가 설정될 때 입력 힌트를 표시하거나 조건이 충족될 때 입력 힌트가 나타난다. 그림 10-17에서는 사용자가 암호를 작성하며, 필수 문자를 포함하지 않아서 힌트가 표시됐다. 그렇지 않으면 힌트는 사라진다. 힌트가 숨어 있기 때문에 인터페이스를 어지럽히거나 시각적으로 혼란을 주지 않는 것은 좋지만, 사용자가 문자 입력란을 클릭(또는 탭)할 때까지 힌트를 전혀 볼 수 없다. 이러한 옵션을 사용한다면 인터페이스에 해당 힌트를 위한 공간을 남겨 두거나 힌트 사용 시 공간을 확장해야 함에 유의하라.

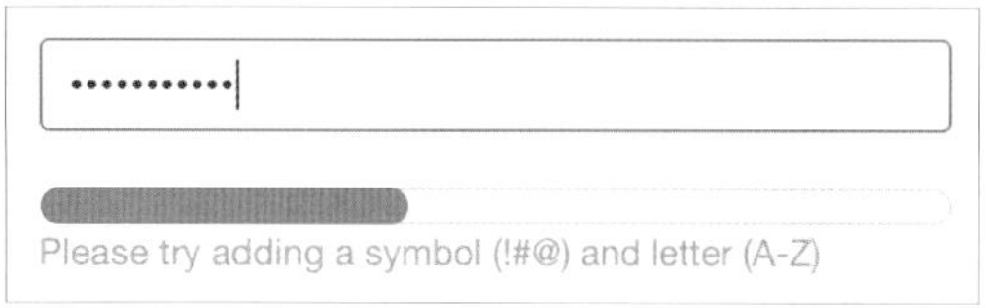

그림 10-17
옐프 암호 입력 힌트

트렁크 클럽Trunk Club(그림 10-18)은 밀도가 상당히 높고 수직적인 가입 폼을 쓴다. 사용자가 암호 입력란을 선택하면 폼이 열리면서 힌트가 표시된다. 즉, 암호 관련 힌트는 사용자가 암호 입력란을 탭할 때만 나타난다.

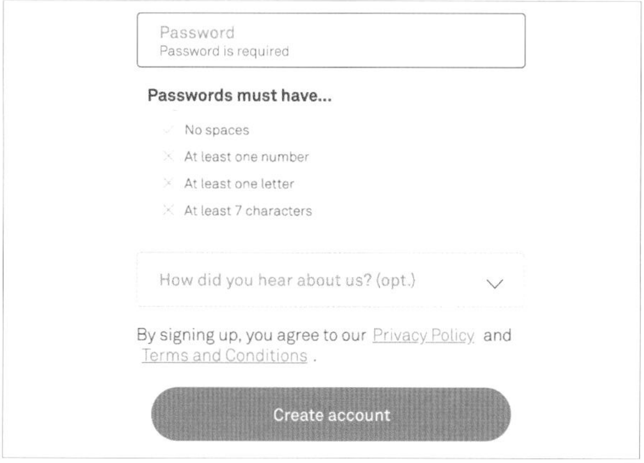

그림 10-18
트렁크 클럽
암호 입력 힌트

74 입력 프롬프트(Input Prompt)

WHAT 정의하기

사용자가 어떤 행동을 하거나 무엇을 입력해야 하는지 이해할 수 있게 도와주는 예제나 지시문을 문자 입력란 안에 미리 채워 넣는다. '플레이스홀더 텍스트'라고도 한다.

WHEN 언제 사용하면 좋을까?

UI에서 문자 입력란, 드롭다운 목록, 콤보 박스 중 하나를 사용한다. 보통 적절한 기본값을 넣겠지만, 이 경우에는 그렇게 할 수 없다. 적당한 기본값이 없기 때문이다. 블루프린트 UI 툴킷(그림 10-19)은 입력란 기능을 설명하는 것을 프롬프트로 어떻게 도와줄 수 있는지 보여 준다.

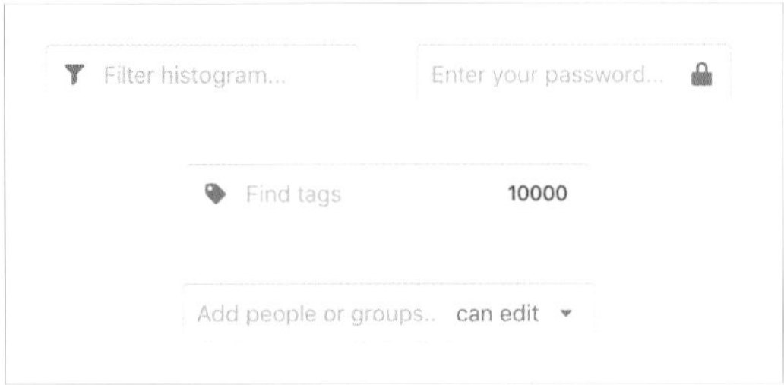

그림 10-19
블루프린트 UI 툴킷,
입력 프롬프트
4가지 사례

WHY 어떤 효과가 있을까?

UI를 직관적으로 만드는 패턴이다. 입력 힌트와 마찬가지로 입력 프롬프트는 목적이나 형식이 명확하지 않은 컨트롤에 대한 도움말을 편리하게 제공하는 방법이다.

입력 힌트를 사용하면 UI를 빠르게 훑어보는 사용자는 힌트를 무시하거나 완전히 놓칠 수 있다. 여러분이 의도한 것일 수도 있지만 말이다. 반면에 입력 프롬프트는 입력하는 위치에 있기 때문에 무시할 수 없다. 또 다른 장점은 사용자가 이 입력란이 필수인지 고민할 필요가 없다는 것이다. 입력 프롬프트는 꼭 채워야 하는 칸이라는 신호를 준다. 사용자는 재미로 폼을 작성하지 않는다는 것을 기억하라. 사용자는 다음 단계로 이동하는 데 필요한 항목만 빠르게 작성하길 원한다. 질문이나 '이 칸을 작성해 주세요.'라는 명령형 문구는 눈에 잘 띈다.

입력 프롬프트는 플로팅 레이블과 다르다 오늘날 폼 디자인에서는 '플로팅 레이블'을 사용할 때가 많다(설명은 브래드 프로스트Brad Frost의 기사를 참조하라(*https://oreil.ly/QqVjd*)). 이는 입력 프롬프트와 매우 유사하지만, 폼을 우아하고 단순하게 만들기 위해 입력칸 안에 HTML 레이블 요소를 사용한다. 입력 프롬프트와 플로팅 레이블의 다른 점은, 입력 프롬프트는 입력란에 포커스가 있으면 프롬프트 문구가 사라진다는 점이다. 플로팅 레이블의 경우 레이블이 입력란 안에서 이동하거나 크기가 바뀌지만 없어지지는 않는다.

그림 10-15(지메일 가입 페이지)를 다시 보라. 입력란 바깥에 레이블이 없다. '전화번호(옵션)', '복구 이메일 주소(옵션)'는 실제로 입력란 안에 있는 떠 있는 레이블이다. 이 경우 입력 프롬프트를 쓰면 내용이 중복된다. 전화번호

입력란을 선택하면 글자가 완전히 사라지는 대신(입력 프롬프트의 큰 단점) 레이블이 입력란 상단의 가장자리로 이동한다. 사용자는 여전히 레이블을 볼 수 있기에 내용을 기억할 필요가 없다. 반면에 플로팅 레이블만 사용하면 서로 다른 정보를 설명하기 위해 레이블과 입력 프롬프트 둘 다 필요할 때 문제가 발생한다.

HOW 어떻게 활용할까?

적절한 프롬프트 문자열을 선택하라.

- 드롭다운 목록의 경우 '선택하기' 또는 '고르기'를 사용한다.
- 문자 입력란의 경우, '입력'을 사용한다.
- 짧은 동사구도 적절하다.

입력 프롬프트는 무엇을 입력하는지 설명하는 명사로 끝맺는다. '상태 선택하기', '메시지 입력하기', '환자 이름 입력하기' 등이 있다. 입력값이 일반적으로 위치하는 컨트롤에 문구를 넣는다(프롬프트 문자열 자체가 드롭다운에서 선택할 수 있는 값이 되어서는 안 된다. 그렇게 하면 사용자가 문구를 선택했을 때 소프트웨어가 이것으로 무엇을 해야 하는지 명확하지 않게 된다).

입력 프롬프트의 목적은 사용자가 작업을 진행하기 전에 무엇을 해야 하는지 알려 주는 것이기 때문에, 입력을 완료할 때까지 다음 단계로 진행하지 못하게 하라. 사용자가 프롬프트에 손대지 않은 상태라면, 해당 부분을 완료할 수 있는 버튼(또는 다른 기기)을 비활성화한다. 이렇게 하면 사용자에게 오류 메시지를 전달할 필요가 없다. 문자 입력란의 경우 사용자가 자신이 입력했던 내용을 지우는 즉시 프롬프트를 다시 넣어라.

사용자가 어떤 값을 넣을 것인지 매우 정확하게 추측할 수 있다면 입력 프롬프트 대신 **적절한 기본값**과 **지능형 사전 입력** 패턴을 사용하라. 예를 들어 사용자의 이메일 주소는 다른 단계에서 입력을 마친 상태일 수 있으며 국적은 접속한 웹사이트로도 확인할 수 있다.

EXAMPLES 예시

리프트Lyft(그림 10-20)는 입력 프롬프트를 써서 폼을 효율적으로 만들었다. 입력 프롬프트는 기본으로 표시되며 사용자가 입력을 시작하면 사라진다. 사용자가 입력했던 내용을 삭제하면 입력 프롬프트 글자가 다시 나타난다.

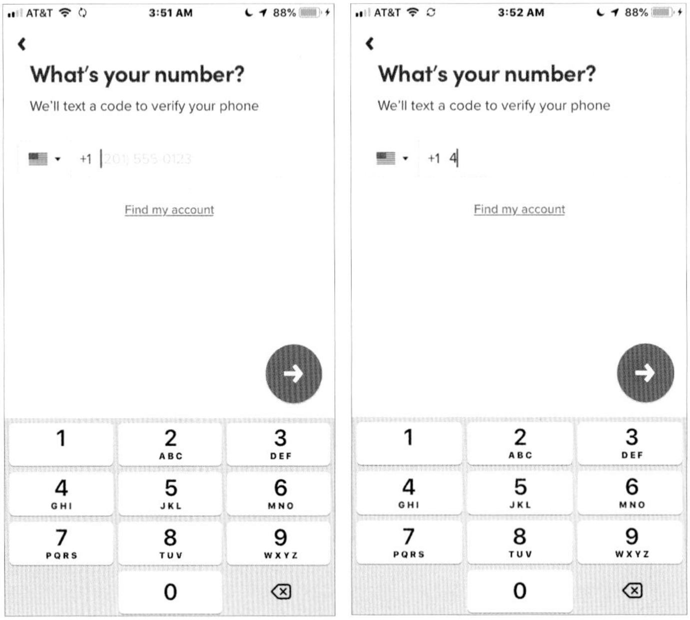

그림 10-20
리프트 모바일 앱
입력 프롬프트

75 암호 보안 수준 표시(Password Strength Meter)

WHAT 정의하기

사용자가 새로운 암호를 입력하는 동안 암호가 얼마나 유효하고 안전한지 즉시 피드백을 제공한다.

WHEN 언제 사용하면 좋을까?

UI에서 사용자에게 새 암호를 만들도록 요청할 때 사용한다. 웹사이트 회원에 가입할 때 흔하게 발생한다. 웹사이트나 시스템은 암호 보안에 신경 쓰고 사용자가 좋은 암호를 선택할 수 있게 적극적으로 돕고자 한다.

WHY 어떤 효과가 있을까?

특히 웹사이트에서 중요한 정보 또는 사회적 상호작용을 처리한다면, 각 사용자와 웹사이트 전체를 보호하는 데 안전한 암호가 중요하다. 보안 강도가 높지 않은 암호를 입력하면 해킹당하기 쉽기 때문에 애초에 시스템에서 허술한 암호를 허용하지 말아야 한다.

암호 보안 수준 표시는 새로운 암호에 관한 피드백을 즉시 제공한다. 암호가 충분히 강력한지, 새로운 암호를 만들어야 하는지, 만약 그렇다면 어떤 조건(숫자, 대문자 포함 등)으로 만들어야 하는지 알려 준다. 시스템에서 허술한 암호를 거부할 때는 사용자가 가입 폼을 제출한 뒤가 아니라 암호를 입력한 즉시 피드백을 주는 게 최선이다.

HOW 어떻게 활용할까?

사용자가 새로운 암호를 입력하거나 키보드 포커스가 문자 입력란을 떠난 뒤 문자 입력란 옆에 암호 강도의 추정치를 표시한다. 최소한 입력한 암호가 약한지, 중간인지, 강한지를 나타내는 문자나 그래픽 레이블을 표시하고 너무 짧거나 잘못된 암호여서 허용할 수 없다면 이유를 설명해 준다. 이럴 때 색상이 도움이 된다. 허용할 수 없는 경우 빨간색, 사용해도 좋은 경우 초록색 또는 파란색, 암호 강도가 중간 정도면 다른 색상(보통 노란색 사용)을 사용한다. 옐프의 암호 보안 수준 표시가 좋은 예다(그림 10-21).

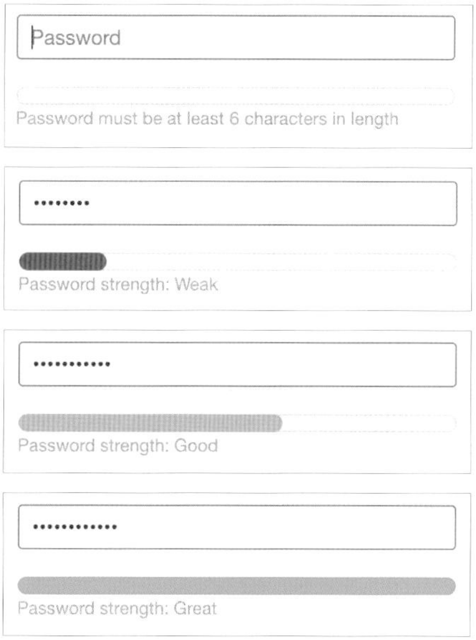

그림 10-21 옐프 암호 보안 수준 표시

가능하다면 예를 들어 최소한 8글자, 또는 숫자나 대문자를 포함하는 등의 암호 강도를 높이는 방법을 자세하게 추가적으로 설명한다. 사용자가 유효한 암호를 반복적으로 만들지 못하면 불만이 생길 수 있으니 성공할 수 있게 돕는다.

또한 암호 입력란이 포함된 폼은 **입력 힌트**나 기타 문구를 사용하여 암호 작성법을 미리 설명해야 한다. 좋은 암호의 조건을 짧게 알려 주는 것은 주의가 필요한 사용자에게 유용하다. 만약 시스템에서 실제로 허술한 암호를 거부한다면, 사용자가 폼을 제출하기 전에 이에 대해 사전에 경고해야 한다. 많은 시스템에서 유효한 암호의 조건으로 최소 6자리나 8자리 이상의 문자를 요구한다.

기본값으로 암호를 표시하지 말라. 하지만 사용자가 암호를 보는 옵션을 켜고 끌 수 있게 토글을 제공할 수는 있다. 대체 암호를 제안하는 것도 좋지 않다. 일반적인 힌트만 제공하는 것이 최선이다.

EXAMPLES **예시**

깃허브GitHub의 암호 보안 수준 표시(그림 10-22)는 암호 요구사항이나 조건(입력 힌트로 표시)을 강도를 측정하는 일종의 잣대로 사용하는 접근 방식을 취한다. 이는 확인 과정의 하나로 간주된다. 물론 사용자는 암호 요구사항을 읽고 직접 따라서 입력할 수 있다. 사용자가 타이핑할 때 힌트의 특정 단어와 문구가 빨간색(요건을 충족하지 않음)에서 초록색(필수 조건이

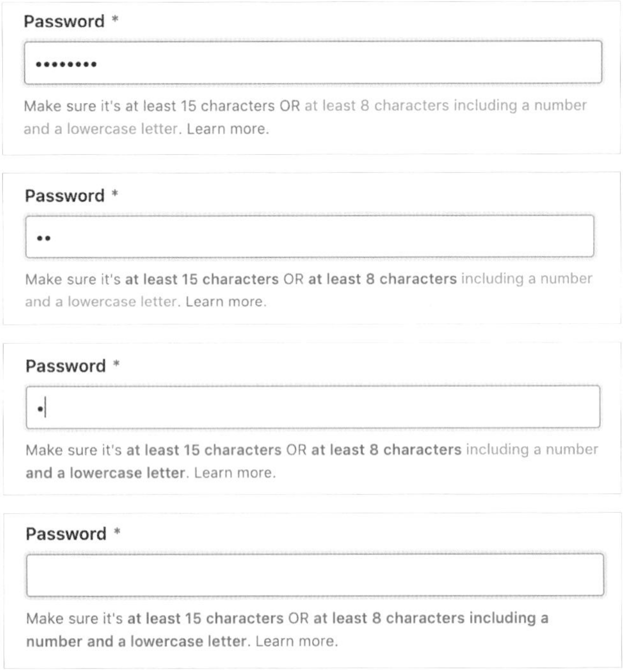

그림 10-22 깃허브 암호 보안 수준 표시

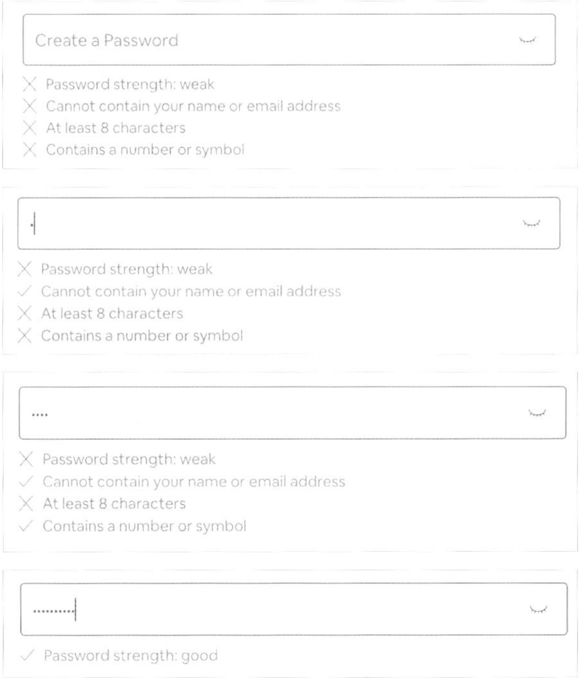

그림 10-23 에어비앤비 암호 보안 수준 표시

충족됨)으로 바뀐다. 이렇게 하면 사용자가 스스로 조정해 가면서 좋은 암호를 만들 수 있다.

에어비앤비의 암호 보안 수준 표시는 사용자가 암호를 입력하는 동시에 갱신되는 명시적인 체크리스트라는 점만 빼면 깃허브와 아주 유사하다(그림 10-23).

에이치앤엠H&M은 압축된 체크리스트 스타일의 암호 보안 수준 표시를 사용한다(그림 10-24). 간단한 문구의 집합인 입력 힌트로 표현했다. 사용자가 강력한 암호를 입력하면, 해당 요구사항이 체크된다.

그림 10-24 에이치앤엠 암호 보안 수준 표시

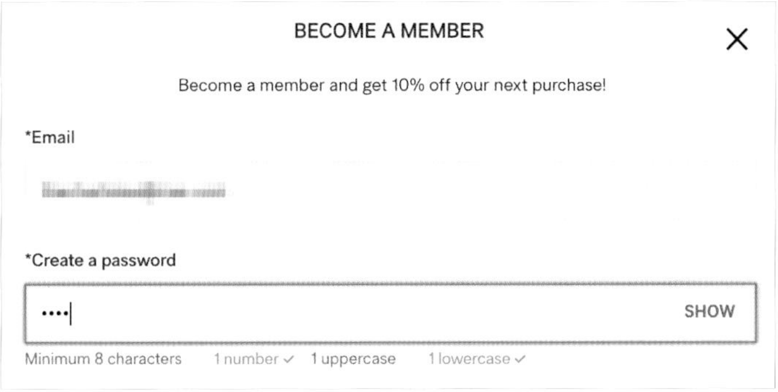

멘로클럽도 최소한의 요소만을 사용한다(그림 10-25). 색상과 길이만 사용하는 고전적인 온도계 형태의 암호 보안 수준 표시를 선택했다. 입력 힌트나 지시사항은 없다. 사용자가 암호를 입력하면 색상 막대가 온도계를 채워 나가면서 빨간색에서 노란색, 마지막으로 초록색으로 바뀐다.

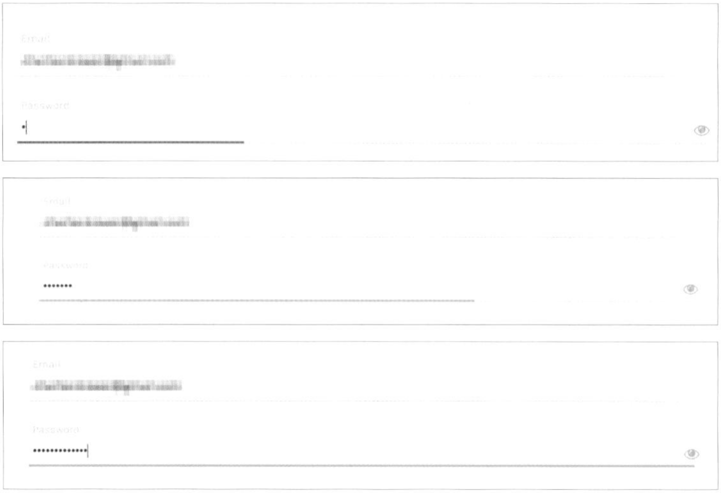

그림 10-25 멘로클럽 암호 보안 수준 표시

글래스도어Glassdoor 역시 가능한 한 가장 적은 요소를 사용한다(그림 10-26). 암호 입력 힌트가 있지만, 요구사항은 가볍다. 암호 보안 수준 표시에는 2가지 상태만 있다. 규정을 준수하지 않은 암호를 나타내는 빨간색 경고 아이콘과 암호를 허용한다는 의미의 초록색 체크 표시다.

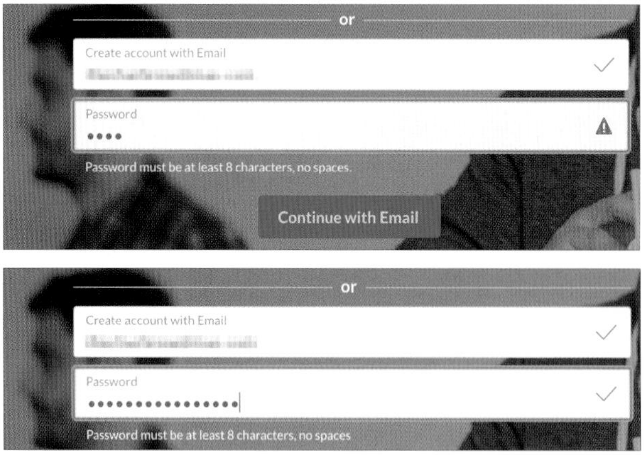

그림 10-26 글래스도어 암호 보안 수준 표시

76 자동 완성(Autocompletion)

자동 완성 기능을 추가하면 검색이 훨씬 더 효율적이고 강력해진다. 사용자가 검색 입력칸에 검색어를 입력할 때 일치 가능성이 제일 높은 항목을 보여 줘라. 가장 인기 있거나 자주 검색하는 용어를 기준으로 똑똑하게 제안할 수도 있다. 검색하는 사람이 전체 문자열을 입력하지 않아도 검색 목적에 일치하는 항목이 나타나므로 시간을 절약해 준다. 그림 10-27은 아마존의 사용 사례이다.

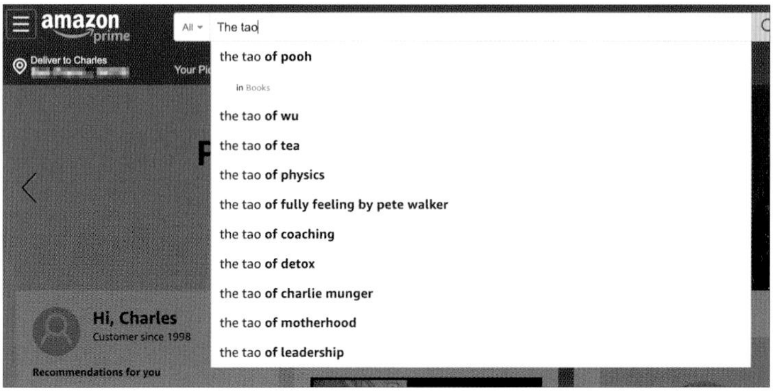

그림 10-27 아마존 자동 완성 기능

WHAT **정의하기**

사용자가 문자 입력란에 타이핑할 때 가능한 답을 예상하여 선택할 수 있는 목록을 표시하고, 적합한 상황에서는 입력을 자동으로 완료한다.

WHEN **언제 사용하면 좋을까?**

URL, 이름, 주소, 오늘 날짜, 파일 이름처럼 예측 가능한 내용을 입력할 때 사용한다. 사용자가 입력하는 내용을 합리적으로 추측할 수 있는 상황에 활용한다. 예를 들어 이전에 입력한 내용이 저장돼 있거나, 기존 값의 집합(디렉터리의 파일 이름 목록)에 선택한 기록이 남아 있을 수 있다.

검색 상자, 브라우저 URL 입력란, 이메일 입력란, 공통 웹 폼(웹사이트 회원가입이나 구매), 문자 편집기 및 명령어 모두 자동 완성으로 지원될 때 훨씬 사용하기 쉽다.

예측과 소셜 데이터를 활용한 알고리즘도 자동 완성의 완성도를 높인다. 인기, 추세, 빈도수가 높은 검색어로 검색 엔진 자동 완성을 채울 수 있다.

WHY **어떤 효과가 있을까?**

자동 완성은 사용자의 시간, 노력, 인지 부담, 손목의 긴장감을 덜어 준다. 번거로운 타이핑을 단순히 목록에서 선택하는 일(또는 한 번에 내용을 맞히는 게 가능하다면 그 이하)로 만들어 준다. 사용자의 노력을 크게 줄이면서 수천 명의 손목 건강에도 기여할 수 있다.

입력된 항목이 URL이나 이메일 주소처럼 길고 입력 또는 기억하기 어려운 경우 자동 완성 기능이 매우 유용하다. 드롭다운 목록 형태로 '세상의 지식'을 제공하여 사용자의 인지 부담을 덜어 준다. 또 다른 이점은 오류 방지다. 입력해야 하는 문자열이 길거나 까다로울수록 사용자가 입력 오류를 범할 가능성이 커진다. 자동 완성되는 항목에서는 이런 문제가 없다.

자동 완성 기능은 모바일 기기에서 더욱 가치 있다. 작은 기기에 문자를 타이핑하는 것은 즐거운 일이 아니다. 만약 사용자가 긴 문자열을 입력해야 한다면, 적절한 자동 완성으로 많은 시간과 불만을 줄일 수 있다. 이메일 주소와 URL 자동 완성은 모바일 이메일과 웹 사용성을 높인다.

자동 완성은 문자 편집기와 명령어 인터페이스에서도 흔하다. 사용자가 명령이나 구문을 입력하기 시작하면 애플리케이션이나 셸에서 최종 항목을 제안한다. 코드 편집기와 운영체제 셸은 사용하는 언어가 제한적이고 예측 가능하기 때문에(일반적인 언어와는 대조적으로), 사용자가 입력하려는 것을 추측하는 게 더 쉽다.

마지막으로, 검색이 되는 자동 완성 목록은 광범위한 콘텐츠 세계로 가는 지도나 안내서 역할을 할 수 있다. 검색 엔진과 웹사이트 전체를 아우르는 검색 상자에서 이런 역할을 잘 수행한다. 사용자가 문구 입력을 시작할 때 자동 완성 드롭다운 목록에 다른 사용자가 입력한 내용이나 관련된 콘텐츠로 연결해 주는 항목이 표시된다. 검색하는 사람은 온라인에서 수많은 사람들이 검색하는 경향에 관한 '멘탈 지형도'를 엿볼 수 있다. 사람들은 동일한 것을 찾을 때가 많다. 이는 호기심이 있거나 원하는 게 확실하지 않은 사용자가 대중의 지혜(또는 호기심)를 바탕으로 항해할 수 있는 나침반이 된다.

HOW 어떻게 활용할까?

사용자가 추가로 글자를 하나씩 입력할 때마다 소프트웨어는 지금까지 부분적으로 입력한 문자열을 토대로 가능한 완성 항목을 만들어 낸다. 사용자가 한

정된 유효값 중 하나를 입력하는 경우 해당 유효값 집합을 사용한다. 만약 가능한 값이 너무 다양하다면 다음 중 적용되는 사항이 있는지 고려해 보라.

- 환경설정 또는 기록 메커니즘에 저장된 사용자가 이전에 입력한 항목
- 애플리케이션에 기본으로 내장된 '사전'에서 많은 사용자가 이전에 사용한 공통 문구
- 사이트 전체 검색으로 사용자가 검색했거나 사용하고 있는 내용에서 끌어올 수 있는 가능한 일치 항목
- 내부 이메일의 경우 회사 전체 연락처 목록처럼 상황에 적합한 기타 항목
- 사람들에게 가장 인기 있거나 자주 제출되는 요청 문구

이 가운데 2가지 방법으로 자동 완성 인터랙션 디자인에 접근할 수 있다. 하나는 사용자가 요청 시(탭 키를 누름) 가능한 보완 사항 목록을 보여 주고 해당 목록에서 하나를 고르게 하는 것이다. 많은 코드 편집기에서 이렇게 한다. 사용자가 원하는 항목을 보고서 선택할 수는 있지만 도움 없이는 입력하는 방법을 기억하지 못할 때 사용하는 것이 좋다. 많은 경우 '세상의 지식이 머릿속 지식보다 낫다.'

다른 방법은 합리적인 완성값이 하나만 남을 때까지 기다렸다가 사용자 앞에 제시하는 것이다. 워드는 툴팁으로 이 작업을 수행한다. 많은 폼에서 사용자가 아직 입력하지 않은 나머지 부분을 자동으로 채워 넣지만, 선택 기능이 켜진 상태에서 이 작업을 수행하므로 사용자가 다른 키를 누르면 자동 완성된 부분은 사라진다. 어느 쪽이든 사용자는 자동 완성 유지 여부를 선택할 수 있으며, 기본값은 자동 완성을 유지하지 않는 것이다.

자동 완성으로 사용자를 자극하지 말라. 입력 내용을 잘못 추측하면 사용자가 좋아하지 않을 것이다. 그럴 경우 자동 완성 기능을 제거하고 처음부터 의도했던 내용을 다시 입력해야 하므로 자동 완성이 잘못된 단어를 또 선택하지 않도록 해야 한다. 다음과 같은 상호작용의 세부사항은 자극을 방지하는 데 도움이 된다.

- 항상 사용자에게 완료 여부를 선택할 수 있도록 한다. 기본값은 '아니오'이다.

- 일반적인 타이핑을 방해하지 말라. 자동 완성 기능의 제안에도 불구하고 사용자가 계속 특정 문자열을 입력하려고 한다면 사용자가 입력한 내용을 최종으로 확정하라.
- 사용자가 한곳에서 특정 자동 완성 기능을 계속 거부하면 제안을 멈춰라. 특정 시점부터는 중단하라.
- 무엇을 타이핑하려는 것인지 정확하게 맞혀라.

EXAMPLES 예시

많은 이메일 서비스가 자동 완성 기능을 사용하여 사용자가 수신인 및 참조 칸을 채우도록 돕는다. 일반적으로 주소록이나 연락처 목록 또는 이메일을 주고받은 사람들 목록에서 정보를 끌어온다. 애플 메일(그림 10-28)은 'fid'까지만 입력했는데 항목을 완성해 추천한다. 추천 항목은 자동으로 강조 표시되므로 키를 한 번 누르면 제거할 수 있다. 추천 내용이 틀린 경우 원래 입력하려던 문자를 타이핑하면 기존 내용이 사라진다.

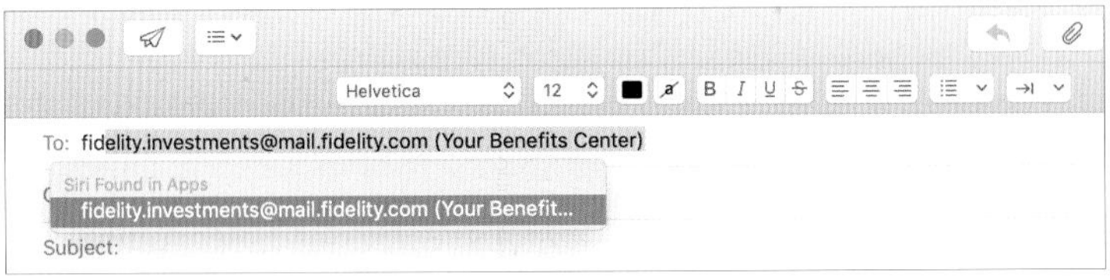

그림 10-28
애플 메일
자동 완성

구글의 지메일은 이메일을 작성할 때도 자동 완성 기능을 제공한다(그림 10-29). 오른쪽 화살표 키를 누르면 제안된 내용에 맞춰 문장이 완성된다.

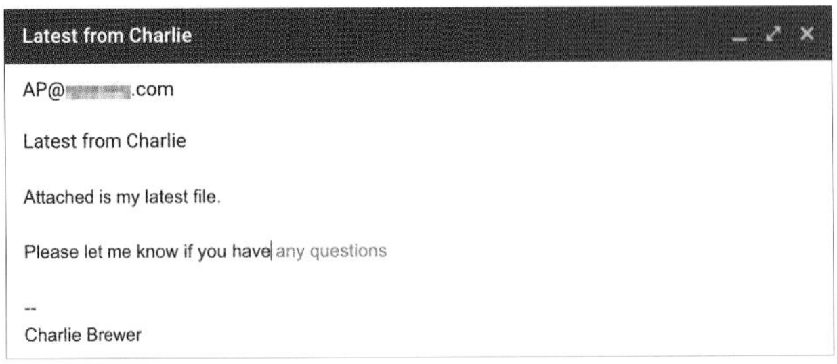

그림 10-29
지메일
이메일 본문
자동 완성

드롭다운 목록으로 자동 완성 선택지를 보여 줄 때는 다양한 형식을 쓸 수 있다. 그림 10-30부터 그림 10-36까지, 다양한 드롭다운 목록 형식이 나와 있다. 자동 완성 전략은 특정 데이터 유형과 정보에만 초점을 맞출 수 있으며, 다양한 데이터 소스를 포함해서 검색 결과를 더욱 확장할 수 있다. 자동 완성 목록으로 할인 행사나 유료 광고를 홍보하기도 한다.

그림 10-30
애플 사파리 브라우저 자동 완성

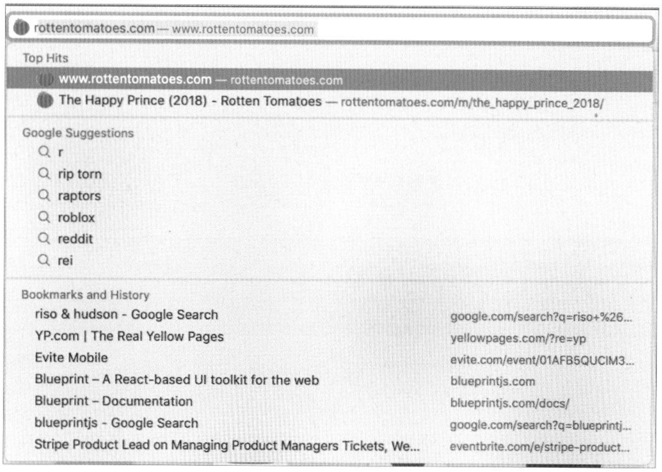

그림 10-31
구글 크롬 브라우저 자동 완성

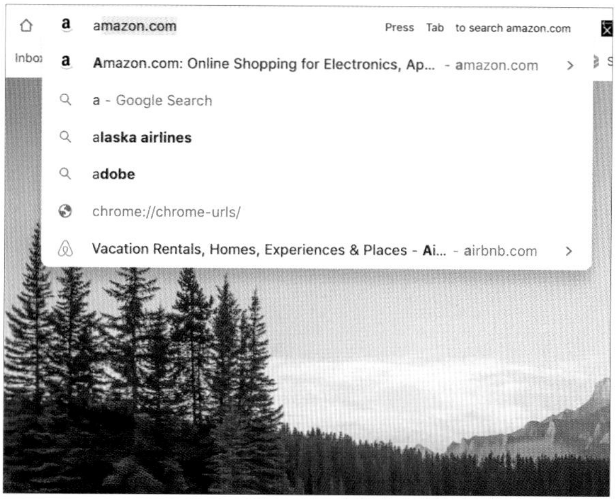

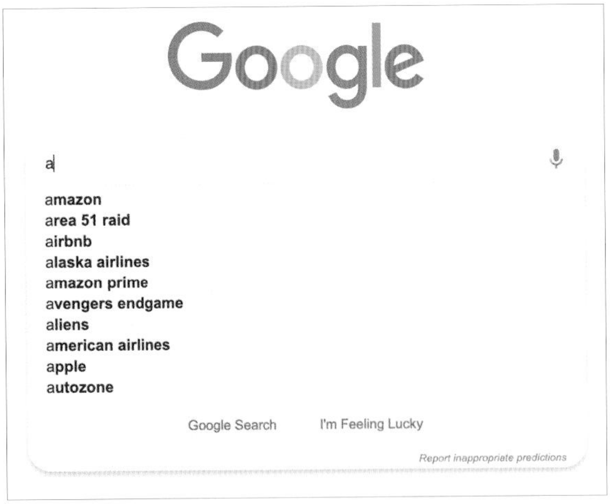

그림 10-32 구글 검색 자동 완성

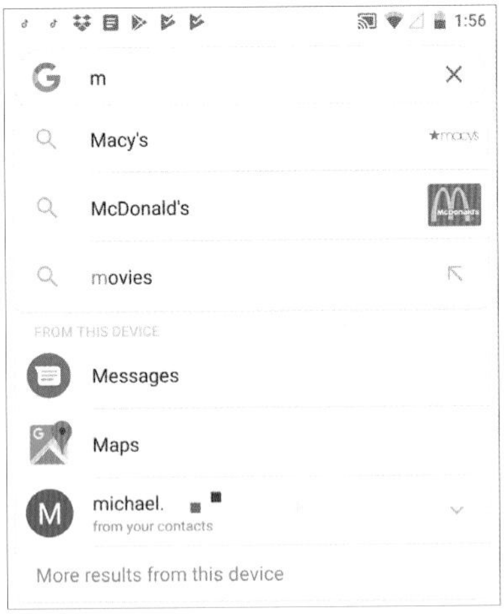

그림 10-33 안드로이드 검색 자동 완성

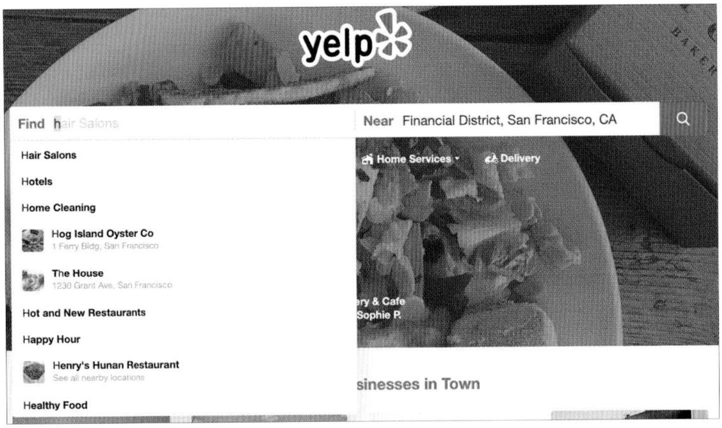

그림 10-34
옐프 검색 자동 완성

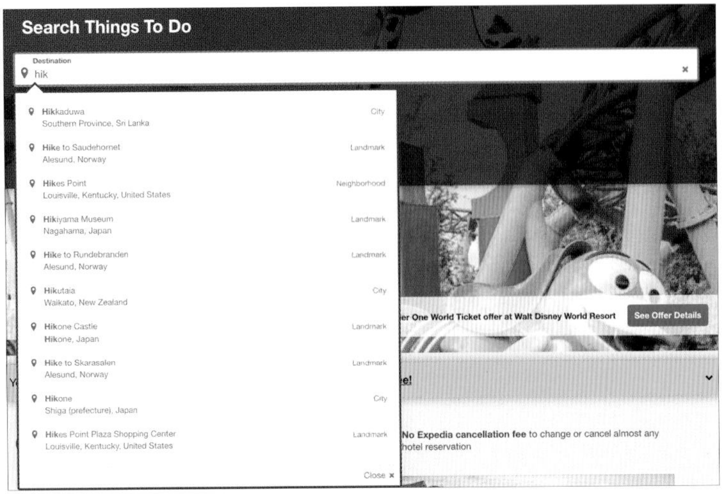

그림 10-35
익스피디아
'즐길 거리' 검색 자동 완성

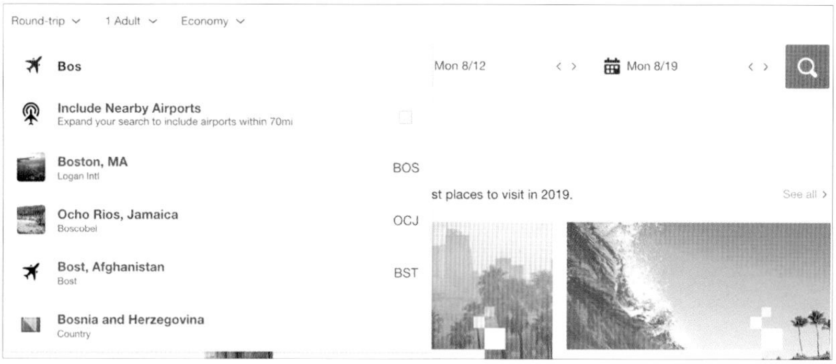

그림 10-36 카약 검색 자동 완성

77 드롭다운 선택창(Drop-down Chooser)

WHAT 정의하기

복잡하거나 계층적인 선택 인터페이스가 포함된 드롭다운 목록이나 팝업 패널을 사용해서 메뉴의 개념을 확장한다.

WHEN 언제 사용하면 좋을까?

사용자는 키보드로 자유롭게 타이핑하는 방식이 아니라 하나의 세트(그림 10-37), 날짜나 시간, 숫자에서 선택지를 골라야 한다. 이런 선택을 지원하는 인터페이스(선택사항을 시각적으로 렌더링해 보여 주기, 인터랙티브한 도구 사용하기) 디자인에서, 메인 페이지의 공간을 쓰고 싶지 않거나, 작은 공간에서 현재 선택 값을 보여 주는 것으로 충분할 때 활용한다.

WHY 어떤 효과가 있을까?

대부분의 사용자는 드롭다운 목록 컨트롤(문자 입력란과 함께 쓰면 콤보 박스라고 부른다)에 익숙하다. 많은 애플리케이션이 단순한 목록이 아니라 트리, 2D 그리드, 임의적인 레이아웃을 써서 드롭다운 목록을 확장한다. 사용자는 조작부를 클릭할 때 열리는 동작을 나타내는 아래쪽 화살표 버튼만 있으면 문제없이 컨트롤을 이해한다.

드롭다운 선택창은 복잡한 UI를 작은 공간 속에 압축해 주므로 여러 상황에서 훌륭한 해결책이 된다. 툴바, 폼, 다이얼로그 박스, 웹페이지에서 이제 광범위하게 드롭다운 선택창을 활용한다. 사용자가 요청할 때만 선택기 UI가 나타나므로 화면이 단순하고 우아하게 유지된다. 필요할 때까지 복잡성을 숨기는 적절한 방법이다.

HOW **어떻게 활용할까?**

드롭다운 선택창 컨트롤이 '닫힌' 상태에서는 버튼이나 문자 입력란으로 현재 설정된 값을 보여 줘라. 오른쪽에 아래 방향 화살표를 둔다. 공간에 따라서 자체 버튼으로 만들 수도 있다. 무엇이 보기 좋고 사용자가 이해하기 쉬운지 실험해 보라. 화살표(또는 전체 컨트롤)를 클릭하면 선택기 패널이 열리고 또 클릭하면 다시 닫힌다.

사용자가 선택해야 하는 항목으로 선택 패널을 디자인해라. 비교적 작고 압축적으로 만들어라. 시각적으로 익숙한 형식(목록, 표, 외곽선이 있는 트리, 달력이나 계산기 같은 특정 형식)으로 구성하는 게 좋다. 뒤이어 나오는 사례를 참고하라. 목록을 표현하는 방식은 7장을 참조하라.

사용자가 거대한 세트 중에서 특정 개체를 선택하는 작업을 이해하고 있으면(파일 시스템에서의 파일 선택) 패널 안에 스크롤을 허용해도 괜찮지만, 팝업 패널을 스크롤하는 일은 손에 익지 않으면 쉽지 않다는 점을 명심하라.

패널에 링크나 버튼을 만들어 보조 UI를 불러올 수도 있다. 색상을 선택하는 다이얼로그 박스, 파일 탐색기 다이얼로그 박스, 도움말 페이지 등과 같이 사용자가 값을 선택하게 돕는 것이다. 이런 장치는 주로 모달 다이얼로그 박스 형태다. 사용자가 값을 선택하는 주요 방식으로 모달 다이얼로그 박스를 사용한다면 가령, 버튼을 눌러서 곧바로 모달 다이얼로그 박스로 연결하는 대신 드롭다운 선택창을 활용할 수 있다. 팝업 패널은 가장 일반적이거나 최근에 선택한 항목을 포함한다. 자주 쓰는 항목을 선택하기 쉽게 만들면 평균적인 사용자가 값을 선택하는 데 걸리는 총 시간(또는 클릭 횟수)을 줄일 수 있다.

EXAMPLES **예시**

첫 번째 예는 워드(그림 10-37)이다. 여러 개의 드롭다운 선택창을 보여 준다.

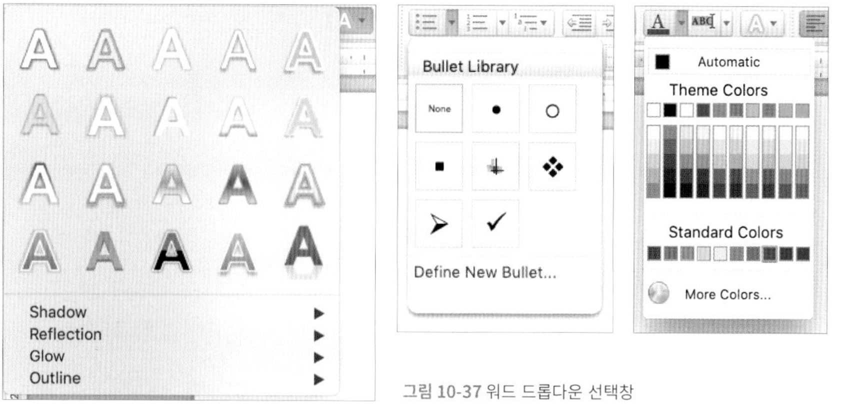

그림 10-37 워드 드롭다운 선택창

포토샵에서는 인터랙션이 풍부한 작은 툴바에서 드롭다운 선택창을 많이 쓴다. 그림 10-38에는 3가지 예시(브러시Brush, 마퀴 툴Marquee Tool, 투명도Opacity)가 나와 있다. 브러시 선택기는 선택할 수 있는 목록을 약간 변형했다. 슬라이더, 브러시 방향 다이얼, 프리셋 아이콘, 더 많은 옵션을 위해 확장해 볼 수 있는 브러시 폴더가 들어 있다. 포토샵에서 왼쪽 상단 모서리의 마퀴 툴을 선택하면 옵션이 열리는데, 마퀴 툴의 특수한 버전을 보여 준다. 투명도 선택기는 단순한 슬라이더로, 슬라이더에서 선택한 값이 위에 있는 문자 입력란에 반영된다.

디자인 툴인 스케치는 색상을 선택할 때 여러 기능이 있는 드롭다운 선택창을 쓴다(그림 10-39). 색조와 음영 조절하기, 수치로 색상값 지정하기, 색상 그

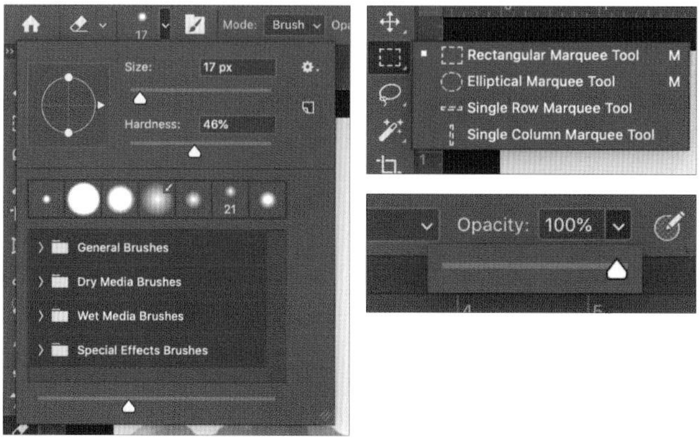

그림 10-38 포토샵 드롭다운 선택창

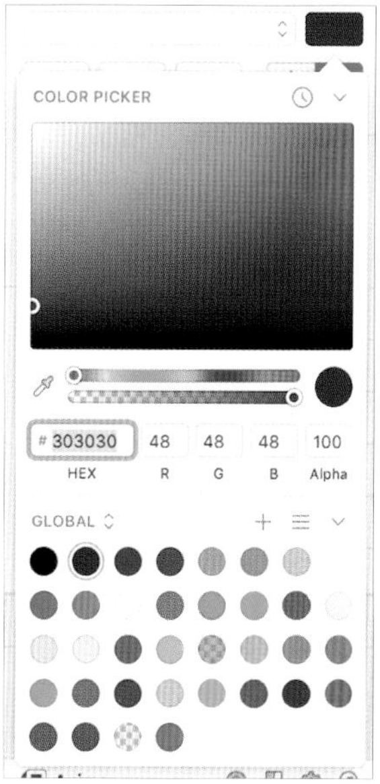

그림 10-39 스케치 드롭다운 선택창

리드 저장하기 등을 통해서 강력한 색상 공간 설정 기능을 제공한다. 이보다 더 많은 기능을 제공하는 메뉴도 많다.

드롭다운 선택창 안에는 섬네일 그리드 패턴을 자주 사용한다. 문자 기반 메뉴 대신에 섬네일을 쓰는 것이다. 파워포인트PowerPoint(그림 10-40), 키노트(그림 10-41)에서 섬네일 그리드를 여러 스타일로 사용한 것을 확인할 수 있다.

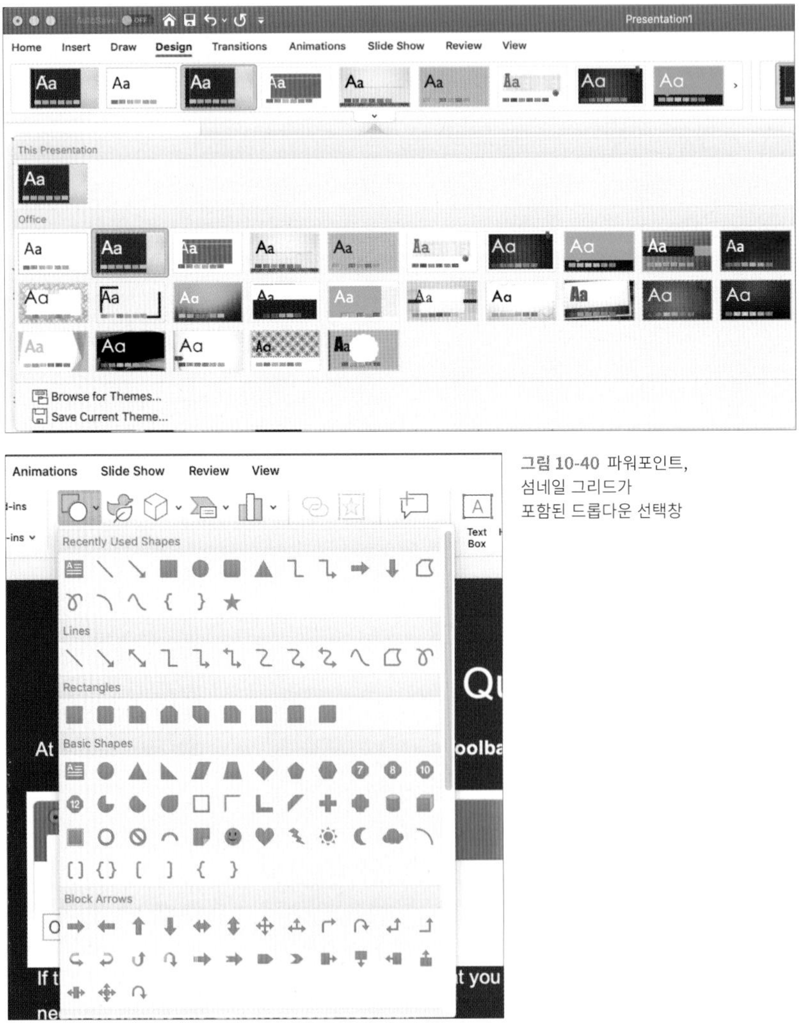

그림 10-40 파워포인트, 섬네일 그리드가 포함된 드롭다운 선택창

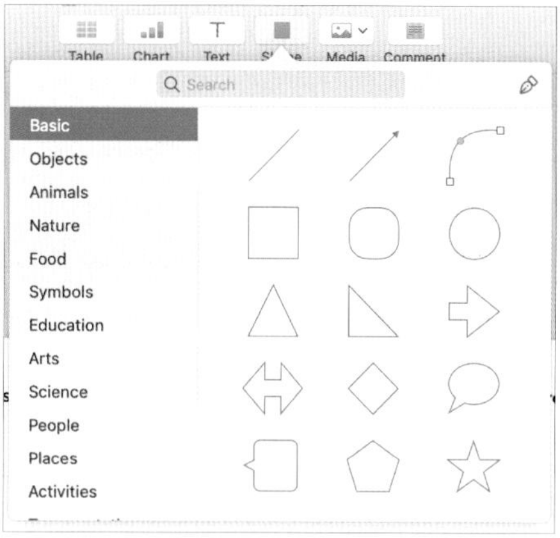

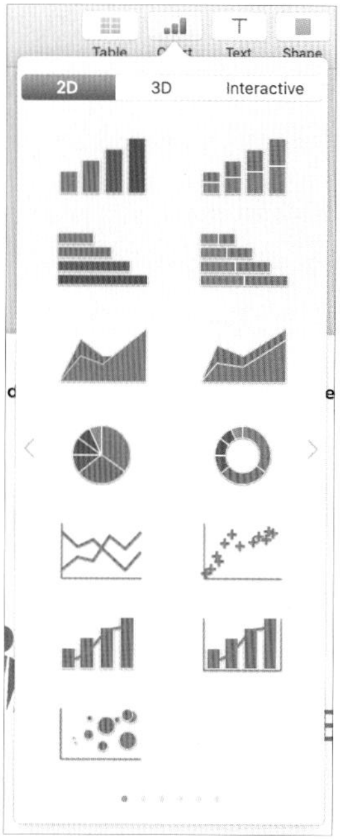

그림 10-41 키노트, 섬네일 그리드가 포함된 드롭다운 선택창

78 목록 편집창(List Builder)

WHAT 정의하기

객체의 집합에서 원하는 선택지 목록을 만들어 내는 패턴이다. 목록 편집창에서 '원본 목록'과 '사용자 지정 목록' 2가지를 같은 위젯에서 볼 수 있어야 한다. 사용자는 버튼을 누르거나 개체를 끌어다 놓는 방식으로 목록 간 항목을 이동할 수 있다. '2열 다중선택기'라고도 부른다.

WHEN 언제 사용하면 좋을까?

사용자가 다른 목록에서 항목을 골라 새로운 목록을 만들어야 하는 경우 활용한다. 예를 들면 원본 목록이 너무 길어서 일련의 체크 박스로 쉽게 보여 주기 어려울 때 쓴다.

WHY 어떤 효과가 있을까?

이 패턴의 핵심은 두 목록을 같은 페이지에 표시하는 것이다. 사용자는 각각을 구별할 수 있다. 항목을 선택하려고 모달 다이얼로그 박스로 들어왔다 나갔다 하지 않아도 된다.

목록 편집창의 간단한 대안으로 체크 박스 항목을 배치하는 단일 목록이 있다. 둘 다 '부분 집합 선택하기'라는 문제를 해결한다. 만약 원본 목록이 아주 크다면(전체 파일 시스템) 체크 박스로는 부족하다. 어디에 체크 표시가 되었는지 쉽게 확인하기 어렵기 때문에 사용자가 선택한 항목을 한눈에 명확하게 파악하기가 어렵다. 사용자는 전체를 보기 위해 계속 위아래로 스크롤해야 한다.

HOW 어떻게 활용할까?

원본 목록과 사용자 지정 목록을 나란히 둔다. 왼쪽 오른쪽도 괜찮고, 위아래도 좋다. 두 목록 사이에 '추가'와 '삭제' 버튼을 둔다. 부가 설명 없이도 끌어다 넣는 동작이 사용자에게 명백한 게 아니라면 버튼에 단어나 화살표, 또는 둘 다 사용해 레이블을 붙일 수 있다. 목록의 요소를 클릭하면 반대편 목록으로 넘어간다.

추가 기능도 만들 수 있다. 원본 목록과 사용자 지정 목록에 있는 항목을 검색할 수 있게 하는 것이다. 원본 목록을 파일 폴더를 여닫는 구조로 된 여러 단계의 디렉터리로 구성한다. 이렇게 하면 사용자 지정 목록의 항목을 사용자가 원하는 순서대로 정렬할 수 있다. 이동 도구를 쓰거나 끌어다 놓는 방식으로 말이다.

다루는 항목의 종류에 따라, 원본에서 사용자 지정 목록으로 항목을 말 그대로 옮기거나(이때 원본 목록에서 항목을 삭제) 처음 상태 그대로 유지할 수 있다. 파일 시스템에서 파일 목록은 바뀌지 않는 게 좋다. 사용자는 원본 목록이 그 바탕이 되는 파일 시스템의 모델이라고 생각한다. 따라서 실제로 파일이 지워진 게 아니므로 원본 목록에서 파일이 사라지면 이상하게 생각할 것이다. 여러분이 판단해서 결정할 사안이다.

사용자가 많은 항목을 한꺼번에 이동할 수 있도록 한 번에 하나만 선택하게 하기보다 한번에 여러 개를 선택할 수 있게 하라.

EXAMPLES 예시

목록 편집창을 모던하게 구현한 사례에서는 목록 간 이동에 항목을 끌어서 내려놓거나 클릭하는 방식을 쓴다. 선택한 항목이 사용자 지정 목록으로 이동했다는 것을 시각적으로 확인하는 게 중요하기 때문이다. 멀티셀렉트multiselect는 목록을 빠르고 간단하게 생성하는 UI를 보여 준다(그림 10-42). 이 오픈소스 개발 프로젝트는 웹 애플리케이션에서 쓸 수 있는 전형적인 2열의 다중선택 위젯을 개발했다.

그림 10-42
로데브(Loudev) 멀티셀렉트

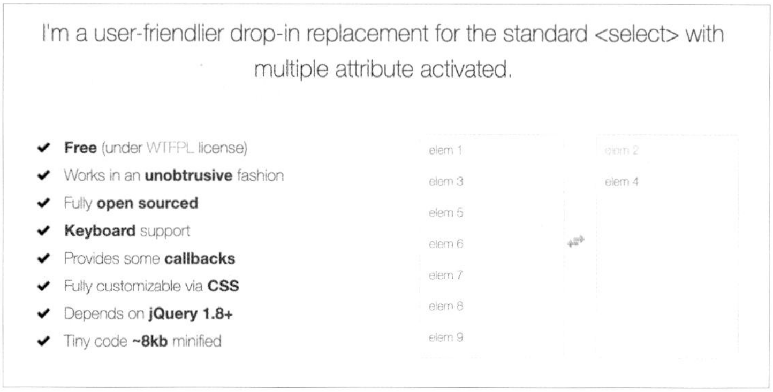

드루팔Drupal은 위와 비슷한 컴포넌트인 다중선택 목록 편집창 위젯을 기업용 콘텐츠 관리 시스템의 일부로 제공한다(그림 10-43).

그림 10-43
드루팔 콘텐츠 관리 시스템

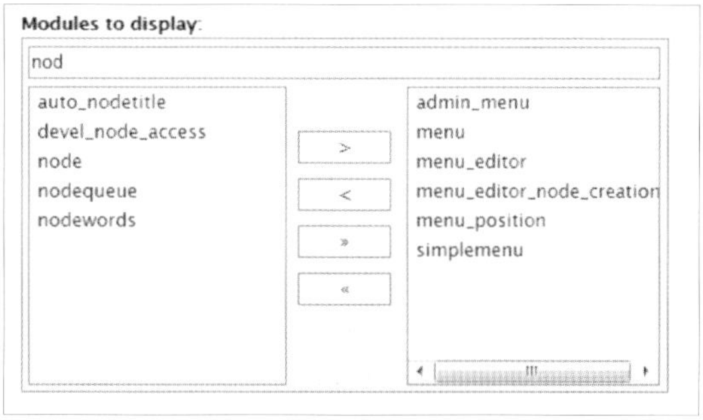

이렇게 그래픽 목록을 만드는 것도 가능하다. 라이트룸(그림 10-44)은 목록 편집창에 더 최신의 방식으로 접근한다. '일괄 처리batch' 그룹으로 가져와 이를 한꺼번에 처리할 수 있다. 라이트룸은 큰 글자로 사용자에게 중요한 순간(새로

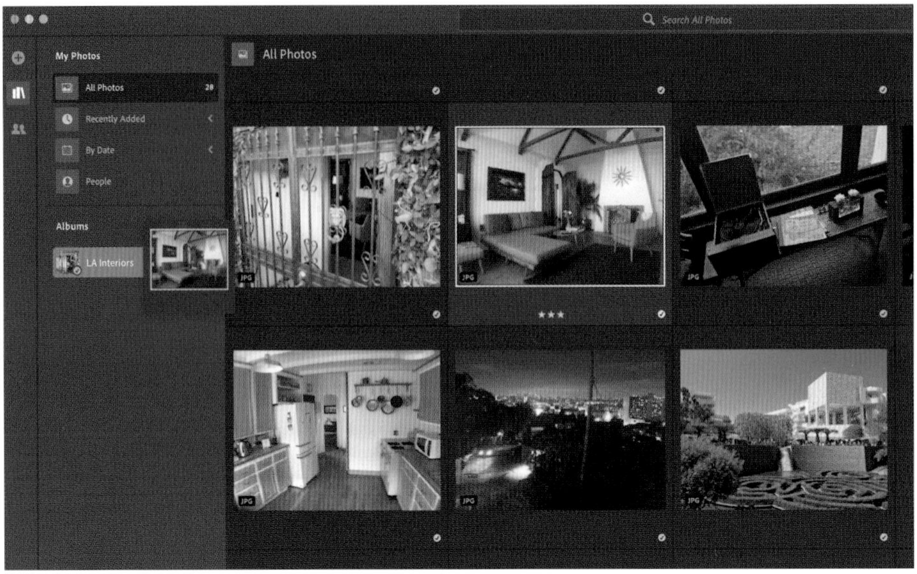

그림 10-44 라이트룸 이미지 목록 편집창

운 묶음을 만들 때, 묶음에서 이미지를 삭제할 때)에 무엇을 해야 할지 알려준다.

79 적절한 기본값(Good Defaults)과 지능형 사전 입력(Smart Prefills)

WHAT 정의하기

사용자가 폼 작성을 완료하는 데 필요한 시간과 노력을 줄이기 위해 기본값을 사용한다. 적절한 기본값은 여러 데이터 소스에서 가져올 수 있다. 세션에서 이전에 입력한 데이터, 사용자 계정 정보, 현재 위치, 현재 데이터와 시간 등 디자이너가 판단하기에 사용자가 폼 작성을 더 쉽고 빠르게 완료하는 데 도움이 될 법한 값을 가져오면 된다.

WHEN 언제 사용하면 좋을까?

UI에서 문자 입력란이나 라디오 버튼 등으로 폼 작성에 필요한 질문을 할 때 사용한다. 사용자의 작업량을 줄이고 싶을 때 유용하다. 대부분 비슷하게 답하거나, 사용자에게 제공받은 충분한 상황 정보로 UI에서 정확하게 답을 추측할 수 있는 경우에 활용한다. 기술적이거나 관련성이 낮은 질문의 경우 사용자가 답을 알고 있거나, 관심을 가질 것으로 기대하기 어렵다. 이때 다수의 사용자는 '시스템이 결정하는 대로' 따라도 괜찮다고 생각한다.

다만 답변 내용이 민감하거나 정치적 사안일 경우(암호, 성별, 국적) 기본값을 넣는 게 항상 현명한 것은 아니다. 조심해야 할 부분을 섣불리 판단해 기본값을 채우면 사용자가 불편해할 수도 있고 화를 낼 수도 있다(아름다운 세상을 만들기 위해, 부디 '광고성 정보 이메일 수신을 동의합니다' 체크 박스에 '동의'를 기본값으로 넣지 말라).

WHY 어떤 효과가 있을까?

질문에 대한 답변에 합리적인 기본값을 제공하여 사용자의 작업량을 줄인다. 간단한 원리다. 사용자는 답변에 대해 생각하거나 입력하는 수고를 아낄 수 있다. 폼을 작성하는 것은 절대 즐거운 일이 아니지만, 작성하는 데 걸리는 시간이 반으로 줄어든다면 사용자는 고맙게 여길 것이다.

기본값이 사용자가 원하는 내용이 아닐지라도 최소한 어떤 종류의 답변을 요구하는지 예시를 제시할 수 있다. 그것만으로도 사용자는 몇 초의 고민 또는 오류 메시지를 피할 수 있다.

때때로 적절한 기본값 패턴으로 의도하지 않은 결과에 부딪힐 수 있다. 사용자가 입력란을 건너뛰는 경우 사용자는 해당 질문을 '인식'하지 못할 것이다. 사용자가 질문 자체를 잊거나, 질문이나 기본값의 함의를 이해하지 못할 수도 있다. 응답을 입력하거나, 값을 선택하거나, 버튼을 클릭하는 행위는 사용자가 의식적으로 문제를 해결하게 한다. 사용자가 애플리케이션을 효과적으로 배우기를 원한다면 이러한 과정이 중요하다.

HOW 어떻게 활용할까?

문자 입력란, 콤보 박스, 기타 컨트롤에 적절한 기본값을 미리 채운다. 페이지를 처음 사용자에게 표시할 때 활용하거나 애플리케이션 초기에 사용자가 제공한 정보를 바탕으로 이후의 기본값을 동적으로 설정할 수 있다. 예를 들어, 사용자가 미국의 우편번호를 입력했다면, 거기서 지역번호country, 주state, 배달 구역 등을 유추할 수 있다.

컨트롤을 비워 두면 안 된다고 생각해서 무조건 기본값을 선택하지 말라. 대부분의 사용자가 기본값을 변경하지 않을 것이라고 합리적으로 확신할 수 있을 때만 그렇게 하라. 그렇지 않으면 사용자는 여러분의 선택으로 인해 추가 작업을 해야 할 것이다. 사용자를 파악하라.

소프트웨어 설치와 같이 가끔 사용하는 인터페이스는 특별히 주의를 기울여야 한다. 사용자가 설치 위치를 변경하려는 경우 설치 경로와 같은 기술적인 정보를 물어봐야 한다. 하지만 대다수 사용자는 그렇게 하지 않을 것이다. 소프트웨어를 어디에 설치하는지도 신경 쓰지 않을 확률이 높다. 별로 중요하지 않기 때문이다. 따라서 설치할 폴더를 기본값으로 지정하는 것은 합리적인 선택이다.

EXAMPLES 예시

카약(그림 10-45)에서는 항공편 검색을 시작할 때 기본값을 제공한다. 친절하게 일주일의 휴가를 제안하는데, 지금으로부터 한 달 뒤 날짜에 시작해 1주일 기간을 기준으로 항공권 검색을 준비해 준다. 다른 기본값도 상당히 합리적이다. 여행자 1명에 편도가 아닌 왕복 항공권이 보통이며 출발지는 사용자의 위치 정보 또는 사용자의 이전 검색에서 가져온다. 카약은 폼에서 출국일(한 달 뒤)과 귀국일(그로부터 1주일 후)을 미리 채운다. 이런 기본값 덕분에 사용자는 고민하는 시간을 줄이고, 보다 빠르게 검색 결과를 얻게 된다.

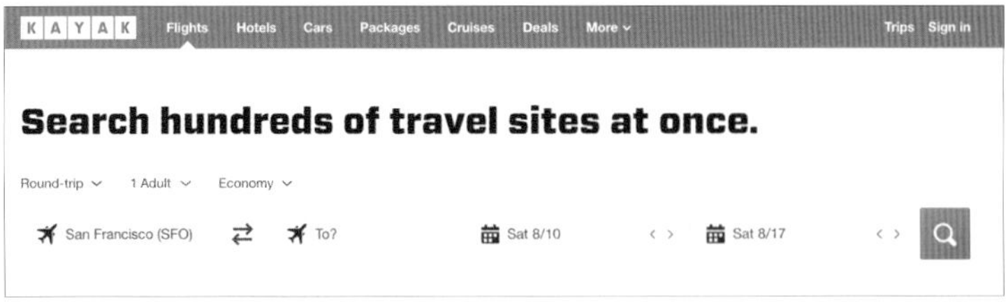

그림 10-45
카약

판당고Fandango(그림 10-46) 모바일 앱에서는 현재 위치와 날짜를 기본 이벤트를 검색하는 매개 변수로 사용한다. 앱을 열면 현재 날짜와 위치를 사용하여 사용자가 있는 곳 근처에 있는 오늘의 이벤트 목록이 생성된다. 더 나아가 화면 하단의 작은 '토스트' 또는 팝업 배너(검색 결과 위에 떠 있는)에서 가장 가까

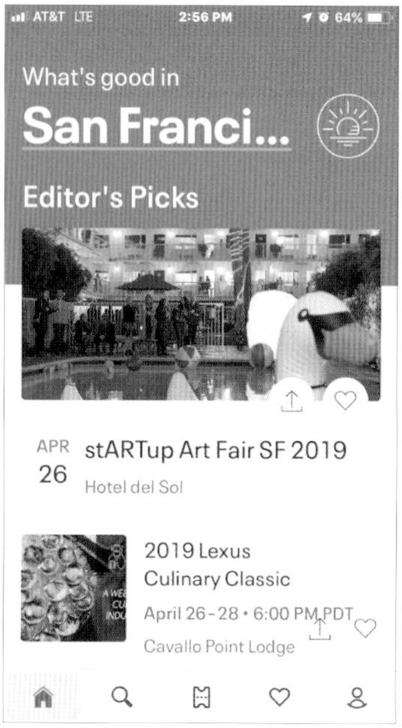

그림 10-46 판당고

운 영화관에서 상영 중인 영화를 볼 수 있다.

포토샵에서는 새로운 이미지 파일을 생성할 때 기본적으로 클립보드(그림 10-47)에서 시작한다. 사용자가 방금 스크린 캡처를 했다면 그것을 편집하는 과정이 시작된다. 따라서 클립보드에 캡처된 이미지의 너비, 높이 정보를 가져다 '새로 만들기'의 가로세로 크기를 채운다. 시간을 절약해 주는 똑똑한 기능이다. 이미지와 캔버스의 크기가 일치하지 않을까 봐 걱정하지 않아도 된다.

포토샵에서 캔버스 크기를 조정하면 그림 10-48처럼 다이얼로그 박스가 나타난다. 원본 이미지 크기는 보이는 것처럼 1340×1060픽셀이다. 이 치수는 캔버스의 기본 너비와 높이가 되고, 여러 유스케이스에서 편리하게 쓰인다. 애플리케이션은 현재 이미지의 폭과 높

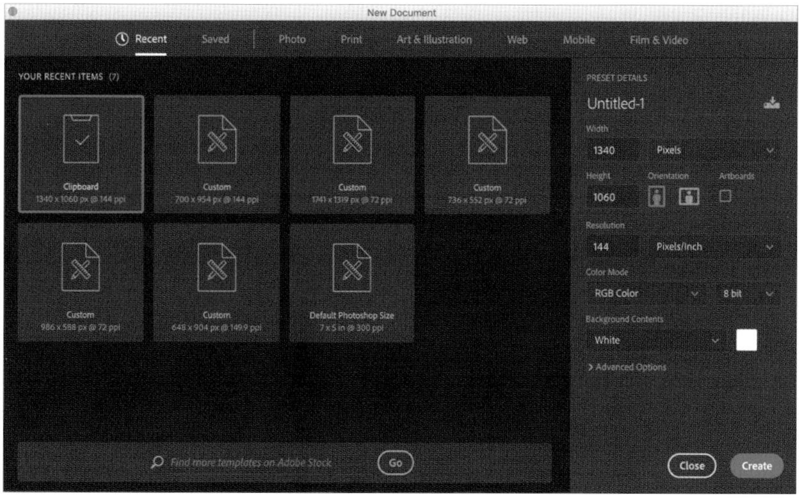

그림 10-47 포토샵 CC의 '새로 만들기' 다이얼로그

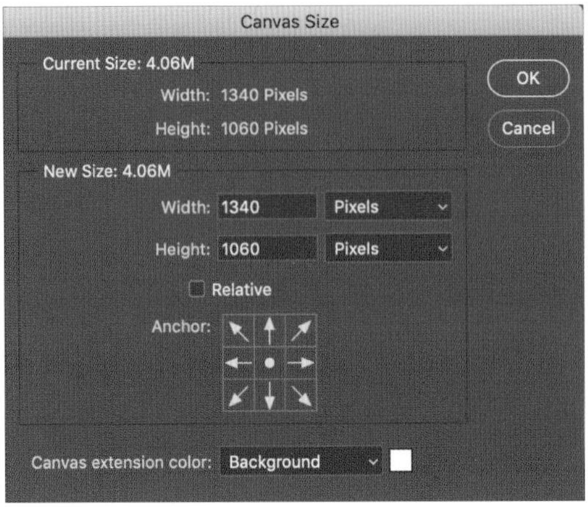

그림 10-48 포토샵 CC의 '캔버스 크기' 다이얼로그 박스

이를 새로운 파일을 만들 때 캔버스 크기의 시작점으로 제안한다. 이미지 주변에 얇은 테두리를 만들고 싶다면 현재 크기에서 높이와 너비를 각 2픽셀씩 늘리면 된다. 캔버스를 옆으로만 넓히고 싶으면 너비 숫자만 바꾸면 된다. 또는 그냥 '확인'을 클릭하면 아무것도 바뀌지 않는다.

80 오류 메시지(Error Messages)

WHAT 정의하기

폼 입력에 오류가 발생했을 때(필수 항목을 건너뛴 경우) 폼 자체에 눈에 띄는 오류 메시지를 넣는다. 사용자가 어떻게 오류를 수정할 수 있는지도 설명한다. 가능하다면 원래 컨트롤 옆에 인디케이터를 두어라.

WHEN 언제 사용하면 좋을까?

사용자가 시스템에서 허용할 수 없는 정보를 입력했을 때 사용한다. 필수 항목을 건너뛰었거나 분석할 수 없는 숫자를 넣었거나 잘못된 이메일 주소를 입력했을 때도 쓸 수 있다. 사용자에게 다시 입력하도록 권하는 것도 가능하다. 오타로 인해 문제가 발생하기 전에 알려 주거나 혼란에 빠진 사용자에게 시스템에서 무엇을 요구하는지 명확히 짚어 주고 싶을 때 활용한다.

WHY 어떤 효과가 있을까?

오류 메시지를 보여 주는 목적은 사용자가 문제를 해결하고 가능한 한 빠르게 스트레스 없이 작업을 완료하도록 돕는 것이다.

전통적인 2가지 방법은 이제 자주 쓰이지 않을 뿐더러 추천할 만하지도 않다. 하나는 모달 다이얼로그 박스로 오류 메시지를 표시하는 것이다. 메시지를 보고 무엇이 문제인지, 어떻게 고칠 수 있는지를 알 수 있다. 하지만 문제는 오류를 고치려면 모달 다이얼로그 박스를 클릭해서 닫아야 한다는 점이다. 그러면 다이얼로그 박스가 사라져서 더는 오류 메시지를 읽을 수 없다.

두 번째 방법은 제출 버튼을 클릭한 뒤 나타나는 오류 화면에 메시지를 표시하는 것이다. 첫 번째 방법과 마찬가지로 메시지를 읽을 수는 있지만, 문제를 해결하려면 '뒤로 가기' 버튼을 클릭해야 한다. 그렇게 하면 오류 메시지가 사라진다. 오류가 무엇인지 기억해 폼에서 오류가 있는 부분으로 찾아가야 오류를 고칠 수 있다. 너무 수고로우므로 성공적으로 완료하기도 어렵고 앞뒤로 계속 이동하는 번거로움이 생긴다.

이제 대부분의 웹 폼은 폼 자체에 에러 메시지를 띄운다. 메시지와 컨트롤을 모두 같은 페이지에 두어서 사용자가 이리저리 왔다 갔다 하거나, 오류를 기억할 필요 없이 그 자리에서 메시지를 읽고 바로 고칠 수 있다. 웹 폼은 오류가 발생한 컨트롤 바로 곁에 오류 메시지를 띄운다. 사용자는 어디에 문제가 있는지 바로 볼 수 있고, 무엇이 틀렸는지 눈에 불을 켜고 입력란을 찾아다닐 필요가 없다. 문제 해결에 관한 지침도 오류 메시지에 있어 쉽게 볼 수 있다.

HOW 어떻게 활용할까?

우선 애초에 폼을 디자인할 때 특정 종류의 오류를 방지할 수 있도록 하라. 선택지가 제한되고 타이핑하기 어려운 경우 문자 입력란보다는 드롭다운 목록을 사용해라. 문자 입력란에는 텍스트를 쉽게 입력할 수 있도록 **입력 힌트**, **입력 프롬프트**, **자유도가 높은 폼**, **자동 완성**, **적절한 기본값**과 **지능형 사전 입력 패턴**을 적용해라. 입력해야 하는 폼의 항목 숫자를 최대한 줄여라. 어떤 항목이 필수고 어떤 항목이 선택사항인지 분명하게 표시하라.

오류가 발생했거나 폼이 길고 복잡할 때는 오류 메시지를 폼 상단에 바로 표시해야 한다. 사람들은 페이지에서 위쪽을 가장 먼저 본다(이는 시각 장애가 있는 사용자에게도 좋다. 화면을 읽어 주는 보조 시스템이 폼 상단 부분을 먼저 읽을 것이므로, 폼에 오류가 있다는 사실을 즉시 알게 된다). 시선을 사로잡는 그래픽을 배치하고 본문 글자보다 강렬한 스타일을 적용하라. 예를 들어 글자를 빨간색으로 굵게 처리할 수 있다. 요즘 짧은 폼에서는 보통 이 단계를 생략한다.

세계적인 표준은 오류가 있는 폼 칸을 표시하는 것이다. 영향을 받는 컨트롤 곁에 해당 요소에 관련된 메시지를 나타내야 한다. 칸의 옆, 위, 아래에 추가 공간이 필요할지도 모르지만, 최소한 색상이나 작은 그래픽으로 입력란을 표시하라. 사용자는 일반적으로 이런 맥락에서 빨간색이 오류를 의미한다는 것을 안다. 색은 자유롭게 사용하되, 색맹인 사람도 많기 때문에 다른 힌트(텍스트, 크지 않은 굵은 글씨, 그래픽)도 활용하라.

웹이나 다른 클라이언트/서버 시스템 용으로 인터페이스를 설계하는 경우 클라이언트 측에서 가능한 한 유효성 검사를 최대한 수행한다. 사용자가 폼을 제출한 뒤가 아니라 폼을 작성해 나가는 동안에 유효성을 검증하고 피드백을 보여 주라는 뜻이다. 현재 표준은 입력 포커스가 다음 입력칸으로 이동하자마자 검증하는 것이다. 일부 폼은 사용자가 입력칸을 선택함과 동시에 입력값을 확인하기 시작하는데, 여기에 오류가 있을 시 피드백은 데이터 입력을 완료해야 나타난다. 둘 다 빠른 방법이다. 사용자는 폼을 전송하기 전에 모두 고칠 기회가 있다(일부 어설픈 디자인에서는 사용자가 입력을 시작하자마자 오류 메시지가 떠서 입력을 제대로 완료하기 전까지 사라지지 않는다. 이는 짜증을 유발할 뿐이다).

오류 메시지 작성에 관한 지침은 이 패턴의 범위를 벗어나지만, 몇 가지 간단한 가이드라인을 제시한다.

- 어떤 폼에서 무엇이 어떻게 잘못됐는지 간결하게 충분히 설명하라.

  "주소를 입력하지 않았습니다." VS "정보가 충분하지 않습니다."

- 컴퓨터 용어가 아닌 일상에서 쓰는 평범한 말을 사용하라.

  "우편번호에 글자가 들어가 있나요?" VS "숫자 검증 오류"

- 예의를 갖춰라.

  "죄송하지만 오류가 있습니다! '확인'을 다시 클릭하세요." VS "자바스크립트 에러 693" 또는 "이 폼에 데이터가 없음."

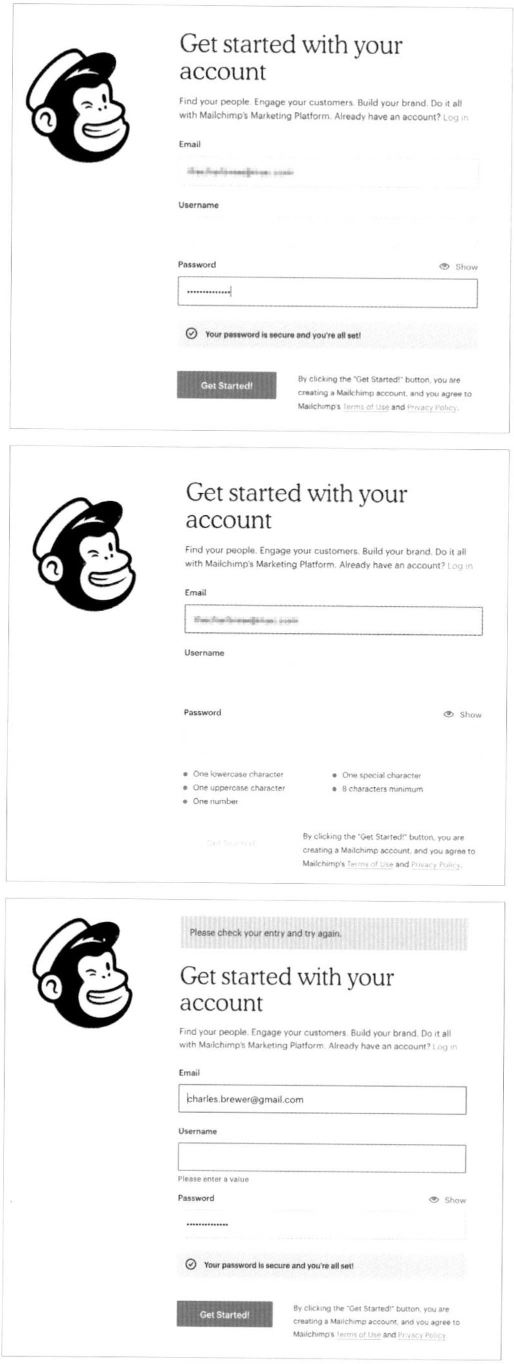
Get started with your account
Find your people. Engage your customers. Build your brand. Do it all with Mailchimp's Marketing Platform. Already have an account? Log in
Email
Username
Password
Show
Your password is secure and you're all set!
Get Started!
By clicking the "Get Started!" button, you are creating a Mailchimp account, and you agree to Mailchimp's Terms of Use and Privacy Policy.
Get started with your account
Find your people. Engage your customers. Build your brand. Do it all with Mailchimp's Marketing Platform. Already have an account? Log in
Email
Username
Password
Show
One lowercase character
One uppercase character
One number
One special character
8 characters minimum
By clicking the "Get Started!" button, you are creating a Mailchimp account, and you agree to Mailchimp's Terms of Use and Privacy Policy.
Please check your entry and try again.
Get started with your account
Find your people. Engage your customers. Build your brand. Do it all with Mailchimp's Marketing Platform. Already have an account? Log in
Email
charles.brewer@gmail.com
Username
Please enter a value
Password
Show
Your password is secure and you're all set!
Get Started!
By clicking the "Get Started!" button, you are creating a Mailchimp account, and you agree to Mailchimp's Terms of Use and Privacy Policy.

그림 10-49 메일침프 회원가입

EXAMPLES 예시

메일침프Mailchimp(그림 10-49), 민트Intuit Mint(그림 10-50), 에이치앤엠(그림 10-51)의 회원가입 폼은 전통적인 접근방식을 취한다.

사용자는 폼을 작성한 후 제출을 선택한다. 메일침프의 '시작하기' 버튼은 사용자 이름을 입력했는지 확인하지 않고 이메일 주소와 암호만 입력하면 활성화된다. 사용자는 이름을 입력하지 않고 '시작하기'를 누른 뒤에 오류를 발견하기 때문에 다시 수정해야 한다. 문제가 있는 입력란은 강조 표시되고, 오류 메시지가 뜬다. 오류가 있는 입력란을 표시하면서 추가로 폼 상단에 일반적인 오류 경고를 보여 준다. 하지만 오류 메시지 자체는 분명하다.

민트(그림 10-50)의 오류 메시지는 두 번째 암호 확인란에 입력한 값이 첫 번째 암호 칸에 입력한 값과 일치하지 않으며, 둘이 일치하게 다시 입력해야 한다고 설명하고 있다.

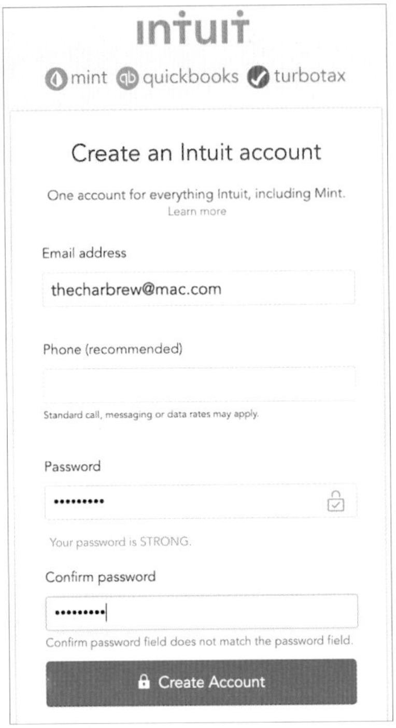

그림 10-50
민트 회원가입

에이치앤엠(그림 10-51)에서 '가입하기' 버튼은 항상 활성화되어 있다. 고객이 필수 항목을 건너뛰어도 '가입하기'를 누른 뒤에야 오류 메시지를 보게 된다. 오류 메시지 자체는 괜찮다. 문제를 해결하기 위해 무엇을 해야 하는지 정확히 적혀 있다.

오늘날 오류 메시지의 표준 폼은 사용자가 필요한 단계를 건너뛰거나 애초에 잘못된 입력을 하지 않도록 만드는 것이다. 필요한 단계가 성공적으로 입력될 때까지 '보내기' 옵션이 활성화되지 않는다.

트위터는 회원가입을 여러 단계로 구분한다(그림 10-52). 1단계에서 '다음으로' 옵션은 기본적으로 활성화되어 있지 않다. 해당 화면을 성공적으로 기재하기 전까지 2번째 단계로 가는 방법은 없다. 사용자로 하여금 회원가입 다음 단

그림 10-51 에이치앤엠 회원가입

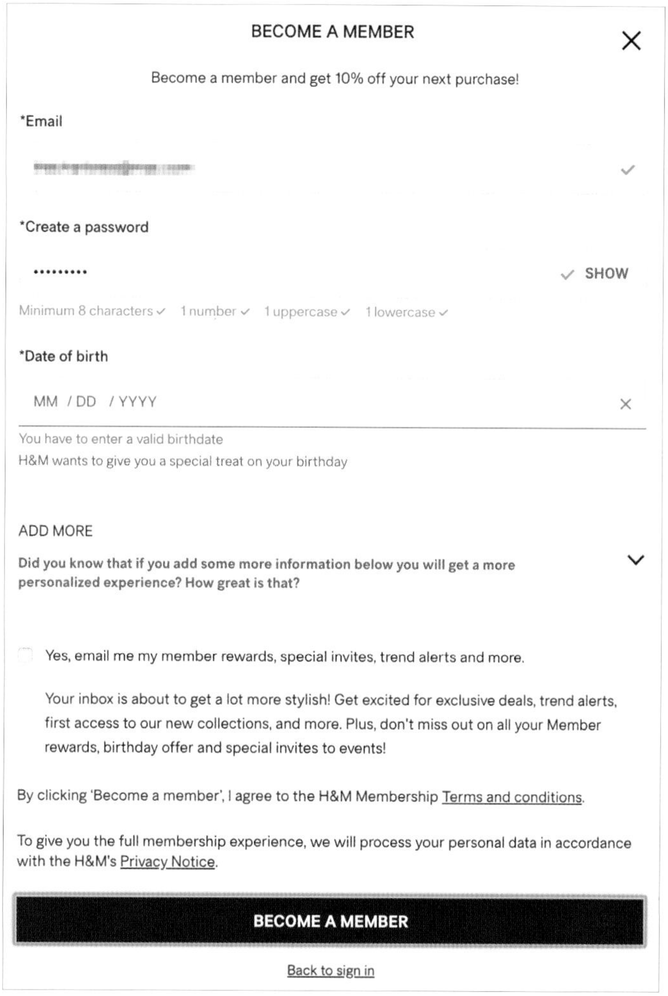

BECOME A MEMBER
Become a member and get 10% off your next purchase!
*Email
*Create a password
SHOW
Minimum 8 characters 1 number 1 uppercase 1 lowercase
*Date of birth
MM / DD / YYYY
You have to enter a valid birthdate
H&M wants to give you a special treat on your birthday
ADD MORE
Did you know that if you add some more information below you will get a more personalized experience? How great is that?
Yes, email me my member rewards, special invites, trend alerts and more.
Your inbox is about to get a lot more stylish! Get excited for exclusive deals, trend alerts, first access to our new collections, and more. Plus, don't miss out on all your Member rewards, birthday offer and special invites to events!
By clicking 'Become a member', I agree to the H&M Membership Terms and conditions.
To give you the full membership experience, we will process your personal data in accordance with the H&M's Privacy Notice.
BECOME A MEMBER
Back to sign in

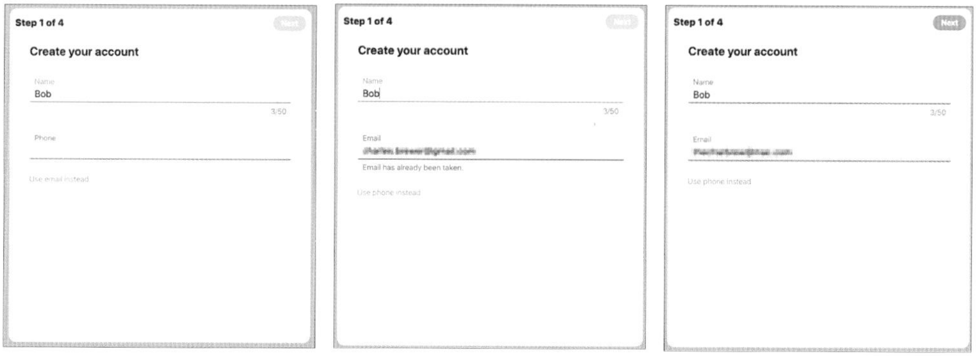

Step 1 of 4
Create your account
Name
Bob
3/50
Phone
Step 1 of 4
Create your account
Name
Bob
3/50
Email
Email has already been taken.
Step 1 of 4
Next
Create your account
Name
Bob
3/50
Email

그림 10-52 트위터 회원가입

계로 가는 목적을 달성하게 하기 위해 적절한 형식을 갖춘 데이터로 폼을 완료하도록 이끈다.

추가로 폼은 모달 다이얼로그 박스에 있다. 전체 프로세스를 나가는 것 이외에는 방해가 될 만한 내비게이션이 없다. 사용자가 '다음으로' 버튼을 누르기 전에 실시간으로 검증이 이뤄진다. 사용자가 필수 항목을 모두 입력하면 '다음으로' 가는 버튼이 활성화된다. 이메일 주소 검증도 실시간으로 이뤄진다. 사용자가 실행에 옮길 수 있는 피드백이 폼을 제출하기 전에 나타나서 사용자의 수고를 덜어준다.

조스에이뱅크Jos. A. Bank 웹사이트는 옵션을 선택하지 않고 물품을 장바구니에 추가할 때 그림 10-53에서 볼 수 있듯이 부족한 정보를 채워 넣으라고 부드럽게 메시지를 준다. 이 경우 '장바구니에 추가하기' 버튼은 항상 활성화되어 있다. 사용자는 버튼을 누른 뒤에야 오류 메시지를 볼 수 있다.

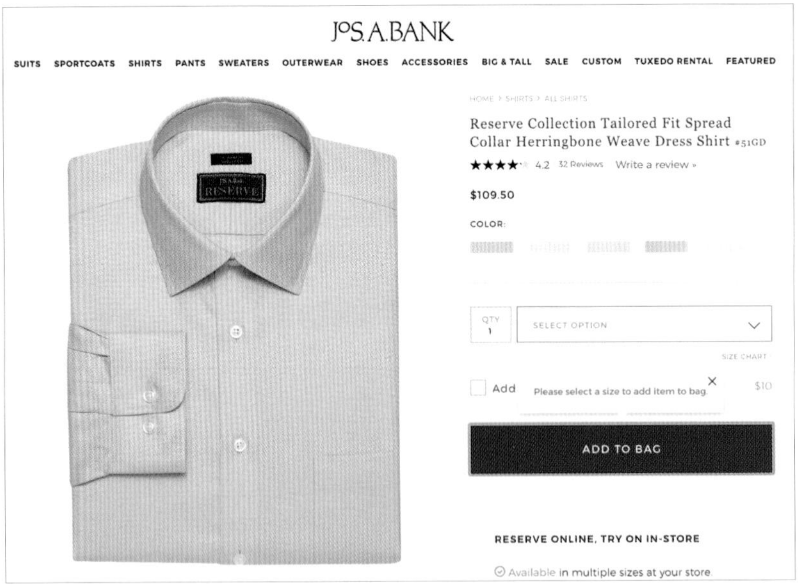

그림 10-53 조스에이뱅크

하면 할수록 어려운 폼 디자인

폼과 컨트롤 설계는 인터랙션 디자인의 한 분야다. 여기서 디자이너는 가능한 유스케이스를 전부 분석하고 다양한 인터랙션(표준, 오류, 엣지 케이스)을 정확히 어떻게 다룰 것인지 심사숙고하게 된다. 꽤 간단하게 시작할 수 있지만 할수록 까다롭고 도전적인 영역이다.

하지만 이번 장에서 배운 디자인 원칙을 통해 사용하기 쉽고 유용한 디자인을 만드는 접근 방법을 알게 되었을 것이다. 지금까지 회원가입과 암호, 검증과 오류 메시지, 데이터 형식 지정, 복잡한 툴과 설정을 다루는 컨트롤 만들기와 관련된 다양한 예시를 살펴봤다. 이는 폼과 컨트롤을 어떻게 만들고 관리할지 참고할 만한 본보기가 될 것이다.

11장
사용자 인터페이스 시스템과 아토믹 디자인

지금까지 인터페이스 디자인에서 나타나는 강력한 패턴을 시사하는 여러 사례를 살펴봤다. 화면 인터페이스는 자주 사용하는 컴포넌트의 시스템으로 구성된다. 이렇게 디자인을 시스템으로 접근하는 추세로 인해, 디자이너와 개발자가 인터페이스 디자인에 접근하는 방법도 발전하고 있다. 11장에서는 컴포넌트 기반 프론트엔드 UI 프레임워크에 대해 알아보겠다. 이 접근 방식을 이해하면 소프트웨어를 일관되고 확장될 수 있게 디자인하고 사용자에게 편의를 제공하는 데 도움이 될 것이다. 이번 장에서는 다음 사항을 다룬다.

- 컴포넌트 기반 사용자 인터페이스 시스템 개요
- 컴포넌트 기반 접근법을 사용하는 아토믹 디자인Atomic Design 철학
- 여러분이 작업할 가능성이 높은 웹과 모바일 웹용 UI 프레임워크(컴포넌트 라이브러리)

소프트웨어 애플리케이션을 디자인하는 것은 소비자와 비즈니스 고객이 어떤 기기를 사용하든, 어디에 있든, 풍부한 인터랙티브 경험을 만들어 내는 것을 의미한다. 소비자는 소프트웨어 경험이 언제나 열려 있고, 주변 세상과 교감하며, 다른 사람과 소통을 도와주고, 매 순간 사용자에게 동적으로 반응하리라 기대한다.

오늘날 소프트웨어는 강력한 클라우드 기반의 정보 처리, 저장, 통신의 이점을 활용하기 위해 처음부터 인터넷에 연결되도록 만들어진다. 소비자가 이용하는 주요 플랫폼은 모바일 기기다. 소비자는 애플리케이션이 로컬 장치의 기능(카메라, 음성 입력, 실시간 위치 데이터 제공, 이전 활동과 선호도 저장)을 최대한 활용할 것으로 기대한다. 모바일, 태블릿, 데스크톱, 스마트 워치, TV 등 여러 기기에서 동일한 소프트웨어에 접근하여 완벽하게 전환되고, 다른 채널을 넘나들 때도 일관되게 느껴지는 경험을 하고 싶어 한다. 작은 기기에서도 기능과 성능을 포기하지 않는다. 디자이너는 이런 환경에서 UI 표준을 설정하기 위해 UI 시스템을 만든다.

컴포넌트와 위젯을 중심으로 하는 디자인 및 개발 접근법으로 이를 가능하게 할 수 있다. 더불어 통신, 트랜잭션transaction, 실시간 데이터 전송, 저장을 위해 실시간으로 다른 시스템에 연결되어야 한다. 사용하는 기기, 화면 크기, 운영체제, 웹 브라우저에 구애받지 않고 사용자가 작업을 완수할 수 있도록 컴포넌트 시스템을 디자인하고 구축하는 것이다.

UI 시스템 트렌드

UI 시스템 또는 UI 디자인 시스템은 회사의 디자이너, 개발자 및 협력사가 소프트웨어 제품의 룩앤필에서 품질을 일관되게 유지할 수 있게 도와주는 UI 스타일 및 표준 시스템이다. 이는 컴포넌트 기반 접근법을 사용하는데, 서로 다른 운영체제 표준에 충실하면서도 가능한 기능성과 룩앤필을 표준화하는 데 초점을 맞춘다. 사용하는 프로그래밍 언어와 같은 구현 기술을 명시하지는 않는다.

인터랙션 디자이너로서 여러분에게 중요한 점은 인터페이스와 설계에 대한 컴포넌트 기반 접근 방식이 적어도 폼 작성, 날짜 및 시간 선택 등과 같은 기본 기능에 관해서는 현재 표준이라는 것이다. 이를 간단히 살펴보자.

마이크로소프트, 애플, 구글과 같은 IT 회사들은 여러 운영체제, 기기, 화면을 아우르는 UI 시스템을 가지고 있다.

- 마이크로소프트의 플루언트 디자인 시스템Fluent Design System은 윈도우 OS, 웹, iOS, 안드로이드를 위한 스타일과 코드 모듈을 표준화한 라이브러리를 제공한다.
- 애플의 사용자 인터페이스 가이드라인에는 맥 OS 및 iOS 앱, 워치OS 및 TV OS에 대한 내용이 수록되어 있다.
- 구글의 머티리얼 디자인 시스템Material Design System은 플러터Flutter UI 프레임워크를 통해 웹, 안드로이드, iOS, 네이티브 데스크톱 OS 애플리케이션을 다룬다.

마이크로소프트의 플루언트 디자인 시스템

UI 시스템 하나와 그 안에 있는 컴포넌트를 하나 예로 들어 보자. 2017년 마이크로소프트는 UI 시스템을 출시했다. 시스템의 목표는 윈도우 데스크톱, 안드로이드, iOS, 웹 등 마이크로소프트의 소프트웨어 생태계에 있는 모든 제품이 마이크로소프트 제품처럼 보이고 느껴지게 돕는 것이다.

플루언트 UI 시스템 웹사이트를 간단히 보면 그 범위를 알 수 있다(그림 11-1). 여러분이 마이크로소프트의 인터랙션 디자이너인데, 날짜와 시간 선택기가 들어간 앱을 디자인하고 있다고 생각해 보자. 웹 용으로 설계하는 경우 플루언트 웹 날짜 선택기(그림 11-2)를 참조할 수 있다. 모바일 디자인이라면 플루언트의 iOS 날짜 선택기(그림 11-3) 또는 플루언트 안드로이드 날짜 선택기(그림 11-4)를 살펴보라. 마지막으로, 윈도우 데스크톱 디자인이라면 플루언트 윈도우 날짜 선택기(그림 11-5)가 필요할 것이다.

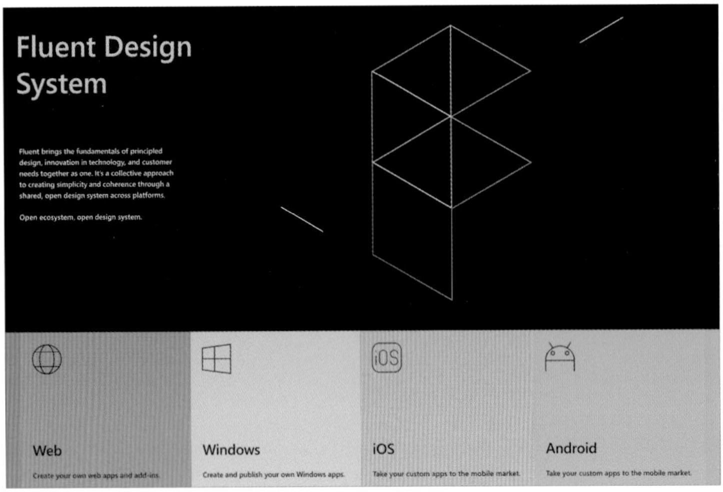

그림 11-1
플루언트 디자인
시스템 홈페이지

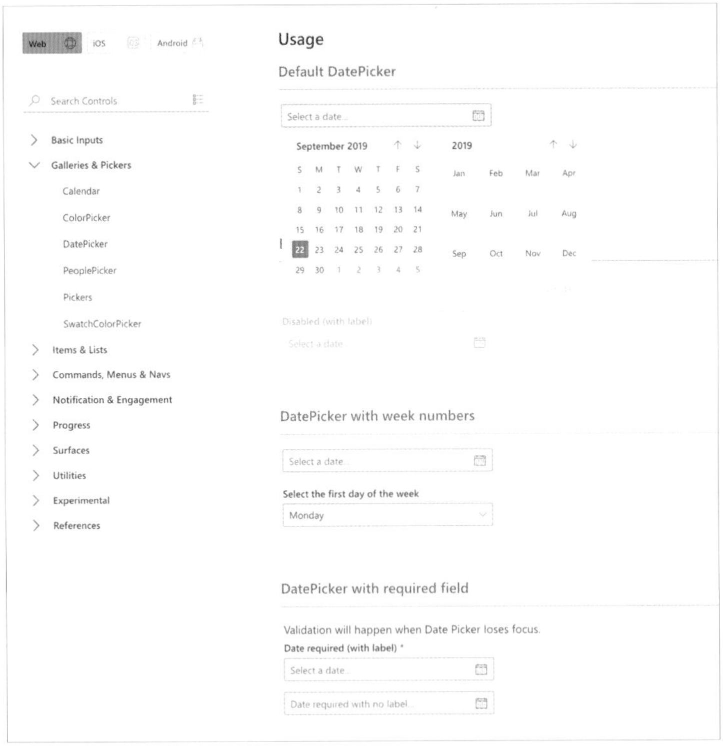

그림 11-2
플루언트 웹
날짜 선택기

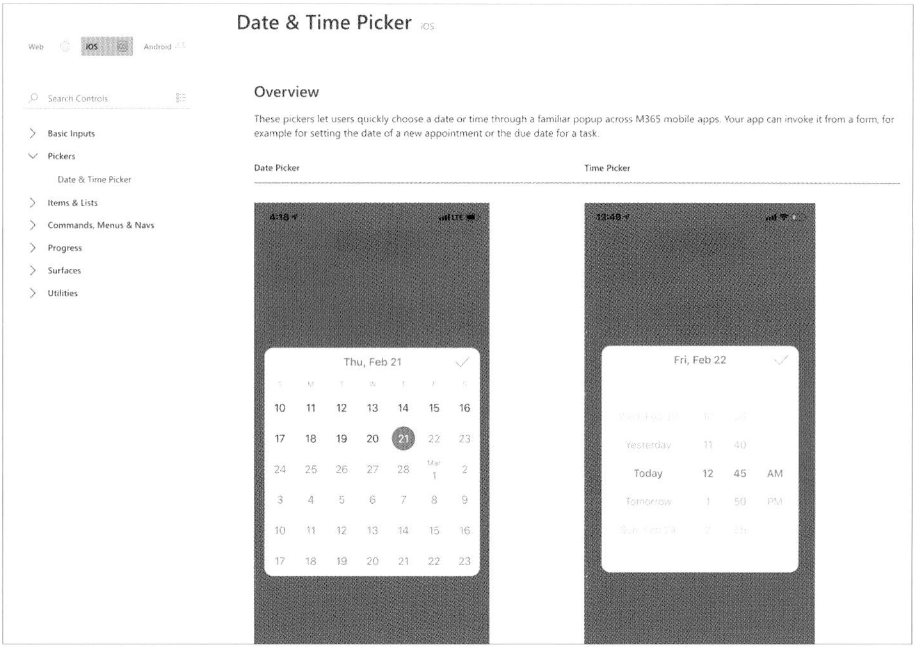

그림 11-3 플루언트 iOS 날짜 선택기

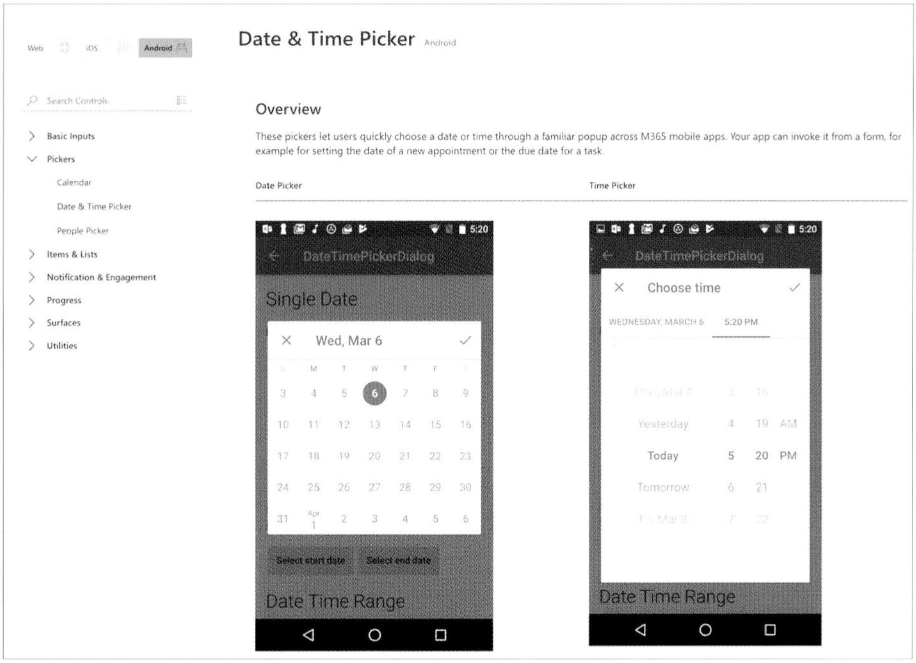

그림 11-4 플루언트 안드로이드 날짜 선택기

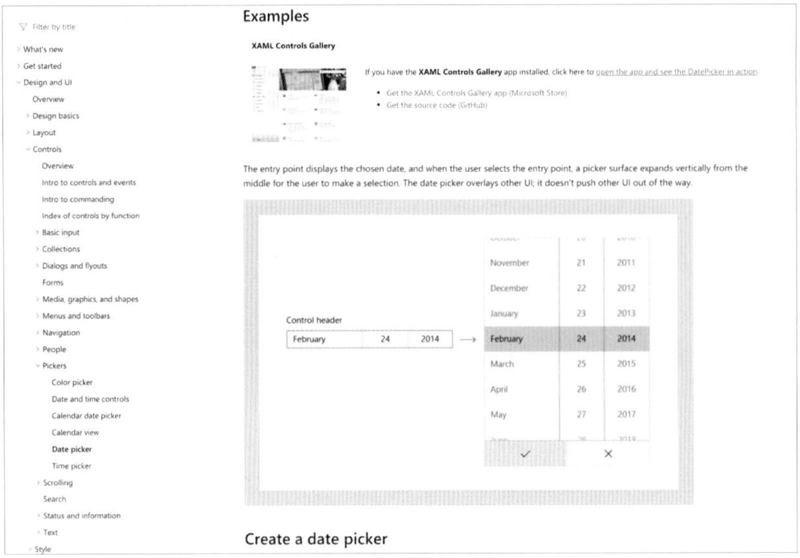

그림 11-5 플루언트 윈도우 날짜 선택기

컴포넌트 기반의 UI 디자인 시스템을 간략하게 살펴보았다. 그렇다면 이렇게 일관적이고 확장성이 있으며 재사용할 수 있는 디자인 시스템을 어떻게 개발할 수 있을까? 최근 아토믹 디자인이 점점 대중화되고 있다. 다음 절에서 자세하게 살펴보자.

확장 가능한 일관된 인터페이스 설계하기

디자인과 디자인 방법론은 앞에서 설명한 것처럼 UI 디자인 시스템과 함께 진화하고 있다. 이제 UI 디자인은 거의 모든 화면이나 기기에 대응할 수 있는 인터페이스를 조립하기 위해 유연하고 재사용 가능한 컴포넌트 시스템을 설계하는 아이디어를 포함한다.

많은 디자이너들이 이러한 생각을 갖기 시작했다. 아토믹 디자인은 이와 같은 접근 방법 가운데 가장 널리 알려진 용어 중 하나다. 이는 디자이너 브래드 프로스트가 발전시킨 개념으로, 그는 《아토믹 디자인*Atomic Design*》이라는 책을 펴내기도 했다(*http://atomic design.bradfrost.com*). 아토믹 디자인은 디자인 팀들이 문제를 해결하고 각자에게 맞는 UI 디자인 시스템을 설계하는 과정에서 폭넓게 채택되거나 조정되고 있다.

아토믹 디자인 개요

아토믹 디자인은 원칙과 UI 컴포넌트를 분류하는 구조로 구성된다. 내용을 대략 요약하면 다음과 같다.

작은 요소로 나누기

아토믹 디자인은 기본적으로 인터페이스를 구축하는 상향식 접근법이다. 시작점은 현재 디자인하고 있는 소프트웨어를 분석하는 것이다. 그 다음으로 페이지와 화면을 가장 작은 요소로 분해한다. 각 요소는 그 자체로 사용할 수 있고 기능도 갖고 있다. 앞서 언급한 UI 프레임워크는 이미 컴포넌트로 쪼개져 있기 때문에 이 역시 기본 출발점이 될 수 있다.

스타일 가이드

디자인에 대한 기본적이고 보편적인 지침을 설정한다. 색상, 타이포그래피, 레이아웃, 그리드(또는 그리드 없이 크기를 조정하는 컨테이너에 대한 계획), 아이콘 등을 다룬다. 레이아웃 그리드에 대한 자세한 내용은 4장을, 색상과 타이포그래피에 대한 내용은 5장을 참조하라. 이것이 결국 독특하고 즐거운 룩앤필을 전달하기 위한 과정이라는 점을 기억해야 한다. 브랜드 가이드라인을 따르거나 브랜딩된 룩앤필을 만드는 것을 기준으로 선택한다. 여기에서 아토믹 디자인 시스템의 모든 것이 만들어지고 이러한 스타일은 CSS를 통해 계승될 것이다. 소프트웨어의 가장 기본적인 원자 단위를 스타일링하는 것으로 시작하라. 이러한 요소들을 결합할 때 컨트롤의 모습, 동작, 레이아웃에서부터 전체 컴포넌트 화면에 대한 템플릿까지 제어하려면 더 많은 스타일 표준을 추가해야 한다.

일관성

'UX 부채', 즉 디자인 스타일과 룩앤필이 달라지는 게 천천히 쌓이는 것을 피하는 것이 주요한 목표다. 같은 컴포넌트를 모든 곳에서 재사용하고, 지정된 디자인을 유지한다. 컴포넌트 전체를 재사용할 수도 있다. 이럴 경우 컴포넌트를 새롭게 만들 필요도 없고, 컴포넌트 형태가 달라질 가능성도 줄어든다. 이러한 방식으로 소프트웨어는 UI의 일관성을 유지하면서 성장하고 확장할 수 있다.

모듈성

주요 개념은 도구와 화면을 조립해서 특수한 요구를 충족시킬 수 있는, 레고 조각처럼 기능하는 소프트웨어 시스템을 만드는 것이다. 작은 레고 조각들이 합쳐져서 더 큰 조각을 만든다. 레고 장난감에 빗대어 사용자 경험을 만들어 나가는 과정을 설명해 봤다. 작은 조각을 단독으로 사용하거나, 더 크고 강력한 컴포넌트와 툴을 만들기 위해 그것들을 함께 조합해 쓸 수도 있다.

포함 관계

조금 전에 언급했듯이, 가능한 한 가장 작은 기능 요소와 가장 보편적인 스타일 표준(타이포그래피, 컬러 팔레트)으로 시작하는 게 전략이다. 작은 조각을 결합해서 큰 조각을 만드는 것도 가능하다. 예를 들어, 간단한 문자 입력란에 레이블, **입력 힌트**, **입력 프롬프트**, **드롭다운 선택창**을 넣어서 쓸 만하고 동적인 폼 컴포넌트로 만들 수 있다. 스타일을 이어받는다는 개념도 있다. 작은 컴포넌트의 스타일은 더 큰 집합에도 이어진다. 기본 수준에서 스타일 변화를 선포하면 시스템의 모든 곳에서 변화가 일어날 것이다.

예를 들어 컬러 팔레트에서 높은 접근성을 위해 색상 대비를 강화하면 해당 색상이 사용되는 모든 곳에 변화가 전파된다. 버튼에서 모서리의 반지름을 조정하면 버튼 요소를 쓸 때마다 모서리 형태 변화가 적용된다. 디자인 팀에서 디자이너들이 공유하는 라이브러리 파일이나 공유 파일로 이 작업을 수행할 수 있다. 소스 파일이 업데이트될 때 제대로 링크되면 디자인 파일은 자동으로 업데이트된다. 실제 제품에서 개발팀은 관련 컴포넌트를 렌더링하는 소스 코드에 디자인 업데이트 사항을 통합해야 한다. 이렇게 하면 제품에 변경 사항이 반영될 것이다.

구축하기

우리가 레고와 유사한 블록 세트를 만드는 핵심 목적이 화면, 워크플로, 애플리케이션 전체를 구축하는 데 있다는 것은 두말할 나위도 없다. 디자이너는 다른 사람이 만든 웹 앱 컴포넌트(버튼, 입력 필드)에서 스타일만 바꾸어 애플리케이션 구축을 시작할 수 있다. 앞에서 다룬 UI 프레임워크에서 가져다 쓸 수 있는 모듈과 컴포넌트에서 시작하는 방법도 있다. 이렇게 어디서부터 시작할 것인지 선택할 수 있는 폭은 넓다. 이미 거대한 UI 컴포넌트 라이브러리가 있는 프레임워크를 활용할 수도 있고, 컴포넌트부터 맞춤형으로 만들어 나갈 수도 있다. 상황과 목적에 가장 부합하면서 함께 일하는 개발자가 사용하는 자바스크립트 프레임워크에 적합한 것으로 선택하라.

어떤 기술에도 얽매이지 않기

이번 장에서는 기술 중심으로 내용을 다루고 있다. 그럼에도 디자이너의 역할은 특정 기술이나 프레임워크의 한계에 얽매이지 않고 디자인 자체에 집중하는 데 있다고 브래드 프로스트를 비롯한 여러 디자이너가 강조한다. 목표는 변함없다. 사용자를 이해하고, 사용자의 삶을 편리하게 하는 기회를 찾고, 사용자를 위해 즐겁고 사용할 만한 소프트웨어 경험을 디자인하는 것이다. 아토믹 디자인, UI 프레임워크, UI 패턴은 이런 목적을 달성하기 위한 단순한 도구에 불과할 뿐 어떠한 제약이나 방해물이 아니다.

아토믹 디자인 계층 구조

아토믹 디자인으로 구축된 UI 디자인 시스템은 작고 단순한 것에서 크고 복잡한 것으로 가는 것을 기본으로 한다.

원자(Atoms)

원자는 UI 시스템에서 가장 작고 가장 기본적인 구성 요소다. 독립적으로 실행되는 컴포넌트로 정의되며, 더 쪼개면 고유한 기능을 상실하는 최소 단위 모듈이다. 예를 들어 문자 입력란, 레이블, 색상, 서체가 있다.

분자(Molecules)

분자는 더욱 완전한 기능 요소를 만들기 위해 두 개 이상의 원자 컴포넌트로 이루어진 그룹이다. 분자의 예로는 균등한 그리드 내에서 뉴스나 프로모션 요소를 형성하기 위한 제목과 캡션이 있는 이미지를 들 수 있다. 레이블, 입력 힌트, 입력 프롬프트, 보내기 버튼 등이 있는 폼 입력부도 그 예이다.

유기체(Organisms)

유기체는 소프트웨어에서 여러 기능 또는 하나의 주요한 기능을 담당하는 분자의 집합을 의미한다. 앱이나 웹사이트의 헤더 모듈header module이 좋은 예이다. 헤더 모듈은 회사 로고, 글로벌 내비게이션 컴포넌트(3장 메가 메뉴), 검색 모듈, 유틸리티 내비게이션이나 로그인 툴, 사용자 아바타, 알림 창구로 구성될 수 있다.

템플릿(Templates)

템플릿은 분자와 유기체를 특정한 목적을 위해 배치하는 발판이다. 여러분이 갖고 있는 콘텐츠를 기반으로 필요한 화면 종류를 만드는 레이아웃 공식이다. 템플릿은 계속 반복되는 화면 유형을 뜻하기도 한다. 폼, 홈페이지, 차트가 있는 보고서, 표 데이터를 위한 화면 등이 있다.

페이지(Pages)

페이지는 최종 제품을 나타낸다. 즉, 템플릿을 실제 콘텐츠로 채운 것이다. 밑바탕이 되는 템플릿과 모듈 시스템은 표준화할 수 있지만, 각 페이지는 그 안에 담긴 고유한 콘텐츠에 따라 달라진다. 이제 웹사이트 전체에 일관된 시각적 프레임워크가 적용되었다.

인터랙션 디자이너는 아토믹 디자인에 영감을 받아 만든 시스템에 어떻게 활력을 불어넣을 수 있을까? 다행히도 스타일을 시스템에 맞게 수정해 빠르게 사용할 수 있는 인터페이스 컴포넌트 라이브러리가 많다. 이를 UI 프레임워크라 부른다. 개발팀에서 이미 하나를 선택했을 가능성이 높다. 다음 절에서 몇 가지 UI 프레임워크를 살펴보겠다.

UI 프레임워크는 천장이 아니라 바닥이다

이번에 논의할 UI 프레임워크는 HTML, CSS, 자바스크립트(또는 커피스크립트나 타입스크립트 같은 유사한 프로그래밍 언어)와 같은 웹 및 모바일 웹 기술과 밀접하게 관련되어 있다. 이번 제3판이 특히 웹과 모바일을 위한 화면 기반 인터페이스에 초점을 맞추고 있기 때문이다.

UI 프레임워크를 부르는 이름은 프런트엔드 프레임워크, CSS 프레임워크, UI 키트, UI 툴킷 등 다양하다. 하지만 전부 화면 기반 UI 구축을 위한 소프트웨어 컴포넌트로 구성된 시스템이다. UI 프레임워크를 보면 실전에 적용한 컴포넌트 시스템을 공부할 수 있다. 여러분은 뒤에 나오는 프레임워크 중 하나를 사용해서 소프트웨어를 디자인할 가능성이 높다.

개요

웹과 모바일 전문 소프트웨어 개발자들은 프런트엔드 코드를 렌더링하기 위해 자바스크립트 프레임워크(또는 기타 유사한 프로그래밍 언어)를 만들었다. 이런 프레임워크는 쉽게 맞춤형으로 만들 수 있도록 준비되고 구성된 코드 모듈 라이브러리다. 이를 활용하면 처음부터 새롭게 코드를 짜는 것보다 훨씬 빠르게 일할 수 있다. 웹과 모바일 웹 애플리케이션에 적합한 HTML, CSS, 자바스크립트를 만드는 데 사용된다. 소프트웨어 개발 속도를 높여 주고, 코드와 UI를 일관되게 만든다. 인기 있는 자바스크립트 프레임워크로는 Angular, React, Vue, Ember, Node.js 등 여럿이 있다. 이런 코드 프레임워크는 사용자 입력, API 호출, API에 의해 반환되는 데이터를 처리한다.

장점

코드 프레임워크는 근본적으로 많은 복잡성을 줄이기 위해 만들어진 미들웨어middleware[1] 엔진이다. 다음과 같은 여러 장점이 있다.

1 (옮긴이) 미들웨어(middleware)란 서로 다른 여러 프로그램을 함께 운용하는 소프트웨어를 뜻한다.

속도

예상되는 유스케이스 대부분에 대응할 수 있는 준비된 코드로 작업하면 실제 소프트웨어를 더 빨리 구축할 수 있다.

일관성

코드 모듈과 공통 CSS로 UI 컴포넌트를 동일하게 렌더링한다.

서로 다른 브라우저 기능 마스킹

얼마 전까지만 하더라도 브라우저는 각기 다른 수준으로 HTML, CSS, 자바스크립트 표준을 지원했다. 브라우저별로 특이한 기능이나 모드도 있었는데, '브라우저 전쟁'에서 이기기 위한 차별화 수단이었다. 이로 인해 초기 웹과 모바일 소프트웨어가 다양한 브라우저에서 동일하게 작동하고 일관된 모습을 유지하는 데 어려움이 있었다. 모던 자바스크립트 프레임워크는 브라우저와 운영체제 간 차이를 자동으로 조정한다.

반응형 디자인에 원활하게 대응

최근 기기 종류와 화면 크기가 폭발적으로 다변화된 데는 의심의 여지가 없다. 반응형 디자인은 이런 변화에 대응할 수 있다. 유동적인 레이아웃은 사용자의 화면 크기에 맞춰 자동으로 변경되기 때문에 여러 기기에 걸쳐 원활하게 작동하는 디자인을 만들 수 있게 도와준다. 모던 프레임워크에 이런 중요한 기능이 포함되어 있다.

UI 프레임워크의 대두

이런 코드 프레임워크는 애플리케이션의 프런트엔드 또는 표현층을 위한 컴포넌트 라이브러리를 제공한다. 그렇기 때문에 UI 프레임워크, UI 키트, UI 툴킷, CSS 프레임워크, 프런트엔드 프레임워크라고도 부르는 것이다. 인터랙션 디자이너에게 익숙한 모듈과 컴포넌트(헤딩, 버튼, 폼 입력부, 이미지 등)가 포함되어 있다.

디자이너는 이러한 UI 프레임워크의 외관을 여러 방법으로 바꿀 수 있다. 실제로 이것이 소프트웨어 프로젝트 디자인 작업의 대부분이다. 오늘날 UI 디자인의 맥락은 다음과 같다.

- 컴포넌트 기반 UI 프레임워크는 UI 디자인을 시스템적으로 접근하는 방법의 일부다.
- 한 번 쓰는 화면이 아니라 시스템을 디자인한다.
- UI 프레임워크는 시작점이며 조정하거나 스타일을 바꿀 수 있다.
- UI 프레임워크는 천장이 아니라 바닥이다. 더 복잡한 다른 문제를 해결할 수 있도록 시간과 에너지를 비축하게 도와준다.

다음으로 몇몇 공통 UI 툴킷을 살펴보고 각 컴포넌트의 몇 가지 예를 비교해 보겠다.

대표적인 UI 프레임워크 살펴보기

이번 절에서는 현재 사용할 수 있는 UI 프레임워크 중 일부를 선택해서 간략히 살펴보려 한다. 수많은 프레임워크가 있으며 매일 수십 개씩 늘어나고 있다. 이를 하나도 빠짐없이 비교하고 대조하는 것은 이 책의 범위를 벗어난다. 핵심은 전부 CSS를 사용하기 때문에 색상, 타이포그래피, 다른 디자인 스타일을 상황에 맞게 조정할 수 있다는 점이다. 또 다른 중요한 점은 이런 툴킷이 모듈과 컴포넌트로 이뤄져 있다는 것이다. UI 프레임워크는 아토믹 디자인에서 영감을 받은 디자인 프로세스의 출발점이 되는 경우가 많다. 이어서 살펴볼 UI 프레임워크는 다음과 같다.

- 부트스트랩Bootstrap
- 파운데이션Foundation
- 시맨틱 UISemantic UI
- 머티리얼라이즈Materialize
- 블루프린트Blueprint
- UI키트UIkit

부트스트랩(Bootstrap)

부트스트랩은 오늘날 가장 인기 있는 UI 프레임워크 중 하나이다. 트위터가 개발했으며, 누구나 사용할 수 있다. 그림 11-6은 부트스트랩에 기본적으로 포함되는 컴포넌트 목록이며 그림 11-7은 버튼 컴포넌트의 예를 보여 준다.

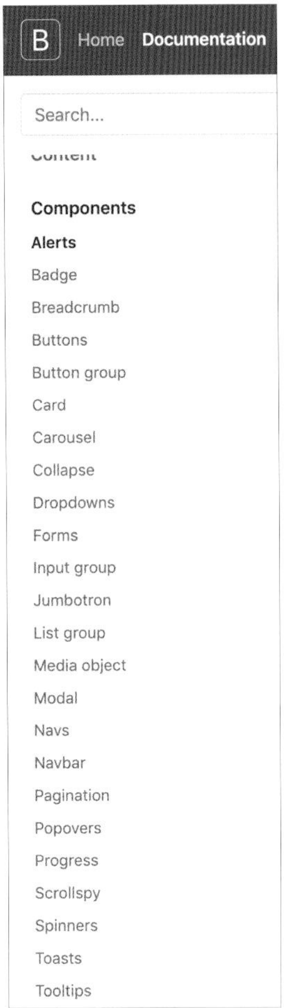

B
Home
Documentation
Search...
Components
Alerts
Badge
Breadcrumb
Buttons
Button group
Card
Carousel
Collapse
Dropdowns
Forms
Input group
Jumbotron
List group
Media object
Modal
Navs
Navbar
Pagination
Popovers
Progress
Scrollspy
Spinners
Toasts
Tooltips

그림 11-6 부트스트랩 컴포넌트

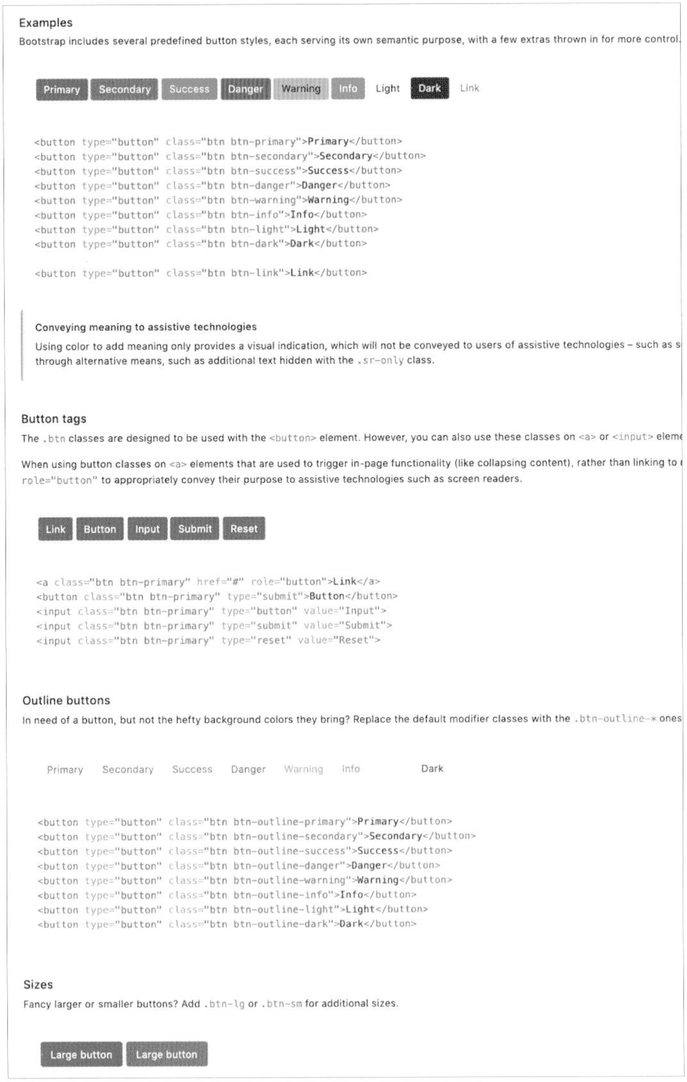

Examples
Bootstrap includes several predefined button styles, each serving its own semantic purpose, with a few extras thrown in for more control.
Primary Secondary Success Danger Warning Info Light Dark Link
<button type="button" class="btn btn-primary">Primary</button>
<button type="button" class="btn btn-secondary">Secondary</button>
<button type="button" class="btn btn-success">Success</button>
<button type="button" class="btn btn-danger">Danger</button>
<button type="button" class="btn btn-warning">Warning</button>
<button type="button" class="btn btn-info">Info</button>
<button type="button" class="btn btn-light">Light</button>
<button type="button" class="btn btn-dark">Dark</button>
<button type="button" class="btn btn-link">Link</button>
Conveying meaning to assistive technologies
Using color to add meaning only provides a visual indication, which will not be conveyed to users of assistive technologies – such as s
through alternative means, such as additional text hidden with the .sr-only class.
Button tags
The .btn classes are designed to be used with the <button> element. However, you can also use these classes on <a> or <input> eleme
When using button classes on <a> elements that are used to trigger in-page functionality (like collapsing content), rather than linking to
role="button" to appropriately convey their purpose to assistive technologies such as screen readers.
Link Button Input Submit Reset
<a class="btn btn-primary" href="#" role="button">Link</a>
<button class="btn btn-primary" type="submit">Button</button>
<input class="btn btn-primary" type="button" value="Input">
<input class="btn btn-primary" type="submit" value="Submit">
<input class="btn btn-primary" type="reset" value="Reset">
Outline buttons
In need of a button, but not the hefty background colors they bring? Replace the default modifier classes with the .btn-outline-* ones
Primary Secondary Success Danger Warning Info Dark
<button type="button" class="btn btn-outline-primary">Primary</button>
<button type="button" class="btn btn-outline-secondary">Secondary</button>
<button type="button" class="btn btn-outline-success">Success</button>
<button type="button" class="btn btn-outline-danger">Danger</button>
<button type="button" class="btn btn-outline-warning">Warning</button>
<button type="button" class="btn btn-outline-info">Info</button>
<button type="button" class="btn btn-outline-light">Light</button>
<button type="button" class="btn btn-outline-dark">Dark</button>
Sizes
Fancy larger or smaller buttons? Add .btn-lg or .btn-sm for additional sizes.
Large button Large button

그림 11-7 부트스트랩 버튼 컴포넌트

파운데이션(Foundation)

파운데이션 역시 요즘 인기 있는 UI 프레임워크다. 저브Zurb라는 회사가 개발했으며, 탄탄하고 규모 있는 기여자 커뮤니티를 갖고 있다. 많은 대기업에서 파운데이션 프레임워크를 사용한다. 그림 11-8은 기본적으로 포함되는 컴포넌트 목록이며, 그림 11-9는 버튼 컴포넌트의 예를 보여 준다.

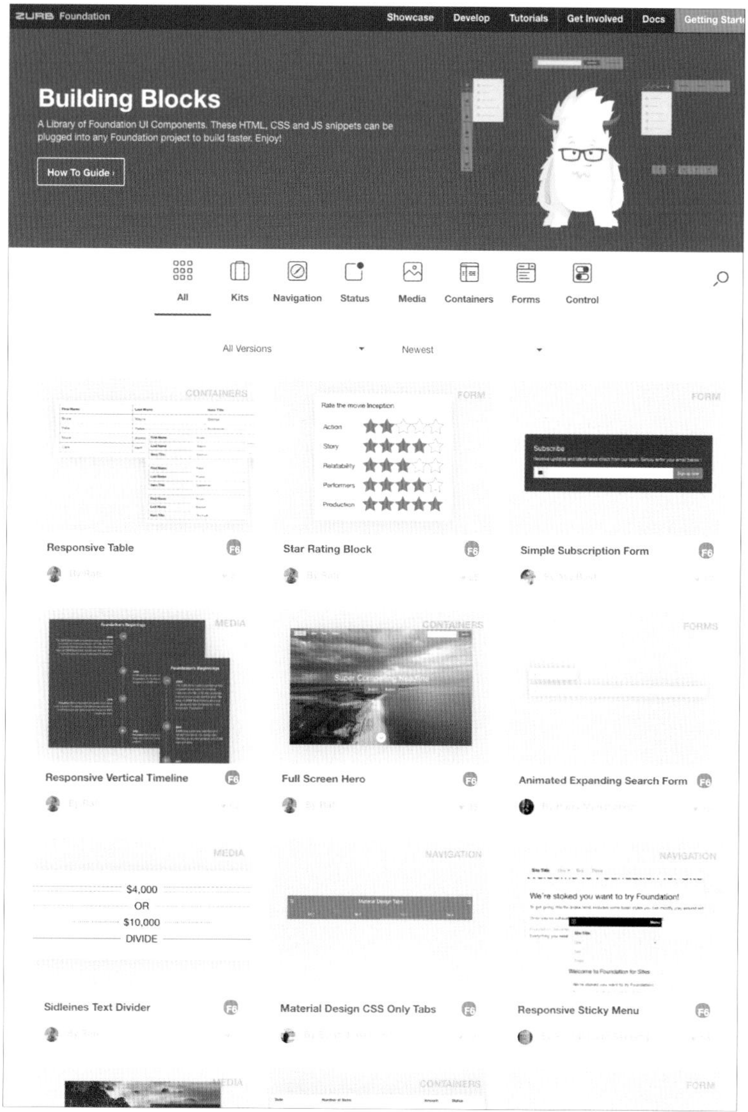

그림 11-8 파운데이션 컴포넌트

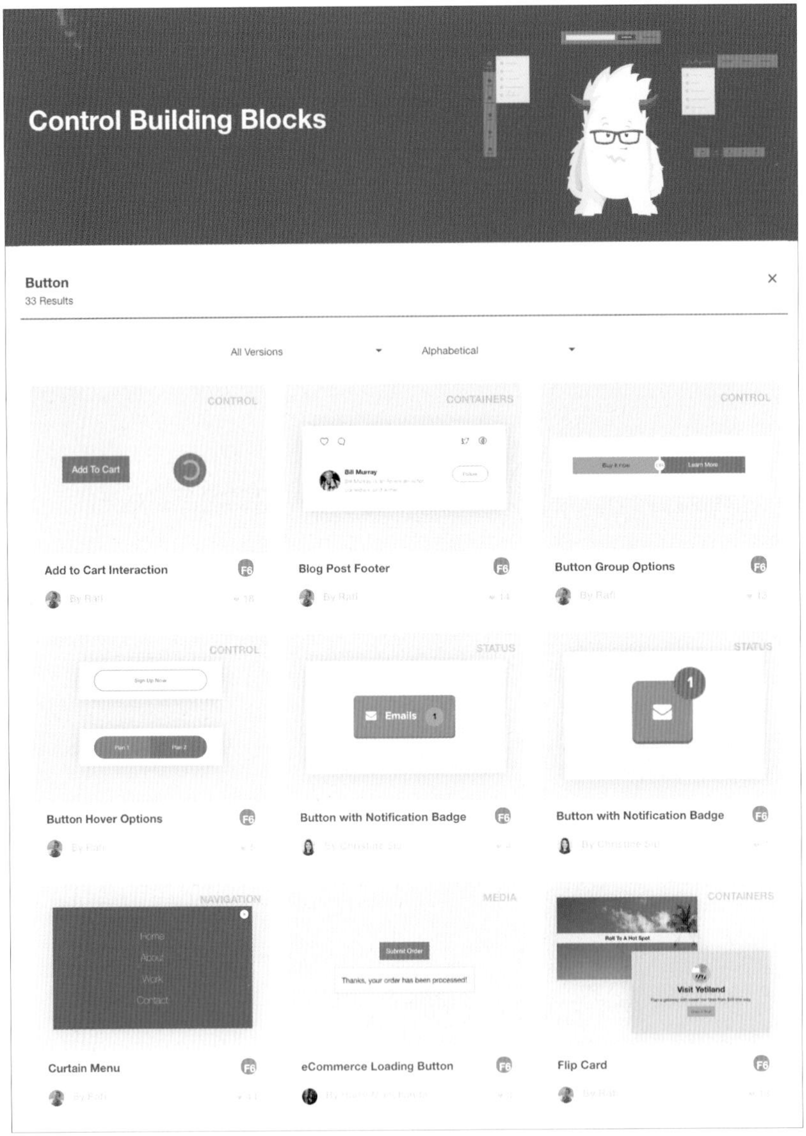

그림 11-9 파운데이션 버튼 컴포넌트

시맨틱 UI(Semantic UI)

시맨틱은 일반 사용자에게 친근하게 다가가는 것을 목표로 하는 UI 프레임워크다. 일상에서 쓰는 자연스러운 단어와 실제 세계의 개념을 시스템 구성과 명칭에 활용한다. 그림 11-10은 기본적으로 포함되는 컴포넌트 목록이며, 그림 11-11은 버튼 컴포넌트의 예를 보여 준다.

그림 11-10 시맨틱 UI 컴포넌트

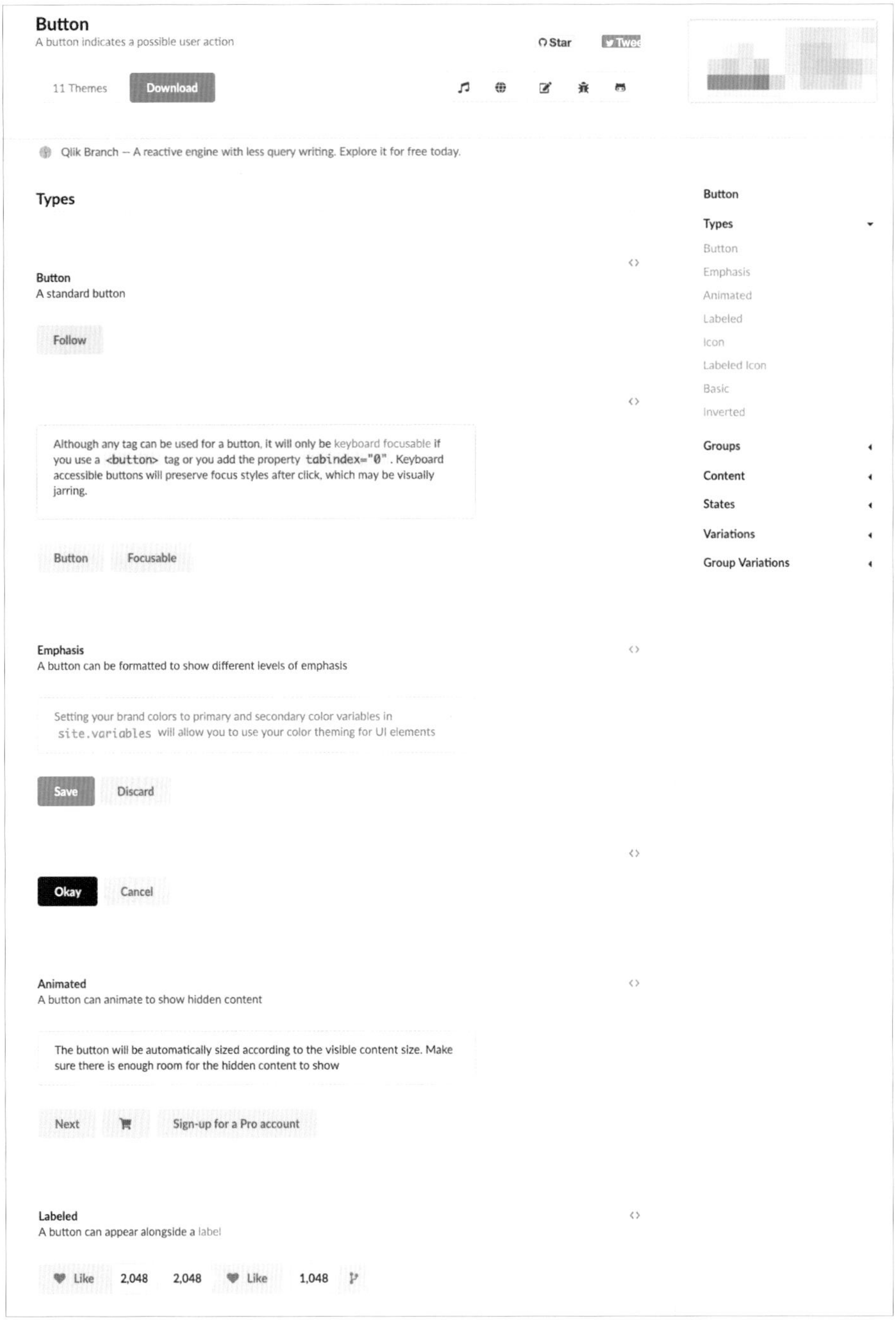
Button
A button indicates a possible user action
Star
Tweet
11 Themes
Download
Qlik Branch – A reactive engine with less query writing. Explore it for free today.
Types
Button
A standard button
Follow
Although any tag can be used for a button, it will only be keyboard focusable if you use a <button> tag or you add the property tabindex="0". Keyboard accessible buttons will preserve focus styles after click, which may be visually jarring.
Button
Focusable
Emphasis
A button can be formatted to show different levels of emphasis
Setting your brand colors to primary and secondary color variables in site.variables will allow you to use your color theming for UI elements
Save
Discard
Okay
Cancel
Animated
A button can animate to show hidden content
The button will be automatically sized according to the visible content size. Make sure there is enough room for the hidden content to show
Next
Sign-up for a Pro account
Labeled
A button can appear alongside a label
Like
2,048
2,048
Like
1,048
Button
Types
Button
Emphasis
Animated
Labeled
Icon
Labeled Icon
Basic
Inverted
Groups
Content
States
Variations
Group Variations

그림 11-11 시맨틱 UI 버튼 컴포넌트

머티리얼라이즈(Materialize)

머티리얼라이즈는 머티리얼Material(안드로이드용 디자인 시스템)에 토대를 둔 많은 UI 프레임워크 중 하나다. 구글이 개발했으며 안드로이드 네이티브 앱뿐만 아니라 서드파티에서 만든 웹 및 모바일 앱에도 널리 사용되고 있다. 머티리얼라이즈는 개발 환경이 머티리얼 스타일에 맞게 일관성을 유지하도록 돕는다. 그림 11-12은 기본적으로 포함되는 컴포넌트 목록이며, 그림 11-13은 버튼 컴포넌트의 예를 보여 준다.

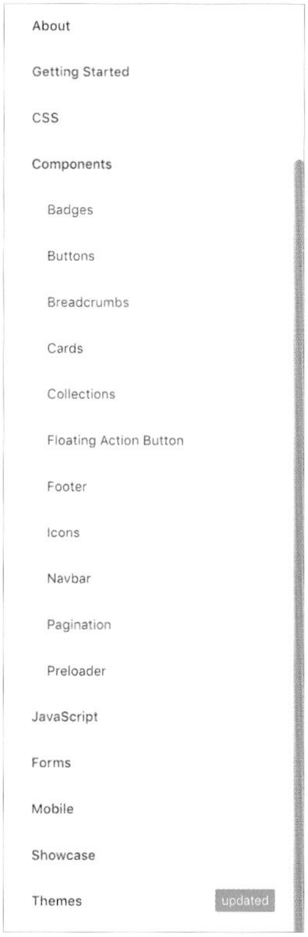

About
Getting Started
CSS
Components
Badges
Buttons
Breadcrumbs
Cards
Collections
Floating Action Button
Footer
Icons
Navbar
Pagination
Preloader
JavaScript
Forms
Mobile
Showcase
Themes
updated

그림 11-12 머티리얼라이즈 컴포넌트

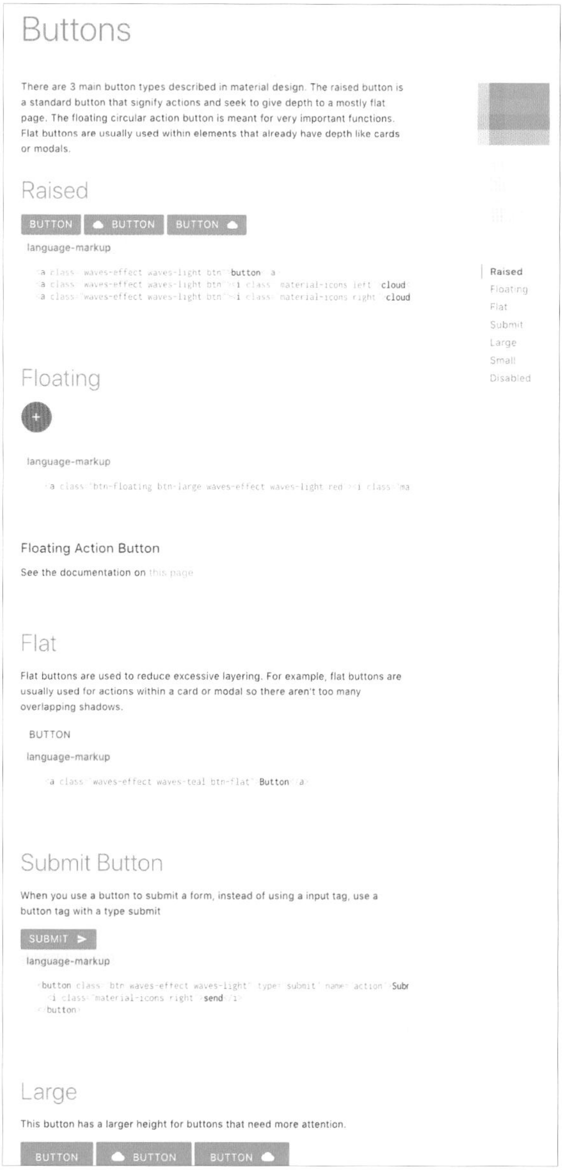

Buttons
There are 3 main button types described in material design. The raised button is a standard button that signify actions and seek to give depth to a mostly flat page. The floating circular action button is meant for very important functions. Flat buttons are usually used within elements that already have depth like cards or modals.
Raised
BUTTON
BUTTON
BUTTON
language-markup
Raised
Floating
Flat
Submit
Large
Small
Disabled
Floating
language-markup
Floating Action Button
See the documentation on this page
Flat
Flat buttons are used to reduce excessive layering. For example, flat buttons are usually used for actions within a card or modal so there aren't too many overlapping shadows.
BUTTON
language-markup
Submit Button
When you use a button to submit a form, instead of using a input tag, use a button tag with a type submit
SUBMIT
language-markup
Large
This button has a larger height for buttons that need more attention.
BUTTON
BUTTON
BUTTON

그림 11-13 머티리얼라이즈 버튼 컴포넌트

블루프린트(Blueprint)

블루프린트는 데이터 집약적인 웹 애플리케이션에 최적화된 UI 프레임워크다. 팔란티어 테크놀로지Palantir Technologies에서 개발했으며 모든 소프트웨어 프로젝트에서 사용할 수 있다. 그림 11-14는 기본적으로 포함되는 컴포넌트 목록이며, 그림 11-15는 버튼 컴포넌트의 예를 보여 준다.

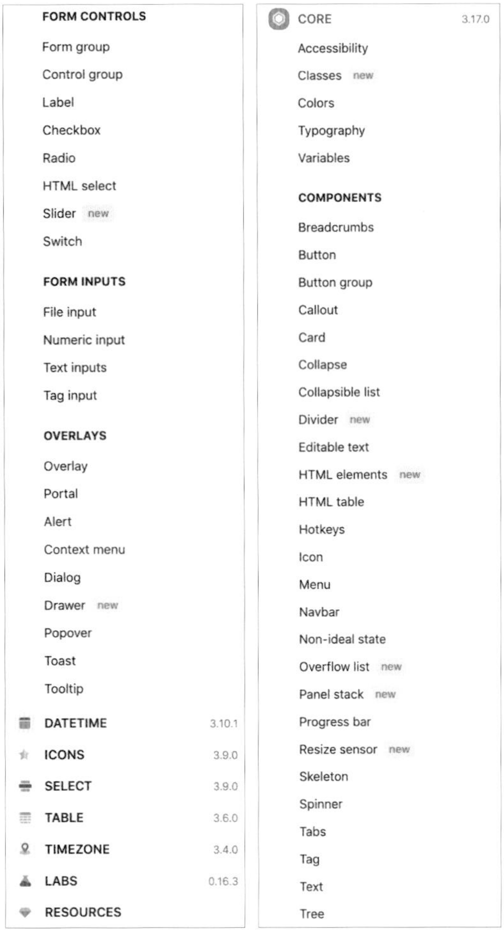

그림 11-14
블루프린트
컴포넌트

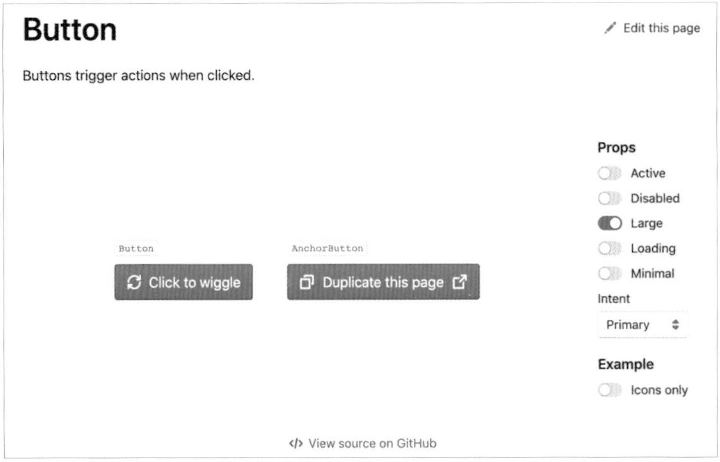

그림 11-15
블루프린트
버튼 컴포넌트

UI키트(UIkit)

UI키트는 프런트엔드 컴포넌트 디자인을 빠르게 시작하게 해주는 미니멀한 UI 프레임워크다. 그림 11-16은 기본적으로 포함되는 컴포넌트 목록이며, 그림 11-17은 버튼 컴포넌트의 예를 보여 준다.

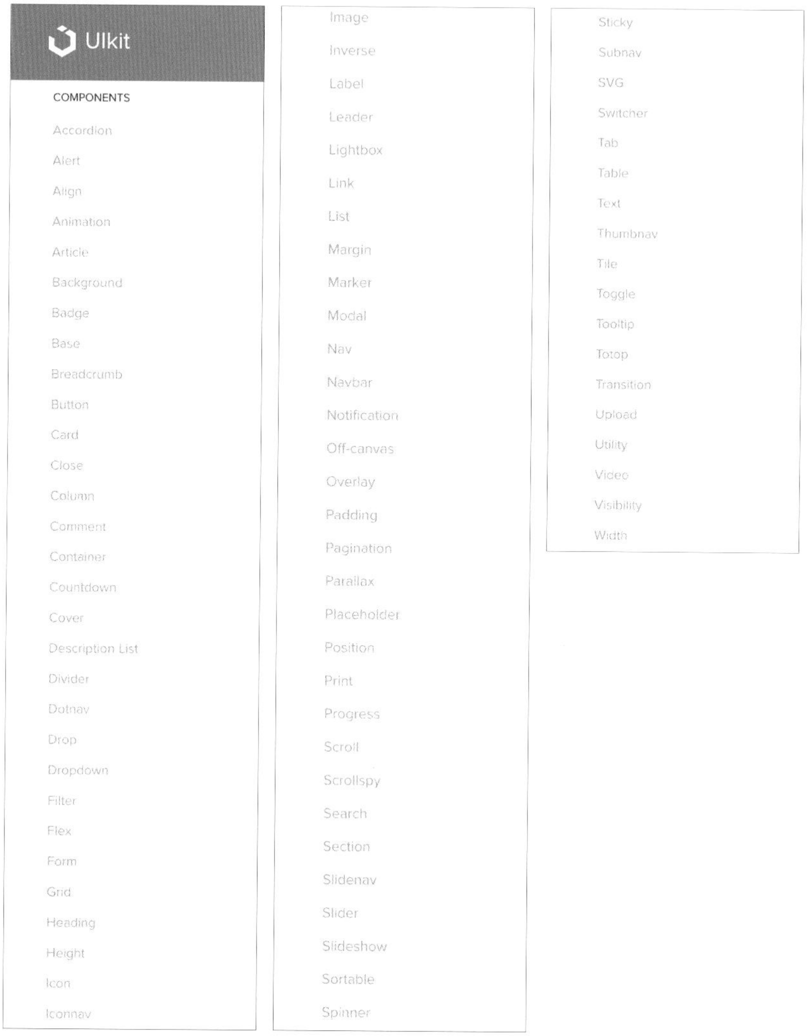

그림 11-16 UI키트 컴포넌트

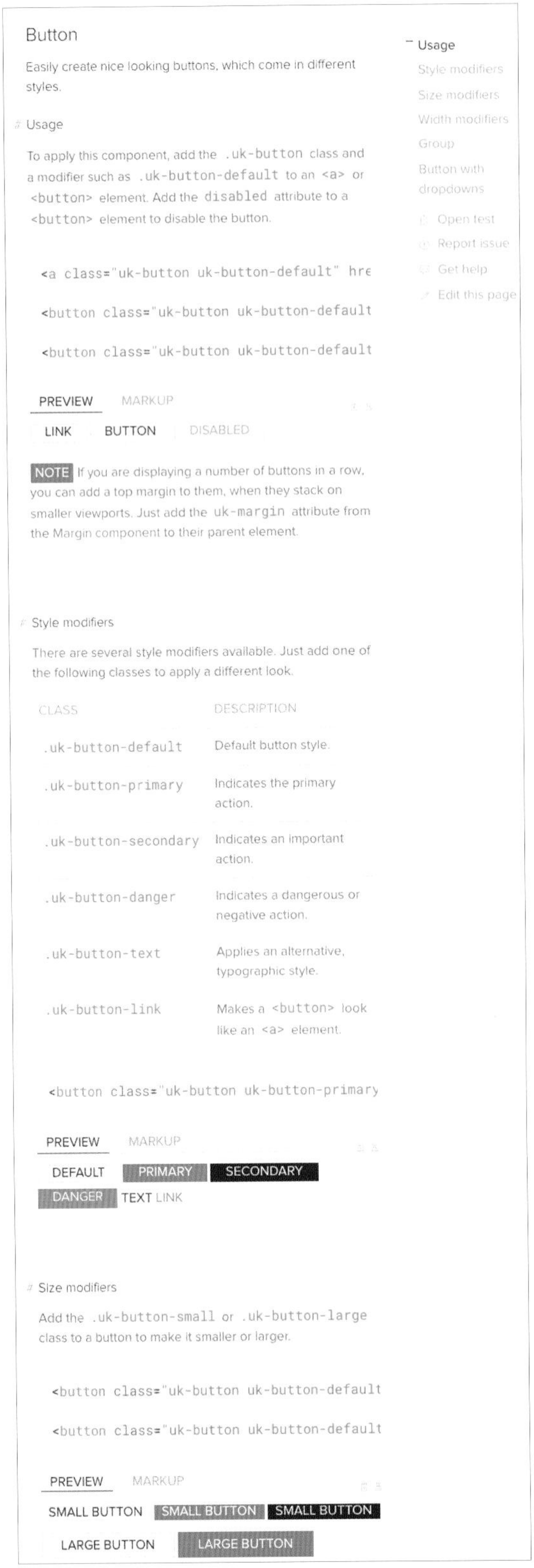
Button
Easily create nice looking buttons, which come in different styles.
Usage
To apply this component, add the .uk-button class and a modifier such as .uk-button-default to an <a> or <button> element. Add the disabled attribute to a <button> element to disable the button.
<a class="uk-button uk-button-default" hre
<button class="uk-button uk-button-default
<button class="uk-button uk-button-default
PREVIEW
MARKUP
LINK
BUTTON
DISABLED
NOTE If you are displaying a number of buttons in a row, you can add a top margin to them, when they stack on smaller viewports. Just add the uk-margin attribute from the Margin component to their parent element.
Style modifiers
There are several style modifiers available. Just add one of the following classes to apply a different look.
CLASS
DESCRIPTION
.uk-button-default
Default button style.
.uk-button-primary
Indicates the primary action.
.uk-button-secondary
Indicates an important action.
.uk-button-danger
Indicates a dangerous or negative action.
.uk-button-text
Applies an alternative, typographic style.
.uk-button-link
Makes a <button> look like an <a> element.
<button class="uk-button uk-button-primary
PREVIEW
MARKUP
DEFAULT
PRIMARY
SECONDARY
DANGER
TEXT
LINK
Size modifiers
Add the .uk-button-small or .uk-button-large class to a button to make it smaller or larger.
<button class="uk-button uk-button-default
<button class="uk-button uk-button-default
PREVIEW
MARKUP
SMALL BUTTON
SMALL BUTTON
SMALL BUTTON
LARGE BUTTON
LARGE BUTTON
Usage
Style modifiers
Size modifiers
Width modifiers
Group
Button with dropdowns
Open test
Report issue
Get help
Edit this page

그림 11-17
UI 키트 버튼 컴포넌트

왜 아토믹 디자인인가?

오늘날 확장할 수 있고 일관된 인터페이스를 설계하려면 아토믹 디자인과 같은 디자인 시스템 접근법을 기본 바탕으로 삼아야 한다. 아토믹 디자인은 이번 장에서 살펴본 것과 같은 UI 프레임워크와 짝을 이룬다. UI 프레임워크는 소프트웨어 프로젝트를 위한 개발 시스템 구축에서 기본에 해당하기 때문에 보통 개발팀에서 하나를 선택한다. 바로 패턴 기반 UI 접근 방식을 사용하는 프레임워크다.

디자인하는 입장에서는 더 빠르고 쉽게 작업할 수 있고, 인터랙션 디자인에 표준화되고 반복되는 부분을 배치할 수 있다는 장점이 있다. 고객 입장에서는 더 쉽게 학습할 수 있고 디자인을 사용할 때 자신 있게 쓸 수 있다는 장점이 있다. 같은 일을 여러 번 하지 않으면서도 디자인 팀과 소프트웨어 규모를 확장할 수 있다. 이를 통해 정말 어려운 인터랙션 디자인 문제 해결에 집중할 수 있는 시간을 확보하는 게 가능하다.

12장

화면의 이면 그리고 화면을 넘어서

지금까지 웹, 소프트웨어, 모바일 기기용 화면 기반 인터페이스 디자인을 살펴보았다. 패턴과 사례는 사용자와 대면하는 디지털 제품 디자인, 특히 사람들이 클릭하고 탭할 수 있는 화면 기반 경험과 관련돼 있다. 하지만 그 이면을 보면 인터페이스와 경험에 동력을 공급하는 복잡한 시스템에 변화가 일어나고 있다. 변화는 사용자가 시스템과 상호작용하고, 시스템이 사용자와 상호작용하는 방식에 영향을 미치고 있다(상호작용을 할 필요가 없게 되는 경우도 있다).

사용자가 볼 수 있는 시스템의 대부분은 사용자가 시스템에 정보나 거래를 제공하고, 그 결과를 사용자에게 보여 주는 인터페이스로 구성된다. 시스템이 사용하는 패턴은 해당 시스템의 용도에 따라 달라진다.

유튜브, 페이스북, 트위터와 같은 소셜 미디어 중심의 경험은 비슷한 패턴을 따르는데, 핵심 서비스의 역할이 서로 유사하기 때문이다. 기본적인 인터랙션으로 사용자는 다른 사람이 보거나 댓글을 달 수 있는 시스템에 콘텐츠를 올린다. 콘텐츠 소유자는 콘텐츠를 편집하고 삭제할 수 있고, 공개 범위를 수정할 수 있다. 다른 사용자는 콘텐츠에 '좋아요'를 누르거나 다른 사람과 공유할 수 있고, 콘텐츠가 부적절해서 보고 싶지 않다면 시스템에 신고할 수도 있다. 시스템은 복잡한 알고리즘을 기반으로 콘텐츠를 중재하고 표시하지만 사용자 관점에서 보면 시스템에서 일어나는 상호작용은 꽤 명확하다.

마찬가지로 《뉴욕 타임스》, 《디 애틀랜틱》 또는 지역 온라인 신문과 같은 뉴스 웹사이트도 시스템 관점에서 비슷한 패턴을 따른다. 그 뒤에는 취재 기자, 편집자, 사진작가들이 대중에 공개하기 전에 콘텐츠를 올리고 검토하는 데 쓰는 콘텐츠 관리 시스템이 있다. 사용자는 기사를 보고 공유하고, 일부 시스템에서는 댓글을 달거나 편집할 수 있다.

이커머스 웹사이트도 단순한 패턴으로 세분화하는 게 가능하다. 서비스 뒤에는 직원이 상품 사진을 올리고 설명과 옵션을 넣는 시스템이 있다. 상품 재고가 얼마나 남았고 상품이 어떤 위치에 있는지 추적하는 시스템도 있다. 사용자는 카테고리나 컬렉션별로 상품을 볼 수 있으며, 상품의 크기와 수량을 선택하고, 장바구니에 추가하고, 상품 상세화면으로 이동하여 구매한다.

웹과 모바일 앱 곳곳에서 볼 수 있는 패턴이다. 더 복잡한 작업을 처리할 수 있게 기술이 발전하면서, 입력과 출력의 복잡성도 마찬가지로 증가하고 있다. 그 이면에서 알고리즘(데이터 계산 규칙의 집합)은 사용자에게 보이는 정보와 콘텐츠에 동력을 제공한다. 알고리즘은 머신러닝으로 진화하면서 더욱 정교해진다. 즉, 시스템이 데이터의 식별과 분류에 필요한 패턴을 찾는 데 사용되는 인공지능의 부분 집합이 되는 것이다.

유비쿼터스 컴퓨팅ubiquitous computing(사물 인터넷이라고도 함)은 개체나 공간이 인터넷에 연결된 하드웨어(센서)에 내장되는 기능으로, 이를 통해 환경에 대한 정보를 읽고 정보를 다시 시스템에 전달한다. 시스템은 고도로 복잡하며, 대부분의 경우 사람들에게 보이지 않는다.

복잡한 시스템은 이 책에서 초점을 맞춘 화면 기반 인터랙션과 다르게 사용자와 대면한다. 인터랙션이 더 자동화되고 보이지 않을수록 사용자는 키보드도 필요 없게 될 것이다. 시스템이 사용자를 대신해서 취하는 액션을 사용자가 확인하고 승인하는 방식으로 인터랙션은 더 단순해지고 있다. 이런 유형의 상호작용은 미래에 점점 더 널리 보편화될 것이다.

스마트 시스템의 재료

기술 세계는 그 기반 구조에서 중대한 변화를 겪고 있다. 기존에 사용자가 능동적으로 데이터를 입력하던 시스템에서, 사용자의 활동과 위치를 '읽고' 그

의미를 설정하는 시스템으로 나아가고 있다.

인터넷 연결 기기(Connected Devices)

스마트폰, TV, 자동차, 온도 조절 장치, 전구, 심지어 강아지 사료 그릇도 인터넷에 연결될 수 있다.

선행 시스템(Anticipatory Systems)

선행 시스템은 사용자가 무엇을 하고 있는지 조용히 관찰하고 데이터, 제안, 사전 주문까지 제공하는 시스템이다. 예를 들어 냉장고에 어떤 음식이 있는지 파악해 재고가 부족할 때 우유를 다시 주문하는 커넥티드 냉장고가 있다.

보조 시스템(Assistive Systems)

보조 시스템은 사용자가 기술을 통해 인적 역량을 강화하고 향상시킬 수 있도록 한다.

내추럴 사용자 인터페이스(Natural User Interfaces)

내추럴 사용자 인터페이스는 입출력에 동작, 제스처, 터치, 기타 촉각 및 감각적 방법을 사용하는 것을 포함하는 인터페이스를 말한다. 스마트폰이나 태블릿에서 사용하는 터치 스크린은 내추럴 사용자 인터페이스의 초기 예다. 아마존 알렉사Alexa, 제스처를 읽는 마이크로소프트의 키넥트Kinect 시스템과 같은 사례도 있다. 앞으로는 사용자가 두드리고, 쥐어짜고, 잡고, 흔들고, 말하는 인터페이스가 더 많아질 것이다.

변하지 않는 패턴과 원칙

이 책은 데스크톱 소프트웨어에서 웹사이트, 모바일까지 화면 기반 디자인을 위한 디자인 패턴과 사례를 방대하게 다루고 있다. 시스템이 복잡해질수록 더 단순하고 이해하기 쉬운 사용자 경험이 요구된다. 디자이너의 역할은 패턴을 이해하고 특수한 맥락에 적용하는 것이다. 스토리텔링, 서사, 시나리오와 시나리오에 적용되는 '규칙'을 상상하는 것이 디자인의 주요한 책임 중 하나가 될 것이다.

인터페이스가 앞으로 어떻게 바뀌든 간에 이번 책에서 다룬 패턴과 원칙은 변하지 않는다. 견고한 UI 구조의 기초 패턴을 이해하고, 게슈탈트 법칙을 따르는 명확한 정보 계층 구조로 인터페이스를 시각화하며, 사용자에게 적절한 도움을 적시에 제공하는 것. 이 모든 것이 사용자에게 더 명확하고 이해하기 쉬운 인터페이스를 제공할 것이다.

책을 마무리하면서 여러분이 다음 질문을 한번 고민해 봤으면 좋겠다. 디자이너와 기술 분야에서 일하는 사람들은 우리 삶에 크고 작은 영향을 미치는 경험을 창조했다. 그렇게 우리는 삶의 질을 향상시키는 윤리적이고 인간 중심적인 사고방식을 갖춘 미래로 나아갈 기회를 얻게 되었다. 우리는 미래를 만들 수 있는 놀라운 기술과 도구를 가지고 있다. 지금 우리가 스스로에게 물어야 할 질문은 바로 이것이다. 우리는 어떤 종류의 미래를 창조할 것인가?

찾아보기

ㄹ

ㅂ

ㅅ

ㅈ

ㅌ

A~I

L~U